경제법 법령집

권 오 승 편저

法 文 社

머 리 말

경제법 제6판을 출간하면서 독자들의 편의를 위하여 법령부분을 따로 엮게 되었다. 이 법령집은 경제법 과목을 수강하거나 사법시험을 준비함에 있어서 꼭 필요한 법령만을 골라 체계적으로 수록하였다. 즉, 독점규제법과 소비자기본법, 약관규제법, 할부거래법, 방문판매법 및 전자상거래소비자보호법을 법률과 시행령 중심으로 수록하되, 독점규제법 부분에서도 꼭 필요한 고시나 지침만을 수록하였다. 이 법령집은 2008년 3월 1일 현재까지의 법령을 반영하였다. 아무쪼록 이 법령집이 실무가들이나 학생들에게 도움이 되기를 기원하는 바이다.

2008년 3월
저자 씀

차 례

독점규제 및 공정거래에 관한 법률

제　　정 1980.12.31　　법률 제3320호
개　　정 1986.12.31　　법률 제3875호
개　　정 1990.1.13　　법률 제4198호
*1992.11.25　　법률 제4501호(엔지니어링기술진흥법)
개　　정 1992.12.8　　법률 제4513호
개　　정 1994.12.22　　법률 제4790호
*1994.12.23　　법률 제4832호(정부조직법)
개　　정 1996.12.30　　법률 제5235호
개　　정 1998.2.24　　법률 제5528호
개　　정 1999.2.5　　법률 제5813호
*1999.2.5　　법률 제5814호(표시·광고법)
개　　정 1999.12.28　　법률 제6043호
개　　정 2001.1.26　　법률 제6371호
일부개정 2002.1.26　　법률 제6651호 공정거래위원회
일부개정 2002.8.26　　법률 제6705호(기술신용보증기금법)
일부개정 2004.12.31　　법률 제7289호
일부개정 2004.12.31　　법률 제7315호
일부개정 2005.1.27　　법률 제7386호
일부개정 2005.3.31　　법률 제7428호
일부개정 2005.3.31　　법률 제7492호
일부개정 2005.12.29　　법률 제7796호
일부개정 2007.4.13　　법률 제8382호
일부개정 2007.4.27　　법률 제8387호 시행일 2007.10.28
일부개정 2007.8.3　　법률 제8631호 시행일 2007.11.4

제1장 총 칙

제1조【목적】 이 법은 사업자의 시장지배적지위의 남용과 과도한 경제력의 집중을 방지하고, 부당한 공동행위 및 불공정거래행위를 규제하여 공정하고 자유로운 경쟁을 촉진함으로써 창의적인 기업활동을 조장하고 소비자를 보호함과 아울러 국민경제의 균형있는 발전을 도모함을 목적으로 한다.

제2조【정의】 이 법에서 사용하는 용어의 정의는 다음과 같다. 〈개정 1992.12.8, 1996.12.30, 1999.2.5, 2001.1.16, 2004.12.31, 2007.4.27, 2007.8.3〉

1. "사업자"라 함은 제조업, 서비스업, 기타 사업을 행하는 자를 말한다. 사업자의 이익을 위한 행위를 하는 임원·종업원·대리인 기타의 자는 사업자단체에 관한 규정의 적용에 있어서는 이를 사업자로 본다.

1의2. "지주회사"라 함은 주식(지분을 포함한다. 이하 같다)의 소유를 통하여 국내회사의 사업내용을 지배하는 것을 주된 사업으로 하는 회사로서 자산총액이 대통령령이 정하는 금액이상인 회사를 말한다. 이 경우 주된 사업의 기준은 대통령령으로 정한다.

1의3. "자회사"라 함은 지주회사에 의하여 대통령령이 정하는 기준에 따라 그 사업내용을 지배받는 국내회사를 말한다.

1의4. "손자회사"라 함은 자회사에 의하여 대통령령으로 정하는 기준에 따라 사업내용을 지배받는 국내회사를 말한다. 〈개정 2007.8.3〉

2. "기업집단"이라 함은 동일인이 다음 각목의 구분에 따라 대통령령이 정하는 기준에 의하여 사실상 그 사업내용을 지배하는 회사의 집단을 말한다.

가. 동일인이 회사인 경우 그 동일인과 그 동일인이 지배하는 하나이상의 회사의 집단

나. 동일인이 회사가 아닌 경우 그 동일인이 지배하는 2이상의 회사의 집단

3. "계열회사"라 함은 2이상의 회사가 동일한 기업집단에 속하는 경우에 이들 회사는 서로 상대방의 계열회사라 한다.

4. "사업자단체"라 함은 그 형태 여하를 불문하고 2이상의 사업자가 공동의 이익을 증진할 목적으로 조직한 결합체 또는 그 연합체를 말한다.

5. "임원"이라 함은 이사·대표이사·업무집행을 하는 무한책임사원·감사나 이에 준하는 자 또는 지배인등 본점이나 지점의 영업전반을 총괄적으로 처리할 수 있는 상업사용인을 말한다.

6. "재판매가격유지행위"라 함은 사업자가 상품 또는 용역을 거래함에 있어서 거래상대방인 사업자 또는 그 다음 거래단계별 사업자에 대하여 거래가격을 정하여 그 가격대로 판매 또는 제공할 것을 강제하거나 이를 위하여 규약 기타 구속조건을 붙여 거래하는 행위를 말한다.

7. "시장지배적사업자"라 함은 일정한 거래분야의 공급자나 수요자로서 단독으로 또는 다른 사업자와 함께 상품이나 용역의 가격·수량·품질 기타의 거래조건을 결정·유지 또는 변경할 수 있는 시장지위를 가진 사업자를 말한다. 시장지배적사업자를 판단함에 있어서는 시장점유율, 진입장벽의 존재 및 정도, 경쟁사업자의 상대적 규모등을 종합적으로 고려한다. 〈단서삭제 2007.8.3〉

8. "일정한 거래분야"라 함은 거래의 객체별·단계별 또는 지역별로 경쟁관계에 있거나 경쟁관계가 성립될 수 있는 분야를 말한다.

8의2. "경쟁을 실질적으로 제한하는 행위"라 함은 일정한 거래분야의 경쟁이 감소하여 특정 사업자 또는 사업자단체의 의사에 따라 어느 정도 자유로이 가격·수량·품질 기타 거래조건등의 결정에 영향을 미치거나 미칠 우려가 있는 상태를 초래하는 행위를 말한다.

9. "여신"이라 함은 국내금융기관이 행하는 대출 및 회사채무의 보증 또는 인수를 말한다.

10. "금융업 또는 보험업"이라 함은 통계법 제22조(표준 분류)제1항의 규정에 의하여 통계청장이 고시하는 한국표준산업분류상 금융 및 보험업을 말한다.

제2조의2【국외행위에 대한 적용】 이 법은 국외에서 이루어진 행위라도 국내시장에 영향을 미치는 경우에는 적용한다.

[본조신설 2004.12.31]

제 2 장 시장지배적지위의 남용금지

제3조【독과점적 시장구조의 개선등】 ①공정거래위원회는 독과점적 시장구조가 장기간 유지되고 있는 상품이나 용역의 공급 또는 수요시장에 대하여 경쟁을 촉진하기 위한 시책을 수립·시행하여야 한다.

②공정거래위원회는 제1항의 규정에 의한 시책을 추진하기 위하여 필요한 경우에는 관계행정기관의 장에게 경쟁의 도입 기타 시장구조의 개선등에 관하여 필요한 의견을 제시할 수 있다.

③공정거래위원회는 제1항의 규정에 의한 시책을 수립·추진하기 위하여 시장구조를 조사하여 공표한다.〈신설 1999.2.5〉

④공정거래위원회는 사업자에 대하여 제3항에 의한 시장구조의 조사·공표를 위하여 필요한 자료의 제출을 요청할 수 있다.〈신설 1999.2.5〉

⑤공정거래위원회는 제3항 및 제4항의 사무를 대통령령이 정하는 바에 의하여 다른 기관에 위탁할 수 있다.〈신설 1999.2.5〉

[종전의 제3조는 제3조의2로 이동〈1996.12.30〉]

제3조의2【시장지배적지위의 남용금지】 ①시장지배적사업자는 다음 각 호의 1에 해당하는 행위(이하 "남용행위"라 한다)를 하여서는 아니된다. 〈개정 1999. 2.5〉

1. 상품의 가격이나 용역의 대가(이하 "가격"이라 한다)를 부당하게 결정·유지 또는 변경하는 행위
2. 상품의 판매 또는 용역의 제공을 부당하게 조절하는 행위
3. 다른 사업자의 사업활동을 부당하게 방해하는 행위
4. 새로운 경쟁사업자의 참가를 부당하게 방해하는 행위
5. 부당하게 경쟁사업자를 배제하기 위하여 거래하거나 소비자의 이익을 현저히 저해할 우려가 있는 행위

②남용행위의 유형 또는 기준은 대통령령으로 정할 수 있다.〈신설 1996.12.30, 1999.2.5〉

[제3조에서 이동〈1996.12.30〉]

제4조【시장지배적사업자의 추정】 일정한 거래분야에서 시장점유율이 다음 각 호의 어느 하나에 해당하는 사업자(일정한 거래분야에서 연간 매출액 또는 구매액이 40억원 미만인 사업자는 제외한다)는 제2조(정의)제7호의 시장지배적 사업자로 추정한다. 〈개정 2007.8.3〉

1. 1사업자의 시장점유율이 100분의 50이상
2. 3이하의 사업자의 시장점유율의 합계가 100분의 75이상. 다만, 이 경우에 시장점유율이 100분의 10미만인 자를 제외한다.

[전문개정 1999.2.5]

제5조【시정조치】 공정거래위원회는 제3조의2(시장지배적지위의 남용금지)의 규정에 위반하는 행위가 있을 때에는 당해 시장지배적사업자에 대하여 가격의 인하, 당해 행위의 중지, 시정명령을 받은 사실의 공표 기타 시정을 위한 필요한 조치를 명할 수 있다. 〈개정 1996.12.30, 2004.12.31〉

제6조【과징금】 공정거래위원회는 시장지배적사업자가 남용행위를 한 경우에는 당해 사업자에 대하여 대통령령이 정하는 매출액(대통령령이 정하는 사업자의 경우에는 영업수익을 말한다. 이하 같다)에 100분의 3을 곱한 금액을 초과하지 아니하는 범위안에서 과징금을 부과할 수 있다. 다만, 매출액이 없거나 매출액의 산정이 곤란한 경우로서 대통령령이 정하는 경우(이하 "매출액이 없는 경우등"이라 한다)에는 10억원을 초과하지 아니하는 범위안에서 과징금을 부과할 수 있다. [전문개정 1996.12.30]

제 3 장 기업결합의 제한 및 경제력집중의 억제

제7조【기업결합의 제한】 ①누구든지 직접 또는 대통령령이 정하는 특수한 관계에 있는 자(이하 "특수관계인"이라 한다)를 통하여 다음 각 호의 1에 해당하는 행위(이하 "기업결합"이라 한다)로서 일정한 거래분야에서 경쟁을 실질적으로 제한하는 행위를 하여서는 아니된다. 다만 자산총액 또는 매출액의 규모(계열회사의 자산총액 또는 매출액을 합산한 규모를 말한다)가 대통령령이 정하는 규모에 해당하는 회사(이하 "대규모회사"라 한다)외의 자가 제2호에 해당하는 행위를 하는 경우에는 그러하지 아니하다. 〈개정 1996.12. 30, 1999.2.5〉

1. 다른 회사의 주식의 취득 또는 소유
2. 임원 또는 종업원(계속하여 회사의 업무에 종사하는 자로서 임원외의 자를 말한다. 이하 같다)에 의한 다른 회사의 임원지위의 겸임(이하 "임원겸임"이라 한다)
3. 다른 회사와의 합병
4. 다른 회사의 영업의 전부 또는 주요부분의 양수·임차 또는 경영의 수임이나 다른 회사의 영업용고정자산의 전부 또는 주요부분의 양수(이하 "영업양수"라 한다)
5. 새로운 회사설립에의 참여. 다만, 다음 각목의 1에 해당하는 경우는 제외한다.

가. 특수관계인(대통령령이 정하는 자를 제외한다)외의 자는 참여하지 아니하는 경우

나. 상법 제530조의2(회사의 분할·분할합병) 제1항의 규정에 의하여 분할에 의한 회사설립에 참여하는 경우

②다음 각 호의 1에 해당한다고 공정거래위원회가 인정하는 기업결합에 대하여는 제1항의 규정을 적용하지 아니한다. 이 경우 해당요건을 충족하는지에 대한 입증은 당해 사업자가 하여야 한다. 〈개정 1999.2.5〉

1. 당해 기업결합외의 방법으로는 달성하기 어려운 효율성 증대효과가 경쟁제한으로 인한 폐해보다 큰 경우
2. 상당기간 대차대조표상의 자본총계가 납입자본금보다 작은 상태에 있는 등 회생이 불가한 회사와의 기업결합으로서 대통령령이 정하는 요건에 해당하는 경우

③삭제 〈2007.8.3〉

④기업결합이 다음 각 호의 어느 하나에 해당하는 경우에는 일정한 거래분야에서 경쟁을 실질적으로 제한하는 것으로 추정한다.〈신설 1996.12. 30, 1999. 2.5, 2007.8.3〉

1. 기업결합의 당사회사(제1항 제5호의 경우에

는 회사설립에 참여하는 모든 회사를 말한다. 이하 같다)의 시장점유율(계열회사의 시장점유율을 합산한 점유율을 말한다. 이하 이 조에서 같다)의 합계가 다음 각목의 요건을 갖춘 경우

가. 시장점유율의 합계가 시장지배적사업자의 추정요건에 해당할 것

나. 시장점유율의 합계가 당해거래분야에서 제1위일 것

다. 시장점유율의 합계와 시장점유율이 제2위인 회사(당사회사를 제외한 회사중 제1위인 회사를 말한다)의 시장점유율과의 차이가 그 시장점유율의 합계의 100분의 25이상일 것

2. 대규모회사가 직접 또는 특수관계인을 통하여 행한 기업결합이 다음 각목의 요건을 갖춘 경우

가. 중소기업기본법에 의한 중소기업의 시장점유율이 3분의 2이상인 거래분야에서의 기업결합일 것

나. 당해기업결합으로 100분의 5이상의 시장점유율을 가지게 될 것

⑤제1항의 규정에 의한 일정한 거래분야에서 경쟁을 실질적으로 제한하는 기업결합과 제2항의 규정에 의하여 제1항의 규정을 적용하지 아니하는 기업결합에 관한 기준은 공정거래위원회가 정하여 이를 고시할 수 있다.〈신설 1996.12.30, 1999.2.5, 2007.8.3〉

제7조의2【주식의 취득 또는 소유의 기준】 이 법의 규정에 의한 주식의 취득 또는 소유는 취득 또는 소유의 명의와 관계없이 실질적인 소유관계를 기준으로 한다.

제8조【지주회사 설립·전환의 신고】 지주회사를 설립하거나 지주회사로 전환한 자는 대통령령이 정하는 바에 의하여 공정거래위원회에 신고하여야 한다. 〈개정 2001.1.16〉

[전문개정 1999.2.5]

제8조의2【지주회사 등의 행위제한 등】 ①이 조에서 사용하는 용어의 정의는 다음과 같다. 〈신설 2004.12.31, 2007.8.3〉

1. "공동출자법인"이라 함은 경영에 영향을 미칠 수 있는 상당한 지분을 소유하고 있는 2인 이상의 출자자(특수관계인의 관계에 있는 출자자 중 대통령령이 정하는 자 외의 자는 1인으로 본다)가 계약 또는 이에 준하는 방법으로 출자지분의 양도를 현저히 제한하고 있어 출자자간 지분변동이 어려운 법인을 말한다.

2. "벤처지주회사"라 함은 벤처기업육성에관한특별조치법 제2조(정의)제1항의 규정에 의한 벤처기업(이하 "벤처기업"이라 한다)을 자회사로 하는 지주회사로서 대통령령이 정하는 기준에 해당하는 지주회사를 말한다.

②지주회사는 다음 각 호의 어느 하나에 해당하는 행위를 하여서는 아니된다. 〈개정 2001.1.16, 2002. 1.26, 2004.12.31, 2007.4.13, 2007.8.3〉

1. 자본총액(대차대조표상의 자산총액에서 부채액을 뺀 금액을 말한다. 이하 같다)의 2배를 초과하는 부채액을 보유하는 행위. 다만, 지주회사로 전환하거나 설립될 당시에 자본총액의 2배를 초과하는 부채액을 보유하고 있는 때에는 지주회사로 전환하거나 설립된 날부터 2년간은 자본총액의 2배를 초과하는 부채액을 보유할 수 있다.

가. 삭제〈2004.12.31〉

나. 삭제〈2004.12.31〉

나. 삭제〈2004.12.31〉

2. 자회사의 주식을 그 자회사 발행주식총수의 100분의 40[자회사가 「증권거래법」에 따른 주권상장법인이나 코스닥상장법인(이하 "상장법인"이라 한다)인 경우, 주식 소유의 분산요건 등 상장요건이 국내 유가증권시장의 상장요건에 상당하는 것으로 공정거래위원회가 고시하는 국외 증권거래소에 상장된 법인(이하 "국외상장법인"이라 한다)인 경우, 공동출자법인인 경우 또는 벤처지주회사의 자회사인 경우에는 100분의 20으로 한다. 이하 이조에서 "자회사주식보유기준"이라 한다] 미만으로 소유하는 행위. 다만, 다음 각 목의 어느 하나에 해당하는 사유로 인하여 자회사주식보유기준에 미달하게 된 경우에는 그러하지 아니하다.

가. 지주회사로 전환하거나 설립될 당시에 자회사의 주식을 자회사주식보유기준 미만으로 소유하고 있는 경우로서 지주회사로 전환하거나 설

립된 날부터 2년 이내인 경우

나. 상장법인 또는 국외상장법인이거나 공동출자법인이었던 자회사가 그에 해당하지 아니하게 되어 자회사주식보유기준에 미달하게 된 경우로서 그 해당하지 아니하게 된 날부터 1년 이내인 경우

다. 벤처지주회사이었던 회사가 그에 해당하지 아니하게 되어 자회사주식보유기준에 미달하게 된 경우로서 그 해당하지 아니하게 된 날부터 1년 이내인 경우

라. 자회사가 주식을 모집하거나 매출하면서 「증권거래법」 제191조의7(우리사주조합원에 대한 우선배정)의 규정에 따라 우리사주조합에 우선 배정하거나 당해 자회사가 「상법」 제513조(전환사채의 발행) 또는 제516조의2(신주인수권부사채의 발행)의 규정에 따라 발행한 전환사채 또는 신주인수권부사채의 전환이 청구되거나 신주인수권이 행사되어 자회사주식보유기준에 미달하게 된 경우로서 그 미달하게 된 날부터 1년 이내인 경우

마. 자회사가 아닌 회사가 자회사에 해당하게 되고 자회사주식보유기준에는 미달하는 경우로서 당해 회사가 자회사에 해당하게 된 날부터 1년 이내인 경우

바. 자회사를 자회사에 해당하지 아니하게 하는 과정에서 자회사주식보유기준에 미달하게 된 경우로서 그 미달하게 된 날부터 1년 이내인 경우(자회사주식보유기준에 미달하게 된 날부터 1년 이내에 자회사에 해당하지 아니하게 된 경우에 한한다)

사. 자회사가 다른 회사와 합병하여 자회사주식보유기준에 미달하게 된 경우로서 그 미달하게 된 날부터 1년 이내인 경우

3. 계열회사가 아닌 국내회사(「사회기반시설에 대한 민간 투자법」 제4조(민간투자사업의 추진방식) 제1호 내지 제4호의 규정에 정한 방식으로 민간투자사업을 영위하는 회사를 제외한다. 이하 이호에서 같다)의 주식을 당해 회사 발행주식총수의 100분의 5를 초과하여 소유하는 행위(소유하고 있는 계열회사가 아닌 국내회사의 주식가액의 합계액이 자회사의 주식가액의 합계액의 100분의 15 미만인 지주회사에 대하여는 적용하지 아니한다) 또는 자회사 외의 국내계열회사의 주식을 소유하는 행위. 다만, 다음 각목의 1에 해당하는 사유로 인하여 주식을 소유하고 있는 계열회사가 아닌 국내회사나 국내계열회사의 경우에는 그러하지 아니하다.

가. 지주회사로 전환하거나 설립될 당시에 이 호 본문에서 규정하고 있는 행위에 해당하고 있는 경우로서 지주회사로 전환하거나 설립된 날부터 2년 이내인 경우

나. 계열회사가 아닌 회사를 자회사에 해당하게 하는 과정에서 이 호 본문에서 규정하고 있는 행위에 해당하게 된 날부터 1년 이내인 경우(같은 기간내에 자회사에 해당하게 된 경우에 한한다)

다. 주식을 소유하고 있지 아니한 국내계열회사를 자회사에 해당하게 하는 과정에서 그 국내계열회사 주식을 소유하게 된 날부터 1년 이내인 경우(같은 기간내에 자회사에 해당하게 된 경우에 한한다)

라. 자회사를 자회사에 해당하지 아니하게 하는 과정에서 당해 자회사가 자회사에 해당하지 아니하게 된 날부터 1년 이내인 경우

4. 금융업 또는 보험업을 영위하는 자회사의 주식을 소유하는 지주회사(이하 "금융지주회사"라 한다)인 경우 금융업 또는 보험업을 영위하는 회사(금융업 또는 보험업과 밀접한 관련이 있는 등 대통령령이 정하는 기준에 해당하는 회사를 포함한다)외의 국내회사의 주식을 소유하는 행위. 다만, 금융지주회사로 전환하거나 설립될 당시에 금융업 또는 보험업을 영위하는 회사 외의 국내회사 주식을 소유하고 있는 때에는 금융지주회사로 전환하거나 설립된 날부터 2년간은 그 국내회사의 주식을 소유할 수 있다.

5. 금융지주회사외의 지주회사(이하 "일반지주회사"라 한다)인 경우 금융업 또는 보험업을 영위하는 국내회사의 주식을 소유하는 행위. 다만, 일반지주회사로 전환하거나 설립될 당시에 금융업 또는 보험업을 영위하는 국내회사의 주식을

소유하고 있는 때에는 일반지주회사로 전환하거나 설립된 날부터 2년간은 그 국내회사의 주식을 소유할 수 있다.

③일반지주회사의 자회사는 다음 각 호의 어느 하나에 해당하는 행위를 하여서는 아니된다. 〈개정 2004. 12.31, 2007.4.13, 2007.8.3〉

1. 손자회사의 주식을 당해 손자회사 발행주식총수의 100분의 40(그 손자회사가 상장법인 또는 국외상장법인이거나 공동출자법인인 경우에는 100분의 20으로 한다. 이하 이 조에서 "손자회사주식보유기준"이라 한다) 미만으로 소유하는 행위. 다만, 다음 각목의 어느 하나에 해당하는 사유로 인하여 손자회사주식보유기준에 미달하게 된 손자회사의 경우에는 그러하지 아니하다.

가. 자회사가 될 당시에 손자회사의 주식을 손자회사주식보유기준 미만으로 소유하고 있는 경우로서 자회사에 해당하게 된 날부터 2년 이내인 경우

나. 상장법인 또는 국외상장법인이거나 공동출자법인이었던 손자회사가 그에 해당하지 아니하게 되어 손자회사주식보유기준에 미달하게 된 경우로서 그 해당하지 아니하게 된 날부터 1년 이내인 경우

다. 손자회사가 주식을 모집 또는 매출하면서 「증권거래법」 제191조의7(우리사주조합원에 대한 우선배정)의 규정에 따라 우리사주조합에 우선 배정하거나 당해 손자회사가 「상법」 제513조(전환사채의 발행) 또는 제516조의2(신주인수권부사채의 발행)의 규정에 따라 발행한 전환사채 또는 신주인수권부사채의 전환이 청구되거나 신주인수권이 행사되어 손자회사주식보유기준에 미달하게 된 경우로서 그 미달하게 된 날부터 1년 이내인 경우

라. 손자회사가 아닌 회사가 손자회사에 해당하게 되고 손자회사주식보유기준에는 미달하는 경우로서 당해 회사가 손자회사에 해당하게 된 날부터 1년 이내인 경우

마. 손자회사를 손자회사에 해당하지 아니하게 하는 과정에서 손자회사주식보유기준에 미달하게 된 경우로서 그 미달하게 된 날부터 1년 이내인 경우(같은 기간내에 손자회사에 해당하지 아니하게 된 경우에 한한다)

바. 손자회사가 다른 회사와 합병하여 손자회사주식보유기준에 미달하게 된 경우로서 그 미달하게 된 날부터 1년 이내인 경우

2. 손자회사가 아닌 국내계열회사의 주식을 소유하는 행위. 다만, 다음 각목의 어느 하나에 해당하는 사유로 인하여 주식을 소유하고 있는 국내계열회사의 경우에는 그러하지 아니하다.

가. 자회사가 될 당시에 주식을 소유하고 있는 국내계열회사의 경우로서 자회사에 해당하게 된 날부터 2년 이내인 경우

나. 계열회사가 아닌 회사를 손자회사에 해당하게 하는 과정에서 당해 회사가 계열회사에 해당하게 된 날부터 1년 이내인 경우(같은 기간내에 손자회사에 해당하게 된 경우에 한한다)

다. 주식을 소유하고 있지 아니한 국내계열회사를 손자회사에 해당하게 하는 과정에서 당해 계열회사의 주식을 소유하게 된 날부터 1년 이내인 경우(같은 기간내에 손자회사에 해당하게 된 경우에 한한다)

라. 손자회사를 손자회사에 해당하지 아니하게 하는 과정에서 당해 사업관련손자회사가 손자회사에 해당하지 아니하게 된 날부터 1년 이내인 경우(같은 기간내에 계열회사에 해당하지 아니하게 된 경우에 한한다)

마. 손자회사가 다른 자회사와 합병하여 그 다른 자회사의 주식을 소유하게 된 경우로서 주식을 소유한 날부터 1년 이내인 경우

바. 자기주식을 보유하고 있는 자회사가 회사분할로 인하여 다른 국내계열회사의 주식을 소유하게 된 경우로서 주식을 소유한 날부터 1년 이내인 경우

3. 금융업이나 보험업을 영위하는 회사를 손자회사로 지배하는 행위. 다만, 일반지주회사의 자회사가 될 당시에 금융업이나 보험업을 영위하는 회사를 손자회사로 지배하고 있는 경우에는 자회사에 해당하게 된 날부터 2년간 그 손자회사를 지배할 수 있다.

④일반지주회사의 손자회사는 국내계열회사의

주식을 소유하여서는 아니된다. 다만, 다음 각 호의 1에 해당하는 사유로 인하여 주식을 소유하고 있는 국내계열회사의 경우에는 그러하지 아니하다. 〈신설 2004.12.31, 2007.8.3〉

1. 손자회사가 될 당시에 주식을 소유하고 있는 국내계열회사의 경우로서 손자회사에 해당하게 된 날부터 2년 이내인 경우
2. 주식을 소유하고 있는 계열회사가 아닌 국내회사가 계열회사에 해당하게 된 경우로서 당해 회사가 계열회사에 해당하게 된 날부터 1년 이내인 경우
3. 자기주식을 소유하고 있는 손자회사가 회사분할로 인하여 다른 국내계열회사의 주식을 소유하게 된 경우로서 주식을 소유한 날부터 1년 이내인 경우
4. 손자회사가 국내계열회사(금융업 또는 보험업을 영위하는 회사를 제외한다) 발행주식총수를 소유하고 있는 경우

⑤제4장 제4호에 따라 손자회사가 주식을 소유하고 있는 회사(이하 "증손회사"라 한다)는 국내계열회사의 주식을 소유하여서는 아니 된다. 다만, 다음 각 호의 어느 하나에 해당하는 경우에는 그러하지 아니하다. 〈신설 2007.8.3〉

1. 증손회사가 될 당시에 주식을 소유하고 있는 국내계열회사의 경우로서 증손회사에 해당하게 된 날부터 2년 이내인 경우
2. 주식을 소유하고 있는 계열회사가 아닌 국내회사가 계열회사에 해당하게 된 경우로서 그 회사가 계열회사에 해당하게 된 날부터 1년 이내인 경우

⑥제2항 제1호 단서, 제2항 제2호 가목, 제2항 제3호 가목, 제2항 제4호 단서, 제2항 제5호 단서, 제3항 제1호 가목, 제3항 제2호 가목, 제3항 제3호 단서, 제4항 제1호 및 제5항 제1호를 적용함에 있어서 각 해당 규정의 유예기간은 주식가격의 급격한 변동 등 경제여건의 변화, 주식처분금지계약, 사업의 현저한 손실 그 밖의 사유로 인하여 부채액을 감소시키거나 주식의 취득·처분 등이 곤란한 경우에는 공정거래위원회의 승인을 얻어 2년을 연장할 수 있다. 〈신설 2007.8.3〉

⑦지주회사는 대통령령이 정하는 바에 의하여 당해 지주회사·자회사·손자회사 및 증손회사(이하 "지주회사 등"이라 한다)의 주식소유현황·재무상황 등 사업내용에 관한 보고서를 공정거래위원회에 제출하여야 한다. 〈개정 2004.12.31, 2007.4.13, 2007.8.3〉

제8조의3【채무보증제한기업집단의 지주회사 설립제한】 제14조(상호출자제한기업집단 등의 지정 등)제1항의 규정에 따라 지정된 채무보증제한기업집단에 속하는 회사를 지배하는 동일인 또는 당해 동일인의 특수관계인이 지주회사를 설립하고자 하거나 지주회사로 전환하고자 하는 경우에는 제10조의2(계열회사에 대한 채무보증의 금지)의 규정에 의한 채무보증으로서 다음 각 호의 1에 해당하는 채무보증을 해소하여야 한다. 〈개정 2002.1.26〉

1. 지주회사와 자회사간의 채무보증
2. 지주회사와 다른 국내계열회사(당해 지주회사가 지배하는 자회사를 제외한다)간의 채무보증
3. 자회사 상호간의 채무보증
4. 자회사와 다른 국내계열회사(당해 자회사를 지배하는 지주회사 및 당해 지주회사가 지배하는 다른 자회사를 제외한다)간의 채무보증

[본조신설 1999.2.5]

제9조【상호출자의 금지등】 ①일정규모이상의 자산총액등 대통령령이 정하는 기준에 해당되어 제14조(상호출자제한기업집단등의 지정)제1항의 규정에 따라 지정된 기업집단(이하 "상호출자제한기업집단"이라 한다)에 속하는 회사는 자기의 주식을 취득 또는 소유하고 있는 계열회사의 주식을 취득 또는 소유하여서는 아니된다. 다만, 다음 각 호의 1에 해당하는 경우에는 그러하지 아니하다. 〈개정 2002.1.26〉

1. 회사의 합병 또는 영업전부의 양수
2. 담보권의 실행 또는 대물변제의 수령

②제1항 단서의 규정에 의하여 출자를 한 회사는 당해주식을 취득 또는 소유한 날부터 6월이내에 이를 처분하여야 한다. 다만, 자기의 주식을 취득 또는 소유하고 있는 계열회사가 그 주식을 처분한 때에는 그러하지 아니하다.

③상호출자제한기업집단에 속하는 회사로서 중소기업창업지원법에 의한 중소기업창업투자회사는 국내 계열회사주식을 취득 또는 소유하여서는 아니된다. 〈개정 2002.1.26, 2007.8.3〉

제10조 【출자총액의 제한】 ①동일한 기업집단에 속하는 국내 회사들의 자산총액의 합계액이 10조원 이상인 기업집단(이하 "출자총액제한기업집단"이라 한다)에 속하는 회사는 당해 회사의 순자산액에 100분의 40을 곱한 금액(이하 "출자한도액"이라 한다)을 초과하여 다른 국내회사의 주식을 취득 또는 소유하여서는 아니된다. 다만, 다음 각 호의 어느 하나에 해당하는 경우에는 그러하지 아니하다. 〈개정 2001.1.16, 2002.1.26, 2004.12.31, 2005.3.31, 2007.4.13, 2007.8.3〉

1. 다른 국내회사의 발행주식총수에 대한 취득 또는 소유하고 있는 주식의 비율안에서 그 회사의 신주를 취득 또는 소유하는 경우. 이 경우 취득 또는 소유한 날부터 2년 이내에 한한다.

2. 담보권의 실행 또는 대물변제의 수령에 의하여 주식을 취득 또는 소유하는 경우. 다만, 취득 또는 소유한 날부터 6月 이내에 한한다.

3. 외국인투자촉진법에 의한 외국인투자기업중 외국인 1인(외국인투자촉진법 제2조 제1항 제4호 나목의 규정에 의한 자본출자관계에 있는 기업과 당해 외국인 또는 그 외국인과 외국인투자촉진법 제2조 제1항 제4호 나목의 규정에 의한 자본출자관계에 있는 기업의 외국인투자촉진법 제6조의 규정에 의한 특수관계인을 포함한다)이 발행주식총수의 100분의 10 이상의 주식을 보유하고 있는 회사의 주식을 취득 또는 소유하는 경우. 이 경우 외국인이 보유하고 있는 주식비율이 그 회사 발행주식총수의 100분의 10 미만으로 된 때에는 그 날부터 6월에 한한다.

4. 중소기업과의 기술협력, 산업발전법 제7조의 규정에 의한 신산업 등 대통령령이 정하는 산업의 국제경쟁력 강화 또는 기업의 경쟁력 강화를 위한 기업구조조정을 위하여 주식을 취득 또는 소유하는 경우로서 대통령령이 정하는 요건에 해당하는 경우

5. 지주회사로 전환하기 위하여 또는 지주회사이었던 자가 지주회사가 되지 아니하기 위하여 주식을 취득·소유 또는 처분하거나 자산을 감소 또는 증가함으로 인하여 출자한도액을 초과하여 주식을 취득 또는 소유하게 된 경우로서 대통령령이 정하는 요건에 해당하는 경우. 다만, 취득 또는 소유한 날부터 당해 사업연도 말까지로 하되 지주회사나 지주회사가 아닌 회사로의 전환에 상당한 기간이 소요되는 경우로서 정당한 이유가 있는 경우 공정거래위원회는 다음 사업연도 말까지로 그 기간을 연장할 수 있다.

6. 다음 각목의 1에 해당하는 회사의 주식을 소유하는 경우. 이 경우 다음 각목의 절차가 종료된 때에는 종료된 날부터 6월 이내에 한한다.

가. 「채무자 회생 및 파산에 관한 법률」에 의한 회생절차가 개시되어 진행중인 회사

나. 삭제〈2005.3.31〉

다. 「채무자 회생 및 파산에 관한 법률」에 의한 파산선고를 받고 절차가 진행중인 회사

라. 「기업구조조정 촉진법」 제12조(부실징후기업의 관리)제1항제1호 내지 제3호의 어느 하나에 해당하는 관리절차가 개시되어 그 절차가 진행중인 회사

②제1항 각 호외의 부분 본문의 자산총액 및 순자산액은 다음의 구분에 따라 산정한다. 〈개정 2007.4.13〉

1. 자산총액

가. 제14조 제1항에 따른 지정 직전 사업연도 대차대조표상의 자산총액

나. 금융업 또는 보험업을 영위하는 회사의 경우에는 자본총액 또는 자본금 중 큰 금액

다. 새로 설립된 회사로서 직전 사업연도의 대차대조표가 없는 경우에는 지정일 현재의 납입자본금

2. 순자산액

가. 직전 사업연도의 대차대조표에 표시된 자본총계와 자본금 중 큰 금액에서 직전 사업연도 종료일 현재 당해 회사에 대한 계열회사의 출자금액(소유주식수에 1주당 액면금액을 곱한 금액을 말한다. 이하 이 항에서 같다)을 뺀 금액

나. 새로 설립된 회사로서 직전 사업연도의 대

차대조표가 없는 경우에는 설립 당시의 납입자본금에서 당해 회사에 대한 계열회사의 출자금액을 뺀 금액

다. 가목 또는 나목의 경우에 직전 사업연도 종료일 또는 회사 설립일 이후에 신주발행, 합병 또는 전환사채의 전환으로 자본총계가 증가하게 된 때에는 그 증가된 자본총계에서 당해 회사에 대한 계열회사의 출자금액을 뺀 금액

③제1항 각 호외의 부분 본문의 규정에 의하여 취득 또는 소유하는 주식의 가액은 취득 당시의 가격을 기준으로 산정한다. 다만, 취득 당시의 가격에 정부에 납부하는 출연금이 포함된 경우에는 그 금액을 뺀 금액을 기준으로 산정한다. 〈개정 2002.1.26〉

④제1항의 규정을 적용함에 있어서 회사의 순자산액이 감소(자기주식의 취득으로 순자산액이 감소하는 경우를 제외한다. 이하 같다)하여 출자한도액을 초과하게 되거나 이미 초과된 금액이 증가하는 경우에는 순자산액이 감소한 날부터 2년간은 다음 각 호의 1중 적은 금액을 출자한도액으로 본다. 그 기간 경과후 회사의 순자산액이 다시 감소하는 경우에도 또한 같다.

1. 순자산액이 감소한 날의 다른 국내회사에 대한 출자총액

2. 순자산액이 감소하지 아니하였을 경우 산정되는 출자한도액

⑤제2항 제3호의 규정에 의하여 순자산액이 증가함으로 인하여 출자한도액이 제4항에서 출자한도액으로 보는 금액을 초과하게 된 때에는 제4항의 규정을 적용하지 아니한다.

⑥출자총액제한기업집단에 속하는 회사가 취득 또는 소유하고 있는 주식이 다음 각 호의 어느 하나에 해당하는 경우 그 주식은 제1항 각 호외의 부분 본문의 규정에 의한 다른 국내회사의 주식으로 보지 아니한다. 〈신설 2002.1.26, 2004.12.31, 2005.1.27, 2005.3.31, 2007.8.3〉

1. 「사회기반시설에 대한 민간투자법」 제4조(민간투자사업의 추진방식)제1호 내지 제4호의 규정에 의한 방식으로 민간투자사업을 영위하는 회사의 주식을 취득 또는 소유하는 경우. 이 경우 취득 또는 소유한 날부터 20년이내에 한한다. 다만, 그 민간투자사업의 공사기간과 무상사용기간을 합산한 기간이 20년을 초과하는 경우 등 공정거래위원회가 필요하다고 인정하는 때에는 10년이내의 범위에서 이를 연장할 수 있다.

2. 다음 각목의 어느 하나에 해당하는 회사의 인수를 위하여 그 회사의 주식을 취득 또는 소유하는 경우

가. 「정부투자기관 관리 기본법」 제2조(적용범위)의 규정에 의한 정부투자기관(이하 "정부투자기관"이라 한다)

나. 공기업의 경영구조개선 및 민영화에 관한 법률 제2조(적용대상기업)의 규정에 의한 법인

다. 대통령령이 정하는 정부출자기관

라. 가목 내지 다목의 회사의 계열회사

3. 각 호외의 부분의 규정에 의한 회사와 동종의 영업을 영위하거나 그 회사의 사업내용과 밀접한 관련이 있는 등 대통령령이 정하는 기준에 해당하는 회사의 주식을 취득 또는 소유하는 경우

4. 국가 또는 지방자치단체가 발행주식총수의 100분의 30이상을 취득 또는 소유하고 있는 회사의 주식을 취득 또는 소유하는 경우. 이 경우 국가 또는 지방자치단체의 그 회사에 대한 지분율이 100분의 30미만이 되는 때에는 그 날부터 6월이내에 한한다.

5. 「남북교류협력에 관한 법률」 제16조(협력사업자)에 의하여 협력사업자로 승인된 회사로서 매출액비중 등 대통령령이 정하는 기준에 해당하는 회사의 주식을 취득 또는 소유하는 경우

⑦다음 각 호의 어느 하나에 해당하는 회사에 대하여는 제1항의 규정을 적용하지 아니한다. 〈신설 2002.1.26, 2004.12.31, 2005.3.31, 2007.4.13, 2007.8.3〉

1. 금융업 또는 보험업을 영위하는 회사

2. 지주회사 등

3. 「채무자 회생 및 파산에 관한 법률」에 의한 회생절차가 개시되어 이들 절차가 진행중이거나 「기업구조조정 촉진법」 제7조(부실징후기업의 관리)제1항제1호 내지 제3호의 규정에 의한 관리

절차가 개시되어 그 절차가 진행중인 회사. 이 경우 각 절차가 종료된 때에는 종료된 날부터 1년 이내에 한한다.

4. 회사의 투명한 의사결정 및 경영활동을 보장하기 위하여 이사와 이사회, 주주총회 등에 관하여 대통령령이 정하는 감시·견제장치를 갖춘 회사 [본조신설 1999.12.28]

5. 직전 사업연도의 자산총액이 대통령령으로 정하는 규모 미만인 회사

⑧재무구조, 계열회사의 수 및 소유지배구조 등이 대통령령이 정하는 기준에 해당하는 기업집단은 출자총액제한기업집단으로부터 제외한다. 〈신설 2007.4.13〉

제10조의2 **【계열회사에 대한 채무보증의 금지】** ①일정규모 이상의 자산총액 등 대통령령이 정하는 기준에 해당되어 제14조(상호출자제한기업집단등의 지정)제1항의 규정에 따라 지정된 기업집단(이하 "채무보증제한기업집단"이라 한다)에 속하는 회사(금융업 또는 보험업을 영위하는 회사를 제외한다. 이하 같다)는 국내계열회사에 대하여 채무보증을 하여서는 아니된다. 다만, 다음 각 호의 1에 해당하는 채무보증의 경우에는 그러하지 아니하다. 〈개정 1996. 12. 30, 1998.2.24, 1999.2.8, 2002.1.26, 2007.8.3〉

1. 「조세특례제한법」에 의한 합리화기준에 따라 인수되는 회사의 채무와 관련하여 행하는 보증

2. 삭제〈1996.12.30〉

3. 기업의 국제경쟁력강화를 위하여 필요한 경우 기타 대통령령이 정하는 경우의 채무에 대한 보증

②제1항에서 "채무보증"이라 함은 다음 각 호의 1에 해당하는 국내금융기관의 여신과 관련하여 채무보증제한기업집단에 속하는 회사가 국내계열회사에 대하여 행하는 보증을 말한다. 〈개정 1997.8.30, 1997.12.13, 1998.2.24, 2002.1.26, 2007.8.3〉

1. 은행법에 의한 금융기관과 한국산업은행·한국수출입은행·장기신용은행 및 중소기업은행

2. 삭제〈1998.1.13〉

3. 보험업법에 의한 보험회사

4. 증권거래법에 의한 증권회사

5. 종합금융회사에 관한 법률에 의한 종합금융회사

6. 기타 대통령령이 정하는 금융기관

③삭제〈1998.2.24〉

④삭제〈1998.2.24〉

[본조신설 1992.12.8]

제10조의3 삭제〈2001.1.16〉

제11조 **【금융회사 또는 보험회사의 의결권 제한】** 상호출자제한기업집단에 속하는 회사로서 금융업 또는 보험업을 영위하는 회사는 취득 또는 소유하고 있는 국내계열회사주식에 대하여 의결권을 행사할 수 없다. 다만, 다음 각 호의 어느 하나에 해당하는 경우에는 그러하지 아니하다. 〈개정 1992.12.8, 1996.12.30, 2002.1.26, 2004.12.31, 2007.4.13, 2007.8.3〉

1. 금융업 또는 보험업을 영위하기 위하여 주식을 취득 또는 소유하는 경우

2. 보험자산의 효율적인 운용·관리를 위하여 보험업법 등에 의한 승인 등을 얻어 주식을 취득 또는 소유하는 경우

3. 당해 국내 계열회사(상장법인에 한한다)의 주주총회에서 다음 각목의 어느 하나에 해당하는 사항을 결의하는 경우. 이 경우 그 계열회사의 주식중 의결권을 행사할 수 있는 주식의 수는 그 계열회사에 대하여 특수관계인중 대통령령이 정하는 자를 제외한 자가 행사할 수 있는 주식수를 합하여 그 계열회사 발행주식총수의 100분의 15를 초과할 수 없다.

가. 임원의 선임 또는 해임

나. 정관 변경

다. 그 계열회사의 다른 회사로의 합병, 영업의 전부 또는 주요부분의 다른 회사로의 양도

제11조의2 **【대규모내부거래의 이사회 의결 및 공시】** ①일정규모 이상의 자산총액 등 대통령령이 정하는 기준에 해당하는 기업집단에 속하는 회사(이하 "내부거래공시대상회사"라 한다)는 특수관계인을 상대방으로 하거나 특수관계인을 위하여 대통령령이 정하는 규모 이상의 다음 각 호의

어느 하나에 해당하는 거래행위(이하 "대규모내부거래"라 한다)를 하고자 하는 때에는 미리 이사회의 의결을 거친 후 이를 공시하여야 한다. 제2항의 규정에 의한 주요내용을 변경하고자 하는 때에도 또한 같다. 〈개정 2002.1.26〉

1. 가지급금 또는 대여금 등의 자금을 제공 또는 거래하는 행위
2. 주식 또는 회사채 등의 유가증권을 제공 또는 거래하는 행위
3. 부동산 또는 무체재산권 등의 자산을 제공 또는 거래하는 행위
4. 주주의 구성 등을 고려하여 대통령령으로 정하는 계열회사를 상대방으로 하거나 동 계열회사를 위하여 상품 또는 용역을 제공 또는 거래하는 행위

②내부거래공시대상회사는 제1항의 규정에 의하여 공시를 함에 있어서는 거래의 목적·상대방·규모 및 조건 등 대통령령이 정하는 주요내용을 포함하여야 한다.

③공정거래위원회는 제1항의 규정에 의한 공시와 관련되는 업무를 증권거래법 제186조(상장법인의 신고·공시의무등)의 규정에 의한 신고수리기관에 위탁할 수 있다. 이 경우 공시의 방법·절차 기타 필요한 사항은 공시와 관련되는 업무를 위탁받은 신고수리기관과의 협의를 거쳐 공정거래위원회가 이를 정한다. 〈개정 2007.8.3〉

④금융업 또는 보험업을 영위하는 내부거래공시대상회사가 약관에 따라 정형화된 거래로서 대통령령이 정하는 기준에 해당하는 거래행위를 하고자 하는 때에는 제1항의 규정에 불구하고 이사회의 의결을 거치지 아니하고 이를 할 수 있다. 다만, 그 거래내용은 이를 공시하여야 한다.

⑤ 제1항의 경우에 상장법인이 「상법」 제393조의2(이사회내 위원회)에 따라 설치한 위원회[「증권거래법」 제2조(정의)제19항에 따른 사외이사의 수가 3인 이상이고, 그 비중이 3분의 2 이상인 경우에 한한다]에서 의결한 경우에는 이사회의 의결을 거친 것으로 볼 수 있다. 〈신설 2007.8.3〉

[본조신설 1999.12.28]

제11조의3 【비상장회사 등의 중요사항 공시】 ① 일정규모 이상의 자산총액 등 대통령령이 정하는 기준에 해당하는 기업집단에 속하는 회사(금융업 또는 보험업을 영위하는 회사를 제외한다)로서 상장법인을 제외한 회사는 다음 각 호의 어느 하나에 해당하는 사항을 공시하여야 한다. 다만, 제11조의2의 규정에 따라 공시되는 사항을 제외한다. 〈개정 2007.4.13, 2007.8.3〉

1. 최대주주와 주요주주(증권거래법 제188조 제1항의 규정에 의한 주요주주를 말한다)의 주식보유현황 및 그 변동사항, 임원의 변동 등 회사의 소유지배구조와 관련된 중요사항으로서 대통령령이 정하는 사항
2. 자산·주식의 취득, 증여, 담보제공, 채무인수·면제 등 회사의 재무구조에 중요한 변동을 초래하는 사항으로서 대통령령이 정하는 사항
3. 영업양도·양수, 합병·분할, 주식의 교환·이전 등 회사의 경영활동과 관련된 중요한 사항으로서 대통령령이 정하는 사항

②제11조의2(대규모내부거래의 이사회 의결 및 공시)제2항 및 제3항의 규정은 제1항의 규정에 의한 공시에 관하여 이를 준용한다.

[본조신설 2004.12.31]

제12조 【기업결합의 신고】 ①자산총액 또는 매출액의 규모가 대통령령이 정하는 기준에 해당하는 회사(제3호에 해당하는 기업결합을 하는 경우에는 대규모회사에 한하며, 이하 이 조에서 "기업결합신고대상회사"라 한다) 또는 특수관계인이 자산총액 또는 매출액의 규모가 대통령령이 정하는 기준에 해당하는 다른 회사(이하 이 조에서 "상대회사"라 한다)에 대하여 제1호 내지 제4호의 어느 하나에 해당하는 기업결합을 하거나 기업결합신고대상회사 또는 그 특수관계인이 상대회사 또는 그 특수관계인과 공동으로 제5호의 기업결합을 하는 경우에는 대통령령이 정하는 바에 따라 공정거래위원회에 신고하여야 한다. 기업결합신고대상회사에 대하여 제1호 내지 제4호의 어느 하나에 해당하는 기업결합을 하거나 기업결합신고대상회사 외의 회사로서 상대회사의 규모에 해당하는 회사 또는 그 특수관계인이 기업결합신고대상회사 또는 그 특수관계인과 공동

으로 제5호의 기업결합을 하는 경우에도 또한 같다. 〈개정 2004.12.31, 2007.4.13, 2007.8.3〉

1. 다른 회사의 발행주식총수[「상법」 제370조(의결권 없는 주식)의 규정에 의한 의결권없는 주식을 제외한다. 이하 같다]의 100분의 20(상장법인의 경우에는 100분의 15)이상을 소유하게 되는 경우

2. 다른 회사의 발행주식을 제1호에 따른 비율 이상으로 소유한 자가 당해 회사의 주식을 추가로 취득하여 최다출자자가 되는 경우

3. 임원겸임의 경우(계열회사의 임원을 겸임하는 경우를 제외한다)

4. 제7조(기업결합의 제한)제1항제3호 또는 제4호에 해당하는 행위를 하는 경우

5. 새로운 회사설립에 참여하여 그 회사의 최다출자자가 되는 경우

②제1항에 규정된 기업결합신고대상회사 및 상대회사의 자산총액 또는 매출액의 규모는 각각 기업결합일 전부터 기업결합일 후까지 계속하여 계열회사의 지위를 유지하고 있는 회사의 자산총액 또는 매출액을 합산한 규모를 말한다. 다만, 제7조(기업결합의 제한)제1항제4호의 규정에 의한 영업양수의 경우에 영업을 양도(영업의 임대, 경영의 위임 및 영업용고정자산의 양도를 포함한다)하는 회사의 자산총액 또는 매출액의 규모는 계열회사의 자산총액 또는 매출액을 합산하지 아니한 규모를 말한다. 〈신설 2004.12.31〉

③제1항에 불구하고 다음 각 호의 어느 하나에 해당하는 기업결합으로서 동항 제1호 또는 제5호에 해당하는 경우에는 신고대상에서 제외한다.〈신설 2001.1.16, 2002.1.26, 2002.8.26, 2004.12.31, 2007.8.3〉

1. 「중소기업창업지원법」 제2조 제4호·제5호의 중소기업창업투자회사 또는 중소기업창업투자조합이 동조제2호의 창업자(이하 "창업자"라 한다) 또는 벤처기업의 주식을 제1항 제1호에 따른 비율 이상으로 소유하게 되거나 창업자 또는 벤처기업의 설립에 다른 회사와 공동으로 참여하여 최다출자자가 되는 경우

2. 「여신전문금융업법」 제41조(적용범위)제1항·제3항의 신기술사업금융업자 또는 신기술사업투자조합이 「기술신용보증기금법」 제2조(정의)제1호의 신기술사업자(이하 "신기술사업자"라 한다)의 주식을 제1항 제1호에 따른 비율 이상으로 소유하게 되거나 신기술사업자의 설립에 다른 회사와 공동으로 참여하여 최다출자자가 되는 경우

3. 기업결합신고대상회사가 다음 각 목의 어느 하나에 해당하는 회사의 주식을 제1항 제1호에 따른 비율 이상으로 소유하게 되거나 다음 각 목의 어느 하나에 해당하는 회사의 설립에 다른 회사와 공동으로 참여하여 최다출자자가 되는 경우 〈개정 2007.8.3〉

가. 「간접투자자산 운용업법」에 따른 투자회사(동법 제142조 제1항의 기업인수증권투자회사는 제외한다)

나. 「사회기반시설에 대한 민간투자법」에 따라 사회기반시설 민간투자사업시행자로 지정된 회사

다. 나목에 따른 회사에 대한 투자목적으로 설립된 투자회사(「법인세법」 제51조의2 제1항 제6호에 해당하는 회사에 한한다)

라. 「부동산투자회사법」에 따른 부동산투자회사

④제1항의 규정은 관계중앙행정기관의 장이 다른 법률의 규정에 의하여 미리 당해기업결합에 관하여 공정거래위원회와 협의한 경우에는 이를 적용하지 아니한다.

⑤제1항제1호·제2호 또는 제5호의 규정에 의한 주식의 소유 또는 인수의 비율을 산정하거나 최대출자자 해당 여부를 판단함에 있어서는 당해 회사의 특수관계인이 소유하고 있는 주식을 합산한다. 〈개정 2004.12.31, 2007.8.3〉

⑥제1항의 규정에 의한 기업결합의 신고는 당해 기업결합일부터 30일 이내에 이를 하여야 한다. 다만, 제1항 제1호·제2호·제4호 또는 제5호의 규정에 의한 기업결합으로서 기업결합의 당사회사 중 1 이상의 회사가 대규모회사인 경우에는 합병계약을 체결한 날 등 대통령령이 정하는 날부터 30일 이내에 이를 신고하여야 한다. 〈개정

1999.2.5, 2004.12.31〉

⑦제6항 단서의 규정에 따라 신고를 하여야 하는 자는 대통령령이 정하는 경우를 제외하고는 신고 후 30일이 경과할 때까지 각각 주식소유, 합병등기, 영업양수계약의 이행행위 또는 주식인수행위를 하여서는 아니된다. 다만, 공정거래위원회가 필요하다고 인정하는 때에는 그 기간을 단축하거나 그 기간의 만료일 다음 날부터 기산하여 90일의 범위 안에서 그 기간을 연장할 수 있다. 〈개정 2004.12.31〉

⑧제7조(기업결합의 제한)제1항에 규정된 기업결합을 하고자 하는 자는 제6항에 규정된 신고기간이전이라도 당해 행위가 경쟁을 실질적으로 제한하는 행위에 해당하는지 여부에 대하여 공정거래위원회에 심사를 요청할 수 있다. 〈개정 1999. 2.5, 2001.1.16, 2004.12.31〉

⑨공정거래위원회는 제8항의 규정에 의하여 심사를 요청받은 경우에는 30일이내에 그 심사결과를 요청한 자에게 통지하여야 한다. 다만, 공정거래위원회가 필요하다고 인정할 때에는 그 기간의 만료일 다음날부터 기산하여 90일의 범위안에서 그 기간을 연장할 수 있다. 〈개정 1999.2.5, 2001. 1.16, 2004.12.31〉

⑩제1항의 규정에 의한 신고의무자가 2이상인 경우에는 공동으로 신고하여야 한다. 다만, 공정거래위원회가 대통령령이 정하는 바에 의하여 신고의무자가 소속된 기업집단에 속하는 회사중 하나의 회사를 기업결합신고대리인(이하 이 조에서 "대리인"이라 한다)으로 정하여 그 대리인이 신고한 경우에는 그러하지 아니하다.

[전문개정 1996.12.30]

제12조의2【기업결합 신고절차 등의 특례】 ①다음 각 호의 어느 하나에 해당하는 법인의 설립이나 합병 또는 최다액출자자 변경 등(이하 이 조에서 "법인설립 등"이라 한다)에 관한 승인·변경허가추천 등(이하 이 조에서 "승인 등"이라 한다)을 신청하는 자는 법인설립 등이 제12조(기업결합의 신고)제1항에 따른 신고대상에 해당하는 경우에는 승인 등의 주무관청(방송위원회를 포함한다. 이하 이 조에서 같다)에 승인 등을 신청할 때 기업결합 신고서류를 함께 제출할 수 있다.

1. 「전기통신사업법」 제13조(사업의 양수 및 법인의 합병 등)제2항에 따른 법인의 설립

2. 「방송법」 제15조(변경허가 등)제1항제1호에 따른 법인[「방송법」 제2조(용어의 정의)제3호 나목에 따른 종합유선방송사업자인 법인에 한한다. 이하 "종합유선방송사업자"라 한다]의 합병

3. 「방송법」 제15조의2(최다액출자자 등 변경승인)제1항에 따라 종합유선방송사업자의 최다액출자자가 되고자 하거나 종합유선방송사업자의 경영권을 실질적으로 지배하고자 하는 경우

②승인등의 신청인이 제1항에 따라 주무관청에 기업결합 신고서류를 제출한 때에는 그 서류가 주무관청에 접수된 날을 제12조(기업결합의 신고)제1항에 따른 신고가 있은 날로 본다.

③주무관청은 제1항에 따라 기업결합 신고서류를 제출받은 때에는 지체없이 공정거래위원회에 기업결합 신고서류를 송부하여야 한다.

④제12조(기업결합의 신고)제6항 단서에 따라 기업결합 신고를 하여야 하는 자는 공정거래위원회에 기업결합 신고를 하는 때에 법인설립 등의 승인 등에 관한 서류를 함께 제출할 수 있다.

⑤공정거래위원회는 제4항에 따라 법인설립 등의 승인 등에 관한 서류를 제출받은 때에는 지체없이 법인설립 등의 승인 등에 관한 서류를 주무관청에 송부하여야 한다.

[본조신설 2007.8.3]

제13조【주식소유현황등의 신고】 ①상호출자제한기업집단, 출자총액제한기업집단 또는 채무보증제한기업집단에 속하는 회사는 대통령령이 정하는 바에 의하여 당해 회사의 주주의 주식소유현황·재무상황 및 다른 국내회사 주식의 소유현황을 공정거래위원회에 신고하여야 한다. 〈개정 1996.12.30, 2002.1.26〉

②채무보증제한기업집단에 속하는 회사는 대통령령이 정하는 바에 의하여 국내계열회사에 대한 채무보증현황을 국내금융기관의 확인을 받아 공정거래위원회에 신고하여야 한다. 〈신설 1992. 12.8, 1996.12.30, 2002.1.26〉

③제12조(기업결합의 신고)제10항 단서의 규

정은 제1항 및 제2항의 신고에 관하여 이를 준용한다. 〈개정 1996.12.30, 2001.1.16. 2004.12.31〉

④삭제〈1996.12.30〉

제14조 【상호출자제한기업집단등의 지정등】 ①공정거래위원회는 대통령령이 정하는 바에 의하여 상호출자제한기업집단, 출자총액제한기업집단 및 채무보증제한기업집단(이하 "상호출자제한기업집단등"이라 한다)을 지정하고 동기업집단에 속하는 회사에 이를 통지하여야 한다. 〈개정 1992.12.8, 2002.1.26〉

②제9조(상호출자의 금지등) 내지 제11조(금융회사 또는 보험회사의 의결권 제한) 및 제13조(주식소유현황등의 신고)의 규정은 제1항의 규정에 의한 통지를 받은 날부터 적용한다. 〈개정 1996.12.30, 1999.2.5〉

③제2항의 규정에 불구하고 제1항의 규정에 의하여 상호출자제한기업집단등으로 지정되어 상호출자제한기업집단등에 속하는 회사로 통지를 받은 회사 또는 제14조의2(계열회사의 편입 및 제외등)제1항의 규정에 따라 상호출자제한기업집단등의 계열회사로 편입되어 상호출자제한기업집단등에 속하는 회사로 통지를 받은 회사가 통지받을 당시 제9조(상호출자의 금지등)제1항·제3항, 제10조(출자총액의 제한)제1항 또는 제10조의2(계열회사에 대한 채무보증의 금지)제1항의 규정을 위반하고 있는 경우에는 다음 각호의 구분에 의한다. 〈개정 1999.12.28, 2001.1.16, 2002. 1.26, 2005.3.31〉

1. 제9조(상호출자의 금지등)제1항 또는 제3항의 규정을 위반하고 있는 경우[취득 또는 소유하고 있는 주식을 발행한 회사가 새로 계열회사로 편입되어 제9조(상호출자의 금지등)제3항의 규정을 위반하게 되는 경우를 포함한다]에는 지정일 또는 편입일부터 1년간은 동항의 규정을 적용하지 아니한다.

2. 제10조(출자총액의 제한)제1항의 규정을 위반하고 있는 경우에는 지정일 또는 편입일부터 1년간은 지정일 또는 편입일의 출자총액을 출자한도액으로 본다. 다만, 순자산액이 증가하여 출자한도액이 출자한도액으로 보는 금액을 초과하게 되는 때에는 그러하지 아니하다.

3. 제10조의2(계열회사에 대한 채무보증의 금지)제1항의 규정을 위반하고 있는 경우(채무보증을 받고 있는 회사가 새로 계열회사로 편입되어 위반하게 되는 경우를 포함한다)에는 지정일 또는 편입일부터 2년간은 동항의 규정을 적용하지 아니한다. 다만, 각 호 외의 부분의 규정에 의한 회사에 「채무자 회생 및 파산에 관한 법률」에 의한 회생절차가 개시된 경우에는 회생절차의 종료일까지, 각 호 외의 부분의 규정에 의한 회사가 회생절차가 개시된 회사에 대하여 채무보증을 하고 있는 경우에는 그 채무보증에 한하여 채무보증을 받고 있는 회사의 회생절차의 종료일까지는 동항의 규정을 적용하지 아니한다.

④공정거래위원회는 회사 또는 당해회사의 특수관계인에 대하여 제1항의 기업집단의 지정을 위하여 필요한 자료의 제출을 요청할 수 있다.

⑤상호출자제한기업집단등에 속하는 회사(직전 사업 연도말의 자산총액이 대통령령이 정하는 금액 미만인 회사로서 청산 중에 있거나 1년 이상 휴업 중인 회사를 제외한다)는 공인회계사의 회계감사를 받아야 하며, 공정거래위원회는 공인회계사의 감사의견에 따라 수정한 대차대조표를 사용하여야 한다. 〈신설 1998.2.24, 2002.1.26, 2004.12.31〉

제14조의2 【계열회사의 편입 및 제외등】 ①공정거래위원회는 상호출자제한기업집단등의 계열회사로 편입하거나 계열회사에서 제외하여야 할 사유가 발생한 경우에는 당해회사(당해회사의 특수관계인을 포함한다. 이하 이 조에서 같다)의 요청이나 직권으로 계열회사에 해당하는지 여부를 심사하여 계열회사로 편입하거나 계열회사에서 제외하여야 한다. 〈개정 2002.1.26〉

②공정거래위원회는 제1항의 규정에 의한 심사를 위하여 필요하다고 인정하는 경우에는 당해회사에 대하여 주주 및 임원의 구성, 채무보증관계, 자금대차관계, 거래관계 기타 필요한 자료의 제출을 요청할 수 있다.

③공정거래위원회는 제1항의 규정에 의하여 심사를 요청받은 경우에는 30일이내에 그 심사결

과를 요청한 자에게 통지하여야 한다. 다만, 공정거래위원회가 필요하다고 인정할 때에는 60일을 초과하지 아니하는 범위안에서 그 기간을 연장할 수 있다.

제14조의3【계열회사의 편입·통지일의 의제】 공정거래위원회는 제14조(상호출자제한기업집단등의 지정 등)제4항 또는 제14조의2(계열회사의 편입 및 제외 등)제2항에 의한 요청을 받은 자가 정당한 이유없이 자료제출을 거부하거나 허위의 자료를 제출함으로써 상호출자제한기업집단등의 소속회사로 편입되어야 함에도 불구하고 편입되지 아니한 경우에는 대통령령이 정하는 날에 그 상호출자제한기업집단등의 소속회사로 편입·통지된 것으로 본다. 〈개정 2002.1.26〉

[본조신설 1999.2.5]

[종전 제14조의3은 제14조의4로 이동〈1999.2.5〉]

제14조의4【관계기관에 대한 자료의 확인요구등】 공정거래위원회는 제9조(상호출자의 금지등) 내지 제11조(금융회사 또는 보험회사의 의결권 제한), 제13조(주식소유현황등의 신고) 내지 제14조의2(계열회사의 편입 및 제외등)의 규정의 시행을 위하여 필요하다고 인정하는 경우에는 다음 각 호의 1의 기관에 대하여 상호출자제한기업집단등의 국내계열회사 주주의 주식소유현황, 채무보증 관련자료, 가지급금·대여금 또는 담보의 제공에 관한 자료, 부동산의 거래 또는 제공에 관한 자료등 필요한 자료의 확인 또는 조사를 요청할 수 있다. 〈개정 1997.12.31, 1998.1.8, 1998.2.24, 2002.1.26, 2007.8.3〉

1. 「금융감독기구의 설치 등에 관한 법률」에 의하여 설립된 금융감독원
2. 삭제〈1998.2.24〉
3. 제10조의2(계열회사에 대한 신규 채무보증의 금지)제2항 각 호의 1의 규정에 의한 국내금융기관
4. 기타 금융 또는 주식의 거래에 관련되는 기관으로서 대통령령이 정하는 기관

[본조신설 1996.12.30]

[제14조의3에서 이동〈1999.2.5〉]

제14조의5【상호출자제한기업집단의 현황 등에 관한 정보공개】 ①공정거래위원회는 과도한 경제력 집중을 방지하고 기업집단의 투명성 등을 제고하기 위하여 상호출자제한기업집단에 속하는 회사에 대한 다음 각 호의 정보를 공개할 수 있다.

1. 상호출자제한기업집단에 속하는 회사의 일반현황, 지배구조현황 등에 관한 정보로서 대통령령으로 정하는 정보
2. 상호출자제한기업집단에 속하는 회사간 또는 상호출자제한기업집단에 속하는 회사와 그 특수관계인 간의 출자, 채무보증, 거래관계 등에 관한 정보로서 대통령령으로 정하는 정보

②공정거래위원회는 제1항 각 호에 규정된 정보의 효율적 처리 및 공개를 위하여 정보시스템을 구축·운영할 수 있다.

③제1항 및 제2항에 규정된 사항 외의 정보공개에 관하여는 「공공기관의 정보공개에 관한 법률」이 정하는 바에 따른다.

[본조신설 2007.4.13]

제15조【탈법행위의 금지】 ①누구든지 제7조(기업결합의 제한)제1항, 제8조의2(지주회사 등의 행위제한 등)제2항 내지 제5항, 제8조의3(채무보증제한기업집단의 지주회사 설립제한), 제9조(상호출자의 금지등), 제10조(출자총액의 제한)제1항, 제10조의2(계열회사에 대한 채무보증의 금지)제1항 또는 제11조(금융회사 또는 보험회사의 의결권 제한)의 규정의 적용을 면탈하려는 행위를 하여서는 아니된다. 〈개정 1992.12.8, 1996.12.30, 1998.2.24, 1999.2.5, 1999.12.28, 2001.1.16, 2002.1.26, 2004.12.31, 2007.8.3〉

②제1항의 규정에 의한 탈법행위의 유형 및 기준은 대통령령으로 정한다.〈신설 1996.12.30〉

제16조【시정조치】 ①공정거래위원회는 제7조(기업결합의 제한)제1항 및 제8조의2(지주회사 등의 행위제한 등)제2항 내지 제5항, 제8조의3(채무보증제한기업집단의 지주회사 설립제한), 제9조(상호출자의 금지등), 제10조(출자총액의 제한)제1항, 제10조의2(계열회사에 대한 채무보증의 금지)제1항, 제11조(금융회사 또는 보험회사의 의결권 제한) 또는 제15조(탈법행위의 금지)의 규

정에 위반하거나 위반할 우려가 있는 행위가 있는 때에는 당해 사업자[제7조(기업결합의 제한) 제1항에 위반한 경우에는 기업결합 당사회사(기업결합 당사회사에 대한 시정조치만으로는 경쟁제한으로 인한 폐해를 시정하기 어렵거나 기업결합 당사회사의 특수관계인이 사업을 영위하는 거래분야의 경쟁제한으로 인한 폐해를 시정할 필요가 있는 경우에는 그 특수관계인을 포함한다)를 말한다] 또는 위반행위자에 대하여 다음 각 호의 1의 시정조치를 명할 수 있다. 이 경우 제12조(기업결합의 신고)제6항 단서의 규정에 의한 신고를 받아 행하는 때에는 동조제7항의 규정에 의한 기간내에 이를 하여야 한다. 〈개정 1996.12.30, 1998. 2.24, 1999.2.5, 1999.12.28, 2001.1.16, 2002.1.26, 2004.12.31〉

1. 당해 행위의 중지
2. 주식의 전부 또는 일부의 처분
3. 임원의 사임
4. 영업의 양도
5. 채무보증의 취소
6. 시정명령을 받은 사실의 공표
7. 기업결합에 따른 경쟁제한의 폐해를 방지할 수 있는 영업방식 또는 영업범위의 제한
8. 기타 법위반상태를 시정하기 위하여 필요한 조치

②공정거래위원회는 제7조(기업결합의 제한) 제1항 및 제8조의3(채무보증제한기업집단의 지주회사 설립제한), 제12조(기업결합의 신고)제7항의 규정에 위반한 회사의 합병 또는 설립이 있는 때에는 당해 회사의 합병 또는 설립무효의 소를 제기할 수 있다. 〈개정 1996.12.30, 1999.2.5, 2001.1.16, 2002.1.26, 2004.12.31, 2007.8.3〉

③공정거래위원회는 제7조(기업결합의 제한) 제1항을 위반하는 행위에 대하여 제1항에 규정된 시정조치를 부과하기 위한 기준을 정하여 고시할 수 있다. 〈신설 2007.8.3〉

제17조 【과징금】 ①공정거래위원회는 제9조(상호출자의 금지등) 또는 제10조(출자총액의 제한)제1항의 규정에 위반하여 주식을 취득 또는 소유한 회사에 대하여 위반행위로 취득 또는 소유한 주식의 취득가액에 100분의 10을 곱한 금액을 초과하지 아니하는 범위안에서 과징금을 부과할 수 있다. 〈개정 1996.12.30, 1998.2.24, 1999.12.28〉

②공정거래위원회는 제10조의2(계열회사에 대한 채무보증의 금지)제1항의 규정을 위반하여 채무보증을 한 회사에 대하여 당해법위반 채무보증액의 100분의 10을 곱한 금액을 초과하지 아니하는 범위안에서 과징금을 부과할 수 있다. 〈신설 1992.12.8, 1996.12.30, 1998.2.24, 2001.1.16〉

③삭제〈1999.2.5〉

④공정거래위원회는 제8조의2(지주회사 등의 행위제한 등)제2항 내지 제5항의 규정을 위반한 자에 대하여 다음 각 호의 금액에 100분의 10을 곱한 금액을 초과하지 아니하는 범위 안에서 과징금을 부과할 수 있다. 〈개정 2004.12.31, 2007.8.3〉

1. 제8조의2(지주회사 등의 행위제한 등)제2항 제1호의 규정을 위반한 경우에는 대통령령이 정하는 대차대조표(이하 이 항에서 "기준대차대조표"라 한다)상 자본총액의 2배를 초과한 부채액
2. 제8조의2(지주회사 등의 행위제한 등)제2항 제2호의 규정을 위반한 경우에는 당해 자회사 주식의 기준대차대조표상 장부가액의 합계액에 다음 각 목의 비율에서 그 자회사 주식의 소유비율을 뺀 비율을 곱한 금액을 그 자회사 주식의 소유비율로 나누어 산출한 금액

가. 당해 자회사가 상장법인 또는 국외상장법인이거나 공동출자법인인 경우 및 벤처지주회사의 자회사인 경우에는 100분의 20

다. 가목에 해당하지 아니하는 경우에는 100분의 40

3. 제8조의2(지주회사 등의 행위제한 등)제2항 제3호 내지 제5호, 동조 제3항 제2호 또는 동조 제4항 또는 동조 제5항의 규정을 위반한 경우에는 위반하여 소유하는 주식의 기준대차대조표상 장부가액의 합계액
4. 제8조의2(지주회사 등의 행위제한 등)제3항 제1호의 규정을 위반한 경우에는 당해 손자회사 주식의 기준대차대조표상 장부가액의 합계액에 다음 각목의 비율에서 그 손자회사 주식의 소유비율을 뺀 비율을 곱한 금액을 그 손자회사 주식

의 소유비율로 나누어 산출한 금액

가. 당해 손자회사가 증권거래법의 규정에 의한 주권상장법인 또는 코스닥상장법인이거나 공동출자법인인 경우에는 100분의 20

나. 가목에 해당하지 아니하는 손자회사의 경우에는 100분의 40

제17조의2【시정조치 등에 대한 특례】 ①공정거래위원회는 출자총액제한기업집단으로 지정된 기업집단의 계열회사 또는 출자총액제한기업집단의 계열회사로 편입된 회사가 지정일 또는 편입일 당시에 출자한도액을 초과하여 취득 또는 소유하고 있는 다른 국내회사의 주식을 지정일 또는 편입일부터 1년을 경과하여 계속 소유하거나 지정 또는 편입일 당시에 보유하고 있던 주식에 대하여 제10조제1항 단서의 규정에 따라 출자총액제한의 예외가 인정되는 기한을 경과하여 계속 소유함으로써 동항의 규정을 위반한 경우에는 제16조(시정조치 등) 및 제17조(과징금)의 규정에 갈음하여 그 출자한도액을 초과하여 취득 또는 소유하고 있는 주식에 대하여 의결권행사의 금지를 명할 수 있다. 〈개정 2004.12.31, 2007.8.3〉

②제1항의 규정에 의하여 의결권행사의 금지명령을 받은 회사(이하 "대상회사"라 한다)는 금지명령을 받은 날부터 1월의 범위내에서 대통령령이 정하는 기간 이내에 의결권행사의 금지명령의 대상주식에 관한 내역을 공정거래위원회에 통지하여야 한다.

③대상회사가 제2항의 기간 이내에 의결권행사의 금지명령대상 주식의 명세를 통지하지 아니한 경우 공정거래위원회는 대통령령이 정하는 바에 따라 의결권을 행사할 수 없는 주식을 직권으로 결정할 수 있다.

④대상회사는 제2항의 규정에 따라 공정거래위원회에 통지하거나 제3항의 규정에 의하여 공정거래위원회가 직권으로 결정한 금지명령의 대상주식의 명세를 대통령령이 정하는 바에 따라 공시하여야 한다.

⑤공정거래위원회는 제1항의 규정에 의한 의결권행사의 금지명령에 위반하여 의결권을 행사한 회사에 대하여 의결권을 행사한 주식의 취득가액에 100분의 10을 곱한 금액을 초과하지 아니하는 범위안에서 과징금을 부과할 수 있다.

[본조신설 2002.1.26]

[종전 제17조의2는 제17조의3으로 이동 〈2002.1.26〉]

제17조의3【이행강제금】 ①공정거래위원회는 제7조(기업결합의 제한)제1항 위반하여 제16조(시정조치)에 따라 시정조치를 받은 후 그 정한 기간내에 이행을 하지 아니하는 자에 대하여 매 1일당 다음 각 호의 금액에 1만분의 3을 곱한 금액을 초과하지 아니하는 범위안에서 이행강제금을 부과할 수 있다. 다만, 제7조(기업결합의 제한)제1항 제2호의 기업결합을 한 자에 대하여는 매 1일당 200만원의 범위안에서 이행강제금을 부과할 수 있다. 〈개정 2007.8.3〉

1. 제7조(기업결합의 제한)제1항 제1호 또는 제5호의 기업결합의 경우에는 취득 또는 소유한 주식의 장부가격과 인수하는 채무의 합계액

2. 제7조(기업결합의 제한)제1항 제3호의 기업결합의 경우에는 합병의 대가로 교부하는 주식의 장부가격과 인수하는 채무의 합계액

3. 제7조(기업결합의 제한)제1항 제4호의 기업결합의 경우에는 영업양수금액

②이행강제금의 부과·납부·징수·환급등에 관하여 필요한 사항은 대통령령으로 정한다. 다만, 체납된 이행강제금은 국세체납처분의 예에 따라 이를 징수한다.

③공정거래위원회는 제1항 및 제2항의 규정에 의한 이행강제금의 징수 또는 체납처분에 관한 업무를 국세청장에게 위임할 수 있다.

[본조신설 1999.2.5]

[제17조의2에서 이동 〈2002.1.26〉]

제18조【시정조치의 이행확보】 ①제16조(시정조치)제1항의 규정에 따른 주식처분명령을 받은 자는 그 명령을 받은 날부터 당해 주식에 대하여는 그 의결권을 행사할 수 없다. 〈개정 1996.12.30, 2007.8.3〉

②제9조(상호출자의 금지등)의 규정을 위반하여 상호출자를 한 주식에 대하여는 그 시정조치의 명령을 받은 날부터 법위반상태가 해소될 때

까지 당해 주식 전부에 대하여 의결권을 행사할 수 없다. 〈개정 1996.12.30〉

③제10조(출자총액의 제한)제1항의 규정을 위반한 자에 대하여 공정거래위원회가 제16조(시정조치)제1항제2호의 따른 주식처분명령을 함에 있어서 그 처분대상주식을 확정하지 아니한 경우에는 당해 명령을 받은 회사는 그 명령을 받은 날부터 10일이 되는 날까지 의결권을 행사하지 아니할 주식의 내역을 공정거래위원회에 통지하여야 한다. 이 경우 당해 회사는 제1항의 규정에 불구하고 명령을 받은 날부터 10일이 경과된 이후에는 공정거래위원회에 통지한 당해 주식에 대하여 그 의결권을 행사할 수 없다.〈신설 1999.12.28, 2007.8.3〉

④공정거래위원회는 제3항의 규정에 의한 기간 이내에 통지를 받지 못한 경우에는 대통령령이 정하는 바에 따라 당해 회사가 의결권을 행사할 수 없는 주식을 지정할 수 있다.〈신설 1999.12.28〉 [전문개정 1992.12.8]

제 4 장 부당한 공동행위의 제한

제19조【부당한 공동행위의 금지】 ①사업자는 계약·협정·결의 기타 어떠한 방법으로도 다른 사업자와 공동으로 부당하게 경쟁을 제한하는 다음 각 호의 어느 하나에 해당하는 행위를 할 것을 합의(이하 "부당한 공동행위"라 한다)하거나 다른 사업자로 하여금 이를 행하도록 하여서는 아니된다. 〈개정 1992.12.8, 1994.12.22, 1996.12.30, 1999.2.5, 2004.12.31, 2007.8.3〉

1. 가격을 결정·유지 또는 변경하는 행위
2. 상품 또는 용역의 거래조건이나, 그 대금 또는 대가의 지급조건을 정하는 행위
3. 상품의 생산·출고·수송 또는 거래의 제한이나 용역의 거래를 제한하는 행위
4. 거래지역 또는 거래상대방을 제한하는 행위
5. 생산 또는 용역의 거래를 위한 설비의 신설 또는 증설이나 장비의 도입을 방해하거나 제한하는 행위
6. 상품 또는 용역의 생산·거래 시에 그 상품 또는 용역의 종류·규격을 제한하는 행위
7. 영업의 주요부문을 공동으로 수행·관리하거나 수행·관리하기 위한 회사등을 설립하는 행위
8. 입찰 또는 경매에 있어 낙찰자, 경락자, 투찰(投札)가격, 낙찰가격 또는 경락가격, 그 밖에 대통령령으로 정하는 사항을 결정하는 행위 〈신설 2007.8.3〉
9. 제1호 내지 제8호 외의 행위로서 다른 사업자(그 행위를 한 사업자를 포함한다)의 사업활동 또는 사업내용을 방해하거나 제한함으로써 일정한 거래분야에서 경쟁을 실질적으로 제한하는 행위

②제1항의 규정은 부당한 공동행위가 다음 각호의 1에 해당하는 목적을 위하여 행하여지는 경우로서 대통령령이 정하는 요건에 해당하고 공정거래위원회의 인가를 받은 경우에는 이를 적용하지 아니한다. 〈신설 1996.12.30〉

1. 산업합리화
2. 연구·기술개발
3. 불황의 극복
4. 산업구조의 조정
5. 거래조건의 합리화
6. 중소기업의 경쟁력향상

③제2항의 규정에 의한 인가의 기준·방법·절차 및 인가사항변경등에 관하여 필요한 사항은 대통령령으로 정한다.〈신설 1996.12.30, 1999.2.5〉

④제1항에 규정된 부당한 공동행위를 할 것을 약정하는 계약등은 사업자간에 있어서는 이를 무효로 한다.

⑤2이상의 사업자가 제1항 각 호의 어느 하나에 해당하는 행위를 하는 경우로서 해당 거래분야 또는 상품·용역의 특성, 해당 행위의 경제적 이유 및 파급효과, 사업자간 접촉의 횟수·양태 등 제반사정에 비추어 그 행위를 그 사업자들이 공동으로 한 것으로 볼 수 있는 상당한 개연성이 있는 경우에는 그 사업자들 사이에 공동으로 제1항 각 호의 어느 하나에 해당하는 행위를 할 것을 합의한 것으로 추정한다. 〈개정 2007.8.3〉

⑥부당한 공동행위에 관한 심사의 기준은 공정

거래위원회가 정하여 고시할 수 있다. 〈신설 2007.8.3〉

제19조의2【공공부문 입찰 관련 공동행위를 방지하기 위한 조치】 ①공정거래위원회는 국가·지방자치단체 및 정부투자기관이 발주하는 입찰과 관련된 부당한 공동행위를 적발하거나 방지하기 위하여 중앙행정기관·지방자치단체 또는 정부투자기관의 장(이하 "공공기관의 장"이라 한다)에게 입찰 관련 자료의 제출 그 밖의 협조를 요청할 수 있다.

②대통령령으로 정하는 공공기관의 장은 입찰공고를 하거나 낙찰자가 결정된 때에는 입찰관련 정보를 공정거래위원회에 제출하여야 한다.

③제2항에 따라 공정거래위원회에 제출하여야 하는 입찰 관련 정보의 범위 및 제출 절차에 관하여는 대통령령으로 정한다.

[본조신설 2007.8.3]

제20조 삭제〈1996.12.30〉

제21조【시정조치】 공정거래위원회는 제19조(부당한 공동행위의 금지)제1항의 규정을 위반하는 행위가 있을 때에는 당해 사업자에 대하여 당해 행위의 중지, 시정명령을 받은 사실의 공표 기타 시정을 위한 필요한 조치를 명할 수 있다. 〈개정 1996.12.30, 2004.12.31〉

제22조【과징금】 공정거래위원회는 제19조(부당한 공동행위의 금지)제1항의 규정을 위반하는 행위가 있을 때에는 당해 사업자에 대하여 대통령令이 정하는 매출액에 100분의 10을 곱한 금액을 초과하지 아니하는 범위안에서 과징금을 부과할 수 있다. 다만, 매출액이 없는 경우등에는 20억원을 초과하지 아니하는 범위안에서 과징금을 부과할 수 있다. 〈개정 2004.12.31〉

[전문개정 1996.12.30]

제22조의2【자진신고자 등에 대한 감면 등】 ①다음 각 호의 어느 하나에 해당하는 자에 대하여는 제21조(시정조치)의 규정에 의한 시정조치 또는 제22조(과징금)의 규정에 의한 과징금을 감경 또는 면제할 수 있다. 〈개정 2001.1.16, 2004.12.31, 2007.8.3〉

1. 부당한 공동행위의 사실을 자진신고한 자
2. 증거제공 등의 방법으로 조사에 협조한 자

②공정거래위원회 및 그 소속공무원은 소송수행을 위하여 필요한 경우 등 대통령령으로 정하는 경우를 제외하고는 자진신고자 또는 조사에 협조한 자의 신원·제보내용 등 자진신고나 제보와 관련된 정보 및 자료를 사건 처리와 관계없는 자에게 제공하거나 누설하여서는 아니된다. 〈신설 2007.8.3〉

③제1항의 규정에 의하여 감경 또는 면제되는 자의 범위와 감경 또는 면제의 기준·정도등과 제2항에 따른 정보 및 자료의 제공·누설금지에 관한 세부사항은 대통령령으로 정한다. 〈개정 2001.1.16, 2007.8.3〉 [본조신설 1996.12.30]

제 5 장 불공정거래행위의 금지

제23조【불공정거래행위의 금지】 ①사업자는 다음 각 호의 어느 하나에 해당하는 행위로서 공정한 거래를 저해할 우려가 있는 행위(이하 "불공정거래행위"라 한다)를 하거나, 계열회사 또는 다른 사업자로 하여금 이를 행하도록 하여서는 아니된다. 〈개정 1996.12.30, 1999.2.5〉

1. 부당하게 거래를 거절하거나 거래의 상대방을 차별하여 취급하는 행위
2. 부당하게 경쟁자를 배제하는 행위
3. 부당하게 경쟁자의 고객을 자기와 거래하도록 유인하거나 강제하는 행위
4. 자기의 거래상의 지위를 부당하게 이용하여 상대방과 거래하는 행위
5. 거래의 상대방의 사업활동을 부당하게 구속하는 조건으로 거래하거나 다른 사업자의 사업활동을 방해하는 행위
6. 삭제〈1999.2.5〉
7. 부당하게 특수관계인 또는 다른 회사에 대하여 가지급금·대여금·인력·부동산·유가증권·상품·용역·무체재산권등을 제공하거나 현저히 유리한 조건으로 거래하여 특수관계인 또는 다른 회사를 지원하는 행위
8. 제1호 내지 제7호이외의 행위로서 공정한 거래를 저해할 우려가 있는 행위

②불공정거래행위의 유형 또는 기준은 대통령령으로 정한다. 〈개정 1996.12.30〉

③공정거래위원회는 제1항의 규정에 위반하는 행위를 예방하기 위하여 필요한 경우 사업자가 준수하여야 할 지침을 제정·고시할 수 있다.

④사업자 또는 사업자단체는 부당한 고객유인을 방지하기 위하여 자율적으로 규약(이하 "공정경쟁규약"이라 한다)을 정할 수 있다. 〈개정 1999.2.5〉

⑤사업자 또는 사업자단체는 공정거래위원회에 제4항의 공정경쟁규약이 제1항제3호 또는 제6호의 규정에 위반하는지 여부에 대한 심사를 요청할 수 있다.

제24조【시정조치】 공정거래위원회는 제23조(불공정거래행위의 금지)제1항의 규정에 위반하는 행위가 있을 때에는 당해사업자에 대하여 당해불공정거래행위의 중지, 계약조항의 삭제, 시정명령을 받은 사실의 공표 기타 시정을 위한 필요한 조치를 명할 수 있다. 〈개정 1996.12.30, 1999.2.5, 2004.12.31〉

제24조의2【과징금】 공정거래위원회는 제23조(불공정거래행위의 금지)제1항의 규정을 위반하는 행위가 있을 때에는 당해사업자에 대하여 대통령령이 정하는 매출액에 100분의 2(제7호의 규정에 위반한 경우에는 100분의 5)를 곱한 금액을 초과하지 아니하는 범위안에서 과징금을 부과할 수 있다. 다만, 매출액이 없는 경우등에는 5억원을 초과하지 아니하는 범위안에서 과징금을 부과할 수 있다. 〈개정 1999.12.28, 2004.12.31〉
[전문개정 1996.12.30]

제 6 장 사업자단체

제25조 삭제〈1999.2.5〉

제26조【사업자단체의 금지행위】 ①사업자단체는 다음 각 호의 1에 해당하는 행위를 하여서는 아니된다. 〈개정 1996. 12.30, 1999.2.5〉

1. 제19조(부당한 공동행위의 금지)제1항 각 호의 행위에 의하여 부당하게 경쟁을 제한하는 행위
2. 일정한 거래분야에 있어서 현재 또는 장래의 사업자수를 제한하는 행위
3. 구성사업자(사업자단체의 구성원인 사업자를 말한다. 이하 같다)의 사업내용 또는 활동을 부당하게 제한하는 행위
4. 사업자에게 제23조(불공정거래행위의 금지)제1항 각 호의 1의 규정에 의한 불공정거래행위 또는 제29조(재판매가격유지행위의 제한)의 규정에 의한 재판매가격유지행위를 하게 하거나 이를 방조하는 행위
5. 삭제〈1999.2.5〉

②제19조(부당한 공동행위의 금지)제3항의 규정은 제1항제1호의 경우에 이를 준용한다. 이 경우에 "사업자"는 "사업자단체"로 본다. 〈개정 1996.12.30, 2007.8.3〉

③공정거래위원회는 제1항의 규정에 위반하는 행위를 예방하기 위하여 필요한 경우 사업자단체가 준수하여야 할 지침을 제정·고시할 수 있다.

④공정거래위원회는 제3항의 지침을 제정하고자 할 경우에는 관계행정기관의 장의 의견을 들어야 한다.

제27조【시정조치】 공정거래위원회는 제26조(사업자단체의 금지행위)의 규정에 위반하는 행위가 있을 때에는 당해사업자단체(필요한 경우 관련구성사업자를 포함한다)에 대하여 당해행위의 중지, 시정명령을 받은 사실의 공표 기타 시정을 위한 필요한 조치를 명할 수 있다. 〈개정 1992.12.8, 1996.12.30, 1999.2.5, 2004.12.31〉

제28조【과징금】 ①공정거래위원회는 제26조(사업자단체의 금지행위)제1항 각 호의 1의 규정에 위반하는 행위가 있을 때에는 당해사업자단체에 대하여 5억원의 범위안에서 과징금을 부과할 수 있다.

②공정거래위원회는 제26조(사업자단체의 금지행위)제1항 각 호의 1의 규정에 위반하는 행위에 참가한 사업자에 대하여는 대통령령이 정하는 매출액에 100분의 5를 곱한 금액을 초과하지 아니하는 범위안에서 과징금을 부과할 수 있다. 다만, 매출액이 없는 경우등에는 5억원을 초과하지 아니하는 범위안에서 과징금을 부과할 수 있다.
[전문개정 1996.12.30]

제7장 재판매가격유지행위의 제한

제29조【재판매가격유지행위의 제한】 ①사업자는 재판매가격유지행위를 하여서는 아니된다. 다만, 상품이나 용역을 일정한 가격 이상으로 거래하지 못하도록 하는 최고가격유지행위로서 정당한 이유가 있는 경우에는 그러하지 아니하다. 〈개정 2001.1.16〉

②제1항의 규정은 대통령령이 정하는 저작물과 다음 각 호의 요건을 갖춘 상품으로서 사업자가 당해상품에 대하여 재판매가격유지행위를 할 수 있도록 공정거래위원회로부터 미리 지정을 받은 경우에는 이를 적용하지 아니한다.

1. 당해상품의 품질이 동일하다는 것을 용이하게 식별할 수 있을 것
2. 당해상품이 일반소비자에 의하여 일상 사용되는 것일 것
3. 당해상품에 대하여 자유로운 경쟁이 행하여지고 있을 것

③사업자가 제2항의 규정에 의한 지정을 받고자 할 때에는 대통령령이 정하는 바에 의하여 이를 공정거래위원회에 신청하여야 한다.

④공정거래위원회가 제2항의 규정에 의하여 재판매가격유지행위를 할 수 있는 상품을 지정한 때에는 이를 고시하여야 한다.

제30조【재판매가격유지의 수정】 공정거래위원회는 제29조(재판매가격유지행위의 제한)제4항의 규정에 의하여 공정거래위원회가 지정·고시한 상품을 생산 또는 판매하는 사업자가 당해상품의 재판매가격을 결정하고 유지하기 위하여 체결한 계약이 소비자의 이익을 현저히 저해할 우려가 있는 경우 계약내용의 수정을 명할 수 있다. 〈개정 2007.8.3〉

[전문개정 1999.2.5]

제31조【시정조치】 공정거래위원회는 제29조(재판매가격유지행위의 제한)제1항의 규정에 위반하는 행위가 있는 때에는 당해사업자에 대하여 당해 행위의 중지, 시정명령을 받은 사실의 공표 기타 시정을 위한 필요한 조치를 명할 수 있다. 〈개정 1996.12.30, 2004.12.31〉

제31조의2【과징금】 공정거래위원회는 제29조(재판매가격유지행위의 제한)의 규정에 위반하는 재판매가격유지행위가 있는 경우에는 당해사업자에 대하여 대통령령이 정하는 매출액에 100분의 2를 곱한 금액을 초과하지 아니하는 범위안에서 과징금을 부과할 수 있다. 다만, 매출액이 없는 경우등에는 5억원을 초과하지 아니하는 범위안에서 과징금을 부과할 수 있다.[전문개정 1996.12.30]

제 8 장 국제계약의 체결제한

제32조【부당한 국제계약의 체결제한】 ①사업자 또는 사업자단체는 부당한 공동행위, 불공정거래행위 및 재판매가격유지행위에 해당하는 사항을 내용으로 하는 것으로서 대통령령이 정하는 국제적 협정이나 계약(이하 "국제계약"이라 한다)을 체결하여서는 아니된다. 다만, 당해 국제계약의 내용이 일정한 거래분야에 있어서 경쟁에 미치는 영향이 경미하거나 기타 부득이한 사유가 있다고 공정거래위원회가 인정하는 경우에는 그러하지 아니하다. 〈개정 1994.12.22〉

②공정거래위원회는 제1항의 규정에 의한 부당한 공동행위, 불공정거래행위 및 재판매가격유지행위의 유형 및 기준을 정하여 고시할 수 있다.〈개정 1992.12.8〉

제33조【국제계약의 심사요청】 사업자 또는 사업자단체는 국제계약을 체결함에 있어 당해국제계약이 제32조(부당한 국제계약의 체결제한)제1항의 규정에 위반하는지 여부에 관하여 대통령령이 정하는 바에 따라 공정거래위원회에 심사를 요청할 수 있다. 〈개정 1996.12.30〉

[전문개정 1994.12.22]

제34조【시정조치】 공정거래위원회는 제32조(부당한 국제계약의 체결제한)제1항의 규정에 위반하거나 위반할 우려가 있는 국제계약이 있는 때에는 당해사업자 또는 사업자단체에 대하여 계약의 취소, 계약내용의 수정·변경 기타 시정을 위한 필요한 조치를 명할 수 있다. 〈개정 1994.12.22,

1996.12.30〉

제34조의2【과징금】 공정거래위원회는 제32조(부당한 국제계약의 체결제한)제1항 본문의 규정에 위반하여 국제계약을 체결한 경우에는 당해사업자단체에 대하여는 5억원의 범위안에서, 당해사업자에 대하여는 대통령령이 정하는 매출액에 100분의 2를 곱한 금액을 초과하지 아니하는 범위안에서 과징금을 부과할 수 있다. 다만, 사업자의 경우에 매출액이 없는 경우등에는 5억원을 초과하지 아니하는 범위안에서 과징금을 부과할 수 있다. [전문개정 1996.12.30]

제9장 전담기구

제35조【공정거래위원회의 설치】 ①이 법에 의한 사무를 독립적으로 수행하기 위하여 국무총리 소속하에 공정거래위원회를 둔다.

②공정거래위원회는 정부조직법 제2조(중앙행정기관의 설치와 조직)의 규정에 의한 중앙행정기관으로서 그 소관사무를 수행한다.〈개정 2007.8.3〉

제36조【공정거래위원회의 소관사무】 공정거래위원회의 소관사무는 다음 각 호와 같다.

1. 시장지배적지위의 남용행위 규제에 관한 사항
2. 기업결합의 제한 및 경제력집중의 억제에 관한 사항
3. 부당한 공동행위 및 사업자단체의 경쟁제한행위 규제에 관한 사항
4. 불공정거래행위 및 재판매가격유지행위 규제에 관한 사항
5. 부당한 국제계약의 체결제한에 관한 사항
6. 경쟁제한적인 법령 및 행정처분의 협의·조정등 경쟁촉진정책에 관한 사항
7. 기타 법령에 의하여 공정거래위원회의 소관으로 규정된 사항

제36조의2【공정거래위원회의 국제협력】 ①정부는 대한민국의 법률 및 이익에 반하지 않는 범위안에서 외국정부와 이 법의 집행을 위한 협정을 체결할 수 있다.

②공정거래위원회는 제1항의 규정에 의하여 체결한 협정에 따라 외국정부의 법집행을 지원할 수 있다.

③공정거래위원회는 제1항의 규정에 의한 협정이 체결되어 있지 않은 경우에도 외국정부의 법집행 요청 시 동일 또는 유사한 사항에 관하여 대한민국의 지원요청에 응한다는 요청국의 보증이 있는 경우에는 지원할 수 있다.

[본조신설 2004.12.31]

제37조【공정거래위원회의 구성등】 ①공정거래위원회는 위원장 1인 및 부위원장 1인을 포함한 9인의 위원으로 구성하며, 그중 4인은 비상임위원으로 한다.〈개정 1996.12.30, 2007.8.3〉

②공정거래위원회의 상임위원과 비상임위원(이하 "위원"이라 한다)은 독점규제 및 공정거래 또는 소비자분야에 경험 또는 전문지식이 있는 자로서 다음 각 호의 어느 하나에 해당하는 자중에서, 위원장과 부위원장은 국무총리의 제청으로 대통령이 임명하고 기타 위원은 위원장의 제청으로 대통령이 임명한다.〈개정 1994.12.23, 2007.8.3〉

1. 2급이상의 공무원 또는 고위공무원단에 속하는 일반직공무원의 직에 있던 자
2. 판사·검사 또는 변호사의 직에 15년 이상 있던 자
3. 법률·경제·경영 또는 소비자 관련 분야 학문을 전공하고 대학이나 공인된 연구기관에서 15년 이상 근무한 자로서 부교수 이상 또는 이에 상당하는 직에 있던 자
4. 기업경영 및 소비자보호활동에 15년 이상 종사한 경력이 있는 자

③위원장과 부위원장은 정무직으로 하고, 기타 상임위원은 1급상당 별정직 국가공무원으로 보한다.

④위원장·부위원장 및 제47조(사무처의 설치)의 규정에 의한 사무처의 장은 정부조직법 제10조(정부위원)의 규정에 불구하고 정부위원이 된다.〈신설 1996.12.30, 1998.2.28, 2007.8.3〉

제37조의2【회의의 구분】 공정거래위원회의 회의는 위원전원으로 구성하는 회의(이하 "전원회

의"라 한다)와 상임위원 1인을 포함한 위원 3인으로 구성하는 회의(이하 "소회의"라 한다)로 구분한다.

[본조신설 1996.12.30]

제37조의3【전원회의 및 소회의 관장사항】 전원회의는 다음 각 호의 1의 사항을 심의·의결한다. 〈개정 2001.1.16〉

1. 공정거래위원회 소관의 법령이나 규칙·고시 등의 해석적용에 관한 사항
2. 제53조(이의신청)의 규정에 의한 이의신청
3. 소회의에서 의결되지 아니하거나 소회의가 전원회의에서 처리하도록 결정한 사항
4. 규칙 또는 고시의 제정 또는 변경
5. 경제적 파급효과가 중대한 사항 기타 전원회의에서 스스로 처리하는 것이 필요하다고 인정하는 사항

②소회의는 제1항 각 호의 사항외의 사항을 심의·의결한다.

[본조신설 1996.12.30]

제38조【위원장】 ①위원장은 공정거래위원회를 대표한다.

②위원장은 국무회의에 출석하여 발언할 수 있다.

③위원장이 사고로 인하여 직무를 수행할 수 없을 때에는 부위원장이 그 직무를 대행하며, 위원장과 부위원장이 모두 사고로 인하여 직무를 수행할 수 없을 때에는 선임상임위원순으로 그 직무를 대행한다. 〈개정 1999.2.5〉

제39조【위원의 임기】 공정거래위원회의 위원장, 부위원장 및 다른 위원의 임기는 3년으로 하고, 1차에 한하여 연임할 수 있다. 〈개정 2001.1.16〉

제40조【위원의 신분보장】 위원은 다음 각 호의 1에 해당하는 경우를 제외하고는 그 의사에 반하여 면직되지 아니한다.

1. 금고이상의 형의 선고를 받은 경우
2. 장기간의 심신쇠약으로 직무를 수행할 수 없게 된 경우

제41조【위원의 정치운동 금지】 위원은 정당에 가입하거나 정치운동에 관여할 수 없다.

제42조【회의의사 및 의결정족수】 ①전원회의의 의사는 위원장이 주재하며 재적위원 과반수의 찬성으로 의결한다. 〈개정 1999.2.5〉

②공정거래위원회의 심리는 구술심리를 원칙으로 하되, 필요한 경우 서면심리로 할 수 있다. 〈신설〉

③소회의의 의사는 상임위원이 주재하며 구성위원 전원의 출석과 출석위원 전원의 찬성으로 의결한다.

[전문개정 1996.12.30]

제43조【심리·의결의 공개 및 합의의 비공개】 ①공정거래위원회의 심리와 의결은 공개한다. 다만, 사업자 또는 사업자단체의 사업상의 비밀을 보호할 필요가 있다고 인정할 때에는 그러하지 아니하다.

②공정거래위원회의 심리는 구술심리를 원칙으로 하되, 필요한 경우 서면심리로 할 수 있다. 〈신설 2007.8.3〉

③공정거래위원회의 사건에 관한 의결의 합의는 공개하지 아니한다. 〈개정 2007.8.3〉

[전문개정 1999.2.5]

제43조의2【심판정의 질서유지】 전원회의 및 소회의의 의장은 심판정에 출석하는 당사자·이해관계인·참고인 및 참관인등에 대하여 심판정의 질서유지를 위하여 필요한 조치를 명할 수 있다.

[본조신설 1996.12.30]

제44조【위원의 제척·기피·회피】 ①위원은 다음 각 호의 1에 해당하는 사건에 대한 심의·의결에서 제척된다. 〈개정 2004.12.31〉

1. 자기나 배우자 또는 배우자이었던 자가 당사자이거나 공동권리자 또는 공동의무자인 사건
2. 자기가 당사자와 친족관계에 있거나 자기 또는 자기가 속한 법인이 당사자의 법률·경영등에 대한 자문·고문등으로 있는 사건
3. 자기 또는 자기가 속한 법인이 증언이나 감정을 한 사건
4. 자기 또는 자기가 속한 법인이 당사자의 대리인으로서 관여하거나 관여하였던 사건
5. 자기 또는 자기가 속한 법인이 사건의 대상이 된 처분 또는 부작위에 관여한 사건
6. 자기가 공정거래위원회 소속공무원으로서

당해 사건의 조사 또는 심사를 행한 사건

②당사자는 위원에게 심의·의결의 공정을 기대하기 어려운 사정이 있는 경우에는 기피신청을 할 수 있다. 위원장은 이 기피신청에 대하여 위원회의 의결을 거치지 아니하고 결정한다.

③위원 본인이 제1항 각 호의 1의 사유 또는 제2항의 사유에 해당하는 경우에는 스스로 그 사건의 심의·의결을 회피할 수 있다.

[전문개정 1996.12.30]

제45조【의결서 작성 및 경정】①공정거래위원회가 이 법의 규정에 위반되는 사항에 대하여 의결하는 경우에는 그 이유를 명시한 의결서로 하여야 하고, 의결에 참여한 위원이 그 의결서에 서명·날인하여야 한다. 〈개정 1999. 2.5〉

②공정거래위원회는 의결서 등에 오기(誤記), 계산착오, 그 밖에 이와 유사한 오류가 있는 것이 명백한 때에는 신청에 의하거나 직권으로 경정(更正)할 수 있다. 〈신설 2007.8.3〉

제46조 삭제 〈2007.8.3〉

제47조【사무처의 설치】 공정거래위원회의 사무를 처리하기 위하여 공정거래위원회에 사무처를 둔다.

제48조【조직에 관한 규정】 이 법에 규정된 것 이외에 공정거래위원회의 조직에 관하여 필요한 사항은 대통령령으로 정한다.

②이 법에 규정된 것 외에 공정거래위원회의 운영등에 관하여 필요한 사항은 공정거래위원회의 규칙으로 정한다. 〈신설 1996.12.30〉

제9장의2 한국공정거래조정원의 설립 및 분쟁조정 [본장신설 2007.8.3]

제48조의2【한국공정거래조정원의 설립 등】①다음 각 호의 업무를 수행하기 위하여 한국공정거래조정원(이하 "조정원"이라 한다)을 설립한다.

1. 제23조(불공정거래행위의 금지)제1항을 위반한 혐의가 있는 행위와 관련된 분쟁의 조정
2. 「가맹사업거래의공정화에관한법률」에 따른 가맹사업 당사자간 분쟁의 조정
3. 시장·산업의 분석 및 사업자의 거래관행과 행태의 조사·분석
4. 그 밖에 공정거래위원회로부터 위탁받은 사업

②조정원은 법인으로 한다.

③조정원의 장은 독점규제 및 공정거래 또는 소비자분야에 경험 또는 전문지식이 있는 제37조(공정거래위원회의 구성 등)제2항 각 호의 어느 하나에 해당하는 자 중에서 공정거래위원회 위원장이 임명한다.

④정부는 조정원의 설립과 운영에 필요한 경비를 예산의 범위 안에서 출연하거나 보조할 수 있다.

⑤조정원에 관하여 이 법에서 규정한 것 외에는 「민법」 중 재단법인에 관한 규정을 준용한다.

[본조신설 2007.8.3]

제48조의3【공정거래분쟁조정협의회의 설치 및 구성】①제23조(불공정거래행위의 금지)제1항을 위반한 혐의가 있는 행위와 관련된 분쟁을 조정하기 위하여 조정원에 공정거래분쟁조정협의회(이하 "협의회"라 한다)를 둔다.

②협의회는 협의회 위원장 1인을 포함한 7인 이내의 협의회 위원으로 구성한다.

③협의회 위원장은 조정원의 장이 겸임한다.

④협의회 위원은 독점규제 및 공정거래 또는 소비자분야에 경험 또는 전문지식이 있는 자로서 다음 각 호의 어느 하나에 해당하는 자 중에서 조정원의 장의 제청으로 공정거래위원회 위원장이 임명 또는 위촉한다. 이 경우 다음 각 호의 어느 하나에 해당하는 자가 1인 이상 포함되어야 한다.

1. 대통령령으로 정하는 요건을 갖춘 공무원의 직에 있던 자
2. 판사·검사 또는 변호사의 직에 대통령령으로 정하는 기간 이상 있던 자
3. 법률·경제·경영 또는 소비자 관련 분야 학문을 전공하고 대학이나 공인된 연구기관에서 대통령령으로 정하는 기간 이상 근무한 자로서 부교수 이상 또는 이에 상당하는 직에 있던 자
4. 기업경영 및 소비자보호활동에 대통령령으

로 정하는 기간 이상 종사한 경력이 있는 자

⑤협의회 위원의 임기는 3년으로 하고, 연임할 수 있다.

⑥협의회 위원 중 결원이 생긴 때에는 제4항에 따라 보궐위원을 위촉하여야 하며, 그 보궐위원의 임기는 전임자의 남은 임기로 한다.

[본조신설 2007.8.3]

제48조의4【협의회의 회의】 ①협의회 위원장은 협의회의 회의를 소집하고 그 의장이 된다.

②협의회는 재적위원 과반수의 출석으로 개의하고, 출석위원 과반수의 찬성으로 의결한다.

③협의회 위원장이 사고로 직무를 수행할 수 없는 때에는 공정거래위원회 위원장이 지명하는 협의회 위원이 그 직무를 대행한다.

④조정의 대상이 된 분쟁의 당사자인 사업자(이하 "분쟁당사자"라 한다)는 협의회에 출석하여 의견을 진술할 수 있다.

[본조신설 2007.8.3]

제48조의5【협의회 위원의 제척·기피·회피】 ①협의회 위원은 다음 각 호의 어느 하나에 해당하는 경우에는 해당 분쟁조정사항의 조정에서 제척된다.

1. 협의회 위원 또는 그 배우자나 배우자이었던 자가 해당 분쟁조정사항의 분쟁당사자가 되거나 공동권리자 또는 의무자의 관계에 있는 경우
2. 협의회 위원이 해당 분쟁조정사항의 분쟁당사자와 친족관계에 있거나 있었던 경우
3. 협의회 위원 또는 협의회 위원이 속한 법인이 분쟁당사자의 법률·경영 등에 대하여 자문이나 고문의 역할을 하고 있는 경우
4. 협의회 위원 또는 협의회 위원이 속한 법인이 해당 분쟁조정사항에 대하여 분쟁당사자의 대리인으로 관여하거나 관여하였던 경우 및 증언 또는 감정을 한 경우

②분쟁당사자는 협의회 위원에게 협의회의 조정에 공정을 기하기 어려운 사정이 있는 때에 협의회에 그 협의회 위원에 대한 기피신청을 할 수 있다.

③협의회 위원이 제1항 또는 제2항의 사유에 해당하는 경우에는 스스로 해당 분쟁조정사항의 조정에서 회피할 수 있다.

[본조신설 2007.8.3]

제48조의6【조정의 신청등】 ①제23조(불공정거래행위의 금지) 제1항을 위반한 혐의가 있는 행위로 인하여 피해를 입은 사업자는 대통령령으로 정하는 사항을 기재한 서면(이하 "분쟁조정신청서"라 한다)을 공정거래위원회 또는 협의회에 제출함으로써 분쟁조정을 신청할 수 있다. 다만, 다음 각 호의 어느 하나에 해당하는 경우에는 그러하지 아니하다.

1. 위반혐의가 있는 행위의 내용·성격 및 정도 등을 고려하여 제24조(시정조치) 또는 제51조(위반행위의 시정권고)에 따라 처리하는 것이 적합한 경우로서 대통령령으로 정하는 기준에 해당하는 행위
2. 분쟁조정의 신청이 있기 전에 공정거래위원회가 제49조(위반행위의 인지·신고 등)에 따라 조사중인 사건

②공정거래위원회는 제1항에 따라 분쟁조정의 신청을 받은 경우에는 제1항 단서 각 호의 행위 또는 사건에 해당하는지 여부를 검토하고 이를 분쟁조정신청서에 첨부하여 그 접수일부터 대통령령이 정하는 기간이내에 협의회에 통보하여야 한다.

③협의회는 제1항 또는 제2항에 따라 분쟁조정신청서를 접수한 때에는 즉시 그 접수사실 등을 대통령령으로 정하는 바에 따라 공정거래위원회 또는 분쟁당사자에게 통지하여야 한다.

[본조신설 2007.8.3]

제48조의7【조정등】 ①협의회는 분쟁당사자에게 분쟁조정사항에 대하여 스스로 합의하도록 권고하거나 조정안을 작성하여 제시할 수 있다.

②협의회는 해당 분쟁조정사항에 관한 사실을 확인하기 위하여 필요한 경우 조사를 하거나 분쟁당사자에 대하여 관련 자료의 제출이나 출석을 요구할 수 있다.

③협의회는 제48조의6(조정의 신청 등)제1항 단서 각 호에 해당하는 행위 또는 사건에 대하여는 조정신청을 각하하여야 한다. 공정거래위원회가 제48조의6(조정의 신청 등)제1항 단서 각 호

의 행위 또는 사건에 해당하는 것으로 통보한 분쟁에 대하여도 또한 같다.

④협의회는 다음 각 호의 어느 하나에 해당되는 경우에는 조정절차를 종료하여야 한다.

1. 분쟁당사자가 협의회의 권고 또는 조정안을 수락하거나 스스로 조정하는 등 조정이 성립된 경우

2. 분쟁조정신청서를 공정거래위원회로부터 통보받은 날부터 60일이 경과하여도 조정이 성립하지 아니한 경우

3. 분쟁당사자의 일방이 조정을 거부하거나 해당 분쟁조정사항에 대해 법원에 소(訴)를 제기하는 등 조정절차를 진행할 실익이 없는 경우

⑤협의회는 조정신청을 각하하거나 조정절차를 종료한 경우에는 대통령령으로 정하는 바에 따라 공정거래위원회에 조정의 경위, 조정신청 각하 또는 조정절차 종료의 사유 등을 관계 서류와 함께 지체없이 서면으로 보고하여야 하고 분쟁당사자에게 그 사실을 통보하여야 한다.

⑥공정거래위원회는 분쟁조정사항에 관하여 조정절차가 종료될 때까지 해당 분쟁당사자에게 제24조(시정조치)에 따른 시정조치 및 제51조(위반행위의 시정권고)제1항에 따른 시정권고를 하여서는 아니된다.

[본조신설 2007.8.3]

제48조의8 【조정조서의 작성과 그 효력】 ①협의회는 분쟁조정사항에 대하여 조정이 성립된 경우 조정에 참가한 위원과 분쟁당사자가 기명날인한 조정조서를 작성한다. 이 경우 분쟁당사자간에 조정조서와 동일한 내용의 합의가 성립된 것으로 본다.

②협의회는 분쟁당사자가 조정절차를 개시하기 전에 분쟁조정사항을 스스로 조정하고 조정조서의 작성을 요구하는 경우에는 그 조정조서를 작성할 수 있다.

③분쟁당사자는 조정에서 합의된 사항을 이행하여야 하고, 이행결과를 공정거래위원회에 제출하여야 한다.

④공정거래위원회는 제1항에 따라 합의가 이루어지고, 그 합의된 사항을 이행한 경우에는 제24조(시정조치)에 따른 시정조치 및 제51조(위반행위의 시정권고)제1항에 따른 시정권고를 하지 아니한다.

[본조신설 2007.8.3]

제48조의9 【협의회의 조직·운영등】 제48조의3(공정거래분쟁조정협의회의 설치 및 구성) 내지 제48조의8(조정조서의 작성과 그 효력)에 규정된 것 외에 협의회의 조직·운영·조정절차 등에 관하여 필요한 사항은 대통령령으로 정한다.

[본조신설 2007.8.3]

제 10 장 조사등의 절차

제49조 【위반행위의 인지·신고등】 ①공정거래위원회는 이 법의 규정에 위반한 혐의가 있다고 인정할 때에는 직권으로 필요한 조사를 할 수 있다. 〈개정 2001.1.16〉

②누구든지 이 법의 규정에 위반되는 사실이 있다고 인정할 때에는 그 사실을 공정거래위원회에 신고할 수 있다.

③공정거래위원회는 제1항 또는 제2항의 규정에 의하여 조사를 한 경우에는 그 결과(조사결과 시정조치명령등의 처분을 하고자 하는 경우에는 그 처분의 내용을 포함한다)를 서면으로 당해사건의 당사자에게 통지하여야 한다.〈신설 1996.12.30〉

④공정거래위원회는 이 법의 규정에 위반하는 행위가 종료한 날부터 5년을 경과한 경우에는 당해위반행위에 대하여 이 법에 의한 시정조치를 명하지 아니하거나 과징금등을 부과하지 아니한다. 다만, 법원의 판결에 의하여 시정조치 또는 과징금부과처분이 취소된 경우로서 그 판결이유에 따라 새로운 처분을 하는 경우에는 그러하지 아니하다. 〈신설 1994.12.22, 1996.12.30, 2001.1.16〉

제50조 【위반행위의 조사등】 ①공정거래위원회는 이 법의 시행을 위하여 필요하다고 인정할 때에는 대통령령이 정하는 바에 의하여 다음 각 호의 처분을 할 수 있다.

1. 당사자, 이해관계인 또는 참고인의 출석 및

의견의 청취

2. 감정인의 지정 및 감정의 위촉

3. 사업자, 사업자단체 또는 이들의 임직원에 대하여 원가 및 경영상황에 관한 보고, 기타 필요한 자료나 물건의 제출을 명하거나 제출된 자료나 물건의 영치

②공정거래위원회는 이 법의 시행을 위하여 필요하다고 인정할 때에는 그 소속공무원[제65조(권한의 위임·위탁)의 규정에 의한 위임을 받은 기관의 소속공무원을 포함한다]으로 하여금 사업자 또는 사업자단체의 사무소 또는 사업장에 출입하여 업무 및 경영상황, 장부·서류, 전산자료·음성녹음자료·화상자료 그 밖에 대통령령이 정하는 자료나 물건을 조사하게 할 수 있으며, 대통령령이 정하는 바에 의하여 지정된 장소에서 당사자, 이해관계인 또는 참고인의 진술을 듣게 할 수 있다. 〈개정 1996.12.30, 1999.2.5, 2001.1.16〉

③제2항의 규정에 의하여 조사를 하는 공무원은 대통령령이 정하는 바에 따라 사업자, 사업자단체 또는 이들의 임직원에 대하여 조사에 필요한 자료나 물건의 제출을 명하거나 제출된 자료나 물건의 영치를 할 수 있다.

④제2항의 규정에 의하여 조사를 하는 공무원은 그 권한을 표시하는 증표를 관계인에게 제시하여야 한다.

⑤제15조(탈법행위의 금지)를 위반하여 제9조(상호출자의 금지 등)제1항의 적용을 면탈하는 행위를 한 상당한 혐의가 있는 자의 조서와 관련하여 금융거래 관련 정보 또는 자료(이하 "금융거래정보"라 한다)에 의하지 아니하고는 그 탈법행위 여부를 확인할 수 없다고 인정되는 경우 또는 제23조(불공정거래행위의 금지)제1항 제7호를 위반한 상당한 혐의가 있는 내부거래공지대상회사의 조사와 관련하여 금융거래정보에 의하지 아니하고는 자금 등의 지원 여부를 확인할 수 없다고 인정되는 경우에는 「금융실명거래 및 비밀보장에 관한 법률」 제4조의 규정에 불구하고 제37조의3(전원회의 및 소회의 관장사항)에 규정된 회의의 의결을 거쳐 다음 각 호의 사항을 기재한 문서에 의하여 금융기관의 특정점포의 장에게 금융거래정보의 제출을 요구할 수 있으며, 그 특정점포의 장은 이를 거부하지 못한다. 〈신설 2004.12.31, 개정 2007.4.13, 2007.8.3〉

1. 거래자의 인적 사항

2. 요구대상 거래기간

3. 요구의 법적 근거

4. 사용목적

5. 요구하는 금융거래정보의 내용(부당지원행위와 관련된 혐의가 있다고 인정되는 자의 금융기관과의 부당지원행위와 관련된 금융거래정보에 한한다)

6. 요구하는 기관의 담당자 및 책임자의 성명과 직책 등 인적 사항 [유효기간 2008.1.1까지]

⑥제5항의 규정에 의한 금융거래정보의 제출요구는 조사를 위하여 필요한 최소한도에 그쳐야 한다. 〈신설 2004.12.31〉 [유효기간 2008.1.1까지]

⑦제5항의 규정에 따라 금융기관이 공정거래위원회에 금융거래정보를 제공하는 경우에는 당해 금융기관은 금융거래정보를 제공한 날부터 10일 이내에 제공한 금융거래정보의 주요내용·사용목적·제공받은 자 및 제공일자 등을 거래자에게 서면으로 통지하여야 한다. 이 경우 통지에 소요되는 비용에 관하여는 금융실명거래및비밀보장에관한법률 제4조의2(거래정보등의 제공사실의 통보)제4항의 규정을 준용한다. 〈신설 2004.12. 31, 2007.8.3〉

⑧공정거래위원회는 제5항의 규정에 따라 금융기관에 대하여 금융거래정보를 요구하는 경우에는 그 사실을 기록하여야 하며, 금융거래정보를 요구한 날부터 3년간 동 기록을 보관하여야 한다. 〈신설 2004.12.31〉

⑨제5항의 규정에 따라 금융거래정보를 제공받은 자는 그 자료를 타인에게 제공 또는 누설하거나 그 목적 외의 용도로 이를 이용하여서는 아니된다. 〈신설 2004.12.31〉

제50조의2 【조사권의 남용금지】 조사공무원은 이 법의 시행을 위하여 필요한 최소한의 범위 안에서 조사를 행하여야 하며, 다른 목적 등을 위하

여 조사권을 남용하여서는 아니된다.

[본조신설 2004.12.31]

제50조의3【조사등의 연기신청】①제50조 제1항 내지 제3항의 규정에 따라 공정거래위원회로부터 처분 또는 조사를 받게 된 사업자 또는 사업자단체가 천재·지변 그 밖에 대통령령이 정하는 사유로 인하여 처분을 이행하거나 조사를 받기가 곤란한 경우에는 대통령령이 정하는 바에 따라 공정거래위원회에 처분 또는 조사를 연기하여 줄 것을 신청할 수 있다.

②공정거래위원회는 제1항의 규정에 따라 처분 또는 조사의 연기신청을 받은 때에는 그 사유를 검토하여 타당하다고 인정되는 경우에는 처분 또는 조사를 연기할 수 있다.

[본조신설 2004.12.31]

제51조【위반행위의 시정권고】①공정거래위원회는 이 법의 규정에 위반하는 행위가 있는 경우에 당해 사업자 또는 사업자단체에 대하여 시정방안을 정하여 이에 따를 것을 권고할 수 있다.

②제1항의 규정에 의하여 권고를 받은 자는 시정권고를 통지받은 날부터 10일 이내에 당해 권고를 수락하는지의 여부에 관하여 공정거래위원회에 통지하여야 한다. 〈개정 1996.12.30〉

③제1항의 규정에 의하여 시정권고를 받은 자가 당해 권고를 수락한 때에는 이 법의 규정에 의한 시정조치가 명하여진 것으로 본다. 〈개정 1996.12.30〉

제52조【의견진술기회의 부여】①공정거래위원회는 이 법의 규정에 위반되는 사항에 대하여 시정조치 또는 과징금 납부명령을 하기전에 당사자 또는 이해관계인에게 의견을 진술할 기회를 주어야 한다.

②당사자 또는 이해관계인은 공정거래위원회의 회의에 출석하여 그 의견을 진술하거나 필요한 자료를 제출할 수 있다.

제52조의2【자료열람요구등】당사자 또는 이해관계인은 공정거래위원회에 대하여 이 법의 규정에 의한 처분과 관련된 자료의 열람 또는 복사를 요구할 수 있다. 이 경우 공정거래위원회는 자료를 제출한 자의 동의가 있거나 공익상 필요하다고 인정할 때에는 이에 응하여야 한다.

[본조신설 1999.2.5]

제53조【이의신청】①이 법에 의한 공정거래위원회의 처분에 대하여 불복이 있는 자는 그 처분의 통지를 받은 날부터 30일 이내에 그 사유를 갖추어 공정거래위원회에 이의신청을 할 수 있다. 〈개정 1999.2.5〉

②공정거래위원회는 제1항의 규정에 의한 이의신청에 대하여 60일이내에 재결을 하여야 한다. 다만, 부득이한 사정으로 그 기간내에 재결을 할 수 없을 경우에는 30일의 범위안에서 결정으로 그 기간을 연장할 수 있다. 〈신설 1996.12.30, 1999.2.5〉

제53조의2【시정조치명령의 집행정지】①공정거래위원회는 이 법의 규정에 의한 시정조치명령을 받은 자가 제53조(이의신청)제1항의 이의신청을 제기한 경우로서 그 명령의 이행 또는 절차의 속행으로 인하여 발생할 수 있는 회복하기 어려운 손해를 예방하기 위하여 필요하다고 인정하는 때에는 당사자의 신청이나 직권에 의하여 그 명령의 이행 또는 절차의 속행에 대한 정지(이하 "집행정지"라 한다)를 결정할 수 있다.

②공정거래위원회는 집행정지의 결정을 한 후에 집행정지의 사유가 없어진 경우에는 당사자의 신청 또는 직권에 의하여 집행정지의 결정을 취소할 수 있다. 〈개정 1999.2.5〉

[본조신설 1996.12.30]

제53조의3【문서의 송달】①문서의 송달은 행정절차법 제14조 내지 제16조의 규정을 준용한다. 〈개정 2007.8.3〉

②제1항의 규정에 불구하고 국외에 주소·영업소 또는 사무소(이하 "주소 등"이라 한다)를 두고 있는 사업자 또는 사업자단체에 대해서는 국내에 대리인을 지정하도록 하여 동 대리인에게 송달한다. 〈개정 2007.8.3〉

③제2항에 따라 국내에 대리인을 지정하여야 하는 사업자 또는 사업자단체가 국내에 대리인을 지정하지 아니한 경우에는 제1항에 따른다. 〈신설 2007.8.3〉

[본조신설 2004.12.31]

제54조 【소의 제기】 ①이 법에 의한 공정거래위원회의 처분에 대하여 불복의 소를 제기하고자 할 때에는 처분의 통지를 받은 날 또는 이의신청에 대한 재결서의 정본을 송달받은 날부터 30일 이내에 이를 제기하여야 한다. 〈개정 1996.12.30, 1999.2.5, 2001.1.16〉

②제1항의 기간은 이를 불변기간으로 한다.

제55조 【불복의 소의 전속관할】 제54조(소의 제기)의 규정에 의한 불복의 소는 공정거래위원회의 소재지를 관할하는 서울고등법원을 전속관할로 한다. 〈개정 1996.12.30〉

제55조의2 【사건처리절차등】 이 법의 규정에 위반하는 사건의 처리절차등에 관하여 필요한 사항은 공정거래위원회가 정하여 고시한다.

[본조신설 1996.12.30]

제 10 장의2 과징금 부과 및 징수등

제55조의3 【과징금 부과】 ①공정거래위원회는 이 법의 규정에 의한 과징금을 부과함에 있어서 다음 각 호의 사항을 참작하여야 한다.

1. 위반행위의 내용 및 정도
2. 위반행위의 기간 및 회수
3. 위반행위로 인해 취득한 이익의 규모등

②공정거래위원회는 이 법의 규정을 위반한 회사인 사업자의 합병이 있는 경우에는 당해회사가 행한 위반행위는 합병후 존속하거나 합병에 의해 설립된 회사가 행한 행위로 보아 과징금을 부과·징수할 수 있다.

③제1항의 규정에 의한 과징금의 부과기준은 대통령령으로 정한다. 〈개정 1999.2.5〉

[본조신설 1996.12.30]

제55조의4 【과징금 납부기한의 연장 및 분할납부】 ①공정거래위원회는 과징금의 금액이 대통령령이 정하는 기준을 초과하는 경우로서 다음 각 호의 1에 해당하는 사유로 인하여 과징금을 부과받은 자(이하 "과징금납부의무자"라 한다)가 과징금의 전액을 일시에 납부하기가 어렵다고 인정되는 때에는 그 납부기한을 연장하거나 분할납부하게 할 수 있다. 이 경우 필요하다고 인정하는 때에는 담보를 제공하게 할 수 있다.

1. 재해 또는 도난등으로 재산에 현저한 손실을 받는 경우
2. 사업여건의 악화로 사업이 중대한 위기에 처한 경우
3. 과징금의 일시납부에 따라 자금사정에 현저한 어려움이 예상되는 경우
4. 기타 제1호 내지 제3호에 준하는 사유가 있는 경우

②과징금납부의무자가 제1항의 규정에 의한 과징금 납부기한의 연장 또는 분할납부를 신청하고자 하는 경우에는 과징금 납부를 통지받은 날부터 30일 이내에 공정거래위원회에 신청하여야 한다. 〈개정 2002.1.26〉

③공정거래위원회는 제1항의 규정에 의하여 납부기한이 연장되거나 분할납부가 허용된 과징금납부의무자가 다음 각 호의 1에 해당하게 된 때에는 그 납부기한의 연장 또는 분할납부 결정을 취소하고 일시에 징수할 수 있다.

1. 분할납부 결정된 과징금을 그 납부기한내에 납부하지 아니한 때
2. 담보의 변경 기타 담보보전에 필요한 공정거래위원회의 명령을 이행하지 아니한 때
3. 강제집행, 경매의 개시, 파산선고, 법인의 해산, 국세 또는 지방세의 체납처분을 받은 때등 과징금의 전부 또는 잔여분을 징수할 수 없다고 인정되는 때

④제1항 내지 제3항의 규정에 의한 과징금 납부기한의 연장 또는 분할납부등에 관하여 필요한 사항은 대통령령으로 정한다. 〈개정 1999.2.5〉

[본조신설 1996.12.30]

제55조의5 【과징금의 연대납부의무】 ①과징금을 부과받은 회사인 사업자가 분할 또는 분할합병되는 경우(부과일에 분할 또는 분할합병되는 경우를 포함한다) 그 과징금은 다음 각 호의 회사가 연대하여 납부할 책임을 진다.

1. 분할되는 회사
2. 분할 또는 분할합병으로 인하여 설립되는 회사
3. 분할되는 회사의 일부가 다른 회사와 합병

하여 그 다른 회사가 존속하는 경우의 그 다른 회사

②과징금을 부과받은 회사인 사업자가 분할 또는 분할합병으로 인하여 해산되는 경우(부과일에 해산되는 경우를 포함한다) 그 과징금은 다음 각 호의 회사가 연대하여 납부할 책임을 진다.

1. 분할 또는 분할합병으로 인하여 설립되는 회사
2. 분할되는 회사의 일부가 다른 회사와 합병하여 그 다른 회사가 존속하는 경우의 그 다른 회사

[본조신설 2004.12.31]

제55조의6【과징금 징수 및 체납처분】 ①공정거래위원회는 과징금납부의무자가 납부기한내에 과징금을 납부하지 아니한 경우에는 납부기한의 다음 날부터 납부한 날까지의 기간에 대하여 연 100분의 40의 범위 안에서 은행법 제2조의 규정에 의한 금융기관의 연체이자율을 참작하여 공정거래위원회가 정하여 고시한 이율을 적용하여 계산한 가산금을 징수한다. 〈개정 1999.2.5, 2004.12.31, 2007.8.3〉

②공정거래위원회는 과징금납부의무자가 납부기한내에 과징금을 납부하지 아니한 때에는 기간을 정하여 독촉을 하고, 그 지정한 기간안에 과징금 및 제1항의 규정에 의한 가산금을 납부하지 아니한 때에는 국세체납처분의 예에 따라 이를 징수할 수 있다.

③공정거래위원회는 제1항 및 제2항의 규정에 의한 과징금 및 가산금의 징수 또는 체납처분에 관한 업무를 국세청장에게 위탁할 수 있다.

④공정거래위원회는 체납된 과징금의 징수를 위하여 필요하다고 인정되는 경우에는 국세청장에 대하여 과징금을 체납한 자에 대한 국세과세에 관한 정보의 제공을 요청할 수 있다. 〈신설 2001.1.16〉

⑤과징금 업무를 담당하는 공무원이 과징금의 징수를 위하여 필요한 때에는 등기소 기타 관계행정기관의 장에게 무료로 필요한 서류의 열람이나 등사 또는 그 등본이나 초본의 교부를 청구할 수 있다. 〈신설 2001.1.16〉

⑥과징금의 징수에 관하여 필요한 사항은 대통령령으로 정한다.

[본조신설 1996.12.30]

[제55조의5에서 이동, 종전 제55조의6은 제55조의7로 이동 〈2004.12.31〉]

제55조의7【과징금 환급가산금】 공정거래위원회가 이의신청의 재결 또는 법원의 판결 등의 사유로 과징금을 환급하는 경우에는 과징금을 납부한 날부터 환급한 날까지의 기간에 대하여 대통령령이 정하는 바에 따라 환급가산금을 지급하여야 한다.

[본조신설 2001.1.16]

[제55조의6에서 이동 〈2004.12.31〉]

제55조의8【결손처분】 ①공정거래위원회는 과징금·과태료, 그 밖에 이 법에 따른 징수금(이하 "징수금 등"이라 한다)의 납부의무자에게 다음 각 호의 어느 하나에 해당하는 사유가 있는 경우에는 결손처분을 할 수 있다.

1. 체납처분이 끝나고 체납액에 충당된 배분금액이 체납액에 못 미치는 경우
2. 징수금 등의 징수권에 대한 소멸시효가 완성된 경우
3. 체납자의 행방이 분명하지 아니하거나 재산이 없다는 것이 판명된 경우
4. 체납처분의 목적물인 총재산의 추산가액이 체납처분비에 충당하고 남을 여지가 없음이 확인된 경우
5. 체납처분의 목적물인 총재산이 징수금등 보다 우선하는 국세, 지방세, 전세권·질권 또는 저당권에 의하여 담보된 채권 등의 변제에 충당하고 남을 여지가 없음이 확인된 경우
6. 징수할 가망이 없는 경우로서 대통령령으로 정하는 사유에 해당되는 경우

②제1항에 따라 결손처분을 할 때에는 지방행정기관 등 관계 기관에 대하여 체납자의 행방 또는 재산의 유무를 조사하고 확인하여야 한다.

③제1항 제4호 또는 제5호의 요건에 해당되어 결손처분을 할 때에는 체납처분을 중지하고 그 재산의 압류를 해제하여야 한다.

④공정거래위원회는 제1항에 따라 결손처분을

한 후 압류할 수 있는 다른 재산을 발견한 때에는 지체없이 결손처분을 취소하고 체납처분을 하여야 한다. 다만, 제1항 제2호에 해당하는 경우에는 그러하지 아니하다.

[본조신설 2007.8.3]

제 11 장 손해배상

제56조 【손해배상책임】 ①사업자 또는 사업자단체는 이 법의 규정을 위반함으로써 피해를 입은 자가 있는 경우에는 당해피해자에 대하여 손해배상의 책임을 진다. 다만, 사업자 또는 사업자단체가 고의 또는 과실이 없음을 입증한 경우에는 그러하지 아니하다. 〈개정 2004.12.31〉

②삭제〈2004.12.31〉

제56조의2 【기록의 송부등】 제56조(손해배상책임)의 규정에 의한 손해배상청구의 소가 제기된 때에는 법원은 필요한 경우 공정거래위원회에 대하여 당해사건의 기록(사건관계인, 참고인 또는 감정인에 대한 심문조서 및 속기록 기타 재판상 증거가 되는 일체의 것을 포함한다)의 송부를 요구할 수 있다. [본조신설 1999.2.5]

제57조 【손해액의 인정】 이 법의 규정을 위반한 행위로 인하여 손해가 발생된 것은 인정되나, 그 손해액을 입증하기 위하여 필요한 사실을 입증하는 것이 해당 사실의 성질상 극히 곤란한 경우에는, 법원은 변론 전체의 취지와 증거조사의 결과에 기초하여 상당한 손해액을 인정할 수 있다.

[전문개정 2004.12.31]

제 12 장 적용제외

제58조 【법령에 따른 정당한 행위】 이 법의 규정은 사업자 또는 사업자단체가 다른 법률 또는 그 법률에 의한 명령에 따라 행하는 정당한 행위에 대하여는 이를 적용하지 아니한다.

제59조 【무체재산권의 행사행위】 이 법의 규정은 「저작권법」, 「특허법」, 「실용신안법」, 「디자인보호법」 또는 「상표법」에 의한 권리의 정당한 행사라고 인정되는 행위에 대하여는 적용하지 아니한다. 〈개정 2004. 12.31, 2007.8.3〉

제60조 【일정한 조합의 행위】 이 법의 규정은 다음 각 호의 요건을 갖추어 설립된 조합(조합의 연합회를 포함한다)의 행위에 대하여는 이를 적용하지 아니한다. 다만, 불공정거래행위 또는 부당하게 경쟁을 제한하여 가격을 인상하게 되는 경우에는 그러하지 아니하다. 〈개정 1999.2.5〉

1. 소규모의 사업자 또는 소비자의 상호부조를 목적으로 할 것
2. 임의로 설립되고, 조합원이 임의로 가입 또는 탈퇴할 수 있을 것
3. 각 조합원이 평등한 의결권을 가질 것
4. 조합원에 대하여 이익배분을 행하는 경우에는 그 한도가 정관에 정하여져 있을 것

제61조 삭제 〈1996.12.30〉

제 13 장 보 칙

제62조 【비밀엄수의 의무】 이 법에 의한 직무에 종사하거나 종사하였던 위원 또는 공무원 또는 협의회에서 분쟁조정업무를 담당하거나 담당하였던 자는 그 직무상 알게 된 사업자 또는 사업자단체의 비밀을 누설하거나 이 법의 시행을 위한 목적외에 이를 이용하여서는 아니된다. 〈개정 2007.8.3〉

제63조 【경쟁제한적인 법령 제정의 협의등】 ①관계행정기관의 장은 사업자의 가격·거래조건의 결정, 시장진입 또는 사업활동의 제한, 부당한 공동행위 또는 사업자단체의 금지행위등 경쟁제한사항을 내용으로 하는 법령을 제정 또는 개정하거나, 사업자 또는 사업자단체에 대하여 경쟁제한사항을 내용으로 하는 승인 기타의 처분을 하고자 하는 때에는 미리 공정거래위원회와 협의하여야 한다.

②관계행정기관의 장은 경쟁제한사항을 내용으로 하는 예규·고시 등을 제정 또는 개정하고자 하는 때에는 미리 공정거래위원회에 통보하여야 한다.

③관계행정기관의 장은 제1항의 규정에 의한 경쟁제한사항을 내용으로 하는 승인 기타의 처분

을 행한 경우에는 당해 승인 기타의 처분의 내용을 공정거래위원회에 통보하여야 한다.

④공정거래위원회는 제2항의 규정에 의하여 통보를 받은 경우에 당해제정 또는 개정하고자 하는 예규·고시 등에 경쟁제한사항이 포함되어 있다고 인정되는 경우에는 관계행정기관의 장에게 당해 경쟁제한사항의 시정에 관한 의견을 제시할 수 있다. 제1항의 규정에 의한 협의없이 제정 또는 개정된 법령과 통보없이 제정 또는 개정된 예규·고시 등이나 통보 없이 행하여진 승인 기타의 처분에 관하여도 또한 같다

[전문개정 1996.12.30]

제64조【관계기관등의 장의 협조】①공정거래위원회는 이 법의 시행을 위하여 필요하다고 인정할 때에는 관계행정기관 기타 기관 또는 단체의 장의 의견을 들을 수 있다. 〈개정 1996.12.30〉

②공정거래위원회는 이 법의 시행을 위하여 필요하다고 인정할 때에는 관계행정기관 기타 기관 또는 단체의 장에게 필요한 조사를 의뢰하거나 필요한 자료를 요청할 수 있다. 〈개정 1996. 12.30〉

③공정거래위원회는 이 법의 규정에 의한 시정조치의 이행을 확보하기 위하여 필요하다고 인정하는 경우에는 관계행정기관 기타 기관 또는 단체의 장에게 필요한 협조를 의뢰할 수 있다. 〈개정 1996.12.30〉

제64조의2【포상금의 지급】①공정거래위원회는 이 법의 위반행위를 신고 또는 제보하고 이를 입증할 수 있는 증거자료를 제출한 자에 대하여 예산의 범위 안에서 포상금을 지급할 수 있다.

②제1항의 규정에 의한 포상금의 지급대상이 되는 이 법 위반행위 및 포상금 지급대상자의 범위, 포상금 지급의 기준·절차 등에 관하여 필요한 사항은 대통령령으로 정한다.

[본조신설 2004.12.31]

제65조【권한의 위임·위탁】공정거래위원회는 이 법의 규정에 의한 그 권한의 일부를 대통령령이 정하는 바에 의하여 소속기관의 장이나, 특별시장·광역시장 또는 도지사에게 위임하거나, 다른 행정기관의 장에게 위탁할 수 있다. 〈개정 1996. 12.30〉

제65조의2【벌칙적용에 있어서의 공무원 의제】①공정거래위원회의 위원 중 공무원이 아닌 위원은 형법 그 밖의 법률에 따른 벌칙의 적용에 있어서는 공무원으로 본다.

②제48조의3(공정거래분쟁조정협의회의 설치 및 구성) 내지 제48조의10(협의회의 조직·운영 등)에 따른 분쟁의 조정업무를 담당하거나 담당하였던 자는「형법」제129조(수뢰, 사전수뢰) 내지 제132조(알선수뢰)의 적용에 있어서는 공무원으로 본다.

[본조신설 2007.8.3]

제 14 장 벌 칙

제66조【벌칙】①다음 각 호의 어느 하나에 해당하는 자는 3년 이하의 징역 또는 2억원 이하의 벌금에 처한다. 〈개정 1992.12.8, 1996.12.30, 1998. 2.24, 1999.2.5, 1999.12.28, 2001.1.16, 2002.1.26, 2004. 12.31, 2007.8.3〉

1. 제3조의2(시장지배적지위의 남용금지)의 규정에 위반하여 남용행위를 한 자
2. 제7조(기업결합의 제한)제1항 본문에 위반하여 기업결합을 한 자
3. 제8조의2(지주회사 등의 행위제한 등)제2항 내지 제5항에 위반한 자
4. 제8조의3(채무보증제한기업집단의 지주회사 설립제한)의 규정에 위반하여 지주회사를 설립하거나 지주회사로 전환한 자
5. 제9조(상호출자의 금지등) 또는 제10조(출자총액의 제한)제1항의 규정에 위반하여 주식을 취득 또는 소유하고 있는 자. 다만, 제10조 제1항의 규정을 위반하고 있는 자중 제17조의2(시정조치 등에 대한 특례)제1항(부칙 제4조의 규정에 의하여 적용되는 경우를 포함한다)의 규정에 의한 금지명령을 받은 자를 제외한다.
6. 제10조의2(계열회사에 대한 채무보증의 금지)제1항의 규정을 위반하여 채무보증을 하고 있는 자
7. 제11조(금융회사 또는 보험회사의 의결권 제한) 또는 제18조(시정조치의 이행확보)의 규정

에 위반하여 의결권을 행사한 자

8. 제15조(탈법행위의 금지)의 규정에 위반하여 탈법행위를 한 자

9. 제19조(부당한 공동행위의 금지)제1항의 규정을 위반하여 부당한 공동행위를 한 자 또는 이를 행하도록 한 자

10. 제26조(사업자단체의 금지행위)제1항제1호의 규정에 위반하여 사업자단체의 금지행위를 한 자

②제1항의 징역형과 벌금형은 이를 병과할 수 있다.

제67조 【벌칙】 다음 각 호의 어느 하나에 해당하는 자는 2년 이하의 징역 또는 1억5천만원 이하의 벌금에 처한다. 〈개정 1992.12.8, 1994.12.22, 1996.12.30, 1998.2. 24, 1999.2.5, 2002.1.26, 2007.8.3〉

1. 삭제〈1996.12.30〉

2. 제23조(불공정거래행위의 금지)제1항의 규정에 위반하여 불공정거래행위를 한 자

3. 제26조(사업자단체의 금지행위)제1항제2호 내지 제5호의 규정에 위반한 자

4. 제29조(재판매가격유지행위의 제한)제1항의 규정에 위반하여 재판매가격유지행위를 한 자

5. 제32조(부당한 국제계약의 체결제한)제1항의 규정에 위반하여 국제계약을 체결한 자

6. 제5조(시정조치), 제16조(시정조치 등)제1항, 제17조의2(시정조치등에 대한 특례)제1항, 제21조(시정조치), 제24조(시정조치), 제27조(시정조치), 제30조(재판매가격유지계약의 수정), 제31조(시정조치) 또는 제34조(시정조치)의 규정에 의한 시정조치 또는 금지명령에 응하지 아니한 자

7. 제14조(상호출자제한기업집단등의 지정 등)제5항의 규정에 위반하여 공인회계사의 회계감사를 받지 아니한 자

제68조 【벌칙】 다음 각 호의 어느 하나에 해당하는 자는 1억원 이하의 벌금에 처한다. 〈개정 1996.12.30, 1999. 2.5, 2002.1.26, 2004.12.31, 2007.4.13, 2007.8.3〉

1. 제8조(지주회사 설립·전환의 신고)의 규정에 위반하여 지주회사의 설립 또는 전환의 신고를 하지 아니하거나 허위의 신고를 한 자

2. 제8조의2(지주회사 등의 행위제한 등)제6항의 규정을 위반하여 당해 지주회사 등의 사업내용에 관한 보고를 하지 아니하거나 허위의 보고를 한 자

3. 제13조(주식소유현황등의 신고)제1항 및 제2항의 규정에 위반하여 주식소유현황 또는 채무보증현황의 신고를 하지 아니하거나 허위의 신고를 한 자

4. 제14조(상호출자제한기업집단등의 지정 등)제4항의 자료요청에 대하여 정당한 이유없이 자료제출을 거부하거나 허위의 자료를 제출한 자

5. 제50조(위반행위의 조사등)제1항 제2호의 규정에 위반하여 허위의 감정을 한 자

6. 삭제〈2004.12.31〉

7. 삭제〈1994.12.22〉

8. 삭제〈1999.2.5〉

[전문개정 1992.12.8]

제69조 【벌칙】 ①제50조(위반행위의 조사등)제5항의 요건에 해당하지 아니함에도 불구하고 그 직권을 남용하여 금융기관의 특정점포의 장에게 금융거래정보의 제출을 요구한 자 또는 동조제9항의 규정을 위반한 자는 5년 이하의 징역 또는 3천만원 이하의 벌금에 처한다.〈신설 2004.12.31〉

②제62조(비밀엄수의 의무)의 규정에 위반한 자는 2년 이하의 징역 또는 200만원 이하의 벌금에 처한다. 〈개정 1996.12.30〉

제69조의2 【과태료】 ①사업자 또는 사업자단체가 제1호 내지 제6호 및 제8호에 해당하는 경우에는 1억원 이하, 제7호에 해당하는 경우에는 2억원 이하, 회사 또는 사업자단체의 임원 또는 종업원 기타 이해관계인이 제1호 내지 제6호 및 제8호에 해당하는 경우에는 1천만원 이하, 제7호에 해당하는 경우에는 5천만원 이하의 과태료에 처한다. 〈개정 1996.12.30, 1998.2.24, 1999.2.5, 1999.12.28, 2001.1.16, 2002.1.26, 2004.12.31〉

1. 제11조의2(대규모내부거래의 이사회 의결 및 공시) 또는 제11조의3(비상장회사 등의 중요사항 공시)의 규정에 의한 공시를 함에 있어 이사회의 의결을 거치지 아니하거나 공시를 하지 아니한 자 또는 주요내용을 누락하거나 허위로

공시한 자

2. 제12조(기업결합의 신고)제1항 또는 제6항의 규정에 의한 기업결합의 신고를 하지 아니하거나 허위의 신고를 한 자 또는 동조제7항의 규정에 위반한 자

3. 제14조의2(계열회사의 편입 및 제외등)제2항의 자료요청에 대하여 정당한 이유없이 자료를 제출하지 아니하거나 허위의 자료를 제출한 자

4. 제17조의2(시정조치 등에 대한 특례)제4항의 규정을 위반한 자

5. 제50조(위반행위의 조사등)제1항 제1호의 규정에 위반하여 정당한 사유없이 출석을 하지 아니한 자

6. 제50조(위반행위의 조사등)제1항 제3호 또는 제3항의 규정에 의한 보고 또는 필요한 자료나 물건의 제출을 하지 아니하거나, 허위의 보고 또는 자료나 물건을 제출한 자

7. 제50조(위반행위의 조사등)제2항의 규정에 의한 조사를 거부·방해 또는 기피한 자

8. 제50조(위반행위의 조사등)제5항의 규정에 의한 금융거래정보의 제출을 거부한 자

②제43조의2(심판정의 질서유지)의 규정에 위반하여 질서유지의 명령을 따르지 아니한 자는 100만원 이하의 과태료에 처한다. 〈신설 1996.12.30〉

③제1항 또는 제2항의 규정에 의한 과태료는 대통령령이 정하는 바에 의하여 공정거래위원회가 부과·징수한다. 〈개정 1996.12.30〉

④제3항의 규정에 의한 과태료처분에 불복이 있는 자는 그 처분의 고지를 받은 날부터 30일 이내에 공정거래위원회에 이의를 제기할 수 있다. 〈개정 1996.12.30〉

⑤제3항의 규정에 의한 과태료처분을 받은 자가 제4항의 규정에 의하여 이의를 제기한 때에는 공정거래위원회는 지체없이 관할법원에 그 사실을 통보하여야 하며, 그 통보를 받은 관할법원은 비송사건절차법에 의한 과태료의 재판을 한다. 〈개정 1996.12.30, 2007.8.3〉

⑥제4항의 규정에 의한 기간내에 이의를 제기하지 아니하고 과태료를 납부하지 아니한 때에는 국세체납처분의 예에 의하여 이를 징수한다. 〈개정 1996.12.30〉

[본조신설 1992.12.8]

제70조 【양벌규정】 법인(법인격 없는 단체를 포함한다. 이하 이 조에서 같다)의 대표자나 법인 또는 개인의 대리인·사용인 기타 종업원이 그 법인 또는 개인의 업무에 관하여 제66조(벌칙) 내지 제68조(벌칙)의 위반행위를 한 때에는 행위자를 벌하는 외에 그 법인 또는 개인에 대하여도 각 본조의 벌금형을 과한다. 〈개정 1996.12.30〉

제71조 【고발】 ①제66조(벌칙) 및 제67조(벌칙)의 죄는 공정거래위원회의 고발이 있어야 공소를 제기할 수 있다. 〈개정 1996.12.30〉

②공정거래위원회는 제66조 및 제67조의 죄중 그 위반의 정도가 객관적으로 명백하고 중대하여 경쟁질서를 현저히 저해한다고 인정하는 경우에는 검찰총장에게 고발하여야 한다. 〈신설 1996.12.30〉

③검찰총장은 제2항의 규정에 의한 고발요건에 해당하는 사실이 있음을 공정거래위원회에 통보하여 고발을 요청할 수 있다. 〈신설 1996.12.30〉

④공정거래위원회는 공소가 제기된 후에는 고발을 취소하지 못한다. 〈신설 1996.12.30〉

[전문개정 1992.12.8]

부 칙

〈제7315호, 2004.12.31〉

제1조 【시행일】 이 법은 2005년 4월 1일부터 시행한다. 다만, 제50조(위반행위의 조사등)제5항 내지 제9항, 제69조(벌칙)제1항 및 제69조의2(과태료)제1항 제8호의 개정규정은 공포한 날부터 시행한다.

제2조 【유효기간】 제50조(위반행위의 조사등)제5항 내지 제9항의 개정규정의 유효기간은 그 시행일부터 3년으로 한다.

제3조 【기업결합의 신고에 관한 적용례 등】 ①이 법 시행 당시 종전의 규정에 따라 신고의무가 발생한 기업결합에 대하여는 제12조제1항·제2항 및 제5항 내지 제7항의 개정규정에 불구하고 종

전의 규정에 의한다.

②제12조제1항제2호의 개정규정은 이 법 시행 당시 종전의 제12조제1항제1호의 규정에 따라 신고의무가 발생한 기업결합으로서 이 법 시행 후 제12조제1항제2호의 개정규정에 해당하게 된 경우에도 이를 적용한다.

③이 법 시행 당시 신고의무가 발생하지 아니하나 제12조제1항제1호의 개정규정에 해당하는 기업결합으로서 기업결합의 당사회사 중 1 이상의 회사가 대규모회사인 경우에는 제12조제2항·제5항·제7항의 개정규정을 적용하고, 동조 제6항의 개정규정에 불구하고 그 기업결합일부터 30일 이내에 기업결합의 신고를 하여야 한다.

④제12조제9항의 개정규정은 이 법 시행 후 최초로 공정거래위원회에 심사요청된 기업결합부터 이를 적용한다.

제4조【일반지주회사의 자회사 외의 국내회사주식 소유 제한에 대한 경과조치】 이 법 시행 당시 공정거래위원회에 신고되어 있는 지주회사가 자회사 외의 국내회사의 주식을 발행주식총수의 100분의 5를 초과하여 소유하고 있는 경우 그 국내회사가 발행한 주식에 대하여는 이 법 시행일부터 2년 이내에 제8조의2제2항제3호의 개정규정에 적합하도록 하여야 한다.

제5조【일반지주회사 자회사의 사업관련손자회사에 대한 지분율 제한에 관한 경과조치】 이 법 시행 당시 공정거래위원회에 신고되어 있는 일반지주회사의 자회사가 사업관련손자회사의 주식을 소유하고 있는 경우 그 사업관련손자회사의 주식에 대하여는 이 법 시행일부터 2년 이내에 제8조의2제3항제1호의 개정규정에 적합하도록 하여야 한다.

제6조【일반지주회사 자회사의 다른 자회사에 대한 출자금지에 관한 경과조치】 이 법 시행 당시 공정거래위원회에 신고 되어 있는 일반지주회사의 자회사가 당해 자회사를 지배하는 일반지주회사의 다른 자회사의 주식을 소유하고 있는 경우 그 자회사의 주식에 대하여는 이 법 시행일부터 2년 이내에 제8조의2제3항제2호의 개정규정에 적합하도록 하여야 한다.

제7조【출자총액에 관한 경과조치】 ①이 법 시행 당시 출자총액제한기업집단으로 지정되어 있는 기업집단에 속하는 회사가 종전의 제10조(출자총액의 제한)제1항제3호의 규정에 따라 취득 또는 소유하고 있는 주식은 제10조(출자총액의 제한) 제1항 제3호 개정규정의 요건을 충족하지 아니하는 경우에도 종전의 규정에 의한다.

②이 법 시행 당시 출자총액제한기업집단으로 지정되어 있는 기업집단에 속하는 회사가 종전의 제10조(출자총액의 제한)제1항제4호의 규정에 따라 취득 또는 소유하고 있는 주식의 경우에는 제10조(출자총액의 제한)제1항제4호의 개정규정에 의한다.

제8조【부당한 공동행위의 과징금에 관한 경과조치】 이 법 시행 전의 행위로서 법률 제 호 독점규제 및 공정거래에 관한 법률 일부개정법률 공포 후 3월이 경과한 날 전에 종료된 행위에 대한 과징금의 적용에 있어서는 종전의 규정에 의한다. 〈개정 2007.8.3〉

제9조【금융회사 또는 보험회사의 의결권 제한에 관한 특례】 상호출자제한기업집단에 속하는 회사로서 금융업 또는 보험업을 영위하는 회사가 제11조 단서 및 종전의 동조 제3호의 규정에 따라 그 회사가 취득 또는 소유하고 있는 국내계열회사주식 중 의결권을 행사할 수 있는 주식의 수에 대하여는 제11조제3호의 개정규정에 불구하고 그 계열회사에 대하여 특수관계인 중 대통령령이 정하는 자를 제외한 자가 행사할 수 있는 주식수를 합하여 2006년 3월 31일까지는 그 계열회사 발행주식총수의 100분의 30을, 2006년 4월 1일부터 2007년 3월 31일까지는 100분의 25를, 2007년 4월 1일부터 2008년 3월 31일까지는 100분의 20을, 2008년 4월 1일부터는 100분의 15를 각각 초과할 수 없다.

제10조【다른 법률의 개정】 ①가맹사업거래의 공정화에 관한 법률중 다음과 같이 개정한다.

제37조제2항 중 "제55조의3 내지 제55조의6"을 "제55조의3 내지 제55조의7"로 한다.

②하도급거래 공정화에 관한 법률중 다음과 같이 개정한다.

제25조의3제2항 중 "제55조의3(과징금 부과) 내지 제55조의5(과징금 징수 및 체납처분)"를 "제55조의3(과징금 부과) 내지 제55조의6(과징금 징수 및 체납처분)"으로 한다.

③표시·광고의 공정화에 관한 법률중 다음과 같이 개정한다.

제16조제3항 중 "제55조의5"를 "제55조의6"으로 한다.

④방문판매 등에 관한법률중 다음과 같이 개정한다.

제44조제4항 중 "제55조의5"를 "제55조의6"으로 한다.

⑤전자상거래 등에서의 소비자보호에 관한 법률중 다음과 같이 개정한다.

제34조제4항 중 "제55조의5"를 "제55조의6"으로 한다.

부 칙

〈제7492호, 2005.3.31〉

이 법은 공포 후 3월이 경과한 날부터 시행한다.

부 칙(국가공무원법)

〈제7796호, 2005.12.29〉

제1조【시행일】 이 법은 2006년 7월 1일부터 시행한다.

제2조 내지 제5조 생략

제6조【다른 법률의 개정】 ① 내지 (26)생략

(27)독점규제 및 공정거래에 관한 법률 일부를 다음과 같이 개정한다.

제37조 제3항 중 "1급상당 별정직 국가공무원"을 "고위공무원단에 속하는 별정직공무원"으로 한다.

(28) 내지 (68) 생략

부 칙

〈제8382호, 2007.4.13〉

제1조【시행일】 이 법은 공포 후 3개월이 경과한 날부터 시행한다. 다만, 제8조의2, 제10조제1항·제2항·제8항, 제17조제4항, 제50조제5항 및 제68조의 개정규정과 부칙 제2조 및 법률 제7315호 독점규제및공정거래에관한법률중개정법률 부칙 제2조의 개정규정은 공포한 날부터 시행한다.

제2조【유효기간】 제50조(위반행위의 조사등) 제5항의 개정규정의 유효기간은 2010년 12월 31일까지로 한다.

제3조【출자총액제한기업집단 지정제외에 관한 특례】 이 법 시행 당시 제14조제1항에 따라 출자총액제한기업집단으로 지정된 기업집단 중 2007년 지정일 현재 당해 기업집단에 속하는 국내 회사들의 제10조제2항의 개정규정에 따라 산정되는 자산총액의 합계액이 10조원 미만인 기업집단은 이 법 공포일에 출자총액제한기업집단에서 지정제외된 것으로 본다.

제4조【벌칙 및 과태료에 관한 경과조치】 이 법 시행 전의 행위에 대한 벌칙 및 과태료의 적용은 종전의 규정에 따른다.

부 칙

〈제8631호, 2007.8.3〉

제1조 【시행일】 이 법은 공포 후 3개월이 경과한 날부터 시행한다. 다만, 제50조제5항과 법률 제7315호 독점규제및공정거래에관한법률중개정법률 부칙 제8조의 개정규정은 공포한 날부터 시행하고, 제48조의3부터 제48조의9까지의 개정규정은 공포 후 6개월이 경과한 날부터 시행한다.

제2조【유효기간】 제50조(위반행위의 조사 등) 제5항의 개정규정의 유효기간은 2010년 12월 31일까지로 한다.

제3조【기업결합 신고에 관한 적용례】 제7조제4항제1호 및 제12조제1항제2호·제5호의 개정규정은 이 법 시행 후 최초로 기업결합 신고의 기산일이 시작되는 경우부터 적용한다.

제4조【기업결합에 관한 경과조치】 이 법 시행 당시 종전의 규정에 따라 기업결합 신고의 기산일이 도래한 기업결합에 대하여는 제7조제4항제1호 및 제12조제1항제2호·제5호의 개정규정에도

불구하고 종전의 규정에 따른다.

제5조【부당한 공동행위의 추정에 관한 경과조치】 이 법 시행 전에 종료된 종전의 제19조제1항 각 호의 어느 하나에 해당하는 행위의 부당한 공동행위 추정에 관하여는 제19조제5항의 개정규정에도 불구하고 종전의 규정에 따른다.

제6조【벌칙 및 과태료에 관한 경과조치】 이 법 시행 전의 행위에 대한 벌칙 및 과태료의 적용은 종전의 규정에 따른다.

제7조【다른 법률의 개정】 법인세법 일부를 다음과 같이 개정한다.

제18조의2제1항제4호 가목 중 "사업관련손자회사"를 "손자회사"로 한다.

독점규제 및 공정거래에 관한 법률 시행령

제　　정 1981.4.1	대통령령 제10267호	
개　　정 1984.7.21	대통령령 제11475호	
개　　정 1987.4.1	대통령령 제12120호	
개　　정 1990.4.14	대통령령 제12979호	
개　　정 1993.2.20	대통령령 제13842호	
개　　정 1995.4.1	대통령령 제14566호	
개　　정 1997.3.31	대통령령 제15328호	
개　　정 1998.4.1	대통령령 제15767호	
개　　정 1999.3.31	대통령령 제16221호	
개　　정 1999.12.31	대통령령 제16685호	
개　　정 2000.4.1	대통령령 제16777호	
개　　정 2001.3.27	대통령령 제17176호	
일부개정 2002.3.30	대통령령 제17564호	공정거래위원회
일부개정 2004.4.1	대통령령 제18356호	
일부개정 2005.3.31	대통령령 제18768호	
일부개정 2005.6.30	대통령령 제18903호	
일부개정 2005.6.30	대통령령 제18921호	
일부개정 2005.8.31	대통령령 제19023호	
일부개정 2006.3.29	대통령령 제19422호	
일부개정 2006.4.14	대통령령 제19447호	
일부개정 2006.6.29	대통령령 제19574호	
일부개정 2007.11.2	대통령령 제20360호	

제1장 총 칙

제1조【목적】 이 영은 「독점규제 및 공정거래에 관한 법률」에서 위임된 사항과 그 시행에 관하여 필요한 사항을 규정함을 목적으로 한다. 〈개정 1999.3.31, 2005.3.31〉

제2조【지주회사의 기준】 ① 「독점규제 및 공정거래에 관한 법률」(이하 "법"이라 한다) 제2조(정의)제1호의2 전단에서 "자산총액이 대통령령이 정하는 금액 이상인 회사"라 함은 다음 각 호의 회사를 말한다. 〈개정 2007.11.2〉

1. 해당 사업연도에 새로이 설립되었거나 합병 또는 분할·분할합병·물적분할(이하 "분할"이라 한다)을 한 회사의 경우에는 각각 설립등기일·합병등기일 또는 분할등기일 현재의 대차대조표상의 자산총액이 1천억원 이상인 회사
2. 제1호 외의 회사의 경우에는 직전 사업연도 종료일(사업연도 종료일 이전의 자산총액을 기준으로 지주회사 전환신고를 하는 경우에는 해당 전환신고 사유의 발생일) 현재의 대차대조표상의 자산총액이 1천억원 이상인 회사

②법 제2조(정의)제1호의2 후단에 따른 주된 사업의 기준은 회사가 소유하고 있는 자회사의 주식(지분을 포함한다. 이하 같다)가액의 합계액(제1항 각 호의 자산총액 산정기준일 현재의 대차대조표상에 표시된 가액을 합계한 금액을 말한다)이 해당 회사 자산총액의 100분의 50이상인 것으로 한다. 〈개정 2007.11.2〉

③법 제2조(정의)제1호의3에서 "대통령령이 정하는 기준"이란 다음 각 호의 요건을 충족하는 것을 말한다. 〈신설 2001.3.27, 2005.3.31, 2007.11.2〉

1. 지주회사의 계열회사(「중소기업 창업지원법」에 따라 설립된 중소기업창업투자회사 또는 「여신전문금융업법」에 따라 설립된 신기술사업금융업자가 창업투자 목적 또는 신기술사업자 지원 목적으로 다른 국내회사의 주식을 취득함에 따른 계열회사를 제외한다)일 것
2. 지주회사가 소유하는 주식이 제11조(특수관계인의 범위)제1호 또는 제2호에 규정된 각각의 자중 최다출자자가 소유하는 주식과 같거나 많을 것

[전문개정 1999.3.31]

④법 제2조(정의)제1호의4에서 "대통령령이

정하는 기준"이란 다음 각 호의 요건을 충족하는 것을 말한다.

1. 자회사의 계열회사일 것

2. 자회사가 소유하는 주식이 제11조(특수관계인의 범위) 제1호 또는 제2호에 규정된 각각의 자 중 최다출자자가 소유하는 주식과 같거나 많을 것 〈신설 2007.11.2〉

제2조의2 삭제〈2007.11.2〉

제3조【기업집단의 범위】 법 제2조(정의)제2호에서 "대통령령이 정하는 기준에 의하여 사실상 그 사업내용을 지배하는 회사"라 함은 다음 각 호의 1에 해당하는 회사를 말한다. 〈개정 1999.3.31, 2000. 4.1, 2001.3.27, 2002.3.30, 2005.3.31〉

1. 동일인이 단독으로 또는 다음 각목의 1에 해당하는 자(이하 "동일인관련자"라 한다)와 합하여 당해 회사의 발행주식[「상법」 제370조(의결권 없는 주식)의 규정에 의한 의결권 없는 주식을 제외한다. 이하 이 조, 제3조의2(기업집단으로부터의 제외), 제17조의5(채무보증 금지대상의 제외요건) 및 제18조(기업결합의 신고등)에서 같다] 총수의 100분의 30이상을 소유하는 경우로서 최다출자자인 회사

가. 배우자, 8촌이내의 혈족, 4촌이내의 인척(이하 "친족"이라 한다)

나. 동일인이 단독으로 또는 동일인관련자와 합하여 총출연금액의 100분의 30이상을 출연한 경우로서 최다출연자가 되거나 동일인 및 동일인관련자중 1인이 설립자인 비영리법인 또는 단체(법인격이 없는 사단 또는 재단을 말한다. 이하 같다)

다. 동일인이 직접 또는 동일인관련자를 통하여 임원의 구성이나 사업운용등에 대하여 지배적인 영향력을 행사하고 있는 비영리법인 또는 단체

라. 동일인이 이 호 또는 제2호의 규정에 의하여 사실상 사업내용을 지배하는 회사

마. 동일인 및 동일인과 나목 내지 라목의 관계에 해당하는 자의 사용인(법인인 경우에는 임원, 개인인 경우에는 상업사용인 및 고용계약에 의한 피용인을 말한다)

2. 다음 각목의 1에 해당하는 회사로서 당해 회사의 경영에 대하여 지배적인 영향력을 행사하고 있다고 인정되는 회사

가. 동일인이 다른 주요 주주와의 계약 또는 합의에 의하여 대표이사를 임면하거나 임원의 100분의 50이상을 선임하거나 선임할 수 있는 회사

나. 동일인이 직접 또는 동일인관련자를 통하여 당해 회사의 조직변경 또는 신규사업에의 투자등 주요 의사결정이나 업무집행에 지배적인 영향력을 행사하고 있는 회사

다. 동일인이 지배하는 회사(동일인이 회사인 경우에는 동일인을 포함한다. 이하 이 목에서 같다)와 당해 회사간에 다음의 1에 해당하는 인사교류가 있는 회사

(1) 동일인이 지배하는 회사와 당해 회사간에 임원의 겸임이 있는 경우

(2) 동일인이 지배하는 회사의 임·직원이 당해 회사의 임원으로 임명되었다가 동일인이 지배하는 회사로 복직하는 경우(동일인이 지배하는 회사중 당초의 회사가 아닌 회사로 복직하는 경우를 포함한다)

(3) 당해 회사의 임원이 동일인이 지배하는 회사의 임·직원으로 임명되었다가 당해 회사 또는 당해 회사의 계열회사로 복직하는 경우

라. 통상적인 범위를 초과하여 동일인 또는 동일인관련자와 자금·자산·상품·용역 등의 거래를 하고 있거나 채무보증을 하거나 채무보증을 받고 있는 회사, 기타 당해 회사가 동일인의 기업집단의 계열회사로 인정될 수 있는 영업상의 표시행위를 하는 등 사회통념상 경제적 동일체로 인정되는 회사

[전문개정 1997.3.31]

제3조의2【기업집단으로부터의 제외】 ①공정거래위원회는 다음 각 호의 1에 해당하는 회사로서 동일인이 그 사업내용을 지배하지 아니한다고 인정되는 경우에는 제3조의 규정에 불구하고 이해관계자의 요청에 의하여 당해 회사를 동일인이 지배하는 기업집단의 범위에서 제외할 수 있다. 〈개정 1999.3.31, 2001.3.27, 2001.7.24, 2005.3.31〉

1. 출자자간의 합의·계약 등에 의하여 다음 각목의 자외의 자가 사실상 경영을 하고 있다고 인정되는 회사

가. 동일인이 임명한 자

나. 동일인과 제3조(기업집단의 범위)제1호가목 또는 마목의 관계에 있는 자

2. 다음 각목의 요건(이하 "독립경영인정기준"이라 한다)을 갖춘 회사로서 동일인의 친족이 당해 회사를 독립적으로 경영하고 있다고 인정되는 회사

가. 동일인이 지배하는 기업집단으로부터 제외를 요청한 각 회사(이하 "친족측계열회사"라 한다)에 대하여 동일인 및 동일인관련자[친족측계열회사를 독립적으로 경영하는 자(이하 "독립경영자"라 한다) 및 독립경영자의 요청에 의하여 공정거래위원회가 동일인관련자의 범위로부터 분리를 인정하는 자를 제외한다]가 소유하고 있는 주식의 합계가 각 회사의 발행주식 총수의 100분의 3(주권상장법인 또는 코스닥상장법인이 아닌 회사의 경우에는 100분의 10)미만일 것

나. 동일인이 지배하는 각 회사(동일인이 지배하는 기업집단에서 친족측계열회사를 제외한 회사를 말하며, 이하 "동일인측계열회사"라 한다)에 대하여 독립경영자 및 독립경영자와 제3조(기업집단의 범위)제1호 각목의 1에 해당하는 관계에 있는 자(동일인관련자의 경우에는 가목의 규정에 의하여 그 범위로부터 분리된 자에 한한다)가 소유하고 있는 주식의 합계가 각 회사의 발행주식 총수의 100분의 3(주권상장법인 또는 코스닥상장법인이 아닌 회사의 경우에는 100분의 15) 미만일 것

다. 동일인측계열회사와 친족측계열회사간에 임원의 상호 겸임이 없을 것

라. 동일인측계열회사와 친족측계열회사간에 채무보증이나 자금대차가 없을 것. 다만, 법 제10조의2 제1항 제1호의 규정에 따른 채무보증 및 거래에 수반하여 정상적으로 발생한 것으로 인정되는 채무보증이나 자금대차를 제외한다.

마. 삭제〈1999.3.31〉

3.「채무자회생 및 파산에 관한 법률」에 의한 파산선고를 받아 파산절차가 진행중인 회사

4.「기업구조조정 투자회사법」 제2조제2호의 규정에 의한 약정체결기업에 해당하는 회사로서 다음 각목의 요건을 갖춘 회사

가. 동일인 및 동일인관련자가 소유하고 있는 주식중 당해 회사 발행주식총수의 100분의 3(주권상장법인 또는 코스닥상장법인이 아닌 회사의 경우에는 100분의 10)을 초과하여 소유하고 있는 주식에 대한 처분 및 의결권행사에 관한 권한을 채권금융기관(「은행법」 그밖의 법률에 의한 금융기관으로서 당해 회사에 대하여 신용공여를 한 금융기관을 말한다)에 위임할 것

나. 동일인 및 동일인관련자가 가목의 규정에 의한 위임계약의 해지권을 포기하기로 특약을 할 것

5.「채무자 회생 및 파산에 관한 법률」에 의한 정리절차개시결정을 받아 정리절차가 진행중인 회사로서 다음 각목의 요건을 갖춘 회사

가. 동일인 및 동일인관련자가 소유하고 있는 주식중 당해 회사 발행주식 총수의 100분의 3(주권상장법인 또는 코스닥상장법인이 아닌 회사의 경우에는 100분의 10)을 초과하여 소유하고 있는 주식에 대한 처분 및 의결권행사에 관한 권한을 「회사정리법」 제94조의 규정에 의한 관리인에게 위임하되 정리절차가 종료된 후에는 당해 권한을 회사가 승계하게 할 것

나. 동일인 및 동일인관련자가 가목의 규정에 의한 위임계약의 해지권을 포기하기로 특약을 할 것

②공정거래위원회는 다음 각 호의 1에 해당하는 회사에 대하여는 제3조(기업집단의 범위)의 규정에 불구하고 이해관계자의 요청에 의하여 동일인이 지배하는 기업집단의 범위에서 이를 제외할 수 있다. 〈개정 1999.12.31, 2001.3.27, 2005.3.8, 2005.3.31〉

1. 다음 각목의 1에 해당하는 자가 「사회기반시설에 대한 민간투자법」에 의하여 설립된 민간투자사업법인의 발행주식총수의 100분의 20이상을 소유하고 있는 경우의 그 민간투자사업법인. 다만, 다른 회사와의 상호출자가 없고, 출자자외

의 자로부터의 채무보증이 없는 경우에 한한다.

가. 국가 또는 지방자치단체

나. 「정부투자기관 관리기본법」 제2조(적용범위)의 규정에 의한 정부투자기관

다. 특별법에 의하여 설립된 공사·공단 그 밖의 법인

2. 다음 각목의 1에 해당하는 회사 중 최다출자자(동일인 및 동일인관련자가 출자한 경우를 포함한다)가 2인이상으로서 당해출자자가 임원의 구성이나 사업운용 등에 대하여 지배적인 영향력을 행사하지 아니한다고 인정되는 회사

가. 동일한 업종을 영위하는 2이상의 회사가 사업구조조정을 위하여 자산을 현물출자하거나 합병 등의 방법으로 설립한 회사

나. 「사회기반시설에 대한 민간투자법」에 의한 민간투자사업법인 중 동법 제4조제1호 내지 제4호의 규정에 의한 방식으로 민간투자사업을 추진하는 회사

③공정거래위원회는 제1항 또는 제2항의 규정에 의하여 동일인이 지배하는 기업집단의 범위에서 제외된 회사가 그 제외요건에 해당하지 아니하게 된 경우에는 직권 또는 이해관계자의 요청에 의하여 그 제외결정을 취소할 수 있다. 다만, 제1항제2호의 규정에 의하여 동일인이 지배하는 기업집단의 범위에서 제외된 회사의 경우에는 그 제외된 날부터 3년이내에 제외요건에 해당하지 아니하게 된 경우에 한한다.

④제1항 제2호의 규정에 의하여 동일인이 지배하는 기업집단으로부터의 제외를 요청하고자 하는 자는 다음 각 호의 서류를 공정거래위원회에 제출하여야 한다. 다만, 「전자정부 구현을 위한 행정업무 등의 전자화 촉진에 관한 법률」 제21조 제1항의 규정에 의한 행정정보의 공동이용을 통하여 제출서류에 대한 정보를 확인할 수 있는 경우에는 그 확인으로 제출서류에 갈음할 수 있다. 〈개정 1999.3.31, 2004.3.17, 2005.3.31〉

1. 제1항 제2호 가목 및 나목의 경우에는 주주명부. 이 경우 주권상장법인의 경우에는 명의개서대행기관의 확인서를 첨부하여야 한다.

2. 제1항 제2호 다목의 경우에는 동일인측계열회사 및 친족측계열회사의 등기부등본

3. 제1항 제2호 라목의 경우에는 공인회계사의 확인을 받은 채무보증 및 자금대차 현황

[본조신설 1997.3.31]

제3조의3【동일인관련자로부터의 제외】 ① 공정거래위원회는 제3조(기업집단의 범위)제1호나목에도 불구하고 동일인 및 동일인관련자가 임원의 구성이나 사업운용 등에 대하여 지배적인 영향력을 행사하지 아니한다고 인정되는 경우에는 이해관계자의 요청에 따라 해당 비영리법인 또는 단체를 동일인관련자에서 제외할 수 있다.

② 공정거래위원회는 제1항에 따라 동일인관련자에서 제외된 비영리법인 또는 단체가 그 제외요건에 해당하지 아니하게 된 경우에는 직권 또는 이해관계자의 요청에 의하여 그 제외 결정을 취소할 수 있다. [본조신설 2007.11.2]

제4조【매출액 또는 구매액의 산정방법등】 ①법 제4조(시장지배적사업자의 추정)에서 "연간 매출액 또는 구매액"이란 해당 사업자가 법 제3조의2(시장지배적지위의 남용금지)의 규정에 위반한 혐의가 있는 행위의 종료일(해당 행위가 인지일이나 신고일까지 계속되는 경우에는 인지일이나 신고일을 해당 행위의 종료일로 본다. 이하 같다)이 속하는 사업연도의 직전 사업연도 1년 동안에 공급하거나 구매한 상품 또는 용역의 금액(상품 또는 용역에 대한 간접세를 제외한 금액을 말한다. 이하 같다)을 말한다. 〈개정 2007.11.2〉

②법 제2조(정의)제7호 및 법 제4조(시장지배적사업자의 추정)에서 "시장점유율"이라 함은 법 제3조의2(시장지배적지위의 남용금지)의 규정에 위반한 혐의가 있는 행위의 종료일이 속하는 사업연도의 직전 사업연도 1년 동안에 국내에서 공급 또는 구매된 상품 또는 용역의 금액 중에서 당해사업자가 국내에서 공급 또는 구매한 상품 또는 용역의 금액이 점하는 비율을 말한다. 다만,

시장점유율을 금액기준으로 산정하기 어려운 경우에는 물량기준 또는 생산능력기준으로 이를 산정할 수 있다.

③법 제2조(정의)제7호 및 법 제4조(시장지배적사업자의 추정)의 규정을 적용함에 있어서 당

해사업자와 그 계열회사는 이를 하나의 사업자로 본다.

④법 제2조(정의)제7호의 규정에 의한 시장지배적사업자의 판단에 관하여 필요한 세부기준은 공정거래위원회가 정하여 고시할 수 있다.
[전문개정 1999.3.31]

제4조의2【시장구조 조사 또는 공표사무의 위탁】 ①공정거래위원회는 법 제3조(독과점적 시장구조의 개선등)제5항의 규정에 의하여 독과점적 시장구조의 조사 또는 공표 및 이와 관련된 자료제출요청에 관한 사무를 관계행정기관의 장이나 정부출연연구기관의 장에게 위탁할 수 있다.

②제1항의 규정에 의하여 시장구조의 조사 또는 공표사무를 위탁받은 기관의 장은 위탁사무의 처리내용을 공정거래위원회에 통보하여야 한다.
[본조신설 1999.3.31]

제 2 장 시장지배적지위의 남용금지

제5조【남용행위의 유형 또는 기준】 ①법 제3조의2(시장지배적지위의 남용금지)제1항 제1호의 규정에 의한 가격의 부당한 결정·유지 또는 변경은 다음 각 호의 어느 하나에 해당하는 경우로 한다.

1. 정당한 이유없이 상품의 가격이나 용역의 대가가 공급에 필요한 비용에 비하여 현저하게 높은 경우
2. 정당한 이유없이 상품의 가격이나 용역의 대가를 수급의 변동이나 공급에 필요한 비용(당해 시장지배적사업자가 속하는 업종 또는 유사한 업종의 통상적인 수준의 것에 한한다)의 변동에 비하여 현저하게 상승시키거나 근소하게 하락시키는 경우

②법 제3조의2(시장지배적지위의 남용금지)제1항 제2호의 규정에 의한 상품판매 또는 용역제공의 부당한 조절은 다음 각 호의 1에 해당하는 경우로 한다.

1. 정당한 이유없이 최근의 추세에 비추어 상품 또는 용역의 공급량을 현저히 감소시키는 경우
2. 정당한 이유없이 유통단계에서 공급부족이 있음에도 불구하고 상품 또는 용역의 공급량을 감소시키는 경우

③법 제3조의2(시장지배적지위의 남용금지)제1항 제3호의 규정에 의한 다른 사업자의 사업활동에 대한 부당한 방해는 직접 또는 간접으로 다음 각 호의 1에 해당하는 행위를 함으로써 다른 사업자의 사업활동을 어렵게 하는 경우로 한다. 〈개정 2001.3.27〉

1. 정당한 이유없이 다른 사업자의 생산활동에 필요한 원재료 구매를 방해하는 행위
2. 정상적인 관행에 비추어 과도한 경제상의 이익을 제공하거나 제공할 것을 약속하면서 다른 사업자의 사업활동에 필수적인 인력을 채용하는 행위
3. 정당한 이유없이 다른 사업자의 상품 또는 용역의 생산·공급·판매에 필수적인 요소의 사용 또는 접근을 거절·중단하거나 제한하는 행위
4. 제1호 내지 제3호외의 부당한 방법으로 다른 사업자의 사업활동을 어렵게 하는 행위로서 공정거래위원회가 고시하는 행위

④법 제3조의2(시장지배적지위의 남용금지)제1항 제4호의 규정에 의한 새로운 경쟁사업자의 참가에 대한 부당한 방해는 직접 또는 간접으로 다음 각 호의 1에 해당하는 행위를 함으로써 새로운 경쟁사업자의 신규진입을 어렵게 하는 경우로 한다. 〈개정 2001.3.27〉

1. 정당한 이유없이 거래하는 유통사업자와 배타적 거래계약을 체결하는 행위
2. 정당한 이유없이 기존사업자의 계속적인 사업활동에 필요한 권리 등을 매입하는 행위
3. 정당한 이유없이 새로운 경쟁사업자의 상품 또는 용역의 생산·공급·판매에 필수적인 요소의 사용 또는 접근을 거절하거나 제한하는 행위
4. 제1호 내지 제3호외의 부당한 방법으로 새로운 경쟁사업자의 신규진입을 어렵게 하는 행위로서 공정거래위원회가 고시하는 행위

⑤법 제3조의2(시장지배적지위의 남용금지)제1항 제5호의 규정에 의한 경쟁사업자를 배제하기 위한 부당한 거래는 다음 각 호의 1에 해당하는

경우로 한다.

1. 부당하게 상품 또는 용역을 통상거래가격에 비하여 낮은 대가로 공급하거나 높은 대가로 구입하여 경쟁사업자를 배제시킬 우려가 있는 경우

2. 부당하게 거래상대방이 경쟁사업자와 거래하지 아니할 것을 조건으로 그 거래상대방과 거래하는 경우

⑥제1항 내지 제5항의 규정에 의한 남용행위의 세부적인 유형 및 기준은 공정거래위원회가 정하여 고시할 수 있다.

[전문개정 1999.3.31]

제6조【가격조사의뢰】 공정거래위원회는 시장지배적사업자가 상품 또는 용역의 가격을 부당하게 결정·유지 또는 변경하였다고 볼만한 상당한 이유가 있을 때에는 관계행정기관의 장이나 물가조사업무를 수행하는 공공기관에 대하여 상품 또는 용역의 가격에 관한 조사를 의뢰할 수 있다.

제7조 삭제〈1999.3.31〉

제8조【시정명령을 받은 사실의 공표방법】 공정거래위원회는 법 제5조(시정조치), 법 제16조(시정조치)제1항, 법 제21조(시정조치), 법 제24조(시정조치), 법 제27조(시정조치) 및 법 제31조(시정조치)의 규정에 의하여 당해 사업자

1. 위반행위의 내용 및 정도

2. 위반행위의 기간 및 횟수

[법 제27조(시정조치)에 있어서는 사업자단체(필요한 경우 관련 구성 사업자를 포함한다)]에 대하여 시정명령을 받은 사실의 공표를 명하고자 하는 경우에는 다음 각 호의 사항을 참작하여 공표의 내용, 매체의 종류·수 및 지면크기 등을 정하여 이를 명하여야 한다.

〈개정 1997.3.31, 1999.3.31, 1999.6.30, 2001.3.27, 2002.3.30〉

제9조【과징금의 산정방법】 ①법 제6조(과징금) 본문·법 제22조(과징금) 본문·법 제24조의2(과징금) 본문[법 제23조(불공정거래행위의 금지)제1항제7호에 해당하는 경우는 제외한다]·법 제28조(과징금)제2항 본문·법 제31조의2(과징금) 본문 및 법 제34조의2(과징금) 본문에서 "대통령령이 정하는 매출액"이란 위반사업자가 위반기간동안 일정한 거래분야에서 판매한 관련 상품이나 용역의 매출액 또는 이에 준하는 금액(이하 "관련매출액"이라 한다)을 말한다. 다만, 위반행위가 상품이나 용역의 구매와 관련하여 이루어진 경우에는 관련 상품이나 용역의 매입액을 말하고, 입찰담합 및 이와 유사한 행위인 경우에는 계약금액을 말한다. 〈개정 2004.4.1, 2007.11.2〉

②법 제24조의2(과징금) 본문[법 제23조(불공정거래행위의 금지)제1항제7호에 해당하는 경우에만 해당한다]에서 "대통령령이 정하는 매출액"이란 해당 사업자의 직전 3개 사업연도의 평균매출액(이하 "평균매출액"이라 한다)을 말한다. 다만 해당 사업연도 초일 현재 사업을 개시한지 3년이 되지 아니하는 경우에는 그 사업개시 후 직전 사업연도말일까지의 매출액을 연평균매출액으로 환산한 금액을, 해당 사업연도에 사업을 개시한 경우에는 사업개시일부터 위반행위일까지의 매출액을 연매출액으로 환산한 금액을 말한다.〈신설 2007.11.2〉

③그 밖에 관련매출액 및 평균매출액의 산정에 관하여 필요한 사항은 공정거래위원회가 정한다. 〈개정 2004.4.1, 2007.11.2〉

[전문개정 1997.3.31]

제9조의2【영업수익 사용사업자의 범위】 법 제6조(과징금) 본문에서 "대통령령이 정하는 사업자의 경우"라 함은 상품 또는 용역의 대가의 합계액을 재무제표 등에서 영업수익 등으로 기재하는 사업자의 경우를 말한다.

[전문개정 1997.3.31]

제10조【매출액이 없는 경우등】 법 제6조(과징금) 단서에서 "매출액이 없거나 매출액의 산정이 곤란한 경우로서 대통령령이 정하는 경우"란 다음 각 호의 어느 하나에 해당하는 경우를 말한다. 〈개정 2004.4.1, 2007.11.2〉

1. 영업을 개시하지 아니하거나 영업중단등으로 인하여 영업실적이 없는 경우

2. 위반기간 또는 관련 상품이나 용역의 범위를 확정할 수 없어 제9조(과징금의 산정방법)제1항에 따른 금액의 산정이 곤란한 경우

3. 재해 등으로 인하여 매출액산정자료가 소멸

또는 훼손되는 등 객관적인 매출액의 산정이 곤란한 경우
[전문개정 1997.3.31]

제 3 장 기업결합의 제한 및 경제력집중의 억제

제11조 【특수관계인의 범위】 법 제7조(기업결합의 제한)제1항 본문에서 "대통령령이 정하는 특수한 관계에 있는 자"라 함은 회사 또는 회사외의 자와 다음 각 호의 1에 해당하는 자를 말한다.

1. 당해 회사를 사실상 지배하고 있는 자
2. 동일인관련자. 다만, 제3조의2(기업집단으로부터의 제외)제1항의 규정에 의하여 동일인관련자로부터 분리된 자를 제외한다.
3. 경영을 지배하려는 공동의 목적을 가지고 당해 기업결합에 참여하는 자

[전문개정 1997.3.31]

제12조 【자산총액 또는 매출액의 기준】 ①법 제7조(기업결합의 제한)제1항 단서 및 법 제12조(기업결합의 신고)제1항에서 "자산총액"이라 함은 기업결합일이 속하는 사업연도의 직전 사업연도 종료일 현재의 대차대조표에 표시된 자산총액을 말한다. 다만, 금융업 또는 보험업을 영위하는 회사의 경우에는 직전 사업연도 종료일 현재의 대차대조표에 표시된 자본총액과 자본금중 큰 금액을 말한다. 〈개정 1999.3.31, 1999.3.31〉

②제1항의 경우에 기업결합일이 속하는 사업연도 중에 신주 및 사채의 발행으로 자산총액이 증가된 경우에는 직전 사업연도 종료일 현재의 대차대조표에 표시된 자산총액에 그 증가된 금액을 합한 금액을 자산총액으로 본다. 〈개정 1999.3. 31〉

③법 제7조(기업결합의 제한)제1항 단서 및 법 제12조(기업결합의 신고)제1항에서 "매출액"이라 함은 기업결합일이 속하는 사업연도의 직전 사업연도의 손익계산서에 표시된 매출액을 말한다. 다만, 금융업 또는 보험업을 영위하는 회사의 경우에는 직전사업연도의 손익계산서에 표시된 영업수익을 말한다. 〈개정 1999.3.31〉

[전문개정 1997.3.31]

제12조의2 【대규모회사의 기준】 법 제7조(기업결합의 제한)제1항 단서에서 "대통령령이 정하는 규모에 해당하는 회사"라 함은 자산총액 또는 매출액의 규모가 2조원이상인 회사를 말한다. 〈개정 1999.3.31〉

[본조신설 1997.3.31]

제12조의3 【특수관계인의 범위의 예외】 법 제7조제1항 제5호 가목, 법 제8조의2 제1항 제1호 및 법 제11조제3호 후단에서 "대통령령이 정하는 자"라 함은 제11조제3호에 규정된 자를 말한다. 〈개정 2002. 3.30, 2005.3.31〉

[본조신설 1999.3.31]

제12조의4 【회생이 불가한 회사와의 기업결합】 법 제7조(기업결합의 제한)제2항제2호에서 "대통령령이 정하는 요건"이라 함은 다음 각 호의 요건을 갖춘 경우를 말한다.

1. 기업결합을 하지 아니하는 경우 회사의 생산설비등이 당해시장에서 계속 활용되기 어려운 경우
2. 당해기업결합보다 경쟁제한성이 적은 다른 기업결합이 이루어지기 어려운 경우

[본조신설 1999.3.31]

제13조 삭제〈1999.3.31〉

제14조 삭제〈1999.3.31〉

제15조 【지주회사의 설립·전환의 신고등】 ①지주회사를 설립하거나 지주회사로 전환한 자는 법 제8조에 따라 공정거래위원회가 정하여 고시하는 바에 따라 다음 각 호의 기한 내에 신고인의 성명, 지주회사·자회사·손자회사와 법 제8조의2(지주회사 등의 행위제한 등) 제5항에 따른 증손회사(이하 "지주회사등"이라 한다)의 명칭, 자산총액, 부채총액, 주주현황, 주식소유현황, 사업내용 등을 기재한 신고서에 신고내용을 입증하는 서류를 첨부하여 공정거래위원회에 제출하여야 한다. 〈개정 2001.3.27, 2005.3.31, 2007.11.2〉

1. 지주회사를 설립하는 경우에는 설립등기일부터 30일 이내
2. 다른 회사와의 합병 또는 회사의 분할을 통하여 지주회사로 전환하는 경우에는 합병등기일

또는 분할등기일부터 30일 이내

3. 다른 법률에 따라 법 제8조의 적용이 제외되는 회사의 경우에는 다른 법률에서 정하고 있는 제외기간이 지난 날부터 30일 이내

4. 다른 회사의 주식취득, 자산의 증감 및 그 밖의 사유로 인하여 지주회사로 전환하는 경우에는 제2조(지주회사의 기준)제1항제2호의 자산총액 산정기준일부터 4월 이내

②제1항의 규정에 의한 신고를 하는 자가 법 제10조의2(계열회사에 대한 채무보증의 금지)제1항의 규정에 의한 채무보증제한기업집단에 속하는 회사를 지배하는 동일인 또는 당해동일인의 특수관계인에 해당하는 경우에는 법 제8조의3(채무보증제한기업집단의 지주회사 설립제한) 각 호의 규정에 의한 채무보증의 해소실적을 함께 제출하여야 한다. 〈개정 2001.3.27, 2002.3.30〉

③제1항의 규정에 의한 지주회사의 설립신고에 있어서 설립에 참여하는 자가 2이상인 경우에는 공동으로 신고하여야 한다. 다만, 신고의무자중 1인을 대리인으로 정하여 그 대리인이 신고하는 경우에는 그러하지 아니하다.

④지주회사로서 사업연도 중 소유 주식의 감소, 자산의 증감 등의 사유로 인하여 제2조(지주회사의 기준)제1항 또는 제2항의 규정에 해당하지 아니하게 되는 회사가 이를 공정거래위원회에 신고한 경우에는 당해사유가 발생한 날부터 이를 지주회사로 보지 아니한다.

⑤제4항의 규정에 의하여 신고를 하는 회사는 공정거래위원회가 정하는 바에 따라 당해사유가 발생한 날을 기준으로 한 공인회계사의 회계감사를 받은 대차대조표 및 주식소유현황을 공정거래위원회에 제출하여야 한다. 이 경우 공정거래위원회는 신고를 받은 날부터 30일 이내에 그 심사결과를 신고인에게 통지하여야 한다.

[전문개정 1999.3.31]

제15조의2【벤처지주회사의 기준】 법 제8조의2 제1항 제2호에서 "대통령령이 정하는 기준"이라 함은 지주회사가 소유하고 있는 「벤처기업육성에 관한 특별조치법」 제2조제1항의 규정에 의한 벤처기업의 주식가액 합계액이 당해 지주회사가 소유하고 있는 전체 자회사 주식가액 합계액의 100분의 50 이상인 경우를 말한다. 〈개정 2005.3. 31〉

[본조신설 2001.3.27]

[종전 제15조의2는 제15조의3으로 이동〈2001.3.27〉]

제15조의3 삭제〈2005.3.31〉

제16조 삭제〈1999.3.31〉

제15조의4【금융지주회사의 자회사 주식 소유제한】 법 제8조의2 제2항 제4호 본문에서 "금융업 또는 보험업과 밀접한 관련이 있는 등 대통령령이 정하는 기준에 해당하는 회사"라 함은 다음 각 호의 1의 사업을 영위하는 것을 목적으로 하는 회사를 말한다. 〈개정 2005.3.31〉

1. 금융회사 또는 보험회사에 대한 전산·정보처리등의 역무의 제공

2. 금융회사 또는 보험회사가 보유한 부동산 기타 자산의 관리

3. 금융업 또는 보험업과 관련된 조사·연구

4. 기타 금융회사 또는 보험회사의 고유업무와 직접 관련되는 사업

[본조신설 1999.3.31]

[제15조의3에서 이동, 종전 제15조의4는 제15조의5로 이동〈2001.3.27〉]

제15조의5 삭제〈2005.3.31〉

제15조의6【지주회사등의 주식소유현황등의 보고】 ①법 제8조의2(지주회사 등의 행위제한 등) 제7항에 따라 지주회사는 공정거래위원회가 정하여 고시하는 바에 따라 당해사업연도 종료 후 4개월 이내에 다음 각 호의 사항을 기재한 보고서를 공정거래위원회에 제출하여야 한다. 〈개정 2001.3.27, 2005.3.31, 2007.11.2〉

1. 지주회사 등의 명칭·소재지·설립일·사업내용 및 대표자의 성명 등 회사의 일반현황

2. 지주회사등의 주주현황

3. 지주회사등의 주식소유현황

4. 지주회사등의 납입자본금·자본총액·부채총액·자산총액 등 재무현황

5. 삭제〈2005.3.31〉

②제1항에 따른 보고서에는 다음 각 호의 서류를 첨부하여야 한다. 〈개정 2002.3.30, 2005. 3.31, 2007.

11.2〉

1. 지주회사등의 직전사업연도의 대차대조표·손익계산서등 재무제표(「주식회사의 외부감사에 관한 법률」의 규정에 의하여 연결재무제표를 작성하는 기업의 경우에는 연결재무제표를 포함한다) 및 재무제표에 대한 감사인의 감사보고서[상호출자제한기업집단, 출자총액제한기업집단 및 채무보증제한기업집단(이하 "상호출자제한기업집단등"이라 한다)에 소속된 회사 및 「주식회사의 외부감사에 관한 법률」의 규정에 의한 외부감사의 대상이 되는 회사에 한한다]

2. 자회사·손자회사와 법 제8조의2(지주회사등의 행위제한 등)제5항에 따른 증손회사(이하 "증손회사"라 한다)의 주주명부

3. 자회사, 손자회사와 증손회사의 영업보고서

③공정거래위원회는 제1항 및 제2항의 규정에 의하여 제출된 보고서 및 첨부서류가 미비된 경우에는 기간을 정하여 당해서류의 보정을 명할 수 있다.

[본조신설 1999.3.31]

[제15조의5에서 이동〈2001.3.27〉]

제17조【상호출자제한기업집단등의 범위】 ①법 제9조(상호출자의 금지등) 제1항의 규정에 의한 상호출자제한기업집단은 당해 기업집단에 속하는 국내 회사들의 상호출자제한기업집단지정 직전사업연도의 대차대조표상의 자산총액[금융업 또는 보험업을 영위하는 회사의 경우에는 자본총액 또는 자본금중 큰 금액으로 하며, 새로 설립된 회사로서 직전사업연도의 대차대조표가 없는 경우에는 지정일 현재의 납입자본금으로 한다. 이하 이 조, 제17조의8(대규모내부거래의 이사회 의결 및 공시) 및 제21조(상호출자제한기업집단등의 지정)에서 같다]의 합계액이 2조원 이상인 기업집단으로 한다. 다만, 다음 각 호의 1에 해당하는 기업집단을 제외한다. 〈개정 1993.2.20, 1995.4.1, 1997.3.31, 1998.4.1, 1999.3.31, 2000.4.1, 2002.3.30, 2005.3.31〉

1. 금융업 또는 보험업만을 영위하는 기업집단

2. 금융업 또는 보험업을 영위하는 회사가 법 제2조(정의)제2호에서 규정한 동일인인 경우의 기업집단

3. 삭제〈2002.3.30〉

4. 삭제〈2001.3.27〉

5. 당해 기업집단에 속하는 회사중 다음 각목의 1에 해당하는 회사의 자산총액의 합계액이 기업집단 전체 자산총액의 100분의 50 이상인 기업집단. 다만, 다음 각목의 1에 해당하는 회사를 제외한 회사의 자산총액의 합계액이 2조원 이상인 기업집단을 제외한다.

가. 「채무자 회생 및 파산에 관한 법률」에 따른 회생절차의 개시가 결정되어 그 절차가 진행중인 회사

나. 「기업구조조정 촉진법」 제12조(부실징후기업의 관리)제1항제1호 내지 제3호의 어느 하나에 해당하는 관리절차의 개시가 결정되어 그 절차가 진행중인 회사

②법 제10조(출자총액의 제한)제8항의 대통령령이 정하는 기준에 해당하는 기업집단이라 함은 다음 각 호의 어느 하나에 해당하는 기업집단을 말한다.

1. 제1항 제1호 또는 제2호에 해당하는 기업집단

2. 당해 기업집단에 속하는 회사중 제1항 제5호 가목 또는 나목에 해당하는 회사의 자산총액의 합계액이 기업집단 전체 자산총액의 100분의 50 이상인 기업집단. 다만, 제1항 제5호 가목 또는 나목에 해당하는 회사를 제외한 회사의 자산총액의 합계액이 10조원 이상인 기업집단을 제외한다.

3. 삭제〈2005.3.31〉

4. 동일인이 자연인인 기업집단중 매년 4월 1일 당시 제3항 및 제4항의 규정에 따라 산출되는 동일인 및 동일인관련자의 의결지분율에서 동일인 및 동일인의 친족의 소유지분율을 차감(差減)하여 산출한 비율이 100분의 25 이하이고, 동일인 및 동일인관련자의 의결지분율이 동일인 및 동일인의 친족의 소유지분율의 3배 이하인 기업집단

5. 법 제10조 제1항 본문의 규정에 따른 기업집단에 속하는 계열회사의 수가 5개 이하이고, 그 기업집단에 속하는 회사간에 2단계출자(그 기

업집단에 속하는 회사가 다른 계열회사의 주식을 취득·소유하고 있고, 그 다른 계열회사가 또 다른 계열회사의 주식을 취득·소유하고 있는 경우를 말한다)를 초과하지 아니한 기업집단

③제2항제4호의 규정에 따른 동일인 및 동일인의 친족의 소유지분율은 각각의 계열회사별로 기업집단의 동일인 및 동일인의 친족이 보유한 주식의 지분율[각각의 계열회사의 발행주식총수(「상법」 제369조 및 제370조의 규정에 따른 의결권 없는 주식을 제외한다. 이하 이 조에서 같다)에서 동일인 및 동일인의 친족이 보유하고 있는 주식의 비율을 말한다]에 각각의 계열회사의 자본총계 또는 자본금중 큰 금액을 곱하여 산출된 수치를 합산한 후 각각의 계열회사의 자본총계 또는 자본금중 큰 금액의 합계액으로 나누어 산출한다. 〈신설 2005.3.31〉

④제2항제4호의 규정에 따른 동일인 및 동일인관련자의 의결지분율은 각각의 계열회사별로 동일인 및 동일인관련자가 보유한 주식의 지분율(각각의 계열회사의 발행주식총수에서 동일인 및 동일인관련자가 보유하고 있는 주식의 비율을 말한다)에 각각의 계열회사의 자본총계 또는 자본금중 큰 금액을 곱하여 산출된 수치를 합산한 후 각각의 계열회사의 자본총계 또는 자본금중 큰 금액의 합계액으로 나누어 산출한다. 〈신설 2005. 3.31〉

⑤법 제10조의2(계열회사에 대한 채무보증의 금지)제1항의 규정에 의한 채무보증제한기업집단은 제1항의 규정에 의한 상호출자제한기업집단으로 한다. 〈신설 1993.2.20, 1997.3.31, 1998.4.1, 2001. 3.27, 2002.3.30〉

제17조의2【출자총액제한의 예외 및 적용제외】 ①법 제10조제1항제4호 본문에서 "대통령령이 정하는 산업"이라 함은 다음 각 호의 어느 하나에 해당하는 산업을 말한다.
〈신설 2002. 3.30, 2005.3.31〉

1. 「정보화촉진기본법」 제2조제3호의 규정에 의한 정보통신과 관련된 산업

2. 「생명공학육성법」 제2조의 규정에 의한 생명공학을 활용하는 산업

3. 「신에너지 및 재생에너지 개발·이용·보급 촉진법」 제2조의 규정에 의한 신·재생에너지관련 산업

4. 「환경기술 개발 및 지원에 관한 법률」 제2조제3호의 규정에 의한 환경산업

②법 제10조 1항제4호에서 "대통령령이 정하는 요건"이라 함은 다음 각 호의 어느 하나에 해당하는 경우를 말한다. 〈개정 2001.7.24, 2002. 3.30, 2005. 3.31〉

1. 3년 이상 계속하여 영위하는 영업 또는 그 영업에 사용하는 주요자산을 동종의 영업(「통계법」제17조 제1항의 규정에 따라 통계청장이 고시하는 한국표준산업분류상 중분류를 기준으로 한다)을 영위하는 다른 회사에 현물출자하거나 양도하여 그 다른 회사의 주식을 취득 또는 소유하는 경우. 다만, 신설되는 회사에 현물출자하거나 영업을 양도하여 그 신설되는 회사의 주식을 취득·소유하는 경우에는 동종업종을 영위하고 있는 다른 회사가 그 신설되는 회사에 현물출자하거나 영업을 양도하는 경우에 한한다.

2. 삭제〈2005.3.31〉

3. 삭제〈2005.3.31〉

4. 3년 이상 계속하여 영위하는 영업 또는 그 영업에 사용하는 주요자산을 물적 분할하거나 인적 분할하여 신설되는 회사의 주식을 취득 또는 소유하는 경우. 다만, 인적 분할의 경우에는 자기주식의 비율 안에서 신설되는 회사의 주식을 취득하거나 소유하는 경우에 한한다.

5. 영업 또는 그 영업에 사용하는 주요자산을 다음 각목의 기준에 해당하는 신설회사에 현물출자하여 당해신설회사 발행주식 총수의 100분의 30 미만의 주식을 취득 또는 소유하는 경우

가. 당해영업에 종사하는 임직원의 출자지분의 합계가 당해신설회사의 출자자 지분중에서 최대일 것

나. 당해신설회사가 같은 계열회사가 아닐 것

6. 삭제〈2002.3.30〉

7. 삭제〈2005.3.31〉

7의2. 삭제〈2005.3.31〉

7의3. 삭제〈2005.3.31〉

8. 삭제〈2002.3.30〉

9. 「중소기업기본법」에 의한 중소기업으로서 다음 각목의 어느 하나에 해당하는 중소기업 발행주식 총수의 100분의 50미만의 주식을 취득 또는 소유하는 경우

가. 원료·부품 또는 소재를 주로 생산·공급하는 중소기업

나. 「벤처기업육성에 관한 특별조치법」에 따른 벤처기업. 다만, 취득 또는 소유하고 있는 주식의 발행회사가 벤처기업이 아닌 회사가 된 경우에는 그 날부터 6월에 한한다.

10. 제1항 각 호의 1에 해당하는 산업의 국제경쟁력 강화를 위하여 다음 각목의 1에 해당하는 신기술을 기업화한 회사의 주식을 취득 또는 소유하는 경우. 이 경우 "기업화"라 함은 다음 각목의 1에 해당하는 신기술을 이용하여 생산한 제품의 최근 1년간 매출액이 그 회사의 매출액에서 차지하는 비중이 100분의 30이상인 경우(신기술을 기업화하려는 새로 설립된 회사의 주식을 취득 또는 소유하는 경우에는 그 회사설립 후 2년간은 제10호 각목의 신기술을 이용하여 생산한 제품의 최근 1년간 매출액이 그 회사의 매출액에서 차지하는 비중에도 불구하고 신기술을 이용하여 기업화한 것으로 본다)를 말한다.

가. 「정보화촉진기본법」 제22조(정보통신우수신기술에 대한 지원 등)의 규정에 의하여 지정된 정보통신우수신기술

나. 「기술개발촉진법」 제6조(신기술의 인정 및 지원)의 규정에 의하여 인정된 신기술

다. 「외국인투자촉진법」 제25조(기술도입계약의 신고)제1항의 규정에 의하여 신고된 도입기술

라. 「환경기술 개발 및 지원에 관한 법률 시행령」 제18조(환경기술평가의 신청절차 및 평가방법등)제1항제1호의 규정에 의하여 지정된 환경신기술

마. 「산업발전법 시행령」 제28조제2항제3호의 규정에 의하여 인증받은 기술

바. 「과학기술기본법 시행령」 제13조의2제4항제1호의 규정에 따른 차세대성장동력산업의 종합계획에 포함된 기술로서 관계법령에 따라 해당기술의 주관 행정기관의 장이 인정한 기술

③출자총액제한기업집단에 속하는 회사가 법 제10조(출자총액의 제한)제1항제4호의 규정에 의하여 제2항 각 호의 1의 규정에 의한 주식의 취득 또는 소유를 인정받고자 하는 경우에는 공정거래위원회가 정하는 바에 따라 다음 각 호의 서류를 공정거래위원회에 제출하여야 한다. 〈개정 2002. 3.30〉

1. 신청서 및 출자내역 증명서류

2. 제2항제10호, 제5항제1호 및 제2호의 경우에는 공인회계사 또는 세무사의 확인을 거친 매출액비중·거래비중 등 증빙서류

3. 기타 요건충족사실을 증명하는 서류

④법 제10조(출자총액의 제한)제1항제5호 본문에서 "대통령령이 정하는 요건"이라 함은 지주회사로의 전환 또는 지주회사가 아닌 회사로의 전환에 관하여 주주총회의 결의(당해 회사가 주식회사가 아닌 경우에는 정관변경을 위한 의사결정을 말한다)가 있는 경우를 말한다. 〈신설 2001. 3.27〉

제17조의3 삭제〈1998.4.1〉

제17조의4 삭제〈1998.4.1〉

⑤법 제10조(출자총액의 제한)제6항제2호 다목에서 "대통령령이 정하는 정부출자기관"이라 함은 다음 각 호의 1에 해당하는 회사를 말한다. 〈신설 2002. 3.30, 2005.3.31〉

1. 「한국전력공사법」에 의하여 설립된 한국전력공사

2. 「집단에너지사업법」에 의하여 설립된 한국지역난방공사

⑥법 제10조제6항제3호에서 "대통령령이 정하는 기준에 해당하는 회사"라 함은 다음 각 호의 1에 해당하는 회사를 말한다. 다만, 다음 각 호의 1의 요건에 해당하지 아니하게 된 경우에는 법 제10조 제6항의 규정은 각 호의 요건을 충족하지 아니하게 된 날부터 6개월 동안만 적용한다. 〈신설 2002.3.30, 2005.3.31〉

1. 출자총액제한회사(이하 이 항에서 "출자회사"라 한다)가 영위하는 영업과 동종의 영업을

영위하는 회사. 이 경우 출자회사 및 출자회사가 취득 또는 소유하고 있는 주식의 발행회사(이하 이 항에서 "피출자회사"라 한다)가 영위하는 영업은 「통계법」 제17조(통계자료의 분류)제1항의 규정에 의하여 통계청장이 고시하는 한국표준산업분류상 중분류로 하되, 다음 각목의 기준에 의한다.

가. 출자회사의 경우에는 출자 당시 영위하고 있는 영업중 최근 3개 사업연도 매출액에서 차지하는 비중이 100분의 25 이상인 영업을 기준으로 하되, 그 영업이 1개인 경우에는 그 비중이 2위(그 비중이 100분의 15 이상인 영업에 한한다)인 영업을 포함하며, 출자 당시 영위하고 있는 영업중 최근 3개 사업연도 매출액에서 차지하는 비중이 100분의 25 이상인 영업이 없는 경우에는 그 비중이 가장 큰 영업을 기준으로 한다.

나. 피출자회사의 경우에는 출자 당시 영위하고 있는 영업중 최근 3개 사업연도 매출액에서 차지하는 비중이 100분의 25 이상으로서 그 비중이 가장 큰 영업을 기준으로 한다.

2. 최근 3개 사업연도의 거래금액을 기준으로 하여 다음 각목의 1에 해당하는 관계에 있는 회사

가. 출자회사가 생산한 제품의 100분의 50 이상을 피출자회사가 판매하거나 출자회사가 생산한 제품의 판매가 피출자회사 전체 판매의 100분의 50 이상인 경우

나. 피출자회사가 생산한 제품의 100분의 50 이상을 출자회사가 판매하거나 피출자회사가 생산한 제품의 판매가 출자회사 전체 판매의 100분의 50 이상인 경우

다. 출자회사가 생산한 제품 및 생산설비 등에 대한 유지·관리·보수의 100분의 50 이상을 피출자회사가 유지·관리·보수하거나 피출자회사의 매출중 출자회사가 생산한 제품 및 생산설비 등에 대한 유지·관리·보수가 100분의 50 이상인 경우

라. 피출자회사가 생산한 제품 및 생산설비 등에 대한 유지·관리·보수의 100분의 50 이상을 출자회사가 유지·관리·보수하거나 출자회사의 매출중 피출자회사가 생산한 제품 및 생산설비 등에 대한 유지·관리·보수가 100분의 50 이상인 경우

마. 출자회사가 생산한 제품의 100분의 50 이상을 피출자회사에 원재료·부품 등으로 공급하거나 피출자회사의 전체 원재료·부품 등에서 출자회사로부터 공급받는 비중이 100분의 50 이상인 경우

바. 피출자회사가 생산한 제품의 100분의 50 이상을 출자회사에 원재료·부품 등으로 공급하거나 출자회사의 전체 원재료·부품 등에서 피출자회사로부터 공급받는 비중이 100분의 50 이상인 경우

3. 출자회사의 제품생산을 위한 연구개발을 주된 목적으로 하는 회사

4. 출자회사의 사업내용과 직접 관련되는 다음 각목의 1에 해당하는 회사

가. 인·허가사항, 정관 등에 의하여 출자회사가 영위하는 제1호 가목의 영업과 동종의 영업을 주된 사업으로 영위할 것이 명백한 회사

나. 출자회사가 당해 설비 또는 용역을 이용하지 아니하고는 관련 시장에서의 사업 수행이 사실상 어려운 설비 또는 용역을 제공하는 회사

⑦법 제10조제6항제5호에서 "대통령령이 정하는 기준에 해당하는 회사"라 함은 「남북교류협력에 관한 법률」 제17조의 규정에 따라 승인을 얻은 협력사업의 직전사업연도의 매출액이 그 회사의 직전사업연도 전체 매출액의 100분의 50 이상인 회사를 말한다. 다만, 회사 설립 후 2년 미만인 회사의 경우에는 회사의 정관, 남북교류협력사업 승인사항 등에 의하여 남북교류협력사업을 주로 영위하고 있는 것이 명백한 회사를 말한다. 〈신설 2005.6.30〉

[본조신설 2000.4.1]

제17조의9【출자총액제한을 받지 아니하는 회사】 ①법 제10조제7항제4호에서 "대통령령이 정하는 감시·견제장치를 갖춘 회사"라 함은 다음 각 호의 요건 중 세 가지 이상에 해당된다고 공정거래위원회가 인정하는 경우를 말한다. 〈개정 2006.4. 14〉

1. 「상법」 제368조의3의 규정에 따라 서면에

따른 의결권 행사가 가능할 것

2. 「상법」 제382조의2의 규정에 따라 집중투표에 따른 의결권 행사가 가능할 것

3. 특수관계인(제11조제3호를 제외한다. 이하 이 호에서 같다)을 상대방으로 하거나 특수관계인을 위하여 하는 거래(이하 "내부거래"라 한다)를 심사·승인하는 권한을 가진 「상법」 제393조의2의 규정에 따른 위원회(이하 "내부거래위원회"라 한다)를 설치하고, 단일 또는 연간 총 거래규모가 100억원이상이거나 그 회사의 자본총계 또는 자본금 중 큰 금액의 100분의 10이상인 내부거래에 대하여 내부거래위원회의 재적 과반수의 찬성을 얻도록 할 것. 이 경우 내부거래위원회는 모두 「증권거래법」 제2조제19항의 규정에 따른 사외이사가 3인 이상 포함되어야 하고, 위원 총수의 3분의2 이상이 사외이사이어야 한다.

4. 「증권거래법」 제54조의5제2항 및 제3항의 규정에 따른 사외이사후보추천위원회를 설치·운영하고, 동 위원회와는 별도로 동 위원회에 사외이사후보를 추천하는 사외이사후보추천자문단을 설치·운영할 것. 이 경우 사외이사후보추천위원회는 모두 「증권거래법」 제2조제19항의 규정에 따른 사외이사로 구성하되, 그 수는 4인 이상으로 하여야 하고, 사외이사후보추천자문단은 모두 기업집단 외부인사로 구성하되, 그 수는 5인 이상으로 하여야 한다.

②공정거래위원회는 제1항의 사항을 심의하기 위한 자문기구를 설치·운영할 수 있다.

③법 제10조(출자총액의 제한)제7항제5호에서 "대통령령으로 정하는 규모"란 2조원을 말한다. 〈신설 2007.7.13〉

[본조신설 2005.3.31]

제17조의5【채무보증 금지대상의 제외요건】 ①법 제10조의2(계열회사에 대한 채무보증의 금지)제1항제1호에서 "인수되는 회사의 채무와 관련하여 행하는 보증"이라 함은 다음 각 호의 1에 해당하는 경우를 말한다. 〈개정 1997.3.31, 1998.4.1, 2001.3.27〉

1. 주식양도 또는 합병등의 방법으로 인수되는 회사의 인수시점의 채무나 인수하기로 예정된 채무에 대하여 인수하는 회사 또는 그 계열회사가 행하는 보증

2. 인수되는 회사의 채무를 분할인수함에 따라 인수하는 채무에 대하여 계열회사가 행하는 보증

②법 제10조의2제1항제3호에서 "기업의 국제경쟁력강화를 위하여 필요한 경우 기타 대통령령이 정하는 경우의 채무에 대한 보증"이라 함은 다음 각 호의 어느 하나에 해당하는 경우를 말한다. 〈개정 1997.3.31, 1998.4.1, 1999.3.31, 2000.4.1, 2001.3.27, 2002.3.30, 2005.3.8, 2005.3.31〉

1. 「한국수출입은행법」 제18조(업무)제1항제1호 및 제2호의 규정에 의하여 자본재 기타 상품의 생산 또는 기술의 제공과정에서 필요한 자금을 지원하기 위하여 한국수출입은행이 행하는 대출 또는 이와 연계하여 다른 국내금융기관이 행하는 대출에 대한 보증

2. 해외에서의 건설 및 산업설비공사의 수행, 수출선박의 건조, 용역수출 기타 공정거래위원회가 인정하는 물품수출과 관련하여 국내금융기관이 행하는 입찰보증·계약이행보증·선수금환급보증·유보금환급보증·하자보수보증 또는 납세보증에 대한 보증

3. 국내의 신기술 또는 도입된 기술의 기업화와 기술개발을 위한 시설 및 기자재의 구입등 기술개발사업을 위하여 국내금융기관으로부터 지원받은 자금에 대한 보증

4. 인수인도조건수출 또는 지급인도조건수출 어음의 국내금융기관매입 및 내국신용장 개설에 대한 보증

5. 다음 각목의 1에 해당하는 사업과 관련하여 국내 금융기관의 해외지점이 행하는 여신에 대한 보증

가. 「외국환거래법」의 규정에 의한 해외직접투자

나. 해외 건설 및 용역사업자가 행하는 외국에서의 건설 및 용역사업

다. 기타 공정거래위원회가 인정하는 외국에서의 사업

6. 「회사정리법」에 의한 회사정리절차 개시를 법원에 신청한 회사의 제3자 인수와 직접 관련된

보증

7. 「사회기반시설에 대한 민간투자법」 제4조 제1호 내지 제4호의 규정에 의한 방식으로 민간투자사업을 영위하는 계열회사에 출자를 한 경우로서 국내금융기관이 당해계열회사에 행하는 여신에 대한 보증

8. 법 제10조(출자총액의 제한) 제6항 제2호 가목 내지 다목의 1에 해당하는 회사가 구조개편을 위하여 분할되는 경우에 그 회사가 계열회사가 아닌 회사에 행한 보증을 분할로 인하여 신설되는 회사가 인수하는 것과 직접 관련하여 그 회사가 그 신설회사에 대하여 행하는 재보증

[본조신설 1993.3.20]

제17조의6 【국내금융기관의 범위】 법 제10조의2(계열회사에 대한 채무보증의 금지)제2항제6호에서 "기타 대통령령이 정하는 금융기관"이라 함은 「여신전문금융업법」에 의한 여신전문금융회사와 「상호저축은행법」에 의한 상호저축ㅇㄴ행중 직전 사업연도종료일 현재 대차대조표상의 자산총액(새로 설립된 회사로서 직전사업연도의 대차대조표가 없는 경우에는 설립일 현재 납입자본금으로 한다)이 3천억원이상인 여신전문금융회사와 상호저축은행을 말한다. 〈개정 2001.3.27, 2005.3.31, 2007.11.2〉

[전문개정 1998.4.1]

제17조의7 삭제〈2001.3.27〉

제17조의8 【대규모내부거래의 이사회 의결 및 공시】 ①법 제11조의2(대규모내부거래의 이사회 의결 및 공시) 제1항의 규정에 의하여 대규모내부거래에 대한 이사회 의결 및 공시를 요하는 기업집단은 제17조(상호출자제한기업집단등의 범위) 제1항의 규정에 의한 상호출자제한기업집단으로 한다. 〈개정 2001.3.27, 2002.3.30〉

②법 제11조의2(대규모내부거래의 이사회 의결 및 공시)제1항의 규정에 의하여 이사회 의결 및 공시대상이 되는 대규모내부거래행위는 거래금액[법 제11조의2(대규모내부거래의 이사회 의결 및 공시)제1항제4호의 경우에는 분기에 이루어질 거래금액의 합계액을 말한다]이 그 회사의 자본총계 또는 자본금중 큰 금액의 100분의 10 이상이거나 100억원 이상인 거래행위로 한다. 〈개정 2005.3.31, 2007.7.13〉

③법 제11조의2(대규모내부거래의 이사회 의결 및 공시)제1항제4호에서 "대통령령으로 정하는 계열회사"란 동일인이 단독으로 또는 동일인의 친족[제3조의2(기업집단으로부터의 제외)제1항에 따라 동일인관련자로부터 분리된 자는 제외한다. 이하 이 항에서 같다]과 합하여 발행주식총수의 100분의 30 이상을 소유하고 있는 계열회사 또는 그 계열회사의 「상법」 제342조의2(자회사에 의한 모회사주식의 취득)에 따른 자회사인 계열회사를 말한다. 다만, 다음 각 호의 어느 하나에 해당하는 회사는 제외한다. 〈신설 2007.7.13, 2007.11.2〉

1. 동일인이 자연인이 아닌 기업집단에 소속된 회사
2. 지주회사의 자회사, 손자회사와 증손회사
3. 동일인이 단독으로 또는 동일인의 친족과 합하여 발행주식 총수의 100분의 50 미만을 소유하고 있는 주권상장법인 또는 코스닥상장법인
4. 제3호에 따른 주권상장법인 또는 코스닥상장법인의 「상법」 제342조의2(자회사에 의한 모회사주식의 취득)에 따른 자회사인 계열회사(동일인이 단독으로 또는 동일인의 친족과 합하여 발행주식 총수의 100분의 30 미만을 소유하고 있는 회사에 한한다)

④법 제11조의2(대규모내부거래의 이사회 의결 및 공시)제2항의 규정에 의한 공시의 주요내용은 다음 각 호와 같다. 〈개정 2007.7.13〉

1. 거래의 목적 및 대상
2. 거래의 상대방(특수관계인이 직접적인 거래상대방이 아니더라도 특수관계인을 위한 거래인 경우에는 당해특수관계인을 포함한다)
3. 거래의 금액 및 조건
4. 거래상대방과의 동일 거래유형의 총거래잔액
5. 제1호 내지 제4호에 준하는 사항으로서 공정거래위원회가 정하여 고시하는 사항

⑤법 제11조의2(대규모내부거래의 이사회 의결 및 공시)제4항의 규정에 의하여 이사회의 의

결을 거치지 아니하고 할 수 있는 거래행위는 다음 각 호의 요건을 갖춘 거래행위로 한다. 〈개정 2005.3.31, 2007.7.13〉

1. 「약관의 규제에 관한 법률」 제2조(정의)의 규정에 의한 약관에 의한 거래행위일 것

2. 당해회사의 일상적인 거래분야에서의 거래행위일 것

⑥이 영에서 규정된 사항 외에 대규모내부거래 이사회 의결 및 공시의 방법·절차·시기에 관한 세부사항은 공정거래위원회가 정하여 고시할 수 있다. 〈신설 2007.7.13〉

[본조신설 2000.4.1]

제17조의10【비상장회사 등의 중요사항 공시】 ①법 제11조의3제1항 본문에서 "대통령령이 정하는 기준에 해당하는 기업집단에 속하는 회사"라 함은 제17조제1항의 규정에 따른 상호출자제한기업집단에 속하는 회사를 말한다. 다만, 직전 사업연도말 현재 자산총액이 70억원 미만인 회사로서 청산 중에 있거나 1년 이상 휴업 중에 있는 회사를 제외한다.

②법 제11조의3제1항제1호에서 "대통령령이 정하는 사항"이라 함은 다음 각 호의 어느 하나에 해당하는 것을 말한다.

1. 최대주주(동일인이 단독으로 또는 동일인관련자와 합산하여 최다출자자가 되는 경우에는 그 동일인 및 동일인관련자를 포함한다)의 주식보유현황 및 그 보유주식비율이 그 법인의 발행주식총수의 100분의 1이상 변동이 있는 때에는 그 변동사항

2. 임원의 구성현황 및 그 변동사항

3. 계열회사 주식보유현황 및 그 보유주식비율이 그 법인의 발행주식총수의 100분의 1이상 변동이 있는 때에는 그 변동사항

③법 제11조의3제1항제2호에서 "대통령령이 정하는 사항"이라 함은 다음 각 호의 어느 하나에 해당하는 것을 말한다.

1. 최근 사업연도말 현재 자산총액의 100분의 10이상의 고정자산의 취득 또는 처분[「신탁업법」에 따른 신탁계약(그 법인이 운용지시권한을 가지는 경우에 한한다) 또는 「간접투자자산운용업법」에 따른 사모간접투자기구(그 법인이 자산운용에 사실상의 영향력을 행사하는 경우에 한한다)를 통한 취득·처분을 포함한다]에 관한 결정이 있는 때에는 그 결정사항

2. 자기자본의 100분의 5이상의 다른 법인(계열회사를 제외한다)의 주식 및 출자증권의 취득 또는 처분에 관한 결정이 있는 때에는 그 결정사항

3. 자기자본의 100분의 1이상의 증여하거나 받기로 한 때에는 그 결정사항

4. 자기자본의 100분의 5이상의 타인을 위한 담보제공 또는 채무보증(계약 등의 이행보증 및 납세보증을 위한 채무보증은 제외한다)에 관한 결정이 있는 때에는 그 결정사항

5. 자기자본의 100분의 5이상의 채무를 면제 또는 인수하기로 결정하거나 채무를 면제받기로 결정한 때에는 그 결정사항

6. 증자 또는 감자(減資)에 관한 결정이 있는 때에는 그 결정사항

7. 전환사채 또는 신주인수권부사채의 발행에 관한 결정이 있는 때에는 그 결정사항

④법 제11조의3제1항제3호에서 "대통령령이 정하는 사항"이라 함은 다음 각 호의 어느 하나에 해당하는 것을 말한다.

1. 「상법」 제374조·제522조·제527조의2·제527조의3·제530조의2의 규정에 따른 결정이 있는 때에는 그 결정사항

2. 「상법」 제360조의2의 규정에 따른 주식의 포괄적 교환에 관한 결정이 있거나 「상법」 제360조의15의 규정에 따른 주식이전에 관한 결정이 있는 때에는 그 결정사항

3. 「상법」 제517조 또는 다른 법률에 따른 해산사유가 발생한 때에는 그 해산사유

4. 「채무자 회생 및 파산에 관한 법률」에 따른 회생절차의 개시·종결 또는 폐지의 결정이 있는 때에는 그 결정사항

5. 삭제〈2006.4.14〉

6. 「기업구조조정 촉진법」 제12조제1항제1호 내지 제3호의 규정에 따른 관리절차의 개시·중단 또는 해제결정이 있는 때에는 그 결정사항

7. 사업연도 동안 계열회사와 이루어진 상품 및 용역의 거래금액이 그 사업연도 매출액의 100분의 10 이상인 경우 그 계열회사와의 상품·용역 거래 내역

⑤제1항 내지 제4항의 규정을 적용함에 있어서 최근 사업연도말 현재 자산총액, 자기자본은 매 사업연도 종료 후 3월이 경과한 날부터 그 다음 사업연도 종료 후 3월이 되는 날까지의 기간 동안 적용하고, 새로 설립된 회사로서 최근 사업연도의 대차대조표가 없는 경우에는 최근 사업연도말 현재 자산총액 및 자기자본 대신 설립 당시의 납입자본금을 기준으로 한다. 〈개정 2007.7.13〉

⑥이 영에서 규정된 사항 외에 주권상장법인 또는 코스닥상장법인이 아닌 회사의 법 제11조의3(비상장회사 등의 중요사항 공시)에 따른 공시의 방법·절차·시기에 관한 세부사항은 공정거래위원회가 정하여 고시할 수 있다. 〈신설 2007.7.13〉

[본조신설 2005.3.31]

제18조【기업결합의 신고등】 ①법 제12조제1항 전단에서 "자산총액 또는 매출액의 규모가 대통령령이 정하는 기준에 해당하는 회사"라 함은 자산총액 또는 매출액이 1천억원 이상인 회사를 말한다.

②법 제12조제1항 부분 전단에서 "자산총액 또는 매출액의 규모가 대통령령이 정하는 기준에 해당하는 다른 회사"라 함은 자산총액 또는 매출액이 200억원 이상인 회사를 말한다.〈신설 2005.3.31, 2007.11.2〉

③제1항과 제2항에도 불구하고 법 제12조(기업결합의 신고)제1항에 따른 기업결합신고대상회사와 상대회사가 모두 외국회사(외국에 주된 사무소를 두고 있거나 외국 법률에 따라 설립된 회사를 말한다)이거나 기업결합신고대상회사가 국내회사이고 상대회사가 외국회사인 경우에는 제1항과 제2항의 요건을 충족함과 동시에 그 외국회사 각각의 국내 매출액이 200억원 이상인 경우에 한하여 법 제12조(기업결합의 신고)제1항에 따른 신고의 대상이 된다. 이 경우 국내 매출액의 산정에 필요한 사항은 공정거래위원회가 정하여 고시한다. 〈신설 2007.11.2〉

④법 제12조(기업결합의 신고) 제1항의 규정에 의하여 신고를 하고자 하는 자는 공정거래위원회가 정하여 고시하는 바에 따라 신고의무자 및 상대방 회사의 명칭·매출액·자산총액·사업내용과 당해 기업결합의 내용 및 관련시장 현황 등을 기재한 신고서에 신고내용을 입증하는데 필요한 관련서류를 첨부하여 공정거래위원회에 제출하여야 한다. 〈개정 2001.3.27, 2007.11.2〉

⑤공정거래위원회는 제4항에 따라 제출된 신고서 또는 첨부서류가 미비된 경우에는 기간을 정하여 해당 서류의 보정을 명할 수 있다. 이 경우 보정에 소요되는 기간(보정명령서를 발송하는 날과 보정된 서류가 공정거래위원회에 도달하는 날을 포함한다)은 법 제12조제7항 및 제9항의 기간에 산입하지 아니한다. 〈개정 2001. 3.27, 2005. 3.31, 2007.11.2〉

⑥법 제12조(기업결합의 신고)제1항제1호에서 "100분의 20(주권상장법인 또는 코스닥상장법인의 경우에는 100분의 15)이상을 소유하게 되는 경우"라 함은 100분의 20(주권상장법인 또는 코스닥상장법인의 경우에는 100분의 15. 이하 이 항에서 같다)미만의 소유상태에서 100분의 20이상의 소유상태로 되는 경우를 말한다. 〈개정 2001.3.27, 2007.11.2〉

⑦법 제12조제1항제2호에서 "최다출자자가 되는 경우"라 함은 최다출자자가 아닌 상태에서 최다출자자가 되는 경우를 말한다. 〈신설 2005. 3.31, 2007.11.2〉

⑧법 제12조제2항 본문 및 제6항 본문에서 "기업결합일"이라 함은 다음 각 호의 날을 말한다. 〈개정 1999.3.31, 2001.3.27, 2005.3.31, 2007.11.2〉

1. 다른 회사의 주식을 소유하게 되거나 주식소유비율이 증가하는 경우에는 다음 각목의 날

가. 주식회사의 주식을 양수하는 경우에는 주권을 교부받는 날. 다만, 주권이 발행되어 있지 아니한 경우에는 주식대금을 지급한 날을 말하며, 주권을 교부받기 전 또는 주식대금의 전부를 지급하기 전에 합의·계약등에 의하여 의결권 기타 주식에 관한 권리가 실질적으로 이전되는 경

우에는 당해권리가 이전되는 날을 말한다.
나. 주식회사의 신주를 유상취득하는 경우에는 주식대금의 납입기일의 다음 날
다. 주식회사외의 회사의 지분을 양수하는 경우에는 지분양수의 효력이 발생하는 날
라. 가목 내지 다목에 해당하지 아니하는 경우로서 감자 또는 주식의 소각 그 밖의 사유로 주식소유비율이 증가하는 경우에는 주식소유비율의 증가가 확정되는 날
2. 임원겸임의 경우에는 임원이 겸임되는 회사의 주주총회 또는 사원총회에서 임원의 선임이 의결된 날
3. 영업양수의 경우에는 영업양수대금의 지불을 완료한 날. 다만, 계약체결일부터 90일을 경과하여 영업양수대금의 지불을 완료하는 경우에는 당해 90일이 경과한 날을 말한다.
4. 다른 회사와의 합병의 경우에는 합병등기일
5. 새로운 회사설립에 참여하는 경우에는 배정된 주식의 주식대금의 납입기일의 다음 날
⑨법 제12조제6항 단서에서 "대통령령이 정하는 날"이라 함은 다음 각 호의 날을 말한다. 〈신설 2005.3.31, 2007.11.2〉
1. 다른 회사의 주식을 소유하게 되거나 최다출자자가 되는 경우에는 다음 각목의 날
가. 유가증권시장 및 코스닥시장 밖에서 취득하고자 하는 주식의 소유자와 계약·합의 등에 의하여 주식을 취득하는 경우에는 계약·합의 등을 한 날
나. 「증권거래법」에 따른 공개매수 및 가목에 해당하지 아니하는 경우로서 주식을 소유하게 되는 경우에는 제7항 제1호 각목의 날
2. 합병·영업양수가 있는 경우에는 합병계약을 체결한 날 또는 영업양수계약을 체결한 날
3. 새로운 회사설립에 참여하는 경우에는 회사설립의 참여에 대한 주주총회 또는 이에 갈음하는 이사회의 의결이 있는 날
⑩법 제12조제6항 단서의 규정에 의한 신고를 한 대규모회사는 신고후 주식의 소유일, 합병의 등기일·영업의 양수일 또는 회사의 설립일까지 신고사항에 중요한 변경이 있는 경우에는 그 변경사항을 신고하여야 한다. 〈개정 1999.3.31, 2001.3.27, 2005.3.31, 2007.11.2〉
⑪법 제12조제7항 본문에서 "대통령령이 정하는 경우"라 함은 제8항제1호 나목에 해당하는 경우를 말한다. 〈신설 2005.3.31, 2007.11.2〉
[전문개정 1997.3.31]

제19조 【기업결합신고대리인의 지정등】 ①법 제12조제10항 단서의 규정에 의한 대리인으로 지정받고자 하는 자는 회사의 명칭, 자산총액 및 매출액 등을 기재한 신청서를 공정거래위원회에 제출하여야 한다. 〈개정 1997.3.31, 2001.3.27, 2005.3.31〉
②공정거래위원회는 제1항의 규정에 의한 신청을 받아 대리인을 정한 경우에는 그 사실을 당해 대리인에게 통지하여야 한다. 〈개정 1997.3.31〉

제20조 【주식소유현황등의 신고】 ①법 제13조(주식소유현황등의 신고)제1항 및 제2항의 규정에 의한 신고를 하고자 하는 자는 매년 4월말까지 다음 각 호의 사항을 기재한 신고서를 공정거래위원회에 제출하여야 한다. 다만, 새로 상호출자제한기업집단 등으로 지정된 기업집단에 속하는 회사의 경우 지정된 당해 연도에 있어서는 제21조(상호출자제한기업집단등의 지정)제2항의 규정에 의한 통지를 받은 날부터 30일 이내에 신고서를 제출하여야 한다. 〈개정 1993.2.20, 1997.3.31, 1999.3.31, 2000. 4.1, 2001.3.27, 2002.3.30〉
1. 당해 회사의 명칭·자본금 및 자산총액등 회사의 개요
2. 계열회사 및 특수관계인이 소유하고 있는 당해 회사의 주식수
3. 법 제10조(출자총액의 제한)제1항의 규정에 의한 당해 회사의 순자산액·출자한도액 및 출자총액
4. 당해 회사의 채무보증 금액
②제1항의 신고서에는 다음 각 호의 서류를 첨부하여야 한다. 〈개정 1998.4.1, 2001.3.27〉
1. 당해회사의 소유주식 명세서
2. 계열회사와의 상호출자 현황표
3. 당해 회사의 직전사업연도의 감사보고서
4. 당해 회사의 계열회사에 대한 채무보증명세

서 및 직전 1년간의 채무보증 변동내역

5. 당해 회사가 계열회사로부터 받은 채무보증 명세서 및 직전 1년간의 채무보증 변동내역

6. 제4호·제5호 및 제1항제4호의 내용을 확인하기 위하여 법 제10조의2(계열회사에 대한 채무보증의 금지)제2항의 규정에 의한 국내금융기관이 공정거래위원회가 정하는 서식에 따라 작성한 확인서

③법 제13조(주식소유현황등의 신고)제1항의 규정에 의하여 상호출자제한기업집단등에 속하는 회사는 주식취득등으로 소속회사의 변동사유가 발생한 경우에는 30일이내에 그 변동내용을 기재한 신고서를 공정거래위원회에 제출하여야 한다. 〈개정 2000.4.1, 2002.3.30〉

제20조의2 삭제〈2001.3.27〉

제21조【상호출자제한기업집단등의 지정】 ①공정거래위원회는 법 제14조(상호출자제한기업집단등의 지정 등)제1항의 규정에 의하여 매년 4월 1일(부득이한 경우에는 4월 15일)까지 제17조(상호출자제한기업집단등의 범위)의 기준에 해당하는 기업집단을 상호출자제한기업집단으로 지정하거나 상호출자제한기업집단으로 지정된 기업집단이 당해 기준에 해당하지 아니하게 되는 경우에는 이를 상호출자제한기업집단 지정에서 제외하여야 한다. 〈개정 1997.3.31, 1998.4.1, 2000.4.1, 2002.3.30, 2007.11.2〉

②공정거래위원회는 제1항의 규정에 의하여 상호출자제한기업집단으로 새로 지정하거나 지정에서 제외하는 경우에는 즉시 그 사실을 당해 상호출자제한기업집단에 속하는 회사와 법 제2조(정의)제2호의 규정에 의하여 당해 상호출자제한기업집단에 속하는 회사의 사업내용을 사실상 지배하는 동일인에게 서면으로 통지하여야 한다. 〈개정 1997.3.31, 2000.4.1, 2002.3.30〉

③공정거래위원회는 제1항 및 제2항의 규정에 의한 지정·통지후 당해 상호출자제한기업집단에 속하는 회사에 변동이 있는 경우에는 매월 1회 동일인과 당해 회사에 대하여 변동내용을 서면으로 통지하여야 한다. 〈신설 1993.2.20, 2002.3.30〉

④법 제14조제5항에서 "대통령령이 정하는 금액"이라 함은 70억원을 말한다.〈신설 2005.3.31〉

⑤법 제14조의3에서 "대통령령이 정하는 날"이라 함은 다음 각 호의 1에 해당하는 날을 말한다. 〈개정 1999.3.31, 2002.3.30, 2005.3.31〉

1. 상호출자제한기업집단의 지정 당시 그 소속회사로 편입되어야 함에도 불구하고 편입되지 아니한 회사의 경우에는 그 상호출자제한기업집단의 지정·통지를 받은 날

2. 상호출자제한기업집단의 지정이후 그 소속회사로 편입되어야 함에도 불구하고 편입되지 아니한 회사의 경우에는 그 상호출자제한기업집단에 속하여야 할 사유가 발생한 날이 속하는 달의 다음 달 1일

⑥제1항 내지 제5항의 규정은 법 제14조제1항의 규정에 의한 출자총액제한기업집단과 채무보증제한기업집단의 지정 및 통지에 관하여 이를 준용한다. 이 경우 "상호출자제한기업집단"은 이를 각각 "출자총액제한기업집단" 또는 "채무보증제한기업집단"으로 본다. 〈개정 2002.3.30, 2005.3.31〉

⑦제1항의 규정에 의하여 상호출자제한기업집단으로 지정되거나 제6항의 규정에 의하여 채무보증제한기업집단으로 지정된 기업집단이 다음 각 호의 1에 해당하는 경우에는 그 사유가 발생한 때에 상호출자제한기업집단 또는 채무보증제한기업집단에서 이를 제외할 수 있다. 〈개정 2002.3.30, 2005.3.31〉

1. 지정일 이후에 당해 기업집단에 소속된 회사중 제17조(상호출자제한기업집단등의 범위)제1항제5호 가목 또는 나목에 해당되는 회사의 자산총액(최근 지정일의 직전사업연도 종료일 현재의 대차대조표상의 자산총액으로 한다. 이하 이 조에서 같다)의 합계액이 기업집단 전체 자산총액의 100분의 50 이상이 된 경우. 다만, 제17조(상호출자제한기업집단등의 범위)제1항제5호 가목 또는 나목에 해당되는 회사를 제외한 회사의 자산총액의 합계액이 1조4천억원 이상인 기업집단을 제외한다.

2. 소속회사의 변동으로 당해 기업집단에 소속

된 국내회사들의 자산총액의 합계액이 1조4천억원 미만으로 감소한 경우

⑧제1항 및 제6항의 규정에 의하여 출자총액제한기업집단으로 지정된 기업집단이 다음 각 호의 1에 해당하는 경우에는 그 사유가 발생한 때에 출자총액제한기업집단에서 이를 제외할 수 있다. 〈신설 2002.3.30, 2005.3.31〉

1. 지정일 이후에 당해 기업집단에 소속된 회사 중 제17조제1항제5호 가목 또는 나목에 해당되는 회사의 자산총액의 합계액이 기업집단 전체 자산총액의 100분의 50이상이 된 경우. 다만, 제17조제1항제5호 가목 또는 나목에 해당되는 회사를 제외한 회사의 자산총액의 합계액이 7조원 이상인 기업집단을 제외한다.

2. 소속회사의 변동으로 당해 기업집단에 소속된 국내회사들의 자산총액의 합계액이 7조원 미만으로 감소한 경우

3. 삭제〈2005.3.31〉

4. 지정일 이후에 제17조 제2항 제5호에 해당되는 경우

제21조의2【관계기관의 범위】 법 제14조의4(관계기관에 대한 자료의 확인요구등)제4호에서 "대통령령이 정하는 기관"이라 함은 「증권거래법」에 의하여 명의개서대행업무를 영위하는 기관과 「신용정보의 이용 및 보호에 관한 법률」 제2조(정의)제5호의 규정에 의한 신용정보집중기관을 말한다. 〈개정 1999.3.31, 2005.3.31〉

[본조신설 1997.3.31]

제21조의3【상호출자제한기업집단의 현황 공개정보의 범위】 ①법 제14조의5(상호출자제한기업집단의 현황 등에 관한 정보공개)제1항제1호에서 "대통령령으로 정하는 정보"라 함은 다음 각 호의 어느 하나에 해당하는 것을 말한다. [본조신설 2007.4.17]

1. 계열회사의 명칭ㆍ사업내용 등 기본현황, 주요 주주 및 임원현황, 재무현황 등 일반현황

2. 계열회사의 이사회구성현황, 집중투표 등 주주총회의 의결권 행사 방법, 이사회내 위원회 운영현황 등 지배구조 현황

②법 제14조의5(상호출자제한기업집단의 현황 등에 관한 정보공개)제1항 제2호에서 "대통령령으로 정하는 정보"라 함은 다음 각 호의 어느 하나에 해당하는 것을 말한다.

1. 주식소유현황, 소유지분율 및 의결지분을 현황 등 특수관계인간의 출자 현황

2. 법 제10조의2(계열회사에 대한 채무보증의 금지)제2항 규정에 의한 채무보증현황

3. 자금ㆍ자산ㆍ유가증권ㆍ상품ㆍ용역 등 특수관계인 간의 거래관계현황

제21조의4【탈법행위의 유형 및 기준】 ①법 제15조제1항에 따라 금지되는 탈법행위는 다음 각 호의 어느 하나에 해당하는 행위를 말한다. 〈개정 1999.3.31, 2000.4.1, 2001.3.27, 2002.3.30, 2005.3.31〉

1. 삭제〈2005.3.31〉

2. 법 제10조의2(계열회사에 대한 채무보증의 금지)제1항의 규정에 의한 채무보증제한기업집단에 속하는 회사가 행하는 다음 각목의 1에 해당하는 행위

가. 법 제10조의2(계열회사에 대한 채무보증의 금지)제2항의 규정에 의한 국내금융기관에 대한 자기 계열회사의 기존의 채무를 면하게 함이 없이 동일한 내용의 채무를 부담하는 행위

나. 다른 회사로 하여금 자기의 계열회사에 대하여 채무보증을 하게 하는 대신 그 다른 회사 또는 그 계열회사에 대하여 채무보증을 하는 행위

2의2. 법 제9조(상호출자의 금지 등)제1항에 따른 상호출자제한기업집단에 속하는 회사가 행하는 다음 각목의 어느 하나에 해당하는 행위

가. 「신탁업법 시행령」 제3조(업무종류의 기재)제2항 제1호에 따른 특정금전신탁을 이용하여 신탁회사로 하여금 자기의 주식을 취득 또는 소유하고 있는 계열회사의 주식을 취득하거나 소유하도록 하고 신탁회사와의 계약 등을 통하여 해당 주식에 대한 의결권을 사실상 행사하는 행위

나. 자기의 주식을 취득 또는 소유하고 있는 계열회사의 주식을 타인의 명의를 이용하여 자기의 계산으로 취득하거나 소유하는 행위

3. 그 밖에 제2호 또는 제2호의2의 행위에 준하는 행위로서 공정거래위원회가 정하여 고시하

는 행위

②삭제〈2005.3.31〉

[본조신설 1997.3.31]

제22조 삭제〈1999.3.31〉

제23조 삭제〈2005.3.31〉

제23조의2【기준대차대조표의 범위】 법 제17조제4항 제1호에서 "대통령령이 정하는 대차대조표"라 함은 법 제8조의2 제2항 내지 제4항의 규정을 위반한 사실이 최초로 나타난 대차대조표를 말한다. 다만, 대차대조표 작성 전에 법 위반행위(법 제8조의2 제2항 제1호의 규정에 따른 법 위반행위를 제외한다)가 시정되어 대차대조표에 법 위반사실이 나타나지 아니하는 경우에는 법 위반일을 기준으로 작성한 대차대조표에 따른다.

[본조신설 2005.3.31]

[종전 제23조의2는 제23조의3으로 이동 〈2005.3.31〉]

제23조의3【시정조치 등에 대한 특례】 ①법 제17조의2(시정조치 등에 대한 특례)제2항에서 "대통령령이 정하는 기간"이라 함은 10일을 말한다.

②공정거래위원회는 법 제17조의2(시정조치 등에 대한 특례) 제3항의 규정에 의하여 의결권을 행사할 수 없는 주식내역을 결정하고자 하는 경우에는 최근에 취득 또는 소유한 주식으로 이를 결정하여야 한다. 다만, 지정일 또는 편입일 이후에 법 제14조제3항제2호의 규정에 의한 출자한도액으로 보는 금액을 초과하여 취득 또는 소유한 주식과 지정일 또는 편입일로부터 1년이 되는 날 이후에 취득 또는 소유한 주식을 제외한다.

③법 제17조의2(시정조치 등에 대한 특례)제1항의 규정에 의하여 의결권 행사의 금지명령을 받은 회사(이하 "대상회사"라 한다)는 법 제17조의2제2항의 규정에 의하여 의결권행사 금지명령의 대상 주식내역을 공정거래위원회에 통지한 날 또는 법 제17조의2제3항의 규정에 의하여 공정거래위원회로부터 의결권을 행사할 수 없는 주식내역을 통지받은 날부터 5일 이내에 다음 각 호의 사항을 공시하여야 한다.

1. 의결권을 제한받는 주식의 발행회사
2. 제1호의 발행회사가 발행한 주식중 대상회사가 취득 또는 소유하고 있는 총주식수 및 의결권을 제한받는 주식수

④대상회사는 제3항의 규정에 의한 공시를 한 경우에는 3일 이내에 공정거래위원회에 그 사실을 통지하여야 한다.

⑤대상회사는 제3항의 규정에 의한 공시후 취득 또는 소유하고 있는 주식을 처분하거나 당해 회사의 순자산이 증가하는 등의 사유로 의결권을 행사할 수 없는 주식내역에 변동이 생긴 경우에는 변동사유가 발생한 날부터 10일 이내에 그 변동사유 및 변동내역 등을 공정거래위원회에 통지하여야 하며, 공정거래위원회에 통지한 날로부터 5일 이내에 그 변동사유 및 변동내역 등을 공시하여야 한다. 이 경우 변동되는 주식을 정함에 있어서는 제3항 또는 이 항 전단의 규정에 의하여 공시된 주식 중 직전에 공시된 주식의 범위내에서 이를 정하여야 한다.

⑥공정거래위원회는 제3항의 규정에 의한 공시와 관련된 업무를 증권거래법 제186조(상장법인의 신고·공시의무등)의 규정에 의한 신고수리기관에 위탁할 수 있다. 이 경우 공시의 방법·절차 기타 필요한 사항은 공정거래위원회가 공시와 관련되는 업무를 위탁받은 신고수리기관과의 협의를 거쳐 이를 정한다. 〈개정 2005.3.31〉

[본조신설 2002.3.30]

[제23조의2에서 이동, 종전 제23조의3은 제23조의4로 이동 〈2005.3.31〉]

제23조의4【이행강제금의 부과·징수등】 ①공정거래위원회는 법 제17조의3(이행강제금)의 규정에 의하여 이행강제금을 부과하는 때에는 시정조치에서 정한 기간의 종료일 다음날부터 시정조치를 이행하는 날까지의 기간에 대하여 이를 부과한다. 이 경우 이행강제금의 부과는 특별한 사유가 있는 경우를 제외하고는 시정조치에서 정한 기간의 종료일부터 30일이내에 이를 하여야 한다. 〈개정 2002.3.30〉

②제1항의 규정에 의한 시정조치를 이행하는 날을 정함에 있어서 시정조치의 내용이 주식처분인 경우에는 주권교부일, 임원의 사임인 경우에

는 당해사실의 등기일, 영업의 양도인 경우에는 관련부동산등에 대한 소유권 이전등기일 또는 등록일을 기준으로 한다.

③공정거래위원회는 제1항의 규정에 불구하고 법 제16조(시정조치)제1항 제7호 및 제8호의 규정에 의한 시정조치가 매분기·매사업연도등 기간별로 일정한 의무를 명하는 내용인 경우로서 이를 이행하지 아니하는 자에 대하여 이행강제금을 부과하는 때에는 당해불이행기간에 대하여 이를 부과한다. 이 경우 이행강제금의 부과는 특별한 사유가 있는 경우를 제외하고는 그 이행여부를 확인할 수 있는 날부터 30일이내에 이를 하여야 한다.

④공정거래위원회는 이행강제금의 금액을 정함에 있어서는 시정조치 불이행의 사유·시정조치 불이행으로 취득하게 되는 이익의 규모등을 참작하여야 한다.

⑤공정거래위원회가 이행강제금을 부과하는 때에는 1일당 이행강제금의 금액(제3항의 규정에 의한 이행강제금의 경우에는 당해불이행기간에 대하여 확정된 금액을 말한다), 부과사유, 납부기한 및 수납기관, 이의제기방법 및 이의제기기관등을 명시하여 서면으로 통지하여야 한다.

⑥제5항의 규정에 의하여 통지를 받은 자는 다음 각 호에 정한 기한내에 이행강제금을 납부하여야 한다. 다만, 천재지변 기타 부득이한 사유로 그 기한내에 이행강제금을 납부할 수 없는 때에는 그 사유가 없어진 날부터 30일이내에 납부하여야 한다.

1. 제1항의 규정에 의한 이행강제금의 경우에는 공정거래위원회가 이행행위를 완료한 날을 확인한 후 이행강제금의 금액을 확정하여 이의 납부를 통지한 날부터 30일이내

2. 제3항의 규정에 의한 이행강제금의 경우에는 공정거래위원회가 통지한 날부터 30일이내

⑦공정거래위원회는 제1항의 규정에 의한 이행강제금을 징수함에 있어서 시정조치에서 정한 기간의 종료일부터 90일을 경과하고서도 시정조치의 이행이 이루어지지 아니하는 경우에는 그 종료일부터 기산하여 매 90일이 경과하는 날을 기준으로 하여 이행강제금을 징수할 수 있다.

⑧제64조(독촉) 및 제64조의2(체납처분의 위탁)의 규정은 이행강제금의 납부에 관한 독촉 및 체납처분의 위탁에 관하여 이를 각각 준용한다.

[본조신설 1999.3.31]

[제23조의3에서 이동, 종전 제23조의4는 제23조의5로 이동 〈2005.3.31〉]

⑨이행강제금 부과의 세부기준과 그 부과에 필요한 사항은 공정거래위원회가 정하여 고시한다. 〈신설 2007.11.2〉

제23조의5【의결권행사금지주식의 지정기준】 공정거래위원회는 법 제18조(시정조치의 이행확보)제4항의 규정에 의하여 의결권을 행사할 수 없는 주식을 지정하고자 하는 경우에는 다음 각 호의 순서에 따라 이를 지정하여야 한다.

1. 법 제10조(출자총액의 제한)제1항의 규정에 의한 출자한도액을 초과하여 새로이 취득 또는 소유한 주식

2. 최근에 취득 또는 소유한 주식

[본조신설 2000.4.1]

[제23조의4에서 이동 〈2005.3.31〉]

제 4 장 부당한 공동행위의 제한

제24조【공동행위의 인가요건】 법 제19조(부당한 공동행위의 금지)제2항 본문에서 "대통령령이 정하는 요건"이라 함은 제24조의2(산업합리화를 위한 공동행위의 요건) 내지 제28조(중소기업의 경쟁력향상을 위한 공동행위의 요건)의 규정에 의한 요건을 말한다.

[본조신설 1997.3.31]

제24조의2【산업합리화를 위한 공동행위의 요건】 법 제19조(부당한 공동행위의 금지)제2항 제1호의 규정에 의한 산업합리화를 위한 공동행위의 인가는 당해 공동행위가 다음 각 호의 요건에 해당하는 경우에 한하여 이를 할 수 있다. 〈개정 1997.3.31, 2002.3.30〉

1. 공동행위에 의한 기술향상·품질개선·원가절감 및 능률증진등의 효과가 명백한 경우

2. 공동행위외의 방법으로는 산업합리화의 달

성이 곤란한 경우

3. 경쟁을 제한하는 효과보다 산업합리화의 효과가 클 경우

제24조의3【연구·기술개발을 위한 공동행위의 요건】 법 제19조(부당한 공동행위의 금지)제2항 제2호의 규정에 의한 연구·기술개발을 위한 공동행위의 인가는 당해 공동행위가 다음 각 호의 요건에 해당하는 경우에 한하여 이를 할 수 있다. 〈개정 1997.3.31, 2002.3.30〉

1. 당해 연구·기술개발이 산업경쟁력 강화를 위하여 긴요하며 그 경제적 파급효과가 클 경우

2. 연구·기술개발에 소요되는 투자금액이 과다하여 한 사업자가 조달하기 어려운 경우

3. 연구·기술개발성과의 불확실에 따른 위험분산을 위하여 필요한 경우

4. 경쟁을 제한하는 효과보다 연구·기술개발의 효과가 클 경우

[본조신설 1993.2.20]

제25조【불황극복을 위한 공동행위의 요건】 법 제19조(부당한 공동행위의 금지)제2항 제3호의 규정에 의한 불황의 극복을 위한 공동행위의 인가는 당해 공동행위가 다음 각 호의 요건에 해당하는 경우에 한하여 이를 할 수 있다. 〈개정 1997. 3.31〉

1. 특정한 상품 또는 용역의 수요가 상당기간 계속하여 감소하고 수요에 비하여 공급이 크게 초과하는 상태가 계속되며 앞으로도 그 상태가 계속될 것이 명백한 경우

2. 당해 상품 또는 용역의 거래가격이 상당기간 평균생산비를 하회하고 있는 경우

3. 당해 사업분야의 상당수의 기업이 불황으로 사업활동을 계속하기가 곤란하게 될 우려가 있는 경우

4. 기업의 합리화에 의하여는 제1호 내지 제3호의 사항을 극복할 수 없는 경우

제26조【산업구조의 조정을 위한 공동행위의 요건】 법 제19조(부당한 공동행위의 금지)제2항제4호의 규정에 의한 산업구조의 조정을 위한 공동행위의 인가는 당해 공동행위가 다음 각 호의 요건에 해당하는 경우에 한하여 이를 할 수 있다. 〈개정 1997. 3.31, 2002.3.30〉

1. 국내외 경제여건의 변화로 특정산업의 공급능력이 현저하게 과잉상태에 있거나, 생산시설·생산방법의 낙후로 인하여 생산능률이나 국제경쟁력이 현저하게 저하되어 있는 경우

2. 기업의 합리화에 의하여는 제1호의 사항을 극복할 수 없는 경우

3. 경쟁을 제한하는 효과보다 산업구조를 조정하는 효과가 클 경우

제27조【거래조건의 합리화를 위한 공동행위의 요건】 법 제19조(부당한 공동행위의 금지) 제2항 제5호의 규정에 의한 거래조건의 합리화를 위한 공동행위의 인가는 당해 공동행위가 다음 각 호의 요건에 해당하는 경우에 한하여 이를 할 수 있다. 〈개정 2002.3.30〉

1. 거래조건의 합리화로 생산능률의 향상, 거래의 원활화 및 소비자의 편익증진에 명백하게 기여하는 경우

2. 거래조건의 합리화 내용이 당해 사업분야의 대부분의 사업자들에 의하여 기술적·경제적으로 가능한 경우

3. 경쟁을 제한하는 효과보다 거래조건의 합리화의 효과가 클 경우

[본조신설 1997.3.31]

제28조【중소기업의 경쟁력향상을 위한 공동행위의 요건】 법 제19조(부당한 공동행위의 금지) 제2항 제6호의 규정에 의한 중소기업의 경쟁력향상을 위한 공동행위의 인가는 당해 공동행위가 다음 각 호의 요건에 해당하는 경우에 한하여 이를 할 수 있다. 〈개정 1997.3.31〉

1. 공동행위에 의한 중소기업의 품질·기술향상등 생산성 향상이나 거래조건에 관한 교섭력 강화 효과가 명백한 경우

2. 참가사업자 모두가 중소기업자인 경우

3. 공동행위외의 방법으로는 대기업과의 효율적인 경쟁이나 대기업에 대항하기 어려운 경우

제29조【공동행위 인가의 한계】 공정거래위원회는 법 제24조의2(산업합리화를 위한 공동행위의 요건) 내지 제28조(중소기업의 경쟁력향상을 위한 공동행위의 요건)의 규정에 불구하고 당해 공동행위가 다음 각 호의 1에 해당하는 경우에는

이를 인가할 수 없다. 〈개정 1997.3.31〉

1. 당해 공동행위의 목적을 달성하기 위하여 필요한 정도를 초과할 경우

2. 수요자 및 관련 사업자의 이익을 부당하게 침해할 우려가 있는 경우

3. 당해 공동행위 참가사업자간에 공동행위의 내용에 부당한 차별이 있는 경우

4. 당해 공동행위에 참가하거나 탈퇴하는 것을 부당하게 제한하는 경우

제30조【공동행위의 인가절차등】 ①법 제19조(부당한 공동행위의 금지)제2항의 규정에 의하여 공동행위의 인가를 받고자 하는 자는 다음 각 호의 사항을 기재한 신청서를 공정거래위원회에 제출하여야 한다. 〈개정 1997.3.31〉

1. 참가사업자의 수

2. 참가사업자의 명칭 및 사업소 소재지

3. 대표자와 임원의 주소 · 성명

4. 공동행위를 하고자 하는 사유 및 그 내용

5. 공동행위를 하고자 하는 기간

6. 참가사업자의 사업내용

②제1항의 신청서에는 다음 각 호의 서류를 첨부하여야 한다. 〈개정 1997.3.31〉

1. 참가사업자의 최근 2년간의 영업보고서 · 대차대조표 및 손익계산서

2. 공동행위의 협정 또는 결의서 사본

3. 공동행위의 인가요건에 적합함을 증명하는 서류

4. 제29조(공동행위 인가의 한계)의 규정에 적합함을 증명하는 서류

③공정거래위원회가 제1항의 신청을 받아 이를 인가하는 경우에는 당해 신청인에게 인가증을 교부하여야 한다.

④공동행위의 인가를 받은 자가 인가사항을 변경하고자 할 때에는 제1항 및 제2항의 서류중 그 변경사항과 관련된 서류에 인가증을 첨부하여 공정거래위원회에 변경신청을 하여야 한다.

⑤공정거래위원회는 법 제19조(부당한 공동행위의 금지)제2항의 규정에 의한 인가신청을 받은 경우에는 그 신청일부터 30일[제31조(공동행위 인가신청내용의 공시)제3항의 규정에 의하여 공시하는 경우에는 30일에 공시기간을 합산한 기간]이내에 이를 결정하여야 한다. 다만, 공정거래위원회는 필요하다고 인정할 때에는 30일을 초과하지 아니하는 범위 안에서 그 기간을 연장할 수 있다. 〈신설 1997. 3.31〉

제31조【공동행위 인가신청내용의 공시】 ①공정거래위원회는 필요하다고 인정하는 경우에는 법 제19조(부당한 공동행위의 금지)제2항의 규정에 의한 인가를 하기 전에 당해 신청내용을 공시하여 이해관계인의 의견을 들을 수 있다. 인가내용을 변경하는 경우에도 또한 같다. 〈신설 1997. 3.31〉

②제1항의 규정에 의하여 공동행위의 인가신청 또는 변경신청의 내용을 공시하는 경우에는 다음 각 호의 사항을 공시내용에 포함시켜야 한다. 〈개정 1997.3.31〉

1. 신청사업자의 명칭 및 주소

2. 공동행위의 내용

3. 공동행위를 하고자 하는 사유

4. 공동행위를 하고자 하는 기간

5. 변경신청의 경우에는 당초 인가내용의 변경사항 및 사유

③제1항의 규정에 의한 공시기간은 30일이내로 한다. 〈신설 1997.3.31〉

④제2항의 공시내용에 대하여 의견이 있는 이해관계인은 공시기간내에 다음 각 호의 사항을 기재한 의견서를 공정거래위원회에 제출할 수 있다.

1. 의견진술인의 성명 또는 명칭 및 주소

2. 의견내용 및 의견제출사유

3. 기타 의견진술에 필요한 사항

제32조【인가된 공동행위의 폐지】 법 제19조(부당한 공동행위의 금지)제2항의 규정에 의하여 공동행위의 인가를 받은 사업자가 당해공동행위를 폐지한 경우에는 그 사실을 지체없이 공정거래위원회에 신고하여야 한다.

[전문개정 1999.3.31]

제33조【경매 · 입찰 담합의 유형】 법 제19조(부당한 공동행위의 금지)제1항제8호에서 대통령령이 정하는 사항은 다음 각 호의 어느 하나를 말한다.

1. 낙찰 또는 경락의 비율
2. 설계 또는 시공의 방법
3. 그 밖에 입찰 또는 경매의 경쟁 요소가 되는 사항

[본조신설 2007.11.2]

제34조【공공부문 입찰담합 징후분석을 위한 정보의 제출 등】 ①법 제19조의2(공공부문 입찰관련 공동행위를 방지하기 위한 조치)제2항에서 "대통령령이 정하는 공공기관"이란 다음 각 호의 기관을 말한다.

1. 「정부조직법」 또는 그 밖의 법률에 따라 설치된 중앙행정기관
2. 「지방자치법」 제2조(지방자치단체의 종류)에 따른 지방자치단체
3. 국가가 자본금의 2분의 1 이상을 출자한 법인

②법 제19조의2(공공부문 입찰 관련 공동행위를 방지하기 위한 조치)제2항에 따른 입찰 관련 정보의 제출은 해당 입찰에 참가한 사업자의 수가 20개 이하이고, 추정가격이 다음 각 호의 금액 이상에 해당하는 경우에 한한다.

1. 「건설산업기본법」 제2조(정의)제4호에 따른 건설공사 입찰: 50억원
2. 제1호 이외의 공사 입찰: 5억원
3. 물품구매 또는 용역 입찰: 5억원

③법 제19조의2(공공부문 입찰 관련 공동행위를 방지하기 위한 조치)제2항에 따른 입찰 관련 정보는 다음 각 호의 사항을 말한다.

1. 발주기관 및 수요기관
2. 입찰의 종류와 방식
3. 입찰공고의 일시와 내용
4. 추정가격, 예정가격과 낙찰하한율
5. 입찰참가자의 수
6. 입찰참가자별 투찰내역
7. 낙찰자에 관한 사항
8. 낙찰가격
9. 유찰횟수와 예정가격 인상횟수
10. 그 밖에 입찰 담합 징후 분석을 위하여 공정거래위원회가 요청하는 정보

④제1항 각 호의 공공기관의 장은 낙찰자 결정 후 30일 이내에 제2항 각 호의 사항을 「조달사업에 관한 법률」 제8조(전자조달의 이용)제2항에 따른 국가종합전자조달시스템을 통하여 공정거래위원회에 제출하여야 한다. 다만, 제1항 각 호의 공공기관의 장이 조달청장에게 계약체결을 의뢰하지 아니한 경우에는 해당 정보를 공정거래위원회가 운영하는 정보처리장치에 직접 입력하는 방식으로 제출할 수 있다.

[본조신설 2007.11.2]

제35조【자진신고자 등에 대한 감경 또는 면제의 기준 등】 ①법 제22조의2(자진신고자 등에 대한 감면 등)제3항의 규정에 따른 시정조치 또는 과징금의 감경 또는 면제에 대한 기준은 다음 각 호와 같다. 〈개정 2007.11.2〉

1. 공정거래위원회가 조사를 시작하기 전에 자진신고한 자로서 다음 각 목의 모두에 해당하는 경우에는 과징금 및 시정조치를 면제한다.

가. 부당한 공동행위임을 입증하는데 필요한 증거를 단독으로 제공한 최초의 자일 것

나. 공정거래위원회가 부당한 공동행위에 대한 정보를 입수하지 못하였거나 부당한 공동행위임을 입증하는데 필요한 증거를 충분히 확보하지 못한 상태에서 자진신고하였을 것

다. 부당한 공동행위 관련된 사실을 모두 진술하고, 관련 자료를 제출하는 등 조사가 끝날 때까지 성실하게 협조하였을 것

라. 그 부당한 공동행위를 중단하였을 것

2. 공정거래위원회가 조사를 시작한 후에 조사에 협조한 자로서 제1호 각목의 모두에 해당하는 경우에는 과징금을 면제하고, 시정조치를 감경하거나 면제한다.

가. 공정거래위원회가 부당한 공동행위에 대한 정보를 입수하지 못하였거나 부당한 공동행위임을 입증하는데 필요한 증거를 충분히 확보하지 못한 상태에서 조사에 협조하였을 것

나. 제1호 가목, 다목 및 라목에 해당할 것

다. 그 부당한 공동행위를 중단하였을 것

3. 공정거래위원회가 조사를 시작하기 전에 자진 신고하거나 공정거래위원회가 조사를 시작한 후에 조사에 협조한 자로서 다음 각 목의 모두에

해당하는 경우에는 과징금의 100분의 50을 감경하고, 시정조치를 감경할 수 있다.

가. 부당한 공동행위임을 입증하는데 필요한 증거를 단독으로 제공한 두 번째의 자일것

나. 제1호 다.목 및 라.목에 해당할 것

4. 부당한 공동행위로 인하여 과징금의 부과 또는 시정조치의 대상이 된 자가 그 부당한 공동행위 이외에 그 자가 관련되어 있는 다른 부당한 공동행위에 대하여 제1호 각 목 또는 제2호 각 목의 요건을 충족하는 경우에는 그 부당한 공동행위에 대하여 다시 과징금을 감경 또는 면제하고, 시정조치를 감경할 수 있다.

5. 제1호부터 제4호까지의 규정에 해당하는 자라도 다른 사업자로 하여금 그 의사에 반하여 해당 부당한 공동행위에 참여하도록 강요하거나 이를 중단하지 못하도록 강요한 사실이 있는 경우에는 시정조치와 과징금을 감면하지 아니한다.

②법 제22조의2(자진신고자 등에 대한 감면 등)제2항에 따라 자진신고자나 조사에 협조한 자의 신원, 제보내용 등 제보와 관련된 사항을 타인에게 제공할 수 있는 경우는 다음 각 호의 어느 하나를 말한다. 〈개정 2007.11.2〉

1. 자진신고자 등이 해당 정보를 제공하는 데 동의한 경우

2. 해당 사건과 관련된 소송의 제기·수행 등에 필요한 경우

③공정거래위원회는 자진신고자나 조사에 협조한 자의 신청이 있으면 자진신고자 등의 신원이 공개되지 않도록 해당 사건을 분리 심리하거나 분리 의결할 수 있다. 〈신설 2007.11.2〉

④신고자 등에 대한 구체적인 감면의 정도, 감면제도의 세부운영절차 및 증거제출방법 등에 관한 사항은 공정거래위원회가 정하여 고시한다. 〈개정 2007.11.2〉

제 5 장 불공정거래행위의 금지

제36조【불공정거래행위의 지정】 ①법 제23조(불공정거래행위의 금지)제2항의 규정에 의한 불공정거래행위의 유형 또는 기준은 별표1과 같다.

②공정거래위원회는 필요하다고 인정하는 경우에는 제1항의 규정에 의한 불공정거래행위의 유형 또는 기준을 특정분야 또는 특정행위에 적용하기 위하여 세부기준을 정하여 고시할 수 있다. 이 경우 공정거래위원회는 미리 관계행정기관의 장의 의견을 들어야 한다.

[전문개정 1997.3.31]

제37조【공정경쟁규약】 ①공정거래위원회는 법 제23조(불공정거래행위의 금지)제5항의 규정에 의하여 공정경쟁규약의 심사를 요청받은 때에는 심사의 요청을 받은 날부터 60일 이내에 심사결과를 신청인에게 통보하여야 한다. 〈개정 1997.3.31〉

②삭제〈1999.3.31〉

제38조 삭제〈1999.3.31〉

제38조의2 삭제〈1997.3.31〉

제 6 장 사업자단체

제39조 삭제〈1999.3.31〉

제40조【사업자단체의 경쟁제한행위인가등】 ①법 제26조(사업자단체의 금지행위)제2항의 규정에 의하여 법 제26조(사업자단체의 금지행위)제1항 제1호에 규정한 경쟁제한행위의 인가를 받고자 하는 사업자단체는 다음 각 호의 사항을 기재한 신청서에 경쟁제한행위의 필요성을 증명하는 서류를 첨부하여 공정거래위원회에 제출하여야 한다. 〈개정 1997.3.31〉

1. 경쟁제한행위를 하고자 하는 사유 및 그 내용

2. 참가사업자의 기준과 범위

②제24조의2(산업합리화를 위한 공동행위의 요건) 내지 제29조(공동행위 인가의 한계), 제30조(공동행위의 인가절차등)제3항·제4항 및 제5항, 제31조(공동행위 인가신청내용의 공시) 및 제32조(인가된 공동행위의 폐지)의 규정은 경쟁제한행위의 인가에 관하여 이를 준용한다. 〈개정 1997.3.31, 1999.3.31〉

제41조 삭제〈1999.3.31〉

제42조 삭제〈1997.3.31〉

제 7 장 재판매가격유지행위의 제한

제43조 【재판매가격유지행위가 허용되는 저작물】 법 제29조(재판매가격유지행위의 제한)제2항에서 "대통령령이 정하는 저작물"이라 함은 「저작권법」 제2조(정의)의 저작물중 관계중앙행정기관의 장과의 협의를 거쳐 공정거래위원회가 정하는 출판된 저작물(전자출판물을 포함한다)을 말한다.
〈개정 1997.3.31, 1999.3.31, 2005.3.31〉

제44조 【재판매가격유지대상상품의 지정절차】 ①법 제29조(재판매가격유지행위의 제한) 제3항의 규정에 의하여 재판매가격유지행위를 위한 상품의 지정을 받고자하는 사업자는 다음 각 호의 사항을 기재한 신청서를 공정거래위원회에 제출하여야 한다. 〈개정 1997.3.31〉

1. 사업내용
2. 최근 1년간의 영업실적
3. 대상상품의 내용
4. 대상상품의 유통경로 및 최근 1년간의 유통단계별 판매가격동향
5. 대상상품에 대한 판매업자의 조직상황
6. 지정신청사유

②제1항의 신청서에는 다음 각 호의 서류를 첨부하여야 한다. 〈개정 1997.3.31〉

1. 당해상품의 재판매가격유지행위가 일반소비자의 이익을 부당하게 해치지 아니함을 증명하는 서류
2. 법 제29조(재판매가격유지행위의 제한)제2항 각 호의 요건에 해당함을 증명하는 서류

제45조 삭제〈1999.3.31〉

제46조 삭제〈1999.3.31〉

제46조의2 삭제〈1997.3.31〉

제 8 장 국제계약의 체결제한

제47조 【국제계약의 종류】 법 제32조(부당한 국제계약의 체결제한)제1항에서 "대통령령이 정하는 국제적 협정이나 계약"이라 함은 다음 각 호의 1에 해당하는 국제적 협정이나 계약(이하 "국제계약"이라 한다)을 말한다. 〈개정 2005.6.30〉

1. 산업재산권도입계약

특허권·실용신안권·디자인권·상표권과 같은 산업재산권의 실시권 또는 사용권을 도입하는 계약

2. 저작권도입계약

서적·음반·영상 또는 컴퓨터프로그램 등의 저작권을 도입하는 계약

3. 노우하우도입계약

영업비밀 기타 이와 유사한 기술에 관한 권리의 실시권 또는 사용권을 도입하는 계약

4. 프랜차이즈도입계약

가맹사업의 형태로 가맹본부의 영업표지를 사용하여 상품·용역의 제공 또는 사업경영의 지도를 목적으로 가맹사업의 실시권 또는 사용권을 도입하는 계약

5. 공동연구개발협정
6. 수입대리점계약

상품의 수입이나 용역의 도입에 관하여 계속적인 거래를 목적으로 하는 수입대리점(물품매도확약서발행업의 경우를 제외한다)계약으로서 계약기간이 1년 이상인 계약

7. 합작투자계약

[전문개정 1997.3.31]

제48조 【국제계약의 심사요청】 ①국제계약을 체결하고자 하는 자로서 법 제33조(국제계약의 심사요청)의 규정에 의하여 계약내용에 관한 심사를 요청하고자 하는 자는 공정거래위원회가 정하여 고시하는 심사요청서를 공정거래위원회에 제출하여야 한다. 〈개정 1997.3.31〉

②국제계약을 체결한 자로서 법 제33조(국제계약의 심사요청)의 규정에 의하여 당해 계약에 관한 심사를 요청하고자 하는 자는 당해 계약을 체결한 날부터 60일 이내에 공정거래위원회가 정하여 고시하는 심사요청서와 당해 계약서의 사본(번역본을 포함한다)을 공정거래위원회에 제출하여야 한다. 계약내용을 수정·변경한 때에도 또한 같다. 〈개정 1997. 3.31〉

③공정거래위원회는 제1항 및 제2항의 규정에

의한 심사요청을 받은 때에는 정당한 사유가 있는 경우를 제외하고는 심사요청을 받은 날부터 20일 이내에 그 결과를 심사요청인에게 서면으로 통보하여야 한다.

④심사요청인은 심사요청한 계약의 내용이 법 제32조(부당한 국제계약의 체결제한)제1항의 규정에 위반된다고 공정거래위원회로부터 통보받은 때에는 그 통보를 받은 날부터 60일 이내에 관련계약조항을 수정하여 다시 심사를 요청할 수 있다. 〈개정 1997.3.31〉

[전문개정 1995·4·1]

제 9 장 공정거래위원회의 운영

〈개정 1997.3.31〉

제49조【소회의의 구성】 ①법 제37조의2(회의의 구분)의 규정에 의하여 공정거래위원회에 5이내의 소회의를 둔다.

②공정거래위원회의 위원장(이하 "위원장"이라 한다)은 각 소회의의 구성위원을 지정하고 필요한 경우에는 구성위원을 변경할 수 있다.

③위원장은 각 소회의의 구성위원에게 특정사건에 대하여 법 제44조(위원의 제척·기피·회피)의 규정에 의한 제척·기피·회피에 해당되는 사유가 있는 경우에는 당해 사건을 다른 소회의에서 심의하도록 하거나 당해 사건에 한하여 다른 소회의의 위원을 그 소회의의 위원으로 지정할 수 있다.

[전문개정 1997.3.31]

제50조【소회의의 업무분장】 위원장은 각 소회의의 분장업무를 지정하고 필요한 경우에는 분장업무를 변경할 수 있다.

[전문개정 1997.3.31]

제51조【위원의 기피·회피】 ①법 제44조(위원의 제척·기피·회피)제2항의 규정에 의하여 기피를 신청하고자 하는 자는 위원장에게 그 원인을 명시하여 신청하여야 한다.

②기피사유는 기피를 신청한 날부터 3일 이내에 서면으로 소명하여야 한다.

③기피신청을 받은 위원은 지체없이 기피신청에 대한 의견서를 위원장에게 제출하여야 한다.

④위원이 법 제44조(위원의 제척·기피·회피)제3항의 규정에 의하여 회피하고자 할 때에는 위원장의 허가를 받아야 한다.

[전문개정 1997.3.31]

제52조【지방사무기구의 설치】 공정거래위원회는 공정거래기능의 지역적 사무를 처리하기 위하여 따로 대통령령이 정하는 바에 따라 지방사무기구를 둘 수 있다.

제53조【위원의 수당등】 공정거래위원회의 비상임위원에 대하여는 예산의 범위 안에서 수당 기타 필요한 경비를 지급할 수 있다.

제53조의2【공정거래분쟁조정협의회 위원의 자격】 ①법 제48조의3(공정거래분쟁조정협의회의 설치 및 구성)제4항제1호에서 "대통령령으로 정하는 요건을 갖춘 공무원"이란 "4급 이상의 공무원"을 말한다.

②법 제48조의3(공정거래분쟁조정협의회의 설치 및 구성)제4항제2호부터 제4호까지의 규정에서 "대통령령으로 정하는 기간"이란 7년을 말한다.

[본조신설 2007.11.2]

제53조의3【협의회의 회의】 ①법 제48조의3(공정거래분쟁조정협의회의 설치 및 구성)제1항에 따른 공정거래분쟁조정협의회(이하 "협의회"라 한다)의 위원장이 협의회의 회의를 소집하려면 협의회 위원들에게 회의개최 7일전까지 회의의 일시·장소 및 안건을 서면으로 통지하여야 한다. 다만, 긴급을 요하는 경우에는 그러하지 아니하다.

②협의회의 회의는 공개하지 아니한다. 다만, 협의회의 위원장이 필요하다고 인정하는 때에는 분쟁당사자, 그 밖의 이해관계인에게 방청하게 할 수 있다.

[본조신설 2007.11.2]

제53조의4【조정의 신청 등】 ①법 제48조의6(조정의 신청 등)제1항에 따라 분쟁조정을 신청하려 하는 자는 다음 각 호의 사항이 기재된 서면(이하 "분쟁조정신청서"라 한다)을 공정거래위원회 또는 협의회에 제출하여야 한다. 〈신설 2007.11.2〉

1. 신청인과 피신청인의 성명 및 주소(분쟁당사자가 법인인 경우에는 법인의 명칭, 주된 사무소의 소재지, 그 대표자의 성명과 주소를 말한다)
2. 대리인이 있는 경우에는 그 성명과 주소
3. 신청의 이유

②분쟁조정신청서에는 다음 각 호의 서류를 첨부하여야 한다.

1. 분쟁조정신청의 원인과 사실을 증명하는 서류
2. 대리인이 신청하는 경우 그 위임장
3. 그 밖에 분쟁조정에 필요한 증거서류나 자료

③법 제48조의6(조정의 신청 등)제1항제1호에서 "대통령령이 정하는 기준에 해당하는 행위"라 함은 법위반혐의가 다음 각 호의 어느 하나에 해당하는 행위를 말한다.

1. 법 제23조(불공정거래행위의 금지)제1항제7호
2. 별표1 제1호가목
3. 별표1 제2호다목 또는 라목
4. 별표1 제3호가목(자기의 상품 또는 용역을 공급함에 있어서 정당한 이유 없이 그 공급에 소요되는 비용보다 현저히 낮은 대가로 계속하여 공급함으로써 자기 또는 계열회사의 경쟁사업자를 배제시킬 우려가 있는 행위만 해당한다)

④공정거래위원회 또는 협의회는 신청인이 제출한 분쟁조정신청서 또는 첨부서류만으로는 피신청인의 법위반혐의가 있는 행위가 제3항 각 호의 어느 하나에 해당하는지 여부를 확인하기 곤란하거나 분쟁조정의 대상이 되는 행위의 사실관계가 불명확한 경우에는 상당한 기간을 정하여 자료의 보완을 요청할 수 있다.

⑤법 제48조의6(조정의 신청 등)제2항의 "대통령령이 정하는 기간"이란 10일을 말하며, 제4항에 따른 보완에 소요된 기간은 산입하지 아니한다.

⑥협의회가 신청인으로부터 직접 분쟁조정의 신청을 접수한 때에는 분쟁조정신청서와 그 첨부서류의 사본을 즉시 공정거래위원회에 송부하여야 한다.

⑦협의회가 분쟁조정의 신청을 접수한 때에는 신청인과 피신청인에게 다음 각 호의 사항을 각각 통지하여야 한다.

1. 신청인에게 통지할 사항
가. 분쟁조정신청서 접수증
나. 분쟁조정신청서 또는 첨부서류의 보완요구서(보완이 필요한 경우만 해당한다)
2. 피신청인에게 통지할 사항
가. 분쟁조정신청서 접수증
나. 신청인(대리인을 신청한 경우에는 대리인을 포함한다)의 주소와 성명 등 일반현황
다. 분쟁조정신청서의 사본

[본조신설 2007.11.2]

제53조의5【대표자의 선정】①다수 사업자가 공동으로 분쟁조정을 신청하는 때에는 신청인 중 3인 이내의 대표자를 선정할 수 있다. 〈신설 2007.11.2〉

②제1항에 따라 신청인이 대표자를 선정하지 아니한 경우 협의회의 위원장은 신청인에게 대표자를 선정할 것을 권고할 수 있다.

③신청인은 대표자를 선정하거나 변경하는 때에는 그 사실을 지체 없이 협의회위원장에게 통지하여야 한다.

제53조의6【분쟁당사자의 사실확인 등】①협의회는 법 제48조의7(조정 등)제2항에 따라 분쟁당사자에 대하여 출석을 요구하려는 때에는 시기 및 장소를 정하여 출석요구일 7일전까지 분쟁당사자에게 통지하여야 한다. 다만, 긴급을 요하거나 출석의 통지를 받은 자가 동의하는 경우에는 그러하지 아니한다.

②제1항의 통지를 받은 분쟁당사자는 협의회에 출석할 수 없는 부득이한 사유가 있는 경우에는 미리 서면으로 의견을 제출할 수 있다.

[본조신설 2007.11.2]

제53조의7【소제기의 통지】분쟁당사자는 분쟁조정 신청 후 해당 사건에 대하여 소를 제기한 때에는 지체 없이 이를 협의회에 알려야 한다.

[본조신설 2007.11.2]

제53조의8【조정 등】①협의회는 법 제48조의7

(조정 등)제3항에 따라 조정신청을 각하하거나 같은 조 제4항제2호 또는 제3호에 따라 조정절차를 종료한 경우에는 다음 각 호의 사항이 기재된 분쟁조정종료서를 작성한 후 그 사본과 관련 서류를 첨부하여 공정거래위원회에 보고하여야 한다.

1. 분쟁당사자의 일반현황
2. 분쟁의 경위
3. 조정의 쟁점(분쟁당사자의 의견을 기술한다)
4. 조정신청의 각하 또는 조정절차의 종료사유

②협의회는 조정이 성립된 경우에는 다음 각 호의 사항이 기재된 조정조서를 작성한 후 그 사본과 관련 서류를 첨부한 조정결과를 공정거래위원회에 보고하여야 한다.

1. 제1항제1호부터 제3호까지의 사항
2. 조정의 결과

[본조신설 2007.11.2]

제53조의9【협의회의 운영세칙】 이 영에 규정된 것 외에 협의회에 운영 및 조직에 관하여 필요한 사항은 공정거래위원회의 승인을 얻어 협의회가 정한다.

[본조신설 2007.11.2]

제 10 장 조사 등의 절차

제54조【위반행위의 신고방법】 법 제49조(위반행위의 인지·신고등)제2항의 규정에 의한 신고를 하고자 하는 자는 다음 각 호의 사항을 기재한 서면을 공정거래위원회에 제출하여야 한다. 다만, 신고사항이 긴급을 요하거나 부득이한 경우에는 전화 또는 구두로 신고할 수 있다. 〈개정 1997. 3.31〉

1. 신고인의 성명·주소
2. 피신고인의 주소·대표자성명 및 사업내용
3. 피신고인의 위반행위내용
4. 기타 위반행위의 내용을 명백히 할 수 있는 사항

제55조【공정거래위원회의 조사등】 ①공정거래위원회가 법 제50조(위반행위의 조사등)제1항제1호의 규정에 의하여 당사자등을 출석하게 하여 의견을 듣고자 하는 경우에는 사건명, 상대방의 성명, 출석일시 및 장소등의 사항을 기재한 출석요구서를 발부하여야 한다. 〈개정 2001.3.27〉

②법 제50조(위반행위의 조사등)제1항 제2호의 규정에 의한 감정인의 지정은 사건명, 감정인의 성명, 감정기간, 감정의 목적 및 내용등의 사항을 기재한 서면으로 하여야 한다. 〈개정 1997.3.31, 2001.3.27〉

③법 제50조(위반행위의 조사등)제1항 제3호의 규정에 의한 원가 및 경영상황에 관한 보고 기타 필요한 자료의 제출명령은 사건명, 제출일시, 보고 또는 제출자료등을 기재한 서면으로 하여야 한다. 다만, 공정거래위원회의 회의에 출석한 사업자등에 대하여는 구두로 할 수 있다. 〈개정 1997. 3.31, 2001.3.27〉

제56조【소속공무원의 조사등】 ①법 제50조(위반행위의 조사등)제2항에서 "지정된 장소"라 함은 사업자 또는 사업자단체의 사무소나 사업장과 공정거래위원회의 출석요구서에 지정된 장소를 말한다. 〈개정 1997.3.31, 2001.3.27〉

②법 제50조(위반행위의 조사등)제3항의 규정에 의한 자료나 물건의 제출명령 또는 제출된 자료나 물건의 영치는 증거인멸의 우려가 있는 경우에 한한다. 〈개정 1997.3.31, 2001.3.27〉

제57조【경비의 지급】 공정거래위원회가 법 제50조(위반행위의 조사등)제1항제1호의 규정에 의하여 이해관계인 또는 참고인의 의견을 듣거나 법 제50조(위반행위의 조사등)제1항제2호의 규정에 의하여 감정인을 위촉한 경우에는 당해인에 대하여 예산의 범위안에서 필요한 경비를 지급할 수 있다. 다만, 이해관계인 또는 참고인의 사무소나 사업장에서 의견을 듣는 경우에는 그러하지 아니하다. 〈개정 1997. 3.31, 2001.3.27〉

제57조의2【조사 등의 연기신청】 ①법 제50조의3 제1항에서 "대통령령이 정하는 사유"라 함은 다음 각 호의 어느 하나에 해당하는 경우를 말한다.

1. 합병·인수, 화의 또는 법정관리신청 또는 파산 그 밖에 이에 준하는 절차가 진행되고 있는 경우
2. 권한 있는 기관에 장부·증거서류가 압수

또는 영치된 경우

3. 화재 등으로 인하여 사업자 및 사업자단체의 사업수행에 중대한 장애가 발생한 경우

②법 제50조의3제1항의 규정에 따른 처분 또는 조사의 연기를 받고자 하는 자는 다음 각 호의 사항을 기재한 문서를 공정거래위원회에 제출하여야 한다.

1. 처분 또는 조사의 연기를 받고자 하는 사업자 또는 사업자단체의 명칭 및 대표자의 성명·주소
2. 처분 또는 조사의 연기를 받고자 하는 기간
3. 처분 또는 조사의 연기를 받고자 하는 사유

[본조신설 2005.3.31]

제58조 【시정권고절차】 법 제51조(위반행위의 시정권고)제1항의 규정에 의한 시정권고는 다음 각호의 사항을 명시한 서면으로 하여야 한다. 〈개정 1997. 3.31〉

1. 법위반 내용
2. 권고사항
3. 시정기한
4. 수락여부통지기한
5. 수락거부시의 조치

제58조의2 삭제〈1997.3.31〉

제59조 【이의신청의 절차 및 처리기간 등】 ①법 제53조(이의신청)제1항의 규정에 의하여 이의신청을 하고자 하는 자는 이의신청대상 및 내용, 이의신청사유 등을 기재한 신청서에 이의신청의 사유나 내용을 증명하는데 필요한 서류를 첨부하여 이를 공정거래위원회에 제출하여야 한다.

②공정거래위원회는 제1항의 규정에 의하여 제출된 신청서와 관련서류가 미비된 경우에는 기간을 정하여 당해 서류의 보정을 명할 수 있다. 이 경우 보정에 소요되는 기간(보정명령서를 발송하는 날과 보정된 서류가 공정거래위원회에 도달하는 날을 포함한다)은 법 제53조(이의신청) 제2항의 기간에 이를 산입하지 아니한다.

③법 제53조(이의신청) 제2항 단서에서 "부득이한 사정"이라 함은 다음 각 호의 1에 해당하는 경우를 말한다.

1. 처분의 위법 또는 부당 여부를 판단하기 위하여 시장의 범위·구조·점유율·수출입 동향등에 관한 조사·검토 등 별도의 경제적 분석이 필요한 경우
2. 처분의 위법 또는 부당 여부를 판단하기 위하여 고도의 법리적 분석·검토가 필요한 경우
3. 이의신청의 심리과정에서 새로운 주장 또는 자료가 제출되어 이의 조사에 장기간이 소요되는 경우
4. 당사자 또는 이해관계인 등이 묵비권을 행사하거나 자료를 적시에 제출하지 아니하는 등 조사에 협조하지 아니하는 경우
5. 제1호 내지 제4호에 준하는 경우로서 기간연장이 불가피한 경우

[전문개정 1997.3.31]

제60조 【시정조치명령의 집행정지】 법 제53조의2(시정조치명령의 집행정지)의 규정에 의하여 시정조치의 집행정지를 신청하거나 집행정지결정의 취소를 신청하고자 하는 자는 신청의 취지와 원인을 기재한 신청서에 신청의 사유나 내용을 소명하는데 필요한 서류를 첨부하여 공정거래위원회에 제출하여야 한다.

[본조신설 1997.3.31]

제 11 장 과징금 부과 및 징수등

〈신설 1997.3.31〉

제61조 【과징금 부과기준】 ①법 제6조(과징금), 법 제17조(과징금), 법 제17조의2(시정조치 등에 대한 특례)제5항, 법 제22조(과징금), 법 제24조의2(과징금), 법 제28조(과징금), 법 제31조의2(과징금) 및 법 제34조의2(과징금)의 규정에 의한 과징금의 부과기준은 별표 2와 같다. 〈개정 2004. 4.1〉

②삭제〈2004.4.1〉

③이 영에 규정한 사항외에 과징금의 부과에 관하여 필요한 세부기준은 공정거래위원회가 정하여 고시한다.

[전문개정 1999.3.31]

제61조의2 【과징금의 징수 및 가산금】 ①공정거래위원회는 법 제55조의3(과징금 부과)제1항의

규정에 의하여 과징금을 부과하고자 하는 때에는 그 위반행위의 종별과 당해과징금의 금액등을 명시하여 이를 납부할 것을 서면으로 통지하여야 한다.

②제1항의 규정에 의하여 통지를 받은 자는 통지가 있은 날부터 60일이내에 과징금을 공정거래위원회가 정하는 수납기관에 납부하여야 한다. 다만, 천재·지변 기타 부득이한 사유로 인하여 그 기간내에 과징금을 납부할 수 없는 때에는 그 사유가 없어진 날부터 30일이내에 납부하여야 한다.

③삭제〈2005.3.31〉

[본조신설 1999.3.31]

제62조【납부기한연장 및 분할납부의 허용기준과 그 한계】 ①법 제55조의4(과징금 납부기한의 연장 및 분할납부)제1항에서 "대통령령이 정하는 기준"이라 함은 제9조(과징금의 산정방법)의 규정에 의한 매출액에 100분의 1을 곱한 금액 또는 10억원을 말한다.

②법 제55조의4(과징금 납부기한의 연장 및 분할납부)제1항의 규정에 의한 납부기한의 연장은 그 납부기한의 다음 날부터 1년을 초과할 수 없다.

③법 제55조의4(과징금 납부기한의 연장 및 분할납부)제1항의 규정에 의하여 분할납부를 하게 하는 경우에는 각 분할된 납부기한간의 간격은 6월을 초과할 수 없으며, 분할 횟수는 3회를 초과할 수 없다.

[본조신설 1997.3.31]

제63조【납부기한의 연장 및 분할납부의 신청】 법 제55조의4(과징금 납부기한의 연장 및 분할납부)제2항의 규정에 의한 납부기한의 연장이나 분할납부의 신청은 공정거래위원회가 정한 서식에 의하여 행하여야 한다.

[본조신설 1997.3.31]

제64조【독촉】 ①법 제55조의6제2항의 규정에 의한 독촉은 납부기한 경과후 15일이내에 서면으로 하여야 한다. 〈개정 2005.3.31〉

②제1항의 규정에 의하여 독촉장을 발부하는 경우 체납된 과징금의 납부기한은 발부일부터 10일이내로 한다.

[전문개정 1999.3.31]

제64조의2【체납처분의 위탁】 ①공정거래위원회는 법 제55조의6 제3항의 규정에 의하여 체납처분에 관한 업무를 국세청장에게 위탁하는 때에는 다음 각 호의 서류를 첨부한 서면으로 하여야 한다. 〈개정 2005.3.31〉

1. 공정거래위원회의 의결서
2. 세입징수결의서 및 고지서
3. 납부독촉장

②국세청장은 제1항의 규정에 의하여 체납처분 업무를 위탁받은 경우에는 그 사유가 발생한 날부터 30일이내에 다음 각 호의 1에 해당하는 사항을 공정거래위원회에 서면으로 통보하여야 한다.

1. 체납처분에 관한 업무가 종료한 경우에는 그 업무종료의 일시 기타 필요한 사항
2. 공정거래위원회로부터 진행상황에 대한 통보요청이 있는 경우에는 그 진행상황

[본조신설 1999.3.31]

제64조의3【국세과세정보요구절차】 ①공정거래위원회는 법 제55조의6제4항의 규정에 의하여 국세청장에게 국세과세에 관한 정보의 제공을 요청하는 때에는 다음 각 호의 서류를 첨부한 서면으로 이를 하여야 한다. 〈개정 2005.3.31〉

1. 공정거래위원회의 의결서
2. 세입징수결의서 및 고지서
3. 납부독촉장

②국세청장은 제1항의 규정에 의한 요청을 받은 때에는 특별한 사정이 없는 한 30일 이내에 서면으로 국세과세에 관한 정보를 제공하여야 한다.

[본조신설 2001.3.27]

제64조의4【환급가산금 요율】 법 제55조의7의 규정에 의한 환급가산금은 환급될 과징금에 대하여 금융기관의 정기예금이자율을 참작하여 공정거래위원회가 고시로 정하는 율을 적용하여 계산한 금액으로 한다. 〈개정 2005.3.31〉

[본조신설 2001.3.27]

제64조의5【결손처분】 법 제55조의8(결손처분)

제1항제6호에서 "대통령령이 정하는 사유"란 다음 각 호의 어느 하나를 말한다.

1. 「채무자 회생 및 파산에 관한 법률」제251조(회생채권자의 면책)에 따라 면책된 경우

2. 불가피한 사유로 환수가 불가능하다고 인정되는 경우로서 공정거래위원회가 정하여 고시한 경우

[본조신설 2007.11.2]

[종전 제64조의5는 제64조의6으로 이동 〈2007.11.2〉]

제64조의6【포상금의 지급】 ①법 제64조의2의 규정에 따른 포상금의 지급대상이 되는 법 위반행위는 다음 각 호의 어느 하나에 해당되는 행위로 한다.

1. 법 제19조제1항 각 호의 부당한 공동행위

2. 법 제23조제1항제1호 내지 제5호의 행위 중 신문업(「정기간행물의 등록 등에 관한 법률」 제2조제2호·제3호·제5호 및 제6호에서 규정하고 있는 신문을 발행하거나 판매하는 사업을 말한다)에 있어서의 불공정거래행위

3. 법 제23조제1항제4호의 행위 중 대규모소매점업(매장면적의 합계가 공정거래위원회에서 정하는 일정규모 이상인 동일점포에서 일반소비자가 일상적으로 사용하는 여러 가지 종류의 상품을 판매하는 사업을 말한다)의 불공정거래행위

4. 법 제23조제1항제7호에 해당하는 불공정거래행위

5. 법 제26조제1항제1호 내지 제3호의 사업자단체의 금지행위

②법 제64조의2의 규정에 따른 포상금 지급대상자는 제1항 각 호의 행위를 신고하거나 제보하고, 이를 입증할 수 있는 증거자료를 최초로 제출한 자로 한다. 다만, 그 법 위반행위를 한 사업자를 제외한다.

③공정거래위원회는 특별한 사정이 있는 경우를 제외하고 신고 또는 제보된 행위를 법 위반행위로 의결한 날(이의신청이 있는 경우에는 재결한 날)부터 3월 이내에 포상금을 지급한다.

④포상금의 지급에 관여한 조사공무원은 신고자 또는 제보자의 신원 등 신고 또는 제보와 관련된 사항을 타인에게 제공하거나 누설하여서는 아니된다.

⑤각 행위유형별 구체적인 포상금 지급기준은 법 위반행위의 중대성 및 증거의 수준 등을 고려하여 공정거래위원회가 정하여 고시한다.

⑥포상금의 지급에 관한 사항을 심의하기 위하여 공정거래위원회에 신고포상금 심의위원회(이하 이 조에서 "심의위원회"라 한다)를 둘 수 있다.

⑦심의위원회의 설치·운영에 관한 사항, 그 밖에 포상금의 지급에 관하여 필요한 사항은 공정거래위원회가 정하여 고시한다.

[본조신설 2005.3.31]

[제64조의5에서 이동 〈2007.11.2〉]

제65조【과태료의 부과】 ①공정거래위원회는 법 제69조의2(과태료)제1항 또는 제2항의 규정에 의하여 과태료를 부과하는 때에는 당해 위반행위를 조사·확인한 후 위반사실, 이의방법, 이의기간 및 과태료의 금액 등을 서면으로 명시하여 이를 납부할 것을 과태료부과대상자에게 통지하여야 한다.

②공정거래위원회는 제1항의 규정에 의하여 과태료를 부과하고자 하는 때에는 10일 이상의 기간을 정하여 과태료부과대상자에게 구술 또는 서면(전자문서를 포함한다)에 의한 의견진술의 기회를 주어야 한다. 이 경우 지정된 기일까지 의견진술이 없는 경우에는 의견이 없는 것으로 본다. 〈개정 2004.3.17〉

③공정거래위원회는 과태료의 금액을 정함에 있어서는 당해 위반행위의 동기와 그 결과 등을 참작하여야 한다.

[본조신설 1997.3.31]

④이 영에 규정한 사항 외에 과태료의 부과에 관하여 필요한 세부기준은 공정거래위원회가 정하여 고시할 수 있다. 〈신설 2007.11.2〉

제66조【시행세칙】 이 영의 시행에 관하여 필요한 사항은 공정거래위원회가 정하여 고시한다.

[본조신설 1997.3.31]

부 칙
〈제18768호, 2005.3.31〉

①(시행일) 이 영은 2005년 4월 1일부터 시행한다.

②(사회기반시설 관련 출자자의 채무보증에 관한 경과조치) 이 영 시행당시 채무보증제한기업집단에 속하는 회사가 「사회기반시설에 대한 민간투자법」 제4조제1호 내지 제4호의 규정에 따른 방식으로 민간투자사업을 영위하는 계열회사에 출자한 경우로서 국내금융기관의 그 계열회사에 대한 여신에 대하여 보증을 하고 있는 경우에는 제17조의5제2항제7호의 개정규정에 따른 채무보증을 한 것으로 본다.

③(출자총액제한 기업집단 범위에 관한 경과조치) 이 영 시행당시 종전의 제17조제2항제3호의 규정에 따라 법 제10조제1항의 적용을 받지 아니한 기업집단에 대하여는 제17조제2항제3호의 개정규정에 불구하고 이 영 시행일부터 1년간은 종전의 규정에 따른다.

④(부당한 공동행위의 과징금에 관한 경과조치) 이 영 시행 전의 행위로서 대통령령 제 호 독점규제 및 공정거래에 관한 법률 시행령 일부 개정령 시행 전에 종료된 행위에 대한 과징금의 적용에 있어서는 종전의 규정에 따른다. 〈개정 2007. 11.2〉

부 칙
〈제20360호, 2007.11.2〉

제1조【시행일】 이 영은 2007년 11월 4일부터 시행한다. 다만, 제34조(공공부문 입찰담합 징후분석을 위한 정보의 제출 등)의 개정규정은 2009년 1월 1일부터 시행한다.

제2조【자진신고자 등에 관한 적용례】 제35조(자진신고자 등에 대한 감경 또는 면제의 기준 등)의 개정규정은 이 영 시행 후 자진신고 또는 조사협조를 하는 자부터 적용한다.

제3조【채무보증 관련 금융기관에 대한 경과조치】 이 영 시행 당시 「상호저축은행법」에 따른 상호저축은행의 여신과 관련하여 법 제10조의2(계열회사에 대한 채무보증의 금지)제2항에 따른 채무보증을 하고 있는 회사에 대하여는 이 영 시행일부터 2년 간은 제17조의6의 개정규정에도 불구하고 종전의 규정에 따른다.

제4조【기업결합의 신고에 관한 경과조치】 이 영 시행 당시 이미 기업결합 신고사유가 발생한 것에 대하여는 제18조제1항부터 제3항까지의 개정규정에도 불구하고 종전의 규정에 따른다.

별표1 불공정거래행위의 유형 및 기준[제36조 제1항관련]

별표2 위반행위의 과징금부과기준[제61조 제1항관련]

[별표1] <개정 2007.7.13>

불공정거래행위의 유형 및 기준(제36조제1항관련)

1. 거래거절

법 제23조(불공정거래행위의 금지)제1항 제1호 전단에서 "부당하게 거래를 거절하는 행위"라 함은 다음 각 목의 1에 해당하는 행위를 말한다.

가. 공동의 거래거절
정당한 이유없이 자기와 경쟁관계에 있는 다른 사업자와 공동으로 특정사업자에 대하여 거래의 개시를 거절하거나 계속적인 거래관계에 있는 특정사업자에 대하여 거래를 중단하거나 거래하는 상품 또는 용역의 수량이나 내용을 현저히 제한하는 행위

나. 기타의 거래거절
부당하게 특정사업자에 대하여 거래의 개시를 거절하거나 계속적인 거래관계에 있는 특정사업자에 대하여 거래를 중단하거나 거래하는 상품 또는 용역의 수량이나 내용을 현저히 제한하는 행위

2. 차별적 취급

법 제23조(불공정거래행위의 금지)제1항 제1호 후단에서 "부당하게 거래의 상대방을 차별하여 취급하는 행위"라 함은 다음 각목의 1에 해당하는 행위를 말한다.

가. 가격차별
부당하게 거래지역 또는 거래상대방에 따라 현저하게 유리하거나 불리한 가격으로 거래하는 행위

나. 거래조건차별
부당하게 특정사업자에 대하여 수량·품질 등의 거래조건이나 거래내용에 관하여 현저하게 유리하거나 불리한 취급을 하는 행위

다. 계열회사를 위한 차별
정당한 이유없이 자기의 계열회사를 유리하게 하기 위하여 가격·수량·품질 등의 거래조건이나 거래내용에 관하여 현저하게 유리하거나 불리하게 하는 행위

라. 집단적 차별
집단으로 특정사업자을 부당하게 차별적으로 취급하여 그 사업자의 사업활동을 현저하게 유리하거나 불리하게 하는 행위

3. 경쟁사업자 배제

법 제23조(불공정거래행위의 금지)제1항제2호에서 "부당하게 경쟁자를 배제하는 행위"라 함은 다음 각목의 1에 해당하는 행위를 말한다.

가. 부당염매
자기의 상품 또는 용역을 공급함에 있어서 정당한 이유없이 그 공급에 소요되는 비용보다 현저히 낮은 대가로 계속하여 공급하거나 기타 부당하게 상품 또는 용역을 낮은 대가로 공급함으로써 자기 또는 계열회사의 경쟁사업자를 배제시킬 우려가 있는 행위

나. 부당고가매입
부당하게 상품 또는 용역을 통상거래가격에 비하여 높은 대가로 구입하여 자기 또는 계열회사의 경쟁사업자를 배제시킬 우려가 있는 행위

4. 부당한 고객유인

법 제23조(불공정거래행위의 금지)제1항 제3호 전단에서 "부당하게 경쟁자의 고객을 자기와 거래하도록 유인하는 행위"라 함은 다음 각목의 1에 해당하는 행위를 말한다.

가. 부당한 이익에 의한 고객유인
정상적인 거래관행에 비추어 부당하거나 과대한 이익을 제공 또는 제공할 제의를 하여 경쟁사업자의 고객을 자기와 거래하도록 유인하는 행위

나. 위계에 의한 고객유인
제9호의 규정에 의한 부당한 표시·광고외의 방법으로 자기가 공급하는 상품 또는 용역의 내용이나 거래조건 기타 거래에 관한 사항에 관하여 실제보다 또는 경쟁사업자의 것보다 현저히 우량 또는 유리한 것으로 고객을 오인시키거나 경쟁사업자의 것이 실제보다 또는 자기의 것보다 현저히 불량 또는 불리한 것으로 고객을 오인시켜 경쟁사업자의 고객을 자기와 거래하도록 유인하는 행위

다. 기타의 부당한 고객유인
경쟁사업자와 그 고객의 거래에 대하여 계약성립의 저지, 계약불이행의 유인 등의 방법으로 거래를 부당하게 방해함으로써 경쟁사업자의 고객을 자기와 거래하도록 유인하는 행위

5. 거래강제

법 제23조(불공정거래행위의 금지)제1항 제3호 후단에서 "부당하게 경쟁자의 고객을 자기와 거래하도록 강제하는 행위"라 함은 다음 각목의 1에 해당하는 행위를 말한다.

가. 끼워팔기
거래상대방에게 대하여 자기의 상품 또는 용역을 공급하면서 정상적인 거래관행에 비추어 부당하게 다른 상품 또는 용역을 자기 또는 자기가 지정하는 사업자로부터 구입하도록 하는 행위

나. 사원판매
부당하게 자기 또는 계열회사의 임직원으로 하여금 자기 또는 계열회사의 상품이나 용역을 구입 또는 판매하도록 강제하는 행위

다. 기타의 거래강제
정상적인 거래관행에 비추어 부당한 조건 등 불이익을 거래상대방에게 제시하여 자기 또는 자기가 지정하는 사업자와 거래하도록 강제하는 행위

6. 거래상 지위의 남용

법 제23조(불공정거래행위의 금지)제1항 제4호에서 "자기의 거래상의 지위를 부당하게 이용하여 상대방과 거래하는 행위"라 함은 다음 각목의 1에 해당하는 행위를 말한다.

가. 구입강제
거래상대방이 구입할 의사가 없는 상품 또는 용역을 구입하도록 강제하는 행위

나. 이익제공강요
거래상대방에게 자기를 위하여 금전·물품·용역 기타의 경제상 이익을 제공하도록 강요하는 행위

다. 판매목표강제
자기가 공급하는 상품 또는 용역과 관련하여 거래상대방의 거래에 관한 목표를 제시하고 이를 달성하도록 강제하는 행위

라. 불이익제공
가목 내지 다목에 해당하는 행위외의 방법으로 거래상대방에게 불이익이 되도록 거래조건을 설정 또는 변경하거나 그 이행과정에서 불이익을 주는 행위

마. 경영간섭
거래상대방의 임직원을 선임·해임함에 있어 자기의 지시 또는 승인을 얻게 하거나 거래상대방의 생산 품목·시설규모·생산량·거래내용을 제한함으로써 경영활동을 간섭하는 행위

7. 구속조건부거래

법 제23조(불공정거래행위의 금지)제1항 제5호 전단에서 "거래의 상대방의 사업활동을 부당하게 구속하는 조건으로 거래하는 행위"라 함은 다음 각목의 1에 해당하는 행위를 말한다.

가. 배타조건부거래
부당하게 거래상대방이 자기 또는 계열회사의 경쟁사업자와 거래하지 아니하는 조건으로 그 거래상대방과 거래하는 행위

나. 거래지역 또는 거래상대방의 제한
상품 또는 용역을 거래함에 있어서 그 거래상대방의 거래지역 또는 거래상대방을 부당하게 구속하는 조건으로 거래하는 행위

8. 사업활동 방해

법 제23조(불공정거래행위의 금지)제1항 제5호 후단에서 "부당하게 다른 사업자의 사업활동을 방해하는 행위"라 함은 다음 각목의 1에 해당하는 행위를 말한다.

가. 기술의 부당이용
다른 사업자의 기술을 부당하게 이용하여 다른 사업자의 사업활동을 심히 곤란하게 할 정도로 방해하는 행위

나. 인력의 부당유인・채용
다른 사업자의 인력을 부당하게 유인・채용하여 다른 사업자의 사업활동을 심히 곤란하게 할 정도로 방해하는 행위

다. 거래처 이전 방해
다른 사업자의 거래처 이전을 부당하게 방해하여 다른 사업자의 사업활동을 심히 곤란하게 할 정도로 방해하는 행위

라. 기타의 사업활동방해 가목 내지 다목외의 부당한 방법으로 다른 사업자의 사업활동을 심히 곤란하게 할 정도로 방해하는 행위

9. 삭제〈1999.6.30〉

10. 부당한 지원행위

법 제23조(불공정거래행위의 금지)제1항 제7호에서 "부당하게 특수관계인 또는 다른 회사에 대하여 가지 급금・대여금・인력・부동산・유가증권・상품・용역・무체재산권 등을 제공하거나 현저히 유리한 조건으로 거래하여 특수관계인 또는 다른 회사를 지원하는 행위"라 함은 다음 각목의 어느 하나에 해당하는 행위를 말한다.

가. 부당한 자금지원
부당하게 특수관계인 또는 다른 회사에 대하여 가지급금・대여금 등 자금을 현저히 낮거나 높은 대가로 제공 또는 거래하거나 현저한 규모로 제공 또는 거래하여 과다한 경제상 이익을 제공함으로써 특수관계인 또는 다른 회사를 지원하는 행위

나. 부당한 자산지원
부당하게 특수관계인 또는 다른 회사에 대하여 부동산・유가증권・무체재산권 등 자산을 현저히

낮거나 높은 대가로 제공 또는 거래하거나 현저한 규모로 제공 또는 거래하여 과다한 경제상 이익을 제공함으로써 특수관계인 또는 다른 회사를 지원하는 행위

다. 부당한 인력지원
부당하게 특수관계인 또는 다른 회사에 대하여 인력을 현저히 낮거나 높은 대가로 제공하거나 현저한 규모로 제공하여 과다한 경제상 이익을 제공함으로써 특수관계인 또는 다른 회사를 지원하는 행위

라. 상품·용역 거래를 통한 부당한 지원 [본조신설 2007.4.17]
부당하게 특수관계인 또는 다른 회사에 대하여 상품 또는 용역을 현저히 낮거나 높은 대가로 제공하거나 현저한 규모로 제공하여 과다한 경제상 이익을 제공함으로써 특수관계인 또는 다른 회사를 지원하는 행위

[별표 2] 〈개정 2007.11.2〉

위반행위의 과징금 부과기준(제61조제1항관련)

1. 과징금 부과여부의 결정

과징금은 위반행위의 내용 및 정도를 우선적으로 고려하고 시장상황 등을 종합적으로 참작하여 그 부과여부를 결정하되, 다음 각목의 1에 해당하는 경우에는 원칙적으로 과징금을 부과한다.

가. 자유롭고 공정한 경쟁질서를 크게 저해하는 경우

나. 소비자 등에게 미치는 영향이 큰 경우

다. 위반행위에 의하여 부당이득이 발생한 경우

라. 그 밖에 가목 내지 다목에 준하는 경우로서 공정거래위원회가 정하여 고시하는 경우

2. 과징금의 산정기준

과징금은 법 제55조의3(과징금 부과)제1항 각 호에서 정한 참작사유와 이에 영향을 미치는 사항을 고려하여 산정하되, 기본과징금, 의무적 조정과징금, 임의적 조정과징금, 부과과징금의 순서에 따라 단계적으로 산정한다.

가. 기본과징금

법 제55조의3(과징금 부과)제1항 제1호의 규정에 의한 위반행위의 내용 및 정도에 따라 위반행위를 "중대성이 약한 위반행위", "중대한 위반행위", "매우 중대한 위반행위"로 구분하고, 위반행위의 중대성의 정도별로 다음의 기준에 따라 산정한 금액을 기본과징금으로 한다.

위반행위유형	세부유형	관련 법조문	기본과징금
1. 시장지배적 지위 남용행위	시장지배적 지위남용행위	법 제3조의2 제1항, 제6조	위반사업자가 위반기간 동안 판매 또는 매입한 관련상품(상품에는 용역을 포함한다. 이하 같다)의 매출액(매입액을 포함한다. 이하 같다) 또는 이에 준하는 금액(이하 "관련매출액"이라 한다)에 100분의 3을 곱한 금액을 초과하지 아니하는 범위 안에서, 관련매출액에 중대성의 정도별로 정하는 부과기준율을 곱한 금액. 다만, 관련매출액을 산정하기 곤란하거나, 이영 제10조 각 호의 1에 해당하는 경우(이하 "관련매출액을 산정하기 곤란한 경우등"이라 한다)에는 10억원 이내에서 중대성의 정도별로 정하는 금액.

2. 경제력집중 억제규정 위반행위	가. 지주회사의 행위 제한 등 위반행위	법 제8조의2 제1항·제2항, 제17조 제4항	법 제17조 제4항 각 호의 규정에 의한 금액에 100분의 10을 곱한 금액을 초과하지 아니하는 범위 안에서, 법 제17조 제4항 각 호의 규정에 의한 금액에 중대성의 정도별로 정하는 부과기준율을 곱한 금액
	나. 상호출자행위	법 제9조, 제17조 제1항	위반행위로 취득 또는 소유한 주식의 취득가액에 100분의 10을 곱한 금액을 초과하지 아니하는 범위 안에서, 취득가액에 중대성의 정도별로 정하는 부과기준율을 곱한 금액
	다. 출자총액제한행위	법 제10조 제1항, 제17조 제1항	위반행위로 취득 또는 소유한 주식의 취득가액에 100분의 10을 곱한 금액을 초과하지 아니하는 범위 안에서, 취득가액에 중대성의 정도별로 정하는 부과기준율을 곱한 금액
	라. 계열회사에 대한 채무보증행위	법 제10조의2 제1항, 제17조 제2항	법 제10조의2 제1항의 규정에 위반하여 행한 채무보증액에 100분의 10을 곱한 금액을 초과하지 아니하는 범위 안에서, 채무보증액에 중대성의 정도별로 정하는 부과기준율을 곱한 금액
	마. 의결권행사금지명령위반행위	법 제17조의2 제1항·제5항	의결권행사 금지명령에 위반하여 의결권을 행사한 주식의 취득가액에 100분의 10을 곱한 금액을 초과하지 아니하는 범위 안에서, 취득가액에 중대성의 정도별로 정하는 부과기준율을 곱한 금액
3. 부당한 공동행위 등	가. 부당한 공동행위	법 제19조, 제22조	관련매출액에 100분의 10를 곱한 금액을 초과하지 아니하는 범위 안에서, 관렴매출액에 중대성의 정도별로 정하는 부과기준율을 곱한 금액. 다만, 관련매출액을 산정하기 곤란한 경우 등에는 20억원 이내에서 중대성의 정도별로 정하는 금액
	나. 사업자단체 금지행위	법 제26조 제1항, 제28조 제1항	5억원의 범위 안에서, 위반행위의 종료일이 속한 연도의 연간예산액에 중대성의 정도별로 정하는 부과기준율을 곱한 금액. 다만, 연간예산액을 산정하기 곤란한 경우에는 5억원 이내에서 중대성의 정도별로 정하는 금액
	다. 사업자단체 금지행위 참가행위	법 제28조 제2항	관련매출액에 100분의 3을 곱한 금액을 초과하지 아니하는 범위 안에서, 관련매출액에 중대성의 정도별로 정하는 부과기준율을 곱한 금액. 다만, 관련매출액을 산정하기 곤란한 경우 등에는 5억원 이내에서 중대성의 정도별로 정하는 금액

<table>
<tr><td rowspan="3">4. 불공정거래 행위 등</td><td>가. 불공정거래 행위(부당한 지원행위 제외)</td><td>법 제23조 제1항 제1호 내지 제5호 및 제8호, 제24조의 2</td><td rowspan="2">관련매출액에 100분의 2를 곱한 금액을 초과하지 아니하는 범위 안에서, 관련매출액에 중대성의 정도별로 정하는 부과기준율을 곱한 금액. 다만, 관련매출액을 산정하기 곤란한 경우 등에는 5억원 이내에서 중대성의 정도별로 정하는 금액</td></tr>
<tr><td>나. 재판매 가격 유지행위</td><td>법 제29조, 제31조의2</td></tr>
<tr><td>다. 부당한 국제계약 체결행위</td><td>법 제32조 제1항, 제34조의2</td><td>- 사업자단체에 대하여는 5억원의 범위 안에서, 위반행위의 종료일이 속한 연도의 연간예산액에 중대성의 정도별로 정하는 부과기준율을 곱한 금액. 다만, 연간예산액을 산정하기 곤란한 경우에는 5억원 이내에서 중대성의 정도별로 정하는 금액
- 사업자에 대하여는 관련매출액에 100분의 2를 곱한 금액을 초과하지 아니하는 범위 안에서, 관련매출액에 중대성의 정도별로 정하는 부과기준율을 곱한 금액. 다만 관련매출액을 산정하기 곤란한 경우 등에는 5억원 이내에서 중대성의 정도별로 정하는 금액</td></tr>
<tr><td>5. 부당한 지원행위</td><td>부당한 지원행위</td><td>법 제23조 제1항 제7호, 제24조의2</td><td>법 제23조 제1항 제7호의 규정에 위반하여 지원한 지원금액의 범위 안에서, 지원금액에 중대성의 정도별로 정하는 부과기준율을 곱한 금액. 다만, 지원금액의 산출이 어렵거나 불가능한 경우 등에는 그 지원성 거래규모의 100분의 10에 해당하는 금액을 지원금액으로 본다.</td></tr>
</table>

비고 : 관련매출액을 산정함에 있어서 관련상품의 범위는 위반행위로 인하여 직접 또는 간접적으로 영향을 받는 상품의 종류와 성질, 거래지역, 거래상대방, 거래단계 등을 고려하여 정하고, 위반기간은 위반행위의 개시일부터 종료일까지의 기간으로 하며, 매출액은 사업자의 회계자료 등을 참고하여 정하는 것을 원칙으로 하되, 각각의 범위는 행위유형별로 개별적·구체적으로 판단한다.

나. 의무적 조정과징금

법 제55조의3(과징금 부과)제1항 제2호의 규정에 의한 위반행위의 기간 및 횟수에 따라 각각 기본과징금의 100분의 50의 범위 안에서 공정거래위원회가 정하여 고시하는 기준에 따른 금액을 기본과징금에 가산한 금액과, 법 제55조의3(과징금 부과)제1항 제3호의 규정에 의한 위반행위로 인하여 취득한 이익의 규모에 상당하는 금액을 비교하여, 이 중 큰 금액을 의무적 조정과징금으로 한다.

다. 임의적 조정과징금

법 제55조의3(과징금 부과)제1항 각 호의 사항에 영향을 미치는 위반사업자의 고의·과실, 위반행위의 성격과 사정, 재정적 상황 및 시장 여건 등의 사유를 고려하여 공정거래위원회가 정하여 고시하는 기준에 따라 의무적 조정과 징금을 가중 또는 감경한 금액을 임의적 조정과징금으로 한다. 이 경우 가중 또는 감경하는 금액은 각각 의무적 조정과징금의 100분의 50을 초과할 수 없다.

라. 부과과징금

(1) 임의적 조정과징금의 금액이 위반사업자(위반사업자단체를 포함한다)의 현실적 부담능력이나 그 위반행위가 시장에 미치는 효과 등을 충분히 반영하지 못하여 현저히 과중하다고 판단되는 경우에는 그 임의적 조정과징금을 100분의 50 이내에서 감액하여 부과과징금으로 할 수 있다.

(2) 위반사업자의 부채가 지급불능 또는 지급정지 상태에 있거나 부채의 총액이 자산의 총액을 초과하는 등의 사유로 인하여 위반사업자가 객관적으로 과징금을 납부할 능력이 없다고 인정되는 경우, 위반사업자가 속한 시장 또는 산업의 객관적인 사정 또는 여건의 급격한 변화에 비추어 과징금을 부과하지 아니하는 것이 타당하다고 인정되는 경우, 그 밖에 이에 준하는 사유가 있는 경우에는 모든 사정을 종합적으로 고려하여 과징금을 부과하지 아니할 수 있다.

3. 세부기준의 제정

기본과징금의 부과기준율, 관련매출액의 산정에 관한 세부기준, 의무적 조정과징금 및 임의적 조정과징금의 산정을 위한 기준, 그 밖에 과징금의 부과에 관하여 필요한 세부적인 기준과 방법 등에 관한 사항은 공정거래위원회가 정하여 고시한다.

시장지배적 지위 남용행위 심사기준

제정 2000.9.8　　공정거래위원회 고시 제2000-6호
개정 2002.5.16　　공정거래위원회 고시 제2002-6호

Ⅰ. 목 적

이 고시는 독점규제및공정거래에관한법률(이하 "법"이라 한다) 제3조의2(시장지배적지위의 남용금지) 제2항과 같은 법 시행령 제5조(남용행위의 유형 또는 기준) 제6항의 규정에 의하여 시장지배적사업자의 행위가 시장지배적지위의 남용행위에 해당되는지 여부에 대한 심사기준을 정하는데 그 목적이 있다.

Ⅱ. 일정한 거래분야의 판단기준

일정한 거래분야는 경쟁관계에 있거나 경쟁관계가 성립될 수 있는 거래분야를 말하며, 거래대상, 거래지역, 거래단계, 거래상대방 등에 따라 구분될 수 있다.

1. 거래대상(상품 또는 용역시장)

가. 일정한 거래분야는 거래되는 특정 상품의 가격이나 용역의 대가(이하 "가격"이라 한다)가 상당기간 어느 정도 의미있는 수준으로 인상(인하)될 경우 동 상품이나 용역의 대표적 구매자(판매자)가 이에 대응하여 구매(판매)를 전환할 수 있는 상품이나 용역의 집합을 말한다.

나. 특정 상품이나 용역이 동일한 거래분야에 속하는지 여부는 다음 사항을 고려하여 판단한다.

(1) 상품이나 용역의 기능 및 효용의 유사성

(2) 구매자들의 대용가능성에 대한 인식 및 그와 관련한 구매행태

(3) 판매자들의 대용가능성에 대한 인식 및 그와 관련한 경영의사결정 행태

(4) 통계법 제17조(통계자료의 분류)제1항의 규정에 의하여 통계청장이 고시하는 한국표준산업분류

2. 거래지역(지역시장)

가. 일정한 거래분야는 다른 모든 지역에서의 가격은 일정하나 특정 지역에서만 상당기간 어느 정도 의미있는 가격인상(가격인하)이 이루어질 경우 당해 지역의 대표적 구매자(판매자)가 이에 대응하여 구매(판매)를 전환할 수 있는 지역전체를 말한다.

나. 특정 지역이 동일한 거래분야에 속하는지 여부는 다음 사항을 고려하여 판단한다.

(1) 상품이나 용역의 특성(부패성, 변질성, 파손성 등) 및 판매자의 사업능력(생산능력, 판매망의 범위 등)

(2) 운송비용

(3) 구매자의 구매지역 전환가능성에 대한 인식 및 그와 관련한 구매자들의 구매지역 전환행태

(4) 판매자의 구매지역 전환가능성에 대한 인식 및 그와 관련한 경영의사결정 행태

(5) 시간적, 경제적, 법적 측면에서의 구매지역 전환의 용이성

3. 거래단계

일정한 거래분야는 제조, 도매, 소매 등 거래단계별로 획정될 수 있다.

4. 거래상대방

구매자(판매자)의 특성 또는 상품이나 용역의 특수성에 의하여 상품이나 용역, 지역 또는 거래단계별로 특정한 구매자군(판매자군)이 존재하는 경우에는 이러한 구매자군(판매자군)별로 일정한 거래분야가 획정될 수 있다.

Ⅲ. 시장지배적사업자 여부 판단기준

당해 사업자가 시장지배적사업자인지 여부는 시장점유율, 진입장벽의 존재여부 및 정도, 경쟁사업자의 상대적 규모, 경쟁사업자간의 공동행위의 가능성, 유사품 및 인접시장의 존재, 시장봉쇄력, 자금력 등을 종합적으로 고려하여 판단한다.

1. 시장점유율

일정한 거래분야에서 당해 사업자의 시장점유율이 다음 각호의 1에 해당하는 사업자는 시장지배적사업자로 추정할 수 있다.

가. 1사업자의 시장점유율이 100분의 50이상

나. 3이하의 사업자의 시장점유율의 합계가 100분의 75이상. 다만, 이 경우에 시장점유율이 100분의 10미만인 사업자는 제외한다.

2. 진입장벽의 존재 및 정도

가. 당해 시장에 대한 신규진입이 가까운 시일내에 용이하게 이루어질 수 있는 경우에는 시장지배적사업자일 가능성이 낮아질 수 있다.

나. 신규진입의 가능성을 평가함에 있어서는 다음 사항을 고려한다.

(1) 법적·제도적인 진입장벽의 유무

(2) 필요 최소한의 자금규모

(3) 특허권 기타 지적재산권을 포함한 생산기술조건

(4) 입지조건

(5) 원재료조달조건

(6) 유통계열화의 정도 및 판매망 구축비용

(7) 제품차별화의 정도

(8) 수입의 비중 및 변화추이

(9) 관세율 및 각종 비관세장벽

다. 다음 각호의 1에 해당하는 사업자가 있는 경우에는 신규진입이 용이한 것으로 볼 수 있다.

(1) 최근 3년간 당해 시장에 신규진입 한 사업자

(2) 당해 시장에 참여할 의사와 투자계획 등을 공표한 사업자

(3) 현재의 생산시설에 중요한 변경을 가하지 아니하더라도 당해 시장에 참여할 수 있는 등 당해 시장에서 상당기간 어느 정도 의미있는 가격인상이 이루어지면 중대한 진입비용 또는 퇴출비용의 부담 없이 가까운 시일 내에 당해 시장에 참여할 것으로 판단되는 사업자

3. 경쟁사업자의 상대적 규모

가. 당해 사업자에 비해 경쟁사업자의 규모가 상대적으로 큰 경우에는 시장지배적사업자일 가능성이 낮아질 수 있다.

나. 경쟁사업자의 상대적 규모를 평가함에 있어서는 다음 사항을 고려한다.

(1) 경쟁사업자의 시장점유율

(2) 경쟁사업자의 생산능력

(3) 경쟁사업자의 원재료 구매비중 또는 공급비중

(4) 경쟁사업자의 자금력

다. 당해 시장에 대량구매사업자나 대량공급사업자가 존재하는 경우(대량구매사업자나 대량공급사업자가 당해 사업자의 계열회사인 경우를 제외한다)에는 시장지배적사업자일 가능성이 낮아질 수 있다. 여기서 "대량구매사업자나 대량공급사업자"라 함은 당해 사업자의 구매액이나 공급액이 당해 시장의 국내 총공급액에서 차지하는 비율이 법 제4조(시장지배적사업자의 추정)에 규정된 시장점유율 요건에 해당되는 자를 말한다.

4. 경쟁사업자간의 공동행위의 가능성

가. 사업자간의 가격·수량 기타의 거래조건에 관한 명시적·묵시적 공동행위가 이루어지기 용이한 경우에는 시장지배적사업자일 가능성이 높아질 수 있다.

나. 사업자간의 공동행위 가능성을 평가함에 있어서는 다음 각호의 1을 고려한다.

(1) 최근 수년간 당해 거래분야에서 거래되는 가격이 동일한 거래분야에 속하지 않는 유사한 상품이나 용역의 평균가격에 비해 현저히 높았는지 여부

(2) 국내에서 거래되는 가격이 수출가격이나 수입가격(관세, 운송비 등을 감안한다)에 비해 현저히 높은지 여부

(3) 당해 거래분야에서 거래되는 상품이나 용역에 대한 수요의 변동이 작은 경우로서 경쟁관계에 있는 사업자가 수년간 안정적인 시장점유율을 차지하고 있는지 여부

(4) 경쟁관계에 있는 사업자가 공급하는 상품의 동질성이 높고, 경쟁관계에 있는 사업자간의 생산, 판매 및 구매조건이 유사한지 여부

(5) 경쟁관계에 있는 사업자의 사업활동에 관한 정보수집이 용이한지 여부

(6) 과거 부당한 공동행위가 이루어진 사실이 있었는지 여부

5. 유사품 및 인접시장의 존재

가. 유사품 및 인접시장이 존재하여 당해 시장에 영향을 미치는 경우에는 시장지배적사업자일 가능성이 낮아질 수 있다

나. 유사품 및 인접시장의 존재를 판단함에 있어서는 다음 각호의 1을 고려한다.

(1) 기능 및 효용측면에서 유사하나 가격 또는 기타의 이유로 별도의 시장을 구성하고 있다고 보는 경우에는 생산기술의 발달가능성, 판매경로의 유사성 등 그 유사상품이나 용역이 당해 시장에 미치는 영향

(2) 거래지역별로 별도의 시장을 구성하고 있다고 보는 경우에는 시장간의 지리적 근접도, 수송수단의 존재여부, 수송기술의 발전가능성, 인접시장에 있는 사업자의 규모 등 인근 지역시장이 당해 시장에 미치는 영향

6. 시장봉쇄력

당해 사업자(계열회사를 포함한다)의 원재료 구매비율이나 공급비율(원재료 구매액이나 공급액/원재료의 국내 총공급액)이 법 제4조(시장지배적사업자의 추정)에 규정된 시장점유율 요건에 해당되면 시장지배적사업자일 가능성이 높아질 수 있다.

7. 자금력

당해 사업자의 자금력이 다른 사업자에 비해 현저히 크다면 시장지배적사업자일 가능성이 높아질 수 있다. 자금력을 평가함에 있어서는 자본 또는 부채의 동원능력, 매출액, 이윤, 순이익율, 현금흐름, 자본시장에의 접근가능성, 계열회사의 자금력 등을 고려한다.

8. 기타 고려요인

사업자가 거래선을 당해 사업자로부터 다른 사업자에게로 변경할 수 있는 가능성, 시장경쟁에 영향을 미치는 당해 사업자의 신기술 개발 및 산업재산권 보유여부 등을 고려할 수 있다.

Ⅳ. 시장지배적지위 남용행위의 세부 유형 및 기준

1. 가격의 부당한 결정·유지·변경행위(법 제3조의2 제1항 제1호)

정당한 이유없이 상품의 가격이나 용역의 대가를 수급의 변동이나 공급에 필요한 비용(동종 또는 유사업종의 통상적인 수준의 것에 한한다)의 변동에 비하여 현저하게 상승시키거나 근소하게 하락시키는 경우(영 제5조 제1항)

(1) 「상품의 가격이나 용역의 대가」는 원칙적으로 현금결제에 적용되는 가격을 기준으로 하되, 거래관행상 다른 가격이 있는 경우에는 그 가격을 적용한다.

(2) 「수급의 변동」은 당해 품목의 가격에 영향을 미칠 수 있는 수급요인의 변동을 말한다. 이 경우 상당기간동안 당해 품목의 수요 및 공급이 안정적이었는지 여부를 고려한다.

(3) 「공급에 필요한 비용의 변동」은 가격결정과 상관관계가 있는 재료비, 노무비, 제조경비, 판매비와 일반관리비, 영업외 비용 등의 변동을 말한다.

(4) 「동종 또는 유사업종」은 원칙적으로 당해 거래분야를 위주로 판단하되, 당해 거래분야 위

주의 판단이 불합리하거나 곤란한 경우에는 유사시장이나 인접시장을 포함한다.

(5) 「통상적인 수준의 비용」인지 여부의 판단에는 각각의 비용항목과 전체 비용을 종합하여 판단하되, 당해 사업자의 재무상황, 비용의 변동추세, 다른 사업자의 유사항목 비용지출상황 등을 종합적으로 고려한다.

(6) 「현저하게 상승시키거나 근소하게 하락시키는 경우」는 최근 당해 품목의 가격변동 및 수급상황, 당해 품목의 생산자물가지수, 당해 사업자의 수출시장에서의 가격인상율, 당해 사업자가 시장에서 가격인상을 선도할 수 있는 지위에 있는지 여부 등을 종합적으로 고려하여 판단한다.

2. 상품판매 또는 용역제공의 부당한 조절행위 (법 제3조의2 제1항 제2호)

가. 정당한 이유없이 최근의 추세에 비추어 상품 또는 용역의 공급량을 현저히 감소시키는 경우(영 제5조 제2항 제1호)

(1) 「최근의 추세」는 상당기간동안의 공급량을 제품별, 지역별, 거래처별, 계절별로 구분하여 판단하되, 제품의 유통기한, 1-(2)의 수급의 변동요인 및 1-(3)의 공급에 필요한 비용의 변동요인을 감안한다.

(2) 「공급량을 현저히 감소시킨다」함은 당해 품목의 생산량이나 재고량을 조절함으로써 시장에 출하되는 물량을 현저히 감소시키는 것을 말한다. 이 경우 다음 사항을 고려하되, 직영대리점이나 판매회사의 재고량 및 출하량을 합산한다.

(가) 공급량을 감소시킨 후 일정기간 이내에 동 품목의 가격인상이 있었는지 여부

(나) 공급량을 감소시킨 후 일정기간 이내에 당해 사업자(계열회사를 포함한다)의 동 품목에 대한 매출액 또는 영업이익이 증가하였는지 여부

(다) 공급량을 감소시킨 후 일정기간 이내에 당해 사업자(계열회사를 포함한다)가 기존 제품과 유사한 제품을 출하하였는지 여부

(라) 원재료를 생산하는 당해 사업자(계열회사를 포함한다)가 자신은 동 원재료를 이용하여 정상적으로 관련 제품을 생산하면서, 타사업자 대해서는 동 원재료 공급을 감소시켰는지 여부

나. 정당한 이유없이 유통단계에서 공급부족이 있음에도 불구하고 상품 또는 용역의 공급량을 감소시키는 경우(영 제5조 제2항 제2호)

「유통단계에서 공급부족이 있다」함은 주로 성수기에 최종 소비자가 소비하기 전의 각 유통과정에서 품귀현상이 있음을 말한다.

3. 다른 사업자의 사업활동에 대한 부당한 방해행위(법 제3조의2 제1항 제3호)

직접 또는 간접적으로 다음 각호의 1에 해당하는 행위를 함으로써 다른 사업자의 사업활동을 어렵게 하는 경우(영 제5조제3항)

(1) 「간접적」이라 함은 특수관계인 또는 다른 자로 하여금 당해 행위를 하도록 하는 것을 말한다.

(2) 「다른 사업자의 사업활동을 어렵게 하는 경우」를 판단함에 있어서는 다른 사업자의 생산·재무·판매활동을 종합적으로 고려하되, 사업활동이 어려워질 우려가 있는 경우를 포함한다.

가. 정당한 이유없이 다른 사업자의 생산활동에 필요한 원재료 구매를 방해하는 행위(영 제5조 제3항 제1호)

(1) 「원재료」에는 부품, 부재료를 포함한다.

(2) 「원재료 구매를 방해한다」 함은 원재료 구매를 필요량 이상으로 현저히 증가시키거나, 원재료 공급자로 하여금 당해 원재료를 다른 사업자에게 공급하지 못하도록 강제 또는 유인하는 것을 말한다.

나. 정상적인 관행에 비추어 과도한 경제상의 이익을 제공하거나 제공할 것을 약속하면서 다른 사업자의 사업활동에 필수적인 인력을 채용하는 행위(영 제5조 제3항 제2호)

「다른 사업자의 사업활동에 필수적인 인력」이라 함은 다음 각호의 1에 해당하는 자를 말한다. 다만, 다음 각호의 1에서 "기능공 포함"이란 당해 업체의 생산활동에 커다란 타격을 줄 정도로

다수의 기능공이 스카웃되는 경우를 말한다.

(1) 당해 업체에서 장기간 근속한 기술인력(기능공 포함)

(2) 당해 업체에서 많은 비용을 투입하여 특별 양성한 기술인력(기능공 포함)

(3) 당해 업체에서 특별한 대우를 받은 기술인력

(4) 당해 업체의 중요산업정보를 소지하고 있어 이를 유출할 가능성이 있는 기술인력

다. 정당한 이유없이 다른 사업자의 상품 또는 용역의 생산·공급·판매에 필수적인 요소의 사용 또는 접근을 거절·중단하거나 제한하는 행위(영 제5조 제3항 제3호)

(1) 「필수적인 요소(이하 "필수요소"라 한다)」라 함은 네트워크, 기간설비 등 유·무형의 요소를 포함하며, 다음 각호의 요건을 충족하여야 한다.

(가) 당해 요소를 사용하지 않고서는 상품이나 용역의 생산·공급 또는 판매가 사실상 불가능하여 일정한 거래분야에 참여할 수 없거나, 당해 거래분야에서 피할 수 없는 중대한 경쟁열위상태가 지속될 것

(나) 특정 사업자가 당해요소를 독점적으로 소유 또는 통제하고 있을 것

(다) 당해 요소를 사용하거나 이에 접근하려는 자가 당해 요소를 재생산하거나 다른 요소로 대체하는 것이 사실상·법률상 또는 경제적으로 불가능할 것

(2) 이 목에서 「다른 사업자」라 함은 필수요소 보유자 또는 그 계열회사가 참여하고 있거나 가까운 장래에 참여할 것으로 예상되는 거래분야에 참여하고 있는 사업자를 말한다.

(3) 「거절·중단·제한하는 행위」라 함은 다음과 같은 경우를 포함하여 실질적으로 거절·중단·제한하거나 이와 동일한 결과를 발생시키는 행위를 말한다.

(가) 필수요소에의 접근이 사실상 또는 경제적으로 불가능할 정도의 부당한 가격이나 조건을 제시하는 경우

(나) 필수요소를 사용하고 있는 기존 사용자에 비해 현저하게 차별적인 가격이나 배타조건, 끼워팔기 등 불공정한 조건을 제시하는 경우

(4) 「정당한 이유」가 있는지를 판단함에 있어서는 다음 경우에 해당하는지 여부 등을 고려한다.

(가) 필수요소를 제공하는 사업자의 투자에 대한 정당한 보상이 현저히 저해되는 경우. 다만, 경쟁의 확대로 인한 이익의 감소는 정당한 보상의 저해로 보지 아니한다.

(나) 기존 사용자에 대한 제공량을 현저히 감소시키지 않고서는 필수요소의 제공이 불가능한 경우

(다) 필수요소를 제공함으로써 기존에 제공되고 있는 서비스의 질이 현저히 저하될 우려가 있는 경우

(라) 기술표준에의 불합치 등으로 인해 필수요소를 제공하는 것이 기술적으로 불가능한 경우

(마) 서비스 이용고객의 생명 또는 신체상의 안전에 위험을 초래할 우려가 있는 경우

라. 이외에 다음과 같은 행위로서 다른 사업자의 사업활동을 어렵게 하는 행위(영 제5조 제3항 제4호)

(1) 부당하게 특정사업자에 대하여 거래를 거절하거나 거래하는 상품 또는 용역의 수량이나 내용을 현저히 제한하는 행위

(2) 거래상대방에게 정상적인 거래관행에 비추어 타당성이 없는 조건을 제시하거나 가격 또는 거래조건을 부당하게 차별하는 행위

(3) 부당하게 거래상대방에게 불이익이 되는 거래 또는 행위를 강제하는 행위

(4) 거래상대방에게 사업자금을 대여한 후 정당한 이유없이 대여자금을 일시에 회수하는 행위

(5) 다른 사업자의 계속적인 사업활동에 필요한 소정의 절차(관계기관 또는 단체의 허가, 추천 등)의 이행을 부당한 방법으로 어렵게 하는 행위

(6) 다른 사업자의 행위가 자기의 특허권을 침해하지 않는다는 사실을 알면서도 다른 사업자의 경쟁능력을 침해하기 위하여 다른 사업자를 상대로 특허권침해의 소송을 제기하는 행위

4. 새로운 경쟁사업자의 시장참가에 대한 부당한 방해행위(법 제3조의2 제1항 제4호)

직접 또는 간접적으로 다음 각호의 1에 해당하는 행위를 함으로써 새로운 경쟁사업자의 신규진입을 어렵게 하는 경우(영 제5조 제4항)

(1) 「간접적」이라 함은 특수관계인 또는 다른 자로 하여금 당해 행위를 하도록 하는 것을 말한다.

(2) 「새로운 경쟁사업자」라 함은 일정한 거래분야에 신규로 진입하려고 하는 사업자 및 신규로 진입하였으나 아직 판매를 개시하고 있지 아니한 사업자를 말한다.

(3) 「신규진입을 어렵게 하는 경우」를 판단함에 있어서는 다른 사업자의 생산·재무·판매활동 등을 종합적으로 고려하되, 신규진입을 어렵게 할 우려가 있는 경우를 포함한다.

가. 정당한 이유없이 거래하는 유통사업자와 배타적 거래계약을 체결하는 행위(영 제5조 제4항 제1호)

(1) 「유통사업자」라 함은 최종소비자가 아닌 거래상대방을 말한다.

(2) 「배타적 거래계약」이라 함은 유통사업자로 하여금 자기 또는 자기가 지정하는 사업자의 상품이나 용역만을 취급하고 다른 사업자의 상품이나 용역은 취급하지 않을 것을 전제로 상품이나 용역을 공급하는 것을 말한다.

나. 정당한 이유없이 기존사업자의 계속적인 사업활동에 필요한 권리 등을 매입하는 행위(영 제5조 제4항 제2호)

「계속적인 사업활동에 필요한 권리」는 특허권·상표권 등의 지적재산권, 행정관청 또는 사업자단체의 면허권 등 인·허가, 기타 당해 거래분야에서 관행적으로 인정되는 모든 권리를 포함한다.

다. 정당한 이유없이 새로운 경쟁사업자의 상품 또는 용역의 생산·공급·판매에 필수적인 요소의 사용 또는 접근을 거절하거나 제한하는 행위(영 제5조 제4항 제3호)

이 경우에는 3. 다.의 규정을 준용한다.

라. 이외에 다음과 같은 행위로서 새로운 경쟁사업자의 신규진입을 어렵게 하는 행위(영 제5조 제4항 제4호)

(1) 정당한 이유없이 신규진입 사업자와 거래하거나 거래하고자 하는 사업자에 대하여 상품의 판매 또는 구매를 거절하거나 감축하는 행위

(2) 경쟁사업자의 신규진입에 필요한 소정의 절차(관계기관 또는 단체의 허가, 추천 등)의 이행을 부당한 방법으로 어렵게 하는 행위

(3) 당해 상품의 생산에 필수적인 원재료(부품, 부자재 포함)의 수급을 부당하게 조절함으로써 경쟁사업자의 신규진입을 어렵게 하는 행위

5. 경쟁사업자를 배제하기 위한 부당한 거래행위(법 제3조의2 제1항 제5호 전단)

가. 부당하게 상품 또는 용역을 통상거래가격에 비하여 낮은 대가로 공급하거나 높은 대가로 구입하여 경쟁사업자를 배제시킬 우려가 있는 경우(영 제5조 제5항 제1호)

(1) 「낮은 대가의 공급 또는 높은 대가의 구입」 여부를 판단함에 있어서는 통상거래가격과의 차이의 정도, 공급 또는 구입의 수량 및 기간, 당해 품목의 특성 및 수급상황 등을 종합적으로 고려한다.

(2) 「경쟁사업자를 배제시킬 우려가 있는 경우」를 판단함에 있어서는 당해 행위의 목적, 유사품 및 인접시장의 존재여부, 당해 사업자 및 경쟁사업자의 시장지위 및 자금력 등을 종합적으로 고려한다.

나. 부당하게 거래상대방이 경쟁사업자와 거래하지 아니할 것을 조건으로 그 거래상대방과 거래하는 경우(영 제5조 제5항 제2호)

이 경우 경쟁사업자의 대체거래선 확보의 용이성, 당해 거래의 목적·기간·대상자 및 당해 업종의 유통관행 등을 종합적으로 고려한다.

부　칙

이 고시는 고시일로부터 시행한다.

기업결합심사기준

제정 1998. 6.15 공정거래위원회 고시 제1998-6호
개정 1999. 4.15 공정거래위원회 고시 제1999-2호
개정 2006. 7.19 공정거래위원회 고시 제2006-11호
개정 2007.12.20 공정거래위원회 고시 제2007-12호

Ⅰ. 목 적

이 기준은 법 제7조 제1항의 규정에 의한 기업결합이 일정한 거래분야에서 경쟁을 실질적으로 제한하는지 여부, 기업결합으로 인해 효율성 증대효과가 발생하는지 여부, 회생이 불가한 회사와의 기업결합에 해당되는지 여부에 대한 심사기준을 정함을 목적으로 한다.

Ⅱ. 정 의

이 심사기준에서 사용하는 용어의 정의는 다음과 같다.

1. "간이심사대상 기업결합"이라 함은 다음 요건의 1에 해당하는 기업결합을 말한다.

(1) 기업결합 당사자가 서로 독점규제및공정거래에관한법률시행령(이하"영"이라 한다) 제11조에 규정된 특수관계인(동 조항 제1호 및 제2호에 규정된 자에 한하며, 이하 "특수관계인"이라 한다)에 해당하는 경우

(2) 당해 기업결합으로 당사회사(이 기준 Ⅱ-4 및 Ⅱ-5에 규정된 취득회사와 피취득회사를 말한다. 이하 이 심사기준에서 같다.)간에 이 기준 Ⅴ에 규정된 지배관계가 형성되지 아니하는 경우

(3) 영 제12조의2의 규정에 의한 대규모회사(특수관계인을 포함한다)가 아닌 자가 혼합형 기업결합을 하는 경우

(4) 다음 중 1에 해당하는 경우로서 경영목적이 아닌 단순투자활동임이 명백한 경우

(가) 「간접투자자산운용업법」 제144조의2의 규정에 따른 사모투자전문회사(동법 제142조 제1항의 규정에 따른 기업인수증권투자회사를 제외한다)의 설립에 참여하는 경우

(나) 「자산유동화에 관한 법률」 제2조 제5호의 규정에 따른 유동화전문회사를 기업결합한 경우

(다) 기타 특정 사업의 추진만을 위한 목적으로 설립되어 당해 사업 종료와 함께 청산되는 특수목적회사를 기업결합한 경우

(5) 기업결합 후 일정한 거래분야의 시장집중도 또는 당사회사의 시장점유율이 다음 기준에 해당하는 경우

(가) 수평형 기업결합의 경우 다음 요건의 1에 해당하는 경우

(다만 당사회사의 시장점유율 등이 법 제7조 제4항의 요건에 해당하는 경우에는 이를 적용하지 아니한다.)

① 허핀달-허쉬만 지수(일정한 거래분야에서 각 경쟁사업자의 시장점유율의 제곱의 합을 말한다. 이하 HHI라 한다.)가 1,200에 미달하는 경우

② HHI가 1,200 이상이고 2,500 미만이면서 HHI 증가분이 250 미만인 경우

③ HHI가 2,500 이상이고 HHI 증가분이 150 미만인 경우

(나) 수직형 또는 혼합형 기업결합으로서 다음 요건의 1에 해당할 경우

① 당사회사가 관여하고 있는 일정한 거래분야에서 HHI가 2,500 미만이고 당사회사의 시장점유율이 25/100 미만인 경우

② 일정한 거래분야에서 당사회사가 각각 4위 이하 사업자인 경우

2. "일반심사대상 기업결합"이라 함은 간이심사대상 기업결합 이외의 기업결합을 말한다.

3. "취득회사등"이라 함은 취득회사 및 취득회사와 영 제11조 각호에 규정된 관계에 있는 자(동조 제3호에 규정된 자의 특수관계인을 포함하며, 이하 "특수관계인등"이라 한다)를 말한다.

4. "취득회사"라 함은 주식취득·소유의 경우에는 당해 주식을 취득·소유하는 회사, 임원겸임의 경우에는 자기의 임원 또는 종업원(이하 "임직원"이라 한다)으로 하여금 상대회사의 임원지위를 겸임하게 하는 대규모회사, 새로운 회사설립에의 참여(법 제7조 제1항 제5호 가목 및 나목의 규정에 해당하는 회사설립에의 참여는 제외한다. 이하 같다)의 경우에는 출자회사, 합병의 경우에는 합병 후 존속하는 회사, 영업양수의 경우에는 양수회사를 말한다. 다만, 회사의 특수관계인으로서 회사가 아닌 자가 주식을 취득·소유하거나 회사설립에 참여하는 경우에는 그 회사를 말한다.

5. "피취득회사"라 함은 주식취득·소유의 경우에는 당해 주식을 발행한 회사, 임원겸임의 경우에는 대규모회사의 임직원을 자기의 임원으로 선임한 회사, 새로운 회사설립에의 참여의 경우에는 새로 설립되는 회사, 합병의 경우에는 합병으로 소멸되는 회사, 영업양수의 경우에는 양도회사를 말한다.

6. "경쟁을 실질적으로 제한하는 기업결합" 또는 "경쟁제한적 기업결합"이라 함은 당해 기업결합에 의해 일정한 거래분야에서 경쟁이 감소하여 특정한 기업 또는 기업집단이 어느 정도 자유로이 상품의 가격·수량·품질 기타 거래조건 등의 결정에 영향을 미치거나 미칠 우려가 있는 상태를 초래하거나 그러한 상태를 상당히 강화하는 기업결합을 말하고, "경쟁제한성" 또는 "경쟁을 실질적으로 제한한다"함은 그러한 상태를 초래하거나 그러한 상태를 상당히 강화함을 말한다.

7. "수평형 기업결합"이라 함은 경쟁관계에 있는 회사간의 결합을 말한다.

8. "수직형 기업결합"이라 함은 원재료의 생산에서 상품(용역을 포함 한다. 이하 같다)의 생산 및 판매에 이르는 생산과 유통과정에 있어서 인접하는 단계에 있는 회사(이하 "원재료 의존관계에 있는 회사"라 한다)간의 결합을 말한다.

9. "혼합형 기업결합"이라 함은 수평형 또는 수직형 기업결합 이외의 기업결합을 말한다.

10. "시장점유율"이라 함은 일정한 거래분야에 공급된 상품의 총금액 중에서 당해 회사가 공급한 상품의 금액이 점하는 비율을 말한다. 시장점유율은 기업결합 당시의 직전사업년도 1년간의 판매액(직전사업년도 종료직후로서 직전사업연도의 판매액을 알기 곤란한 경우에는 직전전사업연도 1년간의 판매액을 말한다)을 사용하여 다음과 같이 산정한다. 다만, 시장점유율을 금액기준으로 산정하기 곤란하거나 부적절한 경우에는 물량기준 또는 생산능력기준으로 산정할 수 있다. 또한 당해연도에 영업을 시작한 경우 등 필요한 경우 1년 이상 또는 미만의 기간을 기준으로 하여 산정할 수도 있다.

$$\text{시장점유율} = \frac{\text{당해회사의 당해상품의 일정한 거래분야 내 판매액(수입판매액 포함)}}{\text{당해상품의 일정한 거래분야 내 판매액(수입판매액 포함)}}$$

Ⅲ. 간이심사대상 기업결합

간이심사대상 기업결합은 경쟁제한성이 없는 것으로 추정하며 원칙적으로 신고내용의 사실여부만을 심사하여 적법한 신고서류의 접수 후 15일 이내에 심사결과를 신고인에게 통보한다.

Ⅳ. 일반심사대상 기업결합

법 제7조(기업결합의 제한)제1항에 해당하기 위해서는 기업결합 당사회사 간에 이 심사기준에 규정된 지배관계가 형성되어야 하며, 일반심사대상 기업결합은 이 심사기준에 규정된 지배관계 및 경쟁제한성 판단기준 등에 의하여 심사한다.

Ⅴ. 지배관계 형성여부 판단기준

합병 또는 영업양수의 경우에는 당해 행위로 지배관계가 형성되나, 주식취득, 임원겸임 또는 회사신설의 경우에는 취득회사등이 피취득회사에 대해서 다음 1 내지 3에 규정한 사항을 고려하여 지배관계 형성여부를 판단한다.

1. 주식의 취득 또는 소유(이하 "주식소유"라 한다)의 경우

가. 취득회사등의 주식소유비율이 50/100 이상인 경우에는 지배관계가 형성된다.

나. 취득회사등의 주식소유비율이 50/100 미만인 경우에는 다음 사항을 종합적으로 고려하여 취득회사등이 피취득회사의 경영전반에 실질적인 영향력을 행사할 수 있는 경우 지배관계가 형성된다.

(1) 각 주주의 주식소유비율, 주식분산도, 주주상호간의 관계

(2) 피취득회사가 그 주요 원자재의 대부분을 취득회사등으로부터 공급받고 있는지 여부

(3) 취득회사등과 피취득회사간의 임원겸임관계

(4) 취득회사등과 피취득회사간의 거래관계, 자금관계, 제휴관계 등의 유무

다. 2 이상의 회사가 공동으로 다른 회사의 주식을 취득하는 경우에는 다음 사항을 추가로 고려한다.

(1) 취득회사 각각의 주식소유비율, 격차 및 상호간의 관계

(2) 주식취득의 목적 및 주식취득에 따른 계약관계

2. 임원의 겸임의 경우

가. 다음 사항을 종합적으로 고려하여 취득회사등이 피취득회사의 경영전반에 실질적인 영향력을 행사할 수 있는 경우 지배관계가 형성되는 것으로 본다.

(1) 취득회사등의 임·직원으로서 피취득회사의 임원지위를 겸임하고 있는 자(이하 "겸임자"라 한다)의 수가 피취득회사의 임원총수의 3분의 1이상인 경우

(2) 겸임자가 피취득회사의 대표이사 등 회사의 경영전반에 실질적인 영향력을 행사할 수 있는 지위를 겸임하는 경우

나. 이외에도 주식소유에 대한 지배관계 판단기준이 적용가능한 경우에는 이를 준용한다.

3. 새로운 회사설립에의 참여의 경우

기업결합 당사회사간의 지배관계 형성여부는 주식소유에 대한 지배관계 판단기준을 준용한다.

Ⅵ. 일정한 거래분야의 판단기준

일정한 거래분야는 경쟁관계가 성립될 수 있는 거래분야를 말하며, 거래대상, 거래지역 등에 따라 구분될 수 있다.

1. 거래대상(상품시장)

가. 일정한 거래분야는 거래되는 특정 상품의 가격이 상당기간 어느 정도 의미있는 수준으로 인상될 경우 동 상품의 구매자 상당수가 이에 대응하여 구매를 전환할 수 있는 상품의 집합을 말한다.

나. 특정 상품이 동일한 거래분야에 속하는지 여부는 다음 사항을 고려하여 판단한다.

(1) 상품의 기능 및 효용의 유사성

(2) 상품의 가격의 유사성

(3) 구매자들의 대체가능성에 대한 인식 및 그와 관련한 구매행태

(4) 판매자들의 대체가능성에 대한 인식 및 그와 관련한 경영의사결정 행태

(5) 통계법 제17조(통계자료의 분류)제1항의 규정에 의하여 통계청장이 고시하는 한국표준산업분류

(6) 거래단계(제조, 도매, 소매 등)

(7) 거래상대방

2. 거래지역(지역시장)

가. 일정한 거래분야는 다른 모든 지역에서의 당해 상품의 가격은 일정하나 특정지역에서만 상당기간 어느 정도 의미있는 가격인상이 이루어질 경우 당해 지역의 구매자 상당수가 이에 대응하여 구매를 전환할 수 있는 지역전체를 말한다

나. 특정지역이 동일한 거래분야에 속하는지 여부는 다음사항을 고려하여 판단한다.

(1) 상품의 특성(상품의 부패성, 변질성, 파손성등) 및 판매자의 사업능력(생산능력, 판매망의 범위 등)

(2) 구매자의 구매지역 전환가능성에 대한 인식 및 그와 관련한 구매자들의 구매지역 전환행태

(3) 판매자의 구매지역 전환가능성에 대한 인식 및 그와 관련한 경영의사결정 행태

(4) 시간적, 경제적, 법제적 측면에서의 구매지역 전환의 용이성

Ⅶ. 경쟁제한성 판단기준

기업결합의 경쟁제한성은 취득회사등과 피취득회사 간의 관계를 고려하여 수평형 기업결합, 수직형 기업결합, 혼합형 기업결합 등 유형별로 구분하여 판단한다.

1. 수평형 기업결합

수평형 기업결합이 경쟁을 실질적으로 제한하는지 여부에 대해서는 기업결합 전후의 시장집중상황, 결합당사회사 단독의 경쟁제한 가능성, 경쟁사업자간의 공동행위 가능성, 해외경쟁의 도입수준 및 국제적 경쟁상황, 신규진입의 가능성, 유사품 및 인접시장의 존재여부 등을 종합적으로 고려하여 심사한다.

가. 시장의 집중상황

(1) 시장집중도

기업결합 후 일정한 거래분야의 시장집중도 및 그 변화정도가 이 심사기준 Ⅱ.1.(5).(가)의 요건에 해당하지 않는 경우에는 기업결합으로 인해 경쟁이 실질적으로 제한될 가능성이 있다. 다만, 시장집중도 분석은 기업결합이 경쟁에 미치는 영향을 분석하는 출발점으로서의 의미를 가지며, 경쟁이 실질적으로 제한되는지 여부는 시장의 집중상황과 함께 아래 나.~ 바.의 사항들을 종합적으로 고려하여 판단한다.

(2) 시장집중도의 변화추이

시장집중도를 평가함에 있어서는 최근 수년간의 시장집중도의 변화추세를 고려한다. 최근 수년간 시장집중도가 현저히 상승하는 경향이 있는 경우에 시장점유율이 상위인 사업자가 행하는 기업결합은 경쟁을 실질적으로 제한할 가능성이 높아질 수 있다. 이 경우 신기술개발, 특허권 등 향후 시장의 경쟁관계에 변화를 초래할 요인이 있는지 여부를 고려한다.

나. 결합당사회사 단독의 경쟁제한 가능성

기업결합 후 당사회사가 단독으로 가격인상 등 경쟁제한행위를 하더라도 경쟁사업자가 당사회사 제품을 대체할 수 있는 제품을 적시에 충분히 공급하기 곤란한 등의 사정이 있는 경우에는 당해 기업결합이 경쟁을 실질적으로 제한할 수 있다. 단독의 경쟁제한행위가 가능해지는지 여부는 다음과 같은 사항을 종합적으로 고려하여 판단한다.

(1) 결합당사회사의 시장점유율 합계, 결합으로 인한 시장점유율 증가폭 및 경쟁사업자와의 점유율 격차

(2) 결합당사회사가 공급하는 제품 간 수요대체가능성의 정도 및 동 제품 구매자들의 타 경쟁사업자 제품으로의 구매 전환가능성

(3) 경쟁사업자의 결합당사회사와의 생산능력 격차 및 매출증대의 용이성

(4) 대량구매사업자의 존재 여부

다. 경쟁사업자간의 공동행위의 가능성

기업결합에 따른 경쟁자의 감소 등으로 인하여 사업자간의 가격·수량·거래조건에 관한 명시적·묵시적 공동행위가 이루어지기 쉽거나 그 공동행위의 이행여부에 대한 감독 및 위반자에 대한 제재가 가능한 경우에는 경쟁을 실질적으로 제한할 가능성이 높아질 수 있다. 사업자간의 공

동행위가 용이해지는지의 여부는 다음 사항을 고려하여 판단한다.

(1) 경쟁사업자 간 공동행위의 용이성

(가) 시장상황, 시장거래, 개별사업자 등에 관한 주요 정보가 경쟁사업자간에 쉽게 공유될 수 있는지 여부

(나) 관련시장 내 상품 간 동질성이 높은지 여부

(다) 가격책정이나 마케팅의 방식 또는 그 결과가 경쟁사업자간에 쉽게 노출될 수 있는지 여부

(라) 관련시장 또는 유사 시장에서 과거 부당한 공동행위가 이루어진 사실이 있는지 여부

(마) 경쟁사업자, 구매자 또는 거래방식의 특성상 경쟁사업자 간 합의가 쉽게 달성될 수 있는지 여부 등

(2) 이행감독 및 위반자 제재의 용이성

(가) 공급자와 수요자간 거래의 결과가 경쟁사업자간에 쉽고 정확하게 공유될 수 있는지 여부

(나) 장기계약을 통해 대규모의 수요를 충당하는 대량구매자가 없는지 여부

(다) 결합당사회사를 포함해 공동행위에 참여할 가능성이 있는 사업자들이 상당한 초과생산능력을 보유하고 있는지 여부 등

(3) 결합상대회사가 결합이전에 상당한 초과생산능력을 가지고 경쟁사업자들 간 공동행위를 억제하는 등의 경쟁적 행태를 보여 온 사업자인 경우에도 결합 후 공동행위로 인해 경쟁이 실질적으로 제한될 가능성이 높아질 수 있다.

라. 해외경쟁의 도입수준 및 국제적 경쟁상황

(1) 일정한 거래분야에서 상당기간 어느 정도 의미있는 가격인상이 이루어지면 상당한 진입비용이나 퇴출비용의 부담없이 가까운 시일 내에 수입경쟁이 증가할 가능성이 있는 경우에는 기업결합에 의해 경쟁을 실질적으로 제한할 가능성이 낮아질 수 있다. 이 경우 해외경쟁의 도입가능성을 평가함에 있어서는 다음 사항을 고려한다.

(가) 일정한 거래분야에서 수입품이 차지하는 비율의 증감 추이

(나) 당해 상품의 국제가격 및 수급상황

(다) 우리나라의 시장개방의 정도 및 외국인의 국내투자현황

(라) 국제적인 유력한 경쟁자의 존재여부

(마) 관세율 및 관세율의 인하계획 여부

(바) 국내가격과 국제가격의 차이 또는 이윤율 변화에 따른 수입 증감 추이

(사) 기타 각종 비관세장벽

(2) 당사회사의 매출액 대비 수출액의 비중이 현저히 높고 당해 상품에 대한 국제시장에서의 경쟁이 상당한 경우에는 기업결합에 의해 경쟁을 실질적으로 제한할 가능성이 낮아질 수 있다.

(3) 경쟁회사의 매출액 대비 수출액의 비중이 높고 기업결합 후 당사회사의 국내 가격인상 등에 대응하여 수출물량의 내수전환 가능성이 높은 경우에는 경쟁을 제한할 가능성이 낮아질 수 있다.

마. 신규진입의 가능성

(1) 당해 시장에 대한 신규진입이 가까운 시일 내에 용이하게 이루어질 수 있는 경우에는 기업결합으로 감소되는 경쟁자의 수가 다시 증가할 수 있으므로 경쟁을 실질적으로 제한할 가능성이 낮아질 수 있다.

(2) 신규진입의 가능성을 평가함에 있어서는 다음 사항을 고려한다.

(가) 법적·제도적인 진입장벽의 유무

(나) 필요최소한의 자금규모

(다) 특허권 기타 지적재산권을 포함한 생산기술조건

(라) 입지조건

(마) 원재료조달조건

(바) 경쟁사업자의 유통계열화의 정도 및 판매망 구축비용

(사) 제품차별화의 정도

(3) 다음의 1에 해당하는 회사가 있는 경우에는 신규진입이 용이한 것으로 볼 수 있다.

(가) 당해 시장에 참여할 의사와 투자계획 등을 공표한 회사

(나) 현재의 생산시설에 중요한 변경을 가하지 아니하더라도 당해 시장에 참여할 수 있는 등 당해 시장에서 상당기간 어느 정도 의미 있는 가격

인상이 이루어지면 중대한 진입비용이나 퇴출비용의 부담없이 가까운 시일 내에 당해 시장에 참여할 것으로 판단되는 회사

바. 유사품 및 인접시장의 존재

(1) 기능 및 효용측면에서 유사하나 가격 또는 기타의 사유로 별도의 시장을 구성하고 있다고 보는 경우에는 생산기술의 발달가능성, 판매경로의 유사성 등 그 유사상품이 당해 시장에 미치는 영향을 고려한다.

(2) 거래지역별로 별도의 시장을 구성하고 있다고 보는 경우에는 시장간의 지리적 근접도, 수송수단의 존재 및 수송기술의 발전가능성, 인접시장에 있는 사업자의 규모 등 인근 지역시장이 당해 시장에 미치는 영향을 고려한다.

2. 수직형 기업결합

수직형 기업결합이 경쟁을 실질적으로 제한하는지 여부에 대해서는 시장의 봉쇄효과, 경쟁사업자간 공동행위 가능성 등을 종합적으로 고려하여 심사한다.

가. 시장의 봉쇄효과

수직형 기업결합을 통해 당사회사가 경쟁관계에 있는 사업자의 구매선 또는 판매선을 봉쇄하거나 다른 사업자의 진입을 봉쇄할 수 있는 경우에는 경쟁을 실질적으로 제한할 수 있다. 시장의 봉쇄 여부는 다음 사항들을 고려하여 판단한다.

(1) 원재료 공급회사(취득회사인 경우 특수관계인등을 포함한다)의 시장점유율 또는 원재료 구매회사(취득회사인 경우 특수관계인등을 포함한다)의 구매액이 당해시장의 국내총공급액에서 차지하는 비율

(2) 원재료 구매회사(취득회사인 경우 특수관계인등을 포함한다)의 시장점유율

(3) 기업결합의 목적

(4) 수출입을 포함하여 경쟁사업자가 대체적인 공급선·판매선을 확보할 가능성

(5) 경쟁사업자의 수직계열화 정도

(6) 당해 시장의 성장전망 및 당사회사의 설비증설 등 사업계획

(7) 사업자간 공동행위에 의한 경쟁사업자의 배제가능성

(8) 당해 기업결합에 관련된 상품과 원재료의존관계에 있는 상품시장 또는 최종산출물 시장의 상황 및 그 시장에 미치는 영향

(9) 수직형 기업결합이 대기업간에 이루어지거나 연속된 단계에 걸쳐 광범위하게 이루어져 시장진입을 위한 필요최소자금규모가 현저히 증대하는 등 다른 사업자가 당해 시장에 진입하는 것이 어려울 정도로 진입장벽이 증대하는지 여부

나. 경쟁사업자간 공동행위 가능성

수직형 기업결합의 결과로 경쟁사업자간의 공동행위 가능성이 증가하는 경우에는 경쟁을 실질적으로 제한할 수 있다. 경쟁사업자간의 공동행위 가능성 증가 여부는 다음 사항들을 고려하여 판단한다.

(1) 결합이후 가격정보 등 경쟁사업자의 사업활동에 관한 정보입수가 용이해지는지 여부

(2) 결합당사회사 중 원재료구매회사가 원재료공급회사들로 하여금 공동행위를 하지 못하게 하는 유력한 구매회사였는지 여부

(3) 과거 당해 거래분야에서 부당한 공동행위가 이루어진 사실이 있었는지 여부 등

3. 혼합형 기업결합

혼합형 기업결합이 경쟁을 실질적으로 제한하는지 여부는 잠재적 경쟁의 저해효과, 경쟁사업자 배제효과, 진입장벽 증대효과 등을 종합적으로 고려하여 심사한다.

가. 잠재적 경쟁의 저해

혼합형 기업결합이 일정한 거래분야에서 잠재적 경쟁을 감소시키는 경우에는 경쟁을 실질적으로 제한할 수 있다. 잠재적 경쟁의 감소 여부는 다음 사항들을 고려하여 판단한다.

(1) 상대방 회사가 속해 있는 일정한 거래분야에 진입하려면 특별히 유리한 조건을 갖출 필요가 있는지 여부

(2) 당사회사중 하나가 상대방 회사가 속해 있는 일정한 거래분야에 대해 다음 요건의 1에 해

당하는 잠재적 경쟁자인지 여부

(가) 생산기술, 유통경로, 구매계층 등이 유사한 상품을 생산하는 등의 이유로 당해 결합이 아니었더라면 경쟁제한 효과가 적은 다른 방법으로 당해 거래분야에 진입하였을 것으로 판단될 것

(나) 당해 거래분야에 진입할 가능성이 있는 당사회사의 존재로 인하여 당해 거래분야의 사업자들이 시장지배력을 행사하지 않고 있다고 판단될 것

(3) 일정한 거래분야에서 결합당사회사의 시장점유율 및 시장집중도 수준

(4) 당사회사 이외에 다른 유력한 잠재적 진입자가 존재하는지 여부

나. 경쟁사업자의 배제

당해 기업결합으로 당사회사의 자금력, 원재료 조달능력, 기술력, 판매력 등 종합적 사업능력이 현저히 증대되어 당해상품의 가격과 품질외의 요인으로 경쟁사업자를 배제할 수 있을 정도가 되는 경우에는 경쟁을 실질적으로 제한할 수 있다.

다. 진입장벽의 증대

당해 기업결합으로 시장진입을 위한 필요최소 자금규모가 현저히 증가하는 등 다른 잠재적 경쟁사업자가 시장에 새로 진입하는 것이 어려울 정도로 진입장벽이 증대하는 경우에는 경쟁을 실질적으로 제한할 수 있다.

Ⅷ. 효율성 증대효과 및 회생이 불가한 회사의 판단기준

1. 효율성 증대효과의 판단기준

가. 법 제7조 제2항 제1호 규정의 기업결합으로 인한 효율성 증대효과라 함은 생산·판매·연구개발 등에서의 효율성 증대효과 또는 국민경제 전체에서의 효율성 증대효과를 말하며 이러한 효율성 증대효과의 발생여부는 다음 사항을 고려하여 판단한다.

(1) 생산·판매·연구개발 등에서의 효율성 증대효과는 다음 사항을 고려하여 판단한다.

(가) 규모의 경제·생산설비의 통합·생산공정의 합리화 등을 통해 생산비용을 절감할 수 있는지 여부

(나) 판매조직을 통합하거나 공동활용하여 판매비용을 낮추거나 판매 또는 수출을 확대할 수 있는지 여부

(다) 시장정보의 공동활용을 통해 판매 또는 수출을 확대할 수 있는지 여부

(라) 운송·보관시설을 공동사용 함으로써 물류비용을 절감할 수 있는지 여부

(마) 기술의 상호보완 또는 기술인력·조직·자금의 공동활용 또는 효율적 이용 등에 의하여 생산기술 및 연구능력을 향상시키는지 여부

(바) 기타 비용을 현저히 절감할 수 있는지 여부

(2) 국민경제전체에서의 효율성 증대효과는 다음 사항을 고려하여 판단한다.

(가) 고용의 증대에 현저히 기여하는지 여부

(나) 지방경제의 발전에 현저히 기여하는지 여부

(다) 전후방연관산업의 발전에 현저히 기여하는지 여부

(라) 에너지의 안정적 공급 등 국민경제생활의 안정에 현저히 기여하는지 여부

(마) 환경오염의 개선에 현저히 기여하는지 여부

나. 기업결합의 효율성 증대효과로 인정받기 위해서는 다음 요건을 모두 충족하여야 한다.

(1) 효율성 증대효과는 당해 기업결합외의 방법으로는 달성하기 어려운 것이어야 하며, 이에 대한 판단은 다음의 기준에 의한다.

(가) 설비확장, 자체기술개발 등 기업결합이 아닌 다른 방법으로는 효율성 증대를 실현시키기 어려울 것

(나) 생산량의 감소, 서비스질의 저하 등 경쟁제한적인 방법을 통한 비용절감이 아닐 것

(2) 효율성 증대효과는 가까운 시일 내에 발생할 것이 명백하여야 하며, 단순한 예상 또는 희망사항이 아니라 그 발생이 거의 확실한 정도임이 입증될 수 있는 것이어야 한다.

(3) 효율성 증대효과는 당해 결합이 없었더라

도 달성할 수 있었을 효율성 증대부분을 포함하지 아니한다.

다. 기업결합의 예외를 인정하기 위해서는 "가"에서 규정하는 효율성 증대효과가 기업결합에 따른 경쟁제한의 폐해보다 커야 한다.

2. 회생이 불가한 회사의 판단기준

가. 법 제7조 제2항 제2호의 규정의 회생이 불가한 회사라 함은 회사의 재무구조가 극히 악화되어 지급불능의 상태에 처해 있거나 가까운 시일 내에 지급불능의 상태에 이를 것으로 예상되는 회사를 말하며 이는 다음 사항을 고려하여 판단한다. 회생이 불가한 사업부문의 경우에도 또한 같다.

(1) 상당기간 대차대조표상의 자본총액이 납입자본금보다 작은 상태에 있는 회사인지 여부

(2) 상당기간 영업이익보다 지급이자가 많은 경우로서 그 기간 중 경상손익이 적자를 기록하고 있는 회사인지 여부

(3) 「채무자 회생 및 파산에 관한 법률」 제34조 및 제35조의 규정에 따른 회생절차개시의 신청 또는 동법 제294조 내지 제298조의 규정에 따른 파산신청이 있은 회사인지 여부

(4) 당해회사에 대하여 채권을 가진 금융기관이 부실채권을 정리하기 위하여 당해회사와 경영의 위임계약을 체결하여 관리하는 회사인지 여부

나. 기업결합의 예외를 인정받기 위하여는 회생이 불가한 회사로 판단되는 경우에도 다음의 요건에 해당되어야 한다.

(1) 기업결합을 하지 아니하는 경우 회사의 생산설비 등이 당해 시장에서 계속 활용되기 어려운 경우

(2) 당해 기업결합보다 경쟁제한성이 적은 다른 기업결합이 이루어지기 어려운 경우

부 칙

①[시행일] 이 고시는 고시일로부터 시행한다.
②[경과조치] 이 고시는 시행일 이후에 신고 되는 기업결합의 심사에 대하여 적용한다.

공동행위심사기준

제정 2002. 5. 8. 공정거래위원회 예규 제20호
개정 2007. 12. 21. 공정거래위원회 예규 제49호

Ⅰ. 목 적

이 심사기준은 독점규제및공정거래에관한법률(이하 "법"이라 한다) 제19조의 "부당한 공동행위"에 관한 일반적인 처리원칙을 규정함으로써 경쟁사업자간 공동행위 사건처리의 효율성과 일관성을 제고하는데 그 목적이 있다.

Ⅱ. 합의의 의의 및 합의추정

1. 부당한 공동행위가 성립하려면 계약, 협정, 결의 기타 어떠한 방법으로든지 사업자간에 공동행위를 하기로 하는 합의가 있어야 한다. 부당한 공동행위를 인정하기 위한 합의는 계약, 협정 등과 같은 명시적 합의뿐만 아니라 사업자간의 양해와 같은 묵시적 합의까지 포함한다.

2. 어느 한 쪽의 사업자가 당초부터 합의에 따를 의사도 없이 진의 아닌 의사표시에 의하여 합의한 경우라고 하더라도 다른 쪽 사업자는 당해 사업자가 합의에 따를 것으로 신뢰하고 당해 사업자는 다른 사업자가 위와 같이 신뢰하고 행동할 것이라는 점을 이용한 경우에는 당해 합의가 경쟁을 제한하는 행위가 되는 것은 마찬가지이다. 따라서 진의 아닌 의사표시라 하여 부당한 공동행위의 성립에 방해가 되는 것은 아니다.

〈예시〉

갑, 을 및 다른 10개 건설회사 입찰 담당자들이 사전에 모여 공공건물 신축공사입찰에서 을이 낙찰되도록 하기 위해 을은 100억원 미만의 금액으로 입찰하고 을을 제외한 다른 회사들은 모두 100억원 이상의 가격으로 입찰하기로 약속하였다. 갑회사 입찰 담당자는 다른 사업자들과 합의를 하는 과정에서 내심으로는 100억원보다 낮은 80억원으로 입찰하여 낙찰을 받을 의사를 가졌으나 겉으로는 위와 같이 합의하였다. 그 후 합의와 달리 갑은 실제 80억원으로 입찰하여 낙찰을 받았다. 이와 같이 갑이 진의 아닌 의사표시로 합의를 한 후 실제 입찰에서 이 합의를 실행하지 않았다고 해도 이러한 사정은 부당한 공동행위의 성립에 방해가 되지 아니한다.

3. 부당한 공동행위에 대한 규제가 강화되면서 사업자간의 합의는 명시적으로 드러나거나 증거를 남기지 않고 암묵리에 이루어지기 때문에 '합의의 존재'를 입증하기가 용이하지 않다. 이런 점을 감안하여 법 제19조 제5항에 추정제도를 두고 있다. 추정이란 사실관계가 명확하지 않거나 간접적인 사실만 있는 경우 직접적인 사실이 있는 것으로 일단 정하여 그에 따라 법률효과를 발생시키는 것이다.

4. 2이상의 사업자가 법 제19조 제1항 각 호의 어느 하나에 해당하는 행위를 하는 경우로서 해당 거래분야 또는 상품·용역의 특성, 해당 행위의 경제적 이유 및 파급효과, 사업자 간 접촉의 횟수, 양태 등 제반사정에 비추어 그 행위를 그 사업자들이 공동으로 한 것으로 볼 수 있는 상당한 개연성이 있는 때에는 그 사업자들이 공동으로 제1항 각 호의 어느 하나에 해당하는 행위를 할 것을 합의한 것으로 추정한다. 아래에 제시하는 사항들은 추정을 보강하기 위한 정황증거가 될 수 있다.

가. 직·간접적인 의사연락이나 정보교환 등의 증거가 있는 경우

〈예 1〉 해당 사업자간 가격인상, 산출량 감축 등 비망록 기입내용이 일치하는 경우

〈예 2〉 비밀회합을 하고 그 회합 이후 행동이 통일된 경우

〈예 3〉 사업자간 가격이나 산출량에 관한 정보를 교환하기로 합의하거나, 정기적으로 정보를 교환하는 모임을 갖는 경우

〈예 4〉 특정기업이 가격인상 또는 산출량 감축 의도를 밝히고 다른 경쟁기업들의 반응을 주시한 후 그 반응에 따라 가격인상 또는 산출량 감축을 단행한 경우

나. 공동으로 수행되어야만 당해 사업자들의 이익에 기여할 수 있고 개별적으로 수행되었다면 당해 사업자 각각의 이익에 반하리라고 인정되는 경우

〈예 1〉 원가상승 요인도 없고 공급과잉 또는 수요가 감소되고 있음에도 불구하고 가격을 동일하게 인상하는 경우

〈예 2〉 재고가 누적되어 있음에도 불구하고 가격이 동시에 인상된 경우

다. 당해 사업자들의 행위의 일치를 시장상황의 결과로 설명할 수 없는 경우

〈예 1〉 수요공급조건의 변동, 원재료 공급원의 차이, 공급자와 수요자의 지리적 위치 등의 차이에도 불구하고 가격이 동일하고 경직되어 있는 경우

〈예 2〉 원재료 구입가격, 제조과정, 임금인상률, 어음할인금리 등이 달라 제조원가가 각각 다른데도 가격변동 폭이 동일한 경우

〈예 3〉 시장상황에 비추어 보아 공동행위가 없이는 단기간에 높은 가격이 형성될 수 없는 경우

라. 당해 산업구조상 합의가 없이는 행위의 일치가 어려운 경우

〈예 1〉 제품차별화가 상당히 이루어진 경우에도 개별 사업자들의 가격이 일치하는 경우

〈예 2〉 거래의 빈도가 낮은 시장, 수요자가 전문지식을 갖춘 시장 등 공급자의 행위 일치가 어려운 여건에서 행위의 일치가 이루어진 경우

Ⅲ. 공동행위의 위법성 심사

공동행위의 위법성 심사는 공동행위의 성격에 대한 분석으로부터 출발한다. 성격상 경쟁제한 효과만 발생시키는 것이 명백한 경우에는(예컨대 가격·산출량의 결정·제한이나 시장·고객의 할당 등) 특별한 사정이 없는 한 구체적인 시장상황에 대한 심사 없이 부당한 공동행위로 판단할 수 있다.

그러나 공동행위의 성격상 경쟁제한 효과와 효율성증대 효과를 함께 발생시킬 수 있는 경우(예컨대 공동생산, 공동마케팅, 공동연구·개발, 공동구매 등)에는 당해 공동행위의 위법성을 판단하기 위해 경쟁제한 효과와 효율성증대 효과를 종합적으로 심사함을 원칙으로 한다.

1. 제1단계: 공동행위의 성격 분석

공동행위의 성격은 공동행위의 목적, 분야, 경쟁관계, 사업자의 주관적 의도 등의 요소에 의하여 결정된다.

가. 공동행위의 성격상 경쟁제한 효과만 발생시키는 것이 명백한 경우[이하 '경성(硬性) 공동행위'라 한다]

(1) 경성 공동행위는 경쟁 제한 이외에 다른 목적이 없는 행위로서 직접적으로 관련시장에서 가격을 인상하거나 산출량을 감소시킨다. 다음과 같은 유형의 공동행위 등이 이에 해당된다.

- 경쟁관계에 있는 사업자간에 가격을 결정 혹은 변경하는 행위
- 경쟁관계에 있는 사업자간에 산출량을 결정 혹은 조정하는 행위
- 경쟁관계에 있는 사업자간에 거래지역 또는 거래상대방을 제한·할당하는 행위
- 경쟁관계에 있는 사업자간에 입찰가격 또는 낙찰예정자를 사전에 결정하는 행위

(2) 가격·산출량의 결정·조정은 직접적으로 소비자로 하여금 높은 가격을 지불하게 하며, 시장 및 고객의 제한·할당도 소비자의 선택가능성을 제한하고 사업자간 경쟁을 감소시켜 결국 가격 상승이나 산출량 제한을 초래한다. 입찰가격 등을 사전에 결정하는 행위는 입찰참여 사업자들의 경쟁을 직접적으로 제한하여 낙찰가격을 상승시키게 된다. 이처럼 경성 공동행위는 성격상 경쟁을 직접 제한하는 효과를 발생시킨다.

(3) 위에 열거한 경성 공동행위는 관련 사업자

들이 당해 상품시장이나 지역시장에서 가격·수량·품질 및 기타 조건을 좌우할 수 있는 시장지배력을 보유하고 있는 경우에 쉽게 발생되고 유지될 수 있다. 공동행위에 참여한 사업자보다 낮은 가격으로 소비자들이 원하는 상품 수량을 충분히 공급할 수 있는 공급자가 존재하는 경우에는 대부분의 소비자들이 공동행위에 참여하지 않은 공급자들로부터 상품을 구매할 것이기 때문에 당해 경성 공동행위가 유지되기는 어렵다. 따라서 결국 상기 유형의 공동행위를 수행했다는 사실 그 자체가 관련시장에서 당해 사업자들이 경쟁을 제한하는 시장지배력을 보유하고 있다는 증거가 될 수 있다.

(4) 한편, 어떤 업종의 생산구조, 시장구조, 경쟁상태 등을 분석하여 시장지배력 형성여부를 심사하는 것은 결국 해당 공동행위가 관련시장에서의 경쟁을 제한하는지 여부를 판단하기 위한 것이다. 그런데 위에 열거한 경성 공동행위는 행위자체가 직접적으로 경쟁을 제한하여 가격상승·산출량 감소를 초래하기 때문에 구체적인 시장분석이 없더라도 위법한 공동행위로 판단할 수 있는 것이다.

〈예시〉

2㎞ 거리를 두고 영업을 하고 있는 주유소 사업자 갑과 을은 1월 1일부터 휘발유 가격을 같은 폭으로 인상하며, 앞으로 휘발유 가격인하 경쟁을 하지 않기로 합의하였다. 이들이 가격인상합의를 한 것은 당해 지역시장에 실질적인 경쟁관계에 있는 주유소가 없기 때문에 가격을 인상하더라도 대부분의 기존 소비자들이 자신들의 주유소에서 휘발유를 구입할 수밖에 없다는 점을 인식한 결과이다. 결국 당해 합의는 성격상 두 주유소간 가격, 서비스 등에 관한 경쟁을 직접적으로 제한하고 휘발유 가격을 상승시켜 해당 주유소에서 휘발유를 구입하는 다수의 소비자에게 피해를 발생시키기 때문에 두 사업자의 시장지배력에 대한 분석 없이 부당한 공동행위로 판단될 수 있다.

(5) 다만, 문제되는 공동행위가 경성 공동행위로 분류되는 유형이라도 효율성을 증대시키는 경제적 통합과 합리적으로 연관되어 추진되고, 효율성증대 효과의 목적을 달성하기 위해 합리적으로 필요하다고 인정되는 경우에는 연관되는 경제적 통합의 경쟁제한 효과와 효율성증대 효과 등을 종합적으로 고려하여 위법성 여부를 판단한다. 즉 이 심사기준의 제2단계부터 제4단계까지의 심사절차를 통해 위법성 여부를 판단한다. 여기서 "경제적 통합"이라 함은 생산, 판매, 구매 또는 연구개발 등의 통합을 의미한다. 효율성을 증대시키는 경제적 통합에 참여하는 사업자들은 중요한 자본, 기술 또는 상호보완적인 자산 등을 결합한다. 가격, 산출량, 고객 등에 대한 단순한 조정 또는 합의는 경제적 통합이 아니다.

〈예시〉

6개의 중소 구두제조 사업자들이 대형 구두제조사업자들에 대항하기 위한 생존전략의 일환으로 유통비용과 광고비용을 절감하고 제품의 상표가치를 제고하기 위해 '○○'이라는 상표로 공동마케팅을 수행하기로 합의하였다. 이 합의에는 제품을 동일한 가격으로 판매한다는 합의도 포함되어 있다. 이 합의에 포함되어 있는 가격의 공동결정은 효율성 증대를 발생시키는 공동마케팅 수행에 합리적으로 필요한 제한으로 인정될 수 있기 때문에 경쟁제한성 여부를 최종 판단하기 위해서 제2단계부터 제4단계의 심사절차를 추가적으로 진행한다.

나. 공동행위의 성격상 효율성증대 효과와 경쟁제한 효과가 동시에 발생시킬 수 있는 경우[이하 '연성(軟性)공동행위'라 한다]

(1) 연성 공동행위는 경쟁제한 효과만 발생하는 것이 명백한 경성 공동행위이외의 것을 의미하며, 이러한 공동행위는 효율성증대 효과와 경쟁제한 효과를 동시에 발생시키는 경우가 많다. 이러한 유형의 공동행위로는 공동생산, 공동연구·개발, 공동마케팅, 공동구매 등이 있다.

(2) 연성 공동행위는 자산·지식·경험의 결합 또는 위험의 배분, 중복비용의 감소 등을 통

해 효율성을 증대시키고 때로는 사업자가 개별적으로 수행하지 못했을 사업을 수행하도록 한다. 하지만 연성 공동행위는 참여사업자들의 시장지배력을 유지·창출·증가시켜서 가격 상승, 품질·산출량·혁신노력의 감소를 초래하거나 경성 공동행위를 조장하는 등 경쟁제한 효과를 발생시킬 수도 있다.

(3) 연성 공동행위에 대하여도 당해 공동행위의 성격 분석만으로 경쟁제한 효과가 발생하지 않는 것이 명백한 경우에는 본 단계에서 심사를 종료할 수 있다.

(4) 그러나 공동행위의 성격에 대한 분석만으로 경쟁제한 효과가 발생하지 않는 것이 분명하지 않은 경우에는 당해 공동행위가 경쟁을 제한하는지 여부를 판단하기 위해 경쟁제한 효과와 효율성증대 효과의 비교형량이 필요하므로 추가적인 심사를 진행한다.

2. 제2단계: 경쟁제한 효과 분석

가. 경쟁제한 효과 분석의 일반원칙

(1) 참여사업자들이 상당한 시장지배력을 보유하고 있는 경우에는 연성 공동행위를 통해 시장지배력을 유지·창출·증가시켜 가격 상승이나 품질·산출량·혁신노력의 감소를 초래하는 등 경쟁제한 효과를 발생시킬 수 있다. 또한 연성 공동행위는 참여사업자들 간에 경쟁과 관련된 중요한 정보의 상호교환을 가능하게 하여 경성 공동행위를 조장할 수도 있다.

(2) 연성 공동행위의 경쟁제한 효과를 심사하기 위해서는 우선 관련 시장을 획정하고 당해 공동행위에 참여하고 있는 사업자들의 시장점유율을 산정한다. 참여사업자들의 시장점유율의 합계가 20%이하인 경우에는 당해 공동행위로 인해 경쟁제한 효과가 발생할 가능성이 없거나 경쟁제한 효과가 발생하더라도 그 효과가 미미한 것으로 보고 심사를 종료한다(제2-1단계~제2-3단계). 그러나 시장점유율의 합계가 20%를 초과하는 경우에는 시장지배력, 참여사업간의 경쟁제한 수준 등을 분석하여 경쟁제한 효과의 발생여부 및 크기 등을 심사한다.

(3) 연성 공동행위의 경쟁제한 효과를 판단하기 위한 첫째 요소는 공동행위 참여사업자가 보유하고 있는 시장지배력의 정도이다. 관련시장에서 사업자들이 보다 큰 시장지배력을 보유하고 있을수록 당해 공동행위가 관련시장에서 경쟁제한 효과를 발생시킬 가능성은 증가한다.

(4) 연성 공동행위의 경쟁제한 효과를 판단하기 위한 둘째 요소는 공동행위에 참여하고 있는 사업자간의 경쟁제한의 정도이다. 즉 참여사업자간 독자적 경쟁능력·경쟁동기의 감소수준, 당해 공동행위가 경성 공동행위를 조장할 가능성 등이 검토되어야 한다. 참여사업자간 경쟁제한의 정도가 클수록 당해 공동행위가 관련시장에서 경쟁제한 효과를 발생시킬 가능성은 증가한다.

(5) 당해 공동행위가 경쟁제한 효과를 발생시키는지의 여부는 참여사업자들의 시장지배력 보유와 참여사업자간의 경쟁제한을 종합적으로 고려하여 결정한다. 참여사업자간 경쟁제한의 수준이 높더라도 참여사업자들이 시장지배력을 보유하고 있지 않는 경우에는 당해 공동행위로 경쟁제한 효과가 발생할 가능성이 없으며, 참여사업자들이 시장지배력을 보유하고 있더라도 공동행위 참여사업자간에 경쟁이 계속되고 있다면 당해 공동행위로 경쟁제한 효과가 발생할 가능성은 감소한다.

나. 경쟁제한 효과 분석의 단계별 절차

(1) 제2-1단계: 관련시장의 획정

시장점유율 산정 및 시장지배력 존재 등을 판단하기 위해서는 관련시장의 획정이 필요하다. 관련시장 획정은 본 기준에 특별한 규정이 없는 한 「기업결합심사기준」에 규정된 "Ⅵ. 일정한 거래분야의 판단기준"에 따라 행한다.

(2) 제2-2단계: 시장점유율 산정

"시장점유율"이라 함은 일정한 거래분야에 공급된 상품이나 서비스의 총금액 중에서 당해 사업자가 공급한 상품이나 서비스의 금액이 점하는 비율을 말한다. 시장점유율은 공동행위 수행 당시의 직전사업년도 1년간의 판매액(직전사업년도 종료직후로서 직전사업년도의 판매액을 알기 곤란한 경우에는 직전전사업년도 1년간의 판매액을 말한다)을 사용하여 다음과 같이 산정한다. 다만, 시장점유율을 금액기준으로 산정하기 곤란하거나 부적절한 경우에는 물량기준 또는 생산능력기준으로 산정할 수 있다.

당해 회사의 당해 상품의 국내판매액(수입판매액 포함)

시장점유율＝

$$\frac{\text{당해 회사의 당해 상품의 국내판매액(수입판매액 포함)}}{\text{당해 상품의 국내 총판매액(수입판매액 포함)}}$$

(3) 제2-3단계: 시장점유율이 20%이하인 경우

공동행위에 참여한 사업자(공동행위를 수행하기 위한 회사가 설립되는 경우 이 회사의 시장점유율을 포함한다)들의 시장점유율의 합계가 20% 이하인 경우에는 특별한 사정이 없는 한 당해 연성 공동행위가 경쟁에 미치는 영향이 미미하기 때문에 당해 공동행위는 경쟁제한 효과를 발생시키지 않는 것으로 판단한다. 즉 연성 공동행위(공동생산, 공동연구·개발, 공동마케팅, 공동구매 등)는 참여사업자들의 시장점유율의 합계가 20%를 초과하는 경우에만 다음 심사절차를 거쳐 경쟁제한 효과를 판단한다.

(4) 제2-4단계: 시장지배력 심사

(가) 참여사업자들이 관련시장에서 보다 큰 시장지배력을 보유하고 있을수록 당해 공동행위로 인해 경쟁제한 효과가 발생할 가능성이 증가한다. 시장지배력 보유 수준을 판단하기 위해서는 아래 (나) 내지 (라)의 요소를 분석하여 종합적으로 판단하는데 일부 요소에 대한 분석만으로도 참여사업자들의 시장지배력 보유수준을 충분히 판단할 수 있는 경우에는 다른 요소에 대한 분석을 생략할 수 있다.

(나) 시장점유율

공동행위 참여사업자들의 시장점유율의 합계가 클수록, 시장점유율이 수년간 안정적으로 유지될수록 해당 사업자들의 시장지배력 보유 가능성은 증가한다. 한편 최근 수년간 사업자의 시장점유율 하락폭이 클수록 시장지배력 보유 가능성이 감소한다.

(다) 해외경쟁 도입수준

관련제품의 수입이 용이하거나 당해 거래분야에서 수입품이 차지하는 비중이 증가하는 추세에 있는 경우에는 당해 공동행위에 의해 시장지배력이 유지·창출·증가되거나 경성 공동행위가 수행될 가능성이 감소한다. 해외경쟁의 도입수준을 평가함에 있어서는 다음 사항을 고려한다.

- 수입침투도의 변화 추세
  * 수입침투도: 내수(생산-수출+수입) 또는 생산에서 수입이 차지하는 비중
- 관세율 및 관세율의 인하계획
- 기타 각종 비관세장벽의 존재 여부

(라) 신규진입의 가능성

① 당해 시장에 대한 신규진입이 가까운 시일내에 용이하게 이루어질 수 있는 경우에는 공동행위로 감소되는 실질적인 경쟁사업자의 수가 다시 증가할 수 있으므로 경쟁제한 효과가 발생할 가능성이 감소한다. 신규진입의 가능성을 평가함에 있어서는 다음 사항을 고려한다.

- 최근 3년간 신규진입 현황 및 변화추세
- 법적·제도적인 진입장벽의 유무
- 필요최소한의 자금규모
- 특허권 기타 지적재산권을 포함한 생산기술조건
- 입지조건
- 원재료조달조건
- 경쟁사업자의 유통계열화의 정도 및 판매망 구축비용

② 다음의 1에 해당하는 사업자가 있는 경우에는 신규진입이 용이한 것으로 볼 수 있다.

- 당해 시장에 참여할 의사와 투자계획 등을 공표한 사업자
- 현재의 생산시설에 중요한 변경을 가하지 아니하더라도 당해 시장에 참여할 수 있는 등 당해 시장에서 상당기간 어느 정도 의미있는 가격인상이 이루어지면 중대한 진입비용이나 퇴출비용의 부담 없이 가까운 시일 내에 당해 시장에 참여할 것으로 판단되는 사업자

(5) 제2-5단계: 참여사업자간 경쟁제한 수준 심사

(가) 참여사업자간 경쟁제한 심사의 일반원칙

① 이 단계에서는 공동행위 참여사업자간 독자적 경쟁 능력·동기의 증감수준, 경성 공동행위 조장 가능성 등을 분석한다.

② 참여사업자간 경쟁 능력·동기의 감소수준이 미약하여 관련시장에서 사업자간 경쟁이 계속될 경우에는 참여사업자들이 공동행위를 통해 시장지배력을 유지·창출·증가시킬 가능성은 희박하며, 경쟁과 관련된 민감한 정보 교환이 없거나 적절하게 차단되어 있는 경우에는 경성 공동행위를 야기할 가능성이 감소한다.

③ 반면 참여사업자간 경쟁제한 수준이 높아서 사업자 상호간에 독자적으로 경쟁할 동기나 능력이 상당히 감소하거나, 경쟁과 관련된 민감한 정보가 교환될 경우에는 경성 공동행위를 야기할 가능성이 증가한다.

④ 심사대상인 공동행위가 실제 수행중이지 않는 경우에는 참여사업자간 경쟁제한 수준의 심사를 위한 자료 수집이 어렵거나 불가능할 수 있다. 이 경우에는 다음에 열거한 요소 중 일부만 분석하거나 제2-5단계 심사 자체를 생략할 수 있다.

(나) 참여사업자간 경쟁제한 심사시 고려요소

① 공동행위 존속기간

공동행위의 존속기간이 길수록 참여사업자간 독자적인 경쟁 능력 및 동기를 제한하여 경쟁제한 효과가 발생할 가능성이 증가한다.

② 자산에 대한 공동 사용·통제 수준

공동행위에 참여한 사업자들이 공동으로 사용·통제하는 자산의 비중과 중요도가 클수록 가격, 산출량 등에 관한 독자적인 의사결정의 가능성이 감소하여 경쟁제한 효과의 발생 가능성이 증가한다. 또한 공동으로 사용·통제하는 자산을 다른 자산으로 대체하기 어려울수록 독자적인 의사결정의 가능성이 감소하기 때문에 경쟁제한 효과가 발생할 가능성이 증가한다.

③ 재무적 이해관계 수준

공동행위에 참여하고 있는 사업자간에 재무적 상호 이해관계(예컨대 채권·채무, 주식의 상호 보유 등)의 결합 수준이 높을수록 사업자간 경쟁의 동기가 감소하여 경쟁제한 효과가 발생할 가능성이 증가한다.

④ 참여사업자간 경쟁 허용수준

참여사업자간 경쟁을 허용하는 범위가 넓을수록 당해 공동행위의 경쟁제한효과는 감소한다. 또한 공동행위에 참여하고 있지 않은 다른 사업자 혹은 다른 사업자 단체와의 거래가 자유롭게 허용된다면 이러한 공동행위가 경쟁을 제한할 가능성은 감소한다. 이를 심사하기 위해서는 시장에서의 참여사업자간 실질적인 경쟁 상황, 가격·산출량 등 주요한 경쟁 변수에 대한 개별 사업자의 독자적인 의사결정 범위, 공동행위 수행조직의 임무와 역할 등이 분석되어야 한다.

⑤ 가격, 산출량 등에 대한 정보의 교환수준

공동행위를 통해 가격, 산출량 등 경쟁과 직접적으로 관련된 정보의 교환이 이루어지는 경우 경성 공동행위를 야기할 가능성이 증가한다. 정보교환 수준을 판단하기 위해서는 공동행위 수행조직의 임무, 구성, 정보교환을 차단하기 위한 제도 마련 여부 등을 분석한다.

(6) 경쟁제한 효과 분석으로 심사를 종료하는 경우

효율성증대 효과를 분석하는 것은 어떤 공동행위가 경쟁제한 효과를 발생시키더라도 이를 능가하는 효율성증대 효과가 있는 경우 비교형량을 통해 당해 공동행위의 위법성 여부를 결정하기 위한 것이다. 따라서 상기 분석을 통해 당해 공동행위가 경쟁제한 효과를 발생시키지 않는 것으로 판단되는 경우에는 효율성증대 효과와의 비교형량이 불필요하기 때문에 제3단계의 효율성증대 효과 분석으로 이행하지 않고 심사를 종료한다.

3. 제3단계: 효율성증대 효과 분석

가. 공동행위에 의하여 발생되는 효율성증대 효과

공동행위는 규모의 경제, 범위의 경제, 위험 배분, 지식·경험의 공동활용에 의한 혁신 속도 증가, 중복 비용의 감소 등 경제적 효율성을 증대시킬 수 있다. 이러한 효율성 증대는 사업자간 경쟁을 촉진시켜 상품의 가격 하락, 품질·유통속도의 제고 등 소비자 편익의 증가로 연결될 수 있다.

나. 효율성증대 효과 심사시 고려요소

경쟁을 촉진하는 효율성은 확실하게 실현될 수 있어야 한다. 이를 판단하기 위해서는 효율성의 실현 방법, 효율성의 실현 시점, 효율성의 크기, 효율성 실현에 필요한 비용 그리고 효율성 증대가 어떻게 경쟁 사업자간 경쟁을 촉진시킬 수 있는지에 대한 심사가 필요하다.

다. 효율성증대 효과로 주장될 수 없는 경우

산출량 감축, 시장 분할 또는 단순한 시장지배력의 행사에 의해 발생하는 비용절감 등은 효율성증대 효과로 주장할 수 없다. 또한, 제품·서비스의 품질 저하 등 소비자의 이익 감소를 통해 달성되는 비용절감도 효율성증대 효과로 주장될 수 없다.

라. 공동행위와 효율성증대 효과의 인과관계 심사

당해 공동행위가 효율성 증대를 위해 합리적으로 필요한 것인지 여부가 심사되어야 한다. 당해 공동행위가 효율성 증대를 위해 필수적이지는 않더라도 합리적으로 필요해야 한다. 참여사업자들이 주장하는 효율성증대 효과를 달성하기 위해 사업자간에 경쟁을 제한하지 않거나 현저하게 덜 제한하는 합리적·실질적 수단이 존재한다고 판단되는 경우에는 당해 공동행위의 효율성증대 효과를 인정하기 어렵다.

마. 효율성증대 효과의 주장 방법

효율성은 검증하거나 수량화가 어렵다. 이는 효율성과 관련된 정보를 오직 공동행위의 참여사업자들만 보유하고 있기 때문이다. 따라서 효율성증대 효과를 주장하는 사업자는 당해 공동행위로 발생하는 효율성의 크기, 실현방법, 실현시점, 효율성 실현에 필요한 비용, 목표로 설정한 효율성을 실현하기 위해 관련 공동행위가 합리적으로 필요한 이유 등 효율성증대 효과를 판단하기 위한 자료를 제출해야 한다.

4. 제4단계: 경쟁제한 효과와 효율성증대 효과의 비교형량

당해 공동행위가 효율성증대 효과와 경쟁제한 효과를 동시에 발생시키는 경우 양 효과의 비교형량을 통해 당해 공동행위의 위법성을 심사한다. 비교형량에 있어서는 효율성증대 효과가 당해 공동행위의 경쟁제한 효과를 상쇄할 수 있는지 여부를 검토한다. 당해 공동행위가 허용되기 위해서는 관련시장에서 경쟁 제한에 따른 폐해가 클수록 이를 상쇄하기 위한 효율성증대 효과 또한 커야 한다.

Ⅳ. 사실상 하나의 사업자의 행위

1. 원 칙

다수의 사업자를 실질적·경제적 관점에서 "사실상 하나의 사업자"로 볼 수 있는 경우에는 그들 간에 이루어진 법 제19조 제1항 각호의 사항(입찰담합은 제외)에 관한 합의에는 법 제19조 제1항을 적용하지 아니한다. 다만, 그 합의에 다른 사업자가 참여한 경우는 그러하지 아니하다.

2. "사실상 하나의 사업자"의 인정 기준

(1) 사업자가 다른 사업자의 주식을 모두 소유한 경우(동일인 또는 동일인 관련자가 소유한 주식을 포함한다. 이하 같다), 당해 사업자들 모두를 사실상 하나의 사업자로 본다.

(2) 사업자가 다른 사업자의 주식을 모두 소유하지 아니한 경우라도 주식 소유 비율, 당해 사업자의 인식, 임원겸임 여부, 회계의 통합 여부, 일상적 지시 여부, 판매조건 등에 대한 독자적 결정 가능성, 당해 사안의 성격 등 제반사정을 고려할 때, 사업자가가 다른 사업자를 실질적으로 지배함으로써 이들이 상호 독립적으로 운영된다고 볼 수 없는 경우에는 사실상 하나의 사업자로 본다. 다만, 관련시장 현황, 경쟁사업자의 인식, 당해 사업자의 활동 등을 고려할 때 경쟁관계에 있다고 인정되는 경우에는 그러하지 아니하다.

부 칙 〈2007. 12. 21.〉

1. 이 심사기준은 2007년 12월 21일부터 시행한다.

불공정거래행위 심사지침

제정 2004.12.27. 공정거래위원회 예규 제25호
개정 2005.5.11. 공정거래위원회 예규 제26호

I. 목 적

이 지침은 독점규제및공정거래에관한법률(이하 "법"이라 함) 제23조(불공정거래행위의 금지) 제1항 및 동법시행령 제36조 제1항 [별표 1]에서 규정하고 있는 「불공정거래행위의 유형 및 기준」을 보다 구체적이고 명확하게 규정함과 아울러 불공정거래행위에 해당될 수 있는 사례를 예시함으로써, 위법성을 심사하는 기준으로 삼는 한편 사업자들의 법위반행위를 예방함에 그 목적이 있다.

II. 지침의 적용범위

1. 이 지침은 사업자들의 활동 중에서 공통적이고 대표적인 사항을 중심으로 규정되었으므로 지침에 열거되지 아니한 사항에 해당된다고 해서 법 제23조 제1항에 위반되지 않는 것은 아니다. 또한, 특정 행위가 이 지침에서 제시된 「법위반에 해당될 수 있는 행위(예시)」에 해당되더라도 위법성 심사결과 공정한 거래를 저해할 우려가 없거나 경미하다고 인정될 경우에는 법 제23조 제1항에 위반되지 않을 수 있다.

2. 법 제23조 제1항 제7호의 부당한 지원행위는 부당한지원행위의심사지침(공정위 예규 제19호)이 적용되므로 이 지침의 규정대상에서 제외한다.

3. 사업자의 행위가 이 지침에서 정하는 불공정거래행위 심사기준에 저촉되지 않더라도 시장지배적 지위남용, 부당한 공동행위, 사업자단체 금지행위 등 다른 금지행위에는 해당될 수 있다. 이 지침에서 규정된 불공정거래행위가 법 제3조의2(시장지배적지위의 남용금지) 위반에도 해당될 경우에는 법 제3조의2를 우선적으로 적용함을 원칙으로 한다.

4. 이 지침은 외국사업자가 국내외에서 행한 계약·결의 또는 기타 행위 등을 통해 국내시장에서 공정한 거래질서를 저해할 우려가 있는 경우에도 적용된다. 이는 외국사업자가 국내에 영업거점을 두고 있는지 또는 그의 거래상대방이 국내사업자 혹은 소비자인지 여부와 관계없이 적용될 수 있다.

III. 위법성심사의 일반원칙

1. 위법성 심사기준

가. 공정한 거래를 저해할 우려

(1) 법 제23조제1항에 열거된 개별행위 유형이 법위반에 해당되는지 여부를 판단하는 기준은 당해 행위가 '공정한 거래를 저해할 우려'(이하 "공정거래저해성"이라 함)가 있는지 여부이다.

(2) 공정거래저해성의 의미

(가) 상기의 '공정거래저해성'과 법 제23조 제1항 각호에 규정된 '부당하게'는 그 의미가 동일한 것으로 본다.

(나) 공정거래저해성이란 경쟁제한성과 불공정성(unfairness)을 포함하는 개념으로 본다.

(다) 경쟁제한성이란 당해 행위로 인해 시장경쟁의 정도 또는 경쟁사업자(잠재적 경쟁사업자 포함)의 수가 유의미한 수준으로 줄어들거나 줄어들 우려가 있음을 의미한다.

(라) 불공정성(unfairness)이란 경쟁수단 또는 거래내용이 정당하지 않음을 의미한다. 경쟁수단의 불공정성은 상품 또는 용역의 가격과 질 이외에 바람직하지 않은 경쟁수단을 사용함으로써 정당한 경쟁을 저해하거나 저해할 우려가 있음을 의미한다. 거래내용의 불공정성이라 함은 거래상

대방의 자유로운 의사결정을 저해하거나 불이익을 강요함으로써 공정거래의 기반이 침해되거나 침해될 우려가 있음을 의미한다.

(3) '부당하게'와 '정당한 이유없이'의 구분

(가) 공정거래저해성은 그 판단방법과 관련하여 시행령 제36조 제1항[별표 1]의 각호에서 다시 '부당하게'와' 정당한 이유없이'로 구체화된다.

(나) '부당하게'를 요건으로 하는 행위유형은 당해 행위의 외형이 있다고 하여도 그 사실만으로 공정거래저해성이 있다고 인정되는 것은 아니며, 원칙적으로 경쟁제한성·불공정성(unfairness)과 효율성 증대효과·소비자후생 증대효과 등을 비교 형량하여 경쟁제한성·불공정성의 효과가 보다 큰 경우에 위법한 것으로 본다. '부당하게'를 요건으로 하는 행위에 대해서는 공정거래위원회(사무처)가 위법성을 입증할 책임을 부담하는 것으로 본다.

(다) '정당한 이유없이'를 요건으로 하는 행위(공동의 거래거절, 계열회사를 위한 차별, 계속적 염매)에 대해서는 당해 행위의 외형이 있는 경우에는 원칙적으로 공정거래저해성이 있는 것으로 본다. 피심인은 정당한 이유가 있는지에 대해 입증할 책임이 있는 것으로 본다.(대판 2000두833 판결 취지)

(4) '우려'의 의미

공정한 거래를 저해하는 효과가 실제로 구체적인 형태로 나타나는 경우뿐만 아니라 나타날 가능성이 큰 경우를 의미한다. 또한, 현재는 그 효과가 없거나 미미하더라도 미래에 발생할 가능성이 큰 경우를 포함한다.

나. 위법성의 판단

원칙적으로 공정거래저해성은 당해 행위의 효과를 기준으로 판단한다. 사업자의 의도나 거래상대방의 주관적 예측은 공정거래저해성을 입증하기 위한 정황증거로서의 의미를 갖는다.

2. 안전지대(Safety Zone)의 설정

가. 안전지대의 의미

안전지대란 사업자의 시장점유율 등에 비추어 통상적으로 공정거래저해성이 미미할 것으로 인정되는 경우 불공정거래행위의 외형에 해당되는 행위가 있다고 하더라도 공정거래저해성이 없는 것으로 보아 공정거래위원회가 원칙적으로 심사절차를 개시하지 않는 '심사면제 대상'을 의미한다.

나. 안전지대의 효력

안전지대는 법 제23조 제1항의 불공정거래행위(제7호의 부당한 지원행위는 제외)에 한정된다. 안전지대에 해당되는 사업자의 행위라도 공정거래위원회가 동법의 적용을 위한 심사를 개시할 수 없는 것은 아니다. 또한, 안전지대에 해당되지 않는 사업자의 행위라고 하여 자동적으로 위법성이 추정되는 것은 아니다.

다. 안전지대가 적용되는 행위 유형

안전지대는 경쟁제한성 위주로 심사하는 불공정거래행위 유형에 대해서 적용되며, 구체적 범위는 이 지침의 「Ⅵ. 개별행위 유형별 위법성 심사기준」에서 제시되는 바에 의한다. 상기 행위유형에 대해 안전지대를 적용하는 이유는 사업자의 시장점유율이나 매출액 등이 작을 경우 시장경쟁상황에 미치는 효과가 미미하기 때문이다. 반면, 불공정성(unfairness) 위주로 심사하는 행위유형에 대해서는 안전지대가 적용되지 아니한다.

Ⅳ. 관련시장 범위획정

1. 법 제23조 제1항에 규정된 불공정거래행위의 경쟁제한효과를 분석함에 있어 관련 시장범위 획정은 중요한 의미를 갖는다. 관련시장의 범위가 적정수준보다 넓게 획정될 경우 행위효과가 과소한 것으로 평가될 수 있으며, 반대로 관련시장 범위가 적정수준보다 좁게 획정될 경우에는 행위효과가 과대하게 평가될 수 있기 때문이다. 또한, 안전지대에 속하는지 여부를 판단하기 위해 시장점유율을 산정할 때도 시장범위 획정은 중요한 의미를 갖는다.

2. 관련시장 범위는 거래대상(상품 또는 용역)의 특성, 거래지역, 거래단계, 거래상대방에 따라

획정될 수 있다. 이 때, 거래대상의 특성에 의한 시장획정은 대상 상품 또는 용역의 수요대체성과 공급대체성을 종합적으로 고려하여 판단한다. 또한, 거래지역에 의한 시장획정은 대상 상품 또는 용역에 대해 지역적으로 수요대체성(타 지역으로 수요를 전환할 수 있는지 여부)과 공급대체성(공급이 타 지역에서 당해 지역으로 전환될 수 있는지 여부)이 있는지 여부를 종합적으로 고려하여 판단한다.

3. 상기의 시장범위 획정 시 구체적으로 고려하는 사항은 「기업결합 심사기준」의 '일정한 거래분야 판단기준'을 준용한다.

Ⅴ. 개별행위 유형별 위법성 심사기준

1. 거래거절

원칙적으로 사업자는 거래를 개시 또는 계속할 것인지 여부와 누구와 거래할 것인지를 자유로이 결정할 수 있다고 할 것이다. 그러나 거래의 개시나 계속을 거절함으로써 다른 사업자의 사업활동을 현저히 곤란하게 하고 그 결과 당해 시장에서 경쟁의 정도가 감소하거나, 거래거절이 공정거래법상 금지된 행위의 실효성을 확보하기 위한 수단으로 활용될 경우 이는 관련 시장에서 경쟁을 제한하고 시장의 효율성 저하를 초래하게 되므로 금지된다.

가. 공동의 거래거절

> 정당한 이유 없이 자기와 경쟁관계에 있는 다른 사업자와 공동으로 특정사업자에 대하여 거래의 개시를 거절하거나 계속적인 거래관계에 있는 특정사업자에 대하여 거래를 중단하거나 거래하는 상품 또는 용역의 수량이나 내용을 현저히 제한하는 행위를 말한다.(시행령 별표1)

(1) 대상행위

(가) 거래상대방에 대하여 공동으로 거래를 거절하는 행위가 대상이 된다.

(나) 거래거절에는 공급거절과 구입거절, 거래개시의 거절과 거래계속의 거절이 포함된다. 또한, 거래상대방에게 현저히 불리한 거래조건을 제시하거나 거래하는 상품·용역의 수량 또는 내용을 현저히 제한하여 사실상 거래를 거절하는 행위도 포함된다.

(다) 거래거절의 상대방은 특정사업자이다. 따라서 자기의 생산 또는 판매정책상 합리적 기준을 설정하여 그 기준에 맞지 않는 불특정다수의 사업자와 거래를 거절하는 행위는 원칙적으로 대상이 되지 아니한다.

(라) 사업자가 아닌 거래상대방, 즉 소비자에 대한 거래거절은 대상이 되지 아니한다.

(2) 공동의 거래거절에 해당하는 행위가 법 제19조 제1항에 규정된 부당한 공동행위의 요건을 충족하는 경우에는 부당한 공동행위 관련 규정을 우선적으로 적용한다.

(3) 위법성의 판단기준

(가) 공동의 거래거절이 관련 시장에서 경쟁을 제한하는지 여부를 위주로 판단한다.'관련 시장'이라 함은 행위자가 속한 시장 또는 거래거절의 상대방이 속한 시장을 말한다.

(나) 공동의 거래거절을 당한 사업자는 여러 사업자와의 거래개시 또는 계속이 제한되므로 사업활동에 어려움을 겪게 되고 그 결과 정상적인 경쟁이 저해될 가능성이 높다. 따라서 공동의 거래거절은 원칙적으로 경쟁제한성이 있는 것으로 본다.

(다) 그러나 사업자들이 「정당한 이유」를 소명하였을 경우 그 타당성을 판단하되, 다음과 같이 정당한 이유가 있다고 인정될 경우에는 공정거래저해성이 없는 것으로 볼 수 있다.

① 재고부족이나 거래상대방 사업자의 부도 등 채무불이행 가능성 등으로 인해 공동의 거래거절이 합리적이라고 인정되는 경우

② 특정사업자가 공동의 거래거절을 당하더라도 대체거래선을 용이하게 찾을 수 있는 경우

③ 사업자들이 사전에 당해 사업영위에 합리적이라 인정되는 거래자격 기준을 정하여 그 기준에 미달되는 사업자와의 거래개시를 거절하는 경우

④ 공동의 거래거절로 인해 발생하는 효율성

증대효과나 소비자후생 증대효과가 경쟁제한효과를 현저히 상회하는 경우

⑤ 공동의 거래거절에 기타 합리적인 사유가 있다고 인정되는 경우 등

(4) 안전지대의 설정

상기의 규정에도 불구하고, 공동의 거래거절을 한 사업자들의 시장점유율 합계가 10%미만인 경우에는 당해 시장에서의 경쟁제한효과가 미미하다고 보아 원칙적으로 심사면제 대상으로 한다. 다만 시장점유율 산정이 사실상 불가능하거나 현저히 곤란한 경우에는 당해 사업자들의 연간매출액 합계액이 20억원 미만인 경우를 심사면제 대상으로 한다.

나. 기타의 거래거절

부당하게 특정사업자에 대하여 거래의 개시를 거절하거나 계속적인 거래관계에 있는 특정사업자에 대하여 거래를 중단하거나 거래하는 상품 또는 용역의 수량이나 내용을 현저히 제한하는 행위를 말한다.(시행령 별표1)

(1) 대상행위

(가) 사업자가 단독으로 특정사업자와의 거래를 거절하는 행위가 대상이 된다.

(나) 거래거절에는 공급거절과 구입거절, 거래개시의 거절과 거래계속의 거절이 포함된다. 또한, 거래상대방에게 현저히 불리한 거래조건을 제시하거나 거래하는 상품·용역의 수량 또는 내용을 현저히 제한하여 사실상 거래를 거절하는 행위도 포함된다.

(다) 거래거절의 상대방은 특정사업자이다. 따라서 자기의 생산 또는 판매정책상 합리적 기준을 설정하여 그 기준에 맞지 않는 불특정다수의 사업자와의 거래를 거절하는 행위는 원칙적으로 대상이 되지 아니한다.

(라) 사업자가 아닌 거래상대방, 즉 소비자에 대한 거래거절은 대상이 되지 아니한다.

(2) 위법성의 판단기준

(가) 단독의 거래거절이 관련 시장에서 경쟁을 제한하는지 여부를 위주로 판단한다. '관련 시장'이라 함은 행위자가 속한 시장 또는 거래거절의 상대방이 속한 시장을 말한다.

(나) 이 때 경쟁제한성이 있는지 여부는 다음 사항을 종합적으로 고려하여 판단한다.

① 거래거절 대상이 되는 물품·용역이 거래상대방의 사업영위에 필수적인지 여부. 대상이 되는 물품·용역이 사업영위에 필수적이지 않다면 경쟁제한성이 낮다고 볼 수 있다.

② 거래거절을 당한 특정사업자가 대체거래선을 용이하게 찾을 수 있는지 여부. 대체거래선을 큰 거래비용 없이 용이하게 찾을 수 있는 경우에는 거래거절의 경쟁제한성이 낮다고 볼 수 있다.

③ 거래거절로 인해 특정사업자의 사업활동이 곤란하게 되고 그 결과 당해 시장에서 경쟁의 정도를 실질적으로 감소시키게 되는지 여부

④ 거래거절로 인해 경쟁사업자(잠재적 경쟁사업자 포함)의 시장진입이 곤란하게 되는지 여부

⑤ 거래거절이 공정거래법에 금지된 행위(재판매가격유지행위, 부당공동행위 등)를 강요하기 위한 수단으로 활용되었는지 여부 등

(다) 경쟁제한성이 있다고 판단되는 경우에도 다음과 같이 거래거절의 합리성이 있다고 인정되는 경우에는 법위반으로 보지 않을 수 있다.

① 생산 또는 재고물량 부족으로 인해 거래상대방이 필요로 하는 물량을 공급할 수 없는 경우

② 거래상대방의 부도 등 신용결함, 명백한 귀책사유, 자신의 도산위험 등 불가피한 사유가 있고 거래거절 이외에 다른 대응방법으로 대처함이 곤란한 경우

③ 당해 거래거절로 인해 발생하는 효율성 증대효과나 소비자후생 증대효과가 경쟁제한효과를 현저히 상회하는 경우

④ 단독의 거래거절에 기타 합리적인 사유가 있다고 인정되는 경우 등

(3) 사업자가 거래상대방에 대해 거래상 지위가 있음을 이용하여 불이익의 일환으로 합리적 이유 없이 '거래거절'을 하거나 거래상대방의 사업활동을 곤란하게 할 목적으로 '거래거절'을 하는 경우에는 거래상 지위남용(불이익제공) 또는 사업활동방해(기타의 사업활동방해)에 해당될

수 있다. 이 경우에는 경쟁제한성 분석이 요구되지 않는다.

(4) 안전지대의 설정

상기의 규정에도 불구하고, 기타의 거래거절을 한 사업자의 시장점유율이 10% 미만인 경우에는 당해 시장에서의 경쟁제한효과가 미미하다고 보아 원칙적으로 심사면제 대상으로 한다. 다만 시장점유율 산정이 사실상 불가능하거나 현저히 곤란한 경우에는 당해 사업자의 연간매출액이 20억원 미만인 경우를 심사면제 대상으로 한다.

(5) 법위반에 해당될 수 있는 행위(예시)

(가) 합리적 이유없이 거래거절이 행해지고 그 결과 당해 시장에서 사업자의 사업활동이 곤란하게 되고 경쟁의 정도가 실질적으로 감소되는 경우

(나) 자기 또는 자기와 밀접한 관계에 있는 사업자와 독점적으로 거래하는 사업자와는 거래하면서 경쟁사업자와도 거래하는 사업자에 대하여는 합리적 이유없이 거래를 중단하거나 제한함으로써 관련 시장에서 경쟁의 감소를 초래하는 행위

(다) 합리적 이유없이 자기로부터 원재료를 공급받는 판매업자나 대리점에게 후방시장에서 자기와 경쟁관계에 있는 사업자에 대해 원재료공급을 거절하게 함으로써 관련 시장에서 경쟁의 감소를 초래하는 행위

(라) 자신이 활동하는 시장에 새로이 진입하고자 하는 특정사업자에 대하여 합리적 이유없이 원재료 공급을 중단하거나 중단하도록 강요함으로써 관련 시장에서 경쟁의 감소를 초래하는 행위

(마) 자기가 공급하는 원재료를 사용하여 완성품을 제조하는 자기와 밀접한 관계가 있는 사업자의 경쟁자를 당해 완성품시장에서 배제하기 위해, 당해 경쟁자에 대하여 종래 공급하고 있던 원재료의 공급을 중단하는 행위

(바) 합리적 이유 없이 원재료 제조업자가 자신의 시장지위를 유지·강화하기 위하여 원재료를 직접 생산·조달하려는 완성품 제조업자에 대해 원재료 공급을 거절하는 행위

(사) 합리적 이유 없이 할인점이나 온라인 판매업자 등 특정한 유형의 판매업자에 대하여 거래를 거절함으로써 거래거절을 당한 사업자가 오프라인 판매업자 등에 비해 경쟁상 열위에 처하게 되는 경우

(아) 자기와 거래하기 위해서는 자기가 지정하는 사업자의 물품·용역을 구입할 것을 의무화하고 그에 응하지 않음을 이유로 거래개시를 거절함으로써 당해 물품·용역 시장에서의 경쟁에 영향을 미치는 행위

2. 차별적 취급

원칙적으로 사업자는 가격 등 거래조건, 거래내용을 자유로이 설정할 수 있다고 할 것이다. 그러나 사업자가 단독으로 또는 공동으로 거래지역이나 거래상대방에 따라 가격 등 거래조건·거래내용을 차별적으로 설정함으로써 자기가 속한 시장 또는 거래상대방이 속한 시장에서의 정상적인 경쟁을 저해할 경우에는 시장의 효율성 저하를 초래할 수 있으므로 금지된다.

가. 가격차별

부당하게 거래지역 또는 거래상대방에 따라 현저하게 유리하거나 불리한 가격으로 거래하는 행위를 말한다.(시행령 별표1)

(1) 대상행위

(가) 거래지역이나 거래상대방에 따른 가격차별이 대상이 된다. 이때, 가격이란 상품 또는 용역의 제공에 대하여 상대방이 실제 지불하는 모든 대가를 말한다. 여기에는 할인율 등 가격에 직접 영향을 미치는 거래조건이 포함된다. 거래의 대상인 상품 또는 용역은 실질적으로 동일한 것이어야 한다.

(나) 가격차별의 대상이 되는 거래상대방은 사업자 또는 소비자이다.

(2) 위법성의 판단기준

(가) 가격차별이 행위자가 속한 시장 또는 거래상대방이 속한 시장에서의 경쟁을 제한하는지 여부를 위주로 판단한다.

(나) 이 때, 경쟁제한성이 있는지 여부는 다음 사항을 종합적으로 고려하여 판단한다.

〈행위자가 속한 시장에서의 경쟁제한성〉

① 행위자가 가격차별로 인해 시장에서의 지위를 유지·강화하거나 할 우려가 있는지 여부

② 가격차별이 경쟁사업자를 배제하려는 의도하에 이루어졌는지 여부. 새로운 시장에 진입하기 위하여 행해지는 가격차별은 경쟁에 대응하기 위한 수단으로서 경쟁사업자 배제효과는 크지 않은 것으로 볼 수 있다.

③ 가격차별 정도가 관련 시장에서 경쟁사업자를 배제할 우려가 있거나, 가격차별에 의해 설정된 가격수준이 상품 또는 용역의 제조원가나 매입원가를 하회하는지 여부

④ 가격차별이 일회성인지 지속적인지 여부 등. 일회성의 가격차별은 경쟁제한효과가 미미하다고 볼 수 있으며 상당기간에 걸쳐 지속적으로 이루어질수록 경쟁제한효과가 커질 수 있다.

〈거래상대방이 속한 시장에서의 경쟁제한성〉

① 가격차별의 대상이 되는 거래상대방이 속한 시장에서 가격차별로 인해 거래상대방 또는 거래상대방의 경쟁사업자들이 배제되거나 배제될 우려가 있는지 여부

② 가격차별에 의해 상대적으로 불리한 취급을 받게 되는 거래상대방이 거래처를 쉽게 전환할 수 있는지 여부. 가격차별 대상인 거래상대방이 거래선을 용이하게 전환할 수 있다면 경쟁제한성이 낮다고 볼 수 있다.

③ 가격차별 정도가 거래상대방의 경쟁사업자를 배제할 우려가 있거나, 가격차별에 의해 설정된 가격수준이 상품 또는 용역의 제조원가나 매입원가를 하회하는지 여부

④ 가격차별이 일회성인지 지속적인지 여부 등. 일회성의 가격차별은 경쟁제한효과가 미미하다고 볼 수 있으며 상당기간에 걸쳐 지속적으로 이루어질수록 경쟁제한효과가 커질 수 있다.

(다) 경쟁제한성이 있다고 판단되는 경우에도 다음과 같이 가격차별의 합리성이 있다고 인정되는 경우에는 법위반으로 보지 않을 수 있다.

① 가격차별이 거래수량의 다과, 운송비, 거래상대방의 역할, 상품의 부패성 등 요소에 근거하여 한계비용 차이나 시장상황을 반영하는 경우

② 당해 가격차별로 인해 발생하는 효율성 증대효과(가격할인을 받는 사업자의 이익, 경제적 효율성 증대 등)나 소비자후생 증대효과가 경쟁제한효과를 현저히 상회하는 경우

③ 가격차별을 함에 있어 기타 합리적인 사유가 있다고 인정되는 경우 등

(3) 안전지대의 설정

상기의 규정에도 불구하고, 가격차별을 한 사업자의 시장점유율이 10%미만인 경우에는 당해 시장에서의 경쟁제한효과가 미미하다고 보아 원칙적으로 심사면제 대상으로 한다. 다만 시장점유율 산정이 사실상 불가능하거나 현저히 곤란한 경우에는 당해 사업자의 연간매출액이 20억원 미만인 경우를 심사면제 대상으로 한다.

(4) 법위반에 해당될 수 있는 행위(예시)

(가) 사업자가 경쟁이 심한 지역에서 자신의 시장지위를 강화하기 위해 합리적 이유없이 타 지역에 비해 현저히 낮은 가격을 설정함으로써 당해 지역에서 경쟁사업자를 배제할 우려가 있는 경우

(나) 자신의 시장지위를 강화하기 위하여 자기가 공급하는 2가지 이상의 상품·용역중 시장점유율이 높은 상품·용역과 그렇지 않은 상품·용역을 동시에 구매하는 거래상대방(사업자 및 소비자)에 대해 가격면에서 현저히 유리한 취급을 함으로써 그렇지 않은 상품·용역시장에서의 경쟁을 저해하는 행위

(다) 유력한 사업자가 합리적인 이유없이 특정사업자를 가격면에서 현저히 우대한 결과 특정사업자가 그의 경쟁사업자 보다 경쟁상 우위에 서게 되어 정상적인 경쟁이 저해되는 경우

(라) 과점적 시장구조하에서 용역서비스를 제공하는 사업자가 거래상대방에게 수수료를 부과함에 있어서 매출액 규모, 원가요소 등을 고려하지 않은 채 특정업태에 종사한다는 이유만으로 현저하게 유리 또는 불리한 취급을 하여 경쟁업

태에 종사하는 사업자에 비해 경쟁상 우위 또는 열위에 서게 하는 행위

(마) 시장점유율이 상당한 사업자가 대부분의 거래상대방에 대해서는 구입량에 따라 누진적으로 할인율을 적용하는 반면, 소수의 거래상대방에 대해서는 합리적 이유 없이 구입량과 관계없이 통상 적용하는 최대할인율보다 더 높은 할인율을 획일적으로 적용함으로써 사업자들간의 경쟁력 차이를 초래하는 행위

나. 거래조건차별

부당하게 특정사업자에 대하여 수량·품질 등의 거래조건이나 거래내용에 관하여 현저하게 유리하거나 불리한 취급을 하는 행위를 말한다.(시행령 별표1)

(1) 대상행위

(가) 가격 이외의 거래조건을 차별하는 행위가 대상이 된다. 이는 가격이나 가격에 직접 영향을 미치는 조건(예: 수량할인 등)을 제외한 계약의 이행방법, 대금의 결제조건 등 거래내용면에서의 차별을 말한다.

(나) 거래조건 차별은 특정사업자를 대상으로 하므로 소비자에 대한 차별은 포함되지 않는다. 다만, 차별대상 사업자가 엄격하게 특정될 것을 요하지 않으며, 특정기준을 충족하는 모든 사업자 또는 특정지역에 소재한 모든 사업자에 대한 차별도 특정성이 있는 것으로 본다.

(2) 위법성의 판단기준

(가) 거래조건 차별이 당해 사업자가 속한 시장 또는 거래상대방이 속한 시장에서의 경쟁을 제한하는지 여부를 위주로 판단한다.

(나) 이 때, 경쟁제한성이 있는지 여부 및 법위반으로 보지 않을 수 있는 경우는 가격차별에 준하여 판단한다.

(3) 안전지대의 설정

상기의 규정에도 불구하고, 거래조건 차별을 한 사업자의 시장점유율이 10%미만인 경우에는 당해 시장에서의 경쟁제한효과가 미미하다고 보아 원칙적으로 심사면제 대상으로 한다. 다만 시장점유율 산정이 사실상 불가능하거나 현저히 곤란한 경우에는 당해 사업자의 연간매출액이 20억원 미만인 경우를 심사면제 대상으로 한다.

(4) 법위반에 해당될 수 있는 행위(예시)

(가) 사업자가 경쟁이 심한 지역에서는 합리적 이유없이 타 지역에 비해 현저히 유리한 대금결제 조건을 설정함으로써 당해 시장에서 경쟁사업자를 배제할 우려가 있는 경우

(나) 사업자가 경쟁사업자의 상품·용역 또는 수입품을 병행 취급하는 대리점(판매업자)에 한하여 합리적 이유없이 자기의 상품·용역의 제공시기, 배송회수, 결제방법 등을 현저하게 불리하게 취급함으로써 당해 대리점의 사업활동을 곤란하게 하거나 대리점간 경쟁을 저해하는 행위

다. 계열회사를 위한 차별

정당한 이유 없이 자기의 계열회사를 유리하게 하기 위하여 가격·수량·품질 등의 거래조건이나 거래내용에 관하여 현저하게 유리하거나 불리하게 하는 행위를 말한다.(시행령 별표1)

(1) 대상행위

(가) 계열회사를 유리하게 하는 가격 등 거래조건·거래내용 등의 차별행위가 대상이 된다.

(나) 차별의 상대방에는 소비자도 포함된다.

(2) 위법성의 판단기준

(가) 경쟁제한성 또는 경제력 집중 우려를 위주로 위법성을 판단하되, 가격 등 거래조건·거래내용 등에 관하여 계열회사에 대해 현저하게 유리하거나 계열회사의 경쟁사업자에 대해 현저하게 불리하게 취급하였을 경우에는 계열회사를 유리하게 하기 위한 행위로 인정하여 원칙적으로 경쟁제한성 또는 경제력 집중 우려가 있는 것으로 본다.

(나) 그러나, 계열회사를 위한 차별취급을 한 사업자가 「정당한 이유」를 소명하였을 경우 그 타당성을 판단하되, 다음과 같이 정당한 이유가 있다고 인정될 경우에는 법위반으로 보지 않을 수 있다.

① 당해 행위로 인한 효율성 증대효과나 소비자후생 증대효과가 경쟁제한효과를 현저히 상회하는 경우

② 차별취급을 함에 있어 기타 합리적 사유가 있다고 인정되는 경우 등

(3) 안전지대의 설정

상기의 규정에도 불구하고, 유리한 취급을 받은 계열회사의 시장점유율이 10%미만인 경우(시장점유율 산정이 사실상 불가능하거나 현저히 곤란한 경우에는 당해 계열회사의 연간매출액이 20억원 미만인 경우)에는 당해 시장에서의 경쟁제한효과가 미미하다고 보아 원칙적으로 심사면제 대상으로 한다. 다만, 경제력 집중의 우려가 있는 경우에는 심사면제 대상이 되지 아니한다.

(4) 법위반에 해당될 수 있는 행위(예시)

(가) 계열회사와 비계열회사의 제품간에 품질이나 거래조건에 있어서 차이가 없음에도 불구하고 정당한 이유없이 계열회사의 제품을 비계열회사의 견적단가 보다 현저히 비싸게 구입한 행위

(나) 사업자가 자기의 계열회사와 비계열회사를 동시에 거래하면서 정당한 이유없이 계열회사에 비해 비계열회사에 대한 결제조건(현금비율, 어음만기일 등)을 현저히 불리하게 하는 행위

(다) 사업자가 자기의 계열회사와 비계열회사에 동시에 임가공을 의뢰하면서 정당한 이유없이 계열회사에 지급하는 임가공단가를 비계열회사의 경우에 비해 현저히 유리하게 지급하는 행위

(라) 계열회사가 경쟁입찰에서 유리한 지위에 설 수 있도록 하기 위해 계열회사의 경쟁사업자에게는 보다 불리한 가격이나 거래조건으로 원재료를 공급하는 행위

라. 집단적 차별

집단으로 특정사업자를 부당하게 차별적으로 취급하여 그 사업자의 사업활동을 현저하게 유리하거나 불리하게 하는 행위를 말한다.(시행령 별표1)

(1) 대상행위

(가) 여러 사업자가 공동으로 특정사업자에 대하여 행해지는 차별취급이 대상이 된다. 부당한 공동행위와 달리 집단적 차별취급은 합의가 없더라도 성립될 수 있으며 차별취급에 참가하는 사업자가 반드시 현실적 또는 잠재적 경쟁관계에 있을 필요는 없다. 또한 실제로 차별행위가 행해져야 한다.

(나) 차별취급에는 가격 등 거래조건, 거래내용 등의 차별이 포함된다.

(다) 차별취급의 상대방은 특정사업자이다. 따라서 불특정다수의 사업자와 소비자는 대상이 되지 아니한다.

(2) 위법성의 판단기준

집단적 차별행위의 위법성은 가격차별 및 거래조건 차별의 경우에 준하여 판단한다. 다만, 집단적 차별은 여러 사업자에 의해서 행해지므로 원칙적으로 가격차별 및 거래조건 차별의 경우에 비해 위법성이 인정될 가능성이 큰 것으로 본다.

(3) 안전지대의 설정

상기의 규정에도 불구하고, 집단적 차별을 한 사업자들의 시장점유율 합계가 10%미만인 경우에는 당해 시장에서의 경쟁제한효과가 미미하다고 보아 원칙적으로 심사면제 대상으로 한다. 다만, 시장점유율 산정이 사실상 불가능하거나 현저히 곤란한 경우에는 당해 사업자들의 연간매출액 합계액이 20억원 미만인 경우를 심사면제 대상으로 한다.

(4) 법위반에 해당될 수 있는 행위(예시)

(가) 복수의 사업자가 특정사업자에 대해 동시에 합리적인 이유없이 가격차별 또는 거래조건 차별 등을 행하는 경우

(나) 합리적 이유없이 복수의 판매업자와 제조업자가 공동으로 판매단계에서 경쟁관계에 있는 특정사업자에 대하여 차별적으로 높은 가격을 책정함으로써 그의 사업활동을 곤란하게 하고 그 결과 당해 시장에서의 경쟁에 영향을 미치는 행위

(다) 복수의 제조업자가 공동으로 덤핑판매를 하거나 온라인판매를 한다는 이유만으로 특정판매업자에 대하여 공급가격을 다른 판매업자에 비하여 비싸게 책정함으로써 사업활동을 현저히 불리하게 하고 다른 판매업자를 경쟁상 우위에 서게 하는 행위

3. 경쟁사업자 배제

사업자가 상품 또는 용역을 현저히 낮은 가격

으로 공급함으로써 경쟁사업자를 시장에서 배제시킨 후 독점적 지위를 구축하여 독점가격 책정이 가능해 질 경우, 이는 경쟁을 저해하고 궁극적으로 소비자후생 수준의 저하로 귀결될 수 있으므로 금지된다. 또한, 사업자가 경쟁사업자를 당해 시장에서 배제할 목적으로 경쟁사업자가 필요로 하는 상품·원재료의 상당량을 고가로 매입할 경우 이는 시장에서의 정상적인 경쟁을 저해하게 되므로 금지된다.

가. 부당염매

(1) 대상행위

(가) 부당염매에는 계속적 염매와 일시적 염매가 있다.

(나) 계속적 염매란 상당기간에 걸쳐 반복해서 공급비용 보다 현저히 낮은 수준으로 상품 또는 용역의 공급이 이루어짐을 말한다. 공급비용 보다 현저히 낮은 수준인지 여부는 제조원가나 매입원가를 기준으로 한다. 제조원가는 재료비, 인건비, 기타 제조경비, 일반관리비를 포함하여 산정한다. 매입원가는 실제 구입가격을 기준으로 하되, 계열회사관계나 제휴관계와 같은 특수한 사정이 존재하는 경우에는 일반사업자간 거래가격을 고려하여 수정된 가격을 기준으로 할 수 있다.

(다) 일시적 염매란 일회 또는 단기간(1주일이내)에 걸쳐 현저히 낮은 대가로 상품 또는 용역의 공급이 이루어짐을 의미한다. 현저히 낮은 대가에 해당되는지 여부는 계속적 염매의 경우와 마찬가지로 제조원가나 매입원가를 기준으로 한다.

(라) 염매의 상대방에는 사업자뿐만 아니라 소비자도 포함된다.

(마) 부당염매는 유인염매 또는 할인특매와는 구별된다. 유인염매란 사업자가 자신이 취급하는 상품 또는 용역 중 소비자에게 잘 알려진 일부 품목에 대해서만 덤핑판매를 하고 나머지 품목에 대해서는 마진율을 종전과 같이 하거나 상향조정하여 판매하는 것을 말한다. 이는 판촉전략의 하나로 경쟁사업자 배제행위와는 구별된다. 한편, 할인특매는 다음과 같은 점에서 부당염매와 구별된다. 첫째, 할인특매는 공시의 방법으로 실시기간이 확정되는 등 기간이 확정적인 점 둘째, 할인특매는 경쟁사업자 배제의도 보다는 계절상품의 처리, 불경기 등 시장상황 변화에 대응하기 위한 경우가 많은 점 등이다.

(2) 위법성의 판단기준

(가) 염매행위가 당해 상품 또는 용역이 거래되는 시장에서 자기 또는 계열회사의 경쟁사업자를 배제시킬 우려(경쟁제한성)가 있는지 여부를 위주로 판단한다. 「경쟁사업자를 배제시킬 우려」란 당해 염매행위로 인해 경쟁사업자가 시장에서 배제될 가능성이 있으면 족하고 실제 경쟁사업자가 시장에서 배제될 것을 요구하지 않는다.

(나) 계속적 염매의 경우, 원칙적으로 경쟁사업자를 배제시킬 우려가 있는 것으로 본다. 그러나 계속적 염매를 한 사업자들이 「정당한 이유」를 소명하였을 경우 그 타당성을 판단하되, 다음과 같이 정당한 이유가 있다고 인정될 경우에는 법위반으로 보지 않는다.

① 당해 시장에 진입장벽(예: 규모의 경제, 사업영위 인허가, 거래비용 등)이 없어 계속적 염매로 인해 현재의 경쟁사업자들이 배제되더라도 신규 진입자가 잠재적 경쟁사업자로 대두될 수 있는 경우

② 하자가 있는 상품, 유통기한이 임박한 물건, 계절상품 및 재고의 처리를 위하여 제한된 물량의 범위 내에서 염매를 하는 경우

③ 수요보다 공급이 현저히 많아 이를 반영하여 염매로 판매하는 경우

④ 신규개점 또는 신규 시장진입에 즈음하여 홍보목적으로 한정된 기간에 걸쳐 염매를 하는 경우

⑤ 파산이나 지급불능사태를 막기 위해 염매를 하거나 파산 또는 지급불능상태에 있는 사업자가 염매를 하는 경우

⑥ 계속적 염매로 인한 효율성 증대효과나 소비자후생 증대효과가 경쟁제한효과를 현저히 상회하는 경우

⑦ 계속적 염매를 함에 있어 기타 합리적인 사유가 있다고 인정되는 경우 등

(다) 일시적 염매의 경우, 당해 상품 또는 용역이 거래되는 시장에서 경쟁사업자를 배제시킬 우려가 있는지 여부를 위주로 판단한다. 이 때, 경쟁사업자 배제 우려가 있는지 여부는 다음 사항을 종합적으로 고려하여 판단한다.

① 염매행위를 하는 동기가 경쟁사업자를 배제하고 시장에서 독과점적 지위를 구축하는데 있는지 여부

② 당해 염매행위로 인해 경쟁사업자가 사업활동을 유지하기에 현저히 어려움이 있거나 부도 등의 위기에 처할 우려가 있는지 여부

③ 당해 시장의 경쟁구조. 당해 시장에서의 사업자 수가 적고, 집중도가 높을 경우에는 경쟁사업자 배제우려가 클 수 있다.

④ 진입장벽 유무 등. 규모의 경제·사업영위 인허가 등 요소가 없어 당해 시장에 진입하는 데 실질적인 어려움이 없다면 현재의 경쟁사업자가 배제되더라도 신규 진입자가 잠재적 경쟁사업자로 대두되므로 경쟁사업자 배제우려가 없거나 미미하게 된다.

(라) 일시적 염매의 경쟁사업자 배제우려가 있다고 판단되는 경우에도 다음과 같이 합리성이 있다고 인정되는 경우에는 법위반으로 보지 않을 수 있다.

① 하자가 있는 상품, 유통기한이 임박한 물건, 계절상품 및 재고의 처리를 위하여 제한된 물량의 범위 내에서 염매를 하는 경우

② 수요보다 공급이 현저히 많아 이를 반영하여 판매하는 경우

③ 신규개점 또는 신규 시장진입에 즈음하여 홍보목적으로 한정된 기간에 걸쳐 염매를 하는 경우

④ 파산이나 지급불능사태를 막기 위해 염매를 하거나 파산 또는 지급불능상태에 있는 사업자가 염매를 하는 경우

⑤ 일시적 염매로 인한 효율성 증대효과나 소비자후생 증대효과가 경쟁제한효과를 현저히 상회하는 경우

⑥ 일시적 염매를 함에 있어 기타 합리적인 사유가 있다고 인정되는 경우 등

(3) 안전지대의 설정

상기의 규정에도 불구하고, 부당염매를 한 사업자의 시장점유율이 10%미만인 경우에는 당해 시장에서의 경쟁제한효과가 미미하다고 보아 원칙적으로 심사면제 대상으로 한다. 다만 시장점유율 산정이 사실상 불가능하거나 현저히 곤란한 경우에는 당해 사업자의 연간매출액이 20억원 미만인 경우를 심사면제 대상으로 한다.

(4) 법위반에 해당될 수 있는 행위(예시)

(가) 규모의 경제 등 이유로 당해 시장에의 신규진입이 단기간 내 용이하지 않은 상황 하에서 경쟁사업자를 퇴출시키기 위한 목적으로 제조원가에 못 미치는 가격으로 계속하여 상품 또는 용역을 공급하는 행위

(나) 시장에서 유력한 사업자가 신규진입을 시도하는 사업자를 저지하기 위해 제조원가를 하회하는 가격으로 상품 또는 용역을 일정기간 계속적으로 판매하는 행위

(다) 합리적 이유없이 공공기관 물품구매입찰에서 사업자가 자신이 타 사업자로부터 공급받는 가격보다 낮은 가격으로 응찰하여 낙찰됨으로써 다년간 공급계약을 체결하고 동 물품을 공급하는 행위

나. 부당고가매입

> 부당하게 상품 또는 용역을 통상거래가격에 비하여 높은 대가로 구입하여 자기 또는 계열회사의 경쟁사업자를 배제시킬 우려가 있는 행위를 말한다.(시행령 별표1)

(1) 대상행위

(가) 통상 거래가격에 비하여 높은 가격으로 상품 또는 용역을 구입하는 행위가 대상이 된다. 통상 거래가격이라 함은 당시의 시장에서 사업자간에 정상적으로 이루어지는 거래에서 적용되는 가격수준을 말한다. 인위적으로 제품이나 원재료의 품귀를 발생시켜 경쟁사업자를 배제할 수 있기 위해서는 매점되는 상품 또는 용역의 물량이 전체 공급량에서 차지하는 비중이 중요하므로, 고가매입이 계속해서 이루어질 필요는 없다.

(나) 고가매입의 상대방은 사업자에 한하며 소

비자는 포함되지 않는다.

(2) 위법성의 판단기준

(가) 고가매입이 당해 상품 또는 용역의 품귀를 가져옴으로써 자기 또는 계열회사의 경쟁사업자를 배제시킬 우려(경쟁제한성)가 있는지 여부를 위주로 판단한다.

(나) 이 때, 경쟁사업자 배제 우려(경쟁제한성)가 있는지 여부는 다음 사항을 종합적으로 고려하여 판단한다.

① 고가매입의 대상이 되는 상품 또는 용역이 경쟁사업자(잠재적 경쟁사업자 포함)의 사업영위에 필수적인지 여부

② 당해 상품 또는 용역의 수급이 원활한지 여부와 다른 대체재를 용이하게 조달할 수 있는지 여부. 대체재가 존재하더라도 추가비용이 많이 소요되는 경우에는 경쟁사업자 배제우려가 있을 수 있다.

③ 고가매입으로 인해 경쟁사업자들의 사업활동이 곤란하게 되거나 곤란해질 가능성이 있는지 여부 등

(다) 고가매입의 경쟁사업자 배제우려(경쟁제한성)가 있다고 판단되는 경우에도 다음과 같이 합리성이 있다고 인정되는 경우에는 법위반으로 보지 않을 수 있다.

① 사업자가 원재료 등의 품귀가능성에 대비하거나 제품의 안정적 생산확보 등을 위해 불가피한 경우

② 고가매입으로 인한 효율성 증대효과나 소비자후생 증대효과가 경쟁제한효과를 현저히 상회하는 경우

③ 고가매입을 함에 있어 기타 합리적인 사유가 있다고 인정되는 경우 등

(3) 안전지대의 설정

상기의 규정에도 불구하고, 부당고가매입을 한 사업자의 시장점유율이 10%미만인 경우에는 당해 시장에서의 경쟁제한효과가 미미하다고 보아 원칙적으로 심사면제 대상으로 한다. 다만 시장점유율 산정이 사실상 불가능하거나 현저히 곤란한 경우에는 당해 사업자의 연간매출액이 20억원 미만인 경우를 심사면제 대상으로 한다.

(4) 법위반에 해당될 수 있는 행위(예시)

(가) 합리적 이유없이 제품의 생산·판매에 필수적인 요소를 통상거래가격에 비하여 높은 대가로 매점하여 자기 또는 계열회사의 경쟁사업자가 시장에서 배제될 수 있을 정도로 사업활동을 곤란하게 하는 행위

(나) 신규로 시장에 진입하려는 사업자를 저지하기 위한 목적으로 그 사업자가 필요로 하는 상품 또는 용역을 통상 거래가격 보다 높은 가격으로 매점함으로써 사실상 진입을 곤란하게 하는 행위

4. 부당한 고객유인

소비자가 만족도를 극대화할 수 있기 위해서는 정확한 정보를 바탕으로 저렴하고 품질 좋은 상품 또는 용역을 구입할 수 있어야 할 것이다. 이를 위해 사업자는 자기가 제공하는 상품 또는 용역의 가격과 품질을 경쟁수단으로 삼아야 할 것이다. 사업자가 부당한 이익제공이나 위계, 거래방해 등의 방법으로 경쟁사업자의 고객을 유인하는 것은 그 경쟁수단이 불공정한 것으로서 시장에서의 바람직한 경쟁질서를 저해하고 소비자가 품질 좋고 저렴한 상품 또는 용역을 선택하는 것을 방해하므로 금지된다.

가. 부당한 이익에 의한 고객유인

정상적인 거래관행에 비추어 부당하거나 과대한 이익을 제공 또는 제공할 제의를 하여 경쟁사업자의 고객을 자기와 거래하도록 유인하는 행위를 말한다.(시행령 별표1)

(1) 대상행위

(가) 자기와 거래하도록 하기 위해 경쟁사업자의 고객에게 이익을 제공하거나 제공할 제의를 하는 행위가 대상이 된다. 이때, 경쟁사업자의 고객에는 경쟁사업자와 거래를 한 사실이 있거나 현재 거래관계를 유지하고 있는 고객뿐만 아니라 잠재적으로 경쟁사업자와 거래관계를 형성할 가능성이 있는 고객이 포함된다.

(나) 이익제공 또는 제의의 방법에는 제한이 없으며, 표시·광고를 포함한다. 제공되는 이익에

는 리베이트의 제공이나 가격할인 등 고객에게 유리하도록 거래조건의 설정·변경, 판촉지원금 내지 판촉물의 지급, 경쟁사업자의 제품을 자사제품으로 교환하면서 덤으로 자사제품의 과다한 제공 등 적극적 이익제공과 원래 부과되어야 할 요금·비용의 감면, 납부기한 연장, 담보제공 의무나 설정료의 면제 등 소극적 이익제공 등 모든 경제적 이익이 포함된다.

(다) 이익제공(제의)의 상대방에는 소비자 뿐만 아니라 사업자도 포함된다.

(2) 위법성의 판단기준

(가) 이익제공 또는 제공제의가 가격과 품질 등에 의한 바람직한 경쟁질서를 저해하는 불공정한 경쟁수단에 해당되는지 여부를 위주로 판단한다.

(나) 이 때, 불공정한 경쟁수단에 해당되는지 여부는 다음 사항을 종합적으로 고려하여 판단한다.

① 정상적인 거래관행에 비추어 부당하거나 과대한 이익제공(제의)에 해당되는지 여부. 정상적인 거래관행이란 원칙적으로 해당업계의 통상적인 거래관행을 기준으로 판단하되 구체적 사안에 따라 바람직한 경쟁질서에 부합되는 관행을 의미하며 현실의 거래관행과 항상 일치하는 것은 아니다. 부당한 이익에 해당되는지는 관련 법령에 의해 금지되거나 정상적인 거래관행에 비추어 바람직하지 않은 이익인지 여부로 판단한다. 또한, 과대한 이익에 해당되는지는 정상적인 거래관행에 비추어 통상적인 수준을 넘어서는지 여부로 판단하되, 제공되는 이익이 경품에 해당되는 경우에는 「경품류제공에관한불공정거래행위유형및기준(공정위 고시)」에서 허용되는 범위를 초과하는지 여부로 판단한다.

② 경쟁사업자(잠재적 경쟁사업자 포함)의 고객을 자기와 거래하도록 유인할 가능성이 있는지 여부 등. 이익제공(제의) 사업자가 경쟁사업자의 고객과 실제로 거래하고 있을 필요는 없으며, 객관적으로 고객의 의사결정에 상당한 영향을 미칠 수 있는 가능성이 있으면 유인가능성을 인정할 수 있다.

(다) 이익제공(제의)이 불공정한 경쟁수단에 해당된다고 판단되는 경우에도 다음과 같이 합리성이 있다고 인정되는 경우에는 법위반으로 보지 않을 수 있다.

① 이익제공(제의)로 인한 효율성 증대효과나 소비자후생 증대효과가 경쟁수단의 불공정성으로 인한 공정거래저해 효과를 현저히 상회하는 경우

② 부당한 이익제공(제의)을 함에 기타 합리적인 사유가 있다고 인정되는 경우 등

(3) 법위반에 해당될 수 있는 행위(예시)

(가) 자기와 거래하도록 하기 위해 자신의 상품 또는 용역을 구입하는 고객에게 음성적인 리베이트를 지급하거나 지급할 제의를 하는 행위

(나) 「경품류제공에관한불공정거래행위유형및기준(공정위 고시)」에서 허용된 범위를 초과하는 경품(예시 : 소비자경품의 경우 거래가액의 10%, 소비자현상경품의 경우 경품가액이 경품부 상품 또는 용역의 1%를 초과하거나 소비자현상경품의 가액이 100만원을 초과하는 경우)을 제공하는 행위

(다) 경쟁사업자의 고객을 자기와 거래하도록 소개·의뢰·추천하는 자에게 리베이트 등의 이익을 제공하거나 제공하겠다는 제의를 함으로써 고객을 유인하는 행위

〈구체적 예시〉

① CT 등 특수촬영기기를 갖춘 병원이 기기사용 환자를 의뢰하는 일반 병·의원에게 리베이트를 제공하는 행위

② 출판사가 자사의 서적을 교재로 소개 또는 추천하는 교사에게 리베이트를 제공하는 행위

③ 제약회사가 자사의 약품채택이나 처방증대를 위하여 병원이나 의사에게 리베이트 제공, 과다접대 등을 하는 행위

(라) 사업자가 다른 특정사업자로부터 수주하거나 거래를 개시하기 위해 금품 등 음성적인 경제적 이익을 제공하는 행위

나. 위계에 의한 고객유인

> 부당한 표시·광고 외의 방법으로 자기가 공급하는 상품 또는 용역의 내용이나 거래조건 기타 거래에 관한 사항에 관하여 실제보다 또는 경쟁사업자의 것보다 현저히 우량 또는 유리한 것으로 고객을 오인시키거나 경쟁사업자의 것이 실제보다 또는 자기의 것보다 현저히 불량 또는 불리한 것으로 고객을 오인시켜 경쟁사업자의 고객을 자기와 거래하도록 유인하는 행위를 말한다.(시행령 별표1)

(1) 대상행위

(가) 자기와 거래하도록 하기 위해 경쟁사업자의 고객을 기만 또는 위계의 방법으로 유인하는 행위가 대상이 된다. 이때, 경쟁사업자의 고객에는 경쟁사업자와 거래를 한 사실이 있거나 현재 거래관계를 유지하고 있는 고객 뿐만 아니라 잠재적으로 경쟁사업자와 거래관계를 형성할 가능성이 있는 고객이 포함된다. 또한, 기만 또는 위계는 표시나 광고(표시·광고의공정화에관한법률 적용) 이외의 방법으로 고객을 오인시키거나 오인시킬 우려가 있는 행위를 말한다.

(나) 상품 또는 용역의 내용이나 거래조건 기타 거래에 관한 사항에 대해 기만 또는 위계의 방법을 사용한 행위가 대상이 된다. 상품 또는 용역의 내용에는 품질, 규격, 제조일자, 원산지, 제조방법, 유효기간 등이 포함된다. 거래조건에는 가격, 수량, 지급조건 등이 포함된다. 기타 거래에 관한 사항에는 국산품 혹은 수입품인지 여부, 신용조건, 업계에서의 지위, 거래은행, 명칭 등이 포함된다.

(다) 기만 또는 위계의 상대방은 소비자 뿐만 아니라 사업자도 포함된다.

(2) 위법성의 판단기준

(가) 기만 또는 위계가 가격과 품질 등에 의한 바람직한 경쟁질서를 저해하는 불공정한 경쟁수단에 해당되는지 여부를 위주로 판단한다.

(나) 이 때, 불공정한 경쟁수단에 해당되는지 여부는 다음 사항을 종합적으로 고려하여 판단한다.

① 기만 또는 위계가 경쟁사업자(잠재적 경쟁사업자 포함)의 고객을 오인시키거나 오인시킬 우려가 있는지 여부. 오인 또는 오인의 우려는 불특정다수인을 대상으로 하는 표시나 광고의 경우와 달리 거래관계에 놓이게 될 고객의 관점에서 판단하되, 실제로 당해 고객에게 오인의 결과를 발생시켜야 하는 것은 아니며 객관적으로 그의 구매의사결정에 영향을 미칠 가능성이 있으면 충분하다.

② 기만 또는 위계가 고객유인을 위한 수단인지 여부 등. 위계로 인하여 경쟁사업자의 고객이 오인할 우려가 있더라도 그 결과 거래처를 전환하여 자기와 거래할 가능성이 없는 경우에는 단순한 비방에 불과할 뿐 부당한 고객유인에는 해당되지 않는다.

(다) 위계에 의한 고객유인은 그 속성상 합리성 등에 의한 예외를 인정하지 않음을 원칙으로 한다.

(3) 법위반에 해당될 수 있는 행위(예시)

(가) 사업자가 타 사업자 또는 소비자와 거래함에 있어 표시광고 이외의 방법으로 사실과 달리 자기가 공급하는 상품 또는 용역의 가격이나 품질, 성능, AS 조건 등이 경쟁사업자의 것보다 현저히 우수한 것으로 거래상대방을 오인시켜 자기와 거래하도록 하는 행위

(나) 할인판매를 한다고 선전하면서 예상 수요를 충족시키기에 현저히 부족한 수량만을 할인판매 대상으로 하여 고객을 유인하는 행위(미끼상품)

(다) 사업자가 자신과 경쟁사업자의 영업현황, 제품기능, 기술력 등에 대해 사실과 다른 허위의 비교분석 자료를 작성하여 발주자에게 제출함으로써 당해 사업을 수주하는 행위

(라) 경쟁사업자의 부도 임박·정부지원 대상에서 제외 등의 근거 없는 사실을 유포하여 고객을 자기와 거래하도록 유인하는 행위

(마) 영업사원들이 경쟁사업자의 제품을 근거없이 비방하면서 고객을 유인하는 행위

다. 기타의 부당한 고객유인

> 경쟁사업자와 그 고객의 거래에 대하여 계약성립

의 저지, 계약불이행의 유인 등의 방법으로 거래를 부당하게 방해함으로써 경쟁사업자의 고객을 자기와 거래하도록 유인하는 행위를 말한다.(시행령 별표1)

(1) 대상행위

(가) 경쟁사업자와 고객의 거래를 방해함으로써 자기와 거래하도록 유인하는 행위가 대상이 된다. 거래방해의 수단에는 제한이 없으며, 부당한 이익제공이나 위계를 제외한 모든 수단이 포함된다. 거래방해에는 거래성립의 방해와 거래계속의 방해가 있다.

(나) 거래방해의 상대방은 경쟁사업자 또는 경쟁사업자의 고객이며, 고객에는 사업자와 소비자가 포함된다. 이때, 경쟁사업자의 고객에는 경쟁사업자와 거래를 한 사실이 있거나 현재 거래관계를 유지하고 있는 고객뿐만 아니라 잠재적으로 경쟁사업자와 거래관계를 형성할 가능성이 있는 고객이 포함된다.

(2) 위법성의 판단기준

(가) 거래방해가 바람직한 경쟁질서를 저해하는 불공정한 경쟁수단에 해당되는지 여부를 위주로 판단한다.

(나) 이 때, 불공정한 경쟁수단에 해당되는지 여부는 다음 사항을 종합적으로 고려하여 판단한다.

① 거래방해가 고객유인을 위한 수단인지의 여부. 이를 판단하기 위해서는 방해의 동기나 의도, 방해 이후 고객의 거래처 내지 거래량의 변화추이, 경쟁사업자의 시장지위와 경쟁의 정도 등을 고려한다. 거래방해 그 자체가 거래조건의 이점 등 자기의 효율성에 기초할 경우 고객유인의 효과가 있더라도 법위반으로 보지 않는다. 거래방해는 거래를 곤란하게 하는 것으로 족하며, 실제로 경쟁사업자와 고객간의 거래가 불발로 끝나거나 기존의 거래관계가 종료되었을 것을 요하지 않는다.

② 거래방해에 의해 경쟁사업자와 거래를 중단시킴으로써 자기와 거래할 가능성이 있는지 여부

(다) 기타의 부당한 고객유인이 불공정한 경쟁수단에 해당된다고 판단되는 경우에도 다음과 같이 합리성이 있다고 인정되는 경우에는 법위반으로 보지 않을 수 있다.

① 기타의 부당한 고객유인으로 인한 효율성 증대효과나 소비자후생 증대효과가 경쟁수단의 불공정성으로 인한 공정거래저해 효과를 현저히 상회하는 경우

② 기타의 부당한 고객유인에 합리적인 사유가 있다고 인정되는 경우 등

(3) 법위반에 해당될 수 있는 행위(예시)

(가) 경쟁사업자와 고객간의 거래를 방해하기 위한 목적으로 경쟁사업자와 고객간 계약의 성립을 저지하거나 계약해지를 유도하는 행위

(나) 합리적 이유없이 자신의 시장지위를 이용하여 판매업자에 대해 경쟁사업자의 제품을 매장내의 외진 곳에 진열하도록 강요하는 행위

5. 거래강제

사업자가 거래상대방 또는 자사 직원 등으로 하여금 본인의 의사에 반하여 자기 또는 자기가 지정하는 자의 상품 또는 용역을 구입(판매)하도록 강제하는 행위는 시장에서의 지위를 이용하여 고객을 확보하는 행위로서, 불합리한 수단으로 시장지배력의 확장을 도모하며 소비자의 자율적 선택권을 제약하므로 금지된다.

가. 끼워팔기

거래상대방에 대하여 자기의 상품 또는 용역을 공급하면서 정상적인 거래관행에 비추어 부당하게 다른 상품 또는 용역을 자기 또는 자기가 지정하는 사업자로부터 구입하도록 하는 행위를 말한다.(시행령 별표1)

(1) 대상행위

(가) 서로 다른 별개의 상품 또는 용역을 자기 또는 자기가 지정하는 사업자로부터 구입하도록 하는 행위가 대상이 된다. 이때 끼워팔기의 대상이 '서로 다른 별개의 상품 또는 용역'에 해당되는지 여부는 이들이 시장에서 통상 별도로 거래되는지 여부와 더불어 그 상업적 용도나 기능적 특성, 소비자 인식태도, 경우에 따라서는 제품통

합과 기술혁신의 추세 등을 종합적으로 고려하여 판단한다.

(나) 끼워팔기를 행하는 주체는 주된 상품(또는 용역)과 종된 상품(또는 용역)을 동시에 공급할 수도 있고, 자기가 지정하는 제3자로 하여금 종된 상품(또는 용역)을 공급하게 할 수 있다.

(다) 끼워팔기에는 상품 또는 용역을 판매하는 경우 외에 임대하는 경우도 포함된다.

(라) 거래상대방에는 사업자 뿐만 아니라 소비자가 포함된다.

(2) 위법성의 판단기준

(가) 끼워팔기가 바람직한 경쟁질서를 저해하는 불공정한 경쟁수단에 해당되는지 또는 경쟁을 제한하는지 여부를 위주로 판단한다.

(나) 이 때, 불공정한 경쟁수단 해당 여부 또는 경쟁제한성 여부는 다음 사항을 종합적으로 고려하여 판단한다.

① 끼워팔기를 하는 사업자가 거래상대방에 대해 주된 상품(또는 용역)과 종된 상품(또는 용역)의 동반 구입을 강제할 수 있는지 여부. 이를 판단하기 위해 당해 상품 또는 용역의 시장지배력, 브랜드 특성, 소비 실태 등을 고려한다.

② 끼워팔기가 정상적인 거래관행에 비추어 부당한지 여부. 정상적인 거래관행에 해당되는지 여부는 당해 시장에서의 통상적인 거래관행을 기준으로 하되, 통상적인 거래관행에 해당된다고 할지라도 끼워팔기에 의해 경쟁제한효과가 발생하거나 소비자의 자율적 선택권이 침해되는 경우에는 부당한 것으로 본다.

(ⅰ) 끼워팔기가 당해 시장에서의 통상적인 거래관행인 경우에는 특별히 장래의 경쟁을 제한하거나 소비자의 자율적 선택권을 침해하지 않는 한 원칙적으로 정상적인 거래관행에 부합하는 것으로 본다. 반면, 끼워팔기가 당해 시장에서의 통상적인 거래관행이 아닌 경우에는 장래의 경쟁을 촉진하거나 소비자후생을 증대시키지 않는 한 원칙적으로 정상적인 거래관행에 비추어 부당한 것으로 본다.

〈정상적인 거래관행에 부합되는 경우 예시〉

• 주된 상품(또는 용역)의 기능에 반드시 필요한 상품을 끼워파는 행위(프린터와 잉크, 자동차와 타이어 등)

• 두 상품(또는 용역)을 따로이 공급하는 것이 기술적으로 매우 곤란하거나 상당한 비용을 요하는 두 상품을 끼워파는 행위

(ⅱ) 끼워팔기가 발생한 거래에서 통상적인 거래관행이 존재하지 않을 경우에는 경쟁제한효과 또는 소비자 선택권 제한 여부로 판단한다.

③ 주된 상품(또는 용역)과 종된 상품(또는 용역)을 같이 구입하도록 강제하는지 여부 등. 강제성이 있는지 여부는 거래상대방의 입장에서 서로 다른 두 상품(또는 용역)을 따로 구입하는 것이 자유로운지를 기준으로 판단한다. 이때, '강제성'은 주된 상품(또는 용역)에 대한 구매자의 거래처 전환가능성이 적을수록 큰 것으로 보며, 다른 거래처에서 구입할 경우 주된 상품(또는 용역)의 거래거절이나 공급량감소 등 각종 불이익이 예상됨으로 인하여 사실상 거래처를 전환할 수 없는 경우 등에는 강제성이 인정될 수 있다. 이때 거래상대방이 자기 또는 자기가 지정하는 사업자로부터 실제로 구입하였을 것을 필요로 하지 않는다.

(다) 끼워팔기가 불공정한 경쟁수단에 해당되거나 경쟁제한성이 있다고 판단되는 경우에도 다음과 같이 합리성이 있다고 인정되는 경우에는 법위반으로 보지 않을 수 있다.

① 끼워팔기로 인한 효율성 증대효과나 소비자후생 증대효과가 경쟁수단의 불공정성으로 인한 공정거래저해 효과나 경쟁제한효과를 현저히 상회하는 경우

② 끼워팔기를 함에 있어 기타 합리적인 사유가 있다고 인정되는 경우 등

(3) 법위반에 해당될 수 있는 행위(예시)

(가) 장례식장 등을 운영하는 사업자가 용역거래 시 거래상대방이 자신과 거래할 수밖에 없는 실정임을 이용하여 부대물품이나 부대서비스의 이용을 강제하는 행위

(나) 인기 있는 상품 또는 용역을 판매하면서 인기 없는 것을 함께 구입하도록 하거나, 신제품을 판매하면서 구제품이나 재고품을 함께 구입하도록 강제하는 행위

(다) 고가의 기계나 장비를 판매하면서 합리적 이유없이 인과관계가 떨어지는 유지·보수 서비스(유료)를 자기로부터 제공받도록 강제하는 행위

(라) 특허권 등 지적재산권자가 라이센스 계약을 체결하면서 다른 상품이나 용역의 구입을 강제하는 행위

(마) 합리적 이유 없이 자기와 거래하기 위해서는 자기가 지정하는 사업자의 물품·용역을 구입할 것을 의무화하는 행위

나. 사원판매

부당하게 자기 또는 계열회사의 임직원으로 하여금 자기 또는 계열회사의 상품이나 용역을 구입 또는 판매하도록 강제하는 행위를 말한다.(시행령 별표1)

(1) 대상행위

(가) 자기 또는 계열회사의 임직원에게 자기 또는 계열회사의 상품이나 용역을 구입 또는 판매하도록 강제하는 행위가 대상이 된다. 임원이란 이사·대표이사·업무집행사원·감사나 이에 준하는 자 또는 지배인 등 본점이나 지점의 영업전반을 총괄적으로 처리하는 상업사용인을 말한다. 직원이란 계속하여 회사의 업무에 종사하는 자로서 임원 외의 자를 말한다. 임직원에는 정규직, 계약직, 임시직 등 고용의 형태를 묻지 않는다.

(나) 판매영업을 담당하는 임직원에게 판매를 강요하는 행위는 원칙적으로 적용대상이 되지 않는다. 어떤 임직원이 판매영업을 담당하는 자인지 여부는 당해 상품 또는 용역에 관하여 실질적으로 영업 및 그와 밀접하게 관련된 업무를 수행하는지를 기준으로 판단한다. 예컨대, 매장 기타 영업소에서 판매를 담당하는 자, 영업소 외의 장소에서 전기통신의 방법으로 판매를 권유하는 자는 원칙적으로 판매영업을 담당하는 자에 해당되는 것으로 본다.

(2) 위법성의 판단기준

(가) 사원판매가 바람직한 경쟁질서를 저해하는 불공정한 경쟁수단에 해당되는지 여부를 위주로 판단한다.

(나) 이 때, 불공정한 경쟁수단에 해당되는지 여부는 다음 사항을 종합적으로 고려하여 판단한다.

① 사업자가 임직원에 대해 자기 또는 계열회사의 상품이나 용역의 구입 또는 판매를 강제하는지 여부. 임직원에게 구입이나 판매를 강제하는 수단에는 제한이 없으며, 사업자측의 구입·판매목표량의 설정과 할당, 목표 미달시 제재의 유무와 정도 등을 종합적으로 고려하여 강제성의 유무를 판단한다.

(ⅰ) 목표량 미달시 인사고과에서 불이익을 가하거나, 판매목표 미달분을 억지로 구입하도록 하거나, 목표달성 여부를 고용관계의 존속이나 비정규직에서 정규직으로의 전환과 결부시키는 경우에는 원칙적으로 강제성이 인정된다.

(ⅱ) 임직원에게 판매목표를 개인별로 설정한 후 이를 달성시키기 위한 방안으로 판매실적을 체계적으로 관리하고 임원이나 최고경영층에 주기적으로 보고하는 경우에는 원칙적으로 강제성이 인정된다.

(ⅲ) 그러나, 목표량 달성시 상여금 등 인센티브를 제공하는 경우로서 임직원의 판단에 따라 목표량미달과 각종 이익 중에서 선택가능성이 있는 때에는 원칙적으로 강제성이 인정되지 않는다.

(ⅳ) 임직원에게 불이익(사실상 불이익 포함)을 가하지 않고 단순히 자기회사 상품(또는 용역)의 목표를 할당하고 이를 달성할 것을 단순 촉구한 행위만으로는 원칙적으로 강제성이 인정되지 않는다.

② 임직원에 대한 구입(또는 판매)강제가 경쟁사업자의 고객(잠재적 고객 포함)을 자기 또는 계열회사와 거래하도록 하기 위한 수단으로 사용되는지 여부 등. 구입(또는 판매)강제로 인하여 임직원이 실제로 상품 또는 용역을 구입하였을

것을 요하지는 않는다.

③ 그밖에 사원판매의 기간이나 목표량의 크기는 위법성 유무에 영향을 미치지 않는다.

(다) 사원판매가 불공정한 경쟁수단에 해당된다고 판단되는 경우에도 다음과 같이 합리성이 있다고 인정되는 경우에는 법위반으로 보지 않을 수 있다. 그러나 사원판매의 속성상 제한적으로 해석함을 원칙으로 한다.

① 사원판매로 인한 효율성 증대효과나 소비자후생 증대효과가 경쟁수단의 불공정성으로 인한 공정거래저해 효과를 현저히 상회하는 경우

② 부도발생 등 사원판매를 함에 있어 불가피한 사유가 있다고 인정되는 경우 등

(3) 법위반에 해당될 수 있는 행위(예시)

(가) 자기 또는 계열회사의 상품 또는 용역을 임직원에게 일정 수량씩 할당하면서 판매실적을 체계적으로 관리하거나 대금을 임금에서 공제하는 행위

(나) 비영업직 임직원에게 자기 또는 계열회사의 상품 또는 용역의 판매에 관한 판매목표를 설정하고, 미달성시 인사상의 불이익을 가하는 행위

(다) 비영업직 임직원에게 자기 또는 계열회사의 상품 또는 용역의 판매에 관한 판매목표를 설정하고 최고경영자 또는 영업담당 이사에게 주기적으로 그 실적을 보고하고 공식적 계통을 통해 판매독려를 하는 경우

(라) 자신의 계열회사에게 자신이 생산하는 상품 또는 용역의 일정량을 판매하도록 할당하고 당해 계열회사는 임직원에게 협력업체에 대해 판매할 것을 강요하는 행위

다. 기타의 거래강제

> 정상적인 거래관행에 비추어 부당한 조건 등 불이익을 상대방에게 제시하여 자기 또는 자기가 지정하는 사업자와 거래하도록 강제하는 행위를 말한다.(시행령 별표1)

(1) 대상행위

(가) 자기 또는 자기가 지정하는 사업자와 거래하도록 강요하는 행위가 대상이 된다. 이에는 명시적인 강요와 묵시적인 강요, 직접적 강요와 간접적 강요를 포함한다.

(나) 기타의 거래강제는 행위자와 상대방간 거래관계 없이도 성립할 수 있으나, 거래상 지위남용(구입강제)의 경우 행위자와 상대방간 거래관계가 있어야 성립할 수 있다는 점에서 구별된다.

(다) 거래상대방에는 사업자 뿐만 아니라 소비자도 포함된다.

(2) 위법성의 판단기준

(가) 거래강제 행위가 바람직한 경쟁질서를 저해하는 불공정한 경쟁수단에 해당되는지 여부를 위주로 판단한다.

(나) 이 때, 불공정한 경쟁수단에 해당되는지 여부는 다음 사항을 종합적으로 고려하여 판단한다.

① 사업자가 거래상대방에 대해 불이익을 줄 수 있는 지위에 있는지 여부

② 당해 불이익이 정상적인 거래관행에 비추어 부당한지 여부. 정상적인 거래관행 해당여부는 당해 업계의 통상적인 거래관행을 기준으로 한다. 정상적인 거래관행에 비추어 부당한 불이익으로는 특별한 사유 없이 주된 거래관계에서 공급량이나 구입량의 축소, 대금지급의 지연, 거래의 중단 또는 미개시, 판매장려금 축소 등이 있다.

③ 거래상대방에 대해 자기 또는 자기가 지정하는 사업자와 거래하도록 강제하는 효과가 있는지 여부 등. 상대방이 행위자의 요구사항을 자유로이 거부할 수 있는지 여부를 기준으로 강제성 여부를 판단한다. 상대방이 주된 거래관계를 다른 거래처로 전환하기가 용이한 경우에는 강제성이 인정되지 않는다. 반면, 자기 또는 자기가 지정하는 사업자와 거래할 경우 일정한 인센티브를 제공하는 것은 강제성이 없는 것으로 본다.

(다) 기타의 거래강제가 불공정한 경쟁수단에 해당된다고 판단되는 경우에도 다음과 같이 합리성이 있다고 인정되는 경우에는 법위반으로 보지 않을 수 있다. 그러나 기타의 거래강제 속성상 제한적으로 해석함을 원칙으로 한다.

① 기타의 거래강제로 인한 효율성 증대효과나 소비자후생 증대효과가 경쟁수단의 불공정성으로 인한 공정거래저해 효과를 현저히 상회하는 경우

② 기타의 거래강제를 함에 있어 기타 합리적인 사유가 있다고 인정되는 경우 등

(3) 법위반에 해당될 수 있는 행위(예시)

(가) 사업자가 자신의 계열회사의 협력업체에 대해 자기가 공급하는 상품 또는 용역의 판매목표량을 제시하고 이를 달성하지 않을 경우 계열회사와의 거래물량 축소 등 불이익을 가하겠다고 하여 판매목표량 달성을 강제하는 행위

(나) 사업자가 자신의 협력업체에 대해 자신의 상품판매 실적이 부진할 경우 협력업체에서 탈락시킬 것임을 고지하여 사실상 상품판매를 강요하는 행위

6. 거래상 지위의 남용

(1) 금지 이유

사업자가 거래상 우월적 지위가 있음을 이용하여 열등한 지위에 있는 거래상대방에 대해 일방적으로 물품 구입강제 등 각종 불이익을 부과하거나 경영에 간섭하는 것은 경제적 약자를 착취하는 행위로서 거래상대방의 자생적 발전기반을 저해하고 공정한 거래기반을 침해하므로 금지된다.

(2) 민사행위 등과의 구별

(가) 거래개시 단계에서 거래상대방이 자신이 거래할 사업자를 선택할 수 있었는지와 계약내용을 인지한 상태에서 자신의 판단 하에 거래를 선택하였는지 여부를 기준으로 한다. 만약 거래상대방이 자신이 거래할 사업자를 여러 사업자중 선택할 수 있었고 계약내용을 충분히 인지한 상태에서 자신의 판단에 따라 거래를 개시하였고 계약내용대로 거래가 이루어지고 있다면 이는 공정거래법 적용대상(거래상 지위남용)에 해당되지 않는다. 그렇지 아니하고 거래상대방이 특정사업자와 거래할 수밖에 없는 경우에는 공정거래법 적용대상(거래상 지위남용)에 해당될 수 있다.

(나) 거래계속 단계에서는 사업자가 거래상대방에 대해 거래상 지위를 가지고 있는지 여부를 기준으로 한다. 사업자가 거래상대방의 대체거래선 확보의 곤란 등 사유로 인해 거래상 지위가 있고 이를 이용하여 각종 불이익을 가한다면 공정거래법 적용대상이 될 수 있다. 그러나 사업자가 거래상대방에 대해 거래상 지위를 가지지 않는다면 각종 불이익을 가하더라도 이는 공정거래법 적용대상에 해당되지 아니한다.

(다) 또한 사업자가 거래상대방에 대해 거래상 지위를 갖는다고 하더라도 양 당사자간 권리의무 귀속관계, 채권채무관계(예: 채무불이행, 손해배상청구, 담보권 설정ㆍ해지, 지체상금 등) 등과 관련하여 계약서 및 관련 법령 내용 등의 해석에 대해 다툼이 있는 경우에는 공정거래법 적용대상이 되지 아니한다.

가. 구입강제

거래상대방이 구입할 의사가 없는 상품 또는 용역을 구입하도록 강제하는 행위를 말한다.(시행령 별표1)

(1) 대상행위

(가) 사업자가 거래상대방에게 구입의사가 없는 상품 또는 용역을 구입하도록 강제하는 행위가 대상이 된다. 구입요청을 거부하여 불이익을 당하였거나 주위의 사정으로 보아 객관적으로 구입하지 않을 수 없는 사정이 인정되는 경우에는 구입강제가 있는 것으로 본다.

(나) 거래상대방은 주로 사업자가 될 것이나 소비자도 포함된다. 구입이 강제되는 상품 또는 용역은 사업자 자신의 것일 수도 있고, 다른 사업자의 것일 수도 있다.

(2) 위법성의 판단기준

(가) 구입강제가 거래내용의 공정성을 침해하는 행위에 해당되는지 여부를 위주로 판단한다.

(나) 이 때, 거래내용의 공정성을 침해하는지 여부는 다음 사항을 종합적으로 고려하여 판단한다.

① 사업자가 거래상대방에 대해 거래상 지위

를 가지고 있는지 여부. 거래상 지위가 있는지 여부는 거래상대방의 입장에서 사업자가 상품 또는 용역의 구입을 요청할 경우 원치 않더라도 이를 받아들일 수밖에 없는지를 기준으로 한다. 거래상 지위유무는 대체거래선 확보의 용이성, 사업자에 대한 수입 의존도, 사업자의 업무상 지휘감독권 여부, 거래대상인 상품 또는 용역의 특성 등을 종합적으로 고려하여 판단한다.

(ⅰ) 대체거래선 확보의 용이성이란 낮은 거래비용으로 타 거래선을 찾는 것이 실제 가능한지를 의미하며, 거래처를 전환함으로 인해 거래단절이나 공급량제한, 투자비용의 회수곤란 등 불이익을 감수하여야 하거나, 사업활동이 현저히 곤란해지는 경우에는 대체거래선 확보가 용이하지 않은 것으로 볼 수 있다.

(ⅱ) 거래상대방이 사업자에 대한 수입의존도가 높을수록, 업무상 지휘감독을 받을수록 거래상 지위가 있는 것으로 볼 수 있다.

〈거래상 지위가 인정될 가능성이 있는 거래관계(예시)〉

• 본사와 협력업체 또는 대리점, 대형소매점과 입점업체, 도시가스사와 지역관리소, 제조업체와 부품납품업체, 지역독점적 공공시설 관리업자와 시설임차사업자, 독점적 공공사업자와 계약업체, 방송사와 방송프로그램 공급사업자 등 간 거래관계

• 거래상대방인 판매업자가 특정 사업자가 공급하는 유명상표품을 갖추는 것이 사업운영에 극히 중요한 경우 특정사업자와 판매업자간 거래관계

• 제조업자 또는 판매업자가 사업활동에 필요한 원재료나 부품을 특정 사업자로부터 공급받아야 하는 경우 특정사업자와 제조 또는 판매업자간 거래관계

• 특정 사업자와의 거래가 장기간 계속되고, 거래관계 유지에 대규모투자가 소요됨으로써 거래상대방이 거래처를 전환할 경우 설비전환이 곤란하게 되는 등 막대한 피해가 우려되는 경우 등

② 구입강제 행위가 부당한지 여부 등. 당해 행위를 한 목적, 거래상대방의 예측가능성(당초 계약서에 구입의무가 규정되어 있거나 충분히 예측 가능한 경우에는 부당성이 낮은 것으로 볼 수 있음), 당해업종에서의 통상적인 거래관행, 구입강제로 인한 거래상대방의 피해 발생 여부, 관계법령 등을 종합적으로 고려하여 부당성 여부를 판단한다.

(다) 구입강제가 거래내용의 공정성을 침해한다고 판단되는 경우에도 다음과 같이 합리성이 있다고 인정되는 경우에는 법위반으로 보지 않을 수 있다. 그러나 구입강제의 속성상 제한적으로 해석함을 원칙으로 한다.

① 구입강제로 인한 효율성 증대효과나 소비자후생 증대효과가 거래내용의 불공정성으로 인한 공정거래저해 효과를 현저히 상회하는 경우

② 구입강제를 함에 있어 기타 합리적인 사유가 있다고 인정되는 경우 등

(3) 법위반이 주로 문제되는 행위(예시)

(가) 합리적 이유없이 신제품을 출시하면서 대리점에게 재고품 구입을 강요하는 행위

(나) 합리적 이유없이 계속적 거래관계에 있는 판매업자에게 주문하지도 않은 상품을 임의로 공급하고 반품을 허용하지 않는 행위

(다) 합리적 이유없이 자신과 지속적 거래관계에 있는 사업자에 대해 자기가 지정하는 사업자의 물품·용역을 구입할 것을 강요하는 행위

(라) 합리적 이유없이 도·소매업자(또는 대리점)에게 과다한 물량을 할당하고, 이를 거부하거나 소화하지 못하는 경우 할당량을 도·소매업자(또는 대리점)가 구입한 것으로 회계 처리하는 행위

나. 이익제공강요

거래상대방에게 자기를 위하여 금전·물품·용역 기타의 경제상 이익을 제공하도록 강요하는 행위를 말한다.(시행령 별표1)

(1) 대상행위

(가) 거래상대방에게 금전·물품 등의 경제상 이익을 제공하도록 강요하는 행위가 대상이 된

다. 경제상 이익에는 금전, 유가증권, 물품, 용역을 비롯하여 경제적 가치가 있는 모든 것이 포함된다. 계열회사의 거래상 지위를 이용하여 이익제공을 강요하는 행위도 포함된다. 이익제공강요에는 거래상대방에게 경제상 이익을 제공하도록 적극적으로 요구하는 행위뿐만 아니라 자신이 부담하여야 할 비용을 거래상대방에게 전가하여 소극적으로 경제적 이익을 누리는 행위도 포함된다.

(나) 이익제공 강요의 상대방에는 사업자 뿐만 아니라 소비자도 포함된다.

(2) 위법성의 판단기준

(가) 이익제공 강요가 거래내용의 공정성을 침해하는 행위에 해당되는지 여부를 위주로 판단한다.

(나) 이 때, 거래내용의 공정성을 침해하는지 여부는 다음 사항을 종합적으로 고려하여 판단한다.

① 사업자가 거래상대방에 대해 거래상 지위를 가지는지 여부. 구입강제의 경우에 준하여 판단한다.

② 이익제공강요 행위가 부당한지 여부 등. 당해 행위를 한 의도 및 목적, 거래상대방의 예측가능성(당초 계약서에 이익제공의무가 규정되어 있거나 충분히 예측 가능한 경우에는 부당성이 낮은 것으로 볼 수 있음), 당해업종에서의 통상적인 거래관행, 당해 이익제공의 내용과 성격, 관계법령 등을 종합적으로 고려하여 부당성 여부를 판단한다.

③ 사업자가 실제로 이익을 제공받았을 것을 요하지 않는다.

(다) 이익제공강요가 거래내용의 공정성을 침해한다고 판단되는 경우에도 다음과 같이 합리성이 있다고 인정되는 경우에는 법위반으로 보지 않을 수 있다. 그러나 이익제공강요의 속성상 제한적으로 해석함을 원칙으로 한다.

① 이익제공강요로 인한 효율성 증대효과나 소비자후생 증대효과가 거래내용의 불공정성으로 인한 공정거래저해 효과를 현저히 상회하는 경우

② 이익제공강요를 함에 있어 불가피한 사유가 있다고 인정되는 경우 등

(3) 법위반에 해당될 수 있는 행위(예시)

(가) 합리적 이유없이 수요측면에서 지배력을 갖는 사업자가 자신이 구입하는 물량의 일정 비율만큼을 무상으로 제공하도록 요구하는 행위

(나) 합리적 이유없이 사업자가 상품(원재료 포함) 또는 용역 공급업체에 대해 거래와 무관한 기부금 또는 협찬금이나 기타 금품·향응 등을 요구하는 행위

(다) 합리적 이유없이 회원권 시설운영업자가 회원권의 양도양수와 관련하여 실비보다 과다한 명의개서료를 징수하는 행위

(라) 합리적 이유없이 대형소매점사업자가 수수료매장의 입점업자에 대해 계약서에 규정되지 아니한 입점비, POS 사용료 등 비용을 부담시키는 행위

다. 판매목표강제

자기가 공급하는 상품 또는 용역과 관련하여 거래상대방의 거래에 관한 목표를 제시하고 이를 달성하도록 강제하는 행위를 말한다.(시행령 별표1)

(1) 대상행위

(가) 사업자가 거래상대방에게 판매목표를 정해주고 이를 달성하도록 강제하는 행위가 대상이 된다. 대상상품 또는 용역은 사업자가 직접 공급하는 것이어야 한다. 대체로 상품의 경우 판매량의 할당이, 용역의 경우 일정수의 가입자나 회원확보가 문제된다. 또한 판매목표 강제는 대리점계약서에 명시적으로 규정된 경우 뿐만 아니라 계약체결 후 구두로 이루어지는 경우도 포함된다.

(나) 판매목표강제의 상대방은 사업자에 한정되며, 소비자는 포함되지 않는다.

(2) 위법성의 판단기준

(가) 판매목표 강제가 거래내용의 공정성을 침해하는 행위에 해당되는지 여부를 위주로 판단한다.

(나) 이 때, 거래내용의 공정성을 침해하는지 여부는 다음 사항을 종합적으로 고려하여 판단한다.

① 사업자가 거래상대방에 대해 거래상 지위를 가지는지 여부. 구입강제의 경우에 준하여 판단한다.

② 판매목표의 달성에 강제성이 있는지 여부 등. 판매목표의 달성을 '강제'하기 위한 수단에는 제한이 없으며, 목표가 과다한 수준인지, 실제 거래상대방이 목표를 달성하였는지 여부는 강제성 인정에 영향을 미치지 않는다. 목표불이행시 실제로 제재수단이 사용되었을 필요는 없다.

(ⅰ) 목표를 달성하지 못했을 경우 대리점계약의 해지나 판매수수료의 미지급 등 불이익이 부과되는 경우에는 강제성이 인정되나, 거래상대방에게 장려금을 지급하는 등 자발적인 협력을 위한 수단으로 판매목표가 사용되는 경우에는 원칙적으로 강제성이 인정되지 않는다. 다만, 판매장려금이 정상적인 유통마진을 대체하는 효과가 있어 사실상 판매목표를 강제하는 효과를 갖는 경우에는 그러하지 아니하다.

(다) 판매목표 강제가 거래내용의 공정성을 침해한다고 판단되더라도 다음과 같이 합리성이 있다고 인정되는 경우에는 법위반으로 보지 않을 수 있다. 그러나 판매목표 강제의 속성상 제한적으로 해석함을 원칙으로 한다.

① 판매목표 강제로 인한 효율성 증대효과나 소비자후생 증대효과가 거래내용의 불공정성으로 인한 공정거래저해 효과를 현저히 상회하는 경우

② 판매목표 강제를 함에 있어 기타 합리적인 사유가 있다고 인정되는 경우 등

(3) 법위반에 해당될 수 있는 행위(예시)

(가) 자기가 공급하는 상품을 판매하는 사업자 및 대리점에 대하여 판매목표를 설정하고 미달성시 공급을 중단하는 등의 제재를 가하는 행위

(나) 자기가 공급하는 용역을 제공하는 사업자 및 대리점에 대하여 회원이나 가입자의 수를 할당하고 이를 달성하지 못할 경우 대리점계약의 해지나 수수료지급의 중단 등의 제재를 가하는 행위

(다) 대리점이 판매목표량을 달성하지 못하였을 경우 반품조건부 거래임에도 불구하고 반품하지 못하게 하고 대리점이 제품을 인수한 것으로 회계처리하여 추후 대금지급시 공제하는 행위

(라) 대리점이 판매목표량을 달성하지 못하였을 경우 본사에서 대리점을 대신하여 강제로 미판매 물량을 덤핑 판매한 후 발생손실을 대리점의 부담으로 하는 행위

(마) 거래상대방과 상품 또는 용역의 거래단가를 사전에 약정하지 않은 상태에서, 거래상대방의 판매량이 목표에 미달되는 경우에는 목표를 달성하는 경우에 비해 낮은 단가를 적용함으로써 불이익을 주는 행위

라. 불이익제공

구입강제, 이익제공강요, 판매목표강제 외의 방법으로 거래상대방에게 불이익이 되도록 거래조건을 설정 또는 변경하거나 그 이행과정에서 불이익을 주는 행위를 말한다.(시행령 별표1)

(1) 대상행위

(가) 거래상대방에게 불이익이 되도록 거래조건을 설정 또는 변경하는 행위

거래상대방에게 일방적으로 불리한 거래조건을 당초부터 설정하였거나 기존의 거래조건을 불리하게 변경하는 것을 말한다. 거래조건에는 각종의 구속사항, 저가매입 또는 고가판매, 가격(수수료 등 포함) 조건, 대금지급방법 및 시기, 반품, 제품검사방법, 계약해지조건 등 모든 조건이 포함된다.

(나) 거래상대방에게 거래과정에서 불이익을 주는 행위

거래조건을 불이행함은 물론 거래관계에 있어 사실행위를 강요하여 거래상대방에게 불이익이 되도록 하는 행위를 말한다. 불이익제공은 적극적으로 거래상대방에게 불이익이 되는 행위를 하는 작위 뿐만 아니라 소극적으로 자기가 부담해야 할 비용이나 책임 등을 이행하지 않는 부작위에 의해서도 성립할 수 있다. 다만, 불이익이 금전상의 손해인 경우에는 법률상 책임 있는 손해의 존재는 물론 그 범위(손해액)까지 명확하게 확정될 수 있어야 하며 그렇지 않을 경우에는 민

사절차에 의해 이 문제가 우선적으로 해결되어야 거래상 지위남용 규정을 적용할 수 있다.

(다) 거래상대방에는 사업자 뿐만 아니라 소비자도 포함된다.

(2) 위법성의 판단기준

(가) 거래조건의 설정·변경 및 불이익제공 행위가 거래내용의 공정성을 침해하는 행위에 해당되는지 여부를 위주로 판단한다.

(나) 이 때, 거래내용의 공정성을 침해하는지 여부는 다음 사항을 종합적으로 고려하여 판단한다.

① 사업자가 거래상대방에 대해 거래상 지위를 가지는지 여부. 구입강제의 경우에 준하여 판단한다.

② 설정·변경된 거래조건과 불이익의 내용이 부당한지 여부 등. 당해 행위를 한 의도 및 목적, 거래상대방의 예측가능성(당초 계약서에 당해 불이익 제공행위가 규정되어 있거나 충분히 예측가능한 경우에는 부당성이 낮은 것으로 볼 수 있음), 당해업종에서의 통상적인 거래관행, 관계법령, 거래대상 상품 또는 용역의 특성, 불이익의 내용과 정도 등을 종합적으로 고려하여 부당성 여부를 판단한다.

(다) 거래조건의 설정·변경 및 불이익제공이 거래내용의 공정성을 침해한 다고 판단되는 경우에도 다음과 같이 합리성이 있다고 인정되는 경우에는 법위반으로 보지 않을 수 있다. 그러나 거래조건의 설정·변경 및 불이익제공의 속성상 제한적으로 해석함을 원칙으로 한다.

① 거래조건의 설정·변경 및 불이익제공으로 인한 효율성 증대효과나 소비자후생 증대효과가 거래내용의 불공정성으로 인한 공정거래저해 효과를 현저히 상회하는 경우

② 거래조건의 설정·변경 및 불이익제공 행위를 함에 있어 기타 합리적인 사유가 있다고 인정되는 경우 등

(3) 법위반에 해당될 수 있는 행위(예시)

〈거래조건의 설정·변경〉

(가) 계약서 내용에 관한 해석이 일치하지 않을 경우 '갑'의 일방적인 해석에 따라야 한다는 조건을 설정하고 거래하는 경우

(나) 원가계산상의 착오로 인한 경우 '갑'이 해당 계약금액을 무조건 환수 또는 감액할 수 있다는 조건을 설정하고 거래하는 경우

(다) 계약 유효기간 중에 정상적인 거래관행에 비추어 부당한 거래조건을 추가한 새로운 대리점계약을 일방적으로 체결한 행위

(라) 계약서상에 외부기관으로부터 계약단가가 고가라는 지적이 있을 경우 거래상대방이 무조건 책임을 지도록 한다는 조건을 설정하고 거래하는 경우

(마) 계약서에 규정되어 있는 수수료율, 지급대가 수준 등을 일방적으로 거래상대방에게 불리하게 변경하는 행위

(바) 계약기간 중에 자기의 점포 장기임차인에게 광고선전비의 부과기준을 일방적으로 상향조정한 행위

〈불이익 제공〉

(아) 설계용역비를 늦게 지급하고 이에 대한 지연이자를 장기간 지급하지 않아 거래상대방이 사실상 수령을 포기한 경우

(자) 하자보수보증금율을 계약금액의 2%로 약정하였으나, 준공검사시 일방적으로 20%로 상향조정하여 징구한 행위

(차) 반품조건부로 공급한 상품의 반품을 받아주지 아니하여 거래상대방이 사실상 반품을 포기한 경우

(카) 사업자가 자기의 귀책사유로 이행지체가 발생한 경우에도 상당기간 지연이자를 지급하지 않아 거래상대방이 사실상 수령을 포기한 경우

(타) 합리적 이유없이 사업자가 물가변동을 인한 공사비인상 요인을 불인정하거나 자신의 책임으로 인해 추가로 발생한 비용을 불지급하는 행위

(파) 자신의 거래상 지위가 있음을 이용하여 거래상대방에 대해 합리적 이유없이 거래거절을 하여 불이익을 주는 행위(거래상 지위남용성 거래거절)

마. 경영간섭

임직원을 선임·해임함에 있어서 자기의 지시 또는 승인을 얻게 하거나 거래상대방의 생산품목·시설규모·생산량·거래내용을 제한함으로써 경영활동을 간섭하는 행위를 말한다.(시행령 별표1)

(1) 대상행위

임직원을 선임·해임함에 있어서 자기의 지시 또는 승인을 얻게 하거나 거래상대방의 생산품목·시설규모·생산량·거래내용을 제한함으로써 경영활동에 간섭하는 행위가 대상이 된다. 거래상대방에는 소비자가 포함되지 않는다.

(2) 위법성의 판단기준

(가) 경영간섭이 거래내용의 공정성을 침해하는 행위에 해당되는지 여부를 위주로 판단한다.

(나) 이 때, 거래내용의 공정성을 침해하는지 여부는 다음 사항을 종합적으로 고려하여 판단한다.

① 사업자가 거래상대방에 대해 거래상 지위를 가지는지 여부. 구입강제의 경우에 준하여 판단한다.

② 경영간섭이 부당한지 여부 등. 경영간섭의 의도 및 목적, 관계법령, 거래대상 상품 또는 용역의 특성, 경영간섭의 내용과 정도 등을 종합적으로 고려하여 부당성 여부를 판단한다. 의결권의 행사나 채권회수를 위한 간섭으로서 법적 근거가 있거나 합리적인 사유가 있는 경우로서 투자자 또는 채권자로서의 권리를 보호하기 위해 필요하다고 인정되는 경우에는 법위반으로 보지 않을 수 있으며, 당해 수단의 합목적성 및 대체수단의 유무 등을 함께 고려하여야 한다.

(ⅰ) 대리점 등 판매업자에게 상품 또는 용역을 공급하면서 현찰판매 또는 직접판매 의무를 부과하거나 사용방법 등에 관한 설명 및 상담의무를 부과하는 행위는 경영효율성의 제고 또는 상품의 안전성확보 등 정당한 사유가 있는 경우 법위반으로 보지 않는다.

(다) 경영간섭이 거래내용의 공정성을 침해한다고 판단되는 경우에도 다음과 같이 합리성이 있다고 인정되는 경우에는 법위반으로 보지 않을 수 있다. 그러나 경영간섭의 속성상 제한적으로 해석함을 원칙으로 한다.

① 경영간섭으로 인한 효율성 증대효과나 소비자후생 증대효과가 거래내용의 불공정성으로 인한 공정거래저해 효과를 현저히 상회하는 경우

② 경영간섭을 함에 있어 기타 합리적인 사유가 있다고 인정되는 경우 등

(3) 법위반에 해당될 수 있는 행위(예시)

(가) 합리적 이유없이 대리점의 거래처 또는 판매내역 등을 조사하거나 제품광고시 자기와 사전합의하도록 요구하는 행위

(나) 금융기관이 채권회수에 아무런 곤란이 없음에도 불구하고 자금을 대출해준 회사의 임원선임 및 기타 경영활동에 대하여 간섭하거나 특정 임원의 선임이나 해임을 대출조건으로 요구하는 행위

(다) 상가를 임대하거나 대리점계약을 체결하면서 당초 계약내용과 달리 취급품목이나 가격, 요금 등에 관하여 지도를 하거나 자신의 허가나 승인을 받도록 하는 행위

(라) 합리적 이유 없이 대리점 또는 협력업체의 업무용 차량 증가를 요구하는 행위

7. 구속조건부거래

사업자가 거래상대방에 대해 자기 또는 계열회사의 경쟁사업자와 거래하지 못하도록 함으로써 거래처선택의 자유를 제한함과 동시에 구매·유통경로의 독점을 통해 경쟁사업자의 시장진입을 곤란하게 한다면 시장에서의 경쟁을 저해하고 궁극적으로 소비자후생의 저하를 초래하게 되므로 금지된다. 또한, 거래상대방에게 거래지역이나 거래처를 제한함으로써 당해 지역 또는 거래처에 대한 독점력을 부여하여 경쟁을 저해하게 된다면 소비자후생의 저하를 초래할 수 있게 되므로 금지된다.

가. 배타조건부거래

부당하게 거래상대방이 자기 또는 계열회사의 경쟁사업자와 거래하지 않는 조건으로 그 거래상대방과 거래하는 행위를 말한다.(시행령 별표1)

(1) 대상행위

(가) 거래상대방이 자기 또는 계열회사의 경쟁사업자와 거래하지 않는 조건으로 그 거래상대방과 거래하는 행위가 대상이 된다.

① 자기 또는 계열회사의 경쟁사업자라 함은 현재 경쟁관계에 있는 사업자 뿐만 아니라 잠재적 경쟁사업자를 포함한다.

② 배타조건의 내용에는 거래상대방에 대해 직접적으로 경쟁사업자와의 거래를 금지하거나 제한하는 것 뿐만 아니라 자신이 공급하는 품목에 대한 경쟁품목을 취급하는 것을 금지 또는 제한하는 것을 포함한다. 따라서 판매업자의 소요물량 전부를 자기로부터 구입하도록 하는 독점공급계약과 제조업자의 판매물량을 전부 자기에게만 판매하도록 하는 독점판매계약도 배타조건부거래의 내용에 포함된다. 또한 경쟁사업자와의 기존거래를 중단하는 경우 뿐만 아니라 신규거래 개시를 하지 않을 것을 조건으로 하는 경우도 포함된다.

③ 배타조건의 형식에는 경쟁사업자와 거래하지 않을 것이 계약서에 명시된 경우 뿐만 아니라 계약서에 명시되지 않더라도 경쟁사업자와 거래시에는 불이익이 수반됨으로써 사실상 구속성이 인정되는 경우가 포함된다. 위반시 거래중단이나 공급량 감소, 채권회수, 판매장려금 지급중지 등 불이익이 가해지는 경우에는 당해 배타조건이 사실상 구속적이라고 인정될 수 있다.

(나) 거래상대방에는 소비자가 포함되지 않으며, 배타조건을 정하는 명칭여하를 불문한다.

(2) 위법성의 판단기준

(가) 배타조건부거래가 관련시장에서의 경쟁을 제한하는지 여부를 위주로 판단한다.

(나) 이 때, 경쟁제한성이 있는지 여부는 다음 사항을 종합적으로 고려하여 배타조건부거래가 물품구입처 또는 유통경로 차단, 경쟁수단의 제한을 통해 자기 또는 계열회사의 경쟁사업자(잠재적 경쟁사업자 포함)를 시장에서 배제하거나 배제할 우려가 있는지 여부를 위주로 판단한다.

① 경쟁사업자가 대체적 물품구입처 또는 유통경로를 확보하는 것이 가능한지 여부. 사업자의 배타조건부거래에도 불구하고 경쟁사업자(신규진입자 등 잠재적 경쟁사업자 포함)가 대체적 물품구입처 및 유통경로를 확보하는 것이 용이한 경우에는 경쟁사업자의 시장배제효과가 낮게 된다.

② 당해 행위로 인해 경쟁사업자가 경쟁할 수 있는 수단을 침해받는지 여부.

③ 행위자의 시장점유율 및 업계순위. 행위자가 선도기업이거나 시장점유율이 높을수록 경쟁사업자의 물품구입처 및 유통경로 차단효과가 커질 수 있다.

④ 배타조건부거래 대상이 되는 상대방의 수 및 시장점유율. 배타조건부거래 상대사업자의 숫자가 많고 그 시장점유율이 높을 경우에는 경쟁사업자의 물품구입처 및 유통경로 차단효과가 커질 수 있다.

⑤ 배타조건부거래 실시기간. 실시기간이 단기인 경우에는 경쟁에 미치는 영향이 미미할 것이나 장기인 경우에는 경쟁에 영향을 미칠 수 있게 된다.

⑥ 배타조건부거래의 의도 및 목적. 배타조건부거래가 사업초기에 시장에의 신규진입목적으로 이루어진 경우에는 경쟁사업자의 물품구입처 및 유통경로 차단효과가 낮을 수 있다.

⑦ 배타조건부거래가 거래지역 제한 또는 재판매가격유지행위 등 타 경쟁제한행위와 동시에 이루어졌는지 여부 등. 동시에 이루어졌을 경우에는 행위자의 시장지위 강화효과가 커질 수 있다.

(다) 배타조건부거래의 경쟁제한성이 있다고 판단되는 경우에도 다음과 같이 합리성이 있다고 인정되는 경우에는 법위반으로 보지 않을 수 있다.

① 당해 상품 또는 용역의 기술성·전문성 등으로 인해 A/S활동 등에 있어 배타조건부거래가 필수 불가피하다고 인정되는 경우

② 배타조건부거래로 인해 타 브랜드와의 서비스 경쟁촉진 등 소비자후생 증대효과가 경쟁제한효과를 현저히 상회하는 경우

③ 배타조건부거래로 인해 유통업체의 무임승

차(특정 유통업자가 판매촉진노력을 투입하여 창출한 수요에 대하여 다른 유통업자가 그에 편승하여 별도의 판매촉진 노력을 기울이지 않고 판로를 확보하는 행위) 방지, 판매 및 조달비용의 절감 등 효율성 증대효과가 경쟁제한효과를 현저히 상회하는 경우 등

(3) 안전지대의 설정

상기의 규정에도 불구하고, 배타조건부거래를 한 사업자의 시장점유율이 10%미만인 경우에는 당해 시장에서의 경쟁제한효과가 미미하다고 보아 원칙적으로 심사면제 대상으로 한다. 다만 시장점유율 산정이 사실상 불가능하거나 현저히 곤란한 경우에는 당해 사업자의 연간매출액이 20억원 미만인 경우를 심사면제 대상으로 한다.

(4) 법위반에 해당될 수 있는 행위(예시)

(가) 경쟁사업자가 유통망을 확보하기 곤란한 상태에서, 시장점유율이 상당한 사업자가 자신의 대리점에 대해 경쟁사업자의 제품을 취급하지 못하도록 함으로써 관련에서의 경쟁을 저해하는 행위

(나) 경쟁사업자가 대체거래선을 찾기 곤란한 상태에서, 대량구매 등 수요측면에서 영향력을 가진 사업자가 거래상대방에 대해 자기 또는 계열회사의 경쟁사업자에게는 공급하지 않는 조건으로 상품이나 용역을 구입함으로써 경쟁의 감소를 초래하는 행위

(다) 시장점유율이 상당한 사업자가 다수의 거래상대방과 업무제휴를 하면서 자기 또는 계열회사의 경쟁사업자와 중복제휴를 하지 않는 조건을 부과함으로써 경쟁의 감소를 초래하는 행위(경쟁사업자가 타 업무제휴 상대방을 찾는 것이 용이하지 않은 경우)

(라) 구입선이 독자적으로 개발한 상품 또는 원재료에 대하여 경쟁사업자에게 판매하지 않는다는 조건으로 구입선과 거래함으로써 경쟁사업자의 생산(또는 판매)활동을 곤란하게 하고 시장에서 경쟁의 감소를 초래하는 행위

(마) 시장점유율이 상당한 사업자가 거래처인 방문판매업자들에 대해 경쟁사업자 제품의 취급증가를 저지하기 위해 자신의 상품판매를 전업으로 하여 줄 것과 경쟁사업자 제품을 취급시에는 자신의 승인을 받도록 의무화하고 이를 어길시에 계약해지를 할 수 있도록 하는 경우

(바) 시장점유율이 상당한 사업자가 자신이 공급하는 상품의 병행수입에 대처하기 위해 자신의 총판에게 병행수입업자와 병행수입품을 취급하고 있는 판매(도매 및 소매)업자에 대해서는 자신이 공급하는 상품을 공급하지 말 것을 지시하는 행위

나. 거래지역 또는 거래상대방의 제한

상품 또는 용역을 거래함에 있어서 그 거래상대방의 거래지역 또는 거래상대방을 부당하게 구속하는 조건으로 거래하는 행위를 말한다.(시행령 별표1)

(1) 대상행위

(가) 거래상대방의 판매지역을 구속하는 행위가 대상이 된다. 판매지역 구속에는 그 구속의 정도에 따라 거래상대방의 판매책임지역을 설정할 뿐 그 지역외 판매를 허용하는 책임지역제(또는 판매거점제), 판매지역을 한정하지만 복수판매자를 허용하는 개방 지역제한제(open territory), 거래상대방의 판매지역을 할당하고 이를 어길 경우에 제재함으로써 이를 강제하는 엄격한 지역제한제(closed territory)로 구분할 수 있다.

(나) 거래상대방의 거래상대방을 제한하는 행위도 대상이 된다. 거래상대방의 영업대상 또는 거래처를 제한하는 행위이다. 예를 들면 제조업자나 수입업자가 대리점(또는 판매업자)을 가정용 대리점과 업소용 대리점으로 구분하여 서로 상대의 영역을 넘지 못하도록 하거나 대리점이 거래할 도매업자 또는 소매업자를 지정하는 행위 등이 해당된다.

(다) 상기의 구속조건은 사업자가 거래상대방이나 거래지역을 일방적으로 강요할 것을 요하지 않으며, 거래상대방의 요구나 당사자의 자발적인 합의에 의한 것을 포함한다. 조건은 그 형태나 명칭을 묻지 않으며, 거래상대방이 사실상 구속을 받는 것으로 충분하다.

(라) 구속의 대상이 되는 거래상대방에는 소

비자가 포함되지 아니한다. 거래지역 제한 또는 거래상대방 제한은 수직적 거래관계에 있는 거래상대방에게 가격 이외의 조건을 구속한다는 점에서 재판매가격유지행위와 구별된다.

(마) 사업자가 자신의 계산과 위험부담 하에 위탁매매인에게 판매대상 등을 지정하는 상법상 위탁매매관계는 거래상대방의 판매지역 또는 거래상대방 제한에 해당되지 않는다.

(2) 위법성의 판단기준

(가) 거래지역 또는 거래상대방 제한이 관련 시장에서의 경쟁을 제한하는지 여부를 위주로 판단한다.

(나) 이 때, 경쟁제한성이 있는지 여부는 다음 사항을 감안하여 브랜드내 경쟁제한효과와 브랜드간 경쟁촉진효과를 비교형량한 후 판단한다.

① 거래지역 또는 거래상대방 제한의 정도. 책임지역제 또는 개방 지역제한제와 지역제한을 위반하여도 제재가 없는 등 구속성이 엄격하지 않은 지역제한의 경우 원칙적으로 허용된다. 지역제한을 위반하였을 때 제재가 가해지는 등 구속성이 엄격한 지역제한제는 브랜드내 경쟁을 제한하므로 위법성이 문제될 수 있다. 또한 거래상대방 제한의 경우도 거래지역제한의 경우에 준하여 판단한다.

② 당해 상품 또는 용역시장에서 브랜드간 경쟁이 활성화되어 있는지 여부. 타 사업자가 생산하는 상품 또는 용역간 브랜드 경쟁이 활성화되어 있다면 지역제한 및 거래상대방 제한은 유통업자들의 판촉활동에 대한 무임승차 경향 방지와 판촉서비스 증대 등을 통해 브랜드간 경쟁촉진효과를 촉진시킬 수 있다.

③ 행위자의 시장점유율 및 경쟁사업자의 숫자와 시장점유율. 행위자의 시장점유율이 높고 경쟁사업자의 수 및 시장점유율이 낮을수록 브랜드내 경쟁제한효과가 유발되는 정도가 커질 수 있다.

④ 지역제한이 재판매가격유지행위 등 타 불공정행위와 병행하여 행해지거나 재판매가격유지의 수단으로 사용되는지 여부. 병행하여 사용될 경우 경쟁제한효과가 클 수 있다.

⑤ 당해 행위로 인해 소비자의 선택권을 침해하거나 서비스 질 제고 및 가격인하 유인이 축소되는지 여부 등

(다) 경쟁제한성이 있다고 판단되는 경우에도 다음과 같이 거래지역 및 거래상대방 제한의 합리성이 있다고 인정되는 경우에는 법위반으로 보지 않을 수 있다.

① 상기 요인 이외에 거래지역 및 거래상대방 제한의 효율성 증대효과나 소비자후생 증대 효과가 경쟁제한효과를 현저히 상회하는 경우

② 거래지역 및 거래상대방 제한에 기타 합리적인 사유가 있다고 인정되는 경우 등

(3) 안전지대의 설정

상기의 규정에도 불구하고, 행위 사업자의 시장점유율이 10%미만인 경우에는 당해 시장에서의 경쟁제한효과가 미미하다고 보아 원칙적으로 심사면제 대상으로 한다. 다만 시장점유율 산정이 사실상 불가능하거나 현저히 곤란한 경우에는 당해 사업자의 연간매출액이 20억원 미만인 경우를 심사면제 대상으로 한다.

(4) 법위반에 해당될 수 있는 행위(예시)

(가) 독과점적 시장구조 하에서 시장점유율이 상당한 제조업자가 대리점마다 영업구역을 지정 또는 할당하고, 그 구역 밖에서의 판촉 내지 판매활동을 금지하면서 이를 위반할 경우 계약해지를 할 수 있도록 하는 경우

(나) 독과점적 시장구조 하에서 시장점유율이 상당한 제조업자가 대리점을 가정용과 업소용으로 엄격히 구분하고 이를 어길 경우에 대리점 계약을 해지할 수 있도록 하는 행위

(다) 제조업자가 재판매가격유지의 실효성 제고를 위해 도매업자에 대해 그 판매선인 소매업자를 한정하여 지정하고 소매업자에 대해서는 특정 도매업자에게서만 매입하도록 하는 행위

8. 사업활동방해

사업자가 다른 사업자의 기술을 부당하게 이용하거나 인력을 부당하게 유인·채용하거나 거래처의 이전을 부당하게 방해하는 등의 방법으로

다른 사업자의 사업활동을 심히 곤란하게 할 정도로 방해할 경우 가격과 질, 서비스에 의한 경쟁을 저해하는 경쟁수단이 불공정한 행위에 해당되므로 금지된다.

가. 기술의 부당이용

다른 사업자의 기술을 부당하게 이용하여 다른 사업자의 사업활동을 심히 곤란하게 할 정도로 방해하는 행위를 말한다.(시행령 별표1)

(1) 대상행위

다른 사업자의 기술을 이용하는 행위가 대상이 된다. 이 때 다른 사업자는 경쟁사업자에 한정되지 않는다. 또한, 다른 사업자의 '기술'이란 특허법 등 관련 법령에 의해 보호되거나 상당한 노력에 의하여 비밀로 유지된 생산방법·판매방법·영업에 관한 사항 등을 의미한다.

(2) 위법성의 판단기준

(가) 기술의 부당이용이 바람직한 경쟁질서를 저해하는 불공정한 경쟁수단에 해당되는지 여부를 위주로 판단한다.

(나) 이 때, 불공정한 경쟁수단에 해당되는지 여부는 다음 사항을 종합적으로 고려하여 판단한다.

① 기술이용의 부당성 여부. 이를 판단하기 위해 기술이용의 목적 및 의도, 당해 기술의 특수성, 특허법 등 관련 법령 위반 여부, 통상적인 업계 관행 등이 고려된다.

② 사업활동이 심히 곤란하게 되는지 여부. 단순히 매출액이 감소되었다는 사실만으로는 부족하며 부도발생 우려, 매출액의 상당한 감소, 거래상대방의 감소 등으로 인해 현재 또는 미래의 사업활동이 현저히 곤란하게 되거나 될 가능성이 있는 경우를 말한다.

(다) 기술의 부당이용이 불공정한 경쟁수단에 해당된다고 판단되더라도 이를 함에 있어 합리적인 사유가 있거나 효율성 증대 및 소비자후생 증대효과가 현저하다고 인정되는 경우에는 법위반으로 보지 않을 수 있다.

(3) 법위반에 해당될 수 있는 행위(예시)

(가) 다른 사업자의 기술을 무단으로 이용하여 다른 사업자의 생산이나 판매활동에 심각한 곤란을 야기 시키는 행위

나. 인력의 부당유인·채용

다른 사업자의 인력을 부당하게 유인·채용하여 다른 사업자의 사업활동을 심히 곤란하게 할 정도로 방해하는 행위를 말한다.(시행령 별표1)

(1) 대상행위

다른 사업자의 인력을 유인·채용하는 행위가 대상이 된다. 이 때 다른 사업자는 경쟁사업자에 한정되지 않는다.

(2) 위법성의 판단기준

(가) 인력의 부당유인·채용이 바람직한 경쟁질서를 저해하는 불공정한 경쟁수단에 해당되는지 여부를 위주로 판단한다.

(나) 이 때, 불공정한 경쟁수단에 해당되는지 여부는 다음 사항을 종합적으로 고려하여 판단한다.

① 인력 유인·채용의 부당성 여부. 이를 판단하기 위해 인력유인 채용의 목적 및 의도, 해당 인력이 사업활동에서 차지하는 비중, 인력유인·채용에 사용된 수단, 통상적인 업계의 관행, 관련 법령 등이 고려된다.

② 사업활동이 심히 곤란하게 되는지 여부. 단순히 매출액이 감소되었다는 사실만으로는 부족하며 부도발생 우려, 매출액의 상당한 감소, 거래상대방의 감소 등으로 인해 현재 또는 미래의 사업활동이 현저히 곤란하게 되거나 될 가능성이 있는 경우를 말한다.

(다) 인력의 부당유인·채용이 불공정한 경쟁수단에 해당된다고 판단되더라도 이를 함에 있어 합리적인 사유가 있거나 효율성 증대 및 소비자후생 증대효과가 현저하다고 인정되는 경우에는 법위반으로 보지 않을 수 있다.

(3) 법위반에 해당될 수 있는 행위(예시)

(가) 다른 사업자의 핵심인력 상당수를 과다한 이익을 제공하거나 제공할 제의를 하여 스카우트함으로써 당해 사업자의 사업활동이 현저히 곤란하게 되는 경우

(나) 경쟁관계에 있는 다른 사업자의 사업활동

방해 목적으로 핵심인력을 자기의 사업활동에는 필요하지도 않는 핵심인력을 대거 스카우트하여 당해 사업자의 사업활동을 현저히 곤란하게 하는 행위

다. 거래처 이전방해

다른 사업자의 거래처이전을 부당하게 방해하여 다른 사업자의 사업활동을 심히 곤란하게 할 정도로 방해하는 행위를 말한다.(시행령 별표1)

(1) 대상행위

거래상대방의 거래처이전을 방해하는 행위가 대상이 된다. 이때 다른 사업자는 경쟁사업자에 한정되지 않는다.

(2) 위법성의 판단기준

(가) 거래처 이전방해가 바람직한 경쟁질서를 저해하는 불공정한 경쟁수단에 해당되는지 여부를 위주로 판단한다.

(나) 이 때, 불공정한 경쟁수단에 해당되는지 여부는 다음 사항을 종합적으로 고려하여 판단한다.

① 거래처 이전방해의 부당성 여부. 이를 판단하기 위해 거래처 이전방해의 목적 및 의도, 거래처 이전방해에 사용된 수단, 당해 업계에서의 통상적인 거래관행, 이전될 거래처가 사업영위에서 차지하는 중요성, 관련 법령 등이 고려된다.

② 사업활동이 심히 곤란하게 되는지 여부. 단순히 매출액이 감소되었다는 사실만으로는 부족하며 부도발생 우려, 매출액의 상당한 감소, 거래상대방의 감소 등으로 인해 현재 또는 미래의 사업활동이 현저히 곤란하게 되거나 될 가능성이 있는 경우를 말한다.

(다) 거래처 이전방해가 불공정한 경쟁수단에 해당된다고 판단되더라도 이를 함에 있어 합리적인 사유가 있거나 효율성 증대 및 소비자후생 증대효과가 현저하다고 인정되는 경우에는 법위반으로 보지 않을 수 있다.

(3) 법위반에 해당될 수 있는 행위(예시)

(가) 거래처이전 의사를 밝힌 사업자에 대하여 기존에 구입한 물량을 일방적으로 반품처리하거나 담보해제를 해주지 않는 행위

라. 기타의 사업활동방해

기술의 부당이용, 인력의 부당유인·채용, 거래처이전방해 외의 부당한 방법으로 다른 사업자의 사업활동을 심히 곤란하게 할 정도로 방해하는 행위를 말한다.(시행령 별표1)

(1) 대상행위

기타의 방법으로 다른 사업자의 사업활동을 현저히 방해하는 모든 행위가 대상이 된다. 방해의 수단을 묻지 않으며, 자기의 능률이나 효율성과 무관하게 다른 사업자의 사업활동을 방해하는 모든 행위를 포함한다. 이 때 다른 사업자는 경쟁사업자에 한정되지 않는다.

(2) 위법성의 판단기준

(가) 사업활동방해가 바람직한 경쟁질서를 저해하는 불공정한 경쟁수단에 해당되는지 여부를 위주로 판단한다.

(나) 이 때, 불공정한 경쟁수단에 해당되는지 여부는 다음 사항을 종합적으로 고려하여 판단한다.

① 사업활동방해의 부당성 여부. 이를 판단하기 위해 사업활동방해의 수단, 당해 수단을 사용한 목적 및 의도, 당해 업계에서의 통상적인 거래관행, 관련 법령 등이 고려된다.

② 사업활동이 심히 곤란하게 되는지 여부. 단순히 매출액이 감소되었다는 사실만으로는 부족하며 부도발생 우려, 매출액의 상당한 감소, 거래상대방의 감소 등으로 인해 현재 또는 미래의 사업활동이 현저히 곤란하게 되거나 될 가능성이 있는 경우를 말한다.

(다) 사업활동방해가 불공정한 경쟁수단에 해당된다고 판단되더라도 이를 함에 있어 합리적인 사유가 있거나 효율성 증대 및 소비자후생 증대효과가 현저하다고 인정되는 경우에는 법위반으로 보지 않을 수 있다.

(3) 법위반에 해당될 수 있는 행위(예시)

(가) 사업영위에 필요한 특정시설을 타 사업자가 이용할 수 없도록 의도적으로 방해함으로써 당해 사업자의 사업활동을 곤란하게 하는 행위

(나) 경쟁사업자의 대리점 또는 소비자에게

경쟁사업자의 도산이 우려된다던지 정부지원 대상에서 제외된다는 등의 근거 없는 허위사실을 유포하여 경쟁사업자에게 대리점계약의 해지 및 판매량감소 등을 야기하는 행위

(다) 타 사업자에 대한 근거없는 비방전단을 살포하여 사업활동을 곤란하게 하는 행위

부 칙

이 지침은 2005년 1월 1일 이후 신고 또는 직권조사 되는 사건에 대해 적용한다.

경품류 제공에 관한 불공정거래행위의 유형 및 기준 지정고시

제　정	1982. 3.19.	경제기획원	고시 제56호
1차개정	1985. 6.29.	경제기획원	고시 제85-2호
2차개정	1990. 11.2.	공정거래위원회	고시 제90-11호
3차개정	1993. 6.17.	공정거래위원회	고시 제1993-12호
4차개정	1995. 3.20.	공정거래위원회	고시 제1995-1호
5차개정	1997. 5.27.	공정거래위원회	고시 제1997-24호
6차개정	1998.12.12.	공정거래위원회	고시 제1998-11호
7차개정	2000. 4.25.	공정거래위원회	고시 제2000-3호
8차개정	2001. 11.9.	공정거래위원회	고시 제2001-15호
9차개정	2004. 1.14.	공정거래위원회	고시 제2004-2호
10차개정	2005. 7. 1.	공정거래위원회	고시 제2005-11호
11차개정	2007. 12.31.	공정거래위원회	고시 제2007-16호

제1장 총 칙

제1조【목적】 이 고시는「독점규제 및 공정거래에 관한 법률 제23조」(불공정거래행위의 금지) 제1항 제3호 전단에 규정하는 "부당하게 경쟁자의 고객을 자기와 거래하도록 유인하는 행위"에 해당되어 금지되는 불공정거래행위의 유형 및 기준을 정함을 목적으로 한다.

제2조【경품류의 정의】 이 고시에서 경품류라 함은 사업자가 자기 또는 자기와 거래관계에 있는 다른 사업자의 상품이나 용역의 거래에 부수하여 일반소비자에게 제공하는 경제상의 이익을 말한다.

제3조【경품류의 종류】 이 고시에서 정하는 경품류의 종류는 다음 각호와 같다.

1. 소비자경품류(사업자가 상품이나 용역의 거래에 부수하여 일반소비자에게 제공하는 경품류를 말한다. 이하 같다)
2. 소비자현상경품류(사업자가 상품이나 용역의 거래에 부수하여 현상의 방법으로 일반소비자에게 제공하는 경품류를 말한다. 이하 같다)
3. 삭제

제4조【경제상 이익】 ①제2조(경품류의 정의)에서 경제상 이익이라 함은 다음 각호의 1에 해당하는 것을 말한다.

1. 물품, 금전, 할인권, 상품권 기타 유가증권
2. 연예, 영화, 운동경기 또는 여행 등에의 초대권
3. 편익 등의 용역
4. 기타 고객을 유인하는 수단으로 인정되는 경제상의 이익

②제1항의 경제상 이익에는 사업자가 특별한 비용을 들이지 아니하고 제공할 수 있는 물품이나 시판되고 있지 아니하는 물품 등이라도 일반소비자가 통상 대가를 지급하지 아니하고는 취득할 수 없는 것이라고 인정되는 경우를 포함한다.

③다음 각호의 1에 해당하는 경우에는 제1항 및 제2항의 경제상 이익에서 제외한다.

1. 사회통념상 정상적인 상관행으로 인정되는 대가의 감액, 인하 또는 수취한 대가의 일부 반환
2. 사회통념상 정상적인 상관행으로 인정되는 아프터서비스
3. 사회통념상 정상적인 상관행으로 인정되는 거래상대방의 노고에 대한 보수
4. 상품의 판매 또는 사용이나 용역의 제공에 부수적으로 필요한 물품 또는 용역을 제공하는 경우로서 사회통념상 정상적인 상관행으로 인정되는 경우
5. 2이상의 상품을 함께 판매하는 것이 상관행으로 되어 있기 때문에 그중 하나를 무료로 제공받았다고 인식하지 아니하는 경우
6. 2이상의 상품에 각각 판매가격이 표시되어 있고 거래상대방이 희망하면 그중 하나만을 구입할 수 있는 경우
7. 기타 당해 상품이나 용역의 성질 또는 내용

등에 비추어 사회통념상 정상적인 상관행으로 인정되는 경우

제5조【거래의 범위】 이 고시에서 상품이나 용역의 거래라 함은 상품이나 용역이 생산되어 최종수요자에게 이를 때까지의 모든 유통단계에서의 거래를 말하며 이에는 판매·임대·교환·예금의 수취·신용의 공여·신용카드 이용자의 모집 등이 포함된다.

제6조【현상의 정의】 ①이 고시에서 현상이라 함은 추첨 기타 우연성을 이용하는 방법 또는 특정행위의 우열이나 정오에 의하는 방법으로 경품류의 제공상대방이나 제공하는 경품류의 가액을 정하는 것을 말한다.

②제1항에서 추첨 기타 우연성을 이용하는 방법이라 함은 다음 각호의 1에 해당하는 경우를 말한다.

1. 추첨권을 사용하는 방법
2. 영수증, 상품의 용기·포장 등을 이용하여 추첨을 행하는 방법
3. 상품의 일부에만 경품류 또는 당첨권을 넣은 후 구입자가 어느 상품에 경품류 또는 당첨권이 들어 있는지 알지 못하게 하는 방법
4. 모든 상품에 경품류 또는 당첨권을 넣되 경품류 또는 당첨권가액에 차등이 있고 구입자가 그 경품류 또는 당첨권의 가액을 알 수 없게 하는 방법
5. 자연현상 기타 미래에 발생될 사건을 대상으로 일정한 조건을 설정하고, 설정된 조건이 이루어지는 경우에 약정된 경품을 거래상대방 모두 또는 일부에게 제공하는 방법

③제1항에서 특정행위의 우열이나 정오에 의하는 방법이라 함은 다음 각호의 1에 해당하는 경우를 말한다.

1. 응모시에 일시적으로 명백하지 아니한 사항에 대한 예상을 모집하여 그 회답의 우열 또는 정오에 의하는 방법
2. 사업자 또는 상품에 관한 정보·지식 기타 취미·오락·교양 등에 관한 문제의 회답을 모집하여 그 회답의 우열 또는 정오에 의하는 방법
3. 경기·연기·유기 등의 우열에 의하는 방법

④이 고시에서 소비자 현상이라 함은 다음 각호의 방법에 의하는 것을 포함한다.

1. 상품의 용기·포장 등에 응모권을 넣는 방법
2. 상품의 용기·포장에 출제하는 방법
3. 상품을 구입함으로써 해답이 용이해지는 문제를 광고 등으로 출제하는 방법
4. 상품의 구입자를 대상으로 하여 경기·연기 등 특정행위에 의하는 방법

제 2 장 부당한 경품류제공행위의 유형 및 기준

제7조【소비자경품류의 부당한 제공행위】 ①사업자가 상품 또는 용역의 거래가액의 10%를 초과하여 소비자경품류를 제공하거나 제공할 것을 제의하는 경우에는 부당한 소비자경품류 제공행위에 해당된다. 다만, 경품류가액이 5,000원 이하인 경우에는 그러하지 아니하다.

②제1항의 규정에도 불구하고「독점규제 및 공정거래에 관한 법률」제29조 제2항에 따라 재판매가격유지행위가 허용되는 간행물(실용도서와 학습참고서Ⅱ를 제외한 발행일로부터 18개월 이내의 모든 간행물)의 거래에 부수한 소비자경품류에 대해서는 제1항 단서의 규정을 적용하지 아니하며, 문화예술진흥법령에서 정하고 있는 도서·문화전용상품권 또는 스포츠관람권을 소비자경품으로 제공하는 경우에는 상품 또는 용역의 거래가액의 20% 이내로 한다.

③다음 각호의 1에 해당하고 사회통념상 정상적인 상관행에 비추어 적당하다고 인정되는 경품류 제공에 대하여는 제1항의 규정을 적용하지 아니한다.

1. 견본 또는 선전용으로 제공하는 당해 상품 또는 용역
2. 자기의 상품이나 용역의 거래에 사용되는 1회한의 할인권 또는 할인을 약속하는 증표
3. 창업, 개업행사 또는 신규사업분야 진출에 따른 신상품발매행사시에 제공하는 물품 및 용역 다만, 이 경우 소비자경품류의 제공기간은 창업

일, 개업일 또는 신상품 발매일로부터 3개월간으로 한다.

제8조【소비자현상경품류의 부당한 제공행위】 ①사업자가 소비자현상경품으로 제공하는 경품가액의 합계액이 경품부상품 또는 용역의 예상매출액의 1%를 초과하거나 소비자현상경품류의 가액이 500만원을 초과하는 소비자현상경품류를 제공하거나, 제공할 것을 제의하는 경우에는 부당한 경품류 제공행위에 해당된다.다만, 사업자가 소비자현상경품으로 제공하는 경품가액의 합계액이 1,000만원 이하인 경우에는 경품부상품 또는 용역의 예상매출액의 1%를 초과하여도 이를 부당한 경품류제공행위로 보지 아니한다.

②제1항의 규정에 불구하고 정기간행물출판업, 경기후원업 및 방송업(TV 홈쇼핑업 제외)을 영위하는 사업자의 경우에는 경품부상품 또는 용역의 예상매출액의 5% 이내로 한다.

③제1항과 제2항의 예상매출액은 다음 각호의 방법에 의하여 산정한다. 다만, 매출액이 전년 동기대비 30% 이상 현저히 변경되거나 전년도 매출액이 없는 경우에는 경품류제공예정기간의 개시일이 속한 달 전월의 마지막날까지의 당해연도 매출액을 연간매출액으로 환산하여 그 금액을 기준으로 한다.

1. 경기후원업 및 방송업을 제외한 기타사업

예상매출액＝

$$\text{경품부상품 또는 용역의 전년도 총매출액} \times \frac{\text{경품제공예정일수}}{365}$$

2. 경기후원업 및 방송업

예상매출액＝

$$\text{경품부상품 또는 용역의 전년도 총매출액} \times \frac{\text{경품제공예정일수}}{\text{연간용역제공일수}}$$

3. 경품이 특정 소비자만을 대상으로 제공되거나 특정 점포에서만 제공되는 경우 예상매출액의 산정은 그 특정 소비자로부터 발생하는 예상매출액 또는 그 특정 점포의 예상매출액을 기준으로 한다.

4. 자기와 거래관계에 있는 다른 사업자의 거래에 부수하여 경품을 제공하는 경우의 예상매출액은 자기와 그 다른 사업자와의 거래액으로 한다.

④다음 각호에 정한 당해 경품행사의 구체적인 내용이 포함되지 않은 표시·광고 행위는 불공정한 행위로 본다.

1. 경품제공 행사기간
2. 경품제공조건 및 경품의 내용 등

⑤창업, 개업행사 또는 신규사업분야 진출 등에 따른 신상품발매행사시에 제공하는 소비자현상경품류에 대하여는 창업일, 개업일 또는 신상품 발매일로부터 3개월간은 제1항 전단의 규정을 적용하지 아니한다.

⑥사업자가 현상의 방법으로 일반소비자에게 경품류 제공행위를 하면서 자기의 상품 또는 용역을 구입한 소비자에 비하여 이를 구입하지 아니한 소비자를 응모방법 또는 응모횟수 등에서 불리하게 차별하는 경우 당해 사업자의 경품류 제공행위는 소비자현상경품류 제공행위로 본다.

제9조【경품류의 제공회수 및 기간】 〈삭제〉

제10조【거래가액등의 산정】 ①경품부상품 또는 용역의 거래가액의 산정은 다음 각호의 방법에 의한다.

1. 경품제공을 조건으로 판매하는 상품이나 용역을 소비자가 실제로 구입하는 데 소요되는 금액을 기준으로 한다.

2. 2이상의 상품이 조합되어 거래단위가 되거나 동일사업자의 점포에서 동일인이 2이상의 상품을 구입한 때에 경품류를 제공하는 경우에는 2이상 상품의 가격의 합계를 기준으로 한다.

3. 상품의 종류에 관계없이 일정금액 이상을 구입한 때에 경품류를 제공하는 경우에는 일정금액을 기준으로 한다.

②경품류가액의 산정은 소비자의 입장에서 얻게 되는 경제상의 이익을 기준으로 한다. 다만, 해당 경제상의 이익의 산정이 객관적으로 곤란한 경우, 다음 각호의 방법에 의한다.

1. 경품류제공사업자가 직접 제조한 경품류의 경우에는 그 제조가격에 25%를 가산한 금액, 다른 사업자로부터 구입한 경품류는 그 구입가격에 25%를 가산한 금액을 각각 경품류가액으로 한다. 다만, 현금 또는 상품권의 경우에는 그 액면가액, 할인권의 경우는 할인되는 금액을 각각 경

품류가액으로 한다.

2. 2이상의 경품류를 제공하는 경우에는 각각의 경품류가액의 합계액을 기준으로 한다.

3. 경품류 제공사업자가 경품류를 무료로 취득한 경우에는 경품류제공사업자에게 그 경품류를 무료로 제공한 자를 기준으로 제1호 또는 제2호에 따라 경품류 가액을 산정한다.

③ 사업자가 2회 이상 또는 계속적으로 상품이나 용역을 제공하는 계약을 소비자와 체결하는 경우에는 다음 각 호의 금액의 합계액을 거래가액으로 본다.

1. 가입비, 회비, 관련기기 구입비 또는 설치비 등 명칭이나 내용이 어떠하든 간에 계약체결 당시 소비자가 사업자에게 지급하는 모든 금액

2. 당해 계약에 따라 소비자가 사업자로부터 상품 또는 용역을 제공받는 대가로 지급하게 될 모든 금액. 다만, 계약체결당시 계약기간 또는 지급할 금액이 확정되지 않은 경우에는 다음 각목에 따른다.

가. 계약기간이 확정되지 않은 경우에는 그 기간을 1년으로 하여 거래가액을 산정한다.

나. 지급할 금액이 확정되지 않은 경우에는 당해 사업자의 직전 1개사업연도에 계약의 목적물과 동일한 상품 또는 용역을 제공받은 다른 소비자들이 당해 사업자에게 지급한 평균금액을 계약기간에 따라 환산한 금액을 거래가액으로 한다. 다만, 직전 사업연도의 거래가액이 없는 경우 경품개시일이 속한 달 전월의 마지막날까지의 당해연도 매출액을 연간매출액으로 환산한 금액을 거래가액으로 한다.

제11조【소비자현상경품류제공기간의 산정기준】 〈삭제〉

제3장 보 칙

제12조【적용배제】 연간 매출액이 200억원 미만인 제조업자 또는 연간 매출액이 20억원 미만인 기타사업자가 제공하는 경품류에 대해서는 이 고시를 적용하지 아니한다. 다만, 제14조(특정한 소비자현상경품의 제공금지)의 규정에 대하여는 그러하지 아니하다.

제13조【경품류의 제공금지대상행위】 〈삭제〉

제14조【특정한 소비자현상경품의 제공금지】 2이상 또는 2회 이상 상품이나 용역을 구입하여야만 문자·회화·부호 및 카드 등의 특정 조합을 제시할 수 있도록 하는 방법에 의한 소비자현상경품류의 제공은 제8조(소비자현상경품류의 부당한 제공행위)의 규정에 불구하고 이를 행하여서는 아니된다.

제15조【기간등의 산정기준】 이 고시에서 기간의 계산은 역년을 기준으로 산정한다.

제16조【타법과의 관계】 사업자가 현상에 의하여 경품류를 제공하고자 하는 경우에 그 현상내용이 사행심을 유발할 우려가 있는 시설 또는 방법에 의하여 영리를 도모코자 하는 행위인 때에는 『사행행위등 규제법』의 적용을 받는다.

제17조【대리점등의 경품류제공행위】 ①다른 사업자의 상품이나 용역을 판매하는 대리점 등의 경품류 제공행위는 해당 대리점 등에 상품이나 용역을 공급하는 사업자가 대리점 등의 경품류 제공행위에 직·간접적으로 관여한 경우 당해 사업자의 경품류 제공행위로 본다.

②제1항의 "사업자가 대리점 등의 경품류 제공행위에 직·간접적으로 관여한 경우"라 함은 다음 각호의 경우를 말한다.

1. 대리점 등에 대하여 경품행사의 시행, 행사의 내용이나 방법 등을 통지하거나 대리점 등에 경품류를 공급하는 회사 등의 선정 또는 경품류의 공급가격을 협의하는 등의 방법으로 관여하는 경우

2. 대리점 등의 경품행사 기간 중 대리점 등에 지급하는 수수료가 경품행사 기간 전에 비하여 현저히 과다하거나 새로운 항목의 수수료를 만들어 지급하는 경우 또는 대리점 등으로부터 받는 각종 비용을 감액하거나 대리점 등에 공급하는 상품이나 용역 등의 공급가격을 낮추는 등의 방법으로 대리점 등을 지원하는 경우

3. 기타 제반 정황으로 보아 대리점 등의 경품류 제공행위에 관여하였다고 인정할 만한 상당한 이유가 있는 경우

③이 조의 "대리점"에는 「가맹사업거래의 공정화에 관한 법률」제2조 제3호의 "가맹점사업자"를 포함하고, "사업자"에는 같은 법률 제2조 제2호의 "가맹본부"를 포함한다.

부 칙 〈2007. 12. 31.〉

제1조【시행일】 이 고시는 2008년 1월 1일부터 시행한다.

제2조【경과조치】 이 고시 시행전에 종료된 거래에 부수하여 행하여진 경품류의 제공에 대해서는 종전의 경품류제공에관한불공정거래행위의유형및기준 지정고시(공정거래위원회고시 제2005-11호)의 규정을 적용한다.

공정거래위원회 회의운영 및 사건절차 등에 관한 규칙

2007.12.31. 공정거래위원회 고시 제2007-14호

제1장 총 칙

제1조【목적】 이 규칙은 독점규제및공정거래에관한법률(이하 "공정거래법"이라 한다) 제48조(조직에 관한 규정) 제2항 및 제55조의2(사건처리절차등)의 규정, 표시·광고의공정화에관한법률(이하 "표시·광고법"이라 한다) 제16조(독점규제및공정거래에관한법률의 준용)의 규정, 하도급거래공정화에관한법률(이하 "하도급법"이라 한다) 제27조(독점규제및공정거래에관한법률의 준용)의 규정, 약관의규제에관한법률(이하 "약관법"이라 한다) 제19조(약관의 심사청구등) 내지 제22조(의견진술)·제30조의2(독점규제및공정거래에관한법률의 준용) 및 동법 시행령 제13조(공정거래위원회의 심의 의결절차등)의 규정, 방문판매등에관한법률(이하 "방문판매법"이라 한다) 제50조(독점규제및공정거래에관한법률의 준용)의 규정, 전자상거래등에서의소비자보호에관한법률(이하"전자상거래소비자보호법"이라 한다) 제39조(독점규제및공정거래에관한법률의 준용)의 규정, 가맹사업거래의공정화에관한법률(이하 "가맹사업법"이라 한다) 제37조(독점규제및공정거래에관한법률의 준용)의 규정에 의하여 공정거래위원회(이하"위원회"라 한다)의 회의 및 그 운영과 사건의 조사·심사, 심의·결정·의결 및 그 처리절차에 관한 세부사항 등을 정함을 목적으로 한다.

제2조【적용범위】 ① 이 규칙은 공정거래법, 표시·광고법, 하도급법, 약관법, 방문판매법, 전자상거래소비자보호법, 가맹사업법 관련사항에 대하여 적용한다.

② 이 규칙에서 명시적으로 규정되지 아니한 표시·광고법, 하도급법, 약관법, 방문판매법, 전자상거래소비자보호법 및 가맹사업법상의 근거규정은 특별한 사정이 없는 한 공정거래법상의 해당 법조만을 규정함으로써 이에 갈음한다.

제3조【기간의 계산】 기간의 계산은 민법 제156조(기간의 기산점) 내지 제161조(공휴일과 기간의 만료점)의 규정에 따른다.

제2장 전원회의 및 소회의 운영

제4조【전원회의의 심의 및 결정·의결사항】 ① 전원회의는 다음 각호의 1에 해당하는 사항에 대하여 심의 및 결정·의결할 수 있다.

1. 공정거래법 제3조(독과점적 시장구조의 개선등)의 규정에 의한 독점규제 및 공정거래에 관한 주요정책 및 주요업무계획의 수립·시행에 관한 사항

2. 위원회 소관 법률·시행령·시행규칙의 제정 또는 개정에 관한 사항

3. 다음 각목의 1에 해당하는 유형 및 기준의 제정·고시에 관한 사항

가. 공정거래법 시행령 제4조(매출액 또는 구매액의 산정방법 등) 제4항, 제5조(남용행위의 유형 또는 기준) 제3항 제4호, 제4항 제4호 및 제6항의 규정에 의한 시장지배적사업자의 판단기준과 남용행위의 유형 및 기준, 제32조(부당한 국제계약의 체결제한) 제2항의 규정에 의한 국제계약상 부당한 공동행위와 불공정거래행위 및 재판매가격유지행위의 유형 및 기준, 동법 시행령 제21조의3(탈법행위의 유형 및 기준) 제1항 및 제2항의 규정에 의한 탈법행위의 유형 및 기준과 기업결합 관련 탈법행위에 관한 세부기준, 동법 시행령 제36조(불공정거래행위의 지정) 제2항의 규정에 의한 특정분야 또는 특정행위에 있어서의 불공정거래행위에 관한 세부기준

나. 표시·광고법 시행령 제3조(부당한 표시·광고의 내용) 제5항의 규정에 의한 부당한 표시·광고의 세부기준

다. 방문판매법 제10조(손해배상청구금액의 제한 등) 제2항의 규정에 의한 손해배상액의 산정기준, 제11조(금지행위) 제2항의 규정에 의한 방문판매자등이 준수하여야 할 기준, 제23조(금지행위) 제4항의 규정에 의한 다단계판매자가 준수하여야 할 기준, 제30조(계약해지 또는 해제의 효과와 위약금 등) 제5항의 규정에 의한 위약금 및 대금의 환급에 관한 산정기준 및 제32조(금지행위 등) 제2항의 규정에 의한 계속거래업자 등이 준수하여야 할 기준

라. 전자상거래소비자보호법 제19조(손해배상청구금액의 제한등) 제2항의 규정에 의한 손해배상액의 산정기준, 제21조(금지행위) 제2항의 규정에 의한 전자상거래를 행하는 사업자 또는 통신판매업자가 준수하여야 할 기준

4. 다음 각목의 1에 해당하는 지정·고시에 관한 사항

가. 공정거래법 제7조(기업결합의 제한) 제5항의 규정에 의한 기업결합심사기준의 고시, 동법 제11조의2(대규모내부거래의 이사회 의결 및 공시)와 동법 시행령 제17조의8(대규모내부거래의 이사회 의결 및 공시)의 규정에 의한 대규모내부거래의 이사회 의결 및 공시에 관한 사항 고시, 동법 제17조의2(시정조치등에 대한 특례) 및 동법 시행령 제23조의2(시정조치등에 대한 특례)의 규정에 의한 의결권행사가 금지되는 주식의 공시에 관한 사항 고시, 동법 제29조(재판매가격유지행위의 제한) 제4항의 규정에 의한 재판매가격유지행위를 할 수 있는 상품의 지정·고시, 동법 시행령 제15조(지주회사의 설립·전환의 신고등)의 규정에 의한 지주회사의 설립·전환의 신고요령 고시, 동법 시행령 제15조의6(지주회사의 주식소유현황등의 보고)의 규정에 의한 지주회사의 주식소유현황 등의 보고요령 고시, 동법 시행령 제18조(기업결합의 신고등) 제2항의 규정에 의한 기업결합의 신고요령 고시, 동법 시행령 제43조(재판매가격유지행위가 허용되는 저작물)의 규정에 의한 재판매가격유지행위가 허용되는 저작물의 지정, 동법 시행령 제48조(국제계약의 심사요청) 제1항 및 제2항의 규정에 의한 국제계약심사요청요령 고시

나. 표시·광고법 제4조(중요한 표시·광고사항의 고시)의 규정에 의한 중요한 표시·광고사항의 고시

다. 하도급법 제2조(정의) 제6항의 규정에 의한 업에 따른 물품범위의 지정·고시

라. 방문판매법 시행령 제14조(재화등이 일부 소비된 경우등의 비용청구범위) 제2항의 규정에 의한 재화 등이 일부 소비된 경우 등의 비용청구범위에 관한 세부기준의 지정·고시

마. 전자상거래소비자보호법 제13조(신원 및 거래조건에 대한 정보의 제공) 제3항의 규정에 의한 통신판매업자의 상호 등에 관한 사항 및 거래조건에 대한 표시·광고 및 고지의 방법의 지정·고시, 동법 제15조(재화등의 공급등) 제3항의 규정에 의해 재화 등의 공급절차 및 진행상황 확인을 위해 통신판매업자에게 요구되는 조치에 필요한 사항의 지정·고시

바. 가맹사업법 시행령 제3조(가맹금의 정의) 제2항의 규정에 의한 적정한 도매가격의 고시, 동법 시행령 제4조(정보공개서의 기재사항) 제3항의 규정에 의한 세부적인 정보공개사항의 고시, 동법 시행령 제7조(정보공개서의 표준양식)의 규정에 의한 정보공개서의 표준양식 고시, 동법 시행령 제9조(수익률의 표시·광고 또는 설명에 대한 자료) 제2항의 규정에 의한 수익률 표시·광고 또는 설명에 대한 자료의 세부적 사항의 고시, 동법 시행령 제13조(불공정거래행위의 유형 및 기준) 제2항의 규정에 의한 세부적인 불공정거래행위의 유형 또는 기준 고시, 동법 시행령 제29조(상담사의 자격시험등) 제9항의 규정에 의한 시험관리에 필요한 사항의 고시, 동법 제31조(등록취소 및 자격정지) 제2항의 규정에 의한 상담사의 보수교육에 대한 고시

5. 다음 각목의 1에 해당하는 지침의 제정·고시에 관한 사항

가. 공정거래법 제23조(불공정거래행위의 금지) 제3항의 규정에 의한 불공정거래행위 예방을 위한 지침, 동법 제26조(사업자단체의 금지행위) 제3항의 규정에 의한 사업자단체가 준수하여야

할 지침

나. 방문판매법 제33조(소비자보호지침 제정등) 제1항의 규정에 의한 소비자보호지침

다. 전자상거래소비자보호법 제23조(전자상거래등에서의 소비자보호지침의 제정등) 제1항의 규정에 의한 소비자보호지침

6. 다음 각목의 1에 해당하는 지정 또는 고시 등에 관한 사항

가. 공정거래법 제14조(상호출자제한기업집단등의 지정등)의 규정에 의한 상호출자제한기업집단, 출자총액제한기업집단 및 채무보증제한기업집단(이하 "상호출자제한기업집단등"이라 한다)의 지정 및 지정제외, 동법 제55조의5(과징금징수 및 체납처분) 및 동법 시행령 제61조의2(과징금의 징수 및 가산금)의 규정에 의한 체납과징금에 대한 가산금 요율 고시, 동법 제55조의6(과징금 환급가산금) 및 동법 시행령 제64조의4(환급가산금 요율)의 규정에 의한 환급가산금 요율 고시, 동법 시행령 제9조(과징금의 산정방법) 및 제61조(과징금 부과기준) 제2항의 규정에 의한 과징금부과세부기준 등에 관한 고시

나. 표시·광고법 시행령 제12조(과징금의 산정방법)의 규정에 의한 과징금부과세부기준 등에 관한 고시

다. 하도급법 제11조(부당감액의 금지) 제3항과 제13조(하도급대금의 지급등) 제7항의 규정에 의한 이자율 및 제13조(하도급대금의 지급등) 제8항의 규정에 의한 할인율 고시, 동법 제6조(선급금의 지급)의 규정에 의한 선급금 등 지연지급시의 지연이자율 고시, 동법 제15조(관세등 환급액의 지급) 제3항의 규정에 의한 관세 등 환급액의 지연지급시의 지연이자율 고시

라. 방문판매법 제9조(청약철회등의 효과) 제2항의 규정에 의한 지연이자율 고시

마. 전자상거래소비자보호법 제18조(청약철회등의 효과) 제2항의 규정에 의한 지연이자율 고시

7. 다음 각목의 1에 해당하는 제정 또는 개정에 관한 사항

가. 공정거래법 제48조(조직에 관한 규정) 제2항의 규정에 의한 규칙의 제정 또는 개정, 동법 제55조의2(사건처리절차등)의 규정에 의한 사건절차 등의 제정 또는 개정, 동법 시행령 제66조(시행세칙)의 규정에 의한 고시의 제정 또는 개정

나. 표시·광고법 제9조(과징금) 및 동법 시행령 제15조(과징금 부과기준) 제3항의 규정에 의한 과징금부과 세부기준의 제정 또는 개정, 동법 시행령 제18조(시행세칙)의 규정에 의한 고시의 제정 또는 개정, 동법 시행령 제18조(시행세칙)의 규정에 의한 고시의 제정 또는 개정

다. 하도급법 시행령 제3조의2(건설하도급 계약이행 및 대금지급보증) 제1항 제2호의 규정에 의한 건설하도급대금지급보증의 면제범위와 관련한 고시의 제정 또는 개정, 동법 시행령 제14조의2(과징금 부과기준) 제3항의 규정에 의한 과징금의 부과에 관하여 필요한 사항의 제정 또는 개정

8. 공정거래법 제55조의4(과징금 납부기한의 연장 및 분할납부)의 규정에 따라 전원회의에서 과징금납부명령을 받은 자가 제기한 납부기한의 연장 또는 분할납부 신청 및 취소에 관한 사항

9. 전원회의가 명한 기업결합에 대한 시정조치를 이행하지 아니한 자에 대하여 공정거래법 제17조의3(이행강제금)의 규정에 의하여 부과하는 이행강제금에 관한 사항

10. 공정거래법 제53조(이의신청) 제2항의 규정에 의한 이의신청에 대한 재결

② 공정거래법 제37조의3(전원회의 및 소회의 관장사항) 제1항 제5호의 규정에 의한 경제적 파급효과가 중대한 사항이라 함은 다음 각호의 1에 해당하는 경우를 말한다.

1. 공정거래법 제3조의2(시장지배적지위의 남용금지) 제1항 각호의 1에 해당하고 당해 시장의 매출액 규모가 500억원 이상인 경우

2. 공정거래법 제7조(기업결합의 제한) 제1항 또는 제3항의 규정에 위반한 기업결합을 한 대규모회사에 대한 시정조치 또는 이행강제금의 부과, 합병 또는 회사설립의 무효의 소의 제기에 관한 사항

3. 대규모회사가 행하는 기업결합으로서 공정거래법 제7조(기업결합의 제한) 제2항의 규정에 해당하는 기업결합에 관한 사항

4. 공정거래법 제8조의2(지주회사의 행위제한 등) 또는 제8조의3(채무보증제한기업집단의 지주회사 설립제한)의 규정을 위반한 자에 대한 시정조치 및 과징금부과 등에 관한 사항

5. 공정거래법 제9조(상호출자의 금지등), 제10조(출자총액의 제한), 제10조의2(계열회사에 대한 채무보증의 금지), 제11조(금융회사 또는 보험회사의 의결권 제한) 및 제15조(탈법행위의 금지)의 규정을 위반한 상호출자제한기업집단 등 소속회사에 대한 시정조치 및 과징금부과 등에 관한 사항

5의2. 공정거래법 제17조의2(시정조치등에 대한 특례)의 규정에 의한 의결권행사 금지명령, 과징금 부과 등에 관한 사항

6. 다음 각목의 1에 해당하는 사업자가 공정거래법 제19조(부당한 공동행위의 금지) 제1항 각호의 1에 해당하는 행위를 한 경우

가. 동종업종에서의 시장규모가 500억원 이상인 시장에서 공동행위에 참가한 사업자의 시장점유율이 50%이상

나. 입찰담합의 경우 계약금액 200억원 이상

7. 공정거래법 제19조(부당한 공동행위의 금지) 제2항의 규정에 의한 공동행위의 인가에 관한 사항

8. 다음 각목에 해당하는 사업자단체가 공정거래법 제26조(사업자단체의 금지행위) 제1항 각호의 1및 표시·광고법 제6조(사업자단체의 표시·광고제한행위의 금지) 제1항에 해당하는 행위를 한 경우

가. 지회 등이 4개 광역시·도 이상의 지역에 분포된 사업자단체로서 본회 가 주도한 경우

나. 구성사업자의 업종시장규모가 1조원 이상

9. 다음 각목의 1에 해당하는 사업자단체의 금지행위 또는 제한행위의 인가·인정에 관한 사항

가. 공정거래법 제26조(사업자단체의 금지행위) 제2항 및 동법 시행령 제40조(사업자단체의 경쟁제한행위 인가등)의 규정에 의한 사업자단체의 경쟁제한행위의 인가

나. 표시·광고법 제6조(사업자단체의 표시·광고제한행위의 금지) 및 동법 시행령 제7조(사업자단체의 표시·광고제한행위 인정절차)의 규정에 의한 사업자단체의 표시·광고제한행위의 인정

10. 상호출자제한기업집단 등 소속 회사가 계열회사에 대하여 공정거래법 제23조(불공정거래행위의 금지) 제1항 제1호 및 제7호에서 규정하고 있는 다음 각목의 1에 해당하는 불공정거래행위를 한 경우

가. 상품·용역거래의 경우 시가차액의 1억원 이상 지원

나. 자금·자산지원의 경우 부당한 지원행위의 심사지침 기준의 2배 이상 지원

11. 다음 각목의 1에 해당하는 사업자의 법위반행위 중 당해 위반행위와 관련된 거래금액이 100억원 이상이거나 심사관의 조치의견이 시정조치와 함께 과징금을 부과하는 경우

가. 정부조직법 및 기업예산회계법의 적용을 받는 정부기업

나. 정부투자기관관리기본법의 적용을 받는 정부투자기관

다. 정부투자기관이 1대주주인 정부투자기관의 출자회사

라. 정부출자기관

마. 기타 특별법에 설립근거를 두고 있는 사업자

12. 모기업이 외국에 소재하는 사업자의 법위반행위 중 당해 위반행위와 관련된 거래금액이 10억원 이상이거나 통상마찰 등이 우려되는 경우

13. 공정거래법 제71조(고발) 제3항의 규정에 의하여 검찰총장이 고발요청을 한 사항 중 사안이 중요하다고 인정되는 경우

③ 제1항, 제2항 및 제5조 제1항의 규정에 불구하고 위원장 또는 소회의가 필요하다고 인정하는 경우에는 당해 사건 등을 전원회의에 부의할 수 있다.

제5조 【소회의의 심의 및 결정·의결사항】 ① 소회의는 다음 각호의 1에 해당하는 사항에 대하여

심의 및 결정·의결할 수 있다.

1. 다음 각목의 1의 규정에 따라 시정에 필요한 조치 등을 명하는 사항

가. 공정거래법 제5조(시정조치), 제16조(시정조치)(대규모회사 외의 자가 행하는 기업결합에 한한다), 제21조(시정조치), 제24조(시정조치), 제27조(시정조치), 제30조(재판매가격유지계약의 수정), 제31조(시정조치), 제34조(시정조치)

나. 표시·광고법 제6조(사업자단체의 표시·광고제한행위의 금지) 제3항, 제7조(시정조치)

다. 하도급법 제25조(시정조치)

라. 약관법 제17조의2(시정조치)

마. 방문판매법 제42조(시정조치)

바. 전자상거래소비자보호법 제32조(시정조치)

사. 가맹사업법 제33조(시정조치)

2. 다음 각목의 1의 규정에 따라 과징금 또는 이행강제금의 부과 및 납부 등을 명하는 사항

가. 공정거래법 제6조(과징금), 제17조(과징금), 제22조(과징금), 제24조의2(과징금), 제28조(과징금), 제31조의2(과징금), 제34조의2(과징금)

나. 공정거래법 제55조의4(과징금 납부기한의 연장 및 분할납부)의 규정에 따라 소회의에서 과징금 납부명령을 받은 자가 제기한 과징금 납부기한의 연장 및 분할납부 신청에 관한 사항

다. 소회의가 명한 기업결합에 대한 시정조치를 이행하지 아니한 자에 대하여 공정거래법 제17조의3(이행강제금)의 규정에 의하여 부과하는 이행강제금에 관한 사항

라. 표시·광고법 제9조(과징금)

마. 하도급법 제25조의3(과징금)

바. 방문판매법 제44조(과징금)

사. 전자상거래소비자보호법 제34조(과징금)

아. 가맹사업법 제35조(과징금)

3. 다음 각목의 1에 해당하는 인정·승인 등에 관한 사항

가. 대규모회사 외의 자가 행하는 기업결합으로서 공정거래법 제7조(기업결합의 제한) 제2항의 규정에 해당하는 기업결합

나. 〈삭제〉

다. 공정거래법 제17조의2(시정조치등에 대한 특례) 제3항의 규정에 의한 의결권을 행사할 수 없는 주식의 직권결정 및 동법 제18조(시정조치의 이행확보) 제4항의 규정에 의한 의결권을 행사할 수 없는 주식의 지정

4. 대규모회사 외의 자가 행하는 기업결합에 대한 공정거래법 제16조(시정조치) 제2항의 규정에 의한 회사의 합병 또는 설립무효의 소의 제기에 관한 사항

5. 공정거래법 제23조(불공정거래행위의 금지) 제5항의 규정에 의한 공정경쟁규약심사에 관한 사항

6. 공정거래법 제53조의2(시정조치명령의 집행정지) 제1항의 규정에 의한 집행정지의 결정 및 동조 제2항의 규정에 의한 취소에 관한 사항

7. 공정거래법 제53조(이의신청)의 규정에 의한 이의신청에 대한 재결기간의 연장결정에 관한 사항

8. 표시·광고법 제5조(표시·광고내용의 실증) 제3항의 규정에 의한 실증자료의 심의에 관한 사항, 제4항 및 동법 시행령 제6조(실증자료의 공개) 제1항의 규정에 의한 실증자료의 공개에 관한 사항

9. 다음 각목의 1에 해당하는 과태료의 부과 및 납부 등을 명하는 사항

가. 공정거래법 제69조의2(과태료)

나. 표시·광고법 제20조(과태료)

다. 하도급법 제30조의2(과태료)

라. 약관법 제34조(과태료)

마. 방문판매법 제58조(과태료)

바. 전자상거래소비자보호법 제45조(과태료)

사. 가맹사업법 제43조(과태료)

10. 다음 각목의 1의 규정에 해당하여 관계기관 등에 협조를 의뢰하는 사항

가. 공정거래법 제14조의4(관계기관에 대한 자료의 확인요구등), 제64조(관계기관등의 장의 협조) 제3항의 규정에 따라 필요한 협조의 의뢰·요청 등에 관한 사항과 제66조(벌칙) 내지 제69조(벌칙)의 규정을 위반한 자에 대한 고발

나. 표시·광고법 제15조(관계기관등의 장의

협조) 제2항, 제3항 및 제4항의 규정에 따라 필요한 협조의 의뢰·요청 등에 관한 사항과 제17조(벌칙) 및 제18조(벌칙)의 규정을 위반한 자에 대한 고발

다. 하도급법 제26조(관계행정기관의 장의 협조) 제2항의 규정에 의한 입찰참가자격제한 및 영업정지요청 등에 관한 사항과 제30조(벌칙)의 규정을 위반한 자에 대한 고발

라. 약관법 제32조(벌칙)의 규정을 위반한 자에 대한 고발 및 약관법 제18조(관청인가약관등)의 규정에 의한 시정요청 또는 시정권고

마. 가맹사업법 제36조(관계행정기관의 장의 협조)의 규정에 따라 필요한 협조의 의뢰·요청 등에 관한 사항과 제41조(벌칙)의 규정을 위반한 자에 대한 고발

바. 방문판매법 제43조(소비자피해분쟁조정의 요청) 제1항에 따라 필요한 조정의뢰 등에 관한 사항과 제51조(벌칙) 내지 제56조(벌칙)의 규정을 위반한 자에 대한 고발

사. 전자상거래소비자보호법 제33조(소비자피해분쟁조정의 요청) 제1항에 따라 필요한 조정의뢰 등에 관한 사항과 제40조(벌칙) 내지 제43조(벌칙)의 규정을 위반한 자에 대한 고발

11. 표시·광고법 제8조(임시중지명령)의 규정에 의한 임시중지명령에 관한 사항

12. 표시·광고법 제14조(표시·광고의 자율규약)의 규정에 의한 자율규약의 심사에 관한 사항

13. 약관법 제19조의2(표준약관의 심사청구)의 규정에 의한 표준약관의 심사에 관한 사항

14. 방문판매법 제24조(소비자등의 침해정지요청)의 규정에 의한 침해정지조치에 관한 사항

② 제1항의 규정에 불구하고 위원장이 필요하다고 인정하는 경우에는 당해 사건 등을 소회의에 부의할 수 있다.

제6조【의사 및 의결정족수】 ① 전원회의의 의사는 공정거래위원회 위원장(이하 "위원장"이라 한다)이 주재(이하 회의 주재자를 "의장"이라 한다)하며, 재적위원 과반수의 찬성으로 결정 또는 의결한다.

② 제1항에서 위원장이 사고 등으로 인하여 의장의 직무를 수행할 수 없을 때에는 부위원장이, 위원장 및 부위원장이 모두 사고로 인하여 직무를 수행할 수 없을 때에는 선임상임위원의 순으로 각각 그 직무를 대행한다.

③ 소회의의 의사는 상임위원 중 위원장이 지정하는 위원이 주재하며 재적위원 전원의 찬성으로 결정 또는 의결한다.

④ 소회의에 있어 공정거래법 제44조(위원의 제척·기피·회피)에 규정한 제척·기피·회피사유에 해당하는 위원이 있는 경우 위원장은 당해 안건을 다른 소회의에서 심의하도록 하거나 당해 안건에 한하여 다른 소회의의 위원을 그 소회의의 위원으로 지정할 수 있다.

⑤ 위원장은 긴급을 요하는 경우 즉시 전원회의 또는 소회의를 소집할 수 있다.

제7조【간사등】 ① 전원회의 및 소회의(이하 "각 회의"라 한다)에 상정할 안건의 정리·배부 등의 업무를 처리하기 위하여 간사 1인을 둔다.

② 간사는 사무처 심판관리관실 소속 심판행정팀장 또는 서기관이 된다.

③ 간사는 회의개최의 예정을 명확하게 하기 위하여 의사일정표를 작성하고 위원장의 결재를 받아 이를 각 위원 및 사무처 각 해당과에 배포한다.

④ 간사는 회의록을 작성하여야 하며, 부득이한 경우를 제외하고는 차기 각 회의에 보고한 후 비치하여야 한다. 다만, 회의록은 각 회의에 대한 녹음으로 이를 갈음할 수 있다

⑤ 심판관리관은 각 회의에 참여하여 의안과 관련한 법리 등 기타 의견을 진술할 수 있다.

제8조【의안의 구분】 ① 간사는 각 회의의 의장과 협의하여 의안을 결정사항, 의결사항, 보고사항 또는 토의사항으로 구분하여 준비한다.

② 제1항에서 결정 또는 의결사항이라 함은 각 회의의 결정 또는 의결을 구하는 의안을 말한다. 다만, 이 결정 또는 의결사항에는 피심인이 있는 사건의안과 정책결정 등과 같은 정책의안이 포함된다.

③ 제1항에서 보고사항이라 함은 각 회의의 토의를 필요로 하지 아니하는 사무처의 보고를 위

한 안건을 말한다.

④ 제1항에서 토의사항이라 함은 각 회의의 결정 또는 의결 이전에 각 위원이 자유로운 토론을 통해 결론을 도출할 필요가 있는 사안을 말하며, 각 회의의 의장은 회의진행 과정에서 결론이 도출되고 결정 또는 의결을 하는 것이 적당하다고 인정하는 경우에는 이를 결정 또는 의결사항으로 변경하여 처리할 수 있다.

제9조【사건처리절차의 준용】 각 회의는 제4조(전원회의의 심의 및 결정·의결사항) 및 제5조(소회의의 심의 및 결정·의결 사항)에 규정된 사항을 심의 및 결정·의결하는데 있어서 필요한 경우 제3장(사건처리절차)의 각 규정 등을 준용할 수 있다.

제 3 장 사건처리절차

제 1 절 조사 및 심사절차

제10조【사전심사】 ① 사무처장은 공정거래법 제49조(위반행위의 인지·신고등), 표시·광고법 제16조(독점규제및공정거래에관한법률의 준용) 제2항 및 제8조(임시중지명령) 제2항, 하도급법 제22조(위반행위의 신고등), 약관법 제19조(약관의 심사청구등), 방문판매법 제37조(위반행위의 조사등) 제1항 및 제4항, 동법 제24조(소비자등의 침해정지요청) 또는 전자상거래소비자보호법 제26조(위반행위의 조사등) 제1항 및 제4항, 가맹사업법 제37조(독점규제및공정거래에관한법률의 준용) 제1항의 규정에 의하여 공정거래법, 표시·광고법, 하도급법, 약관법, 방문판매법, 전자상거래소비자보호법 또는 가맹사업법의 규정에 위반한 혐의가 있는 사실을 인지하거나 신고(인터넷을 통한 신고는 포함하고, 상담, 공정거래모니터요원·공정거래대민정보서비스시스템의 제보방을 통한 제보 등은 제외한다), 임시중지명령요청, 심사청구 또는 침해정지요청을 받은 때에는 이를 심사할 공무원(이하 "심사관"이라 한다)으로 하여금 제11조(심사절차의 개시)의 심사절차의 개시에 앞서 사실에 대한 조사와 사전심사를 하게 할 수 있다.

② 제1항의 신고 또는 심사청구를 하고자 하는 자는 다음 각호의 서식에 따른 신고서 또는 심사청구서를 위원회에 제출하여야 한다.

1. 공정거래법 제49조(위반행위의 인지·신고등) 제2항 및 동법 시행령 제54조(위반행위의 신고방법)에 의한 신고: 별지 제1호 내지 제3호 서식
2. 가맹사업법 제37조(독점규제및공정거래에관한법률의 준용) 제1항에 의한 신고: 별지 제4호 서식
3. 약관법 제19조(약관의 심사청구등)에 의한 심사청구: 별지 제5호 서식
4. 표시·광고법 제16조(독점규제및공정거래에관한법률의 준용) 제2항에 의한 신고: 별지 제6호 서식
5. 전자상거래소비자보호법 제26조(위반행위의 조사등) 제4항에 의한 신고: 별지 제7호 서식
6. 방문판매법 제37조(위반행위의 조사등) 제4항에 의한 신고: 별지 제8호 서식
7. 하도급법 제22조(위반행위의 신고등) 및 동법 시행령 제5조(위반행위의 신고 및 통지)에 의한 신고: 별지 제9호 서식

③ 심사관은 제2항에 의한 신고서 양식에 의하지 아니하거나 내용이 충분하지 아니한 신고나 심사청구에 대하여는 신고인에게 보완을 요구할 수 있다.

④ 심사관은 조사공무원으로 하여금 제1항의 사실에 대한 조사 및 사전심사를 행하게 할 수 있다. 다만, 신고의 경우에는 제1항에 의한 조사 및 사전심사 여부를 소속 직원을 거치지 않고 반드시 심사관 소속 각 팀장 또는 과장(지방사무소의 경우)이 직접 결정하도록 한다.

⑤ 제4항 단서의 경우 심사관 소속 팀장 또는 과장(지방사무소의 경우)은 신고사실이 제12조(심사절차를 개시하지 아니할 수 있는 경우) 각 호의 1에 해당하는지 여부를 지체없이 판단하여 심사관에게 보고하여야 한다.

⑥ 심사관은 공정거래위원회 직제의 규정에 의하여 당해 사건이 속하는 업무를 관장하는 본부

장, 심판관리관, 단장 또는 지방사무소장이 된다.

⑦ 사무처장은 당해 사건이 속하는 업무의 소관이 분명하지 아니하거나 제6항의 규정에 의한 심사관이 당해 사건의 심사에 적합하지 아니하다고 인정하는 경우에는 공정거래위원회 소속인 4급 이상 공무원 또는 고위공무원단에 속하는 공무원 중에서 심사관을 지정할 수 있다.

제11조【심사절차의 개시】 ① 심사관은 제10조(사전심사) 제1항의 규정에 의한 조사 및 사전심사의 결과 제12조(심사절차를 개시하지 아니할 수 있는 경우) 각호의 1에 해당하지 않는다고 인정되는 경우에는 위원장에게 다음 각호의 사항을 서면 또는 전산망을 이용하여 보고(이하 "사건심사착수보고"라 한다)하여야 한다.

1. 사건명
2. 사건의 단서
3. 사건의 개요
4. 관계법조

② 심판관리관은 제1항의 규정에 의한 사건심사착수보고가 있는 때에는 사건번호를 부여하여야 한다.

③ 심사관 또는 조사공무원은 신고내용에 대하여 제1항의 규정에 의거 사건심사착수보고를 한 경우에는 이를 신고인에게 통지할 수 있다.

제11조의2【이첩처리】 심사관은 공정경쟁규약의 적용대상이 되는 신고사건에 대하여는 관련 법령이나 규칙·고시 등에 그 처리근거가 명시되어 있는 경우에 해당 사업자단체에 이첩하여 우선적으로 처리하도록 할 수 있다.

제11조의3【소비자피해사건 자율처리】 심사관은 표시·광고법, 방문판매법, 전자상거래소비자보호법 위반행위와 관련한 소비자의 신고가 다음 각호에 해당하는 경우에는 이를 해당사업자에게 통보하여 자율적으로 처리하도록 할 수 있다.

1. 소비자의 신고내용이 개별 피해구제를 목적으로 할 것
2. 사업자가 공정거래위원회가 정한 기준에 따른 소비자불만 자율관리 프로그램을 실질적으로 도입하여 운용하고 있을 것
3. 소비자가 사업자와의 자율처리를 수락할 것

② 심사관은 사업자로 하여금 제1항에 따른 자율처리를 하게 한 경우에는 조사 및 심사절차를 개시하지 아니할 수 있다.

③ 제1항 및 제2항에도 불구하고 소비자의 신고가 다음 각호의 1에 해당하는 경우에는 제2항을 적용하지 아니한다.

1. 다수피해자가 있는 신고사건
2. 공정거래위원회가 정하는 일정기간 동안 자율처리가 완료되지 아니하는 경우
3. 자율처리가 공익에 반하는 경우 등 자율처리가 적절하지 아니하다고 심사관이 판단하는 경우

제12조【심사절차를 개시하지 아니할 수 있는 경우】 ① 심사관은 사전심사를 마친 후 제10조(사전심사) 제1항의 사실이 다음 각호의 1에 해당한다고 인정되는 경우에는 심사절차를 개시하지 아니한다는 결정을 할 수 있다.

1. 공정거래법 제2조(정의)제1호의 규정에 의한 "사업자" 요건을 충족하지 아니하는 경우
2. 공정거래법 제12장(적용제외) 각조의 규정에 해당하는 경우
3. 공정거래법 제49조(위반행위의 인지·신고등) 제4항 규정에 의한 기간이 경과된 경우(단서에 의한 경우는 제외)
4. 하도급법 제2조(정의) 제1항 내지 제3항의 규정에 의한 "하도급거래", "원사업자", "수급사업자" 요건을 충족하지 아니하는 경우
5. 하도급법 제23조(조사대상거래의 제한)의 규정에 의한 기간이 경과된 경우
6. 약관법 제2조(정의) 제1항, 제2항의 규정에 의한 "약관", "사업자" 요건을 충족하지 아니하는 경우
7. 약관법 제19조(약관의 심사청구등)의 규정에 의하여 심사청구인이 약관조항의 심사를 청구하였으나 이미 해당 약관조항이 수정 또는 삭제된 경우
8. 약관법 제30조(적용범위)의 규정의 "약관"에 해당하는 경우
9. 위원회에서 승인한 표준약관조항을 심사청구한 경우

10. 방문판매법 제2조(정의) 규정의 요건을 충족하지 아니하여 동법의 적용대상이 되지 아니하는 경우

11. 방문판매법 제3조(적용제외) 각항의 규정에 해당하는 경우 및 제4조(다른 법률과의 관계) 후단에 의한 다른 법률을 적용하는 경우

12. 전자상거래소비자보호법 제2조(정의) 규정의 요건을 충족하지 아니하여 동법의 적용대상이 되지 아니하는 경우

13. 전자상거래소비자보호법 제3조(적용제외) 각항의 규정에 해당하는 경우 및 제4조(다른 법률과의 관계) 후단에 의한 다른 법률을 적용하는 경우

14. 가맹사업법 제2조(정의)의 규정을 충족하지 아니하는 경우 및 제3조(적용배제)의 규정에 해당하는 경우

15. 무기명, 가명 또는 내용이 분명하지 아니한 신고로서 심사관이 보완요청을 할 수 없는 경우, 기간을 정한 보완요청을 받고도 이에 응하지 아니한 경우 또는 보완내용이 분명하지 아니하거나 허위로 기재된 경우

16. 신고인이 신고를 취하한 경우

17. 사망, 해산, 폐업 또는 이에 준하는 사유가 발생한 사업자를 신고한 경우

18. 이미 처리한 사건과 동일한 위반사실에 대하여 직권으로 인지하거나 다시 신고하여 온 경우

19. 공정거래법 제55조의4(과징금 납부기한의 연장 및 분할납부) 제1항과 동법 시행령 제62조(납부기한연장 및 분할납부의 허용기준과 그 한계) 제1항에서 정한 기준에 미달하는 경우 및 동법 동조 제2항에 의한 기간이 경과된 경우

20. 〈삭 제〉

21. 기타 공정거래법, 표시·광고법, 하도급법, 약관법, 방문판매법, 전자상거래소비자보호법 또는 가맹사업법 적용대상이 아니라고 인정되는 경우

22. 공정거래위원회 소관의 규칙·고시·예규등에서 정하고 있는 요건에 해당되어 공정거래법, 표시·광고법 하도급법, 약관법, 방문판매법, 전자상거래소비자보호법 또는 가맹사업법 위반행위로 인정되지 아니하는 것이 명백한 경우

② 심사관은 제1항에 해당하여 심사절차를 개시하지 아니 한다는 결정을 한 경우에는 그 결정 후 15일 이내에 신고인, 임시중지명령요청인 또는 심사청구인(이하 "신고인등"이라 한다)에게 그 사실을 통지할 수 있다.

제13조【재신고의 경우】 ① 심사관은 이미 처리한 사건과 동일한 위반사실에 대한 신고에 대하여는 당초 신고를 처리한 조사공무원과 다른 조사공무원으로 하여금 제10조(사전심사) 제1항에 의한 조사 및 사전심사를 행하게 할 수 있다.

② 심사관은 이미 처리한 사건과 동일한 위반사실에 대한 신고의 내용에 제45조(재심사명령) 각호의 1에 준하는 사유가 있다고 인정되는 경우에는 위원장에게 제11조(심사절차의 개시) 제1항의 규정에 의한 사건심사착수보고를 하여야 하며, 이 경우에는 사건의 단서란에 "재신고" 라고 명시하여야 한다.

제14조【출석요구서】 심사관 또는 조사공무원이 공정거래법 제50조(위반행위의 조사등) 제1항 제1호 및 동법 시행령 제55 조(공정거래위원회의 조사등) 제1항의 규정에 의하여 당사자·이해관계인 또는 참고인의 의견을 듣고자 할 때 또는 동법 제50조(위반행위의 조사 등) 제2항 및 동법 시행령 제56조(소속공무원의 조사등) 제1항의 규정에 의하여 사무소 또는 사업장 이외의 장소에서 진술을 듣고자 할 때에는 다음 각호의 사항을 기재한 출석요구서를 발부하여야 한다.

1. 사건명
2. 상대방의 성명
3. 출석일시 및 장소
4. 불응하는 경우의 법률상의 제재내용

제15조【진술조서】 ① 심사관 또는 조사공무원이 공정거래법 제50조(위반행위의 조사등) 제1항 제1호 및 제2항의 규정에 의하여 당사자, 이해관계인 또는 참고인의 의견을 들은 때에는 필요한 경우 진술조서를 작성하여야 한다.

② 제1항의 진술조서에는 진술자의 성명, 전화번호, 진술일시, 진술장소 및 진술내용을 기재하

여야 하고, 이를 진술자에게 읽어주거나 열람하게 하여 기재내용의 정확여부를 묻고 진술자가 증감·변경의 청구를 하였을 때에는 그 진술을 조서에 기재하여야 하며, 오기가 없음을 진술한 때에는 진술자로 하여금 그 조서에 간인한 후 서명·날인하게 하고 조사공무원이 서명·날인한다. 다만, 진술자가 서명·날인을 거부한 때에는 그 내용을 진술조서에 기재하여야 한다.

제16조【보고·제출명령서】 심사관 또는 조사공무원이 공정거래법 제50조(위반행위의 조사 등) 제1항 제3호 및 동법 시행령 제55조(공정거래위원회의 조사등) 제3항의 규정에 의하여 사업자 또는 사업자단체 등에 대하여 보고, 기타 필요한 자료나 물건의 제출을 명하기 위하여 교부하는 서면에는 다음 각호의 사항을 명시하여야 한다.

1. 사건명
2. 보고 또는 제출할 일시와 장소
3. 보고 또는 제출할 자료 및 물건
4. 명령에 응하지 아니하는 경우의 법률상의 제재내용

제17조【영치조서의 작성·교부】 ① 심사관 또는 조사공무원이 공정거래법 제50조(위반행위의 조사등) 제1항 제3호 및 제3항의 규정에 의하여 사업자 또는 사업자단체 등이 제출한 자료나 물건을 영치하고자 할 때에는 영치조서를 작성·교부하여야 한다.

② 제1항의 영치조서에는 사건명, 영치물의 내역, 영치일자, 소유자 또는 제출자의 성명과 주소를 기재하여야 한다.

③ 심사관 또는 조사공무원은 영치한 자료나 물건이 더 이상 영치할 필요가 없게 된 때에는 이를 즉시 소유자 또는 제출자에게 반환하여야 한다. 다만, 소유자 또는 제출자의 소재를 파악하기가 곤란하거나, 기타 부득이한 사유가 있는 경우에는 그러하지 아니하다.

④ 영치물은 소유자 또는 제출자의 청구에 따라 가환부할 수 있다.

제18조【감정인의 지정 및 감정위촉】 ① 심사관은 공정거래법 제50조(위반행위의 조사등) 제1항 제2호 및 동법 시행령 제55조(공정거래위원회의 조사등) 제2항의 규정에 의하여 당해 사건의 심사를 위하여 전문적인 지식이나 경험이 있는 개인 또는 단체를 감정인으로 지정하고자 하는 경우에는 사무처장의 결재를 받아 다음 각호의 사항을 기재한 서면으로 하여야 한다.

1. 사건명
2. 감정인의 성명 또는 명칭
3. 감정기간
4. 감정의 목적 및 내용
5. 허위감정시의 법률상의 제재내용

② 심사관은 공정거래법 제44조(위원의 제척·기피·회피) 제1항 각호의 1에 해당하는 자를 감정인으로 지정하여서는 아니되며, 이미 지정된 경우에는 이를 취소하여야 한다.

③ 제1항 및 제2항의 규정은 피조사인 등의 요청에 의하여 감정인을 지정하는 경우에 이를 준용한다.

제19조【조사공무원의 증표】 조사공무원이 공정거래법 제50조(위반행위의 조사 등) 제4항의 규정에 의하여 관계인에게 제시하는 증표는 공무원증과 다음 각호의 사항이 기재된 공문서 이어야 한다.

1. 조사기간
2. 조사대상업체
3. 조사근거
4. 조사를 거부·방해 또는 기피하는 경우 등의 법률상의 제재내용

제20조【과징금 납부능력 관련사항의 조사】 심사관은 과징금 부과가 필요하다고 인정되는 사건의 경우 피조사인에 대하여 다음 각호의 사항을 조사할 수 있다.

1. 자본잠식의 정도
2. 최근 3년간 당기 순이익상황
3. 법정관리, 화의 및 기업개선작업의 개시 여부
4. 세금, 과징금 등의 체납 여부 및 정도
5. 임금체불 여부 및 정도
6. 최근 3년간 현금흐름표상의 영업현금현황

제20조의2【자율준수 프로그램 운용상황의 조사】 심사관은 피조사인이 공정거래 자율준수 프로그

램을 운용하고 있음을 들어 제재수준 경감을 요청하는 경우 다음 각호의 사항을 조사할 수 있다.

1. 자율준수 프로그램의 도입 여부
2. 자율준수 프로그램 운용상황의 공시 여부
3. 자율준수 프로그램의 실질적 작동 여부
4. 위 1. 내지 3.의 요건을 충족하는 경우 위반행위의 자진시정 여부
5. '과징금부과세부기준등에관한고시' 〈별표〉 3.에 규정된 적용제외 사유에 해당하는지 여부
6. 자율준수 프로그램의 운용과 관련하여 기존에 제재수준의 경감을 받은 실적의 여부 및 세부내용

제20조의3【소비자불만 자율관리 프로그램 운용상황의 조사】 심사관은 피조사인이 소비자불만 자율관리 프로그램을 운용하고 있음을 들어 제재수준 경감을 요청하는 경우 다음 각호의 사항을 조사할 수 있다.

1. 소비자불만 자율관리 프로그램의 도입 여부
2. 소비자불만 자율관리 프로그램의 실질적 작동 여부
3. 위 1. 내지 2.의 요건을 충족하는 경우 위반행위의 자진시정 여부
4. 소비자불만 자율관리 프로그램의 운용과 관련하여 기존에 제재수준의 경감을 받은 실적의 여부 및 세부내용

제 2 절 심사조정회의

제21조【설치】〈삭제 2001.6.1〉

제22조【구성 및 회의주재】〈삭제 2001.6.1〉

제23조【조정사항】〈삭제 2001.6.1〉

제24조【조정회의 간사】〈삭제 2001.6.1〉

제25조【배석 및 의견청취】〈삭제 2001.6.1〉

제26조【전원회의등에의 상정】〈삭제 2001.6.1〉

제27조【심사관의 조치】〈삭제 2001.6.1〉

제 3 절 심의 및 의결절차

제28조【심사보고서의 사전 송부】 ① 심사관은 당해 사건이 제5조(소회의의 심의 및 결정·의결사항)의 규정에 의한 소회의의 소관사항인 경우 피심인에게 심사보고서상의 행위사실을 인정하고 심사관의 조치의견을 수락하는지 여부를 물어야 하며, 불수락('부분수락'을 포함한다. 이하 같다)의 경우에는 이에 대한 의견을 제출할 것을 문서로 요청하여야 한다. 다만, 심사관의 조치의견이 고발 또는 과징금납부명령인 경우, 피심인이 수락하지 않을 것이 명백한 경우 및 의장의 승인이 있는 경우에는 그러하지 아니하다.

② 제1항의 심사관의 조치의견은 별지로 작성하고 "이는 심사관의 조치의견으로서 위원회를 기속하지 아니한다"라는 문구를 명백히 기재하여야 한다.

제29조【심사보고서의 작성·제출 및 송부】 ① 심사관은 다음 각호의 사항을 기재한 심사보고서를 작성하여 각 회의에 제출하여야 한다.

1. 사건의 개요
2. 시장구조 및 실태
3. 제도개선사항의 유무
4. 사실의 인정
5. 위법성 판단 및 법령의 적용
6. 자율준수 프로그램 또는 소비자불만 자율관리 프로그램 운용상황의 조사여부
7. 심사관의 조치의견(공표명령이 있는 경우에는 공표문안을 포함)
8. 피심인 수락 여부(전원회의 소관사건은 제외)
9. 첨부자료

② 제1항 제1호의 사건의 개요에는 사건의 단서, 피심인, 신고인(주소·성명·전화번호 등 포함한다. 단, 익명을 요구한 경우에는 기재하지 않을 수 있다), 신고 또는 인지내용 및 심사경위 등을 기재한다.

③ 제1항 제2호의 시장구조 및 실태에는 피심

인의 일반현황, 피심인과 거래처와의 거래의존도, 관련시장(객체별 · 단계별 또는 지역별 등)의 존재 및 범위, 동종 및 유사사업자의 수 · 매출액 · 시장점유율, 시장에 대한 법령상의 규제 등에 관한 사항의 전부 또는 일부를 기재한다.

④ 제1항 제3호에는 사건처리과정에서 인지하게 된 경쟁제한적인 법령, 지침, 관행 등 각종 제도개선사항의 유무를 기재한다.

⑤ 제1항 제4호의 사실의 인정에는 행위사실 및 그 사실인정을 뒷받침할 수 있는 증거자료 등을 특정하여 기재하되, 그 기재방식은 "소갑제O호증"으로 하고 제출순서에 따른 번호를 붙여야 한다.

⑥ 제1항 제5호의 위법성 판단 및 법령의 적용에는 법위반 성립요건별로 구분하여 기재한다.

⑦ 제1항 제6호의 자율준수 프로그램 또는 소비자불만 자율관리 프로그램 운용상황의 조사여부에는 피심인의 자율준수 프로그램 또는 소비자불만 자율관리 프로그램 운용상황에 대한 조사여부를 기재하고, 제20조의2(자율준수 프로그램 운용상황의 조사) 또는 제20조의3(소비자불만 자율관리 프로그램 운용상황의 조사)의 규정에 의해 조사를 한 경우에는 그 조사내용 등을 심사보고서에 첨부하여야 하며, 심사보고서를 제출한 이후에 그 조사의 필요성이 제기된 경우에는 이를 조사하여 위원회에 제출하여야 한다.

⑧ 제1항 제7호의 심사관의 조치의견에는 당해 사건 심사결과 필요하다고 인정되는 조치의 내용 및 수준을 기재하고, 과징금 납부명령이 수반되는 경우 행위별로 금액을 기재하되 성질상 불가분인 경우에는 그러하지 아니하다.

⑨ 제1항 제9호의 첨부자료에는 사실의 인정이나 위법성 판단 등을 뒷받침할 수 있는 증거자료와 과징금 납부명령을 청구하는 경우에 그 세부산출내역자료 등을 포함하며, 반드시 첨부자료의 세부목록을 작성하여야 한다.

⑩ 심사관은 심사보고서를 각 회의에 제출함과 동시에 피심인에게 심사보고서(신고인 명 및 심사관의 조치의견은 제외)와 첨부자료의 목록 및 첨부자료를 송부하고, 이에 대한 의견을 2주의 기간 내에 심판관리관에게 문서로 제출할 것을 통지하여야 한다. 제28조(심사보고서의 사전송부) 제1항의 절차에 따라 불수락한 의안인 경우에도 또한 같다. 다만, 긴급히 심의에 부의하여야 하는 경우, 피심인의 모기업이 외국에 소재하거나 사건의 내용이 복잡하여 의견제출에 2주 이상의 시간이 소요된다고 인정되는 경우 및 기타 이에 준하는 사유가 있을 경우에는 피심인 의견서 제출기간을 달리 정할 수 있다.

⑪ 심사관은 제10항의 규정에 의한 첨부자료 송부시 사실인정에 관련성이 없는 경우 또는 영업비밀 및 사생활의 비밀보호, 기타 공익상 피심인에게 공개하는 것이 적절하지 아니하다고 판단되는 경우에는 해당되는 자료를 송부하지 않거나 일부를 삭제, 기타 필요한 조치를 취한 후에 송부할 수 있다.

⑫ 심사관은 제10항 및 제11항의 규정에 의한 첨부자료를 제공함에 있어 그 복사물의 표지에 이 복사물은 목적 외 사용을 금지하며, 이를 공개 또는 기타의 행위를 함으로써 위원회의 심의절차를 방해하거나 자료제출자의 권리를 침해하여서는 아니된다는 문구를 기재하여 교부하여야 한다.

⑬ 피심인이 제10항에 의한 의견서를 제출할 때에는 다음 각호의 사항을 기재하여야 하고, 의견을 뒷받침할 수 있는 증거자료를 기재하되 그 기재방식은 "소을제O호증"으로 하고 제출순서에 따른 번호를 붙여야 한다.

1. 사건명, 사건번호
2. 피심인의 성명 · 주소
3. 대리인
4. 심사보고서에 대한 의견
5. 증거자료 목록 등 첨부자료

⑭ 심사관이 심사보고서를 각 회의에 제출할 때에는 제10항의 규정에 의한 의견서 제출기한을 심판관리관에게 통보하여야 한다.

⑮ 피심인은 제10항의 규정에 의하여 심사관이 정한 기간내에 심사보고서에 대한 의견서를 제출하여야 한다. 다만, 부득이한 사유로 의견서 제출기간의 연장이 필요한 경우 피심인은 그 사유를

명시하여 심판관리관에게 문서로 연장신청을 하여야 한다.

⑯ 심판관리관은 제15항의 규정에 의한 의견서 제출기간의 연장신청이 있는 때에는 그 사실을 주심위원(또는 소회의 의장. 이하 이 조에서 같다)에게 보고하고, 당해 주심위원의 결정에 따라 조치하여야 한다.

제29조의2 【심사보고서의 첨부자료 열람·복사 등】 ① 피심인은 제29조(심사보고서의 작성·제출 및 송부) 제11항의 규정에 따라 심사관이 피심인에게 공개하지 아니한 첨부자료를 특정하여 위원회에 열람·복사를 신청할 수 있다.

② 주심위원은 제1항의 규정에 의한 열람·복사신청이 있는 때에는 피심인이 특정한 첨부자료가 제29조(심사보고서의 작성·제출 및 송부) 제11항의 규정에 해당하는지 여부를 판단하여 열람·복사 허용여부를 결정하여야 한다.

③ 〈삭 제〉

④ 〈삭 제〉

⑤ 〈삭 제〉

제30조 【주심위원의 지정 및 임무등】 ① 전원회의의 의장은 심사보고서를 제출받은 경우 상임위원 1인을 당해 사건의 주심위원으로 지정한다.

② 제1항의 규정에 의해 지정된 주심위원 및 소회의 의장은 사건의 심의부의 가능여부를 사전 검토하고 미비점 발견시 담당심사관에게 보완하도록 지시할 수 있다.

③ 전원회의의 경우 심의부의 일자는 주심위원이 직접 또는 간사를 통해 의장과 협의하여 결정한다.

제30조의2 【심의준비절차의 개시】 ① 각 회의의 의장은 심사보고서에 대한 피심인의 의견서가 제출된 이후 심의를 효율적이고 집중적으로 진행하기 위하여 필요하다고 인정되는 경우 심의준비절차에 부칠 수 있다.

② 심의준비절차는 주장, 증거에 대한 설명 등을 서면으로 준비하게 하거나 심의준비기일을 열어 진행한다.

③ 심사관과 피심인은 심의준비절차에서 심의를 위해 필요한 모든 주장과 증거를 제출하여야 한다.

제30조의3 【심의준비절차의 진행】 주심위원 또는 소회의 의장은 심판관리관의 보좌를 받아 심의준비절차를 진행한다.

제30조의4 【심의준비를 위한 서면의 제출】 ① 주심위원 또는 소회의 의장은 상당한 기간을 정하여 심사관 또는 피심인에게 의견서, 증거설명서, 증거 등의 제출을 명할 수 있다.

② 심사관 또는 피심인은 제1항에 의한 의견서, 증거설명서, 증거 등을 제출하는 때에는 그에 대한 사본 14부(소회의 사건의 경우에는 8부) 및 전자기록(주장을 기재한 의견서, 증거설명서 등)을 함께 제출하여야 한다.

③ 각 회의는 제2항의 서면, 증거의 부본 등을 상대방에게 송달하여야 한다.

④ 제1항의 의견서에는 주장의 요약문을 포함하여야 한다.

제30조의5 【심의준비기일】 ① 주심위원 또는 소회의 의장은 주장과 증거를 정리하고 쟁점을 분명하게 하기 위하여 필요한 경우 심의준비기일을 열어 심사관과 피심인을 출석하게 할 수 있다.

② 심사관 또는 피심인 중 어느 한쪽이 출석하지 아니한 경우에는 심의준비기일을 개최하여서는 아니된다.

③ 심판관리관은 심의준비기일의 진행결과를 정리한 조서를 작성하여야 한다.

④ 심의준비기일은 공개로 한다. 다만, 주심위원 또는 소회의 의장은 상당하다고 인정되는 경우 심의준비기일을 공개하지 않을 수 있다.

제30조의6 【심의준비절차에서의 증거조사신청 등】 ① 주심위원 또는 소회의의 의장은 심사관 또는 피심인의 증거조사 신청에 대한 채부결정을 할 수 있다.

② 주심위원 또는 소회의 의장은 증거조사신청을 채택하지 아니할 때에는 그 이유를 고지하여야 한다.

③ 제2항의 결정에 대하여 심사관 또는 피심인은 지체없이 각 회의에 서면으로 이의신청을 할 수 있으며, 각 회의는 그 이의신청에 대해 서면으로 결정할 수 있다.

④ 제3항에 따라 이의신청하는 경우에는 이의신청의 취지, 참고인 신문의 구체적인 내용 등을 명백히 하여야 한다.

⑤ 주심위원 또는 소회의의 의장은 심의의 효율적이고 집중적인 실시를 위하여 필요하다고 인정되는 경우 감정의 위촉, 문서의 송부촉탁 등을 할 수 있다.

제30조의7【심의준비절차에서 주심위원 또는 소회의 의장의 의무】 ① 주심위원 또는 소회의 의장은 심사관 또는 피심인에게 상대방이 제출한 주장이나 증거에 대해 반박하는 주장이나 증거를 제출할 수 있는 기회를 부여한다.

② 주심위원 또는 소회의 의장은 심의준비절차를 중립적 입장에서 공평하게 진행하여야 하며, 심사관과 피심인에게 주장이나 증거의 제출에 있어서 동등한 기회를 부여하여야 한다.

③ 주심위원 또는 소회의 의장은 정당한 사유가 없이 심사관 또는 피심인 일방만을 대면 접촉하여서는 아니된다.

④ 주심위원 또는 소회의 의장은 심의준비절차에서 당해 안건의 사실관계, 주장 및 증거, 쟁점을 정리하여 사건을 뚜렷하게 하여야 한다.

제30조의8【심의준비절차의 종료】 ①주심위원 또는 소회의 의장은 다음 각호의 1에 해당하면 심의준비절차를 종료할 수 있다.

1. 심의준비절차를 개시한 뒤 3월이 지난 때
2. 심사관 또는 피심인이 정당한 사유없이 지정된 기간 이내에 의견서, 증거 등을 제출하지 아니한 한 때
3. 심사관 또는 피심인이 정당한 사유없이 심의준비기일에 출석하지 아니한 때
4. 주심위원 또는 소회의 의장이 더 이상 심의준비절차를 진행할 필요가 없다고 판단하는 때

② 주심위원 또는 소회의 의장은 심사관 또는 피심인의 주장의 요지를 파악하기 어렵다고 인정하는 때에는 심의준비절차를 종료하기에 앞서 심사관 또는 피심인에게 쟁점과 증거를 요약한 요약의견서를 제출하게 할 수 있다.

제30조의9【심의준비절차를 마친 후의 심의】 ① 심판관리관은 심의준비절차종료후 첫 심의기일에 제30조의7(심의준비절차에서 주심위원 또는 소회의 의장의 의무)제4항의 규정에 따라 정리한 내용을 요약하여 보고한다.

② 심사관과 피심인은 제1항의 보고에 대한 의견을 중심으로 간략하게 의견을 진술한다.

③ 각 회의는 심의준비절차를 마친 사건에 대하여 첫 심의기일에서 바로 심의를 종료할 수 있도록 노력하여야 하고, 심사관과 피심인은 이에 협력하여야 한다.

제30조의10【기일간 심의준비절차】 각 회의의 의장은 심의기일에 들어 간 이후에도 쟁점 및 증거의 정리를 위하여 필요한 경우에는 안건을 심의준비절차에 부칠 수 있다.

제30조의11【심의준비절차의 재개】 각 회의의 의장은 필요하다고 인정하는 경우에는 심의준비절차를 재개할 수 있다.

제31조【심의부의】 ① 각 회의의 의장(이하 "의장"이라 한다)은 제29조(심사보고서의 작성·제출 및 송부) 제10항의 규정에 의한 피심인의 의견서가 제출된 날부터, 제30조의8(심의준비절차의 종료)에 따라 심의준비절차를 종료한 날부터, 의견서가 제출되지 아니한 경우에는 그 정한 기간이 경과한 날부터 30일 이내에 당해 사건을 심의에 부의하여야 한다. 다만, 의장이 필요하다고 인정하는 때에는 그 기간을 연장할 수 있다.

② 각 회의의 심의기일에는 심판정에서 심의한다.

제32조【심의부의의 연기·철회】 의장은 사정변경이 있는 경우 심사관의 요청 또는 직권으로 심의부의의 연기·철회를 할 수 있다.

제33조【심의기일지정 및 통지】 ① 의장은 심의개최 5일 전까지 당해 회의 구성위원 및 피심인에게 각 회의 심의개최의 일시, 장소 및 사건명을 서면("전송"을 포함한다)으로 통지하여야 한다. 다만, 긴급을 요하는 등 기타 부득이한 경우에는 그러하지 아니하다.

② 의장은 제1항의 규정에 의하여 각 위원에게 심의의 개최를 통지할 경우 당해 회의에 상정할 심의안건을 송부하되 대외적으로 기밀을 요하는 사항이나 기타 부득이한 사유가 있는 경우 그 요

지를 전신·전화 또는 구두로 미리 알리는 것으로 이를 갈음할 수 있다.

③ 제1항의 규정에 의하여 통지를 받은 피심인은 통지된 각 회의의 심의지정일시에 부득이한 사유로 출석할 수 없을 때에는 그 사유를 명시하여 개최일시를 변경하여 줄 것을 신청할 수 있고 의장은 지체없이 그 허가 여부를 결정하여 통지하여야 한다.

④ 의장은 당해 사건의 신고인에게 심의지정일시, 장소 및 사건명을 통지하여야 한다. 다만, 신고인이 익명을 요구한 경우나 심사관이 사전에 신고인의 심의참관이 필요하지 아니함을 각 회의 간사에게 문서로 통보한 경우에는 그러하지 아니하다.

⑤ 전항의 경우 의장은 필요하다고 인정할 때에는 심사보고서(사건의 단서, 심사경위, 심사관의 조치의견 및 첨부자료는 제외)를 송부할 수 있다.

⑥ 의장은 심의 중에 당해 안건이 2회 이상의 심의가 필요하다고 인정할 때에는 다음 심의기일을 지정하여 심의를 속개할 수 있다.

제34조【심사관 및 피심인의 회의출석】 ① 각 회의의 심의기일에는 당해 사건의 심사관 및 피심인이 출석한다.

② 피심인이 제33조(심의기일지정 및 통지) 제1항의 규정에 의한 통지를 받고도 정당한 이유없이 출석하지 아니한 경우에는 제1항의 규정에 불구하고 피심인의 출석 없이 개의할 수 있다.

③ 심사관은 피심인의 폐업, 소재불명 등으로 제33조(심의기일지정 및 통지) 제1항의 규정에 의한 통지를 할 수 없는 경우에는 각 회의에 그 사실 및 사유를 보고하여야 한다. 이 경우 각 회의는 심사관에게 피심인의 소재를 탐지하도록 하거나 그 실익이 없다고 인정하는 경우에는 피심인에 대한 통지 없이 심사보고서를 각 회의에 제출하도록 지시할 수 있다.

④ 제3항의 규정에 의하여 각 회의가 피심인에 대한 통지 없이 심사보고서를 각 회의에 제출하도록 지시한 경우에는 제1항 및 제2항의 규정에도 불구하고 피심인의 출석 없이 개의할 수 있다.

제35조【인정신문】 의장은 피심인 또는 참고인에 대하여 본인임을 확인하기 위한 인정신문을 한다.

제36조【대리인】 ① 피심인은 다음 각호의 1에 해당하는 자를 피심인의 대리인으로 선임할 수 있다.

1. 변호사
2. 피심인인 법인의 임원 등 기타 각 회의의 허가를 얻은 자

② 대리인은 대리권의 범위와 자기가 대리인임을 명백히 표시하는 위임장을 각 회의의 심의개시 전까지 제출하여야 한다.

③ 제1항 제2호의 경우 피심인이 그 자의 성명, 주소 및 직업을 기재하고, 피심인과의 관계, 기타 대리인으로서 적당한지의 여부를 충분히 알 수 있는 사항을 기재한 문서를 위원회에 제출하여야 한다.

④ 의장은 피심인의 책임 있는 답변이나 법위반 재발방지 등을 위한 의견청취가 필요한 때에는 피심인 본인(피심인이 법인인 경우에는 그 대표자)에게 심의에 출석할 것을 명할 수 있다.

제37조【심의참가】 각 회의는 신청 또는 직권으로 심의결과에 대한 이해관계인, 참고인, 자문위원, 관계행정기관, 공공기관·단체, 전문적인 지식이나 경험이 있는 개인이나 단체 또는 의안의 상정자를 제외한 위원회 사무처 직원 등을 심의에 참가시켜 의안에 대한 설명 또는 의견을 들을 수 있다.

제38조【모두절차】 ① 의장은 심사관으로 하여금 심사보고서에 의하여 심사결과의 요지를 진술하게 할 수 있다.

② 의장은 제1항의 규정에 의한 심사관의 진술이 끝난 뒤 피심인에게 의견을 진술하게 할 수 있다.

③ 의장은 피심인이 제29조(심사보고서의 작성·제출 및 송부) 제10항의 규정에 의하여 제출한 의견서의 내용과 중복된 의견을 진술하는 경우에는 이를 제한할 수 있다.

제39조【석명권, 질문권】 ① 위원은 의장의 허락을 얻어 사실의 인정 또는 법률의 적용에 관계되

는 사항에 관하여 심사관 또는 피심인에게 질문할 수 있다.

② 심사관 또는 피심인은 상대방의 진술의 취지가 명백하지 아니할 때에는 의장의 허락을 얻어 직접 상대방에게 질문할 수 있다.

제40조【진술의 제한】 의장은 심사관 또는 피심인이 행하는 질문이나 진술이 이미 행한 질문 또는 진술과 중복되거나 당해 사건과 관계가 없다고 인정할 때에는 이를 제한할 수 있다.

제41조【증거조사의 신청 등】 ① 피심인 또는 심사관은 각 회의에 증거조사를 신청할 수 있다.

② 제1항의 규정에 의한 증거조사를 신청함에 있어서는 증거방법 및 그에 의하여 증명하려고 하는 사항을 명백히 밝혀 이를 행하고, 참고인신문을 신청하고자 하는 경우에는 참고인의 성명·주소·직업 및 신문사항을 명백히 하여 이를 행하여야 한다.

③ 의장은 피심인 또는 심사관의 증거조사신청을 채택하지 아니할 때에는 그 이유를 고지하여야 한다.

④ 각 회의는 필요하다고 인정하는 때에는 직권으로 증거조사를 할 수 있다.

제41조의2【참고인신문 방식】 ① 참고인신문은 이를 신청한 심사관 또는 피심인이 먼저하고, 다음에 다른 당사자가 한다.

② 각 회의의 의장 및 위원은 제1항의 신문이 끝난 뒤에 신문할 수 있다.

③ 각 회의의 의장은 필요한 경우 제1항과 제1항의 규정에 따른 신문의 순서를 바꿀 수 있다.

④ 심사관 또는 피심인의 신문이 중복되거나 쟁점과 관계가 없는 때, 그 밖에 필요한 사정이 있는 때에 각 회의의 의장은 심사관 또는 피심인의 신문을 제한할 수 있다.

⑤ 신문은 개별적이고 구체적으로 하여야 한다.

⑥ 각 회의가 직권으로 참고인을 신문할 경우 신문방식은 각 회의 의장이 정하는 바에 의한다.

제42조【감정인의 출석】 의장은 필요한 경우 감정인을 출석시켜 의견을 들을 수 있다.

제43조【심사관등의 의견진술】 ① 의장은 심의를 종결하기 전에 심사관에게 시정조치의 종류 및 내용, 과징금 부과, 고발 등에 관한 의견을 진술하게 하여야 한다.

② 의장은 피심인에게 마지막으로 진술할 기회를 주어야 한다.

제44조【심의의 분리·병합 및 재개】 의장은 필요하다고 인정할 때에는 신청 또는 직권으로 심의절차의 분리·병합 및 그 취소 또는 종결된 심의절차의 재개를 명할 수 있다.

제45조【재심사명령】 각 회의는 다음 각호의 1에 해당되는 사유가 있는 경우에는 심사관에게 당해 사건에 대한 재심사를 명할 수 있다.

1. 사실의 오인이 있는 경우
2. 법령의 해석 또는 적용에 착오가 있는 경우
3. 심사관의 심사종결이 있은 후 심사종결 사유와 관련이 있는 새로운 사실 또는 증거가 발견된 경우
4. 기타 제1호 내지 제3호에 준하는 사유가 있는 경우

제46조【심의절차종료】 각 회의는 다음 각호의 1에 해당하는 경우에는 심의절차의 종료를 의결할 수 있다.

1. 제12조(심사절차를 개시하지 아니할 수 있는 경우) 제1항 각호의 1(제17호는 제외)에 해당하는 경우
2. 약관법 위반행위를 한 피심인이 사건의 조사 또는 심사과정에서 당해 위반약관을 스스로 시정하여 시정조치의 실익이 없다고 인정하는 경우
3. 재신고 사건으로 원사건에 대한 조치와 같은 내용의 조치를 하는 경우
4. 사건의 사실관계에 대한 확인이 곤란하여 법위반 여부의 판단이 불가능한 경우, 새로운 시장에서 시장상황의 향방을 가늠하기가 매우 어렵거나 다른 정부기관에서 처리함이 바람직하여 위원회 판단을 유보할 필요가 있는 등 심의절차종료가 합리적이고 타당하다고 인정하는 경우

제47조【무혐의】 ① 각 회의는 피심인의 행위가 공정거래법, 표시·광고법, 하도급법, 약관법, 방문판매법, 전자상거래소비자보호법 또는 가맹사

업법 위반행위로 인정되지 아니하거나 위반행위에 대한 증거가 없는 경우에는 무혐의를 의결할 수 있다.

② 각 회의는 피심인의 행위가 공정거래법, 표시·광고법, 하도급법, 약관법, 방문판매법, 전자상거래소비자보호법 또는 가맹사업법에 위반되지 아니하더라도 장래의 법위반 예방 등 필요한 경우에는 주의촉구를 할 수 있다. 이 경우 당해 행위는 공정거래법, 표시·광고법, 하도급법, 약관법, 방문판매법, 전자상거래소비자보호법 또는 가맹사업법에 위반되지는 아니함을 명백히 하는 문언을 함께 기재하여야 한다.

제48조【종결처리】 ① 각 회의는 다음 각호의 1에 해당하는 경우에는 종결처리를 의결할 수 있다.

1. 피심인에게 사망·해산·파산·폐업 또는 이에 준하는 사유가 발생함으로써 시정조치 등의 이행을 확보하기가 사실상 불가능하다고 인정될 경우
2. 채무자 회생 및 파산에 관한 법률에 의한 회생채권에 관한 사건으로서 피심인이 채무자 회생 및 파산에 관한 법률에 의하여 보전처분 또는 회생절차개시결정을 받은 경우

② 각 회의는 제1항 제2호에 의하여 종결처리된 사건에 있어서 피심인이 채무자 회생 및 파산에 관한 법률에 의하지 아니한 방법으로 정상적인 사업활동을 영위하는 경우에는 사건절차를 재개할 수 있다.

제49조【조사등 중지】 ① 각 회의는 피심인, 신고인 또는 이해관계인 등에게 다음 각호의 1에 해당하는 사유가 발생하여 조사 등을 계속하기가 곤란한 경우에는 그 사유가 해소될 때까지 조사 등의 중지를 의결할 수 있다.

1. 부도 등으로 인한 영업중단
2. 일시적 폐업이라고 인정되는 경우
3. 법인의 실체가 없는 경우
4. 도피 등에 의한 소재불명
5. 국외에 소재하는 외국인 사업자를 신고한 경우로서 조사 등이 현저히 곤란한 경우
6. 기타 제1호 내지 제5호에 준하는 경우

② 당해 사건 심사관은 제1항의 규정에 의하여 조사 등 중지가 의결된 때에는 조사등 중지자 명부에 해당 사항을 기재하고 점검·관리하여야 한다. 이 경우 의결된 날부터 6개월 경과 후 종결처리할 수 있다.

③ 당해 사건 심사관이 제2항 후문의 규정에 의하여 종결처리 한 때에는 다음 각호의 사항을 신고인 등에게 통지하여야 한다.

1. 종결처리된 사실
2. 피심인의 영업재개 등 심사개시사유가 발생한 때에는 재신고할 수 있다는 사실

제50조【경고】 ① 각 회의는 다음 각호의 1에 해당하는 경우에는 경고를 의결할 수 있다.

1. 공정거래법, 표시·광고법, 하도급법, 약관법, 방문판매법, 전자상거래소비자보호법 또는 가맹사업법 위반의 정도가 경미한 경우
2. 공정거래법, 표시·광고법, 하도급법, 방문판매법, 전자상거래소비자보호법 또는 가맹사업법 위반행위를 한 피심인이 사건의 심사 또는 심의과정에서 당해 위반행위를 스스로 시정하여 시정조치의 실익이 없다고 인정하는 경우
3. 공정거래법, 표시·광고법, 하도급법, 방문판매법, 전자상거래소비자보호법 또는 가맹사업법 위반행위를 한 피심인이 공정거래위원회의 시정조치 또는 금지명령에 응하지 않아 심사관이 심사절차를 개시하였으나 사건의 심사 또는 심의과정에서 시정조치 또는 금지명령을 이행한 경우

② 제1항의 규정을 적용함에 있어 부당한 공동행위, 사업자단체금지행위, 불공정거래행위 및 재판매가격유지행위, 부당한 표시·광고행위가 별표의 기준 각목의 1에 해당하는 경우에는 경고로 의결할 수 있다.

제51조【시정권고】 ①각 회의는 다음 각호의 1에 해당하는 경우에 공정거래법, 표시·광고법, 하도급법, 방문판매법, 전자상거래소비자보호법 위반행위를 한 사업자에게 시정방안을 정하여 이에 따를 것을 권고할 수 있다.

1. 위원회의 심결을 거쳐 위반행위를 시정하기에는 시간적 여유가 없거나 시간이 경과되어 위반행위로 인한 피해가 크게 될 우려가 있는 경우
2. 위반행위자가 위반사실을 인정하고 당해 위

반행위를 즉시 시정할 의사를 명백히 밝힌 경우

3. 위반행위의 내용이 경미하거나 일정한 거래분야에서 경쟁을 제한하는 효과가 크지 않은 경우

4. 공정거래 자율준수 프로그램(CP)을 실질적으로 도입·운용하고 있는 사업자가 동 제도 도입이후 최초 법위반행위를 한 경우

② 각 회의는 약관법 위반사건이 약관법 제17조의2(시정조치) 제2항 및 제3항에 해당하는 경우에는 피심인 또는 피심인과 동종의 사업을 영위하는 다른 사업자에게 시정방안을 정하여 이에 따를 것을 권고할 수 있다.

③ 제1항 또는 제2항의 규정에 의한 권고는 다음 각호의 1에 해당하는 경우 당해 각목의 사항을 기재한 서면으로 하여야 한다.

1. 공정거래법, 표시·광고법, 하도급법, 방문판매법, 전자상거래소비자보호법 또는 가맹사업법 위반사건의 경우

가. 사건번호, 사건명, 피심인명

나. 시정권고 사항

다. 법위반 내용

라. 적용법조

마. 시정기한

바. 수락여부 통지기한

사. 수락거부시 조치방침

2. 약관법 위반사건의 경우

가. 사건번호, 사건명, 피심인명

나. 시정권고 사항(시정기한 포함)

다. 시정권고 이유

라. 적용법조

④ 심사관은 권고를 받은 자가 수락하지 아니하기로 통지하거나, 시정권고를 통지받은 날부터 10일 이내에 그 수락여부를 서면으로 통지하지 아니한 경우에는 당해 사건에 대한 심사보고서를 작성하여 각 회의에 제출하여야 한다. 다만, 약관법 위반사건의 경우에는 그러하지 아니하다.

제51조의2【심사관의 전결등】 ① 심사관은 각 회의에 부의하지 아니한 사건 중 제46조(심의절차종료) 내지 제50조(경고) 및 제51조(시정권고) 제2항의 규정에 해당한다고 인정되는 사건에 대하여는 전결할 수 있다.

② 사무처장은 제51조(시정권고) 제1항의 규정에 해당한다고 인정되는 사건에 대하여는 전결할 수 있다.

③ 심사관 또는 사무처장이 제1항 및 제2항의 규정에 의한 전결을 한 경우 15일 이내에 피조사인 및 신고인 등에게 그 조치내용을 통지하여야 하며, 필요하다고 인정되는 경우에는 이해관계인 등에게도 통지할 수 있다. 다만, 종결처리 또는 조사중지의 경우에는 피조사인 등에게 통지하지 아니할 수 있고, 신고인이 신고를 취하한 경우 신고인에게 통지하지 아니할 수 있다.

④ 제1항에 따라 제50조(경고)의 규정에 의한 경고를 받은 자가 법위반의 여부 등에 관하여 심의를 요청하는 경우에 심사관은 심사보고서를 작성하여 소회의에 상정하여야 한다. 이 경우 사건처리절차는 제44조(심의의 분리·병합 및 재개)의 규정에 의한 심의절차 재개를 명한 사건의 처리절차에 따른다.

제52조【시정명령등 의결】 ① 각 회의는 심의절차를 거쳐 시정명령, 시정요청(약관법 위반의 경우에 한한다), 과징금납부명령 또는 과태료납부명령의 의결을 할 수 있다.

② 각 회의는 법위반 상태가 이미 소멸된 경우에도 법위반행위의 재발방지에 필요하다고 인정하는 경우에는 시정에 필요한 조치 등을 의결할 수 있다.

제53조【고발등 결정】 ① 각 회의는 심의절차를 거쳐 고발, 입찰참가자격제한요청 또는 영업정지요청의 결정을 할 수 있다. 다만, 필요하다고 인정할 때에는 제31조(심의부의) 제2항의 규정에도 불구하고 서면으로 심의·결정할 수 있다.

② 제12조(심사절차를 개시하지 아니할 수 있는 경우), 제46조(심의절차종료), 제48조(종결처리) 및 제49조(조사등 중지)의 규정은 시정조치 불이행사건에 대하여 이를 준용한다.

제54조【의결서 및 결정서의 작성등】 ① 각 회의는 제52조(시정명령등 의결) 및 제53조(고발등 결정)의 규정에 의한 의결 또는 결정(이하 "의결등"이라 한다)을 하는 경우에는 그 의결 등의 합

의가 있은 날부터 35일 이내에 그 의결서 또는 결정서(이하 "의결서 등"이라 한다)를 작성하여야 한다. 다만, 부득이한 사유로 인하여 작성기간의 연장이 필요한 경우에는 연장되는 기간을 정하여 주심위원 또는 소회의 의장의 허가를 득하여야 한다.

② 제1항의 의결서 등에는 다음 사항을 기재하여야 한다.

1. 의결등 일자 및 의결등 번호
2. 사건번호 및 사건명
3. 피심인
4. 주문(공표명령이 있는 경우에는 별지에 공표문안을 기재)
5. 이유

③ 제1항의 의결서 등에는 소수의견을 부기할 수 있다.

④ 제1항 및 제2항에 의하여 작성한 의결서 등에는 참여한 위원이 서명·날인하여야 한다. 이 경우 전원회의의 주심위원에 대하여는 당해 사건의 주심위원임을 표시하여야 한다.

제55조【의결서등의 경정】 ① 각 회의는 의결서 등에 오기, 계산착오, 그 밖에 이와 유사한 오류가 있는 것이 명백한 때에는 신청 또는 직권으로 경정결정을 할 수 있다.

② 경정결정은 의결서 등의 원본과 정본에 부기하여야 한다. 다만, 정본에 부기할 수 없는 때에는 결정의 정본을 작성하여 피심인 또는 의결서 등의 내용에 관하여 권한 있는 기관의 장(이하 "권한있는 기관의 장"이라 한다)에게 송부하여야 한다.

③ 각 회의의 의장이 필요하다고 인정하는 경우 제31조(심의부의) 제2항의 규정에도 불구하고 제1항의 규정에 의한 의결서 등의 경정결정을 서면으로 심의할 수 있다.

제56조【의결등의 조치 및 통지】 ① 각 회의의 의결 등에 따른 조치는 당해 사건 담당 심사관이 행한다. 다만, 다른 규정이 있는 경우에는 그러하지 아니하다.

② 심사관은 제52조(시정명령등 의결) 및 제53조(고발등 결정)의 규정에 의한 의결 등이 있는 경우 제54조(의결서 및 결정서의 작성등) 제1항 단서의 부득이한 경우를 제외하고는 그 의결 등의 합의가 있은 날부터 40일 이내에 피심인 또는 권한 있는 기관의 장에게 의결서 등의 정본(과징금 또는 과태료가 부과되는 경우 그 고지서를 포함한다)을 송부하고 신고인 등에게는 그 요지를 통지하여야 한다. 또한 심사관이 필요하다고 인정하는 경우에는 이해관계인 등에게도 의결서 등의 요지를 통지할 수 있다

제57조【과징금 납부기한의 연장 및 분할납부등에 관한 특칙】 ① 과징금 납부명령을 받은 자가 공정거래법 제55조의4(과징금 납부기한의 연장 및 분할납부), 동법 시행령 제62조(납부기한의 연장 및 분할납부의 허용기준과 그 한계) 및 제63조(납부기한의 연장 및 분할납부의 신청)의 규정에 의거하여 과징금납부기한의 연장 및 분할납부 신청을 하고자 할 때에는 다음 각호의 사항이 기재된 신청서를 제출하여야 한다.

1. 당초 과징금 납부명령의 내용
2. 납부기한 연장신청의 경우에는 연장받고자 하는 기간 또는 분할납부신청의 경우에는 분할횟수·분할납부시기·분할납부방법
3. 신청이유
4. 제공가능한 담보에 관한 사항

② 심사관은 과징금 납부기한의 연장 및 분할납부 신청을 받은 때에는 제29조(심사보고서의 작성·제출 및 송부)의 규정에 불구하고 신청취지, 신청이유 및 검토, 신청에 대한 심사관의 의견을 기재한 심사보고서를 각 회의에 제출하여야 한다.

③ 각 회의는 필요하다고 인정하는 경우 제31조(심의부의) 제2항의 규정에도 불구하고 제2항의 신청에 대하여 서면으로 심의·의결을 할 수 있다.

④ 각 회의는 제2항의 신청으로 과징금의 납부기한연장 및 분할납부를 의결한 사건이 이의신청으로 인하여 과징금이 조정되는 경우에는 그 조정내용에 따라 과징금의 납부기한 및 분할납부를 재심의·의결할 수 있다.

제58조【임시중지명령에 관한 특칙】 ① 심사관

은 표시·광고법 제8조(임시중지명령)의 규정에 의한 임시중지명령사건에 대한 심사보고서는 제29조(심사보고서의 작성·제출 및 송부)의 규정에 불구하고 다음 각호의 사항에 대하여 간이하게 기재할 수 있다.

1. 사건의 개요
2. 사실의 인정
3. 임시중지명령 사유
4. 심사관의 의견

② 이 조에서 제28조(심사보고서의 사전송부) 및 제29조(심사보고서의 작성·제출 및 송부) 제10항의 규정은 적용하지 아니한다.

③ 각 회의 의장은 임시중지명령사건에 대한 심사보고서가 제출된 경우에는 제33조(심의기일지정 및 통지) 제1항 전단 및 제3항, 제34조(심사관 및 피심인의 회의출석) 제2항의 규정에 불구하고 제33조(심의기일지정 및 통지) 제1항 단서의 규정에 의해 지체없이 회의에 부의하여야 하며, 피심인이 출석하지 아니한 경우에는 피심인의 출석 없이 심의·의결할 수 있다. 다만, 각 회의 의장이 필요하다고 인정하는 경우에는 서면으로 심의·의결할 수 있다.

④ 제61조(의결서등 갈음)의 규정은 임시중지명령사건에 대한 의결서의 작성 등에 관하여 이를 준용한다.

제 4 절 약식절차

제59조【적용대상】 제28조(심사보고서의 사전송부) 제1항에 따라 피심인이 심사보고서상의 행위사실을 인정하고 심사관의 조치의견을 수락한 의안(이하 "수락의안"이라 한다)에 대하여는 이 절의 절차에 따른다.

제60조【심의부의 및 심의방식】 각 회의의 의장은 심사관의 심사보고서가 제출된 날부터 30일 이내에 당해 사건을 심의에 부의하여야 하고, 각 회의는 서면으로 심의한다.

제61조【의결서등 갈음】 ① 심사관은 수락의안에 대해서는 각 회의에 심사보고서를 제출할 때에 제54조(의결서 및 결정서의 작성등) 제2항 각호의 내용을 약식으로 기재한 의결서(이하 "약식의결서"라 한다)를 함께 제출하여야 한다.

② 제1항의 규정에 의한 약식의결서는 제54조(의결서 및 결정서의 작성등)의 규정에 의한 의결서 등에 갈음한다.

제62조【준용규정】 제32조(심의부의의 연기·철회), 제33조(심의기일지정 및 통지) 제1항 중 위원에 대한 부분 및 제2항, 제34조(심사관 및 피심인의 회의출석) 제1항 중 심사관에 대한 부분, 제38조(모두절차) 제1항, 제39조(석명권, 질문권) 제1항·제40조(진술의 제한) 중 심사관에 대한 부분, 제43조(심사관등의 의견진술) 제1항, 제44조(심의의 분리·병합 및 재개)의 규정은 이 절에 준용한다.

제63조【약식절차의 배제】 소회의가 심사관의 조치의견과 다른 내용의 의결을 할 필요가 있는 등 약식절차에 따르는 것이 부적당하다고 인정하는 경우에는 제3절의 절차에 따른다.

제 5 절 불복절차 등

제64조【이행결과의 확인】 위원회는 시정권고, 시정요청, 시정명령 또는 과징금 납부명령을 한 경우 그 이행결과를 확인하여야 한다. 이 경우 위원회는 피심인의 협조를 받을 수 있다.

제65조【준용규정】 각 회의의 의결 등에 대하여 이의신청이 제기된 이후의 절차에 대하여는 제66조(이의신청의 처리) 내지 제72조(소송수행)의 규정에 의하는 외에는 제3장 제1절 및 제3절의 관련규정을 준용하고 이 경우에 "피심인"은 "이의신청인"으로 본다. 다만, 제28조(심사보고서의 사전송부), 제29조(심사보고서의 작성·제출 및 송부), 제31조(심의부의), 제43조(심사관등의 의견진술), 제45조(재심사명령) 내지 제53조(고발등 결정), 제57조(과징금납부기한의 연장 및 분할납부등에 관한 특칙)의 규정은 준용하지 아니한다.

제66조【이의신청의 처리】 ① 이의신청사건의

처리에 있어서 심사관은 심판관리관이 된다.

② 심판관리관은 이의신청이 공정거래법 제53조(이의신청) 제1항, 표시·광고법 제16조(독점규제및공정거래에관한법률의 준용) 제1항, 하도급법 제27조(독점규제및공정거래에관한법률의 준용) 제1항, 약관법 제30조의2(독점규제및공정거래에관한법률의 준용), 방문판매법 제50조(독점규제및공정거래에관한법률의 준용) 제3항, 전자상거래소비자보호법 제39조(독점규제및공정거래에관한법률의 준용) 제3항, 가맹사업법 제37조(독점규제및공정거래에관한법률의 준용) 제3항의 규정에 의한 기간을 경과하여 제기된 경우에는 그 이의신청을 각하할 수 있다.

③ 사무처장은 필요하다고 인정할 경우 제1항의 규정에 불구하고 이의신청의 심사관을 다르게 지정할 수 있고, 지정받은 심사관에 대하여는 제2항의 규정을 준용한다.

제67조【이의신청 심사보고서】 ① 이의신청 또는 집행정지신청에 대한 심사보고서에는 신청경위, 신청취지 및 이유를 기재하고 필요한 경우 신청에 대한 심사관의 의견을 기재할 수 있다.

② 심사관은 제1항에 의하여 작성한 심사보고서를 전원회의에 제출하고, 이의신청인에게 심의기일의 통지를 할 경우에는 이를 함께 송부한다.

제68조【이의신청의 취하】 이의신청인 또는 집행정지신청인은 이의신청에 대한 재결이, 집행정지에 대한 결정이 있을 때까지 각각 서면으로 신청을 취하할 수 있다.

제69조【심의방식】 ① 이의신청에 대한 재결(각하재결 제외)은 구술심의로 한다. 다만, 이의신청인이 원처분시와는 다른 새로운 주장이나 자료를 제출하지 아니한 경우 등 전원회의 의장이 필요하다고 인정하는 사유가 있는 때에는 서면심의로 할 수 있다.

② 재결기간연장결정, 집행정지결정, 각하재결은 서면심의로 한다. 다만, 당사자가 구술심의를 신청한 때에는 서면심의만으로 결정할 수 있다고 인정되는 경우 외에는 구술심의를 하여야 한다.

제70조【재결의 구분】 ① 전원회의는 이의신청이 공정거래법 제53조(이의신청) 제1항의 규정에 위반하여 제기된 경우에는 그 이의신청을 각하한다.

② 전원회의는 이의신청이 이유 없다고 인정하는 경우에는 그 이의신청을 기각한다.

③ 전원회의는 이의신청이 이유 있다고 인정하는 경우에는 처분 등을 취소 또는 변경한다.

제71조【이의신청 이후의 조치】 ① 이의신청에 대한 재결 이후 당해 사건에 대한 이행점검 등 시정조치의 이행 또는 불이행과 관련된 절차의 수행은 당초 당해 사건을 심사한 심사관이 행한다.

② 이의신청에 대한 재결이 있는 경우 심판관리관은 원처분 담당심사관에게 재결결과를 지체없이 통지하고, 이의신청인에게는 재결서 정본을 지체없이 송부하여야 한다.

제72조【소송수행】 ① 위원회의 처분에 대하여 불복의 소가 제기된 경우 송무관련 보고서 작성, 증거자료수집, 소송자료의 작성, 증언 등 모든 송무관련 업무는 처분 등과 관련된 부서의 협조를 받아 송무담당관이 수행한다.

② 위원회는 필요하다고 인정하는 경우에는 제1항의 소송수행자를 위원회 소속의 다른 공무원으로 변경하거나 변호사를 당해 소송의 대리인으로 선임할 수 있다.

제73조【세부사항 시행】 위원장은 이 규칙의 세부사항을 시행하기 위하여 필요한 경우 각종 지침이나 서식 등을 정할 수 있다.

부 칙

〈2000. 8. 7.〉

제1조【시행일】 이 고시는 고시한 날부터 시행한다.

제2조【조치등에 관한 경과규정】 이 고시 시행이전에 이루어진 종전 규정에 의한 행위나 조치등은 이 고시가 시행된 날부터 이 규정에 의하여 행하여진 것으로 본다.

부 칙
〈2000. 12. 5.〉

제1조【시행일】이 고시는 고시한 날부터 시행한다.
제2조【조사공무원의 증표에 관한 경과규정】이 고시 시행일 이전에 위원회가 발급한 조사공무원증은 이 고시 시행일부터 폐지한다.

부 칙
〈2001. 6. 1.〉

제1조【시행일】이 고시는 고시한 날부터 시행한다. 다만, 제29조(심사보고서의 제출) 제1항 제6호 및 제54조(의결서 및 결정서의 작성등) 제2항 제4호의 규정에 의한 공표문안의 표기는 2001년 6월 1일부터 시행한다.
제2조【조치등에 관한 경과규정】이 고시 시행 이전에 이루어진 종전 규정에 의한 행위나 조치등은 이 고시가 시행된 날부터 이 규정에 의하여 행하여진 것으로 본다.

부 칙
〈2001. 6. 30.〉

제1조【시행일】이 고시는 2001년 7월 1일부터 시행한다.

부 칙
〈2002. 8. 21.〉

제1조【시행일】이 고시는 고시한 날부터 시행한다.

부 칙
〈2004. 10. 14.〉

제1조【시행일】이 고시는 2004년 11월 1일부터 시행한다. 다만, 제29조(심사보고서의 작성·제출 및 송부) 및 제29조의2(심사보고서의 첨부자료 열람·복사등)의 규정은 이 고시 시행일 이후 각 회의에 심사보고서를 제출한 사건부터 적용한다.

부 칙
〈2005. 11. 1.〉

제1조【시행일】이 고시는 2005년 11월 1일부터 시행한다. 다만, 제30조의2(심의준비절차의 개시) 내지 제31조(심의부의)의 규정은 이 고시 시행일 이전에 각 회의에 상정된 안건에 대해서도 적용할 수 있다.

부 칙
〈2005. 12. 15.〉

제1조【시행일】이 고시는 2005년 12월 15일부터 시행한다.

부 칙
〈2006. 7. 19.〉

제1조【시행일) 이 지침은 고시한 날부터 시행한다.

부 칙
〈2007. 12. 31.〉

제1조【시행일】이 지침은 고시한 날부터 시행한다.

[별표]

경고의 기준(제50조 제2항 관련)

1. 부당한 공동행위 부문

가. 피신고인들 중 과반수 이상의 연간 매출액이 각각 10억원 이하인 경우
나. 위반행위의 파급효과가 1개 시(광역시 이상 제외)나, 군 또는 구지역에 한정된 경우

2. 사업자단체금지행위 부문

가. 구성사업자의 수가 30인 미만인 경우
나. 사업자단체의 위반행위종료일이 속하는 연도의 예산액이 5,000만원 미만인 경우(단, 종료일이 속하는 연도의 예산이 미정인 경우 전년도 예산액을 적용)
다. 위반행위의 파급효과가 1개 시(광역시 이상 제외)나, 군 또는 구지역에 한정된 경우

3. 불공정거래행위 및 재판매가격유지행위 부문

가. 피신고인의 연간매출액이 30억원 미만인 경우
나. 피신고인의 관련 상품·용역의 시장점유율이 10% 미만인 경우
(단, 10% 미만이더라도 상위 3위 이내의 사업자는 제외)
다. 위반행위의 파급효과가 1개 시(광역시 이상 제외)나, 군 또는 구지역에 한정된 경우
라. 위반행위가 신고인에게 한정된 피해구제적 사건인 경우

4. 부당한 표시·광고행위 부문

가. 주택(상가 등 포함) 분양·임대, 회원권 분양 기타 특정 소비계층을 대상으로 하는 표시·광고로서 불특정 다수에 대한 소비자 오인성 치유보다는 계약당사자에 대한 피해구제적 성격이 강하다고 인정되는 경우
나. 생활정보지, 전단지, 팸플릿 등을 통한 표시·광고로서 그 효과가 1개 시(광역시 이상 제외)나 군 또는 구 지역에만 한정된 경우
다. 표시·광고 행위 당시에는 부당한 표시·광고행위로 볼 수 있었으나, 추후 계약 등 구체적 거래행위가 이루어지는 단계에서 사업자가 이를 시정하여 소비자가 사실의 일치 여부를 알 수 있었다고 판단되는 경우
라. 당해 사업자가 부당한 표시·광고행위를 정정광고 등의 방법으로 스스로 시정하여 부당한 표시·광고로 인한 소비자 오인성을 치유하였다고 인정되는 경우
마. 기타 위반행위의 정도가 경미하여 소비자 오인성이 적다고 판단되는 경우

신고서 서식(제10조 제2항 관련)

[별지 제1호 서식]

<table>
<tr><td colspan="6">부 당 한 공 동 행 위 신 고 서</td></tr>
<tr><td colspan="6">☞ 부당한 공동행위 입증에 필요한 정보나 증거를 최초로 제공할 경우 최고 1억원까지 포상금이 지급될 수 있으며, 자진신고자에게는 감면의 혜택이 주어집니다.
☞ 신고는 익명으로도 가능하나, *표시 항목은 필수사항이니 반드시 기재하여 주시고, 나머지 사항은 효율적인 심사를 위하여 가능한 기재해 주시기 바랍니다.</td></tr>
<tr><td rowspan="6">신 고 인</td><td>성 명</td><td colspan="2"></td><td>주민등록 번 호</td><td></td></tr>
<tr><td rowspan="2">사업자인 경우</td><td>사 업 자 명</td><td></td><td rowspan="2">사 업 자 등록번호</td><td rowspan="2"></td></tr>
<tr><td>대표자 성명</td><td></td></tr>
<tr><td>주 소</td><td colspan="4"></td></tr>
<tr><td rowspan="2">연 락 처</td><td>전 화 번 호</td><td></td><td>휴 대 폰</td><td></td></tr>
<tr><td>팩 스 번 호</td><td></td><td>이 메 일</td><td></td></tr>
<tr><td rowspan="2">피 신 고 인</td><td>사 업 자 명(*)</td><td colspan="3">전 화 번 호 또는 주 소 (*)</td><td>관 련 부 서 및 담 당 자</td></tr>
<tr><td></td><td></td><td colspan="2"></td><td></td></tr>
<tr><td>신 고 내 용 (*)</td><td colspan="5">☞ 신고서와 함께 제공되는 「부당한공동행위신고서 작성안내」에 따라, 신고하고자 하는 내용을 가급적 6하 원칙에 맞게 기재하시고, 쓸 공간이 부족하면 별지에 작성하여 첨부해 주시기 바랍니다.</td></tr>
<tr><td>증거 자료</td><td colspan="5">□ 있음 (☞ 공동행위를 증명하는데 도움이 되는 합의서, 계약서 등 자료가 있으면 첨부하여 주십시오.)
□ 없음</td></tr>
<tr><td colspan="6">독점규제및공정거래에관한법률 제49조 제2항, 동법 시행령 제54조 및 공정거래위원회회의운영및사건절차등에관한규칙 제10조 제2항에 의하여 위와 같이 신고합니다.

년 월 일
신 고 인 : (서명 또는 날인)</td></tr>
</table>

[별지 제2호 서식]

<table>
<tr><th colspan="5">사 업 자 단 체 금 지 행 위 신 고 서</th></tr>
<tr><td colspan="5">☞ * 표시항목은 필수사항이니 반드시 기재하여 주시고, 나머지 사항은 효율적인 심사를 위하여 가능한 기재해 주시기 바랍니다.</td></tr>
<tr><td rowspan="7">신
고
인</td><td colspan="2">성 명 (*)</td><td>주민등록번호(*)</td><td></td></tr>
<tr><td rowspan="2">사업자인 경우</td><td>사 업 자 명</td><td rowspan="2">사업자등록번호</td><td rowspan="2"></td></tr>
<tr><td>대표자 성명</td></tr>
<tr><td colspan="2">주 소 (*)</td><td colspan="2"></td></tr>
<tr><td rowspan="2">연 락 처</td><td>전화번호(*)</td><td>휴 대 폰</td><td></td></tr>
<tr><td>팩 스 번 호</td><td>이 메 일</td><td></td></tr>
<tr><td colspan="2">피신고인과의 관계</td><td colspan="2"></td></tr>
<tr><td rowspan="6">피
신
고
인</td><td colspan="2">사업자단체명(*)</td><td>대표자 성명</td><td></td></tr>
<tr><td colspan="2">주 소 또는</td><td colspan="2"></td></tr>
<tr><td colspan="2">전화번호(*)</td><td>관 련 부 서 및
담 당 자</td><td></td></tr>
<tr><td colspan="2">사업자단체와 관련된 업종</td><td colspan="2"></td></tr>
<tr><td colspan="2">사업자단체의 연간 예산액</td><td colspan="2"></td></tr>
<tr><td colspan="2">구성사업자의 수</td><td colspan="2"></td></tr>
<tr><td>신
고
내
용
(*)</td><td colspan="4">☞ 신고서와 함께 제공되는「사업자단체금지행위신고서 작성안내」에 따라, 신고하고자 하는 내용을 가급적 6하 원칙에 맞게 기재하시고, 쓸 공간이 부족하면 별지에 작성하여 첨부해 주시기 바랍니다.</td></tr>
<tr><td>증거
자료</td><td colspan="4">☐ 있음 (☞ 신고내용을 증명하는데 도움이 되는 증거 자료가 있으면 첨부하여 주십시오.)
☐ 없음</td></tr>
<tr><td colspan="5">독점규제및공정거래에관한법률 제49조 제2항, 동법 시행령 제54조 및 공정거래위원회회의운영및사건절차등에관한규칙 제10조 제2항에 의하여 위와 같이 신고합니다.

년 월 일
신 고 인 : (서명 또는 날인)</td></tr>
</table>

[별지 제3호 서식]

<table>
<tr><th colspan="6">불공정거래 · 시장지배적지위남용 · 재판매가격유지행위 신 고 서</th></tr>
<tr><td colspan="6">☞ * 표시항목은 필수사항이니 반드시 기재하여 주시고, 나머지 사항은 효율적인 심사를 위하여 가능한 기재해 주시기 바랍니다.</td></tr>
<tr><td rowspan="7">신
고
인</td><td>성 명 (*)</td><td colspan="2"></td><td>주민등록번호(*)</td><td></td></tr>
<tr><td rowspan="2">사업자인
경우</td><td>사업자명</td><td></td><td rowspan="2">사업자등록번호</td><td rowspan="2"></td></tr>
<tr><td>대표자 성명</td><td></td></tr>
<tr><td>주 소 (*)</td><td colspan="4"></td></tr>
<tr><td rowspan="2">연 락 처</td><td>전화번호(*)</td><td></td><td>휴 대 폰</td><td></td></tr>
<tr><td>팩 스 번 호</td><td></td><td>이 메 일</td><td></td></tr>
<tr><td colspan="2">피신고인과의 관계</td><td colspan="3"></td></tr>
<tr><td rowspan="6">피
신
고
인</td><td>사업자명(*)</td><td colspan="2"></td><td>대표자 성명</td><td></td></tr>
<tr><td>주 소 또는</td><td colspan="4"></td></tr>
<tr><td>전화번호(*)</td><td colspan="2"></td><td>관 련 부 서 및
담 당 자</td><td></td></tr>
<tr><td colspan="2">사업내용 또는 영위업종</td><td colspan="3"></td></tr>
<tr><td colspan="2">피신고인의 연간 매출액</td><td colspan="3"></td></tr>
<tr><td colspan="2">피신고인의 시장점유율</td><td colspan="3"></td></tr>
<tr><td>신
고
내
용
(*)</td><td colspan="5">☞ 신고서와 함께 제공되는 「불공정거래 · 시장지배적지위남용 · 재판매가격유지행위신고서 작성안내」에 따라, 신고하고자 하는 내용을 가급적 6하 원칙에 맞게 기재하시고, 쓸 공간이 부족하면 별지에 작성하여 첨부해 주시기 바랍니다.</td></tr>
<tr><td>증거
자료</td><td colspan="5">☐ 있음 (☞ 신고내용을 증명하는데 도움이 되는 증거 자료가 있으면 첨부하여 주십시오.)
☐ 없음</td></tr>
<tr><td colspan="6">독점규제및공정거래에관한법률 제49조 제2항, 동법 시행령 제54조 및 공정거래위원회회의운영및사건절차등에관한규칙 제10조 제2항에 의하여 위와 같이 신고합니다.

년 월 일
신 고 인 : (서명 또는 날인)</td></tr>
</table>

[별지 제4호 서식]

<table>
<tr><th colspan="6">부당한 가맹사업거래행위 신고서</th></tr>
<tr><td colspan="6">☞ * 표시항목은 필수사항이니 반드시 기재하여 주시고, 나머지 사항은 효율적인 심사를 위하여 가능한 기재해 주시기 바랍니다.</td></tr>
<tr><td rowspan="9">신
고
인</td><td>성 명 (*)</td><td colspan="2"></td><td>주민등록번호(*)</td><td></td></tr>
<tr><td>주 소 (*)</td><td colspan="4"></td></tr>
<tr><td rowspan="2">연 락 처</td><td>전화번호(*)</td><td></td><td>휴 대 폰</td><td></td></tr>
<tr><td>팩 스 번 호</td><td></td><td>이 메 일</td><td></td></tr>
<tr><td colspan="2">피신고인과의 관계</td><td colspan="3"></td></tr>
<tr><td rowspan="4">신고인이
가맹사업자인
경 우</td><td>가맹사업자명(*)</td><td></td><td>사업자등록번호(*)</td><td></td></tr>
<tr><td>사업장 주소(*)</td><td colspan="3"></td></tr>
<tr><td>가맹사업내용(*)</td><td></td><td>가 맹 금(*)</td><td></td></tr>
<tr><td>가맹계약일자(*)</td><td></td><td>가맹계약기간(*)</td><td></td></tr>
<tr><td rowspan="6">피
신
고
인</td><td>사업자명(*)</td><td colspan="2"></td><td>대표자 성명</td><td></td></tr>
<tr><td>주 소 또는</td><td colspan="4"></td></tr>
<tr><td>전화번호(*)</td><td colspan="2"></td><td>관 련 부 서 및
담 당 자</td><td></td></tr>
<tr><td colspan="2">사업내용 또는 영위업종</td><td colspan="3"></td></tr>
<tr><td colspan="2">피신고인의 연간 매출액</td><td colspan="3"></td></tr>
<tr><td colspan="2">피신고인의 시장점유율</td><td colspan="3"></td></tr>
<tr><td>신
고
내
용
(*)</td><td colspan="5">☞ 신고서와 함께 제공되는 「부당한가맹사업거래행위신고서 작성안내」에 따라, 신고하고자 하는 내용을 가급적 6하 원칙에 맞게 기재하시고, 쓸 공간이 부족하면 별지에 작성하여 첨부해 주시기 바랍니다.</td></tr>
<tr><td>증거
자료</td><td colspan="5">□ 있음 (☞ 신고내용을 증명하는데 도움이 되는 증거 자료가 있으면 첨부하여 주십시오.)
□ 없음</td></tr>
<tr><td colspan="6">가맹사업거래의공정화에관한법률 제37조 제1항 및 공정거래위원회회의운영및사건절차등에관한규칙 제10조 제2항에 의하여 위와 같이 신고합니다.

년 월 일
신 고 인 : (서명 또는 날인)</td></tr>
</table>

[별지 제5호 서식]

<table>
<tr><th colspan="6">불공정약관 심사청구서</th></tr>
<tr><td colspan="6">☞ * 표시 항목은 필수사항이니 반드시 기재하거나 첨부하여 주시고, 나머지 사항은 효율적인 심사를 위하여 가능한 기재해 주시기 바랍니다.</td></tr>
<tr><td rowspan="7">심사청구인</td><td>청구인적격 여 부(*)</td><td colspan="4">☞ 약관심사청구는 다음에 해당하는 경우에 가능합니다. 해당되는 곳에 √표 하십시오.
□ 한국소비자보호원 □ 소비자보호법상 등록된 소비자단체
□ 사업자단체
□ 계약당사자 등 법률상 이익이 있는 자 (☞ 아래에 구체적인 내용을 써주십시오.)
( )</td></tr>
<tr><td>성 명 (*)</td><td colspan="2"></td><td>주민등록번호(*)</td><td></td></tr>
<tr><td>사 업 자 또는 단 체 인 경우</td><td>사업자명 또는 단체명(*)</td><td></td><td>대표자 성명(*)</td><td></td></tr>
<tr><td>주 소 (*)</td><td colspan="4"></td></tr>
<tr><td rowspan="2">연 락 처</td><td>전화번호(*)</td><td></td><td>휴 대 폰</td><td></td></tr>
<tr><td>팩 스 번 호</td><td></td><td>이 메 일</td><td></td></tr>
<tr><td colspan="5" style="display:none"></td></tr>
<tr><td rowspan="3">피심사청구인</td><td>사업자명(*)</td><td colspan="2"></td><td>대표자 성명</td><td></td></tr>
<tr><td>주 소 또는</td><td colspan="4"></td></tr>
<tr><td>전화번호(*)</td><td colspan="2"></td><td>관 련 부 서 및 담 당 자</td><td></td></tr>
<tr><td rowspan="3">심사청구내용</td><td>약 관 명(*)</td><td colspan="4"></td></tr>
<tr><td>청 구 대 상 약 관 조 항 (*)</td><td colspan="4">☞ 쓸 공간이 부족하면 별지에 작성하여 첨부해 주시기 바랍니다.</td></tr>
<tr><td>청구취지 및 이 유(*)</td><td colspan="4">☞ 신고서와 함께 제공되는 「불공정약관심사청구서 작성안내」에 따라, 신고하고자 하는 내용을 가급적 6하 원칙에 맞게 기재하시고, 쓸 공간이 부족하면 별지에 작성하여 첨부해 주시기 바랍니다.</td></tr>
<tr><td>첨부자료</td><td colspan="5">심사청구 대상 약관 전체 사본(*)</td></tr>
<tr><td colspan="6">약관의규제에관한법률 제19조 및 공정거래위원회회의운영및사건절차등에관한규칙 제10조 제2항에 의하여 위와 같이 신고합니다.

년 월 일
신 고 인 : (서명 또는 날인)</td></tr>
</table>

[별지 제6호 서식]

<table>
<tr><th colspan="5">부 당 한 표 시 · 광 고 신 고 서</th></tr>
<tr><td colspan="5">☞ * 표시 항목은 필수사항이니 반드시 기재하거나 첨부하여 주시고, 나머지 사항은 효율적인 심사를 위하여 가능한 기재해 주시기 바랍니다.</td></tr>
<tr><td rowspan="5">신고인</td><td>성 명 (*)</td><td colspan="2"></td><td>주민등록번호(*)</td></tr>
<tr><td>주 소 (*)</td><td colspan="3"></td></tr>
<tr><td rowspan="2">연 락 처</td><td>전화번호(*)</td><td></td><td>휴 대 폰</td></tr>
<tr><td>팩 스 번 호</td><td></td><td>이 메 일</td></tr>
<tr><td>피신고인과의 관 계</td><td colspan="3">□ 소비자 □ 행정기관 □ 사회단체
□ 경쟁사업자 □ 구성사업자 □ 기타 ( )</td></tr>
<tr><td rowspan="3">피신고인</td><td>사업자명(*)</td><td colspan="2"></td><td>대표자 성명</td></tr>
<tr><td>주 소 또는</td><td colspan="3"></td></tr>
<tr><td>전화번호(*)</td><td colspan="2"></td><td>관 련 부 서 및 담 당 자</td></tr>
<tr><td rowspan="3">신고대상 표시·광고</td><td>표시·광고 매체(*)</td><td colspan="2"></td><td>표시·광고 일자(*)</td></tr>
<tr><td>표시·광고의 내 용(*)</td><td colspan="3">☞ 표시·광고물에 표현된 내용 중 위법하다고 생각하는 부분을 기재하여 주시고, 쓸 공간이 부족하면 별지에 작성하여 첨부해 주시기 바랍니다.</td></tr>
<tr><td>표시·광고가 위법하다고 주장하는 이 유(*)</td><td colspan="3">☞ 신고서와 함께 제공되는 「부당한표시·광고신고서 작성안내」에 따라, 신고하고자 하는 내용을 가급적 6하 원칙에 맞게 기재하시고, 쓸 공간이 부족하면 별지에 작성하여 첨부해 주시기 바랍니다.</td></tr>
<tr><td>첨부자료</td><td colspan="4">신고 대상 표시·광고물 또는 그 사본 (*)</td></tr>
<tr><td colspan="5">표시광고의공정화에관한법률 제16조 제2항 및 공정거래위원회회의운영및사건절차등에관한규칙 제10조 제2항에 의하여 위와 같이 신고합니다.

년 월 일
신 고 인 : (서명 또는 날인)</td></tr>
</table>

[별지 제7호 서식]

<table>
<tr><th colspan="5">부당한 전자상거래 · 통신판매행위 신 고 서</th></tr>
<tr><td colspan="5">☞ * 표시 항목은 필수사항이니 반드시 기재하여 주시고, 나머지 사항은 효율적인 심사를 위하여 가능한 기재해 주시기 바랍니다.</td></tr>
<tr><td rowspan="5">신고인</td><td>성 명 (*)</td><td colspan="2"></td><td>주민등록번호 (*)</td><td></td></tr>
<tr><td>주 소 (*)</td><td colspan="4"></td></tr>
<tr><td rowspan="2">연 락 처</td><td>전화번호(*)</td><td></td><td>휴 대 폰</td><td></td></tr>
<tr><td>팩스번호</td><td></td><td>이 메 일</td><td></td></tr>
<tr><td colspan="2">피신고인과의 관계</td><td colspan="3"></td></tr>
<tr><td rowspan="3">피신고인</td><td>사업자명 또는 사이트명 (*)</td><td colspan="2"></td><td>대표자 성명</td><td></td></tr>
<tr><td>주 소 또는</td><td colspan="4"></td></tr>
<tr><td>전화번호(*)</td><td colspan="2"></td><td>관 련 부 서 및 담 당 자</td><td></td></tr>
<tr><td rowspan="3">신고내용 (*)</td><td rowspan="2">거 래 가 이루어진 장 소(*)</td><td>사 이 버 몰</td><td colspan="3">http://</td></tr>
<tr><td>통 신 판 매</td><td colspan="3">예) 전화번호 등 구체적 경로</td></tr>
<tr><td colspan="5">☞ 신고서와 함께 제공되는 「부당한전자상거래 · 통신판매행위신고서 작성안내」에 따라, 신고하고자 하는 내용을 가급적 6하 원칙에 맞게 기재하시고, 쓸 공간이 부족하면 별지에 작성하여 첨부해 주시기 바랍니다.</td></tr>
<tr><td>증거자료</td><td colspan="5">□ 있음 (☞ 신고내용을 증명하는데 도움이 되는 증거 자료가 있으면 첨부하여 주십시오.)
□ 없음</td></tr>
<tr><td colspan="6">전자상거래등에서의소비자보호에관한법률 제26조 제4항 및 공정거래위원회회의운영및사건절차등에관한규칙 제10조 제2항에 의하여 위와 같이 신고합니다.

년 월 일
신 고 인 : (서명 또는 날인)</td></tr>
</table>

[별지 제8호 서식]

<table>
<tr><th colspan="5">부당한 방문 · 전화권유 · 다단계판매 · 계속거래 및 사업권유거래 신고서</th></tr>
<tr><td colspan="5">☞ * 표시 항목은 필수사항이니 반드시 기재하여 주시고, 나머지 사항은 효율적인 심사를 위하여 가능한 기재해 주시기 바랍니다.</td></tr>
<tr><td rowspan="5">신고인</td><td>성 명 (*)</td><td colspan="2"></td><td>주민등록번호(*)</td></tr>
<tr><td>주 소 (*)</td><td colspan="3"></td></tr>
<tr><td rowspan="2">연 락 처</td><td>전화번호(*)</td><td></td><td>휴 대 폰</td></tr>
<tr><td>팩스번호</td><td></td><td>이 메 일</td></tr>
<tr><td colspan="2">피신고인과의 관계</td><td colspan="2"></td></tr>
<tr><td rowspan="3">피신고인</td><td>사업자명(*)</td><td colspan="2"></td><td>대표자 성명</td></tr>
<tr><td>주 소 또는</td><td colspan="3"></td></tr>
<tr><td>전화번호(*)</td><td colspan="2"></td><td>관련부서 및
담 당 자</td></tr>
<tr><td rowspan="2">신고내용</td><td>거 래
형 태</td><td colspan="3">□ 방문판매 : 방문의 방법으로 사업장 외의 장소에서 소비자에게 권유하여 청약을 받거나 계약을 체결하여 재화 또는 용역을 판매하는 것
□ 전화권유판매 : 전화를 이용하여 소비자에게 권유하여 청약을 받거나 계약을 체결하는 방법으로 재화 등을 판매하는 것
□ 다단계판매 : 다단계판매조직을 통하여 재화 등을 판매하는 것
□ 계속거래 : 1개월 이상 계속하여 재화 등을 공급하는 계약으로서 중도해지할 경우 환급제한이나 위약금에 관한 약정이 있는 거래
□ 사업권유거래 : 소득기회를 알선·제공하는 방법으로 유인하여 재화 등을 구입하게 하는 거래</td></tr>
<tr><td>위 반 행 위
내 용 (*)</td><td colspan="3">☞ 신고서와 함께 제공되는 「부당한방문 · 전화권유 · 다단계판매 · 계속거래및사업권유거래신고서 작성안내」에 따라, 신고하고자 하는 내용을 가급적 6하원칙에 맞게 기재하시고, 쓸 공간이 부족하면 별지에 작성하여 첨부해 주시기 바랍니다.</td></tr>
<tr><td>증거
자료</td><td colspan="4">□ 있음 (☞ 신고내용을 증명하는데 도움이 되는 증거 자료가 있으면 첨부하여 주십시오.)
□ 없음</td></tr>
<tr><td colspan="5">방문판매등에관한법률 제37조 제4항 및 공정거래위원회회의운영및사건절차등에관한규칙 제10조 제2항에 의하여 위와 같이 신고합니다.

년 월 일
신 고 인 : (서명 또는 날인)</td></tr>
</table>

[별지 제9호 서식]

<table>
<tr><th colspan="6">불공정하도급거래행위 신고서</th></tr>
<tr><td colspan="6">☞ * 표시 항목은 필수사항이니 반드시 기재하여 주시고, 나머지 사항은 효율적인 심사를 위하여 가능한 기재해 주시기 바랍니다.</td></tr>
<tr><td rowspan="8">신
고
인</td><td>사업자명(*)</td><td colspan="2"></td><td>대표자 성명(*)</td><td></td></tr>
<tr><td rowspan="2">연 락 처</td><td>전화번호(*)</td><td></td><td>휴 대 폰</td><td></td></tr>
<tr><td>팩 스 번 호</td><td></td><td>이 메 일</td><td></td></tr>
<tr><td>주 소(*)</td><td colspan="4"></td></tr>
<tr><td rowspan="2">업 종(*)</td><td>업 태</td><td></td><td rowspan="2">☞건설업인 경우 건설관련 취득면허 종류 전부(*)</td><td rowspan="2"></td></tr>
<tr><td>종 목</td><td></td></tr>
<tr><td colspan="3">하도급계약 직전년도 매출액 (*)
(건설업인 경우, 당해년도 시공능력평가액의 합계)</td><td colspan="2"></td></tr>
<tr><td colspan="3">하도급계약 직전년도 12월말 기준 상시고용종업원수 (*)</td><td colspan="2"></td></tr>
<tr><td rowspan="7">피
신
고
인</td><td>사업자명(*)</td><td colspan="2"></td><td>대표자 성명</td><td></td></tr>
<tr><td>연 락 처</td><td>전 화 번 호</td><td></td><td>팩 스 번 호</td><td></td></tr>
<tr><td>또는 주소(*)</td><td colspan="4"></td></tr>
<tr><td rowspan="2">업 종</td><td>업 태</td><td></td><td rowspan="2">☞ 건설업인 경우 건설관련 취득면허 종 류</td><td rowspan="2"></td></tr>
<tr><td>종 목</td><td></td></tr>
<tr><td colspan="3">하도급계약 직전년도 매출액
(건설업인 경우, 당해년도 시공능력평가액의 합계)</td><td colspan="2"></td></tr>
<tr><td colspan="3">하도급계약 직전년도 12월말 기준 상시고용종업원수</td><td colspan="2"></td></tr>
<tr><td>신
고
내
용
(*)</td><td colspan="5">☞ 신고서와 함께 제공되는 「불공정하도급거래행위신고서 작성안내」에 따라, 신고하고자 하는 내용을 가급적 6하 원칙에 맞게 기재하시고, 쓸 공간이 부족하면 별지에 작성하여 첨부해 주시기 바랍니다.</td></tr>
<tr><td>첨부
자료</td><td colspan="5">1. 사업자등록증 사본 1부
2. 법인등기부등본 1부
3. 건설업인 경우, 건설업등록수첩 전부 사본 1부
4. 하도급계약 직전년도말 원천징수이행상황신고서 사본 1부
5. 하도급계약 직전년도 및 당해연도 손익계산서, 대차대조표사본 각 1부
6. 기타 관련 증거자료 (예, 하도급계약서 등)</td></tr>
<tr><td colspan="6">하도급거래공정화에관한법률 제22조, 동법 시행령 제5조 및 공정거래위원회회의운영및사건절차등에관한규칙 제10조 제2항에 의하여 위와 같이 신고합니다.

년 월 일
신 고 인 : (서명 또는 날인)</td></tr>
</table>

소비자기본법

전문개정 1986.12.31	법률 제3921호
개 정 1995.12.6	법률 제4980호 (기금관리기본법)
개 정 1995.12.29	법률 제5030호
일부개정 1999.2.5	법률 제5748호
일부개정 2001.3.28	법률 제6431호 재정경제부
일부개정 2003.7.29	법률 제6946호
일부개정 2004.1.20	법률 제07064호
전문개정 2006.9.27	법률 제7988호, 시행일 2007.3.28

제 1 장 총 칙

제1조 【목적】 이 법은 소비자의 권익을 증진하기 위하여 소비자의 권리와 책무, 국가·지방자치단체 및 사업자의 책무, 소비자단체의 역할 및 자유시장경제에서 소비자와 사업자 사이의 관계를 규정함과 아울러 소비자정책의 종합적 추진을 위한 기본적인 사항을 규정함으로써 소비생활의 향상과 국민경제의 발전에 이바지함을 목적으로 한다.

제2조 【정의】 이 법에서 사용하는 용어의 정의는 다음과 같다.

1. "소비자"라 함은 사업자가 제공하는 물품 또는 용역(시설물을 포함한다. 이하 같다)을 소비생활을 위하여 사용(이용을 포함한다. 이하 같다)하는 자 또는 생산활동을 위하여 사용하는 자로서 대통령령이 정하는 자를 말한다.
2. "사업자"라 함은 물품을 제조(가공 또는 포장을 포함한다. 이하 같다)·수입·판매하거나 용역을 제공하는 자를 말한다.
3. "소비자단체"라 함은 소비자의 권익을 증진하기 위하여 소비자가 조직한 단체를 말한다.
4. "사업자단체"라 함은 2 이상의 사업자가 공동의 이익을 증진할 목적으로 조직한 단체를 말한다.

제3조 【다른 법률과의 관계】 소비자의 권익에 관하여 다른 법률에서 특별한 규정을 두고 있는 경우를 제외하고는 이 법을 적용한다.

제 2 장 소비자의 권리와 책무

제4조 【소비자의 기본적 권리】 소비자는 다음 각 호의 기본적 권리를 가진다.

1. 물품 또는 용역(이하 "물품등"이라 한다)으로 인한 생명·신체 또는 재산에 대한 위해로부터 보호받을 권리
2. 물품등을 선택함에 있어서 필요한 지식 및 정보를 제공받을 권리
3. 물품등을 사용함에 있어서 거래상대방·구입장소·가격 및 거래조건 등을 자유로이 선택할 권리
4. 소비생활에 영향을 주는 국가 및 지방자치단체의 정책과 사업자의 사업활동 등에 대하여 의견을 반영시킬 권리
5. 물품등의 사용으로 인하여 입은 피해에 대하여 신속·공정한 절차에 따라 적절한 보상을 받을 권리
6. 합리적인 소비생활을 위하여 필요한 교육을 받을 권리
7. 소비자 스스로의 권익을 증진하기 위하여 단체를 조직하고 이를 통하여 활동할 수 있는 권리
8. 안전하고 쾌적한 소비생활 환경에서 소비할 권리

제5조 【소비자의 책무】 ①소비자는 사업자 등과 더불어 자유시장경제를 구성하는 주체임을 인식하여 물품등을 올바르게 선택하고, 제4조의 규정에 따른 소비자의 기본적 권리를 정당하게 행사하여야 한다.

②소비자는 스스로의 권익을 증진하기 위하여 필요한 지식과 정보를 습득하도록 노력하여야 한다.

③소비자는 자주적이고 합리적인 행동과 자원절약적이고 환경친화적인 소비생활을 함으로써 소비생활의 향상과 국민경제의 발전에 적극적인 역할을 다하여야 한다.

제 3 장 국가 · 지방자치단체 및 사업자의 책무

제 1 절 국가 및 지방자치단체의 책무 등

제6조 【국가 및 지방자치단체의 책무】 국가 및 지방자치단체는 제4조의 규정에 따른 소비자의 기본적 권리가 실현되도록 하기 위하여 다음 각 호의 책무를 진다.

1. 관계 법령 및 조례의 제정 및 개정 · 폐지
2. 필요한 행정조직의 정비 및 운영 개선
3. 필요한 시책의 수립 및 실시
4. 소비자의 건전하고 자주적인 조직활동의 지원 · 육성

제7조 【지방행정조직에 대한 지원】 국가는 지방자치단체의 소비자권익과 관련된 행정조직의 설치 · 운영 등에 관하여 대통령령이 정하는 바에 따라 필요한 지원을 할 수 있다.

제8조 【위해의 방지】 ①국가는 사업자가 소비자에게 제공하는 물품등으로 인한 소비자의 생명 · 신체 또는 재산에 대한 위해를 방지하기 위하여 다음 각 호의 사항에 관하여 사업자가 지켜야 할 기준을 정하여야 한다.

1. 물품등의 성분 · 함량 · 구조 등 안전에 관한 중요한 사항
2. 물품등을 사용할 때의 지시사항이나 경고 등 표시할 내용과 방법
3. 그 밖에 위해방지를 위하여 필요하다고 인정되는 사항

②중앙행정기관의 장은 제1항의 규정에 따라 국가가 정한 기준을 사업자가 준수하는지 여부를 정기적으로 시험 · 검사 또는 조사하여야 한다.

제9조 【계량 및 규격의 적정화】 ①국가 및 지방자치단체는 소비자가 사업자와의 거래에 있어서 계량으로 인하여 손해를 입지 아니하도록 물품등의 계량에 관하여 필요한 시책을 강구하여야 한다.

②국가 및 지방자치단체는 물품등의 품질개선 및 소비생활의 향상을 위하여 물품등의 규격을 정하고 이를 보급하기 위한 시책을 강구하여야 한다.

제10조 【표시의 기준】 국가는 소비자가 사업자와의 거래에 있어서 표시나 포장 등으로 인하여 물품등을 잘못 선택하거나 사용하지 아니하도록 물품등에 대하여 다음 각 호의 사항에 관한 표시기준을 정하여야 한다.

1. 상품명 · 용도 · 성분 · 재질 · 성능 · 규격 · 가격 · 용량 · 허가번호 및 용역의 내용
2. 물품등을 제조 · 수입 또는 판매하거나 제공한 사업자의 명칭(주소 및 전화번호를 포함한다) 및 물품의 원산지
3. 사용방법, 사용 · 보관할 때의 주의사항 및 경고사항
4. 제조연월일, 품질보증기간 또는 식품이나 의약품 등 유통과정에서 변질되기 쉬운 물품은 그 유효기간
5. 표시의 크기 · 위치 및 방법
6. 물품등에 따른 불만이나 소비자피해가 있는 경우의 처리기구(주소 및 전화번호를 포함한다) 및 처리방법

제11조 【광고의 기준】 국가는 물품등의 잘못된 소비 또는 과다한 소비로 인하여 발생할 수 있는 소비자의 생명 · 신체 또는 재산에 대한 위해를 방지하기 위하여 다음 각 호의 어느 하나에 해당하는 경우에는 광고의 내용 및 방법에 관한 기준을 정하여야 한다.

1. 용도 · 성분 · 성능 · 규격 또는 원산지 등을 광고하는 때에 허가 또는 공인된 내용만으로 광고를 제한할 필요가 있거나 특정내용을 소비자에게 반드시 알릴 필요가 있는 경우
2. 소비자가 오해할 우려가 있는 특정용어 또는 특정표현의 사용을 제한할 필요가 있는 경우

3. 광고의 매체 또는 시간대에 대하여 제한이 필요한 경우

제12조【거래의 적정화】 ①국가는 사업자의 불공정한 거래조건이나 거래방법으로 인하여 소비자가 부당한 피해를 입지 아니하도록 필요한 시책을 수립·실시하여야 한다.

②국가는 소비자의 합리적인 선택을 방해하고 소비자에게 손해를 끼칠 우려가 있다고 인정되는 사업자의 부당한 행위를 지정·고시할 수 있다.

③국가 및 지방자치단체는 약관에 따른 거래 및 방문판매·다단계판매·할부판매·통신판매·전자거래 등 특수한 형태의 거래에 대하여는 소비자의 권익을 위하여 필요한 시책을 강구하여야 한다.

제13조【소비자에의 정보제공】 ①국가 및 지방자치단체는 소비자의 기본적인 권리가 실현될 수 있도록 소비자의 권익과 관련된 주요시책 및 주요결정사항을 소비자에게 알려야 한다.

②국가 및 지방자치단체는 소비자가 물품등을 합리적으로 선택할 수 있도록 하기 위하여 물품등의 거래조건·거래방법·품질·안전성 및 환경성 등에 관련되는 사업자의 정보가 소비자에게 제공될 수 있도록 필요한 시책을 강구하여야 한다.

제14조【소비자의 능력 향상】 ①국가 및 지방자치단체는 소비자의 올바른 권리행사를 이끌고, 물품등과 관련된 판단능력을 높이며, 소비자가 자신의 선택에 책임을 지는 소비생활을 할 수 있도록 필요한 교육을 하여야 한다.

②국가 및 지방자치단체는 경제 및 사회의 발전에 따라 소비자의 능력 향상을 위한 프로그램을 개발하여야 한다.

③국가 및 지방자치단체는 소비자교육과 학교교육·평생교육을 연계하여 교육적 효과를 높이기 위한 시책을 수립·시행하여야 한다.

④국가 및 지방자치단체는 소비자의 능력을 효과적으로 향상시키기 위한 방법으로 「방송법」에 따른 방송사업을 할 수 있다.

⑤제1항의 규정에 따른 소비자교육의 방법 등에 관하여 필요한 사항은 대통령령으로 정한다.

제15조【개인정보의 보호】 ①국가 및 지방자치단체는 소비자가 사업자와의 거래에서 개인정보의 분실·도난·누출·변조 또는 훼손으로 인하여 부당한 피해를 입지 아니하도록 필요한 시책을 강구하여야 한다.

②국가는 제1항의 규정에 따라 소비자의 개인정보를 보호하기 위한 기준을 정하여야 한다.

제16조【소비자분쟁의 해결】 ①국가 및 지방자치단체는 소비자의 불만이나 피해가 신속·공정하게 처리될 수 있도록 관련기구의 설치 등 필요한 조치를 강구하여야 한다.

②국가는 소비자와 사업자 사이에 발생하는 분쟁을 원활하게 해결하기 위하여 대통령령이 정하는 바에 따라 소비자분쟁해결기준을 제정할 수 있다.

③제2항의 규정에 따른 소비자분쟁해결기준은 분쟁당사자 사이에 분쟁해결방법에 관한 별도의 의사표시가 없는 경우에 한하여 분쟁해결을 위한 합의 또는 권고의 기준이 된다.

제17조【시험·검사시설의 설치 등】 ①국가 및 지방자치단체는 물품등의 규격·품질 및 안전성 등에 관하여 시험·검사 또는 조사를 실시할 수 있는 기구와 시설을 갖추어야 한다.

②국가·지방자치단체 또는 소비자나 소비자단체는 필요하다고 인정되는 때 또는 소비자의 요청이 있는 때에는 제1항의 규정에 따라 설치된 시험·검사기관이나 제33조의 규정에 따른 한국소비자원(이하 "한국소비자원"이라 한다)에 시험·검사 또는 조사를 의뢰하여 시험 등을 실시할 수 있다.

③국가 및 지방자치단체는 제2항의 규정에 따라 시험 등을 실시한 경우에는 그 결과를 공표하고 소비자의 권익을 위하여 필요한 조치를 취하여야 한다.

④국가 및 지방자치단체는 소비자단체가 물품등의 규격·품질 또는 안전성 등에 관하여 시험·검사를 실시할 수 있는 시설을 갖출 수 있도록 지원할 수 있다.

⑤국가 및 지방자치단체는 제8조·제10조 내지 제13조 또는 제15조의 규정에 따라 기준을 정

하거나 소비자의 권익과 관련된 시책을 수립하기 위하여 필요한 경우에는 한국소비자원, 국립 또는 공립의 시험·검사기관 등 대통령령이 정하는 기관에 조사·연구를 의뢰할 수 있다.

제2절 사업자의 책무 등

제18조【소비자권익 증진시책에 대한 협력 등】 ①사업자는 국가 및 지방자치단체의 소비자권익 증진시책에 적극 협력하여야 한다.

②사업자는 소비자단체 및 한국소비자원의 소비자 권익증진과 관련된 업무의 추진에 필요한 자료 및 정보제공 요청에 적극 협력하여야 한다.

③사업자는 안전하고 쾌적한 소비생활 환경을 조성하기 위하여 물품등을 제공함에 있어서 환경친화적인 기술의 개발과 자원의 재활용을 위하여 노력하여야 한다.

제19조【사업자의 책무】 ①사업자는 물품등으로 인하여 소비자에게 생명·신체 또는 재산에 대한 위해가 발생하지 아니하도록 필요한 조치를 강구하여야 한다.

②사업자는 물품등을 공급함에 있어서 소비자의 합리적인 선택이나 이익을 침해할 우려가 있는 거래조건이나 거래방법을 사용하여서는 아니된다.

③사업자는 소비자에게 물품등에 대한 정보를 성실하고 정확하게 제공하여야 한다.

④사업자는 소비자의 개인정보가 분실·도난·누출·변조 또는 훼손되지 아니하도록 그 개인정보를 성실하게 취급하여야 한다.

⑤사업자는 물품등의 하자로 인한 소비자의 불만이나 피해를 해결하거나 보상하여야 하며, 채무불이행 등으로 인한 소비자의 손해를 배상하여야 한다.

제20조【소비자의 권익증진 관련기준의 준수】 ①사업자는 제8조제1항의 규정에 따라 국가가 정한 기준에 위반되는 물품등을 제조·수입·판매하거나 제공하여서는 아니 된다.

②사업자는 제10조의 규정에 따라 국가가 정한 표시기준을 위반하여서는 아니 된다.

③사업자는 제11조의 규정에 따라 국가가 정한 광고기준을 위반하여서는 아니 된다.

④사업자는 제12조제2항의 규정에 따라 국가가 지정·고시한 행위를 하여서는 아니 된다.

⑤사업자는 제15조제2항의 규정에 따라 국가가 정한 개인정보의 보호기준을 위반하여서는 아니 된다.

제4장 소비자정책의 추진체계

제1절 소비자정책의 수립

제21조【기본계획의 수립 등】 ①재정경제부장관은 제23조의 규정에 따른 소비자정책위원회의 심의·의결을 거쳐 소비자정책에 관한 기본계획(이하 "기본계획"이라 한다)을 3년마다 수립하여야 한다.

②기본계획에는 다음 각 호의 사항이 포함되어야 한다.

1. 소비자정책과 관련된 경제·사회 환경의 변화
2. 소비자정책의 기본방향
3. 다음 각 목의 사항이 포함된 소비자정책의 목표
   가. 소비자안전의 강화
   나. 소비자와 사업자 사이의 거래의 공정화 및 적정화
   다. 소비자교육 및 정보제공의 촉진
   라. 소비자피해의 원활한 구제
   마. 국제소비자문제에 대한 대응
   바. 그 밖에 소비자의 권익과 관련된 주요한 사항
4. 소비자정책의 추진과 관련된 재원의 조달방법
5. 어린이 위해방지를 위한 연령별 안전기준의 작성
6. 그 밖에 소비자정책의 수립과 추진에 필요한 사항

③재정경제부장관은 제23조의 규정에 따른 소비자정책위원회의 심의·의결을 거쳐 기본계획을 변경할 수 있다.

④기본계획의 수립·변경 절차 등에 관하여 필요한 사항은 대통령령으로 정한다.

제22조【시행계획의 수립 등】①관계 중앙행정기관의 장은 기본계획에 따라 매년 10월 31일까지 소관 업무에 관하여 다음 연도의 소비자정책에 관한 시행계획(이하 "중앙행정기관별시행계획"이라 한다)을 수립하여야 한다.

②특별시장·광역시장 또는 도지사(이하 "시·도지사"라 한다)는 기본계획과 중앙행정기관별시행계획에 따라 매년 11월 30일까지 소비자정책에 관한 다음 연도의 시·도별시행계획(이하 "시·도별시행계획"이라 한다)을 수립하여야 한다.

③재정경제부장관은 매년 12월 31일까지 중앙행정기관별시행계획 및 시·도별시행계획을 취합·조정하여 제23조의 규정에 따른 소비자정책위원회의 심의·의결을 거쳐 종합적인 시행계획(이하 "종합시행계획"이라 한다)을 수립하여야 한다.

④관계 중앙행정기관의 장 및 시·도지사는 종합시행계획이 실효성 있게 추진될 수 있도록 매년 소요비용에 대한 예산편성 등 필요한 재정조치를 강구하여야 한다.

⑤종합시행계획의 수립 및 그 집행실적의 평가 등에 관하여 필요한 사항은 대통령령으로 정한다.

제 2 절 소비자정책위원회

제23조【소비자정책위원회의 설치】소비자의 권익증진 및 소비생활의 향상에 관한 기본적인 정책을 심의·의결하기 위하여 재정경제부에 소비자정책위원회(이하 "정책위원회"라 한다)를 둔다.

제24조【정책위원회의 구성】①정책위원회는 위원장 2인을 포함한 25인 이내의 위원으로 구성한다.

②위원장은 재정경제부장관과 소비자문제에 관하여 학식과 경험이 풍부한 자 중에서 대통령이 위촉하는 자가 된다.

③위원은 관계 중앙행정기관의 장 및 제38조의 규정에 따른 한국소비자원의 원장(이하 "원장"이라 한다)과 다음 각 호의 어느 하나에 해당하는 자 중에서 재정경제부장관이 위촉하는 자가 된다.

1. 소비자문제에 관한 학식과 경험이 풍부한 자
2. 제29조의 규정에 따라 등록한 소비자단체(이하 "등록소비자단체"라 한다) 및 대통령령이 정하는 경제단체에서 추천하는 소비자대표 및 경제계대표

④제2항의 규정에 따른 위촉위원장 및 제3항의 규정에 따른 위촉위원의 임기는 3년으로 한다.

⑤정책위원회에 간사 2인을 두되, 재정경제부 및 공정거래위원회 소속 공무원 중에서 각 1인을 재정경제부장관이 임명한다.

제25조【정책위원회의 기능 등】①정책위원회는 다음 각 호의 사항을 심의·의결한다.

1. 기본계획 및 종합시행계획
2. 소비자정책의 종합적 추진에 관한 사항
3. 소비자정책의 평가 및 제도개선에 관한 사항
4. 그 밖에 위원장이 소비자의 권익증진 및 소비생활의 향상을 위하여 토의에 부치는 사항

②정책위원회는 업무를 효율적으로 수행하기 위하여 정책위원회에 실무위원회와 분야별 전문위원회를 둘 수 있다.

③이 법에 규정한 것 외에 정책위원회·실무위원회 및 전문위원회의 조직과 운영에 관하여 필요한 사항은 대통령령으로 정한다.

제26조【의견청취 등】①정책위원회는 제25조제1항 각 호의 사항을 심의하기 위하여 필요한 경우에는 소비자문제에 관하여 전문지식이 있는 자, 소비자 또는 관계사업자의 의견을 들을 수 있다.

②재정경제부장관은 소비자권익증진, 정책위원회의 운영 등을 위하여 필요한 경우 중앙행정기관의 장 및 지방자치단체의 장 등 관계 행정기관에 의견제시 및 자료제출을 요청할 수 있다.

제 3 절 국제협력

제27조【국제협력】①국가는 소비자문제의 국제화에 대응하기 위하여 국가 사이의 상호협력방안을 마련하는 등 필요한 대책을 강구하여야 한다.

②재정경제부장관은 관계 중앙행정기관의 장과 협의하여 국제적인 소비자문제에 대응하기 위한 정보의 공유, 국제협력창구 또는 협의체의 구성·운영 등 관련 시책을 수립·시행하여야 한다.

③제2항의 규정에 따른 관련 시책의 수립 등에 관하여 필요한 사항은 대통령령으로 정한다.

제 5 장 소비자단체

제28조【소비자단체의 업무 등】 ①소비자단체는 다음 각 호의 업무를 행한다.

1. 국가 및 지방자치단체의 소비자의 권익과 관련된 시책에 대한 건의
2. 물품등의 규격·품질·안전성·환경성에 관한 시험·검사 및 가격 등을 포함한 거래조건이나 거래방법에 관한 조사·분석
3. 소비자문제에 관한 조사·연구
4. 소비자의 교육
5. 소비자의 불만 및 피해를 처리하기 위한 상담·정보제공 및 당사자 사이의 합의의 권고

②소비자단체는 제1항제2호의 규정에 따른 조사·분석 등의 결과를 공표할 수 있다. 다만, 공표되는 사항 중 물품등의 품질·성능 및 성분 등에 관한 시험·검사로서 전문적인 인력과 설비를 필요로 하는 시험·검사인 경우에는 대통령령이 정하는 시험·검사기관의 시험·검사를 거친 후 공표하여야 한다.

③소비자단체는 제78조의 규정에 따라 자료 및 정보의 제공을 요청하였음에도 사업자 또는 사업자단체가 정당한 사유 없이 이를 거부·방해·기피하거나 거짓으로 제출한 경우에는 그 사업자 또는 사업자단체의 이름(상호 그 밖의 명칭을 포함한다), 거부 등의 사실과 사유를 「신문 등의 자유와 기능보장에 관한 법률」에 따른 일반일간신문에 게재할 수 있다.

④소비자단체는 업무상 알게 된 정보를 소비자의 권익을 증진하기 위한 목적이 아닌 용도에 사용하여서는 아니 된다.

⑤소비자단체는 사업자 또는 사업자단체로부터 제공받은 자료 및 정보를 소비자의 권익을 증진하기 위한 목적이 아닌 용도로 사용함으로써 사업자 또는 사업자단체에 손해를 끼친 때에는 그 손해에 대하여 배상할 책임을 진다.

제29조【소비자단체의 등록】 ①다음 각 호의 요건을 모두 갖춘 소비자단체는 대통령령이 정하는 바에 따라 공정거래위원회 또는 지방자치단체에 등록할 수 있다.

1. 제28조제1항제2호 및 제5호의 업무를 수행할 것
2. 물품 및 용역에 대하여 전반적인 소비자문제를 취급할 것
3. 대통령령이 정하는 설비와 인력을 갖출 것
4. 「비영리민간단체 지원법」 제2조 각 호의 요건을 모두 갖출 것

②공정거래위원회 또는 지방자치단체의 장은 제1항의 규정에 따라 등록을 신청한 소비자단체가 제1항 각 호의 요건을 갖추었는지 여부를 심사하여 등록 여부를 결정하여야 한다.

제30조【등록의 취소】 ①공정거래위원회 또는 지방자치단체의 장은 소비자단체가 거짓 그 밖의 부정한 방법으로 제29조의 규정에 따른 등록을 한 경우에는 등록을 취소하여야 한다.

②공정거래위원회 또는 지방자치단체의 장은 등록소비자단체가 제29조제1항 각 호의 요건을 갖추지 못하게 된 경우에는 3월 이내에 보완을 하도록 명할 수 있고, 그 기간이 경과하여도 요건을 갖추지 못하는 경우에는 등록을 취소할 수 있다.

제31조【자율적 분쟁조정】 ①제29조의 규정에 따라 공정거래위원회에 등록한 소비자단체의 협의체는 제28조제1항제5호의 규정에 따른 소비자의 불만 및 피해를 처리하기 위하여 자율적 분쟁조정(분쟁조정)을 할 수 있다. 다만, 다른 법률의 규정에 따라 설치된 전문성이 요구되는 분야의 분쟁조정기구(분쟁조정기구)로서 대통령령이 정하는 기구에서 관장하는 사항에 대하여는 그러하지 아니하다.

②제1항의 규정에 따른 자율적 분쟁조정은 당사자가 이를 수락한 경우에는 당사자 사이에 자

율적 분쟁조정의 내용과 동일한 합의가 성립된 것으로 본다.

③제1항 본문의 규정에 따른 소비자단체의 협의체 구성 및 분쟁조정의 절차 등에 관하여 필요한 사항은 대통령령으로 정한다.

제32조【보조금의 지급】 국가 또는 지방자치단체는 등록소비자단체의 건전한 육성·발전을 위하여 필요하다고 인정될 때에는 보조금을 지급할 수 있다.

제 6 장 한국소비자원

제 1 절 설립 등

제33조【설립】 ①소비자권익 증진시책의 효과적인 추진을 위하여 한국소비자원을 설립한다.

②한국소비자원은 법인으로 한다.

③한국소비자원은 공정거래위원회의 승인을 얻어 필요한 곳에 그 지부를 설치할 수 있다.

④한국소비자원은 그 주된 사무소의 소재지에서 설립등기를 함으로써 성립한다.

제34조【정관】 한국소비자원의 정관에는 다음 각 호의 사항을 기재하여야 한다.

1. 목적
2. 명칭
3. 주된 사무소 및 지부에 관한 사항
4. 임원 및 직원에 관한 사항
5. 이사회의 운영에 관한 사항
6. 제51조의 규정에 따른 소비자안전센터에 관한 사항
7. 제60조의 규정에 따른 소비자분쟁조정위원회에 관한 사항
8. 업무에 관한 사항
9. 재산 및 회계에 관한 사항
10. 공고에 관한 사항
11. 정관의 변경에 관한 사항
12. 내부규정의 제정 및 개정·폐지에 관한 사항

제35조【업무】 ①한국소비자원의 업무는 다음 각 호와 같다.

1. 소비자의 권익과 관련된 제도와 정책의 연구 및 건의
2. 소비자의 권익증진을 위하여 필요한 경우 물품등의 규격·품질·안전성·환경성에 관한 시험·검사 및 가격 등을 포함한 거래조건이나 거래방법에 대한 조사·분석
3. 소비자의 권익증진·안전 및 소비생활의 향상을 위한 정보의 수집·제공 및 국제협력
4. 소비자의 권익증진·안전 및 능력개발과 관련된 교육·홍보 및 방송사업
5. 소비자의 불만처리 및 피해구제
6. 소비자의 권익증진 및 소비생활의 합리화를 위한 종합적인 조사·연구
7. 국가 또는 지방자치단체가 소비자의 권익증진과 관련하여 의뢰한 조사 등의 업무
8. 그 밖에 소비자의 권익증진 및 안전에 관한 업무

②한국소비자원이 제1항제5호의 규정에 따른 업무를 수행함에 있어서 다음 각 호의 사항은 그 처리대상에서 제외한다.

1. 국가 또는 지방자치단체가 제공한 물품등으로 인하여 발생한 피해구제. 다만, 대통령령으로 정하는 물품등에 관하여는 그러하지 아니하다.
2. 그 밖에 다른 법률의 규정에 따라 설치된 전문성이 요구되는 분야의 분쟁조정기구에 신청된 피해구제 등으로서 대통령령이 정하는 피해구제

③한국소비자원은 업무수행 과정에서 취득한 사실 중 소비자의 권익증진, 소비자피해의 확산방지, 물품등의 품질향상 그 밖에 소비생활의 향상을 위하여 필요하다고 인정되는 사실은 이를 공표하여야 한다. 다만, 사업자 또는 사업자단체의 영업비밀을 보호할 필요가 있다고 인정되거나 공익상 필요하다고 인정되는 때에는 그러하지 아니하다.

제36조【시험·검사의 의뢰】 ①원장은 제35조제1항제2호 및 제5호의 업무를 수행함에 있어서 필요하다고 인정되는 때에는 국립 또는 공립의 시험·검사기관에 물품등에 대한 시험·검사를 의뢰할 수 있다.

②제1항의 규정에 따른 의뢰를 받은 기관은 특별한 사유가 없는 한 우선하여 이에 응하여야 한다.

제37조【유사명칭의 사용금지】 이 법에 따른 한국소비자원이 아닌 자는 한국소비자원 또는 이와 유사한 한국소비자보호원 등의 명칭을 사용하여서는 아니 된다.

제 2 절 임원 및 이사회

제38조【임원 및 임기】 ①한국소비자원에 원장·부원장 및 제51조의 규정에 따른 소비자안전센터의 소장(이하 "소장"이라 한다) 각 1인을 포함한 10인 이내의 이사와 감사 1인을 둔다.

②원장·부원장·소장 및 대통령령이 정하는 이사는 상임으로 하고 그 밖의 임원은 비상임으로 한다.

③원장은 소비자문제에 관하여 학식과 경험이 풍부한 자 중에서 공정거래위원회위원장의 제청으로 대통령이 임명한다.

④부원장 및 이사는 소비자문제에 관하여 학식과 경험이 풍부한 자 중에서, 소장은 소비자안전에 관하여 학식과 경험이 풍부한 자 중에서 각각 원장의 제청으로 공정거래위원회위원장이 임명한다.

⑤감사는 공정거래위원회위원장이 임명한다.

⑥임원의 임기는 3년으로 한다.

제39조【임원의 직무】 ①원장은 한국소비자원을 대표하고 한국소비자원의 업무를 총괄한다.

②부원장은 원장을 보좌하며, 원장이 부득이한 사유로 직무를 수행할 수 없는 경우에 그 직무를 대행한다.

③소장은 원장의 지휘를 받아 제51조제1항의 규정에 따라 설치되는 소비자안전센터의 업무를 총괄하며, 원장·부원장 및 소장이 아닌 이사는 정관이 정하는 바에 따라 한국소비자원의 업무를 분장한다.

④원장·부원장이 모두 부득이한 사유로 직무를 수행할 수 없는 때에는 상임이사·비상임이사의 순으로 정관이 정하는 순서에 따라 그 직무를 대행한다.

⑤감사는 한국소비자원의 업무 및 회계를 감사한다.

제40조【이사회】 ①한국소비자원의 업무와 운영에 관한 중요사항을 심의·의결하기 위하여 한국소비자원에 이사회를 둔다.

②이사회는 원장·부원장·소장 그 밖의 이사로 구성한다.

③원장은 이사회를 소집하고 이사회의 의장이 된다.

④감사는 이사회에 출석하여 의견을 진술할 수 있다.

제3절 회계·감독 등

제41조【재원】 한국소비자원의 설립·시설·운영 및 업무에 필요한 경비는 다음 각 호의 재원으로 충당한다.

1. 국가 및 지방자치단체의 출연금
2. 그 밖에 한국소비자원의 운영에 따른 수입금

제42조【감독】 ①공정거래위원회는 한국소비자원(제51조의 규정에 따른 소비자안전센터를 포함한다. 이하 이 절에서 같다)을 지도·감독하고, 필요하다고 인정되는 때에는 한국소비자원에 대하여 그 사업에 관한 지시 또는 명령을 할 수 있다.

②한국소비자원은 매년 업무계획서와 예산서를 작성하여 공정거래위원회의 승인을 얻어야 하며, 매년 결산보고서와 이에 대한 감사의 의견서를 작성하여 공정거래위원회에 보고하여야 한다. 이 경우 그 절차 등에 관하여는 대통령령으로 정한다.

③공정거래위원회는 필요하다고 인정되는 때에는 한국소비자원에 대하여 그 업무·회계 및 재산에 관한 사항을 보고하게 하거나 감사할 수 있다.

제43조【벌칙 적용에서의 공무원 의제】 한국소비자원의 임원, 제60조의 규정에 따른 소비자분쟁조정위원회의 위원 및 대통령령이 정하는 직원은 「형법」 제129조 내지 제132조를 적용할 때에는 이를 공무원으로 본다.

제44조【준용】 한국소비자원에 관하여 이 법에

규정하지 아니한 사항에 관하여는 「민법」 중 재단법인에 관한 규정을 준용한다.

제 7 장 소비자안전

제 1 절 총 칙

제45조【취약계층의 보호】 ①국가 및 지방자치단체는 어린이·노약자 및 장애인 등 안전취약계층에 대하여 우선적으로 보호시책을 강구하여야 한다.

②사업자는 어린이·노약자 및 장애인 등 안전취약계층에 대하여 물품등을 판매·광고 또는 제공하는 경우에는 그 취약계층에게 위해가 발생하지 아니하도록 제19조제1항의 규정에 따른 조치와 더불어 필요한 예방조치를 취하여야 한다.

제46조【시정요청 등】 재정경제부장관은 사업자가 제공한 물품등으로 인하여 소비자에게 위해발생이 우려되는 경우에는 관계중앙행정기관의 장에게 다음 각 호의 조치를 요청할 수 있다.

1. 사업자가 다른 법령에서 정한 안전조치를 취하지 아니하는 경우에는 그 법령의 규정에 따른 조치
2. 다른 법령에서 안전기준이나 규격을 정하고 있지 아니하는 경우에는 다음 각 목의 조치
   가. 제49조의 규정에 따른 수거·파기 등의 권고
   나. 제50조의 규정에 따른 수거·파기 등의 명령
   다. 제86조제1항제1호의 규정에 따른 과태료 처분
3. 그 밖에 물품등에 대한 위해방지대책의 강구

제 2 절 소비자안전조치

제47조【결함정보의 보고의무】 ①사업자는 소비자에게 제공한 물품등에 소비자의 생명·신체 또는 재산에 위해를 끼치거나 끼칠 우려가 있는 제조·설계 또는 표시 등의 중대한 결함이 있는 사실을 알게 된 때에는 그 결함의 내용을 소관 중앙행정기관의 장에게 보고(전자적 보고를 포함한다. 이하 같다)하여야 한다.

②제1항의 규정에 따른 보고를 받은 중앙행정기관의 장은 사업자가 보고한 결함의 내용에 관하여 제17조의 규정에 따른 시험·검사기관 또는 한국소비자원 등에 시험·검사를 의뢰하고, 시험·검사의 결과 그 물품등이 제49조 또는 제50조의 요건에 해당하는 경우에는 사업자에게 각각에 해당하는 규정에 따른 필요한 조치를 취하여야 한다.

③제1항의 규정에 따라 결함의 내용을 보고하여야 할 사업자는 다음 각 호와 같다.

1. 물품등을 제조·수입 또는 제공하는 자
2. 물품에 성명·상호 그 밖에 식별 가능한 기호 등을 부착함으로써 자신을 제조자로 표시한 자
3. 「유통산업발전법」 제2조제3호의 규정에 따른 대규모점포 중 대통령령이 정하는 대규모점포를 설치하여 운영하는 자
4. 그 밖에 소비자의 생명·신체 및 재산에 위해를 끼치거나 끼칠 우려가 있는 물품등을 제조·수입·판매 또는 제공하는 자로서 대통령령이 정하는 자

④제1항의 규정에 따라 사업자가 보고하여야 할 중대한 결함의 범위, 보고기한 및 보고절차 등에 관하여 필요한 사항은 대통령령으로 정한다.

제48조【물품등의 자진수거 등】 사업자는 소비자에게 제공한 물품등의 결함으로 인하여 소비자의 생명·신체 또는 재산에 위해를 끼치거나 끼칠 우려가 있는 경우에는 대통령령이 정하는 바에 따라 당해 물품등의 수거·파기·수리·교환·환급 또는 제조·수입·판매·제공의 금지 그 밖의 필요한 조치를 취하여야 한다.

제49조【수거·파기 등의 권고 등】 ①중앙행정기관의 장은 사업자가 제공한 물품등의 결함으로 인하여 소비자의 생명·신체 또는 재산에 위해를 끼치거나 끼칠 우려가 있다고 인정되는 경우에는 그 사업자에 대하여 당해 물품등의 수거·파기·수리·교환·환급 또는 제조·수입·판매·제공의 금지 그 밖의 필요한 조치를 권고할 수 있다.

②제1항의 규정에 따른 권고를 받은 사업자는

그 권고의 수락 여부를 소관 중앙행정기관의 장에게 통지하여야 한다.

③사업자는 제1항의 규정에 따른 권고를 수락한 경우에는 제48조의 규정에 따른 조치를 취하여야 한다.

④중앙행정기관의 장은 제1항의 규정에 따른 권고를 받은 사업자가 정당한 사유 없이 그 권고를 따르지 아니하는 때에는 사업자가 권고를 받은 사실을 공표할 수 있다.

⑤제1항 내지 제4항의 규정에 따른 권고, 권고의 수락 및 공표의 절차에 관하여 필요한 사항은 대통령령으로 정한다.

제50조【수거·파기 등의 명령 등】 ①중앙행정기관의 장은 사업자가 제공한 물품등의 결함으로 인하여 소비자의 생명·신체 또는 재산에 위해를 끼치거나 끼칠 우려가 있다고 인정되는 경우에는 대통령령이 정하는 절차에 따라 그 물품등의 수거·파기·수리·교환·환급을 명하거나 제조·수입·판매 또는 제공의 금지를 명할 수 있고, 그 물품등과 관련된 시설의 개수(개수) 그 밖의 필요한 조치를 명할 수 있다. 다만, 소비자의 생명·신체 또는 재산에 긴급하고 현저한 위해를 끼치거나 끼칠 우려가 있다고 인정되는 경우로서 그 위해의 발생 또는 확산을 방지하기 위하여 불가피하다고 인정되는 경우에는 그 절차를 생략할 수 있다.

②중앙행정기관의 장은 사업자가 제1항의 규정에 따른 명령에 따르지 아니하는 경우에는 대통령령이 정하는 바에 따라 직접 그 물품등의 수거·파기 또는 제공금지 등 필요한 조치를 취할 수 있다.

제3절 위해정보의 수집 등

제51조【소비자안전센터의 설치】 ①소비자안전시책을 지원하기 위하여 한국소비자원에 소비자안전센터를 둔다.

②소비자안전센터에 소장 1인을 두고, 그 조직에 관한 사항은 정관으로 정한다.

③소비자안전센터의 업무는 다음 각 호와 같다.

1. 제52조의 규정에 따른 위해정보의 수집 및 처리
2. 소비자안전을 확보하기 위한 조사 및 연구
3. 소비자안전과 관련된 교육 및 홍보
4. 위해 물품등에 대한 시정 건의
5. 소비자안전에 관한 국제협력
6. 그 밖에 소비자안전에 관한 업무

제52조【위해정보의 수집 및 처리】 ①소비자안전센터는 물품등으로 인하여 소비자의 생명·신체 또는 재산에 위해가 발생하였거나 발생할 우려가 있는 사안에 대한 정보(이하 "위해정보"라 한다)를 수집할 수 있다.

②소장은 제1항의 규정에 따라 수집한 위해정보를 분석하여 그 결과를 원장에게 보고하여야 하고, 원장은 위해정보의 분석결과에 따라 필요한 경우에는 다음 각 호의 조치를 할 수 있다.

1. 위해방지 및 사고예방을 위한 소비자안전경보의 발령
2. 물품등의 안전성에 관한 사실의 공표
3. 위해 물품등을 제공하는 사업자에 대한 시정 권고
4. 국가 또는 지방자치단체에의 시정조치·제도개선 건의
5. 그 밖에 소비자안전을 확보하기 위하여 필요한 조치로서 대통령령이 정하는 사항

③제1항 및 제2항의 규정에 따라 위해정보를 수집·처리하는 자는 물품등의 위해성이 판명되어 공표되기 전까지 사업자명·상품명·피해정도·사건경위에 관한 사항을 누설하여서는 아니된다.

④재정경제부장관은 소비자안전센터가 위해정보를 효율적으로 수집할 수 있도록 하기 위하여 필요한 경우에는 행정기관·병원·학교·소비자단체 등을 위해정보 제출기관으로 지정·운영할 수 있다.

⑤제1항 및 제2항의 규정에 따른 위해정보의 수집 및 처리 등에 관하여 필요한 사항은 대통령령으로 정한다.

제8장 소비자분쟁의 해결

제1절 사업자의 불만처리 등

제53조【소비자상담기구의 설치·운영】 ①사업자 및 사업자단체는 소비자로부터 제기되는 의견이나 불만 등을 기업경영에 반영하고, 소비자의 피해를 신속하게 처리하기 위한 기구(이하 "소비자상담기구"라 한다)의 설치·운영에 적극 노력하여야 한다.

②사업자 및 사업자단체는 소비자의 불만 또는 피해의 상담을 위하여 「국가기술자격법」에 따른 관련 자격이 있는 자 등 전담직원을 고용·배치하도록 적극 노력하여야 한다.

제54조【소비자상담기구의 설치 권장】 ①중앙행정기관의 장은 사업자 또는 사업자단체에게 소비자상담기구의 설치·운영을 권장하거나 그 설치·운영에 필요한 지원을 할 수 있다.

②재정경제부장관은 소비자상담기구의 설치·운영에 관한 권장기준을 정하여 고시할 수 있다.

제2절 한국소비자원의 피해구제

제55조【피해구제의 신청 등】 ①소비자는 물품등의 사용으로 인한 피해의 구제를 한국소비자원에 신청할 수 있다.

②국가·지방자치단체 또는 소비자단체는 소비자로부터 피해구제의 신청을 받은 때에는 한국소비자원에 그 처리를 의뢰할 수 있다.

③사업자는 소비자로부터 피해구제의 신청을 받은 때에는 다음 각 호의 어느 하나에 해당하는 경우에 한하여 한국소비자원에 그 처리를 의뢰할 수 있다.

1. 소비자로부터 피해구제의 신청을 받은 날부터 30일이 경과하여도 합의에 이르지 못하는 경우
2. 한국소비자원에 피해구제의 처리를 의뢰하기로 소비자와 합의한 경우
3. 그 밖에 한국소비자원의 피해구제의 처리가 필요한 경우로서 대통령령이 정하는 사유에 해당하는 경우

④원장은 제1항의 규정에 따른 피해구제의 신청(제2항 및 제3항의 규정에 따른 피해구제의 의뢰를 포함한다. 이하 이 절에서 같다)을 받은 경우 그 내용이 한국소비자원에서 처리하는 것이 부적합하다고 판단되는 때에는 신청인에게 그 사유를 통보하고 그 사건의 처리를 중지할 수 있다.

제56조【위법사실의 통보 등】 원장은 피해구제신청사건을 처리함에 있어서 당사자 또는 관계인이 법령을 위반한 것으로 판단되는 때에는 관계기관에 이를 통보하고 적절한 조치를 의뢰하여야 한다.

제57조【합의권고】 원장은 피해구제신청의 당사자에 대하여 피해보상에 관한 합의를 권고할 수 있다.

제58조【처리기간】 원장은 제55조제1항 내지 제3항의 규정에 따라 피해구제의 신청을 받은 날부터 30일 이내에 제57조의 규정에 따른 합의가 이루어지지 아니하는 때에는 지체 없이 제60조의 규정에 따른 소비자분쟁조정위원회에 분쟁조정을 신청하여야 한다. 다만, 피해의 원인규명 등에 상당한 시일이 요구되는 피해구제신청사건으로서 대통령령이 정하는 사건에 대하여는 60일 이내의 범위에서 처리기간을 연장할 수 있다.

제59조【피해구제절차의 중지】 ①한국소비자원의 피해구제 처리절차 중에 법원에 소를 제기한 당사자는 그 사실을 한국소비자원에 통보하여야 한다.

②한국소비자원은 당사자의 소제기 사실을 알게 된 때에는 지체 없이 피해구제절차를 중지하고, 당사자에게 이를 통지하여야 한다.

제3절 소비자분쟁의 조정(조정) 등

제60조【소비자분쟁조정위원회의 설치】 ①소비자와 사업자 사이에 발생한 분쟁을 조정하기 위하여 한국소비자원에 소비자분쟁조정위원회(이하 "조정위원회"라 한다)를 둔다.

②조정위원회는 다음 각 호의 사항을 심의·의결한다.

1. 소비자분쟁에 대한 조정결정
2. 조정위원회의 의사(의사)에 관한 규칙의 제정 및 개정·폐지
3. 그 밖에 조정위원회의 위원장이 토의에 부치는 사항

③조정위원회의 운영 및 조정절차 등에 관하여 필요한 사항은 대통령령으로 정한다.

제61조【조정위원회의 구성】 ①조정위원회는 위원장 1인을 포함한 50인 이내의 위원으로 구성하며, 위원장을 포함한 2인은 상임으로 하고, 나머지는 비상임으로 한다.

②위원은 다음 각 호의 어느 하나에 해당하는 자 중에서 대통령령이 정하는 바에 따라 원장의 제청에 의하여 공정거래위원회위원장이 임명 또는 위촉한다.

1. 대학이나 공인된 연구기관에서 부교수 이상 또는 이에 상당하는 직에 있거나 있었던 자로서 소비자권익 관련분야를 전공한 자
2. 4급 이상의 공무원 또는 이에 상당하는 공공기관의 직에 있거나 있었던 자로서 소비자권익과 관련된 업무에 실무경험이 있는 자
3. 판사·검사 또는 변호사의 자격이 있는 자
4. 소비자단체의 임원의 직에 있거나 있었던 자
5. 사업자 또는 사업자단체의 임원의 직에 있거나 있었던 자
6. 그 밖에 소비자권익과 관련된 업무에 관한 학식과 경험이 풍부한 자

③위원장은 상임위원 중에서 공정거래위원회위원장이 임명한다.

④위원장이 부득이한 사유로 직무를 수행할 수 없는 때에는 위원장이 아닌 상임위원이 위원장의 직무를 대행하고, 위원장이 아닌 상임위원이 부득이한 사유로 위원장의 직무를 대행할 수 없는 때에는 공정거래위원회위원장이 지정하는 위원이 그 직무를 대행한다.

⑤위원의 임기는 3년으로 하며, 연임할 수 있다.

⑥조정위원회의 업무를 효율적으로 수행하기 위하여 조정위원회에 분야별 전문위원회를 둘 수 있다.

⑦제6항의 규정에 따른 전문위원회의 구성 및 운영에 관하여 필요한 사항은 대통령령으로 정한다.

제62조【위원의 신분보장】 위원은 자격정지 이상의 형을 선고받거나 신체상 또는 정신상의 장애로 직무를 수행할 수 없는 경우를 제외하고는 그의 의사와 다르게 면직되지 아니한다.

제63조【조정위원회의 회의】 ①조정위원회의 회의는 위원장·상임위원 및 위원장이 회의마다 지명하는 5인 이상 9인 이하의 위원으로 구성한다.

②조정위원회의 회의는 제1항의 규정에 따른 위원 과반수의 출석과 출석위원 과반수의 찬성으로 의결한다.

제64조【위원의 제척·기피·회피】 ①조정위원회의 위원은 다음 각 호의 어느 하나에 해당하는 경우에는 제58조 또는 제65조제1항의 규정에 따라 조정위원회에 신청된 그 분쟁조정사건(이하 이 조에서 "사건"이라 한다)의 심의·의결에서 제척된다.

1. 위원 또는 그 배우자나 배우자이었던 자가 그 사건의 당사자가 되거나 그 사건에 관하여 공동의 권리자 또는 의무자의 관계에 있는 경우
2. 위원이 그 사건의 당사자와 친족관계에 있거나 있었던 경우
3. 위원이 그 사건에 관하여 증언이나 감정을 한 경우
4. 위원이 그 사건에 관하여 당사자의 대리인으로서 관여하거나 관여하였던 경우

②당사자는 위원에게 심의·의결의 공정을 기대하기 어려운 사정이 있는 경우에는 원장에게 기피신청을 할 수 있다. 이 경우 원장은 기피신청에 대하여 조정위원회의 의결을 거치지 아니하고 결정한다.

③위원이 제1항 또는 제2항의 사유에 해당하는 경우에는 스스로 그 사건의 심의·의결에서 회피할 수 있다.

제65조【분쟁조정】 ①소비자와 사업자 사이에 발생한 분쟁에 관하여 제16조제1항의 규정에 따라 설치된 기구에서 소비자분쟁이 해결되지 아니

하거나 제28조제1항제5호의 규정에 따른 합의권고에 따른 합의가 이루어지지 아니한 경우 당사자나 그 기구 또는 단체의 장은 조정위원회에 분쟁조정을 신청할 수 있다.

②조정위원회는 제58조 또는 제1항의 규정에 따라 분쟁조정을 신청받은 경우에는 대통령령이 정하는 바에 따라 지체 없이 분쟁조정절차를 개시하여야 한다.

③조정위원회는 제2항의 규정에 따른 분쟁조정을 위하여 필요한 경우에는 제61조제6항의 규정에 따른 전문위원회에 자문할 수 있다.

④조정위원회는 제2항의 규정에 따른 분쟁조정절차에 앞서 이해관계인·소비자단체 또는 관계기관의 의견을 들을 수 있다.

⑤제59조의 규정은 분쟁조정절차의 중지에 관하여 이를 준용한다.

제66조【분쟁조정의 기간】 ①조정위원회는 제58조 또는 제65조제1항의 규정에 따라 분쟁조정을 신청받은 때에는 그 신청을 받은 날부터 30일 이내에 그 분쟁조정을 마쳐야 한다.

②조정위원회는 제1항의 규정에 불구하고 부득이한 사정으로 30일 이내에 그 분쟁조정을 마칠 수 없는 경우에는 그 기간을 연장할 수 있다. 이 경우 그 사유와 기한을 명시하여 당사자 및 그 대리인에게 통지하여야 한다.

제67조【분쟁조정의 효력 등】 ①조정위원회의 위원장은 제66조의 규정에 따라 분쟁조정을 마친 때에는 지체 없이 당사자에게 그 분쟁조정의 내용을 통지하여야 한다.

②제1항의 규정에 따른 통지를 받은 당사자는 그 통지를 받은 날부터 15일 이내에 분쟁조정의 내용에 대한 수락 여부를 조정위원회에 통보하여야 한다. 이 경우 15일 이내에 의사표시가 없는 때에는 수락한 것으로 본다.

③제2항의 규정에 따라 당사자가 분쟁조정의 내용을 수락하거나 수락한 것으로 보는 경우 조정위원회는 조정조서를 작성하고, 조정위원회의 위원장 및 각 당사자가 기명·날인하여야 한다. 다만, 수락한 것으로 보는 경우에는 각 당사자의 기명·날인을 생략할 수 있다.

④제2항의 규정에 따라 당사자가 분쟁조정의 내용을 수락하거나 수락한 것으로 보는 때에는 그 분쟁조정의 내용은 재판상 화해와 동일한 효력을 갖는다.

제68조【분쟁조정의 특례】 ①제65조제1항의 규정에 불구하고, 국가·지방자치단체·한국소비자원 또는 소비자단체·사업자는 소비자의 피해가 다수의 소비자에게 같거나 비슷한 유형으로 발생하는 경우로서 대통령령이 정하는 사건에 대하여는 조정위원회에 일괄적인 분쟁조정(이하 "집단분쟁조정"이라 한다)을 의뢰 또는 신청할 수 있다.

②제1항의 규정에 따라 집단분쟁조정을 의뢰받거나 신청받은 조정위원회는 조정위원회의 의결로써 제3항 내지 제7항의 규정에 따른 집단분쟁조정의 절차를 개시할 수 있다. 이 경우 조정위원회는 대통령령이 정하는 기간동안 그 절차의 개시를 공고하여야 한다.

③조정위원회는 집단분쟁조정의 당사자가 아닌 소비자 또는 사업자로부터 그 분쟁조정의 당사자에 추가로 포함될 수 있도록 하는 신청을 받을 수 있다.

④조정위원회는 조정위원회의 의결로써 제1항 및 제3항의 규정에 따른 집단분쟁조정의 당사자 중에서 공동의 이익을 대표하기에 가장 적합한 1인 또는 수인을 대표당사자로 선임할 수 있다.

⑤조정위원회는 사업자가 조정위원회의 집단분쟁조정의 내용을 수락한 경우에는 집단분쟁조정의 당사자가 아닌 자로서 피해를 입은 소비자에 대한 보상계획서를 작성하여 조정위원회에 제출하도록 권고할 수 있다.

⑥제65조제5항의 규정에 불구하고, 조정위원회는 집단분쟁조정의 당사자인 다수의 소비자 중 일부의 소비자가 법원에 소를 제기한 경우에는 그 절차를 중지하지 아니하고, 소를 제기한 일부의 소비자를 그 절차에서 제외한다.

⑦제66조제1항의 규정에 불구하고, 집단분쟁조정의 기간은 제2항의 규정에 따른 공고가 종료된 날의 다음 날부터 기산한다.

⑧집단분쟁조정의 절차 등에 관하여 필요한 사항은 대통령령으로 정한다.

제69조【「민사조정법」의 준용】 조정위원회의 운영 및 조정절차에 관하여 이 법에서 규정하지 아니한 사항에 대하여는 「민사조정법」을 준용한다.

제 4 절 소비자단체소송

제70조【단체소송의 대상 등】 다음 각 호의 어느 하나에 해당하는 단체는 사업자가 제20조의 규정을 위반하여 소비자의 생명·신체 또는 재산에 대한 권익을 직접적으로 침해하고 그 침해가 계속되는 경우 법원에 소비자권익침해행위의 금지·중지를 구하는 소송(이하 "단체소송"이라 한다)을 제기할 수 있다.

1. 제29조의 규정에 따라 공정거래위원회에 등록한 소비자단체로서 다음 각 목의 요건을 모두 갖춘 단체

가. 정관에 따라 상시적으로 소비자의 권익증진을 주된 목적으로 하는 단체일 것

나. 단체의 정회원수가 1천명 이상일 것

다. 제29조의 규정에 따른 등록 후 3년이 경과하였을 것

2. 「상공회의소법」에 따른 대한상공회의소, 「중소기업협동조합법」에 따른 중소기업협동조합중앙회 및 전국 단위의 경제단체로서 대통령령이 정하는 단체

3. 「비영리민간단체 지원법」 제2조의 규정에 따른 비영리민간단체로서 다음 각 목의 요건을 모두 갖춘 단체

가. 법률상 또는 사실상 동일한 침해를 입은 50인 이상의 소비자로부터 단체소송의 제기를 요청받을 것

나. 정관에 소비자의 권익증진을 단체의 목적으로 명시한 후 최근 3년 이상 이를 위한 활동실적이 있을 것

다. 단체의 상시 구성원수가 5천명 이상일 것

라. 중앙행정기관에 등록되어 있을 것

[시행일:2008.1.1] 제70조

제71조【전속관할】 ①단체소송의 소는 피고의 주된 사무소 또는 영업소가 있는 곳, 주된 사무소나 영업소가 없는 경우에는 주된 업무담당자의 주소가 있는 곳의 지방법원 본원 합의부의 관할에 전속한다.

②제1항의 규정을 외국사업자에 적용하는 경우 대한민국에 있는 이들의 주된 사무소·영업소 또는 업무담당자의 주소에 따라 정한다.

[시행일:2008.1.1] 제71조

제72조【소송대리인의 선임】 단체소송의 원고는 변호사를 소송대리인으로 선임하여야 한다.

[시행일:2008.1.1] 제72조

제73조【소송허가신청】 ①단체소송을 제기하는 단체는 소장과 함께 다음 각 호의 사항을 기재한 소송허가신청서를 법원에 제출하여야 한다.

1. 원고 및 그 소송대리인
2. 피고
3. 금지·중지를 구하는 사업자의 소비자권익침해행위의 범위

②제1항의 규정에 따른 소송허가신청서에는 다음 각 호의 자료를 첨부하여야 한다.

1. 소제기단체가 제70조 각 호의 어느 하나에 해당하는 요건을 갖추고 있음을 소명하는 자료
2. 소제기단체가 제74조제1항제3호의 규정에 따라 요청한 서면 및 이에 대한 사업자의 의견서. 다만, 동호에서 정하는 기간 내에 사업자의 응답이 없을 경우에는 사업자의 의견서를 생략할 수 있다.

[시행일:2008.1.1] 제73조

제74조【소송허가요건 등】 ①법원은 다음 각 호의 요건을 모두 갖춘 경우에 한하여 결정으로 단체소송을 허가한다.

1. 물품등의 사용으로 인하여 소비자의 생명·신체 또는 재산에 피해가 발생하거나 발생할 우려가 있는 등 다수 소비자의 권익보호 및 피해예방을 위한 공익상의 필요가 있을 것
2. 제73조의 규정에 따른 소송허가신청서의 기재사항에 흠결이 없을 것
3. 소제기단체가 사업자에게 소비자권익 침해행위를 금지·중지할 것을 서면으로 요청한 후 14일이 경과하였을 것

②단체소송을 허가하거나 불허가하는 결정에 대하여는 즉시항고할 수 있다.

[시행일:2008.1.1] 제74조

제75조【확정판결의 효력】 원고의 청구를 기각하는 판결이 확정된 경우 이와 동일한 사안에 관하여는 제70조의 규정에 따른 다른 단체는 단체소송을 제기할 수 없다. 다만, 다음 각 호의 어느 하나에 해당하는 경우에는 그러하지 아니하다.

1. 판결이 확정된 후 그 사안과 관련하여 국가 또는 지방자치단체가 설립한 기관에 의하여 새로운 연구결과나 증거가 나타난 경우
2. 기각판결이 원고의 고의로 인한 것임이 밝혀진 경우

[시행일:2008.1.1] 제75조

제76조【「민사소송법」의 적용 등】 ①단체소송에 관하여 이 법에 특별한 규정이 없는 경우에는 「민사소송법」을 적용한다.

②제74조의 규정에 따른 단체소송의 허가결정이 있는 경우에는 「민사집행법」 제4편의 규정에 따른 보전처분을 할 수 있다.

③단체소송의 절차에 관하여 필요한 사항은 대법원규칙으로 정한다.

[시행일:2008.1.1] 제76조

제 9 장 조사절차 등

제77조【검사와 자료제출 등】 ①중앙행정기관의 장은 다음 각 호의 어느 하나에 해당하는 경우에는 대통령령이 정하는 바에 따라 소속공무원으로 하여금 사업자의 물품·시설 및 제조공정 그 밖의 물건을 검사하게 하거나 그 사업자에게 그 업무에 관한 보고 또는 관계 물품·서류 등의 제출을 명할 수 있다.

1. 제13조의 규정에 따라 소비자에게 정보제공을 하기 위하여 필요한 경우
2. 제16조제1항의 규정에 따라 소비자의 불만 및 피해를 처리하기 위하여 필요한 경우
3. 이 법의 위반 여부를 확인하기 위하여 필요한 경우

②중앙행정기관의 장은 물품등의 안전성을 의심할 만한 정당한 이유가 있는 경우로서 대통령령이 정하는 사유가 있는 때에는 소속 공무원으로 하여금 사업자의 영업장소, 제조장소, 창고 등 저장소, 사무소 그 밖의 이와 유사한 장소에 출입하여 제1항의 규정에 따른 검사 등을 할 수 있다.

③제1항 또는 제2항의 규정에 따라 검사 등을 하는 공무원은 그 권한을 나타내는 증표를 지니고 이를 관계인에게 내보여야 한다.

④이 법에 따른 직무에 종사하는 공무원은 제1항 또는 제2항의 규정에 따른 검사나 제출된 물품 또는 서류 등으로 알게 된 내용을 이 법의 시행을 위한 목적 아닌 용도로 사용하여서는 아니된다.

⑤중앙행정기관의 장은 소관 소비자권익 증진시책을 추진하기 위하여 필요한 경우에는 원장에게 소비자피해에 관한 정보 및 각종 실태조사 결과 등 소비자의 권익과 관련된 정보의 제공을 요청할 수 있다.

제78조【자료 및 정보제공요청 등】 ①소비자단체 및 한국소비자원은 그 업무를 추진함에 있어서 필요한 자료 및 정보의 제공을 사업자 또는 사업자단체에 요청할 수 있다. 이 경우 그 사업자 또는 사업자단체는 정당한 사유가 없는 한 이에 응하여야 한다.

②제1항의 규정에 따라 자료 및 정보의 제공을 요청하는 소비자단체 및 한국소비자원은 그 자료 및 정보의 사용목적·사용절차 등을 미리 사업자 또는 사업자단체에게 알려야 한다.

③제1항의 규정에 따라 소비자단체가 자료 및 정보를 요청하는 때에는 제79조의 규정에 따른 소비자정보요청협의회의 협의·조정을 미리 거쳐야 한다.

④제1항의 규정에 따라 자료 및 정보를 요청할 수 있는 소비자단체의 요건과 자료 및 정보의 범위 등에 관한 사항은 대통령령으로 정한다.

⑤제1항 내지 제4항의 규정에 따라 사업자 또는 사업자단체로부터 소비자단체에 제공된 자료 및 정보는 미리 사업자 또는 사업자단체에 알린 사용목적이 아닌 용도 및 사용절차가 아닌 방법으로 사용하여서는 아니 된다.

제79조【소비자정보요청협의회】 ①제78조제1항의 규정에 따른 소비자단체의 자료 및 정보의 제

공요청과 관련한 다음 각 호의 사항을 협의·조정하기 위하여 한국소비자원에 소비자정보요청협의회(이하 "협의회"라 한다)를 둔다.

1. 소비자단체가 요청하는 자료 및 정보의 범위·사용목적·사용절차에 관한 사항

2. 그 밖에 대통령령이 정하는 사항

②협의회의 구성과 운영 그 밖에 필요한 사항은 대통령령으로 정한다.

제10장 보 칙

제80조 【시정조치 등】 ①중앙행정기관의 장은 사업자가 제20조의 규정을 위반하는 행위를 한 경우에는 그 사업자에게 그 행위의 중지 등 시정에 필요한 조치를 명할 수 있다.

②중앙행정기관의 장은 사업자에게 제1항의 규정에 따라 시정명령을 받은 사실을 공표하도록 명할 수 있다.

제81조 【시정조치의 요청 등】 ①국가 및 지방자치단체는 사업자가 제20조의 규정을 위반하는지 여부를 판단하기 위하여 필요한 경우에는 등록소비자단체 또는 한국소비자원에 조사를 의뢰할 수 있다.

②재정경제부장관은 사업자가 제20조의 규정을 위반하는 행위를 한 사실을 알게 된 때에는 그 물품등을 주관하는 중앙행정기관의 장에게 위반행위의 시정에 필요한 적절한 조치를 요청할 수 있다.

제82조 【청문】 중앙행정기관의 장은 제30조·제50조 또는 제80조의 규정에 따른 명령 등의 조치를 하고자 하는 경우에는 청문을 실시하여야 한다. 다만, 제50조제1항 단서의 경우에는 그러하지 아니하다.

제83조 【권한의 위임·위탁 등】 ①중앙행정기관의 장은 이 법에 따른 권한의 일부를 대통령령이 정하는 바에 따라 시·도지사에게 위임할 수 있다.

②공정거래위원회는 다음 각 호의 어느 하나에 해당하는 경우에는 제77조제1항의 규정에 따른 행정기관의 장의 권한 중 공정거래위원회의 검사 등의 권한을 한국소비자원에 위탁할 수 있다.

1. 제17조제2항의 규정에 따라 한국소비자원에 시험·검사 또는 조사를 의뢰하는 경우

2. 제55조제1항 내지 제3항의 규정에 따라 한국소비자원에 신청 또는 의뢰된 피해구제사건을 처리함에 있어서 사실확인을 위하여 필요하다고 인정되는 경우

③제77조제3항 및 제4항의 규정은 제2항의 규정에 따라 공정거래위원회로부터 제77조제1항의 규정에 따른 공정거래위원회의 검사 등의 권한을 위탁받은 한국소비자원의 직원으로서 그 검사 등의 권한을 행하는 직원에 대하여 이를 준용한다.

제11장 벌 칙

제84조 【벌칙】 ①다음 각 호의 어느 하나에 해당하는 자는 3년 이하의 징역 또는 5천만원 이하의 벌금에 처한다.

1. 제50조 또는 제80조의 규정에 따른 명령을 위반한 자

2. 제77조제4항(제83조제3항의 규정에 따라 준용되는 경우를 포함한다)의 규정을 위반하여 검사 등으로 알게 된 내용을 이 법의 시행을 위한 목적이 아닌 용도로 사용한 자

3. 제78조제5항의 규정을 위반하여 제공된 자료 및 정보를 사용목적이 아닌 용도 또는 사용절차가 아닌 방법으로 사용한 자

②제52조제3항의 규정을 위반하여 위해정보에 관한 사항을 누설한 자는 1년 이하의 징역 또는 3천만원 이하의 벌금에 처한다.

③제1항의 경우에 징역형과 벌금형은 이를 병과(병과)할 수 있다.

제85조 【양벌규정】 법인의 대표자 또는 법인이나 개인의 대리인, 사용인 그 밖에 종업원이 그 법인 또는 개인의 업무에 관하여 제84조제1항 또는 제2항의 위반행위를 한 때에는 행위자를 벌할 뿐만 아니라 그 법인 또는 개인에 대하여도 각각 해당 조항의 벌금형을 과한다.

제86조 【과태료】 ①다음 각 호의 어느 하나에 해당하는 자는 3천만원 이하의 과태료에 처한다.

1. 제20조의 규정을 위반한 자

2. 제37조의 규정을 위반하여 동일 또는 유사 명칭을 사용한 자

3. 제47조제1항의 규정을 위반하여 물품등의 중대한 결함의 내용을 보고하지 아니하거나 허위로 보고한 자

4. 제77조제1항 또는 제2항의 규정에 따른 검사·출입을 거부·방해·기피한 자, 업무에 관한 보고를 하지 아니하거나 허위로 보고한 자 또는 관계 물품·서류 등을 제출하지 아니하거나 허위로 제출한 자

②제1항의 규정에 따른 과태료는 대통령령이 정하는 바에 따라 중앙행정기관의 장 또는 특별시장·광역시장 또는 도지사(이하 "부과권자"라 한다)가 부과·징수한다.

③제1항의 규정에 따른 과태료의 부과기준은 대통령령으로 정한다.

④제2항의 규정에 따른 과태료 처분을 받아들이지 않을 이유가 있는 자는 그 처분의 고지를 받은 날부터 30일 이내에 부과권자에게 이의를 제기할 수 있다.

⑤제2항의 규정에 따른 과태료 처분을 받은 자가 제4항의 규정에 따라 이의를 제기한 때에는 부과권자는 지체 없이 관할 법원에 그 사실을 통보하여야 하며, 그 통보를 받은 관할 법원은 「비송사건절차법」에 따른 과태료의 재판을 한다.

⑥제4항의 규정에 따른 기간 이내에 이의를 제기하지 아니하고 과태료를 납부하지 아니한 때에는 국세 또는 지방세 체납처분의 예에 따라 이를 징수한다.

부 칙

〈제7988호, 2006.9.27〉

제1조【시행일】 이 법은 공포 후 6개월이 경과한 날부터 시행한다. 다만, 제70조 내지 제76조의 개정규정은 2008년 1월 1일부터 시행한다.

제2조【소비자정책에 관한 기본계획 및 시행계획의 수립에 관한 적용례】 기본계획, 중앙행정기관별시행계획, 시·도별시행계획 및 종합시행계획은 이 법이 시행되는 연도의 다음 연도의 계획부터 적용한다.

제3조【한국소비자원의 감사의 임기에 관한 적용례】 제38조제6항의 개정규정 중 감사의 임기에 관한 사항은 이 법 시행 후 최초로 임명되는 감사부터 적용한다.

제4조【한국소비자원의 결산보고서와 이에 대한 감사의견서의 보고에 관한 적용례】 제42조제2항의 개정규정은 이 법 시행 후 최초로 한국소비자원이 공정거래위원회에 보고하는 결산보고서와 이에 대한 감사의견서부터 적용한다.

제5조【소비자로부터 피해구제의 신청을 받은 사업자의 한국소비자원에의 처리의뢰에 관한 적용례】 제55조제3항의 개정규정은 이 법 시행후 최초로 사업자가 소비자로부터 피해구제의 신청을 받는 것부터 적용한다.

제6조【한국소비자원이 처리하는 피해구제신청사건의 처리기간에 관한 적용례】 제58조 단서의 개정규정은 이 법 시행 후 최초로 한국소비자원이 제55조제1항 내지 제3항의 개정규정에 따라 피해구제의 신청 또는 의뢰를 받는 것부터 적용한다.

제7조【소비자정책심의위원회에 대한 경과조치】 ①이 법 시행 당시 종전의 「소비자보호법」 제21조의 규정에 따라 재정경제부에 둔 소비자정책심의위원회는 제23조의 개정규정에 따른 소비자정책위원회로 본다.

②이 법 시행 당시 종전의 「소비자보호법」 제22조의 규정에 따라 위촉된 소비자정책심의위원회의 위원은 제24조의 개정규정에 따라 위촉된 소비자정책위원회의 위원으로 보며, 그 임기는 종전의 규정에 따라 임명된 날부터 기산한다.

제8조【소비자단체의 등록에 관한 경과조치】 이 법 시행 당시 종전의 「소비자보호법」 제19조제1항의 규정에 따라 등록을 한 소비자단체는 제29조제1항의 개정규정에 따른 요건에 따라 등록을 한 소비자단체로 본다. 다만, 제29조제1항 각 호의 요건을 갖추지 못한 소비자단체는 이 법 시행일부터 1년 이내에 그 요건을 갖추어야 하고, 그 기간 내에 요건을 갖추지 못하는 경우에는 공정거래위원회 또는 지방자치단체의 장은 제30조의

개정규정에 따라 그 등록을 취소하여야 한다.

제9조【한국소비자보호원 등에 관한 경과조치】 ①이 법 시행 당시 종전의 「소비자보호법」 제26조의 규정에 따라 설립된 한국소비자보호원은 제33조의 개정규정에 따른 한국소비자원으로 본다.

②이 법시행 당시 종전의 「소비자보호법」에 따른 한국소비자보호원·소비자분쟁조정위원회·소비자정보요청위원회 또는 한국소비자보호원의 장(이하 "한국소비자보호원등"이라 한다. 이하 같다)이 행한 행위 또는 한국소비자보호원등에 대하여 행하여진 행위는 그에 해당하는 이 법의 규정에 따른 한국소비자원·소비자분쟁조정위원회·소비자정보요청협의회 또는 한국소비자원의 장(이하 "한국소비자원등"이라 한다. 이하 같다)이 행하거나 한국소비자원등에 대하여 행하여진 것으로 본다.

③이 법 시행 당시 종전의 「소비자보호법」 제31조 또는 제35조의 규정에 따라 임명 또는 위촉된 한국소비자보호원의 임원 및 소비자분쟁조정위원회의 위원은 제38조 또는 제61조의 개정규정에 따라 임명 또는 위촉된 한국소비자원의 임원 및 소비자분쟁조정위원회의 위원으로 보며, 그 임기는 종전의 규정에 따라 임명 또는 위촉된 날부터 기산한다.

④이 법 시행 당시 종전의 「소비자보호법」 제47조의 규정에 따라 국가가 한국소비자보호원에 출연한 출연금은 제41조제1호의 개정규정에 따른 국가의 출연금으로 본다.

⑤이 법 시행 당시 한국소비자보호원에 관한 등기부 그 밖의 공부에 표시된 "한국소비자보호원"의 명의는 각각 "한국소비자원"의 명의로 본다.

제10조【행정처분 등에 관한 경과조치】 이 법 시행 당시 종전의 「소비자보호법」에 따라 국가·지방자치단체 및 중앙행정기관의 장 등(한국소비자보호원등을 제외하며, 이하 이 조에서 "국가등"이라 한다)이 행한 행정처분 등 또는 국가등에 행하여진 등록신청 등은 이 법의 해당 규정에 따른 행정처분 등 또는 등록신청 등으로 본다.

제11조【벌칙 등에 관한 경과조치】 이 법 시행 전의 행위에 대한 벌칙 및 과태료를 적용할 때에는 종전의 「소비자보호법」에 따른다.

제12조【다른 법률의 개정】 ①금융감독기구의설치등에관한법률 일부를 다음과 같이 개정한다. 제52조제2항제3호 중 "소비자보호법에 의한 한국소비자보호원"을 "「소비자기본법」에 의한 한국소비자원"으로 한다.

②농어업·농어촌특별대책위원회의설치및운영등에관한법률 일부를 다음과 같이 개정한다. 제3조제4항제2호 중 "소비자보호법 제2조"를 "「소비자기본법」 제2조제3호"로 한다.

③수산물품질관리법 일부를 다음과 같이 개정한다.

제47조제1항 중 "소비자보호법"을 "「소비자기본법」"으로 한다.

④약관의 규제에 관한 법률 일부를 다음과 같이 개정한다.

제19조 중 "소비자보호법"을 "「소비자기본법」"으로, "한국소비자보호원"을 "한국소비자원"으로 한다.

제19조의2제2항을 다음과 같이 한다.

②「소비자기본법」 제29조의 규정에 따라 등록한 소비자단체 또는 동법 제33조의 규정에 따라 설립된 한국소비자원(이하 "소비자단체등"이라 한다)은 소비자피해가 자주 일어나는 거래분야의 표준이 될 약관을 마련할 것을 공정거래위원회에 요청할 수 있다.

⑤여객자동차 운수사업법 일부를 다음과 같이 개정한다.

제66조의3제2항제4호 중 "「소비자보호법」에 의한 한국소비자보호원 또는 동법 제19조의 규정에 의하여 등록한 소비자단체"를 "「소비자기본법」에 의한 한국소비자원 또는 동법 제29조의 규정에 따라 등록한 소비자단체"로 한다.

⑥온라인 디지털콘텐츠산업 발전법 일부를 다음과 같이 개정한다.

제16조 중 "소비자보호법"을 "「소비자기본법」"으로 한다.

⑦전자거래기본법 일부를 다음과 같이 개정한다.

제15조제1항 중 "소비자보호법"을 "「소비자기

본법」"으로 한다.

⑧지방세법 일부를 다음과 같이 개정한다.

제268조 본문 중 "「소비자보호법」에 의한 소비자피해보상기준"을 "「소비자기본법」에 의한 소비자분쟁해결기준"으로 한다.

제288조제1항제3호를 다음과 같이 한다.

3. 「소비자기본법」에 의한 한국소비자원

⑨특별소비세법 일부를 다음과 같이 개정한다.

제20조제2항제3호 전단 중 "「소비자보호법」"을 "「소비자기본법」"으로 한다.

⑩표시·광고의 공정화에 관한 법률 일부를 다음과 같이 개정한다.

제4조제2항 중 "소비자보호법 제19조제1항의 규정에 의하여 등록된 소비자단체"를 "「소비자기본법」 제29조의 규정에 따라 등록한 소비자단체"로 한다.

⑪항공안전 및 보안에 관한 법률 일부를 다음과 같이 개정한다.

제36조제1항 본문 중 "소비자보호법에 의한 한국소비자보호원(이하 "소비자보호원"이라 한다)"을 "「소비자기본법」에 의한 한국소비자원(이하 "한국소비자원"이라 한다)"으로 하고, 동조 제3항 중 "소비자보호원"을 "한국소비자원"으로 한다.

⑫화물자동차운수사업법 일부를 다음과 같이 개정한다.

제8조제7항 및 제13조제2항 중 "소비자보호법 제26조제1항의 규정에 의한 한국소비자보호원 또는 동법 제19조제1항의 규정에 따라 등록한 소비자단체"를 각각 "「소비자기본법」 제33조제1항의 규정에 따른 한국소비자원 또는 동법 제29조의 규정에 따라 등록한 소비자단체"로 한다.

제13조【다른 법령과의 관계】 이 법 시행 당시 다른 법령에서 종전의 「소비자보호법」 또는 그 규정을 인용하고 있는 경우 이 법 중 그에 해당하는 규정이 있는 때에는 종전의 규정에 갈음하여 이 법 또는 이 법의 해당 조항을 인용한 것으로 본다.

소비자기본법 시행령

전문개정 1987.4.1 대통령령 제12121호
개　　정 1989.4.1 대통령령 제12676호
개　　정 1993.3.6 대통령령 제13870호
개　　정 1994.12.23 대통령령 제14438호
(재정경제원과 그 소속기관 직제)
개　　정 1994.12.23 대통령령 제14446호
(보건복지부와 그 소속기관 직제)
개　　정 1994.12.23 대통령령 제14447호
(건설교통부와 그 소속기관 직제)
전문개정 1996.3.30 대통령령 제14962호
일부개정 1999.3.31 대통령령 제16209호
일부개정 2000.6.23 대통령령 제16851호
일부개정 2001.6.30 대통령령 제17266호 재정경제부
일부개정 2004.1.29 대통령령 제18267호
일부개정 2004.2.9 대통령령 제18272호
일부개정 2004.3.17 대통령령 제18312호
일부개정 2007.4.4 대통령령 제19988호

제1장 총 칙

제1조【목적】 이 영은 「소비자기본법」에서 위임된 사항과 그 시행에 필요한 사항을 규정함을 목적으로 한다.

제2조【소비자의 범위】 「소비자기본법」(이하 "법"이라 한다) 제2조제1호의 소비자 중 물품 또는 용역(시설물을 포함한다. 이하 같다)을 생산활동을 위하여 사용(이용을 포함한다. 이하 같다)하는 자의 범위는 다음 각 호와 같다.

1. 제공된 물품 또는 용역(이하 "물품등"이라 한다)을 최종적으로 사용하는 자. 다만, 제공된 물품등을 원재료(중간재를 포함한다), 자본재 또는 이에 준하는 용도로 생산활동에 사용하는 자는 제외한다.
2. 제공된 물품등을 농업(축산업을 포함한다. 이하 같다) 및 어업활동을 위하여 사용하는 자. 다만, 「축산법」 제21조제1항에 따라 농림부령으로 정하는 사육규모 이상의 축산업을 영위하는 자 및 「수산업법」 제41조제1항에 따라 해양수산부장관의 허가를 받아 원양어업을 하는 자는 제외한다.

제2장 국가 및 지방자치단체의 책무 등

제3조【조례의 제정】 지방자치단체는 법 제6조제1호에 따라 다음 각 호의 사항을 포함하는 조례를 제정할 수 있다.

1. 소비자안전에 관한 시책
2. 소비자와 관련된 주요시책이나 정책결정사항에 관한 정보의 제공
3. 사업자의 표시 및 거래 등의 적정화를 유도하기 위한 조사·권고·공표 등
4. 소비자단체·소비자생활협동조합(「소비자생활협동조합법」 제2조에 따른 소비자생활협동조합을 말한다. 이하 같다) 등 소비자의 조직활동 지원
5. 소비자피해구제기구의 설치·운영 등
6. 소비자의 능력 향상을 위한 교육 및 프로그램
7. 그 밖에 지역 소비자의 권익 증진에 필요한 사항

제4조【소비자의 조직활동 지원】 ①국가 및 지방자치단체는 법 제6조제4호에 따라 다음 각 호의 활동을 지원·육성하여야 한다.

1. 법 제28조제1항에 따른 소비자단체의 업무
2. 소비자단체 외의 소비자생활협동조합 등이

행하는 교육·홍보·공동구매·판매사업 및 공동시설의 설치·운영

3. 그 밖에 소비자의 권익 증진을 위하여 필요하다고 인정하는 소비자의 조직활동

②국가 및 지방자치단체는 소비자단체·소비자생활협동조합 등에 대하여 예산의 범위 안에서 필요한 자금을 지원할 수 있다.

제5조【지방행정조직에 대한 지원】 국가는 지방자치단체가 소비자의 권익 증진에 관한 업무를 효율적으로 수행하기 위하여 다음 각 호의 단체나 법인의 장에게 그 단체나 법인에 소속된 직원의 파견을 요청하는 경우에는 법 제7조에 따라 파견에 드는 경비 등을 지원할 수 있다.

1. 법 제29조에 따라 등록된 소비자단체
2. 법 제33조에 따른 한국소비자원(이하 "한국소비자원"이라 한다)

제6조【소비자교육의 방법】 국가 및 지방자치단체는 법 제14조제1항에 따른 소비자교육을 다음 각 호의 어느 하나에 해당하는 방법으로 실시할 수 있다.

1. 정보통신매체를 이용하는 방법
2. 현장실습 등 체험위주의 방법
3. 「평생교육법」 제2조제3호에 따른 평생교육시설을 활용하는 방법
4. 「방송법」 제73조제4항에 따른 비상업적 공익광고 등 다양한 매체를 활용하는 방법

제7조【소비자피해구제기구의 설치】 특별시장·광역시장 또는 도지사(이하 "시·도지사"라 한다)는 법 제16조제1항에 따라 소비자의 불만이나 피해를 신속·공정하게 처리하기 위하여 전담기구의 설치 등 필요한 행정조직을 정비하여야 한다.

제8조【소비자분쟁해결기준】 ①법 제16조제2항에 따른 소비자분쟁해결기준은 일반적 소비자분쟁해결기준과 품목별 소비자분쟁해결기준으로 구분한다.

②제1항의 일반적 소비자분쟁해결기준은 별표 1과 같다.

③재정경제부장관은 제2항의 일반적 소비자분쟁해결기준에 따라 품목별 소비자분쟁해결기준을 제정하여 고시할 수 있다.

④재정경제부장관은 품목별 소비자분쟁해결기준을 제정하여 고시하는 경우에는 품목별로 해당 물품등의 소관 중앙행정기관의 장과 협의하여야 하며, 소비자단체·사업자단체 및 해당 분야 전문가의 의견을 들어야 한다.

제9조【소비자분쟁해결기준의 적용】 ①다른 법령에 근거한 별도의 분쟁해결기준이 제8조의 소비자분쟁해결기준보다 소비자에게 유리한 경우에는 당해 분쟁해결기준을 제8조의 소비자분쟁해결기준에 우선하여 적용한다.

②품목별 소비자분쟁해결기준에서 해당 품목에 대한 분쟁해결기준을 정하고 있지 아니한 경우에는 같은 기준에서 정한 유사품목에 대한 분쟁해결기준을 준용할 수 있다.

③품목별 소비자분쟁해결기준에서 동일한 피해에 대한 분쟁해결기준을 두 가지 이상 정하고 있는 경우에는 소비자가 선택하는 분쟁해결기준에 따른다.

제10조【시험·검사 등의 요청】 ①국가 또는 지방자치단체는 법 제17조제2항에 따라 소비자로부터 시험·검사 또는 조사의 요청을 받은 경우에는 지체 없이 법 제17조제1항에 따라 설치된 기구와 시설(이하 "국·공립검사기관"이라 한다) 또는 한국소비자원에 시험·검사 또는 조사를 의뢰하여야 하며 그 결과를 지체 없이 요청인에게 통보하여야 한다.

②국·공립검사기관 또는 한국소비자원은 법 제17조제2항에 따라 시험·검사 또는 조사의 의뢰를 받은 경우에는 의뢰를 받은 날부터 1개월 이내에 시험·검사 또는 조사의 결과를 의뢰인에게 통보하여야 한다. 이 경우 1개월 이내에 그 결과를 통보할 수 없는 부득이한 사유가 있으면 그 사유와 통보기한을 정하여 의뢰인에게 알려야 한다.

③제2항에 따른 시험·검사 또는 조사에 드는 비용은 시험·검사 또는 조사를 의뢰한 자가 부담한다. 다만, 소비자의 요청에 따른 시험·검사 또는 조사의 경우에는 요청한 소비자가 그 비용을 부담한다.

제11조 【조사·연구 의뢰 대상기관】 ①법 제17조제5항에서 "대통령령이 정하는 기관"란 다음 각 호의 기관을 말한다.

1. 한국소비자원
2. 국공립검사기관
3. 「정부출연연구기관 등의 설립·운영 및 육성에 관한 법률」에 따라 설립된 정부출연연구기관
4. 「과학기술분야 정부출연연구기관 등의 설립·운영 및 육성에 관한 법률」에 따라 설립된 과학기술분야 정부출연연구기관
5. 「특정연구기관 육성법」에 따른 특정연구기관
6. 법 제29조에 따라 공정거래위원회에 등록한 소비자단체

②법 제17조제5항에 따른 조사·연구에 드는 비용은 조사·연구를 의뢰한 자가 부담한다.

제 3 장 소비자정책의 추진체계

제 1 절 소비자정책의 수립

제12조 【기본계획의 수립과 변경】 ①재정경제부장관은 법 제21조제1항에 따라 소비자정책에 관한 기본계획(이하 "기본계획"이라 한다)을 수립하려는 때에는 관계 중앙행정기관의 장 및 시·도지사에게 기본계획에 반영되어야 할 정책 과 사업에 관한 자료의 제출을 요청할 수 있다. 이 경우 관계 중앙행정기관의 장 및 시·도지사는 특별한 사유가 없으면 요청에 따라야 한다.

②재정경제부장관은 제1항에 따라 제출받은 정책과 사업에 관한 자료를 기초로 총괄·조정하여 기본계획안을 작성하며, 제출된 정책과 사업 외에 기본계획에 포함되는 것이 타당하다고 인정되는 사항은 관계 중앙행정기관의 장 및 시·도지사와 협의하여 기본계획안에 반영할 수 있다.

③제2항에 따라 작성된 기본계획안은 제14조의 소비자정책위원회의 심의·의결을 거쳐 기본계획으로 확정한다.

④재정경제부장관은 기본계획이 확정되면 지체 없이 관계 중앙행정기관의 장 및 시·도지사에게 통보하여야 한다.

⑤확정된 기본계획의 변경에 관하여는 제1항부터 제4항까지의 규정을 준용한다.

제13조 【시행계획의 수립 및 추진실적 평가】 ①관계 중앙행정기관의 장 및 시·도지사는 법 제22조제1항에 따른 중앙행정기관별시행계획(이하 "중앙행정기관별시행계획"이라 한다)이나 같은 조 제2항에 따른 시·도별시행계획(이하 "시·도별시행계획"이라 한다)을 수립·시행하기 위하여 필요한 경우에는 관계 행정기관 및 공공기관이나 단체의 장에게 협조를 요청할 수 있다.

②관계 중앙행정기관의 장 및 시·도지사는 지난 해의 중앙행정기관별시행계획이나 시·도별시행계획의 추진실적을 평가한 후 그 결과를 매년 1월 31일까지 재정경제부장관에게 제출하여야 한다.

③재정경제부장관은 제2항에 따라 제출받은 추진실적결과를 종합하여 기본계획의 성과를 정기적으로 평가한 후 그 결과를 기본계획의 수립·변경에 반영하여야 한다.

제 2 절 소비자정책위원회

제14조 【정책위원회의 구성】 ①법 제23조에 따른 소비자정책위원회(이하 "정책위원회"라 한다)의 위원이 되는 관계 중앙행정기관의 장은 교육인적자원부장관·법무부장관·행정자치부장관·문화관광부장관·농림부장관·산업자원부장관·정보통신부장관·보건복지부장관·환경부장관·건설교통부장관·해양수산부장관·기획예산처장관·공정거래위원회위원장 및 금융감독위원회위원장으로 한다.

②법 제24조제3항제2호에서 "대통령령이 정하는 경제단체"란 다음 각 호의 단체를 말한다.

1. 「상공회의소법」에 따른 대한상공회의소
2. 「중소기업협동조합법」에 따른 중소기업중앙회
3. 사업자 등을 회원으로 하여 「민법」에 따라 설립된 사단법인으로서 정관에 따라 기업경영의 합리화 또는 건전한 기업문화 조성에 관한 사업을 수행하는 법인 중 재정경제부장관이 정하여 고시하는 법인

제15조【위원장의 직무】 ①정책위원회의 위원장은 각자 정책위원회를 대표하고, 위원회의 업무를 총괄한다.

②정책위원회의 위원장 모두가 부득이한 사유로 직무를 수행할 수 없는 경우에는 제14조제1항에 규정된 순서에 따라 정책위원회의 위원이 그 직무를 대행한다.

제16조【정책위원회의 회의】 정책위원회의 회의는 재적위원 과반수의 출석으로 열고, 출석위원 과반수의 찬성으로 의결한다.

제17조【실무위원회의 조직과 운영】 ①법 제25조제2항에 따라 정책위원회에 올릴 안건을 미리 검토·조정하고, 정책위원회의 운영을 지원하기 위하여 실무위원회를 둔다.

②제1항에 따른 실무위원회는 위원장 1명을 포함한 20명 이내의 위원으로 구성한다.

③실무위원회의 위원장은 재정경제부의 3급 이상 또는 이에 상당하는 공무원(고위공무원단에 속하는 공무원을 포함한다) 중에서 재정경제부장관인 정책위원회 위원장이 다른 정책위원회 위원장과 협의하여 임명하고, 실무위원회의 위원은 다음 각 호의 자가 된다.

1. 제14조제1항의 관계 중앙행정기관에 소속된 4급 이상 또는 이에 상당하는 공무원(고위공무원단에 속하는 공무원을 포함한다) 중 해당 기관의 장이 지명하는 자 각 1명
2. 한국소비자원의 원장이 한국소비자원 임원이나 직원 중에서 지명하는 자 1명

제18조【전문위원회의 조직과 운영】 ①법 제25조제2항에 따라 정책위원회에 올릴 안건 중 전문성이 요구되는 사안에 대한 연구·검토를 수행하도록 하기 위하여 분야별 전문위원회를 둔다.

②제1항에 따른 각각의 전문위원회는 위원장 1명을 포함한 25명 이내의 전문위원으로 구성한다.

③전문위원회의 위원장은 전문위원회의 위원 중에서 재정경제부장관인 정책위원회 위원장이 다른 정책위원회 위원장과 협의하여 임명 또는 위촉하고, 전문위원회의 위원은 다음 각 호의 자가 된다.

1. 재정경제부 및 제14조제1항의 관계 중앙행정기관에 소속된 4급 이상 또는 이에 상당하는 공무원(고위공무원단에 속하는 공무원을 포함한다) 중 해당 기관의 장이 지명하는 자 각 1명
2. 한국소비자원의 원장이 한국소비자원 임원이나 직원 중에서 지명하는 자 1명
3. 해당 분야에 관하여 학식과 경험이 풍부한 자 중에서 재정경제부장관인 정책위원회 위원장이 다른 정책위원회 위원장과 협의하여 위촉하는 자

제19조【정책위원회 등의 운영세칙】 이 영에서 규정한 사항 외에 정책위원회·실무위원회 및 전문위원회의 운영에 필요한 사항은 정책위원회의 의결을 거쳐 위원장이 정한다.

제20조【지방소비자정책위원회 설치】 ①시·도지사는 특별시·광역시 또는 도(이하 "시·도"라 한다)의 소비자권익증진시책수립 및 시행에 필요한 사항을 심의하기 위하여 지방소비자정책위원회를 둘 수 있다.

②제1항에 따른 지방소비자정책위원회의 조직과 운영에 필요한 사항은 해당 지방자치단체의 조례로 정한다.

제 3 절 국제협력

제21조【국제협력】 ①재정경제부장관은 법 제27조제2항에 따라 국제협력창구 또는 협의체를 구성하는 경우에는 정책위원회의 심의·의결을 거쳐야 한다.

②재정경제부장관은 제1항에 따라 구성된 국제협력창구 또는 협의체의 운영비용을 예산의 범위 안에서 지원할 수 있다.

제 4 장 소비자단체

제22조【시험·검사기관의 지정 등】 ①법 제28조제2항 단서에 따른 전문적인 인력과 설비를 필요로 하는 시험·검사는 다음 각 호의 분야에 관한 시험·검사로서 물품등의 품질·성능·성분 및 안전성에 관하여 비교평가나 종합평가가 필요

한 시험・검사를 말한다.

1. 역학시험(力學試驗)
2. 화학시험
3. 전기시험
4. 열 및 온도시험
5. 비파괴시험
6. 음향 및 진동시험
7. 광학 및 광도시험
8. 의학시험
9. 생물학적 시험

②법 제28조제2항 단서에서 "대통령령이 정하는 시험・검사기관"이란 다음 각 호의 어느 하나에 해당하는 시험・검사기관을 말한다.

1. 국공립검사기관
2. 한국소비자원
3. 「국가표준기본법 시행령」 제16조에 따라 관련 중앙행정기관의 장이 시험・검사를 행할 능력이 있다고 인정하는 시험・검사기관
4. 그 밖에 중앙행정기관의 장이 관계 법령에 따라 지정한 시험・검사기관

③소비자단체는 제2항에 따른 시험・검사기관의 시험・검사 결과를 법 제28조제2항에 따라 공표하는 경우에는 공표예정일 7일 전까지 해당 사업자의 의견을 들어야 한다.

제23조【소비자단체의 등록】 ①법 제29조제1항제3호에서 "대통령령이 정하는 설비와 인력"이란 다음 각 호의 설비와 인력을 말한다.

1. 법 제28조제1항 각 호의 업무를 처리할 수 있는 전산장비 및 사무실
2. 법 제28조제1항 각 호의 업무를 수행할 수 있는 상근인력 5명 이상

②법 제29조제1항에 따라 다음 각 호의 어느 하나에 해당하는 소비자단체는 공정거래위원회에 등록할 수 있고, 그 밖의 소비자단체는 주된 사무소가 위치한 시・도에 등록할 수 있다.

1. 전국적 규모의 소비자단체로 구성된 협의체
2. 3개 이상의 시・도에 지부를 설치하고 있는 소비자단체

③제2항에 따라 등록하려는 소비자단체는 다음 각 호의 사항을 적은 등록신청서를 공정거래위원회 또는 시・도지사에게 제출하여야 한다.

1. 목적
2. 명칭
3. 주된 사무소의 소재지 및 지부의 주소
4. 대표자의 성명・주민등록번호, 주소 및 전화번호
5. 설립연월일
6. 회원의 수(지부의 수를 포함한다)
7. 사업내용

④제3항의 신청서에는 다음 각 호의 자료를 첨부하여야 한다.

1. 정관(법인이 아닌 단체의 경우에는 회칙을 말한다)
2. 제1항 각 호의 설비와 인력현황
3. 재정상황

⑤제2항에 따라 등록한 소비자단체는 제3항제1호부터 제4호까지, 제6호(지부의 수에 한한다) 및 제7호와 제4항 각 호에 규정된 사항이 변경된 경우에는 변경된 날부터 20일 이내에 공정거래위원회 또는 시・도지사에게 통보하여야 한다.

제24조【자율적 분쟁조정】 ①소비자와 사업자 간에 발생한 분쟁에 대하여 공정거래위원회 또는 시・도에 등록된 소비자단체가 법 제28조제1항제5호에 따라 합의를 권고하였음에도 불구하고 합의가 이루어지지 아니하면 소비자와 사업자는 법 제31조제1항에 따라 소비자단체의 협의체(제23조제2항제1호에 따라 공정거래위원회에 등록된 협의체를 말하며, 이하 "소비자단체협의체"라 한다)에 자율적 분쟁조정을 신청할 수 있다.

②소비자와 사업자 간에 발생한 분쟁에 대하여 공정거래위원회 또는 시・도에 등록된 소비자단체가 법 제28조제1항제5호에 따라 합의 권고하였음에도 불구하고 합의가 이루어지지 아니하면 소비자단체는 법 제31조제1항에 따라 소비자를 대리하여 소비자단체협의체에 자율적 분쟁조정을 신청할 수 있다.

③소비자단체협의체는 법 제31조제1항에 따라 자율적 분쟁조정을 하는 경우에는 조정위원회(이하 "자율적 분쟁조정위원회"라 한다)의 구성 및 조정서의 작성 등에서 공공성과 중립성이 유지되

도록 하여야 한다.

④자율적 분쟁조정위원회는 위원장 1명을 포함한 40명 이내의 위원으로 구성하되, 자율적 분쟁조정위원회의 위원장·위원의 요건과 회의의 구성 등에 관한 사항은 소비자단체협의체가 정한다.

⑤자율적 분쟁조정위원회는 제1항 또는 제2항에 따라 자율적 분쟁조정을 신청받은 경우 그 분쟁조정을 위하여 필요하다고 인정되면 분쟁당사자나 소비자를 대리하여 신청한 소비자단체에 증거서류 등 관련 자료의 제출을 요청할 수 있다.

⑥자율적 분쟁조정위원회는 제1항이나 제2항에 따른 분쟁조정의 신청을 받은 날부터 30일 이내에 그 분쟁조정을 마쳐야 한다. 다만, 부득이한 사정으로 그 기간 내에 분쟁조정을 마칠 수 없으면 그 사유와 기한을 구체적으로 밝혀 당사자나 그 대리인에게 알려야 한다.

⑦이 영에서 규정한 사항 외에 자율적 분쟁조정위원회의 운영 및 조정절차에 필요한 사항은 자율적 분쟁조정위원회의 의결을 거쳐 위원장이 정한다.

제25조【다른 법률에 따른 분쟁조정기구】 법 제31조제1항 단서에서 "대통령령이 정하는 기구"란 다음 각 호의 기구를 말한다.

1. 「금융감독기구의 설치 등에 관한 법률」 제51조에 따라 설치된 금융분쟁조정위원회
2. 「의료법」 제54조의2에 따라 설치된 의료심사조정위원회
3. 「환경분쟁조정법」 제4조에 따라 설치된 환경분쟁조정위원회
4. 「저작권법」 제81조에 따라 설치된 저작권심의조정위원회
5. 「컴퓨터프로그램 보호법」 제35조에 따라 설치된 프로그램심의조정위원회
6. 「전기통신기본법」 제37조에 따라 설치된 통신위원회
7. 「정보통신망 이용촉진 및 정보보호 등에 관한 법률」 제33조에 따라 설치된 개인정보분쟁조정위원회
8. 「전기사업법」 제53조에 따라 설치된 전기위원회
9. 「우체국예금·보험에 관한 법률」 제48조의2에 따라 설치된 우체국보험분쟁조정위원회
10. 그 밖에 다른 법령에 따라 설치된 분쟁조정기구로서 공정거래위원회가 필요하다고 인정하여 지정·고시하는 분쟁조정기구

제 5 장 한국소비자원

제26조【지부설치의 승인신청】 한국소비자원은 법 제33조제3항에 따라 지부의 설치에 관한 승인을 얻으려는 때에는 다음 각 호의 사항을 기재한 신청서를 공정거래위원회에 제출하여야 한다.

1. 지부의 명칭
2. 지부의 소재지
3. 설치예정 연월일
4. 설치 이유
5. 지부의 조직
6. 그 밖에 지부의 설치에 관하여 필요한 사항

제27조【위원회 등의 설치】 ①한국소비자원의 원장은 법 제35조제1항제7호의 업무를 효율적으로 수행하기 위하여 필요하면 한국소비자원에 관계 행정기관 및 관련 단체의 전문가 등으로 구성되는 위원회를 둘 수 있다.

②제1항에 따른 위원회의 구성과 운영에 필요한 사항은 한국소비자원의 원장이 정한다.

제28조【한국소비자원의 불만처리 및 피해구제 제외 대상】 법 제35조제2항제2호에서 "대통령령이 정하는 피해구제"란 다음 각 호의 어느 하나에 해당하는 것을 말한다.

1. 다른 법률에 따라 제45조제1항의 소비자분쟁조정위원회에 준하는 분쟁조정기구가 설치되어 있는 경우 그 분쟁조정기구에 피해구제가 신청되어 있거나 이미 그 피해구제절차를 거친 사항과 동일한 내용의 피해구제
2. 소비자가 한국소비자원에 피해구제를 신청한 후 이와 동일한 내용으로 제1호에 따른 분쟁조정기구에 피해구제를 신청한 경우 그 피해구제

제29조【시험·검사의 의뢰】 ①법 제36조제1항에 따라 시험·검사를 의뢰받은 국공립검사기관

은 특별한 사유가 있는 경우가 아니면 의뢰받은 날부터 15일 이내에 시험·검사의 결과를 한국소비자원에 통보하여야 한다. 이 경우 15일 이내에 그 결과를 통보할 수 없는 부득이한 사유가 있는 때에는 그 사유와 통보기한을 정하여 한국소비자원에 알려야 한다.

②제1항에 따른 시험·검사에 드는 비용은 한국소비자원이 부담한다

제30조【상임이사】①법 제38조제2항에서 "대통령령이 정하는 이사"란 한국소비자원의 원장이 상임이사로 제청하여 공정거래위원회위원장이 임명한 자를 말한다.

②제1항의 상임이사는 1명으로 한다.

제31조【사업계획서 등의 제출】한국소비자원은 법 제42조제2항에 따라 매년 12월 10일까지 다음 연도의 업무계획서와 예산서를 공정거래위원회에 제출하여야 한다.

제32조【결산보고】한국소비자원은 법 제42조제2항에 따라 당해 연도의 결산보고서와 감사의견서에 다음 각 호의 서류를 첨부하여 다음 해 3월 31일까지 공정거래위원회에 제출하여야 한다.

1. 해당 연도의 대차대조표 및 수지계산서
2. 해당 연도의 사업계획서와 그 집행실적의 대비표
3. 공인회계사의 의견서
4. 그 밖의 참고서류

제33조【벌칙 적용 시의 공무원 의제】법 제43조에서 "대통령령이 정하는 직원"이란 법 제35조제1항제2호·제5호 및 법 제52조제1항·제2항의 업무에 종사하는 직원을 말한다..

제 6 장 소비자안전

제34조【중대한 결함의 범위 등】①법 제47조제1항에 따라 사업자가 보고하여야 하는 중대한 결함의 범위는 다음 각 호와 같다.

1. 물품등의 제조·설계·표시·유통 또는 제공에 있어서 통상적으로 기대할 수 있는 안전성이 결여된 결함으로서 소비자에게 다음 각 목의 위험을 야기하거나 야기할 우려가 있는 결함

가. 사망

나. 「의료법」 제3조제2항에 따른 의료기관에서 3주 이상의 치료가 필요한 골절·질식·화상·감전 등 신체적 부상이나 질병

다. 2명 이상의 식중독

2. 물품등이 관계 법령이 정하는 안전기준을 위반한 결함

②국공립검사기관 또는 한국소비자원은 법 제47조제2항에 따라 시험·검사의 의뢰를 받으면 의뢰를 받은 날부터 1개월 이내에 시험·검사의 결과를 의뢰인에게 통보하여야 한다. 이 경우 1월 이내에 그 결과를 통보할 수 없는 부득이한 사유가 있으면 그 사유와 통보기한을 정하여 의뢰인에게 알려야 한다.

③법 제47조제3항제3호에서 "대통령령이 정하는 대규모점포를 설치하여 운영하는 자"란 「유통산업발전법 시행령」 제3조에 따른 대규모점포의 종류 중 대형마트·전문점·백화점·쇼핑센터 또는 그 밖의 대규모점포(이하 "대형마트등"이라 한다)를 설치하여 운영하는 자(이하 "유통사업자"라 한다)를 말한다.

제35조【결함정보의 보고기한 및 보고절차 등】①사업자는 자신이 제공한 물품등에 중대한 결함이 있는 사실을 알게 되면에는 그 날부터 5일 이내에 법 제47조에 따라 다음 각 호의 사항을 적어 서면(「전자거래기본법」 제2조제1호에 따른 전자문서를 포함한다. 이하 같다)으로 소관 중앙행정기관의 장에게 당해 결함사실을 보고하여야 한다. 다만, 물품등의 중대한 결함으로 인하여 소비자의 생명·신체 및 재산상의 안전에 긴급한 위해를 끼치거나 끼칠 우려가 있다고 판단되면 지체 없이 구술로 그 결함사실을 보고하여야 한다.

1. 사업자의 이름(상호나 그 밖의 명칭을 포함한다. 이하 같다)·주소 및 연락처
2. 물품등의 명칭과 제조연월일 또는 공급연월일
3. 중대한 결함 및 위해의 내용
4. 중대한 결함사실을 알게 된 시점과 경로
5. 소비자의 피해가 실제로 발생한 경우에는 피해를 입은 소비자의 인적사항

②사업자는 제1항 각 호 외의 부분 단서에 따

라 구술보고를 하는 경우에는 제1항제4호 및 제5호의 사항에 관한 보고를 생략할 수 있으며, 구술보고를 한 경우에는 24시간 이내에 제1항 각 호 외의 부분 본문에 따라 서면으로 보고하여야 한다.

③유통사업자가 물품등의 중대한 결함사실을 알기 전에 법 제47조제3항제1호 또는 제2호의 사업자가 제1항에 따라 그 결함사실을 보고한 경우 그 유통사업자는 제1항에 따른 보고를 하지 아니할 수 있다.

④제1항에 따라 보고를 받은 중앙행정기관의 장은 그 물품등의 결함여부가 확인될 때까지는 해당 결함보고사실을 공개하여서는 아니 된다.

제36조【물품등의 자진시정조치 절차】 사업자는 법 제48조에 따라 물품등의 수거·파기·수리·교환·환급 또는 제조·수입·판매·제공의 금지나 그 밖에 필요한 조치(이하 "자진시정조치"라 한다)를 하려는 경우에는 다음 각 호의 사항이 포함된 시정계획서를 소관 중앙행정기관의 장에게 제출하여야 하며, 자진시정조치를 마친 후 그 결과를 소관 중앙행정기관의 장에게 보고하여야 한다.

1. 결함이 있는 물품등의 명칭과 제조연월일 또는 공급연월일
2. 결함과 위해의 내용 및 원인
3. 결함이 있는 물품등으로 인하여 발생하는 위험과 주의사항
4. 자진시정조치의 방법과 기간
5. 소비자 또는 판매자 등에게 자진시정조치계획을 알리기 위한 방법

제37조【수거·파기 등의 권고】 ①중앙행정기관의 장은 법 제49조제1항에 따라 물품등의 수거·파기·수리·교환·환급 또는 제조·수입·판매·제공의 금지나 그 밖에 필요한 조치의 권고(이하 "시정권고"라 한다)를 할 때 법 제52조제1항에 따른 위해정보(이하 "위해정보"라 한다)가 필요하다고 인정되면 법 제51조제1항에 따른 소비자안전센터(이하 "소비자안전센터"라 한다)에 위해정보의 제출을 요청할 수 있다. 이 경우 소비자안전센터는 특별한 사유가 없으면 요청에 따라야 한다.

②중앙행정기관의 장은 시정권고를 하려는 경우에는 다음 각 호의 사항을 기재한 서면으로 하여야 한다.

1. 시정권고의 대상이 되는 사업자의 이름
2. 시정권고의 대상이 되는 물품등의 명칭과 제조연월일 또는 공급연월일
3. 결함과 위해의 내용
4. 시정권고의 내용
5. 시정권고 수락 여부의 통지기한
6. 시정권고를 수락하지 아니하는 경우의 조치계획

③제2항에 따라 시정권고를 받은 사업자는 7일 이내에 소관 중앙행정기관의 장에게 다음 각 호의 사항을 적어 서면으로 시정권고의 수락 여부를 통지하여야 한다.

1. 사업자의 이름·주소 및 연락처
2. 물품등의 이름
3. 시정권고의 수락 여부
4. 시정권고를 수락하는 경우에는 조치계획
5. 시정권고의 수락을 거부하는 경우에는 그 사유

④중앙행정기관의 장은 제2항에 따라 시정권고를 받은 사업자가 정당한 사유 없이 시정권고를 따르지 아니하면 법 제49조제4항에 따라 다음 각 호의 사항을 신문·방송 등을 통하여 공표할 수 있다. 다만, 사업자가 자신이 제공한 물품등의 안전성에 대하여 객관적 자료를 제시한 경우에는 공표하여서는 아니 된다.

1. 사업자의 이름
2. 시정권고의 대상이 되는 물품등의 명칭
3. 시정권고의 내용과 사업자의 시정권고 수락거부사유
4. 사업자의 시정권고 수락거부사유에 대한 중앙행정기관의 장의 의견
5. 그 밖에 시정권고와 관련된 사항

제38조【위해물품등의 시정명령 등】 ①중앙행정기관의 장은 법 제50조제1항에 따라 사업자에게 다음 각 호의 어느 하나에 해당하는 조치(이하 "시정조치"라 한다)를 명할 때 위해정보가 필요

하다고 인정되는 경우에는 소비자안전센터에 위해정보의 제출을 요청할 수 있다. 이 경우 소비자안전센터는 특별한 사유가 없으면 요청에 따라야 한다.

1. 물품등의 수거·파기·수리·교환 또는 환급
2. 물품등의 제조·수입·판매 또는 제공의 금지
3. 물품등과 관련된 시설의 개수나 그 밖에 필요한 조치

②중앙행정기관의 장은 법 제50조제1항에 따라 시정조치를 명할 때에는 그 사유와 의무사항 및 이행에 필요한 상당한 기간을 정하여 서면으로 알려야 한다.

③제2항에 따라 시정명령을 받은 사업자는 7일 이내에 다음 각 호의 사항이 포함된 시정계획서를 소관 중앙행정기관의 장에게 제출하고 시정조치를 하여야 한다. 이 경우 소관 중앙행정기관의 장은 소비자의 안전에 긴급하고 현저한 위해를 끼칠 우려가 있는 경우에는 시정계획서의 제출기한을 단축할 수 있다.

1. 결함이 있는 물품등의 명칭과 제조 연월일 또는 공급연월일
2. 결함과 위해의 내용 및 원인
3. 결함이 있는 물품등으로 인하여 발생하는 위험과 주의사항
4. 시정조치의 이행방법과 이행기간
5. 소비자 또는 판매자 등에게 시정조치계획을 알리기 위한 다음 각 목의 방법

가. 소비자의 주소를 알고 있는 경우 : 등기우편에 의한 방법

나. 소비자의 주소를 모르거나 다수의소비자 또는 판매자 등에게 시정조치계획을 신속하게 알릴 필요가 있는 경우: 방송이나 신문에 광고하는 방법 및 대형마트등이나 물품등의 판매·제공장소에 안내문을 게시하는 방법

④중앙행정기관의 장은 제3항에 따라 제출받은 시정계획서가 소비자의 생명·신체 또는 재산에 끼치거나 끼칠 우려가 있는 위해를 제거하는 데 미흡하다고 인정되면 그 시정계획서의 보완을 요구할 수 있다.

⑤제3항에 따라 시정계획서를 제출한 사업자가 같은 항 제5호에 따라 소비자에게 시정조치계획을 알리는 경우에는 다음 각 호의 사항이 포함되도록 하여야 한다.

1. 제3항제1호부터 제4호까지에 규정된 사항
2. 사업자의 이름·주소 및 연락처

⑥제3항에 따라 시정계획서를 제출한 사업자는 지체 없이 시정조치를 이행하여야 하며, 시정조치를 마치면 다음 각 호의 사항을 적어 서면으로 시정조치의 결과를 소관 중앙행정기관의 장에게 보고하여야 한다.

1. 시정조치의 내용과 실적
2. 시정조치를 이행하지 못한 물품등에 대한 조치계획
3. 위해의 재발 방지를 위한 대책

⑦중앙행정기관의 장은 사업자가 시정계획서상의 시정조치기간 이내에 그 물품등을 수거하여 파기하지 아니하면 소속 공무원에게 이를 수거하여 파기하게 할 수 있다. 이 경우 사업자 외의 자가 소유하거나 점유하는 물품등은 수거·파기 대상에서 제외할 수 있다.

⑧중앙행정기관 소속 공무원은 제7항에 따라 물품등을 수거하여 파기할 때에는 사업자를 참여시켜야 하며, 사업자가 이에 따르지 아니하거나 상당한 기간 사업자의 소재를 알 수 없는 경우에는 제7항에 따른 공무원 외에 관계 공무원을 1명 이상 참여시켜야 한다.

⑨제7항에 따른 수거·파기에 드는 비용은 사업자가 부담한다. 다만, 사업자의 파산 등으로 사업자가 비용을 부담할 수 없으면 그 물품등을 수거·파기하는 중앙행정기관이 그 비용을 부담할 수 있다.

제39조【위해정보 제출기관의 지정·운영 등】 ①재정경제부장관은 법 제52조제4항에 따라 다음 각 호의 기관을 위해정보 제출기관으로 지정·운영할 수 있다.

1. 경찰서·소방서·보건소 등 위해정보수집이 가능한 행정관서
2. 법 제29조에 따라 등록한 소비자단체
3. 「의료법」 제3조제3항 및 같은 조 제4항에 따른 종합병원 및 병원

4.「초·중등교육법」 제2조에 따른 초등학교·중학교·고등학교 중 보건실을 운영하고 있는 학교

5. 그 밖에 위해정보의 수집이 가능한 기관이나 단체

②제1항에 따라 위해정보 제출기관으로 지정된 기관은 업무상 위해정보를 취득한 경우에는 다음 각 호의 사항을 적은 서면을 소비자안전센터에 제출하여야 한다.

1. 위해정보 제출기관의 명칭
2. 위해 발생일
3. 위해를 입은 소비자의 인적사항
4. 위해내용과 위해부위
5. 위해 발생 경위
6. 위해 관련 물품등의 명칭과 사업자의 이름 및 연락처
7. 위해의 발생장소
8. 그 밖에 사진·물품 등 위해정보의 분석·평가를 위한 참고자료

③소비자안전센터는 제2항에 따라 제출받은 위해정보의 내용 보완이 필요하다고 인정되면 위해정보 제출기관에 그 보완을 요구할 수 있다.

④위해정보 제출기관은 위해정보를 제출한 후 그 내용을 변경하려는 경우에는 그 내용과 사유를 소비자안전센터에 제출하여야 한다.

⑤소비자안전센터는 위해정보 제출기관으로부터 제출받은 위해정보를 분기별로 해당 물품등의 소관 중앙행정기관의 장에게 보고하여야 한다. 다만, 긴급한 조치가 필요하다고 인정되면 이를 즉시 보고하여야 한다.

⑥이 영에서 규정한 사항 외에 위해정보 제출기관의 지정·운영 및 위해정보의 제출 등에 필요한 세부사항은 재정경제부장관이 정하여 고시한다.

제40조【수집된 위해정보의 관리】 소비자안전센터는 위해정보 제출기관이 제출한 위해정보를 유형별로 분류하여 3년 이상 보관하여야 한다.

제41조【경비지원】 소비자안전센터는 위해정보 제출기관에 대하여 한국소비자원 예산의 범위 안에서 경비를 지원할 수 있다.

제42조【소비자안전경보의 발령 등을 위한 평가】 ①한국소비자원의 원장은 법 제52조제2항제1호에 따른 소비자안전경보의 발령이나 같은 항 제2호에 따른 물품등의 안전성에 관한 사실을 공표하려면 소비자안전센터의 소장으로 하여금 해당 물품등에 대하여 위해정보의 발생빈도, 소비자의 위해정도, 그 밖에 한국소비자원의 원장이 정하는 평가요소에 대한 평가를 실시하게 할 수 있다.

②제1항에 따른 평가를 효율적으로 수행하기 위하여 소비자안전센터에 위해정보평가위원회를 둔다.

③소비자안전센터의 소장은 제1항에 따른 평가를 하는 경우에는 제2항에 따른 위해정보평가위원회의 심의를 거쳐야 한다.

④제2항에 따른 위해정보평가위원회의 구성과 운영에 필요한 사항은 공정거래위원회의 승인을 받아 한국소비자원의 원장이 정한다.

제 7 장 소비자분쟁의 해결

제43조【피해구제의 청구 등】 ①법 제55조제1항부터 제3항까지의 규정에 따른 피해구제의 신청이나 의뢰는 서면으로 하여야 한다. 다만, 긴급을 요하거나 부득이한 사유가 있는 경우에는 구술로나 전화 등으로 할 수 있다.

②한국소비자원은 법 제55조제1항부터 제3항까지의 규정에 따른 피해구제의 신청이나 의뢰를 받은 경우에는 지체 없이 그 피해구제의 신청이나 의뢰에 관련된 피해구제신청사건의 당사자와 의뢰인에게 서면으로 그 사실을 통보하여야 한다.

제44조【처리기간의 연장】 법 제58조 단서에서 "대통령령이 정하는 사건"이란 다음 각 호의 사건을 말한다.

1. 의료 관련 사건
2. 보험 관련 사건
3. 농업 및 어업 관련 사건
4. 그 밖에 피해의 원인규명에 시험·검사 또는 조사가 필요한 사건

제45조【조정위원회의 회의】 ①법 제60조제1항

에 따른 소비자분쟁조정위원회(이하 "조정위원회"라 한다)의 위원장(이하 "조정위원장"이라 한다)은 조정위원회의 회의를 소집하고 그 의장이 된다.

②조정위원장은 조정위원회의 회의를 소집하는 때에는 소비자 및 사업자를 대표하는 조정위원을 각 1명 이상 균등하게 포함하여야 한다.

③조정위원장은 회의를 소집하려면 회의의 일시·장소 및 부의사항을 정하여 부득이한 사유가 있는 경우를 제외하고는 회의개시 3일전까지 각 위원에게 서면으로 통지하여야 한다.

제46조【분쟁조정절차의 분리·병합】 ①조정위원회는 법 제58조 또는 법 제65조제1항에 따라 신청받은 분쟁조정을 효율적으로 하기 위하여 필요하다고 인정하면 분쟁조정절차를 분리하거나 병합할 수 있다.

②조정위원회는 제1항에 따라 분쟁조정절차를 분리하거나 병합한 때에는 분쟁조정의 신청인 및 분쟁당사자에게 지체 없이 서면으로 그 뜻을 알려야 한다.

제47조【위원의 구성】 한국소비자원의 원장은 법 제61조제2항에 따라 조정위원회의 비상임위원을 제청할 때에는 전국적 규모의 소비자단체 및 사업자단체로부터 추천된 자 중에서 각각 2명 이상이 균등하게 포함되도록 하여야 한다.

제48조【조정위원회 간사】 ①조정위원장의 명을 받아 분쟁조정사건에 대한 사실조사, 그 밖의 사무 등을 처리하게 하기 위하여 조정위원회에 간사 1명을 둔다.

②간사는 한국소비자원의 원장이 한국소비자원의 직원 중에서 임명한다.

제49조【시험·검사 또는 조사의 요청】 ①조정위원회는 분쟁조정을 위하여 필요하면 한국소비자원의 원장에게 시험·검사 또는 조사를 요청할 수 있다.

②제1항의 요청을 받은 한국소비자원의 원장은 지체 없이 시험·검사 또는 조사를 실시하여 그 결과를 조정위원회에 통보하여야 한다.

제50조【전문위원회의 구성】 ①법 제61조제6항에 따른 전문위원회(이하 "전문위원회"라 한다)는 분야별로 10인 이내의 위원으로 구성한다.

②전문위원회의 위원은 당해 분야에 관한 학식과 경험이 풍부한 자중에서 조정위원장이 위촉한다.

제51조【전문위원회의 소집】 ①전문위원회의 회의는 조정위원장이 소집한다.

②조정위원장은 전문위원회의 회의를 소집하려는 경우에는 회의의 일시·장소 및 부의사항을 정하여 부득이한 사유가 있는 경우 외에는 회의 시작 3일 전까지 전문위원에게 서면으로 알려야야 한다.

제52조【조정위원회 등의 운영세칙】 이 영에서 규정한 사항 외에 조정위원회의 운영. 조정절차 및 전문위원회의 구성과 운영에 관하여 필요한 사항은 조정위원회의 의결을 거쳐 조정위원장이 정한다.

제53조【자료 등의 제출 요청】 조정위원회는 법 제58조 또는 법 제65조제1항에 따라 분쟁조정을 신청받은 경우에는 분쟁조정을 위하여 필요하다고 인정되면 그 신청인이나 분쟁당사자에게 증거서류 등 관련 자료의 제출을 요청할 수 있다.

제54조【조정위원장의 합의권고】 조정위원장은 법 제58조 또는 법 제65조제1항에 따라 분쟁조정을 신청받은 경우에는 분쟁조정 업무의 효율적 수행을 위하여 10일 이내의 기간을 정하여 분쟁당사자에게 보상방법에 대한 합의를 권고할 수 있다.

제55조【수락 여부의 의사표시 등】 ①법 제67조제2항 전단에 따른 수락 여부의 의사표시는 서면으로 하여야 한다.

②조정위원회는 법 제67조제2항에 따라 분쟁조정의 내용을 수락하거나 수락한 것으로 보는 경우에는 조정조서를 작성하여 원본을 보관하고, 그 정본(正本)을 분쟁당사자에게 송달하여야 한다.

제56조【집단분쟁조정의 신청대상】 법 제68조제1항에서 "대통령령이 정하는 사건"이란 다음 각 호의 요건을 모두 갖춘 사건을 말한다.

1. 물품등으로 인한 피해가 같거나 비슷한 유형으로 발생한 소비자 중 다음 각 목의 자를 제외한 소비자의 수가 50명 이상일 것

가. 법 제31조제1항 본문에 따른 자율적 분쟁조정, 법 제57조에 따른 한국소비자원 원장의 권고, 그 밖의 방법으로 사업자와 분쟁해결이나 피해보상에 관한 합의가 이루어진 소비자

나. 제25조 각 호의 분쟁조정기구에서 분쟁조정이 진행 중인 소비자

다. 당해 물품등으로 인한 피해에 관하여 법원에 소(訴)를 제기한 소비자

2. 사건의 중요한 쟁점이 사실상 또는 법률상 공통될 것

제57조【집단분쟁조정의 신청 등】 ①법 제68조제1항에 따른 일괄적인 분쟁조정(이하 "집단분쟁조정"이라 한다)의 의뢰 나 신청은 서면으로 하여야 한다.

②집단분쟁조정 절차의 분리·병합에 관하여는 제46조를 준용한다.

제58조【집단분쟁조정 절차의 개시】 ①법 제68조제2항 후단에서 "대통령령이 정하는 기간"이란 14일 이상을 말한다.

②법 제68조제2항 후단에 따른 집단분쟁조정 절차의 개시공고는 한국소비자원 인터넷 홈페이지 및 전국을 보급지역으로 하는 일간신문에 게재하는 방법으로 한다.

제59조【집단분쟁조정 절차에 대한 참가신청】 ①집단분쟁조정의 당사자가 아닌 소비자나 사업자가 법 제68조제3항에 따라 추가로 집단분쟁조정의 당사자로 참가하려면 제58조제1항의 공고기간 이내에 서면으로 참가신청을 하여야 한다.

②조정위원회는 제1항에 따라 집단분쟁조정의 당사자 참가신청을 받으면 제1항의 참가신청기간이 끝난 후 10일 이내에 참가인정여부를 서면으로 알려야 한다.

제60조【당사자가 아닌 자에 대한 보상계획】 법 제68조제5항에 따라 보상계획서제출을 권고받은 사업자는 그 권고를 받은 날부터 15일 이내에 권고의 수락 여부를 조정위원회에 알려야 한다.

제61조【집단분쟁조정 절차의 진행】 조정위원회는 제56조 각 호의 요건을 모두 갖춘 사건에 대하여 집단분쟁조정 절차가 시작된 후 집단분쟁조정의 당사자인 다수의 소비자 중 일부의 소비자가 같은 조 제1호가목 및 나목에 해당하게 된 경우에는 그 절차를 중지하지 아니하고, 같은 조 제1호가목 및 나목에 해당하는 소비자는 그 절차에서 제외한다.

제62조【집단분쟁조정을 위한 운영세칙】 이 영에서 규정한 사항 외에 집단분쟁조정에 필요한 사항은 조정위원회의 의결을 거쳐 조정위원장이 정한다.

제63조【단체소송을 제기할 수 있는 경제단체의 범위】 법 제70조제2호에서 "대통령령이 정하는 단체"란 전국 단위의 경제단체로서 다음 각 호의 어느 하나에 해당하는 단체를 말한다.

1. 사업자 등을 회원으로 하여 「민법」에 따라 설립된 사단법인으로서 정관에 따라 기업경영의 합리화 또는 건전한 기업문화 조성에 관한 사업을 수행하는 법인 중 재정경제부장관이 정하여 고시하는 법인

2. 사업자 등을 회원으로 하여 「민법」에 따라 설립된 사단법인으로서 정관에 따라 무역진흥업무를 수행하는 법인 중 재정경제부장관이 정하여 고시하는 법인

제 8 장 조사절차 등

제64조【검사와 자료제출 등】 ①중앙행정기관의 장은 법 제77조제1항 및 같은 조 제2항에 따라 소속 공무원에게 검사를 하게 하는 경우에는 미리 서면으로 검사일시·검사대상·검사목적 및 검사공무원의 인적사항 등을 알려야 한다. 다만, 긴급한 사유가 있으면 검사일시·검사대상·검사목적 및 검사공무원의 인적사항 등을 알리지 아니할 수 있다.

②중앙행정기관의 장은 법 제77조제1항에 따라 사업자에게 그 업무에 관한 보고 또는 관계물품·서류 등의 제출을 하게 하는 경우에는 미리 서면으로 보고 또는 제출의 일시·방법·내용 등을 알려야 한다. 이 경우 긴급한 사유가 있으면 구술로 알릴 수 있다.

③법 제77조제2항에서 "대통령령이 정하는 사유"란 다음 각 호의 어느 하나에 해당하는 경우

를 말한다.

1. 법 제49조제1항에 따라 시정권고를 하기 위하여 사실확인이 필요한 경우

2. 법 제50조제1항에 따라 시정조치를 명하기 위하여 사실확인이 필요한 경우

3. 제39조제5항에 따라 보고받은 위해정보의 사실확인이 필요한 경우

제65조【소비자단체의 자료 및 정보 제공요청 등】 ①법 제78조제1항에 따라 사업자나 사업자단체에 자료 및 정보의 제공을 요청할 수 있는 소비자단체는 법 제29조에 따라 공정거래위원회나 지방자치단체에 등록된 소비자단체로 한다.

②제1항의 소비자단체는 법 제78조제1항에 따라 사업자나 사업자단체에 자료 및 정보의 제공을 요청하는 경우에는 그 자료 및 정보의 요청경위·사용목적·내용 및 사용계획 등을 적은 서류를 법 제79조제1항에 따른 소비자정보요청협의회(이하 "협의회"라 한다)에 제출하여야 한다.

③소비자단체가 법 제78조제1항에 따라 사업자 또는 사업자단체에 요청할 수 있는 자료 및 정보는 다음 각 호의 어느 하나에 해당하는 것으로서 사업자의 영업비밀에 해당하지 아니하는 것이어야 한다.

1. 법 제28조제1항제2호에 따른 시험·검사 및 조사·분석에 필요한 자료 및 정보

2. 제22조제2항 각 호의 시험·검사기관이 중대한 하자 또는 결함이 있다고 판정한 물품등에 대한 처리계획 및 실적

④협의회는 법 제78조제3항에 따라 협의·조정을 하는 경우에는 해당 사업자 또는 사업자단체에 의견진술의 기회를 주어야 한다.

제66조【협의회의 협의·조정사항】 법 제79조제1항제2호에서 "대통령령이 정하는 사항"이라 함은 다음 각 호의 사항을 말한다.

1. 법 제78조제1항에 따른 자료 및 정보의 제공 여부

2. 사업자나 사업자단체가 요청받은 자료 및 정보의 제공기한

제67조【협의회의 구성과 운영】 ①협의회는 협의회장 1명을 포함한 7명 이내의 위원으로 구성한다.

②협의회장은 한국소비자원의 상임이사 중에서 한국소비자원 원장의 제청으로 공정거래위원회위원장이 위촉한다.

③협의회장 외의 위원은 한국소비자원 원장의 제청으로 공정거래위원회위원장이 위촉하되, 위원 중 2명은 소비자단체가 추천하는 자 중에서, 2명은 사업자단체가 추천하는 자 중에서 제청한다.

④협의회장이 부득이한 사유로 직무를 수행할 수 없을 때에는 협의회가 미리 정하는 위원이 그 직무를 대행한다.

⑤협의회장 외의 위원의 임기는 3년으로 하되, 연임할 수 있다.

⑥협의회장의 명을 받아 협의회의 서무를 처리하게 하기 위하여 협의회에 간사 1명을 두되, 간사는 한국소비자원의 원장이 한국소비자원의 직원 중에서 임명한다.

⑦이 영에서 규정한 사항 외에 협의회의 구성·운영 등에 필요한 사항은 협의회의 의결을 거쳐 협의회장이 정한다.

제9장 보 칙

제68조【권한의 위임】 ①중앙행정기관의 장은 법 제83조제1항에 따라 다음 각 호의 사항에 관한 권한을 시·도지사에게 위임한다.

1. 법 제8조제2항에 따른 시험·검사 또는 조사

2. 법 제47조제1항에 따른 결함내용 보고의 수리 및 같은 조 제2항에 따른 시험·검사의 의뢰와 그 결과에 따른 조치

3. 법 제49조제1항 및 제2항에 따른 권고 및 통지의 수리와 같은 조 제4항에 따른 공표

4. 법 제50조제1항 및 제2항에 따른 명령과 조치

5. 법 제77조제1항 및 제2항에 따른 검사·보고 또는 관계 물품·서류 등의 제출에 관한 명령

6. 법 제80조제1항 및 제2항에 따른 조치명령과 공표명령

7. 법 제82조에 따른 청문(법 제50조 또는 법 제80조에 따른 명령 등의 조치를 하고자 하는 경우에 한한다)

8. 법 제86조제2항에 따른 과태료의 부과·징수

9. 제36조에 따른 시정계획서의 접수 및 자진 시정조치 결과보고의 수리

10. 제38조에 따른 시정계획서의 접수, 시정조치 결과보고의 수리, 그 밖에 시정명령과 관련된 권한

②제1항에 따라 권한을 위임받은 시·도지사는 매년 당해 업무의 처리실적을 소관 중앙행정기관의 장에게 제출하여야 한다.

③제1항에 따라 권한을 위임받은 시·도지사는 다음 각 호의 경우에는 지체 없이 해당 업무의 처리 내용을 소관 중앙행정기관의 장에게 보고하여야 한다.

1. 제1항제2호의 업무와 관련하여 사업자로부터 결함내용을 보고받은 경우

2. 제1항제4호의 업무와 관련하여 물품등의 수거·파기 또는 제공금지 등의 조치를 한 경우

3. 제1항제9호 및 제10호의 업무와 관련하여 사업자로부터 시정계획서를 제출받거나 조치결과를 보고받은 경우

제10장 과태료의 부과·징수

제69조【과태료의 부과·징수】 ①중앙행정기관의 장 또는 시·도지사(이하 "부과권자"라 한다)는 법 제86조에 따라 과태료를 부과하려면 해당 위반행위를 조사·확인한 후 위반사실과 과태료 금액 등을 서면(「전자거래기본법」 제2조제1호에 따른 전자문서는 제외한다)으로 자세히 밝혀 과태료를 납부할 것을 과태료처분대상자에게 알려야 한다.

②부과권자는 제1항에 따라 과태료를 부과하려면 할 때는 10일 이상의 기간을 정하여 과태료처분대상자에게 구술로나 서면으로 의견을 진술할 기회를 주어야 한다. 이 경우 지정된 날까지 의견을 진술하지 아니하면 의견이 없는 것으로 본다.

③위반행위의 종류에 따른 과태료의 금액은 별표 2와 같다. 다만, 부과권자는 위반행위의 정도, 위반회수 및 위반행위의 동기와 그 결과 등을 고려하여 해당 금액의 2분의 1의 범위 안에서 이를 가중하거나 경감할 수 있되, 가중하는 경우에는 법 제86조제1항에 따른 과태료금액의 상한을 초과할 수 없다.

④과태료는 국고금관리법령의 수입금 징수에 관한 절차의 예에 따라 징수한다. 이 경우 납입고지서에는 이의신청방법과 이의신청기간 등을 함께 적어야 한다.

약관의 규제에 관한 법률

제　　정	1986.12.31.	법률 제3922호
개　　정	1992.12.8.	법률 제4515호
개　　정	1997.12.31.	법률 제5491호 (한국은행법)
일부개정	1997.12.31.	법률 제5491호 (한국은행법)
일부개정	2001.3.28.	법률 제6459호 (공정거래위원회)
일부개정	2004.1.20.	법률 제7108호 (공정거래위원회)
일부개정	2005.3.31.	법률 제7491호
일부개정	2006.9.27.	법률 제7988호 시행일 2007.3.28
일부개정	2007.8.3.	법률 제8632호

제 1 장　총　칙

제1조【목적】 이 법은 사업자가 그 거래상의 지위를 남용하여 불공정한 내용의 약관을 작성·통용하는 것을 방지하고 불공정한 내용의 약관을 규제하여 건전한 거래질서를 확립함으로써 소비자를 보호하고 국민생활의 균형있는 향상을 도모함을 목적으로 한다.

제2조【정의】 ①이 법에서 "약관"이라 함은 그 명칭이나 형태 또는 범위를 불문하고 계약의 일방 당사자가 다수의 상대방과 계약을 체결하기 위하여 일정한 형식에 의하여 미리 마련한 계약의 내용이 되는 것을 말한다.

②이 법에서 "사업자"라 함은 계약의 일방 당사자로서 타방 당사자에게 약관을 계약의 내용으로 할 것을 제안하는 자를 말한다.

③이 법에서 "고객"이라 함은 계약의 일방 당사자로서 사업자로부터 약관을 계약의 내용으로 할 것을 제안받은 자를 말한다.

제3조【약관의 작성 및 설명의무 등】 ①사업자는 고객이 약관의 내용을 쉽게 알 수 있도록 한글 및 표준화·체계화된 용어를 사용하고, 약관의 중요한 내용을 부호·문자·색채 등으로 명확하게 표시하여 약관을 작성하여야 한다.

②사업자는 계약체결에 있어서 고객에게 약관의 내용을 계약의 종류에 따라 일반적으로 예상되는 방법으로 명시하고, 고객이 요구할 때에는 당해 약관의 사본을 고개에게 교부하여 이를 알 수 있도록 하여야 한다. 다만, 다른 법률에 따라 행정관청의 인가를 받은 약관으로서 거래의 신속을 위하여 필요하다고 인정되어 대통령령이 정하는 약관에 대하여는 그러하지 아니하다.

③사업자는 약관에 정하여져 있는 중요한 내용을 고객이 이해할 수 있도록 설명하여야 한다. 다만, 계약의 성질상 설명이 현저하게 곤란한 경우에는 그러하지 아니하다.

④사업자가 제2항 및 제3항을 위반하여 계약을 체결한 때에는 당해 약관을 계약의 내용으로 주장할 수 없다.

제4조【개별약정의 우선】 약관에서 정하고 있는 사항에 관하여 사업자와 고객이 약관의 내용과 다르게 합의한 사항이 있을 때에는 당해 합의사항은 약관에 우선한다.

제5조【약관의 해석】 ①약관은 신의성실의 원칙에 따라 공정하게 해석되어야 하며 고객에 따라 다르게 해석되어서는 아니된다.

②약관의 뜻이 명백하지 아니한 경우에는 고객에게 유리하게 해석되어야 한다.

제 2 장　불공정약관조항

제6조【일반원칙】 ①신의성실의 원칙에 반하여 공정을 잃은 약관조항은 무효이다.

②약관에 다음 각 호의 1에 해당되는 내용을 정하고 있는 경우에는 당해 약관조항은 공정을 잃은 것으로 추정된다.

1. 고객에 대하여 부당하게 불리한 조항
2. 고객이 계약의 거래형태등 제반사정에 비추어 예상하기 어려운 조항
3. 계약의 목적을 달성할 수 없을 정도로 계약

에 따르는 본질적 권리를 제한하는 조항

제7조【면책조항의 금지】 계약당사자의 책임에 관하여 정하고 있는 약관의 내용 중 다음 각 호의 1에 해당하는 내용을 정하고 있는 조항은 이를 무효로 한다.

1. 사업자, 이행보조자 또는 피용자의 고의 또는 중대한 과실로 인한 법률상의 책임을 배제하는 조항
2. 상당한 이유없이 사업자의 손해배상범위를 제한하거나 사업자가 부담하여야 할 위험을 고객에게 이전시키는 조항
3. 상당한 이유없이 사업자의 담보책임을 배제 또는 제한하거나 그 담보책임에 따르는 고객의 권리행사의 요건을 가중하는 조항 또는 계약목적물에 관하여 견본이 제시되거나 품질·성능등에 관한 표시가 있는 경우 그 보장된 내용에 대한 책임을 배제 또는 제한하는 조항

제8조【손해배상액의 예정】 고객에 대하여 부당하게 과중한 지연손해금등의 손해배상의무를 부담시키는 약관조항은 이를 무효로 한다.

제9조【계약의 해제·해지】 계약의 해제·해지에 관하여 정하고 있는 약관의 내용중 다음 각 호의 1에 해당되는 내용을 정하고 있는 조항은 이를 무효로 한다.

1. 법률의 규정에 의한 고객의 해제권 또는 해지권을 배제하거나 그 행사를 제한하는 조항
2. 사업자에게 법률에서 규정하고 있지 아니하는 해제권·해지권을 부여하거나 법률의 규정에 의한 해제권·해지권의 행사요건을 완화하여 고객에 대하여 부당하게 불이익을 줄 우려가 있는 조항
3. 계약의 해제 또는 해지로 인한 고객의 원상회복의무를 상당한 이유없이 과중하게 부담시키거나 원장회복청구권을 부당하게 포기하도록 하는 조항
4. 계약의 해제·해지로 인한 사업자의 원상회복의무나 손해배상의무를 부당하게 경감하는 조항
5. 계속적인 채권관계의 발생을 목적으로 하는 계약에서 그 존속기간을 부당하게 단기 또는 장기로 하거나 묵시의 기간연장 또는 갱신이 가능하도록 정하여 고객에게 부당하게 불이익을 줄 우려가 있는 조항

제10조【채무의 이행】 채무의 이행에 관하여 정하고 있는 약관의 내용중 다음 각 호의 1에 해당되는 내용을 정하고 있는 조항은 이를 무효로 한다.

1. 상당한 이유없이 급부의 내용을 사업자가 일방적으로 결정하거나 변경할 수 있도록 권한을 부여하는 조항
2. 상당한 이유없이 사업자가 이행하여야 할 급부를 일방적으로 중지할 수 있게 하거나 제3자로 하여금 대행할 수 있게 하는 조항

제11조【고객의 권익보호】 고객의 권익에 관하여 정하고 있는 약관의 내용중 다음 각 호의 1에 해당되는 내용을 정하고 있는 조항은 이를 무효로 한다.

1. 법률의 규정에 의한 고객의 항변권, 상계권등의 권리를 상당한 이유없이 배제 또는 제한하는 조항
2. 고객에게 부여된 기한의 이익을 상당한 이유없이 박탈하는 조항
3. 고객이 제3자와 계약을 체결하는 것을 부당하게 제한하는 조항
4. 사업자가 업무상 알게 된 고객의 비밀을 정당한 이유없이 누설하는 것을 허용하는 조항

제12조【의사표시의 의제】 의사표시에 관하여 정하고 있는 약관의 내용중 다음 각 호의 1에 해당되는 내용을 정하고 있는 조항은 이를 무효로 한다.

1. 일정한 작위 또는 부작위가 있을 때 고객의 의사표시가 표명되거나 표명되지 아니한 것으로 보는 조항. 다만, 고객에게 상당한 기한내에 의사표시를 하지 아니하면 의사표시가 표명되거나 표명되지 아니한 것으로 본다는 뜻을 명확하게 따로 고지하거나 부득이한 사유로 그러한 고지를 할 수 없는 경우에는 그러하지 아니하다.
2. 고객의 의사표시의 형식이나 요건에 대하여 부당하게 엄격한 제한을 가하는 조항
3. 고객의 이익에 중대한 영향을 미치는 사업자의 의사표시가 상당한 이유없이 고객에게 도달

된 것으로 보는 조항

4. 고객의 이익에 중대한 영향을 미치는 사업자의 의사표시에 부당하게 장기의 기한 또는 불확정기한을 정하는 조항

제13조【대리인의 책임가중】 고객의 대리인에 의하여 계약이 체결된 경우 고객이 그 의무를 이행하지 아니하는 때에는 대리인에게 그 의무의 전부 또는 일부를 이행할 책임을 지우는 내용의 약관조항은 이를 무효로 한다.

제14조【소제기의 금지등】 고객에 대하여 부당하게 불리한 소제기의 금지조항 또는 재판관할의 합의조항이나 상당한 이유없이 고객에게 입증책임을 부담시키는 약관조항은 이를 무효로 한다.

제15조【적용의 제한】 국제적으로 통용되는 약관 기타 특별한 사정이 있는 약관으로서 대통령령이 정하는 경우에는 제7조 내지 제14조의 규정의 적용을 조항별·업종별로 제한할 수 있다.

제16조【일부무효의 특칙】 약관의 전부 또는 일부의 조항이 제3조제4항의 규정에 의하여 계약의 내용이 되지 못하는 경우나 제6조 내지 제14조의 규정에 의하여 무효인 경우 계약은 나머지 부분만으로 유효하게 존속한다. 다만, 유효한 부분만으로는 계약의 목적달성이 불가능하거나 일방 당사자에게 부당하게 불리한 때에는 당해 계약을 무효로 한다.

제 3 장 약관의 규제

제17조【불공정약관조항의 사용금지】 사업자는 제6조 내지 제14조의 규정에 해당하는 불공정한 약관조항(이하 "불공정약관조항"이라 한다)을 계약의 내용으로 하여서는 아니된다.

[전문개정 2001.3.28]

제17조의2【시정조치】 ①공정거래위원회는 사업자가 제17조의 규정을 위반한 경우에는 사업자에게 당해 약관조항의 삭제·수정 등 시정에 필요한 조치를 권고할 수 있다.

②공정거래위원회는 제17조의 규정을 위반한 사업자가 다음 각 호의 1에 해당하는 경우에는 사업자에게 당해 약관조항의 삭제·수정 등 시정에 필요한 조치를 명할 수 있다.

1. 사업자가 독점규제 및 공정거래에 관한 법률 제2조제7호의 시장지배적 사업자인 경우
2. 사업자가 자기의 거래상의 지위를 부당하게 이용하여 계약을 체결하는 경우
3. 일반공중에게 물품·용역을 공급하는 계약으로서 계약체결의 긴급성·신속성으로 인하여 고객이 계약을 체결할 때에 약관조항의 내용을 변경하기 곤란한 경우
4. 사업자의 계약당사자로서의 우월적 지위가 현저하거나 고객이 다른 사업자를 선택할 범위가 제한되어 있어 약관을 계약의 내용으로 하는 것이 사실상 강제되는 경우
5. 계약의 성질 또는 목적상 계약의 취소·해제 또는 해지가 불가능하거나 그로 인하여 고객에게 현저한 재산상의 손해가 발생하는 경우
6. 사업자가 제1항의 규정에 의한 권고를 정당한 사유 없이 따르지 아니하여 다수 고객의 피해가 발생하거나 발생할 우려가 현저한 경우

③공정거래위원회는 제1항 및 제2항의 규정에 의한 시정에 필요한 조치를 권고하거나 명함에 있어서 필요한 때에는 당해 사업자와 동종사업을 영위하는 다른 사업자에게 같은 내용의 불공정약관조항을 사용하지 말 것을 권고할 수 있다.

[전문개정 2001.3.28]

제18조【관청인가약관등】 ①공정거래위원회는 행정관청이 작성한 약관 또는 다른 법률에 의하여 행정관청의 인가를 받은 약관이 제6조 내지 제14조의 규정에 위반한 사실이 있다고 인정될 때에는 당해 행정관청에 그 사실을 통보하고 그 시정에 필요한 조치를 요청할 수 있으며, 은행법의 규정에 의한 금융기관의 약관이 제6조 내지 제14조의 규정에 위반한 사실이 있다고 인정될 때에는 금융감독기구의 설치등에 관한 법률에 의하여 설립된 금융감독원에 그 사실을 통보하고 그 시정에 필요한 조치를 취하도록 권고할 수 있다. 〈개정 1997.12.31〉

②제1항 전단의 규정에 의하여 행정관청에 시정을 요청한 경우에 제17조의2제1항 및 제2항의 규정에 의한 시정권고 또는 시정명령은 이를 하

지 아니한다. 〈개정 2001.3.28〉

[전문개정 1992.12.8]

제19조【약관의 심사청구등】 약관조항과 관련하여 법률상의 이익이 있는 자, 소비자기본법에 의하여 등록된 소비자단체, 한국소비자원 및 사업자단체는 이 법 위반여부에 관한 심사를 공정거래위원회에 청구할 수 있다. 〈개정 2006.9.27〉

제19조의2【표준약관】 ①사업자 및 사업자단체는 건전한 거래질서를 확립하고 불공정한 내용의 약관이 통용되는 것을 방지하기 위하여 일정한 거래분야에서 표준이 될 약관을 마련하여 그 내용이 이 법에 위반되는지 여부에 관하여 공정거래위원회에 심사를 청구할 수 있다.

②소비자기본법 제29조의 규정에 의하여 등록된 소비자단체 또는 제33조의 규정에 따라 설치된 한국소비자원(이하 "소비자단체등"이라 한다)은 소비자피해가 자주 일어나는 거래분야의 표준이 될 약관을 마련할 것을 공정거래위원회에 요청할 수 있다.

③공정거래위원회는 제2항의 규정에 따른 소비자단체등의 요청이 있는 경우 또는 일정한 거래분야에서 다수의 고객에게 피해가 발생하는 경우에 이를 조사하여 약관이 없거나 불공정 약관조항이 있는 경우 사업자 및 사업자단체에 대하여 표준이 될 약관을 마련하여 심사청구할 것을 권고할 수 있다.

④공정거래위원회는 사업자 및 사업자단체가 제3항의 권고를 받은 날부터 4월 이내에 필요한 조치를 하지 아니하는 경우 관련분야의 거래당사자 및 소비자단체등의 의견을 듣고 관계부처의 협의를 거쳐 표준이 될 약관을 마련할 수 있다.

⑤공정거래위원회는 제1항·제3항 및 제4항의 규정에 따라 심사하거나 마련한 약관(이하"표준약관"이라 한다)을 공시하고 사업자 및 사업자단체에 대하여 그 사용을 권장할 수 있다.

⑥공정거래위원회로부터 표준약관의 사용을 권장받은 사업자 및 사업자단체는 표준약관과 다른 약관을 사용하는 경우에 표준약관과 다르게 정한 주요내용을 고객이 알기 쉽게 표시하여야 한다.

⑦공정거래위원회는 표준약관의 사용을 활성화하기 위하여 표준약관표지를 정할 수 있으며, 사업자 및 사업자단체는 표준약관을 사용하는 경우 공정거래위원회가 고시하는 바에 따라 표준약관표지를 사용할 수 있다.

⑧사업자 및 사업자단체는 표준약관과 다른 내용을 약관으로 사용하는 경우 표준약관표지를 사용하여서는 아니된다.

⑨사업자 및 사업자단체가 제8항의 규정에 위반하여 표준약관표지를 사용하는 경우 표준약관의 내용보다 고객에게 더 불리한 약관의 내용은 무효로 한다.

[전문개정 2004.1.20]

제20조【조사】 ①공정거래위원회는 제17조의2 제1항 및 제2항의 규정에 의한 시정을 위한 조치를 권고하거나 명하기 위하여 필요하다고 인정되는 경우 및 제19조의 규정에 의하여 청구를 받은 경우에는 약관이 이 법에 위반된 사실이 있는지 여부를 확인하기 위하여 필요한 조사를 할 수 있다. 〈개정 1992.12.8, 2001.3.28〉

②제1항의 규정에 따라 조사를 하는 공무원은 그 권한을 표시하는 증표를 지니고 이를 관계인에게 내보여야 한다. 〈신설 2005.3.31〉

제21조【심사청구서의 제출】 제19조의 규정에 의한 심사청구는 공정거래위원회에 서면 또는 전자문서로 제출하여야 한다. 〈개정 1992.12.8, 2004.1.20〉

제22조【의견진술】 ①공정거래위원회는 약관의 내용이 이 법에 위반되는지 여부에 대하여 심의하기 전에 당해 약관에 의하여 거래를 한 사업자 또는 이해관계인에 대하여 당해 약관이 심사대상이 되었다는 사실을 통지하여야 한다. 〈개정 1992.12.8〉

②제1항의 규정에 의하여 통지를 받은 당사자 또는 이해관계인은 공정거래위원회의 회의에 출석하여 그 의견을 진술하거나 필요한 자료를 제출할 수 있다. 〈개정 1992.12.8〉

③공정거래위원회는 심사대상이 된 약관이 다른 법률에 의하여 행정관청의 인가를 받았거나 받아야 할 것인 때에는 심의에 앞서 그 행정관청

에 대하여 의견의 제출을 요구할 수 있다. 〈개정 1992.12.8〉

제23조【불공정약관조항의 공개】 공정거래위원회는 이 법에 위반된다고 심의·의결한 약관조항의 목록을 작성비치하고 필요한 때에는 이를 일반인에게 공람하게 할 수 있다. 〈개정 1992.12.8〉

제4장 삭 제
〈1992.12.8〉

제24조 내지 제29조

제5장 보 칙

제30조【적용범위】 ①이 법은 약관이 상법 제3편, 근로기준법 기타 대통령령이 정하는 비영리사업의 분야에 속하는 계약에 관한 것일 때에는 이를 적용하지 아니한다.

②삭제〈1992.12.8〉

③특정한 거래분야의 약관에 대하여 다른 법률에 특별한 규정이 있는 경우에는 이 법의 규정에 우선한다.

제30조의2【독점규제 및 공정거래에 관한 법률의 준용】 이 법에 의한 공정거래위원회의 심의·의결에 관하여는 독점규제 및 공정거래에 관한 법률 제42조 내지 제45조의 규정을, 이 법에 의한 공정거래위원회의 처분에 대한 이의신청, 소의 제기 및 불복의 소의 전속관할에 대하여는 동법 제53조 내지 제55조의 규정을 각각 준용한다.
[본조신설 1992.12.8]

제31조【인가의 기준】 행정관청이 다른 법률에 의하여 약관을 인가하거나 다른 법률에 의하여 특정한 거래분야에 대하여 설치된 심사기구에서 약관을 심사하는 경우에는 제6조 내지 제14조의 규정을 그 심사의 기준으로 하여야 한다.

제31조의2【자문위원】 ①공정거래위원회는 이 법에 의한 약관심사업무를 수행하기 위하여 필요하다고 인정하는 때에는 자문위원을 위촉할 수 있다.

②제1항의 규정에 의한 자문위원의 위촉 기타 필요한 사항은 대통령령으로 정한다.
[본조신설 1992.12.8]

제6장 벌 칙

제32조【벌칙】 제17조의2 제2항의 규정에 의한 명령에 위반한 자는 2년이하의 징역 또는 1억원 이하의 벌금에 처한다. 〈개정 2001.3.28〉
[전문개정 1992.12.8]

제33조【양벌규정】 법인의 대표자나 법인 또는 개인의 대리인·사용인 기타 종업원이 그 법인 또는 개인의 업무에 관하여 제32조의 위반행위를 한 때에는 행위자를 벌하는 외에 그 법인 또는 개인에 대하여도 동조의 벌금형을 과한다.
[전문개정 1992.12.8]

제34조【과태료】 ①다음 각 호의 1에 해당하는 자는 5천만원 이하의 과태료에 처한다. 〈개정 2004.1.20〉

1. 제19조의2 제8항의 규정을 위반한 자
2. 제20조의 규정에 의한 조사를 거부·방해 또는 기피한 자

②다음 각 호의 1에 해당하는 자는 500만원 이하의 과태료에 처한다. 〈개정 2004.1.20〉

1. 제3조 제2항 또는 제3항의 규정을 위반한 자
2. 제19조의2 제6항의 규정을 위반한 자

③제1항 및 제2항의 규정에 의한 과태료는 대통령령이 정하는 바에 의하여 공정거래위원회가 부과·징수한다.

④제3항의 규정에 의한 과태료처분에 불복이 있는 자는 그 처분의 고지를 받은 날부터 30일이내에 공정거래위원회에 이의를 제기할 수 있다.

⑤제3항의 규정에 의하여 과태료처분을 받은 자가 제4항의 규정에 의하여 이의를 제기한 때에는 공정거래위원회는 지체없이 관할법원에 그 사실을 통보하여야 하며, 그 통보를 받은 관할법원은 비송사건절차법에 의한 과태료의 재판을 한다.

⑥제4항의 규정에 의한 기간내에 이의를 제기하지 아니하고 과태료를 납부하지 아니한 때에는 국세체납처분의 예에 의하여 이를 징수한다.

[본조신설 1992.12.8]

부 칙
〈제3922호, 1986.12.31〉

제1조【시행일】 이 법은 1987년 7월 1일부터 시행한다.
제2조【경과조치】 이 법은 이 법 시행후에 최초로 약관에 의하여 체결되는 계약분부터 적용된다.
제3조【계속적 계약에 관한 경과조치】 계속적인 채권관계의 발생을 목적으로 하는 계약에 관한 약관에 의하여 이 법 시행후 이행될 분에 대하여는 이 법을 적용한다.

부 칙
〈제4515호, 1992.12.8〉

①(시행일) 이 법은 1993년 3월 1일부터 시행한다.
②(경과조치) 이 법 시행당시 종전의 규정에 의한 경제기획원장관의 시정권고 또는 경제기획원장관에게 요청한 심사청구는 이 법의 규정에 의한 공정거래위원회의 시정권고 또는 공정거래위원회에 요청한 심사청구로 본다.

부 칙
〈제6459호, 2001.3.28〉

①(시행일) 이 법은 공포한 날부터 시행한다.
②(적용례) 제17조의2 제2항 제6호의 개정규정은 이 법 시행후 최초로 체결된 계약부터 적용한다.

부 칙
〈제7108호, 2004.1.20〉

①(시행일) 이 법은 공포한 날부터 시행한다.
②(표준약관에 관한 경과조치) 이 법 시행 당시 종전의 규정에 의하여 공정거래위원회의 심사를 받은 표준약관은 이 법에 의한 표준약관으로 본다.

부 칙
〈제7491호, 2005.3.31〉

이 법은 공포한 날부터 시행한다.

부칙(소비자기본법)
〈제7988호, 2006.9.27〉

제1조【시행일】 이 법은 공포 후 6개월이 경과한 날부터 시행한다.〈단서 생략〉
제2조 내지 제11조 생략
제12조【다른 법률의 개정】 ① 내지 ③생략
④약관의 규제에 관한 법률 일부를 다음과 같이 개정한다.
제19조 중 "소비자보호법"을 "「소비자기본법」"으로 "한국소비자보호원"을 "한국소비자원"으로 한다.
제19조의2제2항을 다음과 같이 한다.
②「소비자기본법」 제29조의 규정에 따라 등록한 소비자단체 또는 동법 제33조의 규정에 따라 설립된 한국소비자원(이하 "소비자단체등"이라 한다)은 소비자피해가 자주 일어나는 거래분야의 표준이 될 약관을 마련할 것을 공정거래위원회에 요청할 수 있다.
⑤내지 ⑫생략
제13조 생략

부 칙
〈제8632호, 2007.8.3〉

이 법은 공포한 날부터 시행한다.

약관의 규제에 관한 법률 시행령

제　　정	1987.7.1.	대통령령 제12197호
개　　정	1993.2.20.	대통령령 제13843호
일부개정	1998.4.1.	대통령령 제15750호 (한국은행법시행령)
일부개정	2004.3.17.	대통령령 제18312호
일부개정	2007.11.5.	대통령령 제20364호

제1조【목적】 이 영은 「약관의 규제에 관한 법률」(이하 "법"이라 한다)에서 위임된 사항과 그 시행에 관하여 필요한 사항을 정함을 목적으로 한다. 〈개정 2007.11.5〉

제2조【약관의 명시·교부의무의 면제】 ①법 제3조제2항에서 "대통령령이 정하는 약관"이라 함은 다음 각 호의 1에 해당하는 업종의 약관을 말한다.

1. 여객운송업
2. 통신업
3. 전기·가스 및 수도사업

②제1항 각 호의 업종의 약관이라 하더라도 사업자는 영업소에 약관을 비치하여야 하며, 고객의 요청이 있는 때에는 해당 약관의 사본을 고객에게 교부하여 이를 알 수 있도록 하여야 한다. 〈개정 2007.11.5〉

제3조【적용의 제한】 법 제15조의 규정에 의하여 다음 각 호의 1에 해당하는 업종의 약관에 대하여는 법 제7조 내지 제14조의 규정을 적용하지 아니한다. 〈개정 2007.11.5〉

1. 국제적으로 통용되는 운송업
2. 국제적으로 통용되는 금융업 및 보험업
3. 「수출보험법」에 의한 수출보험

제4조【시정조치의 방식】 법 제17조의2에 따른 권고와 같은 조 제2항에 따른 시정명령은 그 내용을 명시한 서면으로 하여야 한다. 〈개정 2007.11.5〉

[전문개정 1993.2.20]

제5조【시정요청 및 권고】 ①법 제18조의 규정에 의한 시정에 필요한 조치의 요청 또는 권고는 그 내용을 명시한 서면(전자문서를 포함한다)으로 하여야 한다. 〈개정 1993.2.20, 2004.3.17〉

②법 제18조의 규정에 의한 시정에 필요한 조치의 요청 또는 권고를 받은 행정관청이나 「금융감독기구의 설치등에 관한 법률」에 의하여 설립된 금융감독원은 그 요청 또는 권고를 받은 날부터 60일이내에 공정거래위원회에 서면(전자문서를 포함한다)으로 처리결과를 통보하여야 한다. 〈개정 1993.2.20, 1998.4.1, 2004.3.17, 2007.11.5〉

제5조의2【표준약관】 ①공정거래위원회는 법 제19조의2제1항의 규정에 의하여 표준약관의 심사청구를 받은 때에는 심사청구를 받은 날부터 60일이내에 심사결과를 신청인에게 통보하여야 한다.

②공정거래위원회는 필요하다고 인정하는 경우에는 표준약관을 사용하고 있는 사업자 또는 사업자단체에 대하여 해당 약관의 운용상황을 제출하게 할 수 있다. 〈2007.11.5〉

[본조신설 1993.2.20]

제6조 삭제〈2007.11.5〉

제7조【심사청구서의 제출등】 ①법 제21조의 규정에 의한 심사청구서에는 다음 각 호의 사항을 기재하고 심사청구의 대상이 되는 약관의 사본을 첨부하여야 한다.

1. 심사청구자의 성명 및 주소
2. 사업자의 성명 또는 상호 및 주소
3. 심사청구의 취지 및 이유

②공정거래위원회는 법 제21조의 규정에 의하여 심사청구를 받은 때에는 특별한 사유가 있는 경우를 제외하고는 청구를 받은 날부터 60일이내에 심사결과를 심사청구자에게 서면으로 통보하여야 한다. 〈개정 1993.2.20〉

제8조【의견청취등】 ①공정거래위원회는 법 제22조제1항의 규정에 의하여 당사자 또는 이해관계인에게 약관이 심사대상이 되었다는 사실을 통

지하는 경우에는 이를 서면으로 하여야 하며 공정거래위원회의 회의의 일시 및 장소를 명기하여야 한다. 〈개정 1993.2.20〉

②공정거래위원회는 법 제22조제2항의 규정에 의하여 공정거래위원회의 회의에 출석한 당사자 또는 이해관계인에 대하여는 예산의 범위안에서 필요한 경비를 지급할 수 있다. 〈개정 1993.2.20〉

③법 제22조제3항의 규정에 의한 행정관청에 대한 의견제출의 요구는 그 내용과 기한을 명시한 서면으로 하여야 한다.

제9조 삭제〈1993.2.20〉

제10조 삭제〈1993.2.20〉

제11조 삭제〈1993.2.20〉

제12조 삭제〈1993.2.20〉

제13조【공정거래위원회의 심의·의결절차등】 법 제30조의2에 규정된 것 외에 약관에 대한 심의·의결등에 필요한 사항은 공정거래위원회가 정한다.

[전문개정 1993.2.20]

제13조의2【자문위원】 ①법 제31조의2제1항의 규정에 의하여 공정거래위원회는 약관에 관한 학식과 경험이 풍부한 자를 자문위원으로 위촉할 수 있다.

②자문위원은 공정거래위원회의 요청을 받아 약관의 심사에 관하여 공정거래위원회의 회의에 출석하여 의견을 진술하거나 서면(전자문서를 포함한다)으로 의견을 제출할 수 있다. 〈개정 2004.3.17〉

③자문위원으로 위촉된 자에 대하여는 예산의 범위안에서 수당 및 필요한 경비를 지급할 수 있다.

④이 영에 규정된 것 외에 자문위원에 관하여 필요한 사항은 공정거래위원회가 정한다.

[본조신설 1993.2.20]

제14조【과태료의 부과】 ①공정거래위원회는 법 제34조 제3항의 규정에 의하여 과태료를 부과할 때에는 당해 위반행위를 조사·확인한 후 위반사실·이의방법·이의기간·과태료금액 등을 서면으로 명시하여 이를 납부할 것을 과태료 처분대상자에게 통지하여야 한다. 〈개정 1993.2.20〉

②공정거래위원회는 제1항의 규정에 의하여 과태료를 부과하고자 하는 때에는 10일이상의 기간을 정하여 과태료 처분대상자에게 구술 또는 서면(전자문서를 포함한다)에 의한 의견진술의 기회를 주어야 한다. 이 경우 지정된 기일까지 의견진술이 없는 때에는 의견이 없는 것으로 본다. 〈개정 1993.2.20, 2004.3.17〉

③공정거래위원회는 과태료의 금액을 정함에 있어서는 당해 위반행위의 동기와 그 결과등을 참작하여야 한다. 〈개정 1993.2.20〉

④기타 과태료의 징수절차에 관하여 필요한 사항은 공정거래위원회가 정한다. 〈개정 1993.2.20〉

부 칙

〈제12197호, 1987.7.1〉

이 영은 1987년 7월 1일부터 시행한다.

부 칙

〈제13843호, 1993.2.20〉

이 영은 1993년 3월 1일부터 시행한다.

부 칙

〈제20364호, 2007.11.5〉

이 영은 공포한 날부터 시행한다.

할부거래에 관한 법률

제 정	1991.12.31	법률 제4480호
개 정	1993.3.6	법률 제4541호(정부조직법)
개 정	1997.8.28	법률 제5374호(여신전문금융업법)
일부개정	1997.12.13	법률 제5454호
(정부부처명칭 등의 변경에 따른 건축법 등의 정비에 관한 법률)		
일부개정	1999.5.24	법률 제5982호
일부개정	2005.3.31	법률 제7489호, 시행일 2005.10.1
일부개정	2005.12.29	법률 제7793호, 시행일 2006. 3.30

제1조【목적】 이 법은 할부계약에 의한 거래를 공정하게 함으로써 소비자등의 이익을 보호하고 국민경제의 건전한 발전에 이바지함을 목적으로 한다.

제2조【적용범위】 ①이 법은 계약의 명칭·형식 여하를 불구하고 동산 또는 용역(일정한 시설을 이용하거나 용역의 제공을 받을 권리를 포함한다. 이하 같다)에 관한 다음 각 호의 계약(이하 "할부계약"이라 한다)에 적용한다. 다만, 동산 또는 용역(이하 "목적물"이라 한다)중에서 성질상 이 법을 적용하는 것이 적당하지 아니하여 공정거래위원회가 관계행정기관의 장과 협의하여 대통령령으로 정하는 목적물에 대하여는 그러하지 아니하다. 〈개정 1993.3.6, 1997.12.13, 1999.5.24〉

1. 동산의 매수인 또는 용역을 제공받는 자(이하 "매수인"이라 한다)가 동산의 매도인 또는 용역을 제공하는 자(이하 "매도인"이라 한다)에게 동산의 대금 또는 용역의 대가(이하 "목적물의 대금"이라 한다)를 2월 이상의 기간에 걸쳐 3회 이상 분할하여 지급하고, 목적물의 대금의 완납전에 동산의 인도 또는 용역의 제공(이하 "목적물의 인도등"이라 한다)을 받기로 하는 계약
2. 매수인이 신용제공자(매도인·매수인과의 각 약정에 따라 목적물의 대금에 충당하기 위하여 신용을 제공하는 자를 말한다. 이하 같다)에게 목적물의 대금을 2월이상의 기간에 걸쳐 3회 이상 분할하여 지급하고, 그 대금의 완납전에 매도인으로부터 목적물의 인도등을 받기로 하는 계약

②이 법은 매수인이 상행위를 목적으로 할부계약을 체결하는 경우에는 이를 적용하지 아니한다.

제3조【할부거래의 표시】 매도인은 할부계약을 체결하기 전에 매수인이 할부계약의 내용을 이해할 수 있도록 총리령이 정하는 바에 의하여 다음 각 호의 사항을 표시하고 이를 매수인에게 고지하여야 한다. 다만, 여신전문금융업법에 의한 신용카드가맹점과 신용카드회원간의 할부계약의 경우에는 제3호, 제6호 및 제7호의 사항을 표시하지 아니할 수 있다. 〈개정 1993.3.6, 1997.8.28, 1997.12.13, 1999.5.24, 2005.12.29〉

1. 목적물의 종류 및 내용
2. 현금가격(할부계약에 의하지 아니하고 매수인이 목적물의 인도등을 받은 때에 매도인에게 지급하여야 할 대금전액을 말한다. 이하 같다)
3. 할부가격(매수인이 매도인 또는 신용제공자에게 지급하여야 할 할부금의 총합계액을 말한다. 이하 같다)
4. 각 할부금의 금액·지급회수 및 시기(제2조제1항제1호의 계약인 경우에 한한다)
5. 할부수수료의 실제연간요율
6. 계약금(최초지급금·선수금등 명칭여하를 불구하고 할부계약을 체결하는 때에 매수인이 매도인에게 지급하는 금액을 말한다)
7. 제9조 제1항에 의한 지연손해금 산정시 적용하는 율 〈신설 2005.12.29, 시행일 2006.6.30〉

제4조【할부계약의 서면주의】 ①할부계약은 총리령이 정하는 바에 의하여 다음 각 호의 사항을 기재한 서면으로 체결하여야 한다. 다만, 여신전문금융업법에 의한 신용카드가맹점과 신용카드회원간의 할부계약의 경우에는 제4호 및 제12호

의 사항을 기재하지 아니할 수 있다. <개정 1993. 3.6, 1997.8.28, 1997.12.13, 1999.5.24, 2005. 3.31, 2005.12.29>

1. 매도인·매수인 및 신용제공자의 성명 및 주소
2. 목적물의 종류·내용 및 목적물의 인도등의 시기
3. 현금가격
4. 할부가격
5. 각 할부금의 금액·지급회수 및 시기(제2조 제1항제1호의 계약인 경우에 한한다)
6. 할부수수료의 실제연간요율
7. 목적물의 소유권의 유보에 관한 사항
8. 제5조의 규정에 의한 매수인의 철회권과 행사방법에 관한 사항
9. 제8조제1항의 규정에 의한 매도인의 할부계약의 해제에 관한 사항
10. 제10조의 규정에 의한 매수인의 기한이익 상실에 관한 사항
11. 제12조의 규정에 따른 매수인의 항변권과 그 행사방법에 관한 사항
12. 제9조제1항에 의한 지연손해금 산정시 적용하는 율 <신설 2005.12.29, 시행일 2006.6.30>

②제1항 제6호 및 제3조 제5호의 규정에 의한 할부수수료의 실제연간요율의 계산방법과 최고한도는 연 100분의 40이내의 범위에서 대통령령으로 정한다. <개정 2005.12.29>

③매도인은 할부계약을 체결한 때에는 지체없이 제1항의 규정에 의한 계약서 1통을 매수인에게 교부하여야 한다.

④할부계약이 제1항 각 호의 요건을 갖추지 못하거나 그 내용이 불확실한 경우에는 매도인과 매수인간의 특약이 없는 한, 그 계약내용은 어떠한 경우에도 매수인에게 불리하게 해석되어서는 아니된다.

제5조【매수인의 철회권】 ①매수인은 계약서를 교부받은 날 또는 계약서를 교부받지 아니한 경우에는 목적물의 인도등을 받은 날부터 7일 이내에 할부계약에 관한 청약을 철회할 수 있다. 다만, 목적물의 성질 또는 계약체결의 형태에 비추어 철회를 인정하는 것이 적당하지 아니한 경우로서 대통령령이 정하는 것에 대하여는 그러하지 아니하다.

②매수인이 제1항의 규정에 의하여 계약에 관한 청약을 철회하고자 하는 때에는 제1항의 규정에 의한 기간내에 매도인에게 철회의 의사표시가 기재된 서면을 발송하여야 한다.

③제1항의 규정에 의한 청약의 철회는 서면을 발송한 날에 그 효력이 발생한 것으로 본다.

④매수인에게 책임있는 사유로 목적물이 멸실 또는 훼손된 경우에는 매수인은 계약에 관한 청약을 철회하지 못한다.

⑤계약서의 교부사실 및 그 시기, 목적물의 인도등의 사실 및 그 시기에 관하여 다툼이 있는 경우에는 매도인이 이를 입증하여야 한다.

제6조【매수인의 철회권행사의 효과】 ①매수인이 제5조 제1항의 규정에 의하여 계약에 관한 청약을 철회한 경우에는 매수인은 이미 인도받은 동산 또는 제공받은 용역을 반환(이하 "목적물의 반환"이라 한다)하여야 하며, 매도인은 이미 지급받은 할부금을 동시에 반환하여야 한다.

②제1항의 경우에 매도인은 이미 용역(일정한 시설을 이용하거나 용역의 제공을 받을 권리를 제외한다)이 제공된 경우에는 이미 제공된 용역과 동일한 용역의 반환이나 그 용역의 대가 또는 그 용역에 의하여 얻어진 이익에 상당하는 금액의 지급을 청구할 수 없다.

③제1항의 경우에 목적물의 반환에 필요한 비용은 매도인이 이를 부담하며, 매도인은 매수인에게 위약금 또는 손해배상을 청구할 수 없다.

제7조【신용제공자가 있는 경우의 매수인의 철회의 통보】 ①매수인이 제5조제1항의 규정에 의하여 제2조제1항제2호의 할부계약에 관한 청약을 철회한 경우에는 제5조제1항의 규정에 의한 기간내에 신용제공자에게 철회의 의사표시가 기재된 서면을 발송하여야 한다.

②매수인이 신용제공자에게 제1항의 규정에 의한 서면을 발송하지 아니한 경우에는 신용제공자의 할부금지급청구에 대항하지 못한다. 다만, 신용제공자가 제5조 제1항의 기간내에 매도인에

게 목적물의 대금을 지급한 경우에는 매수인이 그 서면을 발송하지 아니한 경우라도 신용제공자의 할부금지급청구에 대항할 수 있다.

제8조【매도인의 할부계약의 해제】 ①매도인은 매수인이 할부금 지급의무를 이행하지 아니한 경우에는 할부계약을 해제할 수 있다. 이 경우 매도인은 그 계약을 해제하기 전에 14일 이상의 기간을 정하여 매수인에게 그 이행을 서면으로 최고하여야 한다.

②제1항의 규정에 의하여 계약이 해제된 경우에는 각 당사자는 그 상대방에 대하여 원상회복의 의무를 진다. 이 경우 상대방이 그 이행의 제공을 할 때까지 자기의 의무이행을 거절할 수 있다.

③목적물의 소유권이 매도인에게 유보된 경우에 매도인은 그 계약을 해제하지 아니하고는 그 반환을 청구할 수 없다.

제9조【매도인의 손해배상 청구금액의 제한】 ①매도인 또는 신용제공자가 할부금 지급의무의 불이행을 이유로 매수인에게 청구하는 손해배상액은 지연된 할부금에 연 100분의 40 이내의 범위에서 대통령령이 정한 율을 곱하여 산정한 금액에 상당하는 지연손해금을 초과하지 못한다. 〈개정 2005.12.29〉

②매도인이 제8조제1항의 규정에 의하여 계약을 해제한 경우에 매수인에게 청구하는 손해배상액은 다음 각 호의 1에서 정한 금액과 제1항의 규정에 의한 지연손해금의 합계액을 초과하지 못한다.

1. 목적물의 반환등 원상회복이 된 경우에는 통상의 사용료액과 계약체결 및 그 이행을 위하여 통상 필요한 비용액의 합계액. 다만, 할부가격에서 목적물이 반환된 당시의 가액을 공제한 금액이 그 사용료액과 비용액의 합계액을 초과하는 경우에는 그 금액으로 한다.

2. 목적물의 반환등 원상회복이 되지 아니한 경우에는 할부가격에 상당한 금액. 다만, 용역이 제공된 경우에는 이미 제공된 용역의 대가 또는 그 용역에 의하여 얻어진 이익에 상당하는 금액으로 한다.

3. 목적물의 인도등이 되기 전인 경우에는 계약체결 및 그 이행을 위하여 통상 필요한 비용액

③매도인 또는 신용제공자는 손해배상액의 예정·위약금 기타 명칭·형식 여하를 불구하고 제1항 또는 제2항에 규정된 금액을 초과하여 손해배상액을 청구할 수 없다.

④매도인 또는 신용제공자는 손해배상을 청구함에 있어 입은 손해가 최소화되도록 신의에 좇아 성실히 하여야 한다.

제10조【매수인의 기한이익 상실】 매수인은 다음 각 호의 경우에는 할부금의 지급에 대한 기한의 이익을 주장하지 못한다.

1. 할부금을 다음 지급기일까지 연속하여 2회 이상 지급하지 아니하고 그 지급하지 아니한 금액이 할부가격의 10분의 1을 초과하는 경우

2. 생업에 종사하기 위하여 외국에 이주하는 경우와 외국인과의 결혼 및 연고관계로 인하여 이주하는 경우

제11조【매수인의 기한전 지급】 ①매수인은 기한이 도래하기 전이라도 나머지 할부금을 일시에 지급할 수 있다.

②제1항의 경우 매수인이 일시에 지급하는 금액은 나머지 할부금에서 나머지 기간에 대한 할부수수료를 공제한 금액으로 한다.

제12조【매수인의 항변권】 ①매수인은 다음 각 호의 1에 해당하는 사유가 있는 경우에는 매도인에게 할부금의 지급을 거절할 수 있다.

1. 할부계약이 무효·취소 또는 해제된 경우

2. 목적물의 전부 또는 일부가 제4조제1항제2호의 규정에 의한 목적물의 인도등의 시기까지 매수인에게 인도 또는 제공되지 아니한 경우

3. 매도인이 하자담보책임을 이행하지 아니한 경우

4. 기타 매도인의 채무불이행으로 인하여 할부계약의 목적을 달성할 수 없는 경우

②제2조제1항제2호의 계약인 경우 매수인은 제1항 각 호의 1에 해당하는 사유가 있는 경우에는 할부가격이 대통령령이 정한 금액 이상인 경우에 한하여 신용제공자에게 할부금의 지급거절의사를 통지한 후 그 할부금의 지급을 거절할 수

있다.

③제2항의 경우 매수인이 신용제공자에게 지급을 거절할 수 있는 금액은 할부금의 지급을 거절한 당시에 매수인이 신용제공자에게 지급하지 아니한 나머지 할부금으로 한다.

④제2항의 경우 매수인은 할부금의 지급을 거절하기 전에 매도인과의 분쟁의 해결을 위하여 성실히 노력하여야 한다.

제13조【매수인에 불리한 계약의 금지】 매도인과 매수인간의 할부계약의 내용중에서 제5조 내지 제10조 및 제12조의 규정에 의한 내용보다 매수인에게 불리한 것은 그 효력이 없다.

제14조【과태료】 다음 각 호의 1에 해당하는 매도인은 500만원이하의 과태료에 처한다.

1. 제3조의 규정에 위반하여 표시를 하지 아니하거나 허위의 표시를 한 자
2. 제4조제1항의 규정에 위반하여 동조동항 각호의 기재사항을 모두 기재하지 아니한 계약서 또는 허위의 사실을 기재한 계약서를 교부한 자
3. 제4조제2항의 규정에 의한 할부수수료의 실제연간요율의 최고한도를 위반하여 할부수수료를 받은 자
4. 제4조제3항의 규정에 위반하여 매수인에게 계약서를 교부하지 아니한 자
5. 제9조제1항의 규정에 의한 지연손해금 산정시 적용하는 율의 최고한도를 위반하여 지연손해금을 받은 자 〈신설 2005.12.29, 시행일 2006.6.30〉

제15조【과태료의 부과절차】 ①제14조의 규정에 의한 과태료는 대통령령이 정하는 바에 의하여 특별시장·광역시장 또는 도지사(이하 "시·도지사"라 한다)가 부과·징수한다. 〈개정 1997.12. 13〉

②제1항의 규정에 의한 과태료 처분에 불복이 있는 자는 그 처분의 고지를 받은 날부터 30일이내에 시·도지사에게 이의를 제기할 수 있다.

③제1항의 규정에 의하여 과태료 처분을 받은 자가 제2항의 규정에 의하여 이의를 제기한 때에는 시·도지사는 지체없이 관할법원에 그 사실을 통보하여야 하며, 그 통보를 받은 관할법원은 비송사건절차법에 의한 과태료의 재판을 한다.

④제2항의 규정에 의한 기간내에 이의를 제기하지 아니하고 과태료를 납부하지 아니한 때에는 지방세체납처분의 예에 의하여 이를 징수한다.

제16조【전속관할】 할부계약에 관한 소송은 제소 당시 매수인의 주소를, 주소가 없는 경우에는 거소를 관할하는 지방법원의 전속관할로 한다. 다만, 제소 당시 매수인의 주소 또는 거소가 분명하지 아니한 경우에는 그러하지 아니하다.

부 칙

〈제4480호, 1991.12.31〉

제1조【시행일】 이 법은 공포후 6월이 경과한 날부터 시행한다.

제2조【경과조치】 이 법 시행당시 이미 체결된 할부계약에 대하여는 이 법을 적용하지 아니한다.

제3조【다른 법률의 개정】 ①도·소매업진흥법중 다음과 같이 개정한다.

제2조 제7호 및 제8호·제33조 내지 제35조·제39조 및 제56조제3호를 각각 삭제한다.

제57조 제2호중 "제33조(제35조에서 준용하는 경우를 포함한다)"를 삭제한다.

제57조 제3호중 "제34조(제35조에서 준용하는 경우를 포함한다) 및"을 삭제한다.

제57조 제4호를 삭제한다.

②이 법 시행전에 체결된 도·소매업진흥법에 의한 할부판매계약에 대하여는 종전의 규정에 의한다.

부칙(정부조직법)

〈제4541호, 1993.3.6〉

제1조【시행일】 이 법은 공포한 날부터 시행한다. 〈단서 생략〉

제2조 및 제3조 생략

제4조【상공자원부 신설에 따른 다른 법률의 개정】 ① 내지 (55)생략

(56)할부거래에 관한 법률중 다음과 같이 개정한다.

제2조제1항중 "상공부장관"을 "상공자원부장관"으로 한다.

제3조 및 제4조제1항중 "상공부령"을 각각 "상공자원부령"으로 한다.

(57) 내지 (100)생략

제5조 생략

부칙(여신전문금융업법)

〈제5374호, 1997.8.28〉

제1조【시행일】 이 법은 1998년 1월 1일부터 시행한다.

제2조 내지 제6조 생략

제7조【다른 법률의 개정등】 제7조 (다른 법률의 개정등) ① 내지 ⑦생략

⑧할부거래에 관한 법률중 다음과 같이 개정한다.

제3조 각 호외의 부분 단서 및 제4조제1항 각 호외의 부분 단서중 "신용카드업법"을 각각 "여신전문금융업법"으로 한다.

⑨ 및 ⑩생략

부칙(정부조직법)

〈제5982호, 1999.5.24〉

제1조【시행일】 이 법은 공포한 날부터 시행한다.〈단서 생략〉

제2조 생략

제3조【다른 법률의 개정】 ① 내지 (28)생략

(29)할부거래에 관한 법률중 다음과 같이 개정한다.

제2조제1항 본문중 "통상산업부장관이"를 "공정거래위원회가"로 한다.

제3조 본문 및 제4조 제1항 본문중 "통상산업부령"을 각각 "총리령"으로 한다.

(30) 내지 (78)생략

제4조 내지 제5조 생략

제6조【조직폐지 및 신설에 따른 다른 법령과의 관계】 이 법 시행당시 다른 법령에서 기획예산위원회 또는 예산청을 인용한 경우에는 기획예산처를, 기획예산위원회위원장 또는 예산청장을 인용한 경우에는 기획예산처장관을, 기획예산위원회 또는 예산청소속공무원을 인용한 경우에는 기획예산처소속공무원을, 공보실 또는 해외홍보와 관련하여 문화관광부를 인용한 경우에는 국정홍보처를, 공보실장 또는 문화관광부장관을 인용한 경우에는 국정홍보처장을, 공보실 또는 문화관광부소속공무원을 인용한 경우에는 국정홍보처소속공무원을, 문화재와 관련하여 문화관광부 또는 문화재관리국을 인용한 경우에는 문화재청을, 문화관광부장관 또는 문화재관리국장을 인용한 경우에는 문화재청장을, 문화관광부 또는 문화재관리국소속 공무원을 인용한 경우에는 문화재청소속 공무원을 각각 인용한 것으로 본다.

부 칙

〈제7489호, 2005.3.31〉

이 법은 공포 후 6월이 경과한 날부터 시행한다.

할부거래에 관한 법률 시행령

제 정	1992.5.9	대통령령 제13637호
개 정	1993.12.31	대통령령 제14063호
(건설기계 관리법 시행령)		
개 정	1997.12.31	대통령령 제15569호
(여신전문금융업법 시행령)		
개 정	1998.2.28	대통령령 제15633호
일부개정	1999.5.24	대통령령 제16351호
일부개정	2004.3.17	대통령령 제18312호
일부개정	2005.6.30	대통령령 제18932호
일부개정	2007.10.23	대통령령 제20331호

제1조【목적】 이 영은 할부거래에 관한 법률(이하 "법"이라 한다)에서 위임된 사항과 그 시행에 관하여 필요한 사항을 규정함을 목적으로 한다.

제2조【법 적용에서 제외되는 목적물】 법 제2조제1항 단서에서 "대통령령으로 정하는 목적물"이라 함은 다음 각 호에 해당하는 목적물을 말한다. 〈개정 2007.10.23〉

1. 농·수·축·임·광산물로서 통계법 제22조의 규정에 의하여 작성한 한국표준산업분류표상의 제조업에 의하여 생산되지 아니한 것
2. 약사법 제2조제4항의 규정에 의한 의약품
3. 보험업법에 의한 보험
4. 증권거래법 제2조제1항의 규정에 의한 유가증권
5. 단기금융업법 제2조제1항의 규정에 의한 어음 및 채무증서
6. 주식회사의 외부감사에 관한 법률 제2조의 규정에 의한 회계감사
7. 법 제2조제1항제1호의 규정에 의한 매수인(이하 "매수인"이라 한다)의 주문에 의하여 개별적으로 제조·제공되는 목적물

제3조【할부수수료의 실제연간요율 계산방법등】 ①법 제4조제2항의 규정에 의한 할부수수료의 실제연간요율의 계산방법은 별표와 같다.

②제1항의 규정에 의한 할부수수료의 실제연간요율의 최고한도는 연 4할을 한도로 하여 공정거래위원회가 정하는 최고이율로 한다. 〈개정 1998.2.24, 1999.5.24〉

제4조【매수인이 철회권을 행사할 수 없는 경우】 법 제5조제1항 단서에서 "대통령령으로 정하는 것"이라 함은 다음 각 호와 같다. 〈개정 1993.12.31, 1997.12.31, 2005.6.30〉

1. 사용에 의하여 그 가치가 현저히 감소될 우려가 있는 것으로서 다음 각목에 해당하는 목적물을 사용한 경우
   가. 선박법에 의한 선박
   나. 항공법에 의한 항공기
   다. 철도사업법 및 도시철도법에 의하여 궤도를 운행하는 차량
   라. 건설기계관리법에 의한 건설기계
   마. 자동차관리법에 의한 자동차
   바. 냉장고 및 세탁기
   사. 낱개로 밀봉된 음반·비디오물 및 소프트웨어
2. 설치에 전문인력 및 부속자재등이 요구되는 것으로서 다음 각목에 해당하는 목적물을 설치한 경우
   가. 고압가스안전관리법 제3조제4호의 규정에 의한 냉동기
   나. 전기 냉방기(난방겸용인 것을 포함한다)
   다. 보일러
3. 할부가격이 10만원 이하인 할부계약. 다만, 여신전문금융업법에 의한 신용카드를 사용하여 할부거래를 하는 경우에는 할부가격이 20만원 이하인 할부계약으로 한다.

제5조【지연손해금의 산정】 법 제9조제1항에서 "대통령령으로 정한 율"이라 함은 연 4할을 한도로 하여 공정거래위원회가 정하는 최고이율의 범

위안에서 법 제2조 제1항 제1호의 규정에 의한 매도인(이하 "매도인"이라 한다) 또는 법 제2조 제1항 제2호의 규정에 의한 신용제공자(이하 "신용제공자"라 한다)가 매수인과 약정한 율을 말한다. 〈개정 1997.12.22, 1998.2.24, 1999.5.24〉

제6조【매수인의 항변권 제한】 법 제12조제2항에서 "대통령령으로 정한 금액"이라 함은 10만원을 말한다. 다만, 여신전문금융업법에 의한 신용카드를 사용하여 할부거래를 하는 경우에는 20만원을 말한다. 〈개정 1997.12.31〉

제7조【과태료의 부과·징수】 ①서울특별시장·직할시장 또는 도지사(이하 "시·도지사"라 한다)가 법 제15조제1항의 규정에 의하여 과태료를 부과하고자 할 때에는 당해 위반행위를 조사·확인한 후 위반사실과 과태료금액 등을 서면으로 명시하여 이를 납부할 것을 과태료처분대상자에게 통지하여야 한다.

②시·도지사는 제1항의 규정에 의하여 과태료를 부과하고자 할 때에는 10일 이상의 기간을 정하여 과태료처분대상자에게 구술 또는 서면(전자문서를 포함한다)에 의한 의견진술의 기회를 주어야 한다. 이 경우 지정된 기일까지 의견진술이 없는 때에는 의견이 없는 것으로 본다. 〈개정 2004.3.17〉

③시·도지사는 과태료금액을 정함에 있어서는 당해 위반행위의 동기와 그 결과 등을 참작하여야 한다.

부 칙

〈제13639호, 1992.5.9〉

제1조【시행일】 이 영은 1992년 7월 1일부터 시행한다.

제2조【경과조치】 이 영 시행당시 이미 체결된 할부계약에 대하여는 이 영을 적용하지 아니한다.

제3조【다른 법령의 개정】 ①도·소매업진흥법 시행령중 다음과 같이 개정한다.

제5조·제24조 및 제25조를 각각 삭제한다.

②이 영 시행전에 체결된 도·소매업진흥법시행령에 의한 할부판매계약에 대하여는 종전의 규정에 의한다.

부칙(건설기계관리법 시행령)

〈제14063호, 1993.12.31〉

제1조【시행일】 이 영은 1994년 1월1일부터 시행한다.

제2조 내지 제6조 생략

제7조【다른 법령의 개정】 ① 내지 ⑪생략

⑫할부거래에 관한 법률 시행령중 다음과 같이 개정한다.

제4조 제1호 라목을 다음과 같이 한다.

라. 건설기계관리법에 의한 건설기계

⑬ 내지 (18)생략

부 칙

(이자제한법 제1조제1항의 최고이자율에 관한 규정)

〈제15545호, 1997.12.22〉

①(시행일) 이 영은 공포한 날부터 시행한다

②(다른 법령의 개정) 할부거래에 관한 법률 시행령중 다음과 같이 개정한다.

제5조중 "연 2할5푼의 범위내"를 "이자제한법에 의한 최고이자율의 범위안"으로 한다.

부칙(여신전문금융업법시행령)

〈제15569호, 1997.12.31〉

제1조【시행일】 이 영은 1998년 1월 1일부터 시행한다.

제2조 내지 제4조 생략

제5조【다른 법령의 개정】 ① 내지 (16)생략

(17)할부거래에 관한 법률 시행령중 다음과 같이 개정한다.

제4조제3호 단서 및 제6조 단서중 "신용카드업법"을 각각 "여신전문금융업법"으로 한다

(18) 내지 (22)생략

부 칙
(이자제한법 제1조 제1항의 최고이자율에 관한 규정)
〈제15663호, 1998.2.24〉

제1조【시행일】이 영은 공포한 날부터 시행한다.

제2조【다른 법령의 개정】①할부거래에 관한 법률 시행령중 다음과 같이 개정한다.

제3조제2항 중 "이자제한법 제1조 제1항의 규정에 의한 금전대차에 관한 최고이자율"을 "연 4할을 한도로 하여 통상산업부장관이 정하는 최고이율"로 한다.

제5조 중 "이자제한법에 의한 최고이자율의 범위안"을 "연 4할을 한도로 하여 통상산업부장관이 정하는 최고이율의 범위안"으로 한다

② 및 ③생략

부칙(산업자원부와 그 소속기관직제)
〈제16351호, 1999.5.24〉

제1조【시행일】이 영은 공포한 날부터 시행한다.

제2조 내지 제4조 생략

제5조【다른 법령의 개정】①할부거래에 관한 법률 시행령중 다음과 같이 개정한다.

제3조제2항 및 제5조 중 "통상산업부장관이"를 각각 "공정거래위원회가"로 한다.

② 내지 ⑮생략

부칙(전자적 민원처리를 위한가석방자 관리규정 등 중 개정령)
〈제18312호, 2004.3.17〉

이 영은 공포한 날부터 시행한다.

방문판매 등에 관한 법률

제 정	1991.12.31	법률 제4481호
개 정	1993.3.6	법률 제4541호
개 정	1995.1.5	법률 제4896호
전문개정	1995.12.29	법률 제5086호
개 정	1997.8.28	법률 제5374호(여신전문금융업법)
일부개정	1999.2.5	법률 제5771호
일부개정	1999.5.24	법률 제5982호
전문개정	2002.3.30	법률 제6688호 행정자치부
일부개정	2004.12.31	법률 제7315호
일부개정	2005.1.27	법률 제7344호
일부개정	2005.3.31	법률 제7490호
일부개정	2005.12.29	법률 제7795호
일부개정	2007.1.19	법률 제8259호
일부개정	2007.7.19	법률 제8537호 시행일 2007.10.20

제1장 총 칙

제1조【목적】 이 법은 방문판매, 전화권유판매, 다단계판매, 계속거래 및 사업권유거래 등에 의한 재화 또는 용역의 공정한 거래에 관한 사항을 규정함으로써 소비자의 권익을 보호하고 시장의 신뢰도 제고를 통하여 국민경제의 건전한 발전에 이바지함을 목적으로 한다.

제2조【정의】 이 법에서 사용하는 용어의 정의는 다음 각 호와 같다.

1. "방문판매"라 함은 재화 또는 용역(일정한 시설을 이용하거나 용역의 제공을 받을 수 있는 권리를 포함한다. 이하 같다)의 판매(위탁 및 중개를 포함한다. 이하 같다)를 업으로 하는 자(이하 "판매업자"라 한다)가 방문의 방법으로 그의 영업소·대리점 기타 총리령이 정하는 영업장소(이하 "사업장"이라 한다)외의 장소에서 소비자에게 권유하여 계약의 청약을 받거나 계약을 체결(사업장외의 장소에서 권유 등 총리령이 정하는 방법에 의하여 소비자를 유인하여 사업장에서 계약의 청약을 받거나 계약을 체결하는 경우를 포함한다)하여 재화 또는 용역(이하 "재화등"이라 한다)을 판매하는 것을 말한다.

2. "방문판매자"라 함은 방문판매를 업으로 하기 위하여 방문판매조직을 개설 또는 관리·운영하는 자(이하 "방문판매업자"라 한다)와 방문판매업자를 대신하여 방문판매업무를 수행하는 자(이하 "방문판매원"이라 한다)를 말한다.

3. "전화권유판매"라 함은 전화를 이용하여 소비자에게 권유하여 계약의 청약을 받거나 계약을 체결하는 등 총리령이 정하는 방법으로 재화등을 판매하는 것을 말한다.

4. "전화권유판매자"라 함은 전화권유판매를 업으로 하기 위하여 전화권유판매조직을 개설 또는 관리·운영하는 자(이하 "전화권유판매업자"라 한다)와 전화권유판매업자를 대신하여 전화권유판매업무를 수행하는 자(이하 "전화권유판매원"이라 한다)를 말한다.

5. "다단계판매"라 함은 판매업자가 특정인에게 다음 각목의 활동을 하면 일정한 이익(다단계판매에 있어서 다단계판매원이 소비자에게 재화등을 판매하여 얻는 소매이익과 다단계판매업자가 그 다단계판매원에게 지급하는 후원수당을 말한다. 이하 같다)을 얻을 수 있다고 권유하여 판매원의 가입이 단계적(판매조직에 가입한 판매원의 단계가 3단계 이상인 경우를 말한다)으로 이루어지는 다단계판매조직(판매조직에 가입한 판매원의 단계가 2단계 이하인 판매조직 중 사실상 3단계 이상인 판매조직으로 관리·운영되는 경우로서 대통령령이 정하는 판매조직을 포함한다)을 통하여 재화등을 판매하는 것을 말한다.

가. 당해 판매업자가 공급하는 재화등을 소비

자에게 판매할 것

나. 가목의 규정에 의한 소비자의 전부 또는 일부를 당해 특정인의 하위판매원으로 가입하도록 하여 그 하위판매원이 당해 특정인의 활동과 같은 활동을 할 것

6. "다단계판매자"라 함은 다단계판매를 업으로 하기 위하여 다단계판매조직을 개설 또는 관리·운영하는 자(이하 "다단계판매업자"라 한다)와 다단계판매조직에 판매원으로 가입한 자(이하 "다단계판매원"이라 한다)를 말한다.

7. "후원수당"이라 함은 판매수당·알선수수료·장려금·후원금 등 그 명칭 및 지급형태를 불문하고, 다단계판매업자가 다음 각목의 사항과 관련하여 다단계판매원에게 지급하는 경제적 이익을 말한다.

가. 다단계판매원에게 속하는 하위판매원들에 대한 조직관리 및 교육훈련실적

나. 다단계판매원 자신의 재화등의 판매실적이나 그 다단계판매원에게 속하는 하위판매원들의 재화등의 판매실적

8. "계속거래"라 함은 대통령령이 정하는 일정기간 이상 계속하여 재화등을 공급하는 계약으로서 중도에 해지할 경우 대금환급의 제한 또는 위약금에 관한 약정이 있는 거래를 말한다.

9. "사업권유거래"라 함은 사업자가 소득기회를 알선·제공하는 방법으로 거래 상대방을 유인하여 재화등을 구입하게 하는 거래를 말한다.

10. "소비자"라 함은 사업자가 제공하는 재화등을 소비생활을 위하여 사용하거나 이용하는 자 또는 대통령령이 정하는 자를 말한다.

11. "지배주주"라 함은 다음 각 목의 어느 하나에 해당하는 자를 말한다.

가. 대통령령으로 정하는 특수관계인과 함께 소유하고 있는 주식 또는 출자액의 합계가 당해 법인의 발행주식총수 또는 출자총액의 100분의 30 이상인 경우로서 그 합계가 가장 많은 주주 또는 출자자

나. 당해 법인의 경영을 사실상 지배하는 자. 이 경우 사실상 지배의 구체적인 내용은 대통령령으로 정한다. 〈신설 2007.7.19〉

제3조【적용제외】 ①이 법의 규정은 사업자(다단계판매원이나 사업권유거래의 상대방을 제외한다. 이 항에서 같다)가 상행위를 목적으로 재화등을 구입하는 거래에 대하여는 적용하지 아니한다. 다만 사업자라 하더라도 사실상 소비자와 같은 지위에서 다른 소비자와 같은 거래조건으로 거래하는 경우에는 그러하지 아니하다.

②제7조, 제16조 및 제28조의 규정에 의한 계약서 교부의무에 관한 규정은 다른 법률에 이 법의 규정과 다른 방법에 의한 계약서교부의무 등이 규정되어 있는 거래에는 적용하지 아니한다.

③이 법의 규정은 다음 각 호의 거래에 대하여는 적용하지 아니한다.

1. 보험업법 제2조제1항의 보험사업자와의 보험계약 체결을 위한 거래

2. 개인이 독립된 자격으로 공급하는 재화등의 거래로서 대통령령이 정하는 거래

④계속거래에 관한 규정은 이 법에서 규정하고 있는 사항을 전기통신사업법 등 다른 법률에서 따로 정하고 있는 경우에는 그 법률을 적용한다.

제4조【다른 법률과의 관계】 방문판매·전화권유판매·다단계판매·계속거래 및 사업권유거래에서의 소비자보호와 관련하여 이 법과 다른 법률의 적용이 경합하는 경우에는 이 법을 우선 적용하되, 다른 법률을 적용하는 것이 소비자에게 유리한 경우에는 그 법을 적용한다.

제 2 장 방문판매 및 전화권유판매

제5조【방문판매업자등의 신고 등】 ①방문판매업자 또는 전화권유판매업자(이하 "방문판매업자등"이라 한다)는 상호·주소·전화번호·전자우편주소(법인인 경우에는 대표자의 성명, 주민등록번호 및 주소를 포함한다) 그 밖에 대통령령이 정하는 사항을 대통령령이 정하는 바에 따라 공정거래위원회 또는 시장·군수·구청장(자치구의 구청장을 말한다. 이하 같다)에게 신고하여야 한다. 다만, 방문판매원 또는 전화권유판매원(이하 "방문판매원등"이라 한다)을 두지 아니하는 소규모방문판매업자등 대통령령이 정하는 방

문판매업자등과 제13조의 규정에 의하여 등록한 다단계판매업자는 그러하지 아니하다. 〈개정 2005. 3.31〉

②제1항의 규정에 의하여 신고한 사항에 변경이 있는 때에는 대통령령이 정하는 바에 따라 이를 신고하여야 한다.

③제1항의 규정에 의하여 신고한 방문판매업자등은 그 영업을 휴지 또는 폐지하거나 휴업한 후 영업을 재개하는 때에는 대통령령이 정하는 바에 따라 이를 신고하여야 한다.

④공정거래위원회는 제1항의 규정에 의하여 신고한 방문판매업자등의 정보를 대통령령이 정하는 바에 따라 공개할 수 있다.

제6조【방문판매원등의 명부 비치 등】 ①방문판매업자등은 총리령이 정하는 바에 따라 방문판매원등의 명부를 작성하여 사업장에 비치하여야 한다.

②방문판매업자등은 소비자 피해의 방지 또는 구제를 위하여 필요한 경우 소비자로 하여금 방문판매원등의 신원을 확인할 수 있도록 하여야 한다.

③방문판매자 또는 전화권유판매자(이하 "방문판매자등"이라 한다)가 재화등을 판매하고자 하는 경우에는 소비자에게 미리 해당 방문 또는 전화가 판매의 권유를 위한 것임과 방문판매자등의 성명 또는 명칭, 판매하는 재화등의 종류 및 내용을 밝혀야 한다.

제7조【계약체결전의 정보제공 및 계약체결에 따른 계약서 교부의무】 ①방문판매자등은 재화등의 판매에 관한 계약을 체결하기 전에 소비자가 계약의 내용을 이해할 수 있도록 다음 각 호의 사항을 설명하여야 한다.

1. 방문판매업자등의 성명(법인인 경우에는 대표자의 성명을 말한다)·상호·주소·전화번호·전자우편주소
2. 방문판매원등의 성명·주소·전화번호·전자우편주소. 다만, 방문판매업자등이 소비자와 직접 계약을 체결하는 경우는 제외한다.
3. 재화등의 명칭·종류 및 내용
4. 재화등의 가격과 그 지급 방법 및 시기
5. 재화등의 공급 방법 및 시기
6. 청약의 철회 및 계약의 해제(이하 "청약철회등"이라 한다)의 기한·행사방법·효과에 관한 사항 및 청약철회등의 권리 행사에 필요한 서식
7. 재화등의 교환·반품·수리보증 및 그 대금 환불의 조건과 절차
8. 전자매체로 공급이 가능한 재화등의 설치·전송 등과 관련하여 요구되는 기술적 사항
9. 소비자피해보상·재화등에 대한 불만 및 소비자와 사업자 사이의 분쟁처리에 관한 사항
10. 거래에 관한 약관
11. 그 밖에 소비자의 구매 여부 판단에 영향을 주는 거래조건 또는 소비자의 피해구제에 필요한 사항으로서 대통령령이 정하는 사항

②방문판매자등은 재화등의 판매에 관한 계약을 체결할 때에는 제1항 각 호의 사항을 기재한 계약서를 소비자에게 교부하여야 한다.

③방문판매자등은 재화등의 계약을 미성년자와 체결하고자 하는 경우에는 법정대리인의 동의를 얻어야 한다. 이 경우 법정대리인의 동의를 얻지 못하는 경우에는 미성년자 본인 또는 법정대리인이 계약을 취소할 수 있다는 내용을 고지하여야 한다.

④제1항의 규정에 의한 계약서중 전화권유판매에 관한 계약서의 경우에는 소비자의 동의를 얻어 당해 계약의 내용을 모사전송이나 전자문서(전자거래기본법 제2조제1호의 규정에 의한 전자문서를 말한다. 이하 같다)로 송부하는 것으로 갈음할 수 있으며, 모사전송 또는 전자문서에 의하여 송부한 계약의 내용이나 도달에 관하여 다툼이 있는 경우에는 전화권유판매자가 이를 입증하여야 한다.

⑤방문판매업자등은 제1항의 규정에 의하여 소비자에게 표시 또는 고지한 거래조건을 신의에 좇아 성실하게 이행하여야 한다.

제8조【청약철회등】 ①방문판매 또는 전화권유판매(이하 "방문판매등"이라 한다)의 방법으로 재화등의 구매에 관한 계약을 체결한 소비자는 다음 각 호의 기간(거래 당사자 사이에 다음 각 호의 기간보다 긴 기간으로 약정한 경우에는 그 기간) 이내에 당해 계약에 관한 청약철회등을 할 수 있다.

1. 제7조제2항의 규정에 의한 계약서를 교부받은 날부터 14일. 다만, 그 계약서를 교부 받은 때보다 재화등의 공급이 늦게 이루어진 경우에는 재화등을 공급받거나 공급이 개시된 날부터 14일

2. 제7조 제2항의 규정에 의한 계약서를 교부받지 아니한 경우, 방문판매자등의 주소등이 기재되지 아니한 계약서를 교부받은 경우 또는 방문판매자등의 주소 변경 등의 사유로 제1호의 기간 이내에 청약철회등을 할 수 없는 경우에는 그 주소를 안 날 또는 알 수 있었던 날부터 14일

②소비자는 다음 각 호의 1에 해당하는 경우에는 방문판매자등의 의사에 반하여 제1항의 규정에 의한 청약철회등을 할 수 없다. 다만, 방문판매자 등이 제6항의 규정에 따른 조치를 아니하는 때는 제2호 내지 제4호에 해당하는 경우에도 청약철회 등을 할 수 있다. 〈개정 2007.1.19〉

1. 소비자에게 책임 있는 사유로 재화등이 멸실 또는 훼손된 경우. 다만, 재화등의 내용을 확인하기 위하여 포장 등을 훼손한 경우를 제외한다.

2. 소비자의 재화등의 사용 또는 일부 소비에 의하여 그 가치가 현저히 감소한 경우

3. 시간의 경과에 의하여 재판매가 곤란할 정도로 재화등의 가치가 현저히 감소한 경우

4. 복제가 가능한 재화등의 포장을 훼손한 경우

5. 그 밖에 거래의 안전을 위하여 대통령령이 정하는 경우

③소비자는 제1항 또는 제2항의 규정에 불구하고 재화등의 내용이 표시·광고의 내용과 다르거나 계약내용과 다르게 이행된 경우에는 당해 재화등을 공급 받은 날부터 3월 이내, 그 사실을 안 날 또는 알 수 있었던 날부터 30일 이내에 청약철회등을 할 수 있다.

④제1항 또는 제3항의 규정에 의한 청약철회등을 서면으로 하는 경우에는 청약철회등의 의사표시가 기재된 서면을 발송한 날에 그 효력이 발생한다.

⑤제1항 내지 제3항의 규정을 적용함에 있어서 재화등의 훼손에 대하여 소비자의 책임이 있는지의 여부, 계약이 체결된 사실 및 그 시기, 재화등의 공급사실 및 그 시기 또는 계약서의 교부사실 및 그 시기 등에 관하여 다툼이 있는 경우에는 방문판매자등이 이를 입증하여야 한다.

⑥방문판매자등은 제2항 제2호 내지 제4호의 규정에 의하여 청약철회등이 불가능한 재화등의 경우 그 사실을 재화등의 포장 기타 소비자가 쉽게 알 수 있는 곳에 명기하거나 시용(試用)상품을 제공하는 등의 방법으로 재화등의 사용이나 일부 소비 등에 의하여 청약철회등의 권리의 행사가 방해받지 아니하도록 조치하여야 한다. 〈개정 2007.1.19〉

제9조【청약철회등의 효과】 ①소비자는 제8조 제1항 또는 동조 제3항의 규정에 의하여 청약철회등을 한 경우에는 이미 공급받은 재화등을 반환하여야 한다.

②방문판매자등(소비자로부터 재화등의 대금을 지급 받은 자 또는 소비자와 방문판매등에 관한 계약을 체결한 자를 포함한다. 이하 제2항 내지 제8항에서 같다)은 재화등을 반환 받은 날부터 3영업일 이내에 이미 지급받은 재화등의 대금을 환급하여야 한다. 이 경우 방문판매자등이 소비자에게 재화등의 대금의 환급을 지연한 때에는 그 지연기간에 따라 연 100분의 40 이내의 범위에서 「은행법」에 따른 금융기관이 적용하는 연체금리 등 경제사정을 고려하여 대통령령으로 정하는 이율을 곱하여 산정한 지연이자(이하 "지연배상금"이라 한다)를 지급하여야 한다.

③방문판매자등은 제1항 및 제2항의 규정에 의하여 재화등의 대금을 환급함에 있어 소비자가 여신전문금융업법 제2조제3호의 규정에 의한 신용카드 그 밖에 대통령령이 정하는 결제수단(이하 "신용카드등"이라 한다)으로 재화등의 대금을 지급한 때에는 지체없이 당해 신용카드등 대금결제수단을 제공한 사업자(이하 "결제업자"라 한다)로 하여금 재화등의 대금의 청구를 정지 또는 취소하도록 요청하여야 한다. 다만, 방문판매자등이 결제업자로부터 당해 재화등의 대금을 이미 지급 받은 때에는 지체없이 이를 결제업자에게 환급하고 그 사실을 소비자에게 통지하여야 한다.

④제3항 단서의 규정에 의하여 방문판매자등으로부터 재화등의 대금을 환급 받은 결제업자는 지체없이 소비자에게 이를 환급하거나 환급에 필

요한 조치를 취하여야 한다.

⑤제3항 단서의 규정에 해당하는 방문판매자등중 환급의 지연으로 소비자로 하여금 대금을 결제하게 한 방문판매자등은 그 지연기간에 대한 지연배상금을 소비자에게 지급하여야 한다.

⑥소비자는 방문판매자등이 정당한 사유없이 결제업자에게 대금을 환급하지 아니하는 경우에는 환급 받을 금액에 대하여 결제업자에게 당해 방문판매자등에 대한 다른 채무와 상계할 것을 요청할 수 있다. 이 경우 결제업자는 대통령령이 정하는 바에 따라 당해 방문판매자등에 대한 다른 채무와 상계할 수 있다.

⑦소비자는 결제업자가 제6항의 규정에 의한 상계를 정당한 사유없이 게을리 한 경우 결제업자에 대해 대금의 결제를 거부할 수 있다. 이 경우 방문판매자등과 결제업자는 그 결제의 거부를 이유로 당해 소비자를 약정한 기일 이내에 채무를 변제하지 아니한 자로 처리하는 등 소비자에게 불이익을 주는 행위를 하여서는 아니된다. 〈개정 2005.1.27〉

⑧제1항의 경우 방문판매자등은 이미 재화등이 사용 또는 일부 소비된 경우에는 그 재화등의 사용 또는 일부 소비에 의하여 소비자가 얻은 이익 또는 그 재화등의 공급에 소요된 비용에 상당하는 금액으로써 대통령령이 정하는 범위의 금액의 지급을 소비자에게 청구할 수 있다.

⑨제8조제1항 및 동조제3항의 규정에 의한 청약철회등의 경우 공급받은 재화등의 반환에 필요한 비용은 방문판매자등이 부담하며 방문판매자등은 소비자에게 청약철회등을 이유로 위약금 또는 손해배상을 청구할 수 없다.

⑩방문판매자등, 재화등의 대금을 지급 받은 자 또는 소비자와 방문판매등에 관한 계약을 체결한 자가 동일인이 아닌 경우, 각자는 제8조 제1항 및 동조제3항의 규정에 의한 청약철회등에 따른 제1항 내지 제9항의 규정에 의한 재화등의 대금 환급과 관련한 의무의 이행에 있어서 연대하여 책임을 진다.

제10조【손해배상청구금액의 제한 등】 ①소비자에게 책임있는 사유로 인하여 재화등의 판매에 관한 계약이 해제된 경우 방문판매자등이 소비자에게 청구하는 손해배상액은 다음 각 호에서 정한 금액에 대금미납에 따른 지연배상금을 더한 금액을 초과할 수 없다.

1. 공급받은 재화등이 반환된 경우에는 다음 각목의 1에 해당하는 금액중 큰 금액

가. 반환된 재화등의 통상 사용료액 또는 그 사용에 의하여 통상 얻어지는 이익에 상당하는 금액

나. 반환된 재화등의 판매가액에서 그 재화등이 반환된 당시의 가액을 공제한 금액

2. 공급받은 재화등이 반환되지 아니한 경우에는 그 재화등의 판매가액에 상당하는 금액

②공정거래위원회는 방문판매자등과 소비자간의 손해배상청구에 따른 분쟁의 원활한 해결을 위하여 필요한 경우 제1항의 규정에 의한 손해배상액의 산정기준을 정하여 고시할 수 있다.

제11조【금지행위】 ①방문판매자등은 다음 각 호의 1에 해당하는 행위를 하여서는 아니된다.

1. 재화등의 판매에 관한 계약의 체결을 강요하거나 청약철회등 또는 계약의 해지를 방해할 목적으로 소비자에게 위력을 가하는 행위

2. 허위 또는 과장된 사실을 알리거나 기만적 방법을 사용하여 소비자를 유인 또는 거래하거나 청약철회등 또는 계약의 해지를 방해하는 행위

3. 가입비·판매보조물품·개인할당 판매액·교육비 등 그 명칭 및 형태여하를 불문하고 방문판매원등이 되고자 하는 자 또는 방문판매원등에게 방문판매원등이 되기 위한 조건 또는 방문판매원등의 자격을 유지하기 위한 조건으로서 대통령령이 정하는 수준 이상의 비용 그 밖의 금품을 징수하거나 재화 등을 구매하게 하는 등 의무를 부과하는 행위

4. 방문판매원등에게 다른 방문판매원등을 모집하도록 의무를 지게 하는 행위

5. 청약철회등이나 계약의 해지를 방해할 목적으로 주소·전화번호 등을 변경하는 행위

6. 분쟁이나 불만처리에 필요한 인력 또는 설비의 부족을 상당기간 방치하여 소비자에게 피해를 주는 행위

7. 소비자의 청약이 없는데도 일방적으로 재화등을 공급하고 재화 등의 대금을 청구하는 행위

8. 소비자가 재화를 구매하거나 용역을 제공받을 의사가 없음을 밝혔음에도 불구하고 전화, 모사전송, 컴퓨터통신 등을 통하여 재화를 구매하거나 용역을 제공받도록 강요하는 행위

9. 본인의 허락을 받지 아니하거나 허락 받은 범위를 넘어 소비자에 관한 정보를 이용(제3자에게 제공하는 경우를 포함한다. 이하 같다)하는 행위. 다만, 다음 각목의 1에 해당하는 경우를 제외한다.

가. 재화등의 배송 등 소비자와의 계약의 이행에 불가피한 경우로서 대통령령이 정하는 경우

나. 재화등의 거래에 따른 대금정산을 위하여 필요한 경우

다. 도용방지를 위하여 본인확인에 필요한 경우로서 대통령령이 정하는 경우

라. 법률의 규정 또는 법률에 의하여 필요한 불가피한 사유가 있는 경우

②공정거래위원회는 이 법 위반행위의 방지 및 소비자피해의 예방을 위하여 방문판매자등이 준수해야 할 기준을 정하여 고시할 수 있다.

제12조【휴업기간 등에서의 청약철회등의 업무처리 등】 ①방문판매자등은 그 휴업기간 또는 영업정지기간중에도 제8조제1항 및 제3항의 규정에 의한 청약철회등의 업무와 제9조제1항 내지 제3항의 규정에 의한 청약철회등에 따른 업무를 계속하여야 한다.

②방문판매업자등이 폐업신고를 하지 아니한 상태에서 파산선고를 받는 등 실질적으로 영업을 할 수 없는 것으로 판단되는 경우에는 제5조 제1항의 규정에 의하여 신고를 받은 공정거래위원회 또는 시장·군수·구청장은 직권으로 방문판매업등의 신고사항을 말소할 수 있다. 〈개정 2005.3.31〉

제 3 장 다단계판매

제13조【다단계판매업자의 등록 등】 ①다단계판매업자는 대통령령이 정하는 바에 따라 다음 각호의 서류를 갖추어 공정거래위원회에 등록하거나 특별시장·광역시장 또는 도지사(이하 "시·도지사"라 한다)에게 등록하여야 한다. 〈개정 2005.3.31〉

1. 상호 및 주소·전화번호·전자우편주소(법인인 경우에는 대표자의 성명·주민등록번호 및 주소를 포함한다)등을 기재한 신청서

2. 자본금이 3억원 이상으로서 대통령령이 정하는 규모 이상임을 증명하는 서류

3. 제34조의 규정에 의한 소비자피해보상보험계약등의 체결증명서류

4. 후원수당의 산정 및 지급기준에 관한 서류

5. 재고관리·후원수당 지급 등 판매의 방법에 관한 사항을 기재한 서류

6. 그 밖에 다단계판매자의 신원확인을 위하여 필요한 사항으로서 총리령으로 정하는 서류

②다단계판매업자는 제1항의 규정에 의하여 등록한 사항에 변경이 있는 때에는 대통령령이 정하는 바에 따라 신고하여야 한다.

③다단계판매업자는 그 영업을 휴지 또는 폐지하거나 휴업 후 영업을 재개하는 때에는 대통령령이 정하는 바에 따라 이를 신고하여야 한다. 이 경우 그 영업의 폐지를 신고한 때에는 제1항의 규정에 의한 등록은 그 효력을 잃는다.

④공정거래위원회는 제1항의 규정에 의하여 등록한 다단계판매업자의 정보를 대통령령이 정하는 바에 따라 공개할 수 있다.

⑤공정거래위원회는 제4항의 규정에 따른 정보의 공개를 위하여 필요한 경우에는 다단계판매업자에게 관련자료의 제출을 요구할 수 있다. 이 경우 다단계판매업자는 정당한 사유가 없는 한 이에 응하여야 한다. [신설 2007.1.19]

제14조【결격사유】 다음 각 호의 1에 해당하는 개인 또는 법인은 제13조의 규정에 의한 등록을 할 수 없다.

1. 다음 각목의 1에 해당하는 개인 또는 그가 임원으로 있는 법인

가. 금치산자·한정치산자 또는 미성년자

나. 파산선고를 받고 복권되지 아니한 자

다. 이 법에 위반하여 징역의 실형을 선고받고

그 집행이 종료(집행이 종료된 것으로 보는 경우를 포함한다)되거나 집행이 면제된 날부터 5년이 경과되지 아니한 자

라. 이 법에 위반하여 형의 집행유예의 선고를 받고 그 유예기간중에 있는 자

1의2. 다음 각 목의 어느 하나에 해당하는 자가 지배주주로 있는 법인 [신설 2007.7.19]

가. 이 법에 위반하여 징역의 실형을 선고받고 그 집행이 종료(집행이 종료된 것으로 보는 경우를 포함한다)되거나 집행이 면제된 날부터 5년이 경과되지 아니한 자

나. 이 법에 위반하여 형의 집행유예의 선고를 받고 그 유예기간 중에 있는 자

2. 제42조제4항의 규정에 의하여 등록이 취소된 후 5년이 경과되지 아니한 개인 또는 법인

3. 제2호의 규정에 의한 개인 또는 법인의 등록취소 당시의 임원 또는 지배주주이었던 자가 임원 또는 지배주주로 있는 범위

제15조【다단계판매원】 ①다단계판매조직에 다단계판매원으로 가입하고자 하는 자는 그 조직을 관리·운영하는 다단계판매업자에게 총리령이 정하는 바에 따라 등록하여야 한다.

②다음 각 호의 1에 해당하는 자는 다단계판매원으로 등록할 수 없다.

1. 국가공무원·지방공무원 또는 교육공무원 및 사립학교법에 의한 교원

1의2. 미성년자. 다만, 제3호 또는 제4호의 어느 하나에 해당하지 않는 법정대리인의 동의를 얻은 경우에는 이를 제외한다. 〈2007.1.19 신설〉

2. 법인

3. 다단계판매업자의 지배주주 또는 임직원

4. 이 법에 위반하는 행위를 한 자로서 대통령령이 정하는 자

③다단계판매업자는 그가 관리·운영하는 다단계판매조직에 가입한 다단계판매원에게 총리령이 정하는 바에 따라 다단계판매원등록증을 교부하여야 한다.

④다단계판매업자는 총리령이 정하는 바에 따라 다단계판매원 등록부를 작성하고, 소비자피해의 방지 또는 구제를 위하여 필요한 경우 소비자로 하여금 등록된 다단계판매원의 신원을 확인할 수 있도록 하여야 한다.

⑤다단계판매업자는 제1항의 규정에 의하여 등록한 다단계판매원에게 다음 각 호의 사항에 대하여 확인이 가능한 다단계판매원수첩(전자기기로 된 것을 포함한다)을 교부하여야 한다.

1. 후원수당의 산정 및 지급기준

2. 하위판매원의 모집 및 후원에 관한 사항

3. 재화등의 반환 및 다단계판매원의 탈퇴에 관한 사항

4. 다단계판매원이 지켜야 할 사항

5. 그 밖에 총리령이 정하는 사항

제16조【계약체결전의 정보제공 및 계약체결에 따른 계약서 교부의무】 제7조의 규정은 다단계판매의 방법으로 재화등의 판매에 관한 계약을 체결하는 경우에 이를 준용한다. 이 경우 "방문판매자등"은 "다단계판매자"로, "방문판매업자등"은 "다단계판매업자"로, "방문판매원등"은 "다단계판매원"으로 본다.

제17조【청약철회등】 ①제8조의 규정은 다단계판매의 방법으로 재화등의 구매에 관한 계약을 체결한 소비자가 청약철회등을 하는 경우에 이를 준용한다. 이 경우 "방문판매자등"은 "다단계판매자"로 본다. 다만, 소비자가 다단계판매원과 재화등의 구매에 관한 계약을 체결한 경우에는 다단계판매원에게 우선적으로 청약철회등을 하고, 다단계판매원의 소재불명 등 대통령령이 정하는 사유로 인하여 다단계판매원에 대하여 청약철회등을 하는 것이 곤란한 경우에 한하여 소비자는 당해 재화등을 공급한 다단계판매업자에게 청약철회등을 할 수 있다.

②다단계판매의 방법으로 재화등의 구매에 관한 계약을 체결한 다단계판매원은 다단계판매업자에게 재고의 보유를 허위로 알리는 등의 방법으로 재화등의 재고를 과다하게 보유한 경우, 재판매가 곤란한 정도로 재화등을 훼손한 경우 그 밖에 대통령령이 정하는 경우를 제외하고는 계약을 체결한 날부터 3월 이내에 서면으로 당해 계약에 관한 청약철회등을 할 수 있다.

③제1항 또는 제2항의 경우 계약이 체결된 사

실 및 그 시기, 재화등의 공급사실 및 그 시기, 재화등의 훼손여부 및 책임소재 등에 관하여 다툼이 있는 경우에는 재화등을 판매한 자가 이를 입증하여야 한다.

제18조【청약철회등의 효과】 ①다단계판매의 상대방(다단계판매자가 다단계판매원 또는 소비자에게 판매한 때에는 다단계판매원 또는 소비자를, 다단계판매원이 소비자에게 판매한 때에는 소비자를 말한다. 이하 이 장에서 같다)은 제17조제1항 또는 제2항의 규정에 의하여 계약에 관한 청약철회등을 한 경우에는 이미 공급받은 재화등을 반환하여야 한다.

②다단계판매자(상대방으로부터 재화등의 대금을 지급 받은 자 또는 상대방과 다단계판매에 관한 계약을 체결한 자를 포함한다. 이하 제2항 내지 제8항에서 같다)는 재화등을 반환받은 날부터 3영업일 이내에 이미 지급받은 재화등의 대금을 환급하여야 한다. 다만, 다단계판매업자가 다단계판매원에게 재화등의 대금을 환급함에 있어서는 대통령령이 정하는 범위 이내의 비용을 공제할 수 있으며, 다단계판매자가 상대방에게 재화등의 대금의 환급을 지연한 때에는 그 지연기간에 대한 지연배상금을 지급하여야 한다.

③제1항의 규정에 의한 상대방이 신용카드등으로 재화등의 대금을 지급한 때에는 다단계판매자는 지체없이 당해 결제업자에게 재화등의 대금청구를 정지 또는 취소할 것을 요청하여야 한다. 다만, 다단계판매자가 결제업자로부터 해당 재화등의 대금을 이미 지급 받은 때에는 지체없이 이를 결제업자에게 환급하고 그 사실을 상대방에게 통지하여야 한다. 이 경우 환급이 지연되어 상대방이 대금을 결제하는 경우에는 결제한 날 이후의 지연기간에 대한 지연배상금을 상대방에게 지급하여야 한다.

④제3항의 규정에 의하여 다단계판매자로부터 재화등의 대금을 환급받은 결제업자는 지체없이 상대방에게 이를 환급하거나 환급에 필요한 조치를 취하여야 하며, 다단계판매자가 정당한 사유없이 결제업자에게 대금을 환급하지 않는 경우 상대방은 환급 받을 금액에 대하여 결제업자에게 당해 다단계판매자에 대한 다른 채무와 상계할 것을 요청할 수 있고, 결제업자는 대통령령이 정하는 바에 따라 당해 다단계판매자에 대한 다른 채무와 상계할 수 있다.

⑤결제업자가 제4항의 규정에 의한 상계를 정당한 사유없이 게을리한 경우 상대방은 결제업자에 대해 대금의 결제를 거부할 수 있다. 이 경우 다단계판매자와 결제업자는 이를 이유로 당해 상대방을 약정한 기일 이내에 채무를 변제하지 아니한 자로 처리하는 등 상대방에게 불이익을 주는 행위를 하여서는 아니된다. 〈개정 2005.1.27〉

⑥다단계판매자는 제17조의 규정에 의한 청약철회등에 따라 재화 등의 대금을 환급한 경우 그 환급한 금액이 자신이 다단계판매원에게 공급한 금액을 초과할 때에는 그 차액을 다단계판매원에게 청구할 수 있다.

⑦제1항의 경우 다단계판매자는 재화등의 일부가 이미 사용 또는 소비된 경우에는 그 재화등의 사용 또는 일부 소비에 의하여 상대방이 얻은 이익 또는 그 재화 등의 공급에 소요된 비용에 상당하는 금액의 지급을 당해 상대방에게 청구할 수 있다.

⑧제17조제1항의 규정에 의하여 준용되는 제8조제1항 또는 동조제3항의 규정에 의한 청약철회등의 경우 공급받은 재화등의 반환에 필요한 비용은 다단계판매자가 이를 부담하며 다단계판매자는 상대방에게 위약금 또는 손해배상을 청구할 수 없다.

⑨다단계판매자, 상대방으로부터 재화등의 대금을 지급 받은 자 또는 상대방과 다단계판매에 관한 계약을 체결한 자가 동일인이 아닌 경우, 각자는 제17조의 규정에 의한 청약철회등에 따른 제1항 내지 제5항 및 제8항의 규정에 의한 재화등의 대금 환급과 관련한 의무의 이행에 있어서 연대하여 책임을 진다.

제19조【손해배상청구금액의 제한 등】 제10조의 규정은 다단계판매자와의 재화등의 판매 계약이 해제된 경우(제17조의 규정에 의하여 청약철회등이 된 경우를 제외한다)에 이를 준용한다. 이 경우 "방문판매자등"은 "다단계판매자"로, "소비자"는 "상대방"으로 본다.

제20조【후원수당의 지급기준 등】 ①다단계판매

업자는 다단계판매원에게 고지한 후원수당의 산정 및 지급기준과 다르게 후원수당을 산정·지급하거나 그 밖의 부당한 방법으로 다단계판매원을 차별하여 대우하여서는 아니된다.

②다단계판매업자는 후원수당의 산정 및 지급기준을 객관적이고 명확하게 정하여야 하며, 후원수당의 산정 및 지급기준을 변경하고자 하는 경우에는 대통령령이 정한 절차에 따라야 한다.

③다단계판매업자가 다단계판매원에게 후원수당으로 지급할 수 있는 총액은 다단계판매업자가 다단계판매원에게 공급한 재화등의 가격(부가가치세를 포함한다)합계액(이하 이 조에서 "가격합계액"이라 한다)의 100분의 35에 해당하는 금액 이내이어야 하며, 다음 각 호의 사항을 비롯한 가격합계액 및 후원수당 등의 구체적인 산정 방법은 대통령령으로 정한다. 〈개정 2007.1.19〉

1. 가격합계액은 출고 또는 제공 시점을 기준으로 한다.

2. 후원수당 지급액은 당해 후원수당의 지급사유가 발생한 시점을 기준으로 한다.

3. 가격합계액 및 후원수당은 연간 기준으로 산정한다. 다만, 다단계판매 영업기간이 1년 미만인 경우에는 다단계판매업자의 실제 영업기간을 기준으로 한다.

4. 가격합계액을 산정함에 있어서 위탁의 방법으로 재화등을 공급하는 경우에는 위탁을 받은 다단계판매업자가 다단계판매원에게 판매한 가격을 기준으로 하고, 중개의 방법으로 재화등을 공급하는 경우에는 다단계판매자가 중개를 의뢰한 사업자로부터 받은 수수료를 기준으로 한다.

④다단계판매업자는 다단계판매원의 요구가 있는 경우 후원수당의 산정·지급명세 등의 열람을 허용하여야 한다.

⑤다단계판매업자는 일정수의 하위판매원을 모집 또는 후원하는 것을 조건으로 하위판매원 또는 그 하위판매원의 판매실적에 관계없이 후원수당을 차등하여 지급하여서 아니된다.

제21조【후원수당 관련 표시·광고 등】 ①다단계판매업자는 다단계판매원이 되고자 하는 자 또는 다단계판매원에게 다단계판매원이 받게될 일정한 이익에 관하여 허위의 정보를 제공하여서는 아니된다.

②다단계판매업자는 다단계판매원이 되고자 하는 자 또는 다단계판매원에게 전체 다단계판매원에 대한 평균 후원수당 등 후원수당의 지급현황에 관한 정보를 총리령이 정하는 기준에 따라 고지하여야 한다.

③다단계판매업자는 다단계조직의 운영방식 또는 활동내용에 관하여 허위 또는 과장된 사실을 유포하여서는 아니된다.

제22조【다단계판매원의 등록 및 탈퇴 등】 ①다단계판매업자는 다단계판매원이 되려는 자 또는 다단계판매원에게 등록·자격유지 또는 유리한 후원수당의 지급기준을 적용받게 할 조건으로 과다한 재화 등의 구입 등 대통령령이 정하는 수준 이상의 부담을 지게 하여서는 아니된다.

②다단계판매자는 다단계판매원에게 일정수의 하위판매원을 모집하도록 의무를 지게 하거나, 특정인을 그 특정인의 동의없이 자신의 하위판매원으로 등록하여서는 아니된다.

③다단계판매업자는 다단계판매원이 제15조의 규정에 해당되는 때에는 당해 다단계판매원을 탈퇴시켜야 한다.

④다단계판매원은 언제든지 다단계판매업자에게 탈퇴의사를 표시하고 탈퇴할 수 있으며, 다단계판매업자는 다단계판매원의 탈퇴에 조건을 부과하여서는 아니된다.

⑤다단계판매업자는 탈퇴한 다단계판매원의 판매행위 등으로 인하여 소비자의 피해가 발생하지 아니하도록 판매원 수첩의 회수 등 필요한 조치를 하여야 한다.

제23조【금지행위】 ①다단계판매자는 다음 각 호의 1에 해당하는 행위를 하여서는 아니된다.

1. 재화 등의 판매에 관한 계약의 체결을 강요하거나 청약철회등 또는 계약의 해지를 방해할 목적으로 상대방에게 위력을 가하는 행위

2. 허위 또는 과장된 사실을 알리거나 기만적 방법을 사용하여 상대방과의 거래를 유도하거나 청약철회등 또는 계약의 해지를 방해하는 행위 또는 재화등의 가격·품질 등에 대하여 허위사실

을 알리거나 실제의 것보다도 현저히 우량하거나 유리한 것으로 오인시킬 수 있는 행위

3. 다단계판매원이 되고자 하는 자 또는 다단계판매원에게 가입비, 판매보조물품, 개인할당판매액, 교육비 등 그 명칭 및 형태여하를 불문하고 10만원 이하의 범위로서 대통령령이 정하는 수준 이상의 비용 그 밖의 금품을 징수하는 등 의무를 부과하는 행위

4. 다단계판매원에게 하위 판매원 모집 자체에 대하여 경제적 이익을 지급하거나 정당한 사유없이 후원수당외의 경제적 이익을 지급하는 행위

5. 청약철회등이나 계약의 해지를 방해할 목적으로 주소·전화번호 등을 변경하는 행위

6. 분쟁이나 불만처리에 필요한 인력 또는 설비의 부족을 상당기간 방치하여 상대방에게 피해를 주는 행위

7. 상대방의 청약이 없는데도 일방적으로 재화등을 공급하고 재화등의 대금을 청구하는 등 상대방에게 재화등을 강매하거나 하위판매원에게 재화등을 판매하는 행위

8. 소비자가 재화를 구매하거나 용역을 제공받을 의사가 없음을 밝혔음에도 불구하고 전화, 모사전송, 컴퓨터통신 등을 통하여 재화를 구매하거나 용역을 제공받도록 강요하는 행위

9. 다단계판매원이 사회적인 신분 등을 이용하여 자신의 하위판매원으로서의 등록을 강요하거나 다단계판매원이 그 하위판매원에게 재화등의 구매를 강요하는 행위

10. 다단계판매원이 되고자 하는 자 또는 다단계판매원에게 본인의 의사에 반하여 교육·합숙 등을 강요하는 행위

11. 다단계판매업자의 피용자가 아닌 다단계판매원을 다단계판매업자에게 고용된 자로 오인하게 하거나 다단계판매원으로 등록하지 아니한 자를 다단계판매원으로 활동하게 하는 행위

12. 제34조의 규정에 의한 소비자피해보상보험계약등을 체결하지 아니하고 영업하는 행위

13. 다단계판매자가 거래의 상대방에게 판매하는 개별 재화등의 가격을 대통령령이 정하는 금액 이상으로 정하여 판매하는 행위

14. 본인의 허락을 받지 아니하거나 허락 받은 범위를 넘어 소비자에 관한 정보를 이용하는 행위. 다만, 다음 각목의 1에 해당하는 경우를 제외한다.

가. 재화등의 배송 등 소비자와의 계약의 이행에 불가피한 경우로서 대통령령이 정하는 경우

나. 재화등의 거래에 따른 대금정산을 위하여 필요한 경우

다. 도용방지를 위하여 본인확인에 필요한 경우로서 대통령령이 정하는 경우

라. 법률의 규정 또는 법률에 의하여 필요한 불가피한 사유가 있는 경우

15. 다단계판매조직 및 다단계판매원의 지위를 양도·양수하는 행위. 다만, 다단계판매원의 지위를 상속하는 경우 또는 사업의 양도·양수·합병의 경우에는 그러하지 아니하다.

②누구든지 다단계판매조직 또는 이와 유사하게 단계적으로 가입한 자로 구성된 다단계조직을 이용하여 재화등의 거래 없이 금전거래만을 하거나 재화등의 거래를 가장하여 사실상 금전거래만을 하는 행위를 하여서는 아니된다. 이 경우 재화 등의 거래를 가장하여 사실상 금전거래만을 하는 행위의 구체적인 내용은 대통령령으로 정한다. 〈개정 2007.1.19〉

③다단계판매업자는 다단계판매원으로 하여금 제1항 각 호 또는 제2항의 금지행위를 하도록 교사하거나 방조하여서는 아니된다.

④공정거래위원회는 이 법 위반행위의 방지 및 소비자피해의 예방을 위하여 다단계판매자가 준수하여야 할 기준을 정하여 고시할 수 있다.

제24조【소비자 등의 침해정지 요청】 제23조의 금지행위에 관한 규정을 위반한 다단계판매업자의 행위로 인하여 이익을 침해받거나 침해받을 우려가 있는 자 또는 대통령령이 정하는 소비자단체 등은 당해 행위가 현저한 손해를 주거나 줄 우려가 있는 경우에는 그 행위에 대하여 대통령령이 정하는 바에 따라 공정거래위원회에 침해의 정지에 필요한 조치를 요청할 수 있다.

제25조【휴업기간 등에서의 청약철회등의 업무처리 등】 ①다단계판매업자는 그 휴업기간 또는 영업정지기간 중에도 제17조제1항의 규정에 의하여

준용되는 제8조제1항 및 제3항의 규정에 의한 청약철회등의 업무와 제18조제1항 내지 제3항의 규정에 의한 청약철회등에 따른 업무를 계속하여야 한다.

②다단계판매원은 다단계판매업자가 폐업하거나 그 등록이 취소된 경우 그 폐업 또는 등록취소 당시 판매하지 못한 재화등을 다른 사람에게 판매한 때에는 그 다단계판매원이 청약의 철회등에 따라 반환되는 재화등을 반환 받고, 재화등을 반환 받은 날부터 3영업일 이내에 재화등의 대금을 환급하여야 한다.

③제13조제1항의 규정에 의하여 공정거래위원회에 등록하거나 시·도지사에 등록한 다단계판매업자가 폐업신고를 하지 아니한 상태에서 파산선고를 받는 등 실질적으로 영업을 할 수 없는 것으로 판단되는 경우에는 등록을 받은 행정기관의 장은 그 등록을 직권으로 취소할 수 있다.

제26조【주소변경 등의 공고】 다단계판매업자가 다음 각 호의 1에 해당하는 경우 공정거래위원회 또는 시·도지사는 총리령이 정하는 바에 따라 그 사실을 공고하여야 한다.

1. 상호 또는 주된 사업장의 주소·전화번호를 변경한 경우
2. 제13조 제3항의 규정에 의한 휴업 또는 폐업신고를 한 경우
3. 제42조 제4항의 규정에 의한 영업정지처분을 받거나 등록이 취소된 경우

제27조【다단계판매업자의 책임】 ①다단계판매업자는 다단계판매원이 그의 하위판매원을 모집하거나 다단계판매업자의 재화등을 소비자에게 판매함에 있어서 당해 다단계판매원이 제23조의 금지행위에 관한 규정을 위반하지 아니하도록 다단계판매원에게 당해 규정의 내용을 서면이나 전자우편으로 고지하여야 한다.

②다단계판매업자가 제1항의 규정에 의한 고지의무를 게을리 한 경우에는 제23조의 금지행위에 관한 규정을 위반한 다단계판매원의 행위에 의하여 다른 다단계판매원 또는 소비자에게 가한 재산상 손해에 대하여 이를 배상할 책임을 진다.

③제2항의 규정에 의한 배상책임의 기준은 대통령령으로 정하며, 제2항의 규정은 다단계판매원에 대한 다단계판매업자의 구상권 행사를 방해하지 아니한다.

제 4 장 계속거래 등

제28조【계약체결전의 정보제공 및 계약체결에 따른 계약서 교부의무】 ①계속거래 또는 사업권유거래(이하 "계속거래등"이라 한다)를 업으로 하는 자(이하 "계속거래업자등"이라 한다)는 대통령령이 정하는 금액 및 기간 이상을 거래조건으로 하는 계속거래등에 관한 계약을 체결하는 경우에는 계약을 체결하기 전에 소비자(사업권유거래에서 재화등을 구매하는 자를 포함한다. 이하 이 장에서 같다)가 계약의 내용을 이해할 수 있도록 다음 각 호의 사항을 설명하고 계약을 체결하는 때에는 다음 각 호의 사항을 기재한 계약서를 소비자에게 교부하여야한다.

1. 계속거래업자등의 성명(법인인 경우에는 대표자의 성명을 말한다)·상호·주소·전화번호·전자우편주소
2. 계속거래를 통하여 판매하는 재화등(계속거래와 관련하여 따로 구입할 필요가 있는 다른 재화등이 있는 경우에는 그 재화등을 포함한다)이나 사업권유거래를 통하여 판매하는 재화등의 명칭, 종류 및 내용
3. 재화등의 대금(가입비, 설치비 등 명칭여하를 불문하고 재화등의 거래와 관련하여 지급하는 금액을 포함한다. 이하 이 장에서 같다)과 그 지급시기 및 방법
4. 재화등의 거래 방법과 거래기간 및 시기
5. 사업권유거래의 경우에는 제공되는 사업에 관한 거래조건으로 대통령령이 정하는 사항
6. 제29조의 규정에 의한 계약의 해지와 그 행사방법·효과에 관한 사항 및 해지권의 행사에 필요한 서식
7. 소비자 피해보상·재화등에 대한 불만 및 소비자와 사업자 사이의 분쟁처리에 관한 사항
8. 거래에 관한 약관
9. 그 밖에 거래 여부의 판단에 영향을 주는 거래조건 또는 소비자의 피해구제에 필요한 사항

으로서 대통령령이 정하는 사항

②제7조제3항의 규정은 계속거래업자등이 미성년자와 제1항의 규정에 의한 계약을 체결하는 경우에 이를 준용한다.

③계속거래업자등은 제1항의 규정에 따라 소비자에게 표시 또는 고지한 거래조건을 신의에 좇아 성실하게 이행하여야 한다.

제29조【계약의 해지】 계속거래업자등과 계속거래등의 계약을 체결한 소비자는 언제든지 계약 기간중 계약을 해지할 수 있다. 다만, 다른 법률에 별도의 규정이 있거나 거래의 안전 등을 위하여 대통령령이 정하는 경우에는 그러하지 아니하다.

제30조【계약 해지 또는 해제의 효과와 위약금 등】 ①계속거래업자등은 자신의 귀책사유 없이 계속거래등의 계약이 해지 또는 해제된 경우(제8조 및 제17조의 규정에 의하여 청약이 철회된 경우를 제외한다) 소비자에게 해지 또는 해제로 인해 발생하는 손실을 현저하게 초과하는 위약금을 청구하거나 가입비 그 밖의 명칭여하를 불문하고 실제 공급된 재화등의 대가를 초과하여 수령한 대금의 반환을 부당하게 거부하여서는 아니된다.

②계속거래등의 계약이 해지 또는 해제된 경우 소비자는 반환할 수 있는 재화등을 계속거래업자등에게 반환할 수 있으며, 계속거래업자등은 대통령령이 정하는 바에 따라 대금의 환급 또는 위약금의 경감 등의 조치를 취하여야 한다.

③계속거래업자등은 자신의 귀책사유 없이 계약이 해지 또는 해제된 때에 소비자로부터 받은 재화등의 대금(재화 등이 반환된 경우 환급하여야 할 금액을 포함한다)이 이미 공급한 재화등의 대금에 위약금을 더한 금액보다 많은 경우에는 그 차액을 소비자에게 환급하여야 한다. 이 경우 환급이 지연되는 경우에는 총리령이 정하는 지연기간에 대한 지연배상금을 더하여 환급하여야 한다.

④제1항의 규정에 의한 계약의 해지 또는 대금의 환급에 관하여 소비자의 책임이 있는지의 여부, 계약이 체결된 사실 및 그 시기, 재화등의 공급사실 및 그 시기에 관하여 다툼이 있는 경우에는 계속 거래업자등이 이를 입증하여야 한다.

⑤공정거래위원회는 제1항에 의한 위약금의 청구와 제2항의 규정에 따른 대금의 환급 또는 위약금의 경감과 관련한 분쟁을 방지하기 위하여 필요한 경우 위약금 및 대금의 환급에 관한 산정기준을 정하여 고시할 수 있다.

제31조【거래기록의 열람 등】 계속거래업자등은 대통령령이 정하는 바에 따라 재화등의 거래기록 등을 언제든지 소비자가 열람할 수 있도록 하여야 한다

제32조【금지행위 등】 ①계속거래업자등은 다음 각 호의 1에 해당하는 행위를 하여서는 아니된다.

1. 계속거래등의 계약을 체결하게 하거나 계약의 해지 또는 해제를 방해하기 위하여 소비자에게 위력을 가하는 행위
2. 허위 또는 과장된 사실을 알리거나 그 밖의 기만적인 방법으로 소비자를 유인 또는 거래하거나 계약의 해지 또는 해제를 방해하는 행위
3. 계속거래등에 필요한 재화등을 통상 거래 가격보다 현저히 비싼 가격으로 구입하게 하는 행위
4. 소비자가 계속거래등의 계약을 해지 또는 해제하였음에도 불구하고 정당한 사유없이 이에 따른 조치를 지연하거나 거부하는 행위
5. 계약의 해지 또는 해제를 방해할 목적으로 주소·전화번호 등을 변경하는 행위
6. 분쟁이나 불만처리에 필요한 인력 또는 설비의 부족을 상당기간 방치하여 소비자에게 피해를 주는 행위
7. 소비자의 청약이 없는데도 일방적으로 재화등을 공급하고 재화 등의 대금을 청구하는 행위
8. 소비자가 재화를 구매하거나 용역을 제공받을 의사가 없음을 밝혔음에도 불구하고 전화, 모사전송, 컴퓨터통신 등을 통하여 재화를 구매하거나 용역을 제공받도록 강요하는 행위

②공정거래위원회는 이 법 위반행위의 방지 및 소비자피해의 예방을 위하여 계속거래업자등이 준수하여야 할 기준을 정하여 고시할 수 있다.

제 5 장 소비자권익의 보호

제33조【소비자보호지침 제정 등】 ①공정거래위원회는 방문판매, 전화권유판매, 다단계판매 및

계속거래등(이하 "특수판매"라 한다)을 행함에 있어서 건전한 거래질서의 확립 및 소비자(다단계판매원이나 사업권유거래의 상대방을 포함한다. 이하 같다)의 보호를 위하여 사업자의 자율적 준수를 유도하기 위한 지침(이하 "소비자보호지침"이라 한다)을 관련분야의 거래당사자, 기관 및 단체의 의견을 들어 정할 수 있다.

②특수판매를 업으로 하는 자(이하 "특수판매업자"라 한다)는 그가 사용하는 약관이 소비자보호지침의 내용보다 소비자에게 불리한 경우 소비자보호지침과 다르게 정한 약관의 내용을 소비자가 알기 쉽게 표시 또는 고지하여야 한다.

제34조【소비자피해보상보험계약 등】 ①제13조 제1항의 규정에 의하여 등록하고자 하는 다단계판매업자는 다음 각 호의 1에 해당하는 계약(이하 "소비자피해보상보험계약등"이라 한다)을 체결하여야 한다.

1. 소비자피해보상을 위한 보험계약
2. 소비자피해보상금의 지급을 확보하기 위한 금융기관과의 채무지급보증계약
3. 제35조의 규정에 의하여 설립된 공제조합과의 공제계약

②공정거래위원회는 방문판매, 전화권유판매 및 계속거래등에서의 소비자보호를 위하여 소비자피해보상보험계약등을 체결하도록 권장할 수 있다.

③소비자피해보상보험계약등은 이 법 위반행위로 인한 소비자 피해의 보상에 적절한 수준이어야 하며 그 구체적인 기준은 대통령령으로 정한다.

④소비자피해보상보험계약등에 의하여 소비자피해보상금을 지급할 의무가 있는 자는 그 지급사유가 발생한 경우 지체없이 이를 지급하여야 한다. 이를 지연한 경우에는 지연배상금을 지급하여야 한다.

⑤소비자피해보상보험계약등을 체결 또는 유지하는 사업자는 소비자피해보상보험계약등을 체결 또는 유지하는 경우 매출액 등의 자료를 제출함에 있어 허위의 자료를 제출하여서는 아니된다. 〈개정 2007.1.19〉

⑥소비자피해보상보험계약등을 체결한 자는 그 사실을 나타내는 표지를 사용할 수 있다.

⑦소비자피해보상보험계약등을 체결하지 아니한 사업자는 제6항의 규정에 의한 표지를 사용하거나 이와 유사한 표지를 제작 또는 사용하여서는 아니된다.

제35조【공제조합의 설립】 ①제5조의 규정에 의하여 신고 또는 제13조의 규정에 의하여 등록한 사업자는 소비자피해보상으로 인한 보상금지급책임의 보험사업 등 제34조 제1항 제3호의 규정에 의한 공제사업을 영위하기 위하여 공정거래위원회의 인가를 받아 공제조합(이하 "공제조합"이라 한다)을 설립할 수 있으며 인가의 기준은 대통령령으로 정한다.

②공제조합은 법인으로 하며, 주된 사무소의 소재지에 설립등기를 함으로써 성립한다.

③공제조합에 가입한 자는 공제사업의 수행에 필요한 출자금 등을 조합에 납부하여야 한다.

④공제조합의 기본재산은 조합원의 출자금 등으로 조성한다. 다만, 정부는 예산의 범위안에서 출연 또는 보조할 수 있다.

⑤공제조합의 조합원의 자격, 임원에 관한 사항 및 출자금의 부담기준에 관한 사항은 정관으로 정한다.

⑥공제조합의 설립인가 절차, 정관기재사항, 운영 등에 관하여 필요한 사항은 대통령령으로 정한다.

⑦공제조합이 제1항의 규정에 의한 공제사업을 하고자 하는 때에는 공제규정을 정하여 공정거래위원회의 인가를 받아야 한다. 공제규정을 변경하고자 하는 때에도 또한 같다.

⑧제7항의 공제규정에는 공제사업의 범위, 공제료, 공제사업에 충당하기 위한 책임준비금 등 공제사업의 운영에 관하여 필요한 사항을 정하여야 한다.

⑨공제조합에 관하여 이 법에 규정된 것을 제외하고는 민법 중 사단법인에 관한 규정을 준용한다.

⑩이 법에 의한 공제조합의 사업에 대하여는 보험업법을 적용하지 아니한다.

제35조의2【공제조합의 감독】①공정거래위원회는 필요하다고 인정되는 때에는 공제조합에 대하여 업무에 관한 보고서의 제출 그 밖에 필요한 조치를 명하거나 소속 공무원으로 하여금 공제조합의 업무상황을 조사하거나 장부 그 밖의 서류를 검사하게 할 수 있다.

②공정거래위원회는 공제조합의 운영 및 업무집행 등이 법령이나 정관 등에 적합하지 아니하는 경우 이의 시정을 명할 수 있고, 그 밖에 소비자의 피해구제 등과 관련하여 필요한 경우에는 적합한 조치를 요구할 수 있다.

③제1항의 규정에 따라 조사 또는 검사를 하는 공무원은 그 권한을 표시하는 증표를 지니고 이를 관계인에게 내보여야 한다.

[본조신설 2005.12.29]

제36조【특수판매 소비자단체 등의 지원】공정거래위원회는 특수판매에서의 공정거래질서 확립 및 소비자의 권익을 보호하기 위한 사업을 시행하는 기관 또는 단체에 대하여 예산 범위안에서 필요한 지원을 할 수 있다.

제6장 조사 및 감독

제37조【위반행위의 조사 등】①공정거래위원회, 시·도지사 또는 시장·군수·구청장은 이 법의 규정을 위반한 사실이 있다고 인정할 때에는 직권으로 필요한 조사를 할 수 있다. 다만, 다단계판매와 관련한 규정의 위반사실에 대하여는 공정거래위원회 또는 시·도지사가 조사를 할 수 있다. 〈개정 2005.3.31〉

②시·도지사 또는 시장·군수·구청장이 제1항의 규정에 의한 조사를 하고자 하는 경우에는 공정거래위원회에 통보하여야 하며, 공정거래위원회는 조사 등이 중복될 우려가 있는 경우에는 시·도지사 또는 시장·군수·구청장에게 조사의 중지를 요청할 수 있다. 이 경우 요청을 받은 시·도지사 또는 시장·군수·구청장은 상당한 이유가 없는 한 그 조사를 중지하여야 한다. 〈개정 2005.3.31〉

③공정거래위원회, 시·도지사 또는 시장·군수·구청장은 제1항 또는 제2항의 규정에 의하여 조사를 한 경우에는 그 결과(조사결과 시정조치 명령등의 처분을 하고자 하는 경우에는 그 처분의 내용을 포함한다)를 당해 사건의 당사자에게 서면으로 통지하여야 한다. 〈개정 2005.3.31〉

④누구든지 이 법의 규정에 위반되는 사실이 있다고 인정할 때에는 그 사실을 공정거래위원회, 시·도지사 또는 시장·군수·구청장에게 신고할 수 있다. 다만, 다단계판매와 관련한 규정에 위반되는 사실에 대하여는 공정거래위원회 또는 시·도지사에게 신고할 수 있다. 〈개정 2005. 3.31〉

⑤공정거래위원회는 이 법의 규정에 위반하는 행위가 종료한 날부터 5년을 경과한 경우에는 당해 위반행위에 대하여 제42조의 규정에 의한 시정조치를 명하지 아니하거나 제44조의 규정에 의한 과징금 등을 부과하지 아니한다.

제38조【부당행위에 대한 정보의 공개 등】공정거래위원회는 특수판매의 공정거래질서확립과 소비자피해예방을 위하여 필요한 경우에는 대통령령이 정하는 바에 따라 특수판매업자의 이 법 위반행위 사실 등 부당행위에 대한 정보를 공개할 수 있다.

제39조【평가·인증사업의 공정화】①특수판매의 공정거래질서확립 및 소비자 보호를 위하여 관련사업자의 평가·인증 등의 업무를 수행하는 자(이하 "평가·인증사업자"라 한다)는 그 명칭 여하를 불문하고 대통령령이 정하는 바에 따라 그 평가·인증에 관한 기준·방법 등을 공시하고, 그에 따라 공정하게 평가·인증하여야 한다.

②제1항의 평가·인증의 기준 및 방법은 사업자가 거래의 공정화 및 소비자보호를 위하여 행한 노력과 성과에 관한 정보를 전달하는데 적절한 것이어야 한다.

③공정거래위원회는 평가·인증사업자에 대하여 운용 상황 등에 관한 자료를 제출하게 할 수 있다.

제40조【보고 및 감독】①시·도지사 또는 시장·군수·구청장은 제41조의 규정에 의한 시정권고 또는 제42조의 규정에 의한 처분을 하는 경우에는 대통령령이 정하는 바에 따라 공정거래위

원회에 보고하여야 한다. 〈개정 2005.3.31〉

②공정거래위원회는 이 법의 효율적인 시행을 위하여 필요하다고 인정할 때에는 그 소관사항에 관하여 시·도지사 또는 시장·군수·구청장 등에 대하여 조사·확인 또는 자료의 제출을 요구하거나 기타 시정에 필요한 조치를 요구할 수 있다. 이 경우 시·도지사 또는 시장·군수·구청장은 특별한 사유가 없는 한 이에 응하여야 한다. 〈개정 2005.3.31〉

제7장 시정조치 및 과징금 부과

제41조【위반행위의 시정권고】 ①공정거래위원회, 시·도지사 또는 시장·군수·구청장은 사업자가 이 법의 규정에 위반되는 행위를 하거나 이 법의 규정에 의한 의무를 이행하지 아니하는 경우 제42조의 규정에 의한 시정조치에 앞서 당해 행위를 중지하거나 이 법에 규정된 의무를 이행하도록 당해 사업자에 대하여 시정방안을 정하여 이에 따를 것을 권고할 수 있다. 이 경우 당해 권고를 수락한 때에는 제3항의 규정에 의하여 시정조치가 명하여진 것으로 본다는 뜻을 함께 통지하여야 한다. 〈개정 2005.3.31〉

②제1항의 규정에 의하여 시정권고를 받은 사업자는 그 통지를 받은 날부터 10일 이내에 당해 권고를 수락하는지의 여부에 관하여 이를 행한 행정청에 통지하여야 한다.

③제1항의 규정에 의하여 시정권고를 받은 자가 당해 권고를 수락한 때에는 제42조의 규정에 의한 시정조치가 명하여진 것으로 본다.

제42조【시정조치】 ①공정거래위원회는 사업자가 다음 각 호의 1에 해당하는 행위를 하거나 이 법의 규정에 의한 의무를 이행하지 아니하는 경우 해당 사업자 등에 대하여 그 시정을 위한 조치를 명할 수 있다. 〈개정 2007.1.19〉

1. 제5조 제1항 내지 제3항, 제6조, 제7조 제1항 내지 제3항 및 제5항, 제8조 제6항, 제9조, 제10조 제1항, 제12조 제1항, 제13조 제1항 내지 제5항, 제14조 내지 제23조, 제25조 제1항 및 제2항, 제27조 제1항 및 제2항, 제28조, 제30조 제1항 내지 제3항, 제31조, 제33조 제2항, 제34조 제1항·제4항·제5항 및 제7항, 제39조 제1항 및 제2항, 제48조의 규정에 위반하는 경우
2. 제11조 제1항, 제23조 제1항, 제32조 제1항 각 호의 1에 해당하는 금지행위를 한 경우

②제1항의 규정에 의한 시정을 위한 조치에는 다음 각 호의 1을 포함한다.

1. 당해 위반행위의 중지
2. 이 법에 규정된 의무의 이행
3. 시정조치를 받은 사실의 공표
4. 그 밖에 시정을 위하여 필요한 조치

③제2항 제3호의 규정에 의한 시정조치를 받은 사실의 공표에 관하여 필요한 사항은 대통령령으로 정한다.

④공정거래위원회는 제1항의 규정에 의한 시정조치에도 불구하고 위반행위가 반복되거나 시정조치에 따른 이행을 하지 아니한 경우에는 대통령령이 정하는 바에 따라 1년 이내의 기간을 정하여 그 영업의 전부 또는 일부의 정지를 명할 수 있다. 다만, 다음 각 호의 1에 해당하는 경우에는 대통령령이 정하는 바에 따라 그 등록을 취소할 수 있다.

1. 사위 그 밖의 부정한 방법으로 제13조 제1항의 규정에 의한 등록을 한 경우
2. 제14조의 규정에 의한 결격사유에 해당하게 된 경우
3. 제34조 제1항의 소비자피해보상보험계약등이 해지된 경우

제43조【소비자피해분쟁조정의 요청】 ①공정거래위원회, 시·도지사 또는 시장·군수·구청장은 특수판매에 있어 이 법 위반행위와 관련하여 소비자의 피해구제 신청이 있는 경우 제41조의 규정에 의한 시정권고 또는 제42조의 규정에 의한 시정조치를 행하기 전에 특수판매에 있어 소비자보호 관련 업무를 수행하는 기관 또는 단체 등 대통령령이 정하는 소비자피해분쟁조정기구에 그 조정을 의뢰할 수 있다. 〈개정 2005.3.31〉

②공정거래위원회, 시·도지사 또는 시장·군수·구청장은 제1항의 규정에 의하여 의뢰된 권고안 또는 조정안을 당사자가 수락하고 이를 이

행하는 경우에는 제42조의 규정에 의한 시정조치를 하지 아니한다는 뜻을 당사자에게 통지하여야 한다. 〈개정 2005.3.31〉

③제1항의 규정에 의한 소비자피해분쟁조정기구의 권고안 또는 조정안에 대하여 당사자가 수락하고 이행한 경우에는 대통령령이 정하는 바에 따라 제42조의 규정에 의한 시정조치를 하지 아니한다. 이 경우 제37조 제5항의 규정은 이를 적용하지 아니한다.

④공정거래위원회는 제1항의 규정에 의하여 분쟁의 조정을 요청하는 경우 예산의 범위안에서 당해 분쟁의 조정에 필요한 예산을 지원할 수 있다.

제44조【과징금】 ①공정거래위원회는 특수판매업자가 제42조의 시정조치에도 불구하고 이 법 위반행위가 반복되거나 시정조치만으로는 소비자피해의 방지가 곤란하다고 판단되는 경우에는 대통령령이 정하는 바에 따라 1년 이내의 기간을 정하여 영업의 전부 또는 일부의 정지를 명하거나 이에 갈음하여 해당 특수판매업자에 대하여 대통령령이 정하는 위반행위 관련 매출액을 초과하지 아니하는 범위안에서 과징금을 부과할 수 있다. 이 경우 관련 매출액이 없거나 이를 산정할 수 없는 경우 등에는 5천만원을 초과하지 아니하는 범위안에서 과징금을 부과할 수 있다.

②공정거래위원회는 제1항의 규정에 의한 과징금을 부과함에 있어서 다음 각 호의 사항을 참작하여야 한다.

1. 위반행위로 인한 소비자 피해정도
2. 소비자 피해에 대한 사업자의 보상노력 정도
3. 위반행위로 인하여 취득한 이익의 규모
4. 위반행위의 내용·기간 및 횟수 등

③공정거래위원회는 이 법의 규정을 위반한 특수판매업자인 회사의 합병이 있는 경우에는 해당 회사가 행한 위반행위는 합병 후 존속하거나 합병에 의하여 새로 설립된 회사가 행한 행위로 보아 과징금을 부과·징수할 수 있다.

④독점규제 및 공정거래에 관한 법률 제55조의4 및 제55조의6의 규정은 제1항의 규정에 의한 과징금의 납부기한의 연장·분할납부 및 과징금 징수·체납처분에 관하여 준용한다. 〈개정 2004.12.31〉

제 8 장 보 칙

제45조【소비자 등에 불리한 계약의 금지】 제7조 내지 제10조, 제16조 내지 제19조, 제28조 내지 제30조의 규정의 1에 위반한 약정으로 소비자에게 불리한 것은 그 효력이 없다.

제46조【전속관할】 이 법 적용대상인 특수판매업자와의 거래에 관련된 소는 제소 당시의 소비자의 주소를, 주소가 없는 경우에는 거소를 관할하는 지방법원의 전속관할로 한다. 다만, 제소 당시 소비자의 주소 또는 거소가 분명하지 아니한 경우에는 그러하지 아니하다.

제47조【사업자단체의 등록 등】 ①특수판매의 건전한 발전과 소비자에 대한 신뢰도의 제고 그 밖에 공동의 이익을 증진하기 위한 목적으로 설립된 사업자 단체는 대통령령이 정하는 바에 의하여 공정거래위원회에 등록할 수 있다.

②제1항의 규정에 의한 등록의 요건, 방법 및 절차 등에 관하여 필요한 사항을 대통령령으로 정한다.

제48조【소비자에 관한 정보의 오·남용 및 도용 방지 등】 전자상거래 등에서의 소비자보호에 관한법률 제11조는 특수판매업자가 소비자에 관한 정보를 수집·이용하는 경우에 이를 준용한다. 이 경우 "전자상거래 또는 통신판매"는 "특수판매"로 본다.

제49조【권한의 위임·위탁】 ①이 법의 규정에 의한 공정거래위원회의 권한은 그 일부를 대통령령이 정하는 바에 따라 소속기관의 장 또는 시·도지사에게 위임하거나 다른 행정기관의 장에게 위탁할 수 있다.

②이 법에 의한 시·도지사의 권한은 그 일부를 대통령령이 정하는 바에 따라 시장·군수·구청장에게 위임할 수 있다. 〈개정 2005.3.31〉

③공정거래위원회는 이 법의 효율적인 집행을 위하여 필요한 경우 사무의 일부를 제47조의 규정에 의하여 등록한 사업자단체에 위탁할 수 있다.

④제3항의 규정에 의하여 사무를 위탁받은 사업자 단체의 임원 및 직원은 형법 제129조 내지 제132조의 규정에 의한 벌칙의 적용에 있어서는 이를 공무원으로 본다.

제50조【독점규제 및 공정거래에 관한 법률의 준용】 ①독점규제 및 공정거래에 관한 법률 제42조 내지 제45조 및 제52조의 규정은 이 법에 의한 공정거래위원회의 심의·의결에 관하여 준용한다.

②독점규제 및 공정거래에 관한 법률 제50조제1항 내지 제4항의 규정은 이 법 위반행위에 대한 공정거래위원회, 시·도지사 또는 시장·군수·구청장의 조사 등에 관하여 이를 준용한다. 〈개정 2005.3.31〉

③독점규제 및 공정거래에 관한 법률 제53조·제53조의2·제54조·제55조 및 제55조의2의 규정은 이 법에 의한 공정거래위원회의 처분 및 제49조에 의하여 위임된 시·도지사의 처분에 대한 이의신청·시정조치명령의 집행정지·소의 제기 및 불복의 소의 전속관할에 관하여 준용한다.

④독점규제 및 공정거래에 관한 법률 제62조의 규정은 이 법에 의한 직무에 종사하거나 종사하였던 공정거래위원회의 위원 또는 공무원에 대하여 준용한다.

제9장 벌 칙

제51조【벌칙】 ①다음 각 호의 1에 해당하는 자는 7년 이하의 징역 또는 2억원 이하의 벌금에 처한다. 이 경우 다음 각 호의 1에 해당하는 자가 당해 법 위반 행위와 관련하여 판매 또는 거래한 대금 총액의 3배에 상당하는 금액이 2억원을 초과하는 때에는 7년 이하의 징역 또는 판매하거나 거래한 대금 총액의 3배에 상당하는 금액 이하의 벌금에 처한다.

1. 제13조 제1항의 규정에 위반하여 등록을 하지 아니하고(제42조제4항의 규정에 의하여 등록이 취소된 경우를 포함한다) 다단계판매조직을 개설·관리 또는 운영한 자

2. 허위 그 밖의 부정한 방법으로 제13조 제1항의 규정에 의한 등록을 하고 다단계판매조직을 개설·관리 또는 운영한 자(제23조 제1항 제12호의 금지행위를 한 자를 포함한다)

②제1항의 징역형과 벌금형은 이를 병과할 수 있다.

제52조【벌칙】 ①다음 각 호의 1에 해당하는 자는 5년 이하의 징역 또는 1억5천만원 이하의 벌금에 처한다.

1. 제22조 제2항의 규정에 위반한 자

2. 제23조 제1항 제1호·제2호·제3호·제4호의 규정에 해당하는 금지행위를 한 자

3. 제23조 제2항의 규정에 위반하여 사실상 재화등의 거래 없이 금전거래만을 행하거나 재화등의 거래를 가장하여 사실상 금전거래만을 행한 자

②제1항의 징역형과 벌금형은 이를 병과할 수 있다.

제53조【벌칙】 ①다음 각 호의 1에 해당하는 자는 3년 이하의 징역 또는 1억원 이하의 벌금에 처한다. 〈개정 2007.1.19〉

1. 제13조 제2항 또는 제3항의 규정에 위반하여 허위로 신고한 자

2. 제15조 제5항의 규정에 의한 다단계판매원 수첩에 허위사실을 기재한 자

3. 제18조 제2항의 규정에 위반하여 재화등의 대금을 환급하지 아니한 자

4. 제20조 제3항 또는 제5항의 규정에 위반한 자

5. 제21조 제1항 또는 제3항의 규정에 위반한 자

6. 제22조 제1항 또는 제4항의 규정에 위반한 자

7. 제23조 제1항 제5호·제7호·제9호·제10호·제11호 또는 제15호의 규정에 해당하는 금지행위를 한 자

8. 제34조 제5항의 규정에 위반하여 소비자피해보상계약등을 체결함에 있어 허위로 자료를 제출한 다단계판매업자

9. 제34조 제7항의 규정에 위반하여 제34조제6항의 규정에 의한 표지를 사용하거나 이와 유사한 표지를 제작 또는 사용한 자

10. 제42조 제1항의 규정에 위반하여 시정조치명령에 응하지 아니한 자

11. 제42조 제4항의 규정에 의한 영업정지 명

령에 위반하여 영업을 한 자

②제1항의 징역형과 벌금형은 이를 병과 할 수 있다.

제54조【벌칙】 ①다음 각 호의 1에 해당하는 자는 2년 이하의 징역 또는 5천만원 이하의 벌금에 처한다.

1. 제11조 제1항 제1호·제2호 또는 제5호의 규정에 해당하는 금지행위를 한 자

2. 제13조 제2항 또는 제3항의 규정에 위반하여 신고를 하지 아니한 자

3. 제32조 제1항 제1호·제2호 또는 제5호의 규정에 해당하는 금지행위를 한 자

②제1항의 징역형과 벌금형은 이를 병과 할 수 있다.

제55조【벌칙】 다음 각 호의 1에 해당하는 자는 1년 이하의 징역 또는 3천만원 이하의 벌금에 처한다. 〈개정 2007.1.19〉

1. 제5조 제1항의 규정에 위반하여 신고를 하지 아니하거나 허위로 신고한 자

2. 제11조 제1항 제3호의 규정에 해당하는 금지행위를 한 자

3. 제12조 제1항 또는 제25조 제1항의 규정에 위반하여 휴업기간 또는 영업정지기간중에 계속하여야 할 업무를 계속하지 아니한 자

4. 제15조 제2항의 1호·2호 내지 4호 규정에 의하여 다단계판매원으로 등록할 수 없는 자로서 다단계판매원으로 등록한 자

4의2. 제5조 제2항 제1호의2의 규정을 위반하여 미성년자를 다단계 판매원으로 가입시킨 다단계판매자

5. 제15조 제3항의 규정에 의한 다단계판매원 등록증에 허위 사실을 기재한 자

6. 제15조 제4항의 규정에 위반하여 다단계판매원등록부를 허위로 작성한 자

7. 제23조 제1항 제13호의 규정에 해당하는 금지행위를 한 자

8. 제31조의 규정에 위반하여 재화등의 거래기록 등을 허위로 작성한 자

제56조【벌칙】 다음 각 호의 1에 해당하는 자에 대하여는 1천만원 이하의 벌금에 처한다.

1. 제6조 제3항의 규정에 위반하여 성명 등을 허위로 명시한 자

2. 제7조 제1항, 제16조 또는 제28조 제1항의 규정에 의한 계약서를 교부함에 있어 허위로 기재된 계약서를 교부한 자

3. 제11조 제1항 제4호 또는 제7호의 규정에 해당하는 금지행위를 한 자

4. 제32조 제3호·제4호 또는 제7호의 규정에 해당하는 금지행위를 한 자

제57조【양벌규정】 ①법인의 대표자나 법인 또는 개인의 대리인·사용인 그 밖의 종업원이 그 법인 또는 개인의 업무에 관하여 제51조 내지 제56조의 위반행위를 한 때에는 행위자를 벌하는 외에 그 법인 또는 개인에 대하여도 각 해당조의 벌금형을 과한다.

②제51조 내지 제56조의 위반행위를 한 자 또는 제1항에 의하여 벌금형이 부과되는 법인 또는 개인이 이미 공정거래위원회 또는 시·도지사의 처분을 받은 때 또는 소비자의 피해를 보상한 때에는 제51조 내지 제56조의 형을 감경 또는 면제할 수 있다.

제58조【과태료】 ①다음 각 호의 1에 해당하는 자는 1천만원 이하의 과태료에 처한다.

1. 제9조의 규정에 위반하여 재화등의 대금을 환급하지 않거나 환급에 필요한 조치를 취하지 않은 자

2. 제11조 제1항 제6호, 제23조 제1항 제6호 또는 제32조 제1항 제6호의 규정에 위반하여 금지행위를 한 자

3. 제11조 제1항 제8호, 제23조 제1항 제8호 또는 제32조 제1항 제8호의 규정에 위반하여 금지행위를 한 자

4. 제15조 제3항의 규정에 의한 다단계판매원 등록증 또는 제15조 제5항의 규정에 의한 다단계판매원수첩을 교부하지 아니한 자

5. 제15조 제4항의 규정에 의한 다단계판매원 등록부를 작성하지 아니한 자

6. 제30조의 규정에 위반하여 위약금을 과다하게 청구하거나 대금환급을 거부한 자

7. 제50조 제2항의 규정에 의하여 준용되는 독

점규제 및 공정거래에 관한 법률 제50조 제1항 제1호의 규정에 의한 출석처분을 받은 당사자중 정당한 사유없이 2회 이상 응하지 아니한 자로서 이 법의 규정을 위반한 자

8. 제50조 제2항의 규정에 의하여 준용되는 독점규제 및 공정거래에 관한 법률 제50조 제1항 제3호 또는 제3항의 규정에 의한 보고 또는 필요한 자료나 물건의 제출을 하지 아니하거나 허위의 보고 또는 자료나 물건을 제출한 자

9. 제50조 제2항의 규정에 의하여 준용되는 독점규제 및 공정거래에 관한 법률 제50조제2항의 규정에 의한 조사를 거부·방해 또는 기피한 자

②다음 각 호의 1에 해당하는 자는 500만원 이하의 과태료에 처한다.

1. 제5조 제2항 및 제3항의 규정에 의한 신고를 하지 아니하거나 허위로 신고한 자

2. 제6조 제1항 또는 동조 제3항의 규정에 위반하여 방문판매원 명부를 비치하지 아니하거나 성명 등을 명시하지 아니한 자

3. 제7조 제1항, 제16조 또는 제28조 제1항의 규정에 의한 계약서를 교부하지 아니한 자

4. 제20조 제2항의 규정에 위반하여 후원수당의 산정 및 지급기준을 변경한 자

5. 제20조 제4항의 규정에 위반하여 후원수당의 지급내역이나 지급기준의 열람을 허용하지 아니한 자

6. 제31조의 규정에 의한 재화 등의 거래기록 등을 소비자가 열람할 수 있도록 아니한 자

③제1항 및 제2항의 규정에 의한 과태료는 대통령령이 정하는 바에 따라 공정거래위원회, 시·도지사 또는 시장·군수·구청장(이하 "부과권자"라 한다)이 부과·징수한다. 다만, 다단계판매와 관련한 규정에 의한 과태료는 공정거래위원회 또는 시·도지사가 부과·징수한다. 〈개정 2005. 3.31〉

④제1항 및 제2항의 규정에 의한 과태료의 부과기준은 대통령령으로 정한다.

⑤제1항 및 제2항의 규정에 의한 과태료 처분에 불복이 있는 자는 그 처분의 고지를 받은 날부터 30일 이내에 부과권자에게 이의를 제기할 수 있다. 〈개정 2005.3.31〉

⑥제1항 및 제2항의 규정에 의한 과태료 처분을 받은 자가 제5항의 규정에 의하여 이의를 제기한 때에는 부과권자는 지체없이 관할법원에 그 사실을 통보하여야 하며, 그 통보를 받은 관할법원은 비송사건절차법에 의한 과태료의 재판을 한다. 〈개정 2005.3.31〉

⑦제5항의 규정에 의한 기간 이내에 이의를 제기하지 아니하고 과태료를 납부하지 아니한 경우, 공정거래위원회가 부과한 경우에는 국세체납처분의 예에 의하여, 시·도지사 또는 시장·군수·구청장이 부과한 경우에는 지방세 체납처분의 예에 의하여 이를 징수한다. 〈개정 2005.3.31〉

부 칙

〈제6688호, 2002.3.30〉

제1조【시행일】 이 법은 2002년 7월 1일부터 시행한다.

제2조【신고·등록에 관한 경과조치】 ①이 법 시행 당시 종전의 제4조의 규정에 의하여 방문판매업으로 신고를 한 자는 제5조의 규정에 의하여 시·도지사에게 신고한 것으로 본다. 다만, 계속하여 이 법에 의한 방문판매업을 영위하고자 하는 자는 이 법 시행 후 2월 이내에 제5조의 규정에 의한 신고사항을 보완하여야 한다.

②이 법 시행 당시 종전의 제28조의 규정에 의하여 다단계판매업의 등록을 한 자는 이 법에 의하여 등록한 것으로 본다. 다만, 계속하여 이 법에 의한 다단계판매업을 영위하고자 하는 자는 이 법 시행 후 6월 이내에 제13조의 규정에 의하여 시·도지사에게 등록사항을 보완하여야 한다.

③이 법 시행 당시 종전의 제37조의 규정에 의하여 다단계판매업자가 환불보증금으로 공탁한 금액 또는 유가증권은 당해 다단계판매업자가 이 법 제34조의 규정에 의한 소비자피해보상보험계약등을 체결하고 제2항의 규정에 따라 등록사항을 보완한 날의 다음날부터 이를 반환 받을 수 있다.

④이 법 시행 당시 종전의 제13조 또는 제42조의 규정에 의하여 영업의 폐지나 휴업을 신고한 방문판매업자 또는 다단계판매업자는 제5조 또는

제13조의 규정에 의하여 신고한 것으로 본다.

제3조【청약철회에 관한 경과조치】 이 법 시행 당시 종전의 방문판매 등에 관한 법률의 규정에 의하여 이루어진 거래에 대한 청약의 철회 및 그 효과 등에 관하여는 종전의 규정에 의한다.

제4조【영업의 정지처분에 관한 경과조치】 이 법 시행전에 종전의 방문판매 등에 관한 법률의 규정에 의하여 시·도지사가 행한 영업정지처분에 관하여는 종전의 규정에 의한다.

제5조【벌칙 및 과태료에 관한 경과조치】 이 법 시행전의 행위에 대한 벌칙 및 과태료의 적용에 있어서는 종전의 규정에 의한다.

제6조【다른 법령과의 관계】 이 법 시행 당시 다른 법령에서 종전의 방문판매 등에 관한 법률 또는 그 규정을 인용하고 있는 경우, 이 법중 그에 해당하는 규정이 있는 때에는 종전의 규정에 갈음하여 이 법 또는 이 법의 해당 규정을 인용한 것으로 본다.

부 칙

(독점규제 및 공정거래에 관한 법률)
〈제7315호, 2004.12.31〉

제1조【시행일】 이 법은 2005년 4월 1일부터 시행한다. 〈단서 생략〉

제2조 내지 제9조 생략

제10조【다른 법률의 개정】 ① 내지 ③생략

④방문판매 등에 관한 법률중 다음과 같이 개정한다.

제44조제4항중 "제55조의5"를 "제55조의6"으로 한다.

⑤생략

부 칙

(신용정보의 이용 및 보호에 관한 법률)
〈제7344호, 2005.1.27〉

제1조【시행일】 이 법은 공포 후 3월이 경과한 날부터 시행한다.

제2조【다른 법률의 개정】 ①방문판매 등에 관한 법률중 다음과 같이 개정한다.

제9조 제7항 및 제18조 제5항 후단중 "신용정보의 이용 및 보호에 관한 법률 제2조 제7호의 규정에 의한 신용불량자"를 각각 "약정한 기일이내에 채무를 변제하지 아니한 자"로 한다.

② 내지 ⑤생략

부 칙

〈제7490호, 2005.3.31〉

이 법은 공포 후 1월이 경과한 날부터 시행한다.

부 칙

〈제7795호, 2005.12.29〉

이 법은 공포한 날부터 시행한다.

부 칙

〈제8259호, 2007.1.19〉

①(시행일) 이 법은 공포 후 6개월이 경과한 날부터 시행한다. 다만, 제8조제2항 및 제6항의 개정규정은 공포 후 3개월이 경과한 날부터 시행한다.

②(청약철회등에 관한 적용례) 제8조제2항 및 제6항의 개정규정은 이 법 시행 후 최초로 체결한 재화 등의 구매에 관한 계약의 청약철회 등을 하는 것부터 적용한다.

③(벌칙에 관한 경과조치) 이 법 시행 전의 행위에 대한 벌칙의 적용에 있어서는 종전의 규정에 따른다.

방문판매 등에 관한 법률 시행령

제 정	1992.5.21	대통령령 제13648호
개 정	1993.3.6	대통령령 제13870호
전문개정	1995.7.1	대통령령 제14699호
전문개정	1996.7.1	대통령령 제15109호
개 정	1998.2.28	대통령령 제15633호
(이자제한법 제1조 1항의 최고이자율에 관한 규정 폐지령)		
일부개정	1999.4.19	대통령령 제16258호
일부개정	1999.5.24	대통령령 제16351호
전문개정	2002.7.24	대통령령 제17685호 행정자치부
일부개정	2004.3.17	대통령령 제18312호
일부개정	2006.6.12	대통령령 제19507호
일부개정	2006.7.27	대통령령 제19629호
일부개정	2007.3.27	대통령령 제19958호
일부개정	2007.10.23	대통령령 제20341호

제1조【목적】 이 영은「방문판매 등에 관한 법률」에서 위임된 사항과 그 시행에 관하여 필요한 사항을 규정함을 목적으로 한다. 〈개정 2006.7.27〉

제2조【다단계판매조직의 범위】 ①방문판매 등에관한 법률(이하 "법"이라 한다) 제2조제5호 본문에서 "대통령령이 정하는 판매조직"이라 함은 다음 각 호의 1에 해당하는 판매조직을 말한다. 〈개정 2006.7.27〉

1. 판매원에 대한 후원수당의 지급방법에 있어 판매원의 단계가 3단계 이상인 경우와 동일하거나 유사한 판매조직
2. 다른 사람으로부터 판매 또는 조직관리를 위탁받은 자(법 제13조의 규정에 의하여 다단계판매업자로 등록한 자를 제외한다)가 자신의 하위판매원을 모집하여 관리·운영하는 경우 위탁한 자와 자신의 하위판매조직을 하나의 판매조직으로 볼 때 3단계 이상인 판매조직이거나 이와 유사하게 관리·운영되는 판매조직

②제1항 제1호의 규정에 의한 판매원에 대한 후원수당의 지급방법, 동항 제2호의 규정에 의한 3단계 이상이거나 이와 유사하게 관리·운영되는 기준은 총리령으로 정한다.

제3조【계속거래의 기간】 법 제2조 제8호에서 "대통령령이 정하는 일정기간"이라 함은 1월을 말한다.

제4조【소비자의 범위】 법 제2조 제10호에서 "대통령령이 정하는 자"라 함은 사업자가 제공하는 재화 또는 용역(이하 "재화등"이라 한다)을 소비생활외의 목적에 사용하거나 이용하는 자로서 다음 각 호의 1에 해당하는 자를 말한다. 〈개정 2006.6.27, 2007.10.31〉

1. 재화등을 최종적으로 사용하거나 이용하는 자. 다만, 재화등을 원재료(중간재를 포함한다) 및 자본재로 사용하는 자를 제외한다.
2. 법 제3조제1항 단서의 규정에 해당하는 사업자로서 재화등을 구매하는 자(당해 재화등을 판매한 자에 대한 관계에 한한다)
3. 다단계판매원이 되고자 다단계판매업자로부터 재화등을 최초로 구매하는 자
4. 방문판매업자 또는 전화권유판매업자(이하 "방문판매업자등"이라 한다)와 거래하는 경우의 방문판매원 또는 전화권유판매원(이하 "방문판매원등"이라 한다)
5. 재화등을 농업(축산업을 포함한다) 및 어업활동을 위하여 구입한 자로서 축산법 제21조 제1항의 규정에 의하여 농림부령이 정하는 사육규모 이상의 축산업을 영위하는 자외의 자 및 수산업법 제43조 제1항의 규정에 의하여 해양수산부장관의 허가를 받은 원양어업자외의 자

제4조의2【특수관계인의 범위】 ①법 제2조제11호가목에서 "대통령령으로 정하는 특수관계인"이란 다음 각 호의 어느 하나에 해당하는 자를

말한다.

1. 지배주주가 개인인 경우에는 다음 각 목의 어느 하나에 해당하는 자

가. 배우자

나. 8촌 이내의 혈족이거나 4촌 이내의 인척

다. 지배주주 단독으로 또는 그와 가목 및 나목의 관계에 있는 자들과 합하여 100분의 30 이상을 출자한 법인 및 그 임원

라. 지배주주 단독으로 또는 그와 가목부터 다목까지의 관계에 있는 자들과 합하여 100분의 30 이상을 출자한 법인 및 그 임원

2. 지배주주가 법인인 경우에는 다음 각 목의 어느 하나에 해당하는 자

가. 임원

나. 계열회사(「독점규제 및 공정거래에 관한 법률」 제2조제3호에 따른 계열회사를 말한다) 및 그 임원

② 법 제2조제11호나목에서 "당해 법인의 경영을 사실상 지배하는 자"란 다음 각 호의 어느 하나에 해당하는 경우를 말한다.

1. 단독으로 또는 다른 주주나 출자자와의 계약 또는 합의에 의하여 대표이사를 임면하거나 임원의 100분의 50 이상을 선임하거나 선임할 수 있는 자

2. 해당 법인의 조직 변경 또는 신규사업에의 투자 등 주요 의사결정이나 업무집행에 지배적인 영향력을 행사하고 있는 자

[본조신설 2007.10.23]

제5조【법 적용에서 제외되는 거래】 법 제3조제3항제2호에서 "대통령령이 정하는 거래"라 함은 방문판매원을 두지 아니하는 방문판매업자가 다음 각 호의 1에 해당하는 재화등을 방문판매하는 거래를 말한다.

1. 가공되지 아니한 농산물·수산물·축산물·임산물

2. 방문판매자가 직접 생산한 재화등

제6조【방문판매업자등의 신고사항】 법 제5조제1항 본문에서 "대통령령이 정하는 사항"이라 함은 상법상 회사인 방문판매업자등의 자산·부채 및 자본금을 말한다. 〈개정 2007.7.27〉

제7조【방문판매업자등의 신고절차 등】 ① 법 제5조제1항에 따라 신고를 하려는 방문판매업자등은 총리령이 정하는 신고서에 자산·부채 및 자본금을 증명할 수 있는 서류(「상법」에 따른 회사인 경우에 한하며, 전자문서를 포함한다)를 첨부하여 주된 사무소의 소재지를 관할하는 시장·군수·구청장(자치구의 구청장을 말한다. 이하 같다)에게 제출(주된 사무소의 소재지가 외국인 경우에는 공정거래위원회에 이를 제출)하여야 한다. 이 경우 담당 공무원은 「전자정부 구현을 위한 행정업무 등의 전자회촉진에 관한 법률」 제21조제1항에 따른 행정정보의 공동이용을 통하여 다음 각 호의 서류를 확인하여야 하며, 시노인이 확인에 동의하지 아니하거나 확인이 불가능한 경우에는 이를 제출하도록 하여야 한다. 〈개정 2004.3.17, 2006.6.12, 2006.7.27〉

1. 법인등기부등본(법인인 경우에 한한다.) 다만, 당해 법인의 설립 등기 전에 신고를 하는 때에는 법인설립을 위한 발기인의 주민등록표등본

2. 사업자등록증 사본. 다만, 신고인이 사업자등록을 하기 전인 경우에는 사업자등록 후 즉시 담당공무원에게 통보하여 확인하도록 하거나 이를 제출하도록 하여야 한다.

3. 삭제〈2006.6.12〉

②삭제〈2006.6.12〉

③제1항의 신고를 받은 공정거래위원회 또는 시장·군수·구청장은 총리령이 정하는 신고증을 교부하여야 한다. 〈개정 2006.7.27〉

④ 법 제5조제2항의 규정에 의하여 변경신고를 하고자 하는 자는 당해 변경사항이 발생한 날(자산·부채 및 자본금의 변동에 관한 사항은 결산이 확정된 날)부터 15일 이내에 총리령이 정하는 신고서에 그 변경사항을 증명하는 서류를 첨부하여 공정거래위원회 또는 시장·군수·구청장에게 이를 제출하여야 한다. 당해 신고를 받은 공정거래위원회 또는 시장·군수·구청장은 변경사항을 확인하고 변경사항이 기재된 신고증을 다시 교부하여야 한다. 〈개정 2006.7.27〉

⑤법 제5조제3항의 규정에 의하여 방문판매업자등이 그 영업을 휴지 또는 폐지하거나 휴업한

후 영업을 재개하는 때에는 미리 총리령이 정하는 신고서를 공정거래위원회 또는 시장·군수·구청장에게 제출하여야 한다. 이 경우 영업의 폐지를 신고하는 경우에는 종전의 신고증을 첨부하여야 한다. 〈개정 2006.7.27〉

⑥제1항·제3항 및 제4항의 규정에 의한 신고를 「전자거래기본법」 제2조제1호의 규정에 의한 전자문서(이하 "전자문서"라 한다)로 하는 경우에는 공정거래위원회가 정한 정보처리시스템에 의하여 신고할 수 있다. 〈개정 2006.7.27〉

⑦제6항에 따라 전자문서에 의한 신고를 함에 있어서 전자문서에 의한 자료의 제출이 곤란한 사항은 1월내에 우편 등을 통하여 보완할 수 있으며, 보완한 경우에는 전자문서에 의하여 신고한 날에 신고한 것으로 본다. 〈개정 2006.7.27〉

⑧그 밖에 전자문서에 의한 신고수리업무의 처리에 필요한 사항은 총리령으로 정한다.

제8조【신고의무 제외대상 방문판매업자등】 ①법 제5조제1항 단서에서 "대통령령이 정하는 방문판매업자등"이라 함은 다음 각 호의 방문판매업자등을 말한다.

1. 방문판매원을 두지 아니하는 방문판매업자
2. 전화권유판매원을 두지 아니하는 전화권유판매업자

제9조【방문판매업자등에 대한 정보의 공개】 공정거래위원회는 법 제5조제4항의 규정에 의하여 방문판매업자등의 정보를 공개하는 경우 당해 방문판매업자등에게 공개하는 내용과 방법을 미리 통지하여야 하고, 사실과 다른 내용을 정정할 수 있는 기회를 주어야 한다.

제10조【계약서의 기재사항】 법 제7조제1항제11호에서 "대통령령이 정하는 사항"이라 함은 다음 각 호의 사항을 말한다.

1. 재화등의 가격외에 소비자가 추가로 부담하여야 할 사항이 있는 경우 그 내용 및 금액
2. 판매일시·판매지역·판매수량·인도지역등 판매조건과 관련하여 제한이 있는 경우 그 내용

제11조【청약철회등의 제한】 법 제8조제2항제5호에서 "대통령령이 정하는 경우"라 함은 소비자의 주문에 의하여 개별적으로 생산되는 재화등에 대하여 청약의 철회 및 계약의 해제(이하 "청약철회등"이라 한다.)인정하는 경우 법 제2조제2호의 규정에 의한 방문판매자 또는 동조제4호의 규정에 의한 전화권유판매자(이하 "방문판매자등"이라 한다)에게 회복할 수 없는 중대한 피해가 예상되는 경우로서 사전에 당해 거래에 대하여 별도로 그 사실을 고지하고 소비자의 서면(전자문서를 포함한다)에 의한 동의를 얻은 경우를 말한다.

제11조의2【지연이자의 이율】 법 제9조제2항에서 "대통령령으로 정하는 이율"이라 함은 연 100분의 24를 말한다.

[본조신설 2007.10.23]

제12조【청약철회등에 따른 대금청구의 정지 또는 취소대상 결제수단】 법 제9조 제3항 본문에서 "대통령령이 정하는 결제수단"이라 함은 재화등을 구입한 소비자가 직접 지급하는 현금(계좌이체에 의한 지급을 포함한다)외의 결제수단으로서 당해 결제수단을 제공한 사업자(이하 "결제업자"라 한다)에게 청구를 정지 또는 취소하거나 환급하는 경우 당해 소비자에게 환급한 것과 동일한 효과가 발생하는 결제수단을 말한다.

제13조【채무의 상계】 ①결제업자는 소비자가 다음 각 호의 방법에 의하여 상계를 요청할 경우 법 제9조제6항후단의 규정에 의하여 즉시 상계할 수 있다.

1. 환급금액 등을 기재한 서면(전자문서를 포함한다)에 의할 것
2. 법 제8조제1항 각 호 또는 제3항의 기간내에 청약철회등을 한 사실 및 법 제9조 제1항의 규정에 의하여 재화등을 반환하였음을 입증하는 자료(소비자가 재화등을 계약서에 명시된 방문판매자등의 주소로 반환하였으나 수취거절된 경우에는 그 입증자료)를 첨부할 것

②결제업자는 제1항의 규정에 의하여 상계한 경우 그 사실 및 상계금액 등을 기재한 서면(전자문서를 포함한다)을 방문판매자등 및 소비자에게 지체없이 송부하여야 한다.

③제1항 및 제2항의 규정외에 결제업자의 상계에 관하여 필요한 사항은 총리령으로 정한다.

제14조【재화등이 일부 소비된 경우의 비용청구범위】 ①법 제9조제8항에서 "대통령령이 정하는 범위의 금액"이라 함은 다음 각 호를 말한다.

1. 재화등의 사용으로 인하여 소모성 부품의 재판매가 곤란하거나 재판매가격이 현저히 하락하는 경우에는 당해 소모성 부품의 공급에 소요된 비용

2. 다수의 동일한 가분물로 구성된 재화등의 경우에는 소비자의 일부소비로 인하여 소비된 부분의 공급에 소요된 비용

②공정거래위원회는 필요하다고 인정하는 경우 재화등의 종류·거래가격·상관행 등을 참작하여 제1항 각 호의 비용에 관한 세부기준을 정하여 고시할 수 있다.

제15조【방문판매원등에 대한 의무부과수준】 법 제11조제1항제3호에서 "대통령령이 정하는 수준"이라 함은 방문판매원등이 되고자 하는 자 또는 방문판매원등 1인당 연간 2만원을 말한다.

제16조【재화등의 배송 등을 위한 소비자정보의 이용】 법 제11조제1항제9호 가목에서 "대통령령이 정하는 경우"라 함은 다음 각 호의 경우를 말한다.

1. 재화등의 배송 또는 전송을 업으로 하는 자로서 당해 배송 또는 전송을 위탁받은 자에게 정보를 제공하는 경우

2. 재화등의 설치, 사후 서비스 그 밖에 약정한 서비스의 제공을 업으로 하는 자로서 당해 서비스의 제공을 위탁받은 자에게 정보를 제공하는 경우

제17조【도용방지를 위한 소비자정보의 이용】 법 제11조제1항제9호다목에서 "대통령령이 정하는 경우"라 함은 다음 각 호의 경우를 말한다. 〈개정 2006.7.27〉

1. 소비자의 신원 및 실명여부나 본인의 진의여부의 확인을 위하여 다음 각목의 1에 해당하는 자에게 제공하는 경우

가. 전기통신사업법 제4조제3항제1호의 규정에 의한 기간통신사업자

나. 신용정보의 이용 및 보호에 관한 법률 제2조 제4호의 규정에 의한 신용정보업자

다. 당해 거래에 따른 대금결제와 직접 관련된 결제업자

라. 법령 또는 법령의 규정에 의한 인·허가에 의하여 도용방지를 위한 실명확인을 업으로 하는 자

2. 미성년자와의 거래에 있어 법정대리인의 동의여부를 확인하기 위하여 이용하는 경우

제18조【다단계판매업자의 등록절차 등】 ①법 제13조제1항의 규정에 의하여 등록을 하고자 하는 다단계판매업자는 총리령이 정하는 신청서를 주된 사무소의 소재지를 관할하는 특별시장·광역시장·도지사 또는 특별자치도지사(이하 "시·도지사"라 한다)에게 제출하여야 한다. 다만, 주된 사무소의 소재지가 외국인 경우에는 공정거래위원회에 이를 제출하여야 한다. 〈개정 2006.7.27〉

②제1항의 등록신청을 받은 공정거래위원회 또는 시·도지사는 등록요건에 적합한 때에는 총리령이 정하는 등록증을 교부하여야 한다.

제19조【자본금의 규모】 법 제13조제1항제2호에서 "대통령령이 정하는 규모"라 함은 5억원(자본잠식이 있는 경우에는 그 금액을 제외하고, 법정준비금이 있는 경우에는 그 금액을 더한다)을 말한다.

③법 제13조제2항의 규정에 의하여 변경신고를 하고자 하는 자는 변경사항이 발생한 날(제19조의 규정에 의한 자본금 규모의 변동에 관한 사항은 결산이 확정된 날)부터 15일 이내에 총리령이 정하는 신고서에 그 변경사항을 증명하는 서류를 첨부하여 공정거래위원회 또는 시·도지사에게 제출하여야 하고, 당해 신고를 받은 공정거래위원회 또는 시·도지사는 변경사항을 확인하고 변경사항이 기재된 신고증을 다시 교부하여야 한다. 다만, 법 제13조제1항제3호의 규정에 의한 소비자피해보상보험계약등의 해지·만료 등에 따른 변경사항은 계약의 해지·만료일 3월전에 그 변경사항을 증명하는 서류를 공정거래위원회 또는 시·도지사에게 제출하여야 한다.

④법 제13조제3항의 규정에 의하여 다단계판매업자가 그 영업을 휴지 또는 폐지하거나 휴업한 후 영업을 재개하는 때에는 미리 총리령이 정

하는 신고서를 공정거래위원회 또는 시·도지사에게 제출하여야 한다. 이 경우 영업의 폐지를 신고하는 경우에는 종전의 등록증을 첨부하여야 한다.

⑤제3항 및 제4항의 규정에 의한 신고를 전자문서로 하는 경우에는 공정거래위원회가 정한 정보처리시스템에 의하여 신고할 수 있다.

⑥제7조제7항 및 제8항의 규정은 제3항 내지 제5항의 규정에 의한 다단계판매업자의 신고에 관하여 이를 준용한다. 〈개정 2004.3.17〉

제20조【다단계판매업자에 관한 정보의 공개】 ①법 제13조제4항의 규정에 따라 공개할 수 있는 정보는 다음 각 호의 사항을 말한다. 〈개정 2007.7.18〉

1. 다단계판매업자의 등록번호 및 등록일
2. 다단계판매업자의 성명(법인인 경우에는 대표자의 성명)·상호명·소재지·전화번호
3. 다단계판매업자가 판매하는 재화등의 판매품목 및 매출액
4. 후원수당의 산정 및 지급기준
5. 그 밖에 소비자보호 및 거래질서를 유지하기 위하여 필요한 사항으로서 공정거래위원회가 정하는 사항

②공정거래위원회는 법 제13조제4항의 규정에 의하여 다단계판매업자의 정보를 공개하는 경우 당해 다단계판매업자에게 공개하는 내용과 방법을 미리 통지하여야 하고, 사실과 다른 내용을 정정할 수 있는 기회를 주어야 한다.

제21조【다단계판매원의 결격사유】 법 제15조제2항제4호에서 "대통령령이 정하는 자"라 함은 다음 각 호의 자를 말한다.

1. 법 제42조의 규정에 의한 시정조치를 2회 이상 받은 자. 다만, 마지막 시정조치에 대한 이행을 완료한 날부터 3년이 경과한 자는 그러하지 아니하다.
2. 이 법에 위반하여 징역의 실형을 선고받고 그 집행이 종료(집행이 종료된 것으로 보는 경우를 포함한다)되거나 집행이 면제된 날부터 5년이 경과되지 아니한 자
3. 이 법에 위반하여 형의 집행유예의 선고를 받고 그 유예기간 중에 있는 자

제22조【다단계판매업자에 대한 청약철회등의 사유】 법 제17조제1항 단서에서 "대통령령이 정하는 사유"라 함은 다음 각 호의 사유를 말한다.

1. 다단계판매원의 주소·전화번호 또는 전자우편주소 등 연락처의 변경이나 불명 등의 사유로 청약철회등을 할 수 없는 경우
2. 당해 다단계판매원에게 청약철회등을 하더라도 대금환급 등의 효과를 기대하기 어려운 경우

제23조【다단계판매원이 청약철회등을 할 수 없는 경우】 법 제17조제2항에서 "대통령령이 정하는 경우"라 함은 다음 각 호의 어느 하나에 해당하는 경우를 말한다. 〈개정 2006.7.27〉

1. 다단계판매원에게 책임있는 사유로 재화등이 멸실 또는 훼손된 경우. 다만, 재화등의 내용을 확인하기 위하여 포장등을 훼손한 경우는 제외한다.
2. 재화등의 일부 사용 또는 소비에 의하여 그 가치가 현저히 감소한 경우. 다만, 청약철회등이 불가능하다는 사실을 재화등의 포장 그 밖에 쉽게 알 수 있는 곳에 명기하거나 시용상품을 제공하는 등의 방법으로 재화등의 일부 사용 등에 의하여 청약철회등의 권리행사가 방해받지 아니하도록 한 때에 한한다.
3. 복제가 가능한 재화등의 포장을 훼손한 경우
4. 소비자 또는 다단계판매원의 주문에 의하여 개별적으로 생산되는 재화등에 대하여 청약철회등을 인정하는 경우 다단계판매업자에게 회복할 수 없는 중대한 피해가 예상되는 경우로서 사전에 당해 거래에 대하여 별도로 그 사실을 고지하고 소비자 또는 다단계판매원의 서면(전자문서를 포함한다)에 의한 동의를 얻은 경우

제24조【재화등의 반환시 비용공제】 법 제18조제2항 단서의 규정에 의하여 다단계판매업자가 재화등의 대금을 환급함에 있어 비용을 공제할 수 있는 경우는 다단계판매원이 재화등을 공급받은 날부터 1월이 경과하여 반환한 경우에 한하되, 그 공제할 수 있는 비용의 한도는 다음 각 호와 같다. 다만, 다단계판매업자의 등록이 취소되

어 반환하는 경우에는 다음 각 호에 규정된 금액의 2분의 1에 해당하는 금액을 한도로 한다.

1. 공급일부터 1월 경과후 2월 이내에 반환하는 경우에는 그 재화등의 대금의 5퍼센트 이내로서 당사자간 약정한 금액

2. 공급일부터 2월 경과후 3월 이내에 반환하는 경우에는 그 재화등의 대금의 7퍼센트 이내로서 당사자간 약정한 금액

제25조【채무의 상계】 ①결제업자는 다단계판매의 상대방이 다음 각 호의 방법에 의하여 상계를 요구하는 경우 법 제18조제4항의 규정에 의하여 즉시 상계할 수 있다.

1. 환급금액을 기재한 서면(전자문서를 포함한다)에 의할 것

2. 법 제17조제1항 또는 제2항의 기간내에 청약철회등을 한 사실 및 법 제18조제1항의 규정에 의하여 재화등을 반환하였음을 입증하는 자료[상대방이 재화등을 계약서에 명시된 다단계판매업자 또는 다단계판매원(이하 "다단계판매자"라 한다)의 주소로 반환하였으나 수취거절된 경우에는 그 입증자료]를 첨부할 것

②결제업자는 제1항의 규정에 의하여 상계한 경우 그 사실 및 상계금액등을 기재한 서면(전자문서를 포함한다)을 당해 다단계판매자 및 상대방에게 지체없이 송부하여야 한다.

③제1항 및 제2항의 규정외에 결제업자의 상계에 관하여 필요한 사항은 총리령으로 정한다.

제26조【후원수당 산정 및 지급기준의 변경】 ①법 제20조제2항의 규정에 의한 후원수당의 산정 및 지급기준을 변경하고자 하는 경우에는 변경사유 및 새로운 기준의 적용일을 명시하여 현행 후원수당의 산정 및 지급기준과 함께 그 적용일부터 3월 이전에 다단계판매원에게 통지하여야 한다. 다만, 후원수당의 산정 및 지급기준의 변경이 다단계판매원에게 이익이 되거나 다단계판매원의 동의를 얻은 경우에는 즉시 변경할 수 있다.

②제1항의 규정에 의한 통지를 함에 있어서 주소불명 등의 사유로 개별통지가 불가능한 다단계판매원에 대하여는 제1항의 규정에 의한 통지사항을 사보에 게재하거나 1월이상의 기간동안 홈페이지에 게시함으로써 제1항의 규정에 의한 통지에 갈음할 수 있다.

제27조 삭제〈2007.7.18〉

제28조【다단계판매원에 대한 부담범위】 법 제22조제1항에서 "대통령령이 정하는 수준"이란 연간 5만원을 말한다. 이 경우 다단계판매원 또는 그 하위판매원의 판매실적과 구매실적에 따라 후원수당의 지급기준을 달리하는 행위는 재화등을 구매하도록 하는 부담으로 보지 아니한다. 〈개정 2007.10.23〉

제29조【의무부과행위】 법 제23조제1항제3호에서 "대통령령이 정하는 수준"이라 함은 다음 각 호의 1에 해당하는 금액으로 연간 총합계 5만원을 말한다.

1. 다단계판매원의 가입비 또는 회원자격 갱신의 경우에는 1만원. 이 경우 가입비 및 갱신회비는 가입 및 갱신을 위하여 다단계판매업자가 지출하는 실제비용을 초과할 수 없다.

2. 판매보조물품을 구입하도록 의무를 부과하는 경우 다단계판매원 1인당 연간 3만원. 이 경우 판매보조물품의 공급대가로 다단계판매원에게 징수하는 대가는 다단계판매업자가 당해 판매보조물품을 공급하는데 소요되는 비용(그 비용이 당해 판매보조물품의 시장가격 상당액을 초과하는 경우에는 시장가격을 말한다)을 초과할 수 없다.

3. 교육을 받도록 의무를 부과하는 경우 소비자보호 등을 위한 법준수에 관한 교육 등 공정거래위원회가 정하는 내용의 교육에 한하며, 다단계판매원 1인당 연간 3만원. 이 경우 징수하는 교육비는 실제 비용을 초과할 수 없다.

제30조【다단계판매상품등에 대한 가격제한】 법 제23조제1항제13호에서 "대통령령이 정하는 금액"이라 함은 130만원(부가가치세가 포함된 금액으로 한다)을 말한다.

제31조【재화등의 배송 등을 위한 소비자정보의 이용】 법 제23조제1항제14호가목에서 "대통령령이 정하는 경우"라 함은 다음 각 호의 경우를 말한다.

1. 재화등의 배송 또는 전송을 업으로 하는 자로서 당해 배송 또는 전송을 위탁받은 자에게 정

보를 제공하는 경우

2. 재화등의 설치, 사후 서비스 그 밖에 약정한 서비스의 제공을 업으로 하는 자로서 당해 서비스의 제공을 위탁받은 자에게 정보를 제공하는 경우

제32조【도용방지를 위한 소비자정보의 이용】 법 제23조제1항제14호 다목에서 "대통령령이 정하는 경우"라 함은 제17조 각 호의 경우를 말한다.

제32조의2【사실상 금전거래만을 하는 행위의 내용】 법 제23조제2항 후단에 따른 재화등의 거래를 가장하여 사실상 금전거래만을 하는 행위는 재화등의 판매를 업으로 하는 자(이하 이 조에서 "판매업자"라 한다)가 다단계판매조직 또는 이와 유사하게 단계적으로 가입한 자로 구성된 다단계조직의 다단계판매원, 가입자 또는 소비자(이하 이 조에서 "다단계판매원등"이라 한다)를 상대로 하는 행위로서 다음 각 호의 어느 하나에 해당하는 행위로 한다.

1. 판매업자가 다단계판매원등에게 재화등을 판매한 가격이 그 재화등을 취득한 가격의 10배 이상인 경우 등 판매업자가 다단계판매원등에게 같거나 유사한 재화등의 통상적인 시장가격보다 현저히 높은 가격으로 판매하면서 후원수당 또는 이에 준하는 경제적 이익(이하 이 조에서 "후원수당등"이라 한다)을 지급하는 행위

2. 다단계판매원등과 재화등의 판매계약을 체결한 후 그에 상당하는 재화등을 정당한 사유 없이 공급하지 아니하면서 후원수당등을 지급하는 행위

3. 다단계판매원등에 대하여 상품권[그 명칭 또는 형태에 관계없이 발행자가 일정한 금액이나 재화등의 수량이 기재된 무기명 증표를 발행·매출하고 그 소지자가 발행자 또는 발행자가 지정하는 자(이하 이 조에서 "발행자등"이란 한다)에게 이를 제시 또는 교부하거나 그 밖의 방법으로 사용함으로써 그 증표에 기재된 내용에 따라 발행자등으로부터 재화등을 제공받을 수 있는 유가증권을 말한다. 이하 이 조에서 같다]을 판매하는 행위로서 다음 각 목의 어느 하나에 해당하는 행위

가. 판매업자가 다단계판매원등에게 판매한 상품권을 다시 매입하거나 다른 자로 하여금 매입하도록 하는 행위

나. 상품권 발행자등의 재화등의 공급능력, 다단계판매원등에 대한 재화등의 공급실적, 상품권의 발행규모 등에 비추어 그 실질이 재화등의 거래를 위한 것으로 볼 수 없는 상품권의 판매실적에 대하여 후원수당등을 지급하는 행위

4. 그 밖에 판매업자의 재화등의 공급능력, 다단계판매원등에 대한 재화등의 공급실적, 판매업자와 다단계판매원등 간 재화등의 공급계약이나 판매계약, 후원수당등의 지급조건 등에 비추어 그 거래의 실질이 사실상 금전거래만을 하는 행위

[본조신설 2007.7.18]

제33조【침해정지요청권자】 ①법 제24조에서 "대통령령이 정하는 소비자단체 등"이라 함은 다음 각 호의 어느 하나에 해당하는 단체를 말한다. 〈개정 2006.7.27, 2007.3.27〉

1. 「소비자기본법」 제33조의 규정에 의하여 설립된 한국소비자원

2. 「소비자기본법」 제29조의 규정에 따라 등록한 소비자단체

3. 「민법」 제32조의 규정에 의하여 다단계판매와 관련한 소비자보호를 목적으로 설립한 단체

제34조【침해정지요청 절차】 법 제24조의 규정에 의하여 침해정지를 요청하고자 하는 자는 다음 각 호의 사항을 기재한 서면을 공정거래위원회에 제출하여야 한다.

1. 침해정지요청의 대상이 되는 다단계판매자 및 위법행위의 내용

2. 위법행위로 인하여 침해되거나 침해를 받을 우려가 있는 이익이나 피해의 내용

3. 침해행위의 정지에 필요한 조치의 내용

제35조【다단계판매업자가 고지를 게을리한 경우 손해배상책임의 기준】 법 제27조제3항의 규정에 의한 다단계판매업자의 배상책임의 기준은 다단계판매원의 위반행위와 상당인과관계가 있는 손해액을 그 기준으로 하되, 위반행위 관련매출액을 한도로 한다

제36조【계속거래등의 금액·기간 기준】 법 제28조제1항 본문에서 "대통령령이 정하는 금액 및 기간"이라 함은 각각 10만원 및 3월을 말한다.

다만, 사업권유거래의 경우에는 기간에 관계없이 그 금액을 30만원으로 한다.

제37조【사업권유거래의 경우 계약서 기재사항】 법 제28조제1항제5호에서 "대통령령이 정하는 사항"이라 함은 재화등을 구매하는 경우 사업자가 제공하는 사업기회에 의하여 얻게 되는 이익이나 그 보장에 관한 조건을 말한다.

제38조【계약서 기재사항】 법 제28조제1항제9호에서 "대통령령이 정하는 사항"이라 함은 판매일시·판매지역·판매수량·인도지역 등 판매조건과 관련하여 제한이 있는 경우 그 내용에 관한 사항을 말한다.

제39조【계속거래등의 계약해지 제한사유】 법 제29조 단서에서 "대통령령이 정하는 경우"라 함은 소비자(사업권유거래의 상대방을 포함한다. 이하 같다)의 주문에 의하여 개별적으로 생산되는 재화등 등 계약해지를 인정하는 경우 계속거래업자 또는 사업권유거래업자(이하 "계속거래업자등"이라 한다)에게 회복할 수 없는 중대한 피해가 예상되는 경우로서 사전에 당해 거래에 대하여 별도로 그 사실을 고지하고 소비자의 서면(전자문서를 포함한다)에 의한 동의를 얻은 경우를 말한다.

제40조【재화등의 반환에 따른 대금환급 또는 위약금의 경감】 ①법 제30조제2항의 규정에 따라 소비자가 재화등을 반환하는 경우 계속거래업자등은 반환받은 재화등의 가치에 상당하는 금액을 계약의 해제 또는 해지에 따라 지급하여야 할 환급금에 더하거나 청구할 수 있는 위약금에서 감액하여야 한다.

②계속거래업자등은 제1항의 규정에 따라 환급금의 증액 또는 위약금의 감액을 하는 경우 재화등을 반환받은 날부터 3영업일 이내에 증액 또는 감액된 금액을 소비자에게 반환하거나 재화등의 대금 등 소비자로부터 받을 금액이 있는 경우에는 증액 또는 감액된 금액을 차감하여 청구하여야 한다. 계속거래업자등이 전단의 조치를 지연한 경우에는 총리령이 정하는 지연기간에 대한 지연배상금을 지급하여야 한다.

③제1항의 규정에 의하여 반환받은 재화등의 가치에 상당하는 금액을 산정함에 있어서는 재화등의 시장가격이나 감가상각 등을 감안하여야 한다.

제41조【계속거래업자등의 거래기록 열람】 계속거래업자등은 법 제31조의 규정에 의하여 재화등의 거래기록 등을 방문·전화 또는 인터넷 등을 통하여 즉시 열람할 수 있도록 필요한 조치를 하여야 하고, 소비자가 우편 등에 의하여 열람요청을 하는 경우 3영업일 이내에 관련자료를 발송하여야 한다.

제42조【소비자피해보상보험계약등】 ①법 제34조제1항의 규정에 의하여 다단계판매업자가 체결하는 소비자피해보상보험계약등은 다음 각 호의 사항을 충족하여야 한다. 〈개정 2006.7.27〉

1. 청약철회등의 권리행사에 따라 발생하는 대금환급의무의 불이행 또는 재화등의 공급의무의 불이행 등으로 인한 소비자피해를 보상하는 것을 그 내용으로 할 것
2. 피보험자 또는 수혜자는 당해 소비자피해보상보험계약등을 체결한 자가 판매하는 재화등의 구매자로 할 것
3. 계약금액은 재화등의 매매대금을 한도로 공정거래위원회가 정한 규모 이상으로 할 것
4. 소비자(다단계판매원을 포함한다. 이하 이 조에서 같다)가 용이하고 신속하게 피해보상을 받을 수 있도록 하고 보상이 지연되는 경우 지연배상금이 지급되도록 할 것
5. 정당한 사유 없이 소비자의 의사표시 방법을 제한하거나 소비자에게 과도한 입증책임의 부담을 부과하지 아니할 것
6. 정당한 사유 없이 피해보상의 범위나 보험자 또는 재화등의 판매자의 책임을 한정하지 아니할 것
7. 그 밖에 소비자에게 예상하기 어려운 위험이나 손해를 줄 우려가 있거나 부당하게 불리한 약정을 두지 말 것
8. 보험계약 또는 채무지급보증계약은 보험업법 제2조제1항의 규정에 의한 보험사업자 또는 은행법 제2조제2호의 규정에 의한 금융기관과 체결할 것
9. 소비자피해보상보험계약등의 계약을 체결하여 거래하는 기간은 1년 이상의 기간으로 하고, 정당한 사유 없이 계약해지의 요건을 용이하게 정하여 소비자에게 불이익을 주지 아니할 것

②법 제34조제2항의 규정에 의하여 공정거래위원회가 체결하도록 권장하는 소비자피해보상보험계약등은 제1항제1호 내지 제8호의 사항을 충족하여야 한다.

③제1항 및 제2항의 규정외에 재화등이나 거래의 특성에 따른 소비자피해보상보험계약등의 구체적인 기준이나 피해보상의 내용 및 절차와 소비자피해보상보험계약등의 표지사용에 관하여 필요한 사항은 총리령으로 정한다.

제43조【공제조합의 인가 등】①법 제35조제1항의 규정에 의한 공제조합을 설립하고자 하는 때에는 10인 이상이 발기하고, 조합원 중 2분의 1 이상의 동의를 얻어 창립총회에서 정관을 작성한 후 공정거래위원회에 인가를 신청하여야 한다.

②공정거래위원회는 제1항에 의한 인가를 한 때에는 이를 공고하여야 한다.

제44조【공제조합의 정관 기재사항】법 제35조제6항의 규정에 의한 정관기재사항은 다음 각 호와 같다. 〈개정 2006.7.27〉

1. 목적
2. 명칭
3. 사무소의 소재지
4. 출자 1좌의 금액과 그 납입방법 및 지분계산에 관한 사항
5. 조합원의 자격과 가입·탈퇴에 관한 사항
6. 자산 및 회계에 관한 사항
7. 총회에 관한 사항
8. 이사회에 관한 사항
9. 임원 및 직원에 관한 사항
10. 융자에 관한 사항
11. 업무와 그 집행에 관한 사항
12. 정관의 변경에 관한 사항
13. 해산과 잔여재산의 처리에 관한 사항
14. 공고의 방법에 관한 사항

제45조【공제조합의 운영 및 감독】①공제조합은 매 사업연도의 총수입과 총지출을 예산으로 편성하여 사업연도 개시 1월전까지 공정거래위원회에 제출하여야 한다.

②공제조합은 매 사업연도 경과후 2월 이내에 결산을 완료하고 결산보고서에 대차대조표와 손익계산서를 첨부하여 공정거래위원회에 제출하여야 한다.

③공제조합은 제2항의 규정에 의하여 공정거래위원회에 제출한 대차대조표와 손익계산서를 주사무소 및 지부에 갖추어 두고, 대차대조표는 이를 공고하여야 한다.

④삭제〈2006.7.27〉

⑤삭제〈2006.7.27〉.

제46조【위법행위 등에 대한 정보공개 등】공정거래위원회는 법 제38조의 규정에 의하여 정보를 공개하고자 하는 때에는 사전에 당해 사업자에게 공개되는 정보의 내용을 통보하여 소명의 기회를 주어야 한다.

제47조【평가·인증사업의 공정화】①법 제39조제1항의 규정에 의한 평가·인증사업자는 다음 각 호의 사항을 공정거래위원회가 정하는 바에 따라 공시하여야 한다.

1. 평가·인증사업자의 명칭
2. 주소 또는 사업소의 소재지
3. 평가·인증범위
4. 평가·인증업무개시일
5. 평가인증의 기준·절차 및 방법에 관한 사항

②제1항 각 호의 사항은 소비자가 이를 용이하게 열람·확인할 수 있는 방법으로 공시하여야 한다.

제48조【보고의무】시·도지사 또는 시장·군수·구청장은 법 제40조제1항의 규정에 의하여 시정권고 또는 처분을 한 경우에는 지체없이 공정거래위원회에 보고하여야 한다. 이 경우 전자문서에 의하여 보고할 수 있다. 〈개정 2006.7.27〉

제49조【시정조치를 받은 사실의 공표】공정거래위원회는 법 제42조제3항의 규정에 의하여 사업자등에 대하여 시정조치를 받은 사실의 공표를 명하고자 하는 경우에는 다음 각 호의 사항을 참작하여 공표의 내용 및 그 횟수 등을 정하여 이를 명하여야한다.

1. 위반행위의 내용 및 정도
2. 위반행위의 기간 및 횟수
3. 위반행위로 인하여 발생한 소비자피해의 범

위 및 정도

제50조【영업의 정지 및 등록취소기준】 법 제42조제4항의 규정에 의한 영업정지 및 등록취소 처분에 관한 기준은 별표 1과 같다.

제51조【소비자피해분쟁조정기구】 법 제43조제1항에서 "대통령령이 정하는 소비자피해분쟁조정기구"라 함은 다음 각 호의 기구를 말한다. 〈개정 2006.7.27, 2007.3.27〉

1. 「소비자기본법」 제33조에 따라 설립된 한국소비자원

2. 시·도지사가 「소비자기본법」 제16조 및 같은 법 시행령 제7조에 따라 설치한 소비자피해분쟁조정기구

3. 그 밖에 소비자보호관련 법령에 의하여 설치·운영되는 분쟁조정기구

제52조【분쟁조정 조정안 수락 및 이행시 시정조치를 하지 아니하는 절차 등】 ①법 제43조의 규정에 의한 분쟁조정의 당사자는 분쟁조정기구의 권고안 또는 조정안을 이행하였음을 확인하는 서류를 그 이행한 날부터 10일이내에 공정거래위원회에 제출하고, 법 제42조의 규정에 의한 시정조치를 하지 아니한다는 확인을 요청할 수 있다.

②제1항의 요청을 받은 공정거래위원회는 시정조치를 하지 아니하는 대상 등을 사업자에게 통지하여야 한다.

제53조【과징금 징수절차】 ①공정거래위원회는 과징금을 부과하고자 하는 때에는 그 위반행위의 종별과 당해 과징금의 금액 등을 명시하여 이를 납부할 것을 서면으로 통지하여야 한다.

②제1항의 규정에 의하여 통지를 받은 자는 통지가 있은 날부터 60일 이내에 과징금을 공정거래위원회가 정하는 수납기관에 납부하여야 한다. 다만, 천재·지변 그 밖에 부득이한 사유로 인하여 그 기간내에 과징금을 납부할 수 없는 때에는 그 사유가 없어진 날부터 30일 이내에 납부하여야 한다.

제54조【과징금부과를 위한 위반행위 관련매출액 산정】 법 제44조제1항 전단에서 "대통령령이 정하는 위반행위 관련매출액을 초과하지 아니하는 범위"라 함은 다음 각 호의 1에 해당하는 금액을 말한다. 다만, 당해 위반행위가 제1호 내지 제3호 가운데 둘 이상에 해당되는 경우에는 그 중 큰 금액을 말한다.

1. 당해 위반행위가 매출이나 소비자피해 발생의 직접적인 원인이 아닌 경우에는 당해 위반행위의 발생시점으로부터 그 종료시점(당해 행위가 과징금부과 처분시까지 종료되지 아니한 경우에는 과징금 부과처분을 명하는 공정거래위원회의 의결일을 당해 행위의 종료일로 본다)까지의 매출액의 10퍼센트에 해당하는 금액. 다만, 위반행위가 특정 분야에 한정된 경우에는 당해 분야 매출액을 기준으로 한다.

2. 당해 위반행위가 매출이 일어난 직접적 원인이 된 경우에는 당해 위반행위와 상당인과관계가 있는 매출액 전액에 해당하는 금액

3. 당해 위반행위가 소비자피해에 직접적 원인이 된 경우에는 당해 위반행위로 인하여 피해가 발생한 매출액 전액에 해당하는 금액

제55조【사업자단체의 등록】 ①법 제47조제1항의 규정에 의하여 등록하고자 하는 사업자단체는 다음 각 호의 사항을 기재한 신청서를 공정거래위원회에 제출하여야 한다.

1. 목적
2. 명칭
3. 주된 사무소·지부의 주소 및 홈페이지 주소
4. 대표자의 성명·주민등록번호·주소·전화번호·전자우편주소
5. 설립연월일
6. 회원의 수(지부의 수를 포함한다)
7. 사업내용

②제1항의 신청서에는 정관과 다음 각 호에 관한 자료를 첨부하여야 한다.

1. 인력·재정상황 및 재원확보방안
2. 주요설비의 목록 및 성능

③법 제47조 제1항의 규정에 의하여 등록한 사업자단체는 제1항제1호 내지 제4호, 제6호 및 제7호와 제2항 각 호에 규정된 사항의 변경이 있는 때에는 그 변경이 있는 날부터 20일 이내에 공정거래위원회에 통보하여야 한다.

제56조 삭제〈2006.7.27〉

제57조【과태료 부과·징수절차】 ①공정거래위원회 또는 시·도지사 또는 시장·군수·구청장은 법 제58조 제1항 또는 제2항의 규정에 의하여 과태료를 부과하는 때에는 당해 위반행위를 조사·확인한 후, 위반사실·이의방법·이의기간 및 과태료의 금액 등을 서면으로 명시하여 이를 납부할 것을 과태료부과대상자에게 통지하여야 한다.

②공정거래위원회 또는 시·도지사는 제1항의 규정에 의한 과태료를 부과하고자 하는 때에는 10일 이상의 기간을 정하여 과태료부과대상자에게 구술 또는 서면(전자문서를 포함한다)에 의한 의견진술의 기회를 주어야 한다. 이 경우 지정된 기일까지 의견진술이 없는 경우에는 의견이 없는 것으로 본다.〈개정 2004.3.17〉

③공정거래위원회 또는 시·도지사 또는 시장·군수·구청장은 과태료의 금액을 정함에 있어서는 당해 위반행위의 동기와 그 결과 등을 참작하여야 한다.〈개정 2006.7.27〉

제58조 (과태료 부과기준) 법 제58조 제4항의 규정에 의한 과태료의 부과기준은 별표 2와 같다.

부 칙
〈제17685호, 2002.7.24〉

①(시행일) 이 영은 공포한 날부터 시행한다.

②(다단계판매업자에 대한 경과조치) 이 영 시행당시 방문판매업자중 제2조의 개정규정에 의하여 다단계판매업자에 해당되게 된 자는 이 영 시행일부터 6월내에 다단계판매업자로 등록하여야 한다.

③(다단계판매원 결격사유자에 대한 경과조치) 이 영 시행 당시 다단계판매원중 제21조의 개정규정에 의하여 다단계판매원의 결격사유에 해당되게 된 자는 이 영 시행일부터 3월내에 탈퇴하여야 한다.

④(후원수당지급기준에 대한 경과조치) 이 영 시행 당시 후원수당의 지급기준등이 제28조의 개정규정에 위반되게 된 경우에는 이 영 시행일부터 3월내에 변경하여야 한다.

부 칙
(행정정보의 공동이용 및 문서감축을 위한 국가채권관리법 시행령 등 일부개정령)
〈제19507호, 2006.6.12〉

이 영은 공포한 날부터 시행한다.

부 칙
〈제19629호, 2006.7.27〉

제1조【시행일】 이 영은 2007년 3월 28일부터 시행한다.〈단서 생략〉

제2조 내지 제6조 생략

제7조【다른 법령의 개정】 ① 내지 ③생략

④방문판매 등에 관한 법률 시행령 일부를 다음과 같이 개정한다.

제33조제1호 및 제2호를 각각 다음과 같이 한다.

1. 「소비자기본법」 제33조에 따라 설립된 한국소비자원
2. 「소비자기본법」 제29조에 따라 등록한 소비자단체

제51조제1호를 다음과 같이 하고, 같은 조 제2호 중 "「소비자보호법」 제12조 및 동법시행령 제9조의 규정에 의하여"를 "「소비자기본법」 제16조 및 같은 법 시행령 제7조에 따라"로 한다.

1. 「소비자기본법」 제33조에 따라 설립된 한국소비자원

⑤ 내지 〈16〉 생략

제8조 생략

부 칙
〈제20341호, 2007.10.23〉

제1조【시행일】 이 영은 공포한 날부터 시행한다.

제2조【지연배상금의 이율에 관한 적용례】 제11조의2의 개정규정은 이 영 시행 후 최초로 방문판매자등이 소비자에게 재화등의 대금의 환급을 지연한 분부터 적용한다.

전자상거래 등에서의 소비자보호에 관한 법률

제　　정 2002.3.30　　법률 6687호
일부개정 2004.12.31　　법률 7315호
일부개정 2005.1.27　　법률 7344호
일부개정 2005.3.31　　법률 7487호
일부개정 2007.7.19　　법률 제8538호 시행일 2007.10.20

제 1 장　총　　칙

제1조【목적】 이 법은 전자상거래 및 통신판매 등에 의한 재화 또는 용역의 공정한 거래에 관한 사항을 규정함으로써 소비자의 권익을 보호하고 시장의 신뢰도 제고를 통하여 국민경제의 건전한 발전에 이바지함을 목적으로 한다.

제2조【정의】 이 법에서 사용하는 용어의 정의는 다음과 같다. 〈개정 2005.3.31〉

1. "전자상거래"라 함은 전자거래(전자거래기본법 제2조제5호의 규정에 의한 전자거래를 말한다. 이하 같다)의 방법으로 상행위를 하는 것을 말한다.
2. "통신판매"라 함은 우편·전기통신 그 밖에 총리령이 정하는 방법에 따라 재화 또는 용역(일정한 시설을 이용하거나 용역의 제공을 받을 수 있는 권리를 포함한다. 이하 같다)의 판매에 관한 정보를 제공하고 소비자의 청약에 의하여 재화 또는 용역(이하 "재화등"이라 한다)을 판매하는 것을 말한다. 다만, 방문판매 등에 관한 법률 제2조제3호의 규정에 의한 전화권유판매를 제외한다.
3. "통신판매업자"라 함은 통신판매를 업으로 하는 자 또는 그와의 약정에 따라 통신판매업무를 수행하는 자를 말한다.
4. "통신판매중개"라 함은 사이버몰(컴퓨터 등과 정보통신설비를 이용하여 재화등을 거래할 수 있도록 설정된 가상의 영업장을 말한다. 이하 같다)의 이용을 허락하거나 그 밖에 총리령이 정하는 방법에 의하여 거래 당사자간의 통신판매를 알선하는 행위를 말한다.
5. "소비자"라 함은 다음 각목의 어느 하나에 해당하는 자를 말한다.
   가. 사업자가 제공하는 재화등을 소비생활을 위하여 사용(이용을 포함한다. 이하 같다)하는 자
   나. 가목 외의 자로서 사실상 가목의 자와 동일한 지위 및 거래조건으로 거래하는 자 등 대통령령이 정하는 자
6. "사업자"라 함은 물품을 제조(가공 또는 포장을 포함한다. 이하 같다)·수입·판매하거나 용역을 제공하는 자를 말한다.

제3조【적용제외】 ①이 법의 규정은 사업자(「방문판매 등에 관한 법률」 제2조제6호의 다단계판매원을 제외한다. 이하 이 항에서 같다)가 상행위를 목적으로 구입하는 거래에 대하여는 이를 적용하지 아니한다. 다만, 사업자라 하더라도 사실상 소비자와 같은 지위에서 다른 소비자와 같은 거래조건으로 거래하는 경우에는 그러하지 아니하다.

②제13조제2항의 규정에 따른 계약내용에 관한 서면(전자문서를 포함한다. 이하 같다)의 송부의무에 관한 규정은 다음 각 호의 거래에는 적용하지 아니한다. 다만, 제1호의 경우에는 총리령이 정하는 바에 따라 계약내용에 관한 서면의 내용이나 교부의 방법을 다르게 할 수 있다. 〈개정 2005.3.31〉

1. 소비자가 사전에 숙지된 약관 또는 정형화된 거래방법에 따라 수시 거래하는 경우로서 총리령이 정하는 거래
2. 다른 법률(민법 및 방문판매 등에 관한 법률을 제외한다)에 이 법의 규정과 다른 방법에 의한 계약서 교부의무 등이 규정되어 있는 거래

③통신판매업자가 아닌 자 사이의 통신판매중

개를 하는 통신판매업자에 대하여는 제13조 내지 제19조의 규정을 적용하지 아니한다.

④증권거래법 제2조제9항의 증권회사에 의한 유가증권의 거래, 대통령령이 정하는 금융기관에 의한 금융상품의 거래 및 일상 생활용품, 음식료 등의 인접지역에의 판매를 위한 거래에 대하여는 제12조 내지 제20조의 규정을 적용하지 아니한다.

제4조【다른 법률과의 관계】 전자상거래 또는 통신판매에서의 소비자보호에 관하여 이 법과 다른 법률의 규정이 경합하는 경우에는 이 법을 우선 적용하되 다른 법률을 적용하는 것이 소비자에게 유리한 경우에는 그 법을 적용한다.

제 2 장 전자상거래 및 통신판매

제5조【전자문서의 활용】 ①전자거래기본법 제6조제2항제2호의 규정에 불구하고 사업자가 소비자와 사전에 전자문서로 거래할 것을 약정하여 지정한 주소(전자거래기본법 제2조 제2호의 정보처리시스템을 말한다)로 전자문서(전자거래기본법 제2조 제1호의 규정에 의한 전자문서를 말한다. 이하 같다)를 송신하지 아니한 경우에는 당해 전자문서에 의한 권리를 주장할 수 없다. 다만, 긴급성을 요하는 경우, 소비자도 이미 전자문서로 거래할 것을 예정하고 있는 경우, 소비자가 전자문서를 출력한 경우 등 대통령령이 정하는 경우에는 그러하지 아니하다.

②사업자는 전자서명(전자서명법 제2조제2호의 규정에 의한 전자서명을 말한다. 이하 같다)을 한 전자문서를 사용하고자 하는 경우에는 대통령령이 정하는 바에 따라 당해 전자문서의 효력 및 수령에 필요한 절차와 방법 등에 관하여 소비자에게 고지하여야 한다.

③사업자는 전자문서를 사용함에 있어 소비자에게 특정한 전자서명 방법의 이용을 강요(특수한 표준 등의 이용으로 사실상 강제되는 경우를 포함한다)하여서는 아니되고, 소비자가 선택한 전자서명 방법의 사용을 부당하게 제한하여서는 아니된다.

제6조【거래기록의 보존 등】 ①사업자는 전자상거래 및 통신판매에서의 표시·광고, 계약내용 및 그 이행 등 거래에 관한 기록을 상당한 기간 보존하여야 한다. 이 경우 소비자가 쉽게 거래기록을 열람·보존할 수 있는 방법을 제공하여야 한다.

②제1항의 규정에 의하여 사업자가 보존하여야 할 거래의 기록 및 그와 관련된 개인정보(성명·주소·주민등록번호 등 거래의 주체를 식별할 수 있는 정보에 한한다)는 소비자가 개인정보의 이용에 관한 동의를 철회하는 경우에도 정보통신망 이용촉진 및 정보보호 등에 관한 법률 제30조 제3항의 규정에 불구하고 이를 보존할 수 있다.

③제1항의 규정에 의하여 사업자가 보존하는 거래기록의 대상·범위·기간 및 소비자에게 제공하는 열람·보존의 방법 등에 관하여 필요한 사항은 대통령령으로 정한다.

제7조【조작실수 등의 방지】 사업자는 전자상거래에서 소비자의 조작실수 등으로 인한 의사표시의 착오 등으로 발생하는 피해를 예방할 수 있도록 거래 대금이 부과되는 시점 또는 청약에 앞서 그 내용의 확인 및 정정에 필요한 절차를 마련하여야 한다.

제8조【전자적 대금지급의 신뢰확보】 ①사업자가 대통령령이 정하는 전자적 수단에 의한 거래대금의 지급(이하 "전자적 대금지급"이라 한다) 방법을 이용하는 경우 사업자와 전자결제수단 발행자·전자결제서비스 제공자 등 대통령령이 정하는 전자적 대금지급 관련자(이하 "전자결제업자등"이라 한다)는 관련 정보의 보안 유지에 필요한 조치를 취하여야 한다.

②사업자와 전자결제업자등은 전자적 대금지급이 이루어지는 경우 소비자가 입력한 정보가 소비자의 진정 의사 표시에 의한 것인지를 확인함에 있어 주의를 다하여야 한다.

③사업자와 전자결제업자등은 전자적 대금지급이 이루어진 경우 전자문서의 송신 등 총리령이 정하는 방법에 따라 소비자에게 그 사실을 통지하고, 언제든지 소비자가 전자적 대금지급과 관련한 자료를 열람할 수 있도록 하여야 한다.

④다수의 사이버몰에서 사용되는 결제수단으로서 대통령령이 정하는 결제수단의 발행자는 총리령이 정하는 바에 따라 당해 결제수단의 신뢰도의 확인과 관련된 사항, 사용상의 제한이나 그 밖의 주의 사항 등을 표시 또는 고지하여야 한다.

⑤사업자와 소비자 사이에 전자적 대금지급과 관련하여 다툼이 있는 경우 전자결제업자등은 대금지급 관련 정보의 열람을 허용하는 등 대통령령이 정하는 바에 따라 당해 분쟁의 해결에 협조하여야 한다.

제9조【배송사업자 등의 협력】 전자상거래나 통신판매에 따른 재화 등의 배송[정보통신망 이용촉진 및 정보보호 등에 관한 법률 제2조제1항제1호의 정보통신망(이하 "정보통신망"이라 한다)을 통한 전송을 포함한다]을 행하는 사업자는 배송 과정의 사고·장애 등으로 인하여 분쟁이 발생하는 경우에는 대통령령이 정하는 바에 따라 당해 분쟁의 해결에 협조하여야 한다.

제10조【사이버몰의 운영】 ①전자상거래를 행하는 사이버몰의 운영자는 소비자가 사업자의 신원 등에 관하여 쉽게 알 수 있도록 다음 각 호의 사항을 총리령이 정하는 바에 따라 표시하여야 한다. 〈개정 2005.3.31〉

1. 상호 및 대표자 성명
2. 영업소 소재지 주소(소비자의 불만을 처리할 수 있는 곳의 주소를 포함한다)
3. 전화번호·전자우편주소
4. 사업자등록번호
5. 사이버몰의 이용약관
6. 그 밖에 소비자 보호를 위하여 필요한 사항으로 대통령령이 정하는 사항

②제1항의 규정에 의한 사이버몰의 운영자는 당해 사이버몰에서 이 법의 규정에 위반한 행위가 이루어지는 경우 운영자가 조치하여야 할 부분에 대하여는 시정에 필요한 조치에 협력하여야 한다.

제11조【소비자에 관한 정보의 이용 등】 ①사업자는 전자상거래 또는 통신판매를 위하여 소비자에 관한 정보를 수집 또는 이용(제3자에게 제공하는 경우를 포함한다. 이하 같다)하고자 하는 경우에는 정보통신망 이용촉진 및 정보보호 등에 관한 법률 등 관련 규정에 따라 이를 공정하게 수집 또는 이용하여야 한다.

②사업자는 재화등을 거래함에 있어서 소비자에 관한 정보가 도용되어 당해 소비자가 재산상의 손해가 발생하였거나 발생할 우려가 있는 특별한 사유가 있는 경우에는 본인 확인이나 피해의 회복 등 대통령령이 정하는 필요한 조치를 취하여야 한다.

제12조【통신판매업자의 신고 등】 ①통신판매업자는 대통령령이 정하는 바에 따라 다음 각 호의 사항을 공정거래위원회나 특별시장·광역시장 또는 도지사(이하 "시·도지사"라 한다)에게 신고하여야 한다. 다만, 소규모 통신판매업자 등 대통령령이 정하는 통신판매업자의 경우에는 그러하지 아니하다.

1. 상호(법인인 경우에는 대표자의 성명 및 주민등록번호를 포함한다)·주소·전화번호
2. 전자우편주소·인터넷도메인·이름·호스트서버의 소재지
3. 그 밖에 사업자의 신원확인을 위하여 필요한 사항으로서 대통령령이 정하는 사항

②통신판매업자가 제1항의 규정에 의하여 신고한 사항을 변경하고자 하는 경우에는 대통령령이 정하는 바에 따라 이를 신고하여야 한다.

③제1항의 규정에 의하여 신고한 통신판매업자는 그 영업을 휴지 또는 폐지하거나 휴업한 후 영업을 재개하는 때에는 대통령령이 정하는 바에 따라 이를 신고하여야 한다.

④공정거래위원회는 제1항의 규정에 의하여 신고한 통신판매업자의 정보를 대통령령이 정하는 바에 따라 공개할 수 있다.

제13조【신원 및 거래조건에 대한 정보의 제공】 ①통신판매업자가 재화 등의 거래에 관한 청약을 받을 목적으로 표시·광고를 행하는 경우에는 다음 각 호의 사항이 포함되도록 하여야 한다. 〈개정 2005.3.31〉

1. 상호 및 대표자 성명
2. 주소·전화번호·전자우편주소

3. 제12조의 규정에 따라 공정거래위원회나 시·도지사에게 한 신고번호·신고기관 등 신고를 확인할 수 있는 사항

②통신판매업자는 소비자가 계약체결 전에 재화등에 대한 거래조건을 정확하게 이해하고 실수 또는 착오없이 거래할 수 있도록 다음 각 호의 사항을 적절한 방법으로 표시·광고 또는 고지하고, 계약이 체결된 경우에는 계약자에게 다음 각 호의 사항이 기재된 계약내용에 관한 서면을 재화등을 공급할 때까지 교부하여야 한다. 〈개정 2005.3.31〉

1. 재화등의 공급자 및 판매자에 관한 사항
2. 재화등의 명칭·종류 및 내용
3. 재화등의 가격(가격이 결정되어 있지 아니한 경우에는 그 결정의 구체적인 방법)과 그 지급 방법 및 시기
4. 재화등의 공급 방법 및 시기
5. 청약의 철회 및 계약의 해제(이하 "청약철회등"이라 한다)의 기한·행사방법 및 효과에 관한 사항(청약철회등의 권리를 행사함에 필요한 서식을 포함한다)
6. 재화등의 교환·반품·보증과 그 대금 환불의 조건 및 절차
7. 전자매체로 공급이 가능한 재화등의 전송·설치 등과 관련하여 요구되는 기술적 사항
8. 소비자피해보상, 재화등에 대한 불만 및 소비자와 사업자간 분쟁처리에 관한 사항
9. 거래에 관한 약관(그 약관의 내용을 확인할 수 있는 방법을 포함한다)
10. 소비자가 구매의 안전을 위하여 원하는 경우에는 재화등을 공급받을 때까지 대통령령이 정하는 제3자에게 그 재화등의 결제대금을 예치하는 것(이하 "결제대금예치"라 한다)의 이용을 선택할 수 있다는 사항 또는 통신판매업자의 제24조 제1항의 규정에 따른 소비자피해보상보험계약등의 체결을 선택할 수 있다는 사항(제15조제1항의 규정에 따른 선불식 통신판매에 한하며, 제24조제3항의 규정에 따른 거래를 하는 경우를 제외한다)
11. 그 밖에 소비자의 구매 여부 판단에 영향을 주는 거래조건 또는 소비자의 피해 구제에 필요한 사항으로서 대통령령이 정하는 사항

③통신판매업자는 미성년자와 재화등의 거래에 관한 계약을 체결하고자 하는 경우에는 법정대리인이 그 계약에 대하여 동의를 하지 아니하면 미성년자 본인 또는 법정대리인이 그 계약을 취소할 수 있다는 내용을 미성년자에게 고지하여야 한다. 〈신설 2005.3.31〉

④공정거래위원회는 제1항 및 제2항의 규정에 의한 통신판매업자의 상호 등에 관한 사항 및 거래조건에 대한 표시·광고 및 고지의 방법을 정하여 고시할 수 있다. 이 경우 거래방법이나 재화등의 특성을 고려하여 그 표시·광고 및 고지의 방법을 다르게 정할 수 있다.

⑤통신판매업자는 제2항의 규정에 의하여 소비자에게 표시·광고 또는 고지한 거래조건을 신의에 좇아 성실하게 이행하여야 한다. [시행일:2006.4.1] 제13조제3항, 제13조제2항제10호

제14조【청약확인 등】①통신판매업자는 소비자로부터 재화등의 거래에 관한 청약을 받은 경우 청약의 의사표시의 수신 확인 및 판매 가능 여부에 관한 정보를 소비자에게 신속하게 통지하여야 한다.

②통신판매업자는 계약 체결 전에 소비자가 청약의 내용을 확인하고, 정정 또는 취소할 수 있도록 적절한 절차를 갖추어야 한다.

제15조【재화등의 공급 등】①통신판매업자는 소비자가 청약을 한 날부터 7일이내에 재화등의 공급에 필요한 조치를 하여야 하고, 소비자가 재화등을 공급받기 전에 미리 재화등의 대금의 전부 또는 일부를 지급하는 경우(이하 "선불식 통신판매"라 한다)에는 소비자가 그 대금의 전부 또는 일부를 지급한 날부터 3영업일이내에 재화등의 공급을 위하여 필요한 조치를 하여야 한다. 다만, 소비자와 통신판매업자간에 재화등의 공급시기에 관하여 별도의 약정이 있는 경우에는 그러하지 아니하다. 〈개정 2005.3.31〉

②통신판매업자는 청약을 받은 재화등을 공급하기 곤란하다는 것을 알았을 때에는 그 사유를 소비자에게 지체 없이 알려야 하고, 선불식 통신

판매의 경우에는 소비자가 그 대금의 전부 또는 일부를 지급한 날부터 3영업일이내에 환급하거나 환급에 필요한 조치를 하여야 한다. 〈개정 2005. 3.31〉

③통신판매업자는 소비자가 재화등의 공급 절차 및 진행 상황을 확인할 수 있도록 적절한 조치를 하여야 한다. 이 경우 공정거래위원회는 그 조치에 필요한 사항을 정하여 고시할 수 있다.

④제18조제1항 내지 제5항의 규정은 제2항의 선불식 통신판매에 있어서 환급하거나 환급에 필요한 조치를 하여야 하는 경우에 이를 준용한다.

제16조 삭제〈2005.3.31〉

제17조【청약철회등】 ①통신판매업자와 재화등의 구매에 관한 계약을 체결한 소비자는 다음 각 호의 기간(거래당사자가 다음 각 호의 기간보다 긴 기간으로 약정한 경우에는 그 기간을 말한다) 이내에 당해 계약에 관한 청약철회등을 할 수있다.

1. 제13조제2항의 규정에 의한 계약내용에 관한 서면을 교부 받은 날부터 7일. 다만, 그 서면을 교부받은 때보다 재화등의 공급이 늦게 이루어진 경우에는 재화등의 공급을 받거나 공급이 개시된 날부터 7일
2. 제13조제2항의 규정에 의한 계약내용에 관한 서면을 교부 받지 아니한 경우, 통신판매업자의 주소 등이 기재되지 아니한 서면을 교부 받은 경우 또는 통신판매업자의 주소 변경 등의 사유로 제1호의 기간 이내에 청약철회등을 할 수 없는 경우에는 그 주소를 안 날 또는 알 수 있었던 날부터 7일

②소비자는 다음 각 호의 1에 해당하는 경우에는 통신판매업자의 의사에 반하여 제1항의 규정에 의한 청약철회등을 할 수 없다. 다만, 통신판매업자가 제6항의 규정에 따른 조치를 하지 아니하는 때에는 제2호 내지 제4호에 해당하는 경우에도 청약철회등을 할 수 있다. 〈개정 2005. 3.31〉

1. 소비자에게 책임 있는 사유로 재화등이 멸실 또는 훼손된 경우. 다만, 재화등의 내용을 확인하기 위하여 포장 등을 훼손한 경우를 제외한다.
2. 소비자의 사용 또는 일부 소비에 의하여 재화등의 가치가 현저히 감소한 경우
3. 시간의 경과에 의하여 재판매가 곤란할 정도로 재화등의 가치가 현저히 감소한 경우
4. 복제가 가능한 재화등의 포장을 훼손한 경우
5. 그 밖에 거래의 안전을 위하여 대통령령이 정하는 경우

③소비자는 제1항 및 제2항의 규정에 불구하고 재화등의 내용이 표시·광고 내용과 다르거나 계약내용과 다르게 이행된 경우에는 당해 재화등을 공급받은 날부터 3월이내, 그 사실을 안 날 또는 알 수 있었던 날부터 30일이내에 청약철회등을 할 수 있다.

④제1항 또는 제3항의 규정에 의한 청약철회등을 서면으로 하는 경우에는 그 의사표시가 기재된 서면을 발송한 날에 그 효력이 발생한다.

⑤제1항 내지 제3항의 규정을 적용함에 있어서 재화등의 훼손에 대하여 소비자의 책임이 있는지의 여부, 재화등의 구매에 관한 계약이 체결된 사실 및 그 시기, 재화등의 공급사실 및 그 시기 등에 관하여 다툼이 있는 경우에는 통신판매업자가 이를 입증하여야 한다. 〈개정 2005.3.31〉

⑥통신판매업자는 제2항제2호 내지 제4호의 규정에 의하여 청약철회등이 불가능한 재화등의 경우에는 그 사실을 재화등의 포장 기타 소비자가 쉽게 알 수 있는 곳에 명기하거나 시용(試用)상품을 제공하는 등의 방법으로 청약철회등의 권리 행사가 방해받지 아니하도록 조치하여야 한다. 〈개정 2005.3.31〉

제18조【청약철회등의 효과】 ①소비자는 제17조제1항 또는 제3항의 규정에 의하여 청약철회등을 행한 경우에는 이미 공급받은 재화등을 반환하여야 한다.

②통신판매업자(소비자로부터 재화등의 대금을 지급 받은 자 또는 소비자와 통신판매에 관한 계약을 체결한 자를 포함한다. 이하 제2항 내지 제10항에서 같다)는 재화등을 반환 받은 날부터 3영업일이내에 이미 지급 받은 재화등의 대금을

환급하여야 한다. 이 경우 통신판매업자가 소비자에게 재화등의 대금의 환급을 지연한 때에는 그 지연기간에 대하여 연 100분의 40이내의 범위에서 「은행법」에 따른 금융기관이 적용하는 연체금리 등 경제사정을 고려하여 대통령령이 정하는 이율을 곱하여 산정한 지연이자(이하 "지연배상금"이라 한다)를 지급하여야 한다. 〈개정 2007.7.19〉

③통신판매업자는 제1항 및 제2항의 규정에 의하여 재화등의 대금을 환급함에 있어 소비자가 여신전문금융업법 제2조제3호의 규정에 의한 신용카드 그 밖에 대통령령이 정하는 결제수단으로 재화등의 대금을 지급한 때에는 지체없이 당해 결제수단을 제공한 사업자(이하 "결제업자"라 한다)로 하여금 재화등의 대금의 청구를 정지 또는 취소하도록 요청하여야 한다. 다만, 통신판매업자가 결제업자로부터 해당 재화등의 대금을 이미 지급 받은 때에는 지체없이 이를 결제업자에게 환급하고, 그 사실을 소비자에게 통지하여야 한다.

④제3항 단서의 규정에 의하여 통신판매업자로부터 재화등의 대금을 환급받은 결제업자는 지체없이 소비자에게 이를 환급하거나 환급에 필요한 조치를 취하여야 한다.

⑤제3항 단서의 규정에 해당되는 통신판매업자중 환급의 지연으로 소비자로 하여금 대금을 결제하게 한 통신판매업자는 그 지연기간에 대한 지연배상금을 소비자에게 지급하여야 한다.

⑥소비자는 통신판매업자가 제3항 단서의 규정에 불구하고 정당한 사유없이 결제업자에게 대금을 환급하지 아니하는 경우에는 환급 받을 금액에 대하여 결제업자에게 당해 통신판매업자에 대한 다른 채무와 상계할 것을 요청할 수 있다. 이 경우 결제업자는 대통령령이 정하는 바에 따라 당해 통신판매업자에 대한 다른 채무와 상계할 수 있다.

⑦소비자는 결제업자가 제6항의 규정에 의한 상계를 정당한 사유없이 게을리 한 경우 결제업자에 대하여 대금의 결제를 거부할 수 있다. 이 경우 통신판매업자와 결제업자는 그 결제의 거부를 이유로 당해 소비자를 약정한 기일 이내에 채무를 변제하지 아니한 자로 처리하는 등 소비자에게 불이익을 주는 행위를 하여서는 아니된다. 〈개정 2005.1.27〉

⑧제1항의 경우 통신판매업자는 이미 재화등이 일부 사용 또는 일부 소비된 경우에는 그 재화등의 사용 또는 일부 소비에 의하여 소비자가 얻은 이익 또는 그 재화등의 공급에 소요된 비용에 상당하는 금액으로서 대통령령이 정하는 범위의 금액의 지급을 소비자에게 청구할 수 있다.

⑨제17조제1항의 규정에 의한 청약철회등의 경우 공급받은 재화등의 반환에 필요한 비용은 소비자가 이를 부담하며 통신판매업자는 소비자에게 청약철회등을 이유로 위약금 또는 손해배상을 청구할 수 없다.

⑩제17조제3항의 규정에 의한 청약철회등의 경우 재화등의 반환에 필요한 비용은 통신판매업자가 이를 부담한다.

⑪통신판매업자, 재화등의 대금을 지급 받은 자 또는 소비자와 통신판매에 관한 계약을 체결한 자가 동일인이 아닌 경우에 각자는 제17조제1항 및 제3항의 규정에 의한 청약철회등에 따른 제1항 내지 제7항의 규정에 의한 재화등의 대금환급과 관련한 의무의 이행에 있어서 연대하여 책임을 진다.

제19조 **【손해배상청구금액의 제한 등】** ①소비자에게 책임있는 사유로 인하여 재화등의 판매에 관한 계약이 해제된 경우 통신판매업자가 소비자에게 청구하는 손해배상액은 다음 각 호에서 정한 금액에 대금미납에 따른 지연배상금을 더한 금액을 초과할 수 없다.

1. 공급받은 재화등이 반환된 경우에는 다음 각목의 1에 해당하는 금액중 큰 금액

가. 반환된 재화등의 통상 사용료액 또는 그 사용에 의하여 통상 얻어지는 이익에 상당하는 금액

나. 반환된 재화등의 판매가격에서 그 재화등이 반환된 당시의 가액을 공제한 금액

2. 공급받은 재화등이 반환되지 아니한 경우에는 그 재화등의 판매가액에 상당하는 금액

②공정거래위원회는 통신판매업자와 소비자간의 손해배상청구에 따른 분쟁의 원활한 해결을 위하여 필요한 경우 제1항의 규정에 의한 손해배상액을 산정하기 위한 기준을 정하여 고시할 수 있다.

제20조【통신판매중개자의 책임】 ①통신판매중개자가 재화등을 판매함에 있어서 책임이 없다는 사실을 약정하지 아니하거나 미리 고지하지 아니하고 통신판매의 중개를 한 경우에는 당해 통신판매와 관련하여 통신판매의 중개를 의뢰한 자의 고의 또는 과실로 소비자에게 발생한 재산상의 손해에 대하여 그 통신판매중개자는 중개를 의뢰한 자와 연대하여 배상할 책임을 진다.

②제1항의 규정에 의한 고지에도 불구하고 통신판매업자인 통신판매중개자는 제12조 내지 제18조의 규정에 의한 통신판매업자의 책임을 면하지 못한다. 다만, 통신판매업자의 의뢰를 받아 통신판매의 중개를 함에 있어서 의뢰자가 책임을 지는 것으로 약정하여 소비자에게 고지한 부분에 대하여는 의뢰자가 책임을 진다.

③통신판매중개자에게 통신판매의 중개를 의뢰한 사업자는 통신판매중개자의 고의 또는 과실로 인하여 소비자에게 발생한 재산상 손해에 대하여 중개자의 행위라는 이유로 면책되지 아니한다. 다만, 소비자에게 피해가 가지 아니하도록 상당한 주의를 기울인 경우에는 그러하지 아니하다.

④통신판매중개자는 통신판매의 중개를 의뢰한 사업자의 신원에 관한 정보를 열람할 수 있는 방법을 소비자에게 제공하여야 하고 통신판매의 중개를 의뢰한 자가 사업자가 아닌 경우에는 주소·전화번호 등 대통령령이 정하는 사항에 관하여 통신판매의 중개 대상이 되는 거래의 당사자들에게 거래상대방에 관한 정보를 열람할 수 있는 방법을 제공하여야 한다.

제21조【금지행위】 ①전자상거래를 행하는 사업자 또는 통신판매업자는 다음 각 호의 1에 해당하는 행위를 하여서는 아니된다. 〈개정 2005.3.31〉

1. 허위 또는 과장된 사실을 알리거나 기만적 방법을 사용하여 소비자를 유인 또는 거래하거나 청약철회등 또는 계약의 해지를 방해하는 행위
2. 청약철회등을 방해할 목적으로 주소·전화번호·인터넷도메인 이름 등을 변경 또는 폐지하는 행위
3. 분쟁이나 불만처리에 필요한 인력 또는 설비의 부족을 상당기간 방치하여 소비자에게 피해를 주는 행위
4. 소비자의 청약이 없음에도 불구하고 일방적으로 재화등을 공급하고 그 대금을 청구하거나 재화등의 대금만을 청구하는 행위
5. 소비자가 재화를 구매하거나 용역을 제공받을 의사가 없음을 밝혔음에도 불구하고 전화, 모사전송, 컴퓨터통신 등을 통하여 재화를 구매하거나 용역을 제공받도록 강요하는 행위
6. 본인의 허락을 받지 아니하거나 허락 받은 범위를 넘어 소비자에 관한 정보를 이용하는 행위. 다만, 다음 각목의 1에 해당하는 경우를 제외한다.

가. 재화등의 배송 등 소비자와의 계약의 이행에 불가피한 경우로서 대통령령이 정하는 경우

나. 재화등의 거래에 따른 대금정산을 위하여 필요한 경우

다. 도용방지를 위하여 본인확인에 필요한 경우로서 대통령령이 정하는 경우

라. 법률의 규정 또는 법률에 의하여 필요한 불가피한 사유가 있는 경우

②공정거래위원회는 이 법 위반행위의 방지 및 소비자피해의 예방을 위하여 전자상거래를 행하는 사업자 또는 통신판매업자가 준수하여야 할 기준을 정하여 고시할 수 있다.

제22조【휴업기간 등에서의 청약철회등의 업무처리 등】 ①통신판매업자는 그 휴업기간 또는 영업정지기간 중에도 제17조 제1항 및 제3항의 규정에 의한 청약철회등의 업무와 제18조 제1항 내지 제5항의 규정에 의한 청약철회등에 따른 대금의 환급과 관련된 업무를 계속하여야 한다.

②통신판매업자가 폐업신고를 하지 아니한 상태에서 파산선고를 받는 등 실질적으로 영업을 할 수 없는 것으로 판단되는 경우에는 제12조 제1항의 규정에 의한 신고를 받은 공정거래위원회

또는 시·도지사는 직권으로 신고사항을 말소할 수 있다.

제 3 장 소비자 권익의 보호

제23조【전자상거래 등에서의 소비자보호지침의 제정 등】 ①공정거래위원회는 전자상거래 또는 통신판매를 행함에 있어서 건전한 거래질서의 확립 및 소비자의 보호를 위하여 사업자의 자율적 준수를 유도하기 위한 지침(이하 "소비자보호지침"이라 한다)을 관련분야의 거래당사자, 기관 및 단체의 의견을 들어 정할 수 있다.

②사업자는 그가 사용하는 약관이 소비자보호지침의 내용보다 소비자에게 불리한 경우 소비자보호지침과 다르게 정한 약관의 내용을 소비자가 알기 쉽게 표시 또는 고지하여야 한다.

제24조【소비자피해보상보험계약등】 ①공정거래위원회는 전자상거래 또는 통신판매에서의 소비자 보호를 위하여 관련 사업자에게 다음 각 호의 1에 해당하는 계약(이하 "소비자피해보상보험계약등"이라 한다)을 체결하도록 권장할 수 있다. 다만, 제8조제4항의 규정에 의한 결제수단의 발행자는 소비자피해보상보험계약등을 체결하여야 한다. 〈개정 2005.3.31〉

1. 보험업법에 의한 보험계약
2. 소비자피해보상금의 지급을 확보하기 위한 「금융감독기구의 설치 등에 관한 법률」 제38조의 규정에 따른 기관과의 채무지급보증계약
3. 제10항의 규정에 따라 설립된 공제조합과의 공제계약

②통신판매업자는 제1항의 규정에 불구하고 선불식 통신판매에 있어서 소비자가 제13조제2항제10호의 규정에 따른 결제대금예치의 이용 또는 통신판매업자의 소비자피해보상보험계약등의 체결을 선택한 경우에는 소비자가 결제대금예치를 이용하도록 하거나 제1항의 규정에 따른 소비자피해보상보험계약등을 체결하여야 한다. 〈신설 2005.3.31〉

③제2항의 규정은 소비자가 다음 각 호의 어느 하나에 해당하는 거래를 하는 경우에는 이를 적용하지 아니한다. 〈신설 2005.3.31〉

1. 10만원 이하의 범위 안에서 대통령령이 정하는 금액 이하인 재화등을 구매하는 거래
2. 「여신전문금융업법」 제2조제3호의 규정에 따른 신용카드로 재화등의 대금을 지급하는 거래
3. 정보통신망에 의하여 전송되거나 제13조제2항제10호의 규정에 따른 제3자가 배송을 확인할 수 없는 재화등을 구매하는 거래
4. 일정기간에 걸쳐 분할되어 공급되는 재화등을 구매하는 거래
5. 다른 법률에 따라 소비자의 구매안전이 충분히 갖추어진 경우 또는 제1호 내지 제4호와 유사한 사유로 결제대금예치 또는 소비자피해보상보험계약등의 체결이 필요하지 아니하거나 곤란하다고 공정거래위원회가 정하여 고시하는 거래

④제2항의 규정에 따른 결제대금예치의 이용 또는 소비자피해보상보험계약등의 체결에 관하여 필요한 사항은 대통령령으로 정한다. 〈신설 2005.3.31〉

⑤소비자피해보상보험계약등은 이 법 위반행위로 인한 소비자 피해의 보상이나 제8조제4항의 규정에 의한 결제수단 발행자의 신뢰성 확보에 적절한 수준이어야 한다. 이 경우 그 구체적인 기준은 대통령령으로 정한다.

⑥소비자피해보상보험계약등에 의하여 소비자피해보상금을 지급할 의무가 있는 자는 그 지급사유가 발생한 경우 지체없이 이를 지급하여야 한다. 이를 지연한 경우에는 지연배상금을 지급하여야 한다.

⑦소비자피해보상보험계약등을 체결하고자 하는 사업자는 소비자피해보상보험계약등을 체결하기 위하여 매출액 등의 자료를 제출함에 있어 허위의 자료를 제출하여서는 아니된다.

⑧제1항의 규정에 따른 소비자피해보상보험계약등을 체결하는 사업자는 그 사실을 나타내는 표지를 사용할 수 있으나, 소비자피해보상보험계약등을 체결하지 아니하는 사업자는 전단의 규정에 따른 표지를 사용하거나 이와 유사한 표지를 제작 또는 사용하여서는 아니된다. 〈개정 2005.

3.31〉

⑨제8항의 규정은 제2항의 규정에 따른 결제대금예치의 이용에 관하여 이를 준용한다. 〈신설 2005.3.31〉

⑩전자상거래를 행하는 사업자 또는 통신판매업자는 제1항의 규정에 따른 소비자보호를 위하여 공제조합을 설립할 수 있다. 이 경우 공제조합의 설립 및 운영에 관하여는 「방문판매 등에 관한 법률」 제35조의 규정을 준용하되, 「방문판매등에 관한 법률」 제35조제1항 중 "제5조의 규정에 의하여 신고 또는 제13조의 규정에 의하여 등록한 사업자"는 "전자상거래를 행하는 사업자 또는 통신판매업자"로, "제34조제1항제3호"는 "「전자상거래 등에서의 소비자보호에 관한 법률」 제24조제1항제3호"로 보고, 동조 제9항 및 제10항 중 "이 법"은 각각 "「전자상거래 등에서의 소비자보호에 관한 법률」"로 본다. 〈신설 2005.3.31〉

제24조의2【구매권유광고 수신거부의사 등록시스템 등】①공정거래위원회는 통신판매업자가 전화, 모사전송 또는 전자우편 등을 이용하여 재화를 구매하거나 용역을 제공받도록 권유(이하 "구매권유광고"라 한다)하는 행위로부터 소비자를 보호하기 위하여 소비자가 구매권유광고행위에 대하여 수신거부의사를 명시적으로 표시하여 등록할 수 있는 구매권유광고 수신거부의사 등록시스템(이하 "광고수신거부의사 등록시스템"이라 한다)을 구축할 수 있다.

②통신판매업자는 구매권유광고를 하고자 하는 경우 대통령령이 정하는 바에 따라 광고수신거부의사 등록시스템에서 소비자의 구매권유광고 수신거부의사 등록여부를 확인하여 구매권유광고 수신거부의사를 등록한 소비자에 대하여는 구매권유광고를 송신하여서는 아니된다. 다만, 통신판매업자가 대통령령이 정하는 바에 따라 소비자로부터 개별적인 동의를 얻은 경우에는 그러하지 아니하다.

③공정거래위원회는 광고수신거부의사 등록시스템의 운용을 다음 각 호의 어느 하나에 해당하는 기관 또는 단체에 위탁할 수 있으며, 광고수신거부의사 등록시스템의 원활한 운용을 위하여 해당 기관 또는 단체에 대하여 그 운용에 필요한 비용의 전부 또는 일부를 지원할 수 있다.

1. 「소비자보호법」에 따라 설립된 기관 또는 등록된 소비자단체

2. 그 밖에 제37조 또는 다른 법률에 따라 설립된 기관 또는 등록된 사업자단체

④제3항의 규정에 따른 광고수신거부의사 등록시스템의 운용을 위탁받을 수 있는 대상기관 또는 단체의 선정절차 및 기준은 대통령령으로 정한다.

[본조신설 2005.3.31] [시행일:2006.4.1] 제24조의2제2항

제25조【전자상거래소비자단체 등의 지원】공정거래위원회는 전자상거래 및 통신판매에 있어서 공정거래질서를 확립하고 소비자의 권익을 보호하기 위한 사업을 시행하는 기관 또는 단체에 대하여 예산의 범위안에서 필요한 지원 등을 할 수 있다.

제 4 장 조사 및 감독

제26조【위반행위의 조사 등】①공정거래위원회 또는 시·도지사는 이 법의 규정에 위반한 사실이 있다고 인정할 때에는 직권으로 필요한 조사를 할 수 있다.

②시·도지사가 제1항의 규정에 의한 조사를 하고자 하는 경우에는 미리 공정거래위원회에 통보하여야 하며, 공정거래위원회는 조사 등이 중복될 우려가 있는 경우에는 시·도지사에게 조사의 중지를 요청할 수 있다. 이 경우 중지의 요청을 받은 시·도지사는 상당한 이유가 없는 한 그 조사를 중지하여야 한다.

③공정거래위원회 또는 시·도지사는 제1항 또는 제2항의 규정에 의하여 조사를 한 경우에는 그 결과(조사결과 시정조치명령 등의 처분을 하고자 하는 경우에는 그 처분의 내용을 포함한다)를 당해 사건의 당사자에게 서면으로 통지하여야 한다.

④누구든지 이 법의 규정에 위반되는 사실이

있다고 인정할 때에는 그 사실을 공정거래위원회 또는 시·도지사에게 신고할 수 있다.

⑤공정거래위원회는 이 법의 규정에 위반하는 행위가 종료한 날부터 5년을 경과한 경우에는 당해 위반행위에 대하여 제32조의 규정에 의한 시정조치를 명하지 아니하거나 제34조의 규정에 의한 과징금 등을 부과하지 아니한다. 다만, 제33조 제1항의 규정에 따른 소비자피해분쟁조정기구의 권고안 또는 조정안에 대하여 당사자가 수락하고도 이를 이행하지 아니하는 경우에는 그러하지 아니하다. 〈개정 2005.3.31〉

제27조【공개정보 검색 등】 ①공정거래위원회는 전자상거래 및 통신판매의 공정거래질서확립 및 소비자피해예방을 위하여 필요한 경우 전자적인 방법 등을 이용하여 사업자나 전자상거래 또는 통신판매에서의 소비자보호 관련 단체가 정보통신망에 공개한 공개정보를 검색할 수 있다.

②사업자 또는 관련단체는 제1항의 규정에 의한 공정거래위원회의 정보검색에 대하여 정당한 사유없이 이를 거부하거나 방해하는 행위를 하여서는 아니된다.

③공정거래위원회는 소비자피해정보의 효율적인 수집 및 이용을 위하여 필요한 경우 대통령령이 정하는 바에 따라 전자상거래나 통신판매에서의 소비자보호관련 업무를 수행하는 기관이나 단체에 관련 자료를 제출하거나 공유하도록 요구할 수 있다.

④제3항의 규정에 의하여 공정거래위원회의 자료요청을 받은 기관 또는 단체는 정당한 사유가 없는 한 자료의 제출이나 자료의 공유를 거부하여서는 아니된다.

제28조【위법행위 등에 대한 정보공개 등】 공정거래위원회는 전자상거래 및 통신판매의 공정거래질서확립과 소비자피해예방을 위하여 제27조 제1항의 규정에 의하여 검색된 정보중 사업자가 이 법을 위반한 행위 그 밖에 소비자 피해 예방을 위하여 필요한 관련 정보를 대통령령이 정하는 바에 따라 공개할 수 있다.

제29조【평가·인증사업의 공정화】 ①전자상거래 및 통신판매의 공정화와 소비자 보호를 위하여 관련 사업자의 평가·인증 등의 업무를 수행하는 자(이하 "평가·인증 사업자"라 한다)는 그 명칭 여하를 불문하고 대통령령이 정하는 바에 따라 그 평가·인증에 관한 기준, 방법 등을 공시하고, 그에 따라 공정하게 평가·인증하여야 한다.

②제1항의 규정에 의한 평가·인증의 기준 및 방법은 사업자가 거래의 공정화 및 소비자 보호를 위하여 행한 노력과 성과에 관한 정보를 전달하는데 적절한 것이어야 한다.

③공정거래위원회는 평가·인증사업자에 대하여 운용상황 등에 관한 자료를 제출하게 할 수 있다.

제30조【보고 및 감독】 ①시·도지사는 제31조의 규정에 의한 시정권고 또는 제32조의 규정에 의한 처분을 하는 경우에는 대통령령이 정하는 바에 따라 공정거래위원회에 보고하여야 한다.

②공정거래위원회는 이 법의 효율적인 시행을 위하여 필요하다고 인정할 때에는 그 소관사항에 관하여 시·도지사로 하여금 조사·확인 또는 자료의 제출을 요구하거나 그 밖에 시정에 필요한 조치를 요구할 수 있다. 이 경우 해당 시·도지사는 특별한 사유가 없는 한 이에 응하여야 한다.

제5장 시정조치 및 과징금 부과

제31조【위반행위의 시정권고】 ①공정거래위원회 또는 시·도지사는 사업자가 이 법의 규정에 위반하는 행위를 하거나 이 법의 규정에 의한 의무를 이행하지 아니하는 경우 제32조의 시정조치에 앞서 당해 행위를 중지하거나 이 법에 규정된 의무 또는 제32조의 규정에 따른 시정을 위하여 필요한 조치를 이행하도록 당해 사업자에 대하여 시정방안을 정하여 이에 따를 것을 권고할 수 있다. 이 경우 당해 권고를 수락한 때에는 제3항의 규정에 의하여 시정조치가 명하여 진 것으로 본다는 뜻을 함께 통지하여야 한다. 〈개정 2005.3.31〉

②제1항의 규정에 의하여 시정권고를 받은 사업자는 그 통지를 받은 날부터 10일이내에 해당

권고를 수락하는지의 여부에 관하여 이를 행한 행정청에 통지하여야 한다.

③제1항의 규정에 의하여 시정권고를 받은 자가 당해 권고를 수락한 때에는 제32조의 규정에 의한 시정조치가 명하여진 것으로 본다.

제32조【시정조치 등】①공정거래위원회는 사업자가 다음 각 호의 1에 해당하는 행위를 하거나 이 법의 규정에 의한 의무를 이행하지 아니하는 경우 해당 사업자에 대하여 그 시정을 위한 조치를 명할 수 있다. 〈개정 2005.3.31〉

1. 제5조 제2항 및 제3항, 제6조 제1항, 제7조, 제8조 제1항·제3항 내지 제5항, 제9조, 제10조, 제11조, 제12조 제1항 내지 제3항, 제13조 제1항 내지 제3항 및 제5항, 제14조, 제15조, 제17조 제1항 내지 제3항 및 제5항, 제18조, 제19조제1항, 제20조, 제22조 제1항, 제23조 제2항, 제24조 제1항·제2항·제5항 내지 제9항, 제24조의2 제2항, 제27조 제2항 및 제4항, 제29조 제1항 및 제2항의 규정에 위반하는 행위
2. 제21조 제1항 각 호에 해당하는 행위

②제1항의 규정에 의한 시정조치는 다음 각 호의 1의 조치를 말한다.

1. 당해 위반행위의 중지
2. 이 법에 규정된 의무의 이행
3. 시정조치를 받은 사실의 공표
4. 그 밖에 시정을 위하여 필요한 조치

③제2항 제3호의 규정에 의한 시정조치를 받은 사실의 공표에 관하여 필요한 사항은 대통령령으로 정한다.

④공정거래위원회는 제1항의 규정에 의한 시정조치에도 불구하고 위반행위가 반복되거나 시정조치에 따른 이행을 하지 아니한 경우에는 대통령령이 정하는 바에 따라 1년 이내의 기간을 정하여 그 영업의 전부 또는 일부의 정지를 명할 수 있다.

제33조【소비자피해분쟁조정의 요청】①공정거래위원회 또는 시·도지사는 전자상거래 또는 통신판매를 함에 있어서 이 법 위반행위와 관련하여 소비자의 피해구제신청이 있는 경우에는 제31조의 규정에 의한 시정권고 또는 제32조의 규정에 의한 시정조치 등을 행하기 전에 전자상거래 또는 통신판매에서 소비자보호 관련 업무를 수행하는 기관 또는 단체 등 대통령령이 정하는 소비자피해분쟁 조정기구에 그 조정을 의뢰할 수 있다.

②공정거래위원회 또는 시·도지사는 제1항의 규정에 의하여 의뢰된 권고안 또는 조정안을 당사자가 수락하고 이를 이행한 경우에는 제32조의 규정에 의한 시정조치를 하지 아니한다는 뜻을 당사자에게 통지하여야 한다.

③제1항의 규정에 의한 소비자피해분쟁조정기구의 권고안 또는 조정안에 대하여 당사자가 수락하고 이행한 경우에는 대통령령이 정하는 바에 따라 제32조의 규정에 의한 시정조치를 하지 아니한다. 〈개정 2005.3.31〉

④공정거래위원회는 제1항의 규정에 의하여 분쟁의 조정을 요청하는 경우 예산의 범위안에서 당해분쟁의 조정에 필요한 예산을 지원할 수 있다.

제34조【과징금】①공정거래위원회는 제32조 제2항의 시정조치에도 불구하고 이 법 위반행위가 반복되거나 시정조치만으로는 소비자피해의 방지가 곤란하다고 판단되는 경우에는 제32조 제4항의 규정에 따른 영업의 전부 또는 일부의 정지에 갈음하여 해당사업자에 대하여 대통령령이 정하는 위반행위관련 매출액을 초과하지 아니하는 범위안에서 과징금을 부과할 수 있다. 이 경우 관련 매출액이 없거나 산정할 수 없는 경우 등에는 5천만원을 초과하지 아니하는 범위안에서 이를 부과할 수 있다. 〈개정 2005.3.31〉

②공정거래위원회는 제1항의 규정에 의한 과징금을 부과함에 있어서 다음 각 호의 사항을 참작하여야 한다.

1. 위반행위로 인한 소비자 피해정도
2. 소비자 피해에 대한 사업자의 보상노력 정도
3. 위반행위로 인하여 취득한 이익의 규모
4. 위반행위의 내용·기간 및 횟수 등

③공정거래위원회는 이 법의 규정을 위반한 사업자인 회사의 합병이 있는 경우에는 해당 회사가 행한 위반행위는 합병 후 존속하거나 합병에

의하여 설립된 회사가 행한 행위로 보아 과징금을 부과·징수할 수 있다.

④「독점규제 및 공정거래에 관한 법률」 제55조의4 내지 제55조의6의 규정은 제1항의 규정에 따른 과징금의 납부기한의 연장·분할납부 및 과징금의 징수·체납·환급처분에 관하여 이를 준용한다. 〈개정 2005.3.31〉

제6장 보 칙

제35조【소비자 등에 불리한 계약의 금지】 제17조 내지 제19조의 규정에 위반한 약정으로서 소비자에게 불리한 것은 그 효력이 없다.

제36조【전속관할】 통신판매업자와의 거래에 관련된 소의 관할은 제소 당시의 소비자의 주소에 의하고, 주소가 없는 경우에는 거소를 관할하는 지방법원의 전속관할로 한다. 다만, 제소 당시 소비자의 주소 또는 거소가 분명하지 아니한 경우에는 그러하지 아니하다.

제37조【사업자단체의 등록】 ①전자상거래와 통신판매업의 건전한 발전과 소비자에 대한 신뢰도의 제고 기타 공동의 이익을 증진하기 위한 목적으로 설립된 사업자단체는 대통령령이 정하는 바에 따라 공정거래위원회에 등록할 수 있다.

②제1항의 규정에 의한 등록의 요건·방법 및 절차 등에 관하여 필요한 사항은 대통령령으로 정한다.

제38조【권한의 위임·위탁】 ①이 법의 규정에 의한 공정거래위원회의 권한은 그 일부를 대통령령이 정하는 바에 의하여 소속기관의 장 또는 시·도지사에게 위임하거나 다른 행정기관의 장에게 위탁할 수 있다.

②이 법의 규정에 의한 시·도지사의 권한은 그 일부를 대통령령이 정하는 바에 따라 시장·군수·구청장(자치구의 구청장을 말한다. 이하 같다)에게 위임할 수 있다.

③공정거래위원회는 이 법의 효율적인 집행을 위하여 필요한 경우 사무의 일부를 제37조제1항의 규정에 의하여 등록된 사업자단체에 위탁할 수 있다.

④공정거래위원회는 제3항의 규정에 따라 사무의 일부를 사업자단체에게 위탁하는 경우에는 예산의 범위 안에서 그 위탁사무의 수행에 필요한 비용의 전부 또는 일부를 지원할 수 있다. 〈신설 2005.3.31〉

⑤제3항의 규정에 의하여 사무를 위탁받은 사업자 단체의 임원 및 직원은 형법 제129조 내지 제132조의 규정에 의한 벌칙의 적용에 있어서는 이를 공무원으로 본다.

제39조【독점규제 및 공정거래에 관한 법률의 준용】 ①독점규제 및 공정거래에 관한 법률 제42조 내지 제45조 및 제52조의 규정은 이 법에 의한 공정거래위원회의 심의·의결에 관하여 준용한다.

②독점규제 및 공정거래에 관한 법률 제50조제1항 내지 제4항의 규정은 이 법 위반행위에 대한 공정거래위원회 또는 시·도지사의 조사 등에 관하여 이를 준용한다.

③독점규제 및 공정거래에 관한 법률 제53조·제53조의2·제54조·제55조 및 제55조의2의 규정은 이 법에 의한 공정거래위원회의 처분 및 제38조의 규정에 의하여 위임된 시·도지사의 처분에 대한 이의신청·시정조치명령의 집행정지·소의 제기 및 불복의 소의 전속관할에 관하여 이를 준용한다.

④독점규제 및 공정거래에 관한 법률 제62조의 규정은 이 법에 의한 직무에 종사하거나 종사하였던 공정거래위원회의 위원 또는 공무원에 대하여 준용한다.

제7장 벌 칙

제40조【벌칙】 제32조제1항의 규정에 위반하여 시정조치명령에 응하지 아니한 자는 3년 이하의 징역 또는 1억원 이하의 벌금에 처한다.

제41조【벌칙】 제32조제4항의 규정에 의한 영업정지 명령에 위반하여 영업을 한 자는 2년이하의 징역 또는 5천만원이하의 벌금에 처한다.

제42조【벌칙】 다음 각 호의 1에 해당하는 자는 3천만원이하의 벌금에 처한다. 〈개정 2005.3.31〉

1. 제12조제1항의 규정에 의한 신고를 하지 아

니하거나 허위로 신고한 자

2. 제24조제8항 및 제9항의 규정을 위반하여 소비자피해보상보험계약등을 체결하는 사실 또는 결제대금예치를 이용하도록 하는 사실을 나타내는 표지를 사용하거나 이와 유사한 표지를 제작 또는 사용한 자

제43조【벌칙】 다음 각 호의 1에 해당하는 자는 1천만원 이하의 벌금에 처한다.

1. 제13조제1항의 규정에 의한 상호 등에 관한 정보에 관하여 허위의 정보를 제공한 자

2. 제13조제2항의 규정에 의한 거래조건에 관하여 허위의 정보를 제공한 자

제44조【양벌규정】 법인의 대표자, 법인 또는 개인의 대리인·사용인 그 밖의 종업원이 그 법인 또는 개인의 업무에 관하여 제40조 내지 제43조의 위반행위를 한 때에는 행위자를 벌하는 외에 그 법인 또는 개인에 대하여도 각 해당조의 벌금형을 과한다.

제45조【과태료】 ①다음 각 호의 1에 해당하는 자는 1천만원 이하의 과태료에 처한다. 〈개정 2005.3.31〉

1. 제8조제4항의 규정에 따른 결제수단의 발행자로서 제24조제1항 단서의 규정에 위반하여 소비자피해보상보험계약등을 체결하지 아니한 자

2. 제21조제1항제1호 내지 제5호의 1의 규정에 해당하는 행위를 한 자

3. 제15조제1항의 규정에 따른 선불식 통신판매업자로서 제24조제2항의 규정을 위반한 자

4. 제8조제4항의 규정에 따른 결제수단의 발행자로서 제24조제7항의 규정을 위반하여 허위자료를 제출하고 소비자피해보상보험계약등을 체결한 자

5. 제15조제1항의 규정에 따른 선불식 통신판매업자로서 제24조제7항의 규정을 위반하여 허위자료를 제출하고 소비자피해보상보험계약등을 체결한 자

6. 제24조의2제2항의 규정을 위반하여 소비자에게 구매권유광고를 송신한 자

7. 제39조제2항의 규정에 의하여 준용되는 독점규제 및 공정거래에 관한 법률 제50조제1항 제1호의 규정에 의한 출석처분을 받은 당사자중 정당한 사유없이 2회이상 응하지 아니한 자로서 이 법의 규정을 위반한 자

8. 제39조제2항의 규정에 의하여 준용되는 독점규제 및 공정거래에 관한 법률 제50조제1항 제3호 또는 제3항의 규정에 의한 보고 또는 필요한 자료나 물건의 제출을 하지 아니하거나 허위의 보고 또는 자료나 물건을 제출한 자

9. 제39조제2항의 규정에 의하여 준용되는 독점규제 및 공정거래에 관한 법률 제50조제2항의 규정에 의한 조사를 거부·방해 또는 기피한 자

②다음 각 호의 1에 해당하는 자는 500만원이하의 과태료에 처한다. 〈개정 2005.3.31〉

1. 제6조의 규정에 위반하여 거래기록을 보존하지 아니하거나 소비자에게 기록보존 및 열람의 방법을 제공하지 아니한 자

2. 제10조제1항 또는 제13조제1항의 규정에 의한 사업자의 신원정보를 표시하지 아니한 자

3. 제12조제2항 및 제3항의 규정에 의한 신고를 하지 아니한 자

4. 제13조제2항의 규정을 위반하여 표시·광고 또는 고지하지 아니하거나 계약내용에 관한 서면을 교부하지 아니한 자

5. 삭제〈2005.3.31〉

6. 제13조제3항의 규정을 위반하여 재화등의 거래에 관한 계약을 취소할 수 있다는 내용을 고지하지 아니한 자

③제1항 및 제2항의 규정에 의한 과태료는 대통령령이 정하는 바에 따라 공정거래위원회 또는 시·도지사가 부과·징수한다.

④제1항 및 제2항의 규정에 의한 과태료의 부과기준은 대통령령으로 정한다.

⑤제1항 및 제2항의 규정에 의한 과태료 처분에 불복이 있는 자는 그 처분의 고지를 받은 날부터 30일 이내에 공정거래위원회 또는 시·도지사에게 이의를 제기할 수 있다.

⑥제1항 및 제2항의 규정에 의한 과태료 처분을 받은 자가 제5항의 규정에 의하여 이의를 제기한 때에는 공정거래위원회 또는 시·도지사는 지체없이 관할법원에 그 사실을 통보하여야 하며, 그 통보를 받은 관할법원은 비송사건절차법

에 의한 과태료의 재판을 한다.

⑦제5항의 규정에 의한 기간 이내에 이의를 제기하지 아니하고 과태료를 납부하지 아니한 경우, 공정거래위원회가 부과한 경우에는 국세체납처분의 예에 의하여, 시·도지사가 부과한 경우에는 지방세 체납처분의 예에 의하여 이를 징수한다.

부 칙
〈제6687호, 2002.3.30〉

제1조【시행일】 이 법은 2002년 7월 1일부터 시행한다.

제2조【통신판매업자의 신고 등에 관한 경과조치】 ①이 법 시행 당시 종전의 방문판매 등에 관한 법률 제17조의 규정에 의하여 통신판매업의 신고를 한 자는 제12조의 규정에 의하여 시·도지사에게 신고를 한 것으로 본다. 다만, 이 법 시행후 2월 이내에 제12조의 규정에 의한 신고사항을 보완하여야 한다.

②이 법 시행 당시 종전의 방문판매 등에 관한 법률 제24조의 규정에 의하여 영업의 휴지·폐지 또는 휴업후의 영업재개 등에 관하여 신고한 통신판매업자는 이 법에 의한 신고를 한 것으로 보며, 휴업후 다시 영업을 재개하고자 하는 경우에는 이 법의 규정에 의하여 신고하여야 한다.

제3조【청약철회에 관한 경과조치】 이 법 시행 당시 종전의 방문판매 등에 관한 법률의 규정에 의하여 이루어진 청약의 철회 및 그 효과 등에 관하여는 종전의 규정에 의한다.

제4조【영업의 정지에 관한 경과조치】 이 법 시행전의 행위에 대한 영업정지처분에 관하여는 종전의 방문판매 등에 관한 법률의 규정에 의한다.

제5조【벌칙 및 과태료에 관한 경과조치】 이 법 시행전의 행위에 대한 벌칙 및 과태료의 적용에 있어서는 종전의 방문판매 등에 관한 법률의 규정에 의한다.

제6조【다른 법령과의 관계】 이 법 시행 당시 다른 법령에서 종전의 방문판매 등에 관한 법률 또는 그 규정을 인용하고 있는 경우, 이 법중 그에 해당하는 규정이 있는 때에는 종전의 규정에 갈음하여 이 법 또는 이 법의 해당 규정을 인용한 것으로 본다.

부 칙
〈제7487호, 2005.3.31〉

제1조【시행일】 이 법은 공포한 날부터 시행한다. 다만, 제13조 제2항 제10호, 제24조 제2항 내지 제4항 및 제24조의2 제2항의 개정규정은 공포 후 1년이 경과한 날부터, 제13조 제3항, 제17조 제2항, 제17조 제6항 및 제32조 제1항의 개정규정은 공포 후 3월이 경과한 날부터 각각 시행한다.

제2조【통신판매업자의 신원 및 거래조건에 대한 정보의 제공에 관한 적용례】 제13조 제1항 제3호, 동조 제2항 및 제32조 제1항의 개정규정은 이 법 시행 후 통신판매업자가 최초로 재화등의 거래에 관한 청약을 받을 목적으로 표시·광고를 행하거나, 소비자와의 계약체결 전에 제13조 제2항의 규정에 따른 거래조건에 관한 사항을 표시·광고 또는 고지하고 그 거래조건에 관한 사항이 기재된 계약내용에 관한 서면을 교부하는 것부터 적용한다.

제3조【통신판매업자의 미성년자에 대한 고지의무에 관한 적용례】 제13조 제3항 및 제32조 제1항의 개정규정은 이 법 시행 후 통신판매업자가 최초로 미성년자와 체결하고자 하는 재화등의 거래에 관하여 계약하는 것부터 적용한다.

제4조【통신판매업자의 재화등의 공급 및 환급을 위한 조치에 관한 적용례】 제15조 제1항 및 제2항의 개정규정은 이 법 시행 후 소비자가 최초로 재화등을 공급받기 전에 미리 재화등의 대금의 전부 또는 일부를 통신판매사업자에게 지급한 재화등의 거래에 관한 계약분부터 적용한다.

제5조【통신판매업자의 공급서의 송부 등에 관한 적용례】 제16조의 개정규정은 이 법 시행 후 통신판매업자가 소비자의 청약에 따라 재화등을 최초로 공급하는 것부터 적용한다.

제6조【소비자가 통신판매업자와 체결한 계약의 청약철회등에 관한 적용례】 제17조 제2항 및 제6항의 개정규정은 이 법 시행 후 소비자가 통신판

매업자와 최초로 체결한 재화등의 구매에 관한 계약의 청약철회등을 하는 것부터 적용한다.

제7조【전자상거래 또는 통신판매에서의 관련사업자가 체결하는 소비자피해보상보험계약등에 관한 적용례】 제24조제1항 및 제10항의 개정규정은 이 법 시행 후 최초로 공정거래위원회가 전자상거래 또는 통신판매의 관련사업자에게 소비자피해보상보험계약등을 체결하도록 권장하거나 제8조제4항의 규정에 따른 결제수단의 발행자가 소비자피해보상보험계약등을 체결하는 것부터 적용한다.

제8조【선불식 통신판매에 있어서 소비자의 결제대금예치의 이용 또는 통신판매업자의 소비자피해보상보험계약등의 체결에 관한 적용례】 제24조제2항 내지 제4항의 개정규정은 이 법 시행 후 소비자가 최초로 재화등에 대한 거래조건 가운데 결제대금예치의 이용 또는 통신판매업자의 소비자피해보상보험계약등의 체결을 선택한 재화등의 거래에 관한 계약분부터 적용한다.

제9조【통신판매업자의 결제대금예치의 이용을 나타내는 표지사용 등에 관한 적용례】 제24조제9항의 개정규정은 이 법 시행 후 통신판매업자가 최초로 결제대금예치의 이용을 나타내는 표지사용을 하는 것부터 적용한다.

제10조【구매권유광고 송신에 관한 적용례】 제24조의2 제2항 및 제32조 제1항의 개정규정은 이 법 시행 후 통신판매업자가 최초로 소비자에게 구매권유광고를 송신한 것부터 적용한다.

제11조【위반행위의 시정권고에 관한 적용례】 제31조 제1항의 개정규정은 이 법 시행 후 사업자가 최초로 이 법의 규정을 위반하는 행위를 하거나 이 법의 규정에 따른 의무를 이행하지 아니하는 경우부터 적용한다.

제12조【과징금의 환급가산금에 관한 적용례】 제34조제4항의 개정규정은 이 법 시행 후 최초로 환급되는 과징금부터 적용한다.

전자상거래 등에서의 소비자보호에 관한 법률 시행령

제　　정	2002.7.24	대통령령 제17684호
일부개정	2004.3.17	대통령령 제18312호
일부개정	2006.2.22	대통령령 제19354호
일부개정	2006.6.12	대통령령 제19507호
일부개정	2006.12.29	대통령령 제19783호
일부개정	2007.10.31	대통령령 제20351호

제1조【목적】 이 영은 전자상거래 등에서의 소비자보호에 관한 법률에서 위임된 사항과 그 시행에 관하여 필요한 사항을 규정함을 목적으로 한다. 〈개정 2006.2.22〉

제2조【소비자의 범위】 ①「전자상거래 등에서의 소비자보호에 관한 법률」(이하 "법"이라 한다) 제2조제5호 나목에서 "대통령령이 정하는 자"라 함은 사업자가 제공하는 재화 또는 용역(이하 "재화등"이라 한다)을 소비생활외의 목적에 사용하거나 이용하는 자로서 다음 각 호의 어느 하나에 해당하는 자를 말한다. 〈개정 2006.2.22, 2007.10.31〉

1. 재화등을 최종적으로 사용하거나 이용하는 자. 다만, 재화등을 원재료(중간재를 포함한다) 및 자본재로 사용하는 자를 제외한다.
2. 법 제3조제1항 단서의 규정에 해당하는 사업자로서 재화등을 구매하는 자(당해 재화등을 판매한 자에 대한 관계에 한한다)
3. 다단계판매원이 되고자 다단계판매업자로부터 재화등을 최초로 구매하는 자
4. 재화등을 농업(축산업을 포함한다) 및 어업활동을 위하여 구입한 자로서 축산법 제21조제1항의 규정에 의하여 농림부령이 정하는 사육규모 이상의 축산업을 영위하는 자외의 자 및 수산업법 제43조제1항의 규정에 의하여 해양수산부장관의 허가를 받은 원양어업자외의 자

제3조【법 적용 제외대상인 금융상품의 범위】 법 제3조제4항에서 "대통령령이 정하는 금융기관에 의한 금융상품의 거래"라 함은 금융감독기구의 설치 등에 관한 법률 제38조제1호 내지 제12호에 해당하는 금융기관, 다른 법령에 의하여 설립된 금융기관 또는 중앙행정기관의 인가·허가 등을 받아 설립된 금융기관이 직접 취급하는 금융상품의 거래를 말한다. 〈개정 2006.2.22〉

제4조【약정하지 아니한 주소로 송부된 전자문서의 효력인정】 법 제5조제1항 단서에서 "대통령령이 정하는 경우"라 함은 다음 각 호의 경우와 같다. 〈개정 2006.2.22〉

1. 소비자와 특정한 전자우편주소로 2회 이상 거래한 경우에 그 전자우편주소로 전자거래기본법 제2조제1호의 규정에 의한 전자문서(이하 "전자문서"라 한다)를 송신한 경우
2. 소비자가 전자문서를 출력한 경우
3. 소비자의 이익에 반하지 아니하고 당해 소비자도 해당 전자문서의 효력을 부인하지 아니하는 경우
4. 긴급하게 연락할 필요성이 있고 전자우편외에 다른 수단을 활용할 수 없는 경우

제5조【전자서명의 효력등 고지절차】 사업자는 법 제5조제2항의 규정에 의하여 다음 각 호의 사항을 전자서명법 제2조제2호의 규정에 의한 전자서명(이하 "전자서명"이라 한다)을 한 전자문서가 포함된 전자우편의 본문에 표시하거나 미리 소비자에게 고지하여야 한다. 〈개정 2006.2.22〉

1. 전자서명을 한 전자문서의 효력
2. 전자서명을 한 전자문서의 출력방법

제6조【사업자가 보존하는 거래기록의 대상등】 ①법 제6조제3항의 규정에 의하여 사업자가 보존하여야 할 거래기록의 대상·범위 및 기간은 다음 각 호와 같다. 다만, 통신판매중개자는 자신의 정보처리시스템을 통하여 처리한 기록의 범위내에서 다음 각 호의 거래기록을 보존하여야 한다.

〈개정 2006.2.22〉

1. 표시·광고에 관한 기록 : 6월

2. 계약 또는 청약철회 등에 관한 기록 : 5년

3. 대금결제 및 재화등의 공급에 관한 기록 : 5년

4. 소비자의 불만 또는 분쟁처리에 관한 기록 : 3년

②법 제6조제3항의 규정에 의하여 사업자가 소비자에게 제공하여야 할 거래기록의 열람·보존의 방법은 다음 각 호와 같다. 〈개정 2006.2.22〉

1. 거래가 이루어진 해당 사이버몰(법 제2조제4호의 사이버몰을 말한다. 이하 같다)에서 거래당사자인 소비자가 거래기록을 열람·확인할 수 있도록 하고, 전자문서의 형태로 정보처리시스템 등에 저장할 수 있도록 할 것

2. 거래당사자인 소비자와의 거래기록을 그 소비자의 희망에 따라 방문·전화·모사전송 또는 전자우편 등의 방법으로 열람하거나 복사할 수 있도록 할 것

3. 사업자가 법 제6조제2항의 규정에 따라 개인정보의 이용에 관한 동의를 철회한 소비자의 거래기록 및 개인정보를 보존하는 경우에는 개인정보의 이용에 관한 동의를 철회하지 아니한 소비자의 거래기록 및 개인정보와 별도로 보존할 것

제7조【전자적 대금지급】 법 제8조제1항에서 "대통령령이 정하는 전자적 수단에 의한 거래대금의 지급"이라 함은 전자문서의 형태로 이루어지는 대금결제를 말한다. 다만, 대면하여 본인여부를 확인한 경우를 제외한다.

제8조【전자결제업자등】 법 제8조제1항에서 "대통령령이 정하는 전자적 대금지급 관련자"라 함은 당해 전자결제수단의 발행자, 전자결제서비스 제공자 및 당해 전자결제수단을 통한 전자결제서비스의 이행을 보조하거나 중개하는 자(이하 "전자결제업자등"이라 한다)로서 다음 각 호의 1에 해당하는 자를 말한다. 〈개정 2006.2.22〉

1. 은행법 등 법령의 규정에 의한 금융기관으로서 계좌이체업무를 수행하는 금융기관

2. 여신전문금융업법 제2조 제2의2호의 규정에 의한 신용카드업자

3. 전자적 매체 또는 정보처리시스템에 화폐가치 또는 그에 상응한 가치를 기록·저장하였다가 재화등의 구매시 지급하는 결제수단의 발행자

4. 유무선의 전기통신단말기에 의한 결제서비스 사업자

5. 정보통신망 이용촉진 및 정보보호 등에 관한 법률 제2조제3호의 규정에 의한 정보통신서비스제공자

6. 전자결제 대행 또는 중개서비스 사업자

제9조【다수의 사이버몰에서 사용되는 결제수단】 법 제8조제4항에서 "대통령령이 정하는 결제수단"이라 함은 제7조의 전자적 대금지급에 이용되는 결제수단 중 3개 이상의 사이버몰(하나의 회사에서 개설한 사이버몰인 경우를 제외한다)에서 사용되는 결제수단으로서 소비자가 이를 이용한 거래대금의 지급에 앞서 구입·이용에 대한 대가를 지불하는 형식의 결제수단을 말한다.

제10조【전자적 대금지급 관련 분쟁의 해결】 법 제8조제5항의 규정에 의하여 전자결제업자등은 분쟁해결을 위하여 사업자나 소비자가 분쟁발생 사실을 소명하여 요청하는 경우 분쟁해결에 필요한 범위내에서 다음 각 호의 사항에 대하여 지체없이 협조하여야 한다.

1. 분쟁의 원인이 된 대금지급과 관련된 정보(고객인증 관련 정보를 포함한다)의 열람·복사 허용

2. 분쟁의 원인이 된 대금지급에 대한 전자결제업자등의 보안유지 조치관련 정보의 열람·복사 허용. 다만, 공개할 경우 보안유지에 장애가 발생할 우려가 있는 정보에 대하여는 공개를 거부할 수 있다.

제11조【배송사업자 등의 분쟁해결 협조】 재화등의 배송을 행하는 사업자는 법 제9조의 규정에 의하여 소비자가 분쟁의 발생사실을 소명하여 요청하는 경우 분쟁해결에 필요한 범위내에서 다음 각 호의 사항에 대하여 지체없이 협조하여야한다.

1. 배송관련 기록의 열람제공

2. 사고 또는 장애관련 사실의 확인을 위한 기록 열람

제12조【소비자에 관한 정보의 확인 등】 법 제11조제2항에서 "대통령령이 정하는 필요한 조치"라 함은 다음 각 호의 1을 말한다.

1. 소비자 본인이 요청하는 경우 도용여부의 확인 및 당해 소비자에 대한 관련거래 기록의 제공
2. 도용에 의하여 변조된 소비자에 관한 정보의 원상회복
3. 도용에 의한 피해의 회복

제13조【통신판매업자의 신고절차】 ①법 제12조제1항의 규정에 의하여 신고를 하고자 하는 통신판매업자는 총리령이 정하는 신고서(전자문서로 된 신고서를 포함한다)에 다음 각 호의 서류(전자문서를 포함한다)를 첨부하여 주된 사무소의 소재지를 관할하는 특별시장·광역시장·도지사(이하 "시·도지사"라 한다)에게 제출하여야 한다. 다만, 주된 사무소의 소재지가 외국인 경우에는 공정거래위원회에 이를 제출하여야 한다. 〈개정 2006.6.12〉

1. 법인등기부등본(법인인 경우에 한한다). 다만, 당해 법인의 설립 등기 전에 신고를 하는 때에는 법인설립을 위한 발기인의 주민등록표등본
2. 사업자등록증 사본.

②제1항의 신고를 받은 공정거래위원회 또는 시·도지사는 총리령이 정하는 신고증을 교부하여야 한다.

③삭제〈2006.6.12〉

제14조【신고의무 제외대상 통신판매업자】 ①법 제12조제1항 단서에서 "대통령령이 정하는 통신판매업자"라 함은 부가가치세법 제25조제1항의 규정에 의한 간이과세자인 사업자를 말한다. 〈개정 2006.2.22〉

②제1항의 규정에 의한 신고가 면제되는 통신판매업자가 통신판매에 관한 표시 또는 광고를 하는 경우 법 제13조제1항제3호의 통신판매업 신고번호에 갈음하여 그 면제사유를 명시하여야 한다.

제15조【통신판매업자의 신고사항】 법 제12조제1항제3호에서 "대통령령이 정하는 사항"이라 함은 사업자의 성명 및 주민등록번호(개인인 경우에 한한다)를 말한다.

제16조【통신판매업자의 변경신고】 ①법 제12조제2항의 규정에 의하여 변경신고를 하고자 하는 자는 당해 변경사항이 발생한 날부터 15일 이내에 총리령이 정하는 신고서에 그 변경사항을 증명하는 서류를 첨부하여 공정거래위원회 또는 시·도지사에게 이를 제출하여야 한다.

②제1항의 신고를 받은 공정거래위원회 또는 시·도지사는 변경사항을 확인하고 변경사항이 기재된 신고증을 다시 교부하여야 한다.

제17조【영업의 휴지·폐지 또는 휴업후 영업재개의 신고】 법 제12조제3항의 규정에 의하여 통신판매업자가 그 영업을 휴지 또는 폐지하거나 휴업한 후 영업을 재개하는 때에는 미리 총리령이 정하는 신고서를 공정거래위원회 또는 시·도지사에게 제출하여야 한다. 다만, 영업의 폐지를 신고하는 경우에는 종전의 신고증을 첨부하여야 한다.

제18조【전자문서에 의한 신고】 ①제13조·제16조 및 제17조의 규정에 의한 신고를 전자문서로 하는 경우에는 공정거래위원회가 정한 정보처리시스템에 의하여 신고할 수 있다.

②제1항의 규정에 의하여 전자문서에 의한 신고를 함에 있어서 전자문서에 의한 자료의 제출이 곤란한 사항은 1월내에 우편 등을 통하여 보완할 수 있으며, 보완한 경우에는 전자문서에 의하여 신고한 날에 신고한 것으로 본다.

③그 밖에 전자문서에 의한 신고수리업무의 처리에 필요한 사항은 총리령으로 정한다.

제19조【통신판매업자에 대한 정보의 공개】 ①공정거래위원회는 법 제12조제4항의 규정에 따라 통신판매업자의 정보를 공개하는 경우 당해 통신판매업자에게 공개하는 내용과 방법을 미리 통지하여야 하고, 사실과 다른 내용을 정정할 수 있는 기회를 주어야 한다. 다만, 공정거래위원회는 통신판매업자의 정보 중 주민등록번호는 공개하지 아니한다. 〈개정 2006.2.22〉

②공정거래위원회가 제1항의 규정에 따라 통신판매업자의 정보를 공개하는 경우에는 통신판매업자(법인인 경우에는 그 대표자를 포함한다)의 주민등록번호는 공개하지 아니한다. 〈신설 2006.

2.22〉

제19조의2【제3자의 범위 등】①법 제13조제2항제10호에서 "대통령령이 정하는 제3자"라 함은 다음 각 호의 어느 하나에 해당하는 자를 말한다. 〈개정 2006.12.29〉

1. 법 제13조제2항제10호의 결제대금예치업무를 하기 위하여 「전자금융거래법」 제28조제2항제5호 및 동법 시행령 제15조제3항제1호에 따라 금융감독위원회에 등록한 자로서 다음 각 목의 요건을 모두 갖춘 사업자

가. 법 제24조제1항에 따른 소비자피해보상보험계약 등(이하 "소비자피해보상보험계약등"이라 한다)을 체결할 것

나. 「금융감독기구의 설치 등에 관한 법률」 제38조에 따른 금융기관 또는 「우체국예금·보험에 관한 법률」에 따른 체신관서에 결제대금의 예치만을 위한 계좌로 개설·통보한 계좌에 소비자의 결제대금을 예치할 것

2. 「전자금융거래법」 제28조제2항 단서에 따른 금융기관

②삭제〈2006.12.29〉

③제1항제1호에 따른 사업자가 동항동호가목에 따라 체결하여야 하는 소비자피해보상보험계약등은 다음 각 호의 요건을 모두 갖추어야 한다. 〈개정 2006.12.29〉

1. 사업자가 제28조의3제4호의 규정에 따른 소비자에 대한 대금환급을 하지 아니하거나 할 수 없게 됨에 따른 피해를 보상하는 것을 그 내용으로 할 것

2. 피보험자 또는 수혜자는 결제대금을 예치한 소비자로 할 것

3. 소비자피해보상보험계약등의 계약금액은 소비자가 예치한 결제대금 잔고의 100분의 10 이상의 금액으로 할 것(계약금액의 변경이 필요한 경우에는 보험계약을 지체없이 조정하되, 계약금액을 수시로 변경하는 것이 곤란한 경우에는 매월 말일의 결제대금 잔고를 기준으로 보험계약을 조정할 것)

4. 정당한 사유없이 피해자의 범위나 보험자 또는 사업자의 책임을 한정하지 아니할 것

5. 소비자가 쉽고 신속하게 피해보상을 받을 수 있도록 하고, 보상이 지연되는 경우에는 지연배상금이 지급되도록 할 것

6. 정당한 사유없이 소비자의 의사표시 방법을 제한하거나 소비자에게 과도한 입증책임의 부담을 부과하지 아니할 것

7. 그 밖에 소비자에게 예상하기 어려운 위험이나 손해를 줄 우려가 있거나 부당하게 불리한 약정을 두지 아니할 것

8. 보험계약 또는 채무지급보증계약은 「보험업법」 제2조제5호의 규정에 따른 보험회사 또는 「은행법」 제2조제2호의 규정에 따른 금융기관과 체결할 것

[본조신설 2006.2.22]

제20조【계약서의 기재사항】법 제13조제2항제11호에서 "대통령령이 정하는 사항"이라 함은 다음 각 호와 같다. 〈개정 2006.2.22〉

1. 재화등의 가격외에 소비자가 추가로 부담하여야 할 사항이 있는 경우 그 내용 및 금액

2. 판매일시·판매지역·판매수량·인도지역 등 판매조건과 관련하여 제한이 있는 경우 그 내용

제21조【청약철회등의 제한】법 제17조제2항제5호에서 "대통령령이 정하는 경우"라 함은 소비자의 주문에 의하여 개별적으로 생산되는 재화등 등 청약철회등을 인정하는 경우 통신판매업자에게 회복할 수 없는 중대한 피해가 예상되는 경우로서 사전에 당해 거래에 대하여 별도로 그 사실을 고지하고 소비자의 서면(전자문서를 포함한다)에 의한 동의를 얻은 경우를 말한다.

제21조의2【지연배상금의 이율】법 제18조제2항후단에서 "대통령령으로 정하는 이율"이란 연 100분의 24를 말한다.

[본조신설 2007.10.16]

제22조【청약철회등에 따른 대금청구의 정지 또는 취소대상 결제수단】법 제18조제3항에서 "대통령령이 정하는 결제수단"이라 함은 재화등을 구입한 소비자가 직접 지급하는 현금(계좌이체에 의한 지급을 포함한다)외의 결제수단으로서 당해 결제수단을 제공한 사업자(이하 "결제업자"라 한다)에게 청구를 정지 또는 취소하거나 환급하는

경우 당해 소비자에게 환급한 것과 동일한 효과가 발생하는 결제수단을 말한다.

제23조【채무의 상계】 ①결제업자는 소비자가 다음 각 호의 방법에 의하여 상계를 요청할 경우 법 제18조제6항 후단의 규정에 의하여 즉시 상계할 수 있다.

1. 환급금액등을 기재한 서면(전자문서를 포함한다)에 의할 것
2. 법 제17조제1항 각 호 또는 제3항의 기간내에 청약철회등을 한 사실 및 법 제18조 제1항에 의하여 재화등을 반환하였음을 입증하는 자료(소비자가 재화등을 계약서에 명시된 통신판매업자의 주소로 반환하였으나 수취거절된 경우에는 그 입증자료)를 첨부할 것

②결제업자는 제1항의 규정에 의하여 상계한 경우 그 사실 및 금액내역 등을 기재한 서면(전자문서를 포함한다)을 당해 통신판매업자 및 소비자에게 지체없이 송부하여야 한다.

③제1항 및 제2항의 규정외에 결제업자의 상계에 관하여 필요한 사항은 총리령으로 정한다.

제24조【재화등이 일부 소비된 경우의 비용청구범위】 법 제18조제8항에서 "대통령령이 정하는 범위의 금액"이라 함은 다음 각 호의 비용을 말한다.

1. 재화등의 사용으로 인하여 소모성 부품의 재판매가 곤란하거나 재판매가격이 현저히 하락하는 경우에는 당해 소모성 부품의 공급에 소요된 비용
2. 다수의 동일한 가분물로 구성된 재화등의 경우에는 소비자의 일부소비로 인하여 소비된 부분의 공급에 소요된 비용

제25조【통신판매중개자의 정보제공】 법 제20조제4항에서 "대통령령이 정하는 사항"이라 함은 다음 각 호를 말한다.

1. 중개의 대상이 된 당해 거래를 의뢰한 자의 성명·주소·전화번호 등 신원을 확인할 수 있는 정보
2. 당해 중개자가 제공하는 중개를 이용한 사실과 관련된 신용도에 관한 정보를 보유하고 있는 경우 당해 정보

제26조【재화등의 배송 등을 위한 소비자정보의 이용】 법 제21조제1항제6호 가목에서 "대통령령이 정하는 경우"라 함은 다음 각 호의 경우를 말한다.

1. 재화등의 배송 또는 전송을 업으로 하는 자로서 당해 배송 또는 전송을 위탁받은 자에게 제공하는 경우
2. 재화등의 설치, 사후 서비스 그 밖에 약정한 서비스의 제공을 업으로 하는 자로서 당해 서비스의 제공을 위탁받은 자에게 제공하는 경우

제27조【도용방지를 위한 소비자정보의 이용】 법 제21조제1항제6호 다목에서 "대통령령이 정하는 경우"라 함은 다음 각 호의 경우를 말한다. 〈개정 2006.2.22〉

1. 소비자의 신원 및 실명여부나 본인의 진의 여부의 확인을 위하여 다음 각목의 어느 하나에 해당하는 자에게 제공하는 경우
   가. 전기통신사업법 제4조제3항제1호의 규정에 의한 기간통신사업자
   나.「신용정보의 이용 및 보호에 관한 법률」제2조제4호 및 제5호의 규정에 의한 신용정보업자 및 신용정보집중기관
   다. 당해 거래에 따른 대금결제와 직접 관련된 전자결제업자등
   라. 법령 또는 법령의 규정에 의한 인·허가에 의하여 도용방지를 위한 실명확인을 업으로 하는 자
2. 미성년자와의 거래에 있어 법정대리인의 동의여부를 확인하기 위하여 이용하는 경우

제28조【소비자피해보상보험계약등】 ①법 제24조제1항 본문 및 제2항의 규정에 의한 소비자피해보상보험계약등은 다음 각 호의 사항을 충족하여야 한다. 〈개정 2006.2.22〉

1. 청약철회등의 권리행사에 따라 발생하는 대금환급의무의 불이행 또는 재화등의 공급의무의 불이행 등으로 인한 소비자피해를 보상하는 것을 그 내용으로 할 것
2. 피보험자 또는 수혜자는 당해 소비자피해보상보험계약등을 체결한 자가 판매하는 재화등의 구매자로 할 것

3. 계약금액은 재화등의 매매대금을 한도로 공정거래위원회가 정한 규모 이상으로 할 것

4. 정당한 사유없이 피해보상의 범위나 보험자 또는 재화 등의 판매자의 책임을 한정하지 아니할 것

5. 제19조의2 제3항 제5호 내지 제8호의 사항

제28조의2【결제대금예치 및 소비자피해보상보험계약등의 적용제외 대상】 법 제24조제3항제1호에서 "대통령령이 정하는 금액"이라 함은 10만원(소비자가 1회 결제하는 금액을 기준으로 한다) 미만을 말한다.

[본조신설 2006.2.22]

제28조의3【예치된 결제대금의 지급방법】 제19조의2제1항의 규정에 따른 제3자(이하 "제3자"라 한다)는 예치된 결제대금을 법 제24조제4항의 규정에 따라 다음 각 호의 방법으로 통신판매업자에게 지급하거나 소비자에게 환급한다.

1. 제3자는 재화등을 구매한 소비자(그 소비자의 동의를 얻은 경우에는 재화등을 공급받을 자를 포함한다. 이하 제2호 및 제3호에서 같다)에게 재화등을 공급받은 사실을 재화등을 공급받은 날부터 3 영업일(거래당사자가 3 영업일보다 긴 기간으로 약정한 경우에는 그 기간을 말한다. 이하 같다) 이내에 통보하여 주도록 요청하여야 하며, 소비자로부터 재화등을 공급받은 사실을 통보받은 후에 통신판매업자에게 결제대금을 지급한다.

2. 제3자는 제1호의 규정에 따른 통보요청시에 소비자가 재화등을 공급받은 날부터 3영업일이 지나도록 재화등을 공급받은 사실을 통보하지 아니한 때에는 통신판매업자에게 결제대금을 지급할 수 있다는 사실을 소비자에게 고지하여야 한다.

3. 소비자가 재화등을 공급받은 날부터 3영업일이 지나도록 정당한 사유의 제시없이 그 공급받은 사실을 통보하지 아니하는 경우에는 다음 각 목의 어느 하나에 해당하는 때에 통신판매업자에게 결제대금을 지급할 수 있다.

가. 소비자가 제2호의 규정에 따른 고지를 받고도 재화등을 공급받은 사실을 그 기간 내에 통보하지 아니한 때

나. 제3자가 제2호의 규정에 따른 고지를 하지 아니한 경우에는 제3자가 그 사실을 소비자에게 고지한 후 3 영업일이 지난 때

4. 제3자가 통신판매업자에게 결제대금을 지급하기 전에 소비자가 그 결제대금을 환급받을 사유가 발생한 경우에는 그 결제대금을 소비자에게 환급한다.

[본조신설 2006.2.22]

②법 제24조제5항 후단의 규정에 의하여 전자결제수단 발행자는 다음 각 호의 요건을 모두 충족하는 소비자피해보상보험계약등을 체결하여야 한다.

1. 전자결제수단을 구매한 소비자가 당해 결제수단에서 정한 권리를 행사할 수 없게 됨에 따른 소비자피해를 보상하는 것을 그 내용으로 할 것

2. 피보험자 또는 수혜자가 전자결제수단의 구매자일 것

3. 계약금액은 전자결제수단 발행자가 발행하는 「상법」상 채권 유효기간내에 있는 전자결제수단 발행잔고의 100분의 10이내의 금액으로서 공정거래위원회가 정하는 금액[「금융감독기구 설치에 관한 법률」 제38조제1호 내지 제12호(제9호의 규정에 의한 겸영여신업자를 제외한다)의 규정에 해당하는 기관 및 「우체국예금·보험에 관한 법률」에 의한 우체국예금 또는 우체국보험을 취급하는 체신관서를 제외하며, 다른 법령의 규정에 의하여 이와 유사한 지불보증 등의 의무를 이행한 경우에는 해당 금액을 공제한 금액을 말한다] 이상으로 할 것

4. 정당한 사유없이 피해보상의 범위나 보험자 또는 전자결제수단발행자의 책임을 한정하지 아니할 것

5. 제1항제5호 내지 제8호의 사항

③제1항 및 제2항의 규정외에 재화등이나 거래의 특성에 따른 소비자피해보상보험계약등의 구체적인 기준이나 피해보상의 내용 및 절차와 소비자피해보상보험계약등의 표지사용에 관하여 필요한 사항은 총리령으로 정한다.

제28조의4【공제조합의 인가 등】 「방문판매 등에

관한 법률 시행령」 제43조 내지 제45조의 규정은 법 제24조제10항의 규정에 따라 설립된 공제조합의 인가, 정관 기재사항, 운영 및 감독에 관하여 이를 준용한다.

[본조신설 2006.2.22]

제28조의5【구매권유광고 수신거부의사의 확인방법 등】 ①법 제24조의2제2항 본문의 규정에 따라 구매권유광고를 하고자 하는 통신판매업자는 법 제24조의2의 규정에 따른 구매권유광고 수신거부의사 등록시스템(이하 "광고수신거부의사등록시스템"이라 한다)에 공정거래위원회가 확인하여 게시한 소비자의 구매권유광고 수신거부의사를 월 1회(전자우편을 이용한 구매권유광고의 경우에는 3월에 1회) 이상 확인하여야 한다.

②법 제24조의2제2항 단서의 규정에 따라 통신판매업자는 구매권유광고의 대상과 방법, 구매권유광고 수신동의의 철회 방법 등을 소비자에게 고지하고 미리 동의를 받는 경우에 한하여 광고수신거부의사등록시스템에서 소비자의 구매권유광고 수신거부의사를 확인하지 아니하고 구매권유광고를 할 수 있다.

③공정거래위원회는 법 제24조의2제3항에 따라 광고수신거부의사 등록시스템의 운영을 위탁할 대상 기관 또는 단체를 선정하는 경우에는 관계분야 전문가의 의견을 들어 다음 각 호의 기준을 모두 충족하는 기관 또는 단체를 선정한다.

1. 광고수신거부의사등록시스템을 운영하는 데 필요한 법률지식 및 전산지식을 갖춘 전문인력을 보유할 것
2. 광고수신거부의사등록시스템의 안정적 운영과 개인정보보호에 필요한 전산설비 등 물적 시설을 보유할 것

[본조신설 2006.2.22]

제29조【소비자보호관련 기관 또는 단체에 대한 자료제출요구등】 ①법 제27조제3항 규정에 의한 자료의 제출 또는 공유는 다음 각 호의 사항을 기재한 서면으로 요구하여야 한다.

1. 목적
2. 사용용도
3. 제출 또는 공유 대상 자료의 구체적인 범위

②공정거래위원회는 법 제27조제3항의 규정에 의하여 전자상거래나 통신판매에서의 소비자보호관련 업무를 수행하는 기관이나 단체로부터 제출 또는 공유받은 자료를 제1항의 규정에 의하여 미리 알린 목적·사용용도외의 용도로 사용하여서는 아니된다.

제30조【위법행위 등에 대한 정보공개 등】 공정거래위원회는 법 제28조의 규정에 의하여 정보를 공개하고자 하는 경우에는 사전에 당해 사업자에게 공개되는 정보의 내용을 통보하여 소명의 기회를 주어야 한다.

제31조【평가·인증사업의 공정화】 ①법 제29조제1항의 규정에 의한 평가·인증사업자는 다음 각 호의 사항을 공정거래위원회가 정하는 바에 따라 공시하여야 한다.

1. 평가·인증사업자의 명칭
2. 주소 또는 사업소의 소재지
3. 평가·인증범위
4. 평가·인증업무개시일
5. 평가·인증의 기준·절차 및 방법에 관한 사항

②제1항 각 호의 사항은 소비자가 이를 용이하게 열람·확인할 수 있는 방법으로 공시하여야 한다.

제32조【보고의무】 시·도지사는 법 제30조제1항의 규정에 의하여 시정권고 또는 처분을 한 때에는 지체없이 이를 공정거래위원회에 보고하여야 한다. 이 경우 전자문서에 의하여 보고할 수 있다.

제33조【시정조치를 받은 사실의 공표】 공정거래위원회는 법 제32조 제3항의 규정에 의하여 사업자에 대하여 시정조치를 받은 사실의 공표를 명하고자 하는 경우에는 다음 각 호의 사항을 참작하여 공표의 내용 및 그 횟수 등을 정하여 이를 명하여야 한다.

1. 위반행위의 내용 및 정도
2. 위반행위의 기간 및 횟수
3. 위반행위로 인하여 발생한 소비자피해의 범위 및 정도

제34조【영업의 정지】 법 제32조 제4항의 규정에 의한 영업정지 처분에 관한 기준은 별표 1과

같다.

제35조【소비자피해분쟁조정기구】 법 제33조제1항에서 "대통령령이 정하는 소비자피해분쟁조정기구"라 함은 다음 각 호의 기구를 말한다.

1. 「소비자기본법」 제26조의 규정에 의하여 설립된 한국소비자보호원
2. 「전자거래기본법」 제32조의 규정에 의해 설립된 전자거래분쟁조정위원회
3. 그 밖에 소비자보호관련 법령에 의하여 설치·운영되는 분쟁조정기구

제36조【분쟁조정 조정안 수락 및 이행시 시정조치를 하지 아니하는 절차 등】 ①법 제33조의 규정에 의한 분쟁조정의 당사자는 분쟁조정기구의 권고안 또는 조정안을 이행하였음을 확인하는 서류를 그 이행한 날부터 10일 이내에 공정거래위원회에 제출하고, 법 제32조의 규정에 의한 시정조치를 하지 아니한다는 확인을 요청할 수 있다.

②제1항의 요청을 받은 공정거래위원회는 시정조치를 하지 아니하는 대상 등을 사업자에게 통지하여야 한다.

제37조【과징금 징수절차】 ①공정거래위원회는 과징금을 부과하고자 하는 때에는 그 위반행위의 종별과 당해 과징금의 금액 등을 명시하여 이를 납부할 것을 서면으로 통지하여야 한다.

②제1항의 규정에 의하여 통지를 받은 자는 통지가 있은 날부터 60일이내에 과징금을 공정거래위원회가 정하는 수납기관에 납부하여야 한다. 다만, 천재·지변 기타 부득이한 사유로 인하여 그 기간내에 과징금을 납부할 수 없는 때에는 그 사유가 없어진 날부터 30일 이내에 납부하여야 한다.

제38조【과징금부과를 위한 위반행위 관련매출액 산정】 법 제34조제1항에서 "대통령령이 정하는 위반행위 관련매출액을 초과하지 아니하는 범위"라 함은 다음 각 호의 1에 해당하는 금액을 말한다. 다만, 당해 위반행위가 제1호 내지 제3호 가운데 둘 이상에 해당되는 경우에는 그 중 큰 금액을 말한다.

1. 당해 위반행위가 매출이나 소비자피해 발생의 직접적인 원인이 아닌 경우에는 당해 위반행위의 발생시점으로부터 그 종료시점(당해 행위가 과징금부과 처분시까지 종료되지 아니한 경우에는 과징금 부과처분을 명하는 공정거래위원회의 의결일을 당해 행위의 종료일로 본다)까지의 매출액의 10퍼센트에 해당하는 금액. 다만, 위반행위가 특정 분야에 한정된 경우에는 당해 분야 매출액을 기준으로 한다.
2. 당해 위반행위가 매출이 일어난 직접적 원인이 된 경우에는 당해 위반행위와 상당인과관계가 있는 매출액 전액에 해당하는 금액
3. 당해 위반행위가 소비자피해에 직접적 원인이 된 경우에는 당해 위반행위로 인하여 피해가 발생한 매출액 전액에 해당하는 금액

제39조【사업자단체의 등록】 ①법 제37조제1항의 규정에 의하여 등록하고자 하는 사업자단체는 다음 각 호의 사항을 기재한 신청서를 공정거래위원회에 제출하여야 한다.

1. 목적
2. 명칭
3. 주된 사무소·지부의 주소 및 홈페이지 주소
4. 대표자의 성명·주민등록번호와 주소 및 전화번호, 전자우편주소
5. 설립연월일
6. 회원의 수(지부의 수를 포함한다)
7. 사업내용

②제1항의 신청서에는 정관과 다음 각 호에 관한 자료를 첨부하여야 한다.

1. 인력·재정상황 및 재원확보방안
2. 주요설비의 목록 및 성능

③법 제37조제1항의 규정에 의하여 등록한 사업자단체는 제1항제1호 내지 제4호, 제6호 및 제7호와 제2항 각 호에 규정된 사항의 변경이 있는 때에는 그 변경이 있는 날부터 20일이내에 공정거래위원회에 통보하여야 한다.

제40조【권한의 위임·위탁】 시·도지사는 법 제38조제2항의 규정에 의하여 다음 각 호의 권한을 시장·군수·구청장(자치구의 구청장을 말한다)에게 위임한다.

1. 법 제12조제1항 및 제2항의 규정에 의한 통신판매업자의 신고 및 변경사항의 신고의 수리
2. 법 제12조제3항의 규정에 의한 통신판매업

자의 영업의 휴지·폐지 또는 재개의 신고의 수리

3. 법 제22조제2항의 규정에 의한 통신판매업자의 신고사항의 직권말소

4. 법 제26조의 규정에 의한 위반행위의 조사

제41조【과태료 부과·징수절차】 ①공정거래위원회 또는 시·도지사는 법 제45조제1항 또는 제2항의 규정에 의하여 과태료를 부과하는 때에는 당해 위반행위를 조사·확인한 후, 위반사실·이의방법·이의기간 및 과태료의 금액 등을 서면으로 명시하여 이를 납부할 것을 과태료부과대상자에게 통지하여야 한다.

②공정거래위원회 또는 시·도지사는 제1항의 규정에 의한 과태료를 부과하고자 하는 때에는 10일 이상의 기간을 정하여 과태료부과대상자에게 구술 또는 서면(전자문서를 포함한다)에 의한 의견진술의 기회를 주어야 한다. 이 경우 지정된 기일까지 의견진술이 없는 경우에는 의견이 없는 것으로 본다. 〈개정 2004.3.17〉

③공정거래위원회 또는 시·도지사는 당해 위반행위의 동기와 그 결과 등을 참작하여 과태료의 금액을 감면할 수 있다.

제42조【과태료 부과기준】 법 제45조제4항의 규정에 의한 과태료의 부과기준은 별표 2와 같다.

부 칙

〈제17684호, 2002.7.24〉

이 영은 공포한 날부터 시행한다. 다만, 제5조·제6조·제8조·제9조·제14조 및 제28조제2항의 규정은 이 영 공포후 3월이 경과한 날부터 시행한다.

부 칙

(전자적 민원처리를 위한가석방자관리규정 등 중 개정령) 〈제18312호, 2004.3.17〉

이 영은 공포한 날부터 시행한다.

[편저자 약력]

서울대학교 법과대학 및 동대학원 졸업
서울대학교 대학원 법학박사
독일 프라이부르크대학에서 경제법 · 민법
연구(1984.6～1986.7), 독일 훔볼트재단 지원
경희대학교 법과대학 교수 역임
미국 Harvard대학과 독일 Mainz대학 방문교수(1998.7～1999.7)
현, 서울대학교 법과대학 교수

〈저 서〉

企業結合規制法會(法文社, 1987)
民法의 爭點(法元社, 1990)
EC競爭法(法文社, 1992)
公正去來法 實務解說(韓國上場會社協議會, 1993)
公正去來法審決例100選實(共著, 法文社, 1993)
사법도 서비스다(미래 미디어, 1996)
公正去來法講義(編, 法文社, 1997)
獨逸競爭法(譯, 法文社, 1997)
公正去來法講義Ⅱ(編, 法文社, 2000)
自由競爭과 公正去來(編, 法文社, 2000)
消費者保護法(제4판, 法文社, 2002)
客觀式 經濟法(제6판, 法文社, 2004)
公正去來와 法治(編, 法文社, 2004)
通信産業과 競爭法(編, 法文社, 2004)
製造物責任法(法文社, 2005)
情報通信과 公正去來(編, 法文社, 2006)
經濟法(제6판, 法文社, 2008)

경제법 법령집

2008년 4월 1일 초판 인쇄
2008년 4월 5일 초판 1쇄발행

편저자 權 五 乘
발행인 裵 孝 善
발행처 도서출판 法 文 社
㊚ 413-756 경기도 파주시 교하읍 문발리 526-3
등 록 1957년 12월 12일 / 제2-76호(윤)
전 화 031-955-6500～6, 팩 스 031-955-6525
e-mail(영업) : bms@bobmunsa.co.kr
(편집) : edit66@bobmunsa.co.kr
홈페이지 http://www.bobmunsa.co.kr
조 판 광 암 문 화 사

정가 10,000원 ISBN 978-89-18-01884-3